中国社会科学院创新工程学术出版资助项目

革命根据地法制文献选编
（下卷）

GEMING GENJUDI FAZHI
WENXIAN XUANBIAN

韩延龙　常兆儒 ◎ 编

中国社会科学出版社

目 录

第六编 土地法规

第二次国内革命战争时期

土地法
　　（一九二八年十二月制，在井冈山） …………………（1035）
土地法
　　（一九二九年四月，兴国县土地法） …………………（1037）
土地暂行法
　　（一九三〇年五月全国苏维埃区域代表大会通过） ……（1038）
苏维埃土地法
　　（一九三〇年六月中国革命军事委员会颁布） …………（1040）
中华苏维埃共和国土地法
　　（一九三一年十二月一日中华工农兵苏维埃第一次全国代表
　　大会通过） ………………………………………………（1043）
中央关于"平分一切土地"的口号的决议
　　（一九三一年十二月二十四日） ………………………（1046）
中央执行委员会关于法令的解释
　　（一九三二年四月十二日） ……………………………（1049）
中央土地人民委员部关于分配土地问题的答复
　　（一九三二年六月） ……………………………………（1050）
中央土地人民委员部训令
　　——为深入土地斗争，彻底没收地主阶级财产
　　（一九三二年十二月二十八日） ………………………（1054）
中华苏维埃共和国中央执行委员会对于乡村工人分配土地及保留
　　公田问题的决议
　　（一九三三年三月一日） ………………………………（1056）
中央局关于查田运动的决议

（一九三三年六月二日）…………………………………（1057）
中央土地人民委员部为查田运动给瑞金黄柏区苏的一封信
　　（一九三三年七月十三日）………………………………（1060）
中央人民委员会关于开展查田运动的布告
　　（一九三三年九月一日）…………………………………（1063）
中华苏维埃共和国中央政府关于土地斗争中一些问题的决定
　　（一九三三年十月十日）…………………………………（1065）
怎样分析阶级
　　（一九三三年十月十日人民委员会批准）………………（1076）
海陆丰工农兵代表大会决议案
　　——没收土地案
　　（一九二七年十一月）……………………………………（1078）
闽西第一次工农兵代表大会土地法令
　　（一九三〇年三月）………………………………………（1079）
闽西苏维埃政府布告
　　——关于重新分田问题
　　（一九三〇年九月）………………………………………（1084）
闽西土地委员扩大会决议案（节录）
　　（一九三一年四月十六日）………………………………（1084）
闽西苏维埃政府布告
　　——关于深入土地革命分配土地的原则及制度问题
　　（一九三一年四月二十七日）……………………………（1088）
闽西苏维埃政府布告
　　——重新分配土地条例
　　（一九三一年六月）………………………………………（1090）
闽西苏维埃政府通知
　　——关于纠正分田错误倾向
　　（一九三一年六月二十六日）……………………………（1092）
闽西苏维埃政府布告
　　——关于征收土地税问题
　　（一九三一年七月十五日）………………………………（1093）
福建省苏维埃政府区县土地部长联席会决议
　　（一九三二年六月）………………………………………（1094）

福建省苏维埃政府检查土地条例
　　（一九三二年七月十三日）……………………………（1097）
闽西苏维埃政府通告
　　——关于租田问题…………………………………（1099）
永定县苏维埃政府关于土地问题草案
　　（一九三〇年）………………………………………（1100）
上杭县第一次工农兵代表大会决议案（节录）……………（1103）
右江苏维埃政府土地法暂行条例
　　（一九三〇年五月一日）……………………………（1106）
湖南省工农兵苏维埃政府暂行土地法
　　（一九三〇年七月二十九日）………………………（1109）
土地革命法令
　　（一九三〇年十月湘鄂西第二次工农兵贫民代表大会通过）…（1113）
江西省苏维埃政府关于土地问题的布告
　　（一九三一年五月）…………………………………（1114）
江西省苏维埃政府对于没收和分配土地的条例
　　（一九三一年十二月三十一日颁布）………………（1115）
江西省工农兵第一次代表大会土地问题决议案
　　（一九三二年六月三日）……………………………（1119）
峡江县土地暂行条例
　　（一九三〇年）………………………………………（1122）
湘赣苏区重新彻底平均分配土地条例
　　（一九三一年十月）…………………………………（1123）
赣东北省苏维埃执行委员会土地分配法
　　（一九三一年十二月省苏第二次执委会修改通过）…（1126）
闽浙赣省第二次工农兵代表大会土地问题决议案
　　（一九三三年四月二十四日）………………………（1128）
没收土地和分配土地条例
　　——黔东特区第一次工农兵苏维埃代表会议决议案
　　（一九三四年七月）…………………………………（1132）
湘鄂川黔省革命委员会没收和分配土地的暂行条例
　　（一九三四年十二月一日）…………………………（1135）
川陕省平分土地须知

（一九三四年十二月三十日）……………………（1139）
川陕省土地问题解答……………………………………（1145）
赣西南苏维埃政府土地法………………………………（1148）
鄂豫边革命委员会土地政纲实行细则…………………（1152）
西北革命军事委员会军区政治部关于土地问题的布告………（1153）

抗日战争时期

中共中央关于抗日根据地土地政策的决定
　　（一九四二年一月二十八日中央政治局通过）………（1156）
西北局关于进一步领导农民群众开展减租斗争的决定
　　（一九四三年十月十日）………………………………（1159）
陕甘宁边区土地所有权证条例
　　（一九三八年四月一日公布）…………………………（1162）
陕甘宁边区政府布告
　　——关于处理地主土地问题
　　（一九三八年四月一日）………………………………（1164）
陕甘宁边区土地条例
　　（一九三九年四月四日公布）…………………………（1164）
陕甘宁边区优待移民难民垦荒条例
　　（一九四三年三月一日）………………………………（1167）
陕甘宁边区土地典当纠纷处理原则及旧债纠纷处理原则
　　（一九四三年九月十四日公布）………………………（1169）
陕甘宁边区土地登记试行办法
　　（一九四三年九月公布）………………………………（1170）
陕甘宁边区地权条例
　　（一九四四年十二月边区第二届参议会第二次大会通过）……（1173）
陕甘宁边区土地租佃条例（附说明）
　　（一九四四年十二月边区第二届参议会第二次大会通过）……（1175）
陕甘宁边区地权条例（草案）……………………………（1180）
陕甘宁边区土地租佃条例（草案）………………………（1182）
晋察冀边区减租减息单行条例
　　（一九三八年二月十日颁布）…………………………（1186）
晋察冀边区行政委员会训令

——关于杂租、小租、送工的解释
　　（一九三八年三月）……………………………………（1187）
晋察冀边区减租减息实施办法
　　（一九三九年十二月十七日边区农会提出）……………（1187）
晋察冀边区减租减息单行条例
　　（一九四〇年二月修正）…………………………………（1191）
晋察冀边区减租减息单行条例施行细则
　　（一九四一年三月二十日公布）…………………………（1194）
晋察冀边区租佃债息条例
　　（一九四三年一月二十一日晋察冀边区第一届参议会通过，
　　同年二月四日晋察冀边区行政委员会公布）……………（1196）
晋察冀边区租佃债息条例施行条例
　　（一九四三年一月二十一日晋察冀边区第一届参议会通过，
　　同年二月四日晋察冀边区行政委员会公布）……………（1202）
晋察冀边区行政委员会关于贯彻减租政策的指示
　　（一九四三年十月二十八日）……………………………（1204）
晋察冀边区行政委员会关于租佃地、典当地对敌负担问题的通知
　　（一九四五年八月九日）…………………………………（1210）
晋冀鲁豫边区土地使用暂行条例
　　（一九四一年十一月公布　一九四二年十月十一日修正公布
　　一九四三年九月二十九日修补颁布　一九四五年五月十六日
　　修补颁布）…………………………………………………（1212）
晋冀鲁豫边区冀鲁豫行署修正清理黑地奖惩暂行办法
　　（一九四三年一月二十七日公布，同年四月九日修正）………（1222）
晋冀鲁豫边区政府关于几个土地问题处理办法的决定
　　（一九四四年十月十五日）………………………………（1223）
土地使用暂行条例太行区施行细则草案
　　（一九四三年十一月二十五日公布）……………………（1226）
太行区租佃契约订立规则……………………………………（1229）
太岳区地权单行条例
　　（一九四五年三月二十五日参议会通过，同年四月十五日
　　公布）………………………………………………………（1230）
太岳区租佃单行条例

（一九四五年三月二十五日参议会通过，同年四月十五日
公布）……………………………………………………………（1234）

太岳区关于典地、旧债纠纷、押地问题之处理办法

（一九四五年三月二十五日参议会通过，同年四月十五日
公布）……………………………………………………………（1240）

晋西北减租减息暂行条例

（一九四一年四月一日修正公布）……………………………（1242）

晋西北行政公署为改正减租减息条例及补充回赎不动产办法的
命令

（一九四一年四月四日）………………………………………（1245）

晋西北行政公署修正垦荒条例

（一九四一年八月修正，同年十月十日起施行）……………（1245）

晋西北行政公署修正兴办水利条例

（一九四二年一月施行）………………………………………（1246）

晋西北减租交租条例

（一九四二年十一月六日晋西北临时参议会修正通过，同年
十一月晋西北行政公署公布）………………………………（1248）

山西省第二游击区减租减息暂行条例

（一九四一年四月一日修正公布）……………………………（1251）

山西省第二游击区公地户地社地庙地寺地学田使用条例

（一九四一年四月一日公布）…………………………………（1253）

山东省减租减息暂行条例

（一九四〇年十一月十一日通过公布施行）…………………（1255）

山东省战时工作推行委员会关于陈报清查土地人口的决定

（一九四一年四月四日）………………………………………（1256）

山东省清查土地登记人口暂行办法草案

（一九四一年十月二十日山东省战时工作推行委员会拟颁）…（1258）

山东省租佃暂行条例

（一九四二年五月十五日公布施行）…………………………（1263）

山东省战时行政委员会关于查减工作的训令

（一九四四年八月十日）………………………………………（1266）

山东省战时行政委员会关于执行"八·十训令"的决定

（一九四四年十二月十一日）…………………………………（1270）

山东省土地租佃条例
 （一九四五年二月十五日） ……………………（1273）
山东抗日根据地土地纠纷问题 ……………………（1277）
胶东区开垦荒地暂行办法
 （一九四三年六月十五日公布施行） …………（1285）
渤海区关于垦区土地所有权的决定 ………………（1287）
淮北苏皖边区行政公署关于土地复查问题的训令
 （一九四四年五月二十八日） …………………（1289）
淮北苏皖边区减退租补充办法
 （一九四五年六月） ……………………………（1294）
苏中区土地租佃条例（修正草案）
 （一九四四年九月一日） ………………………（1295）

解放战争时期

中共中央关于土地问题的指示
 （一九四六年五月四日） ………………………（1302）
中国土地法大纲
 （一九四七年九月十三日中国共产党全国土地会议通过） ……（1306）
陕甘宁边区征购地主土地条例草案
 （一九四六年十二月十三日公布） ……………（1308）
陕甘宁边区政府关于贯彻土地改革，准备明年生产，加强民兵
 整训以支持战争胜利的指示（节录）
 （一九四六年十二月二十八日） ………………（1311）
陕甘宁边区政府关于减租和查租的指示
 （一九四六年） …………………………………（1312）
陕甘宁边区颁发土地房窑证办法
 （一九四八年二月） ……………………………（1314）
陕甘宁边区政府关于调剂土地确定地权的布告
 （一九四八年九月） ……………………………（1316）
晋绥边区行政公署晋绥边区农会临时委员会　布告
 （一九四八年八月二十日） ……………………（1318）
晋冀鲁豫边区政府颁布施行中国土地法大纲补充办法（草案）
 （一九四七年十二月二十八日） ………………（1318）

冀南行政公署布告
  （一九四九年二月二十六日）………………………………（1321）
东北解放区实行土地法大纲补充办法
  （一九四七年十二月一日）………………………………（1322）
东北行政委员会土地执照颁发令
  （一九四八年六月一日）…………………………………（1324）
东北行政委员会土地执照颁发办法
  （一九四八年六月一日）…………………………………（1324）
东北行政委员会关于颁发地照的指示
  （一九四八年八月二十日）………………………………（1325）
东北行政委员会关于新区土地改革几个问题的答复
  （一九四九年一月十八日）………………………………（1327）
辽宁省土地登记丈量评级暂行办法
  （一九四八年九月十二日辽宁省政府公布）……………（1328）
辽宁省土地丈评登记的补充办法
  （一九四八年十月十五日辽宁省政府公布）……………（1331）
辽西区土地租佃暂行条例
  （一九四六年三月一日公布）……………………………（1331）
辽西区关于处理敌伪地产之决定
  （一九四六年四月一日公布）……………………………（1333）
辽吉区行政公署为土地房产登记及发给土地房产执照的指示信
  （一九四六年六月十日）…………………………………（1334）
哈尔滨市公有土地出租暂行条例
  （一九四八年十月十四日开始试行）……………………（1335）
哈尔滨市人民政府不动产登记暂行办法
  （一九四八年十月十四日经批准试行）…………………（1337）
内蒙党委、内蒙古自治政府关于确定地权发展生产通告
  （一九四八年五月五日）…………………………………（1340）
内蒙古自治政府关于颁发土地执照的指示
  （一九四九年二月十三日）………………………………（1342）
绥远省人民政府关于如何处理回赎土地问题的通知
  （一九四九年三月十九日）………………………………（1346）
绥远省人民政府关于减租生产指示

（一九四九年四月二十六日）……………………（1347）

绥远省人民政府为减息问题给丰镇县政府的批复
　　（一九四九年五月二十八日）……………………（1348）

绥远省人民政府关于如何解决回村逃户土地问题的批复
　　（一九四九年五月三十一日）……………………（1349）

北京市军事管制委员会关于本市辖区农业土地问题的决定
　　（一九四九年五月三十一日公布）……………………（1349）

天津市军事管制委员会关于市郊农田土地问题暂行解决办法的
　决定
　　（一九四九年三月二十八日公布）……………………（1351）

中共中央华东局关于执行对新收复区处理地权及其农产物所有权
　暂行办法的指示
　　（一九四八年六月十三日）……………………（1352）

华东新区农村减租暂行条例（草案）
　　（一九四九年九月十五日公布）……………………（1355）

山东省政府关于减租减息增资的布告
　　（一九四五年十一月十三日）……………………（1357）

山东省土地改革暂行条例
　　（一九四六年十月二十五日）……………………（1359）

山东省政府关于修正《山东省土地改革暂行条例》第三十二条
　之但书的命令
　　（一九四六年十二月十二日）……………………（1363）

华中行政办事处关于颁发土地执照的通令
　　（一九四八年八月九日）……………………（1363）

华中消灭荒地暂行办法草案
　　（一九四八年十月三十日）……………………（1364）

中共中央中原局减租减息纲领
　　（一九四八年十月八日）……………………（1367）

中原新解放区减租减息条例
　　（中原人民政府发布）……………………（1369）

豫皖苏区行政公署布告
　　——颁布新区停止土改实行减租减息条例
　　（一九四八年十月）……………………（1372）

豫皖苏区减租减息及调整土地条例
　　（一九四八年十月公布）……………………………（1373）
苏皖边区土地租佃条例
　　（一九四六年五月公布）……………………………（1377）
中国人民解放军闽粤赣边纵队闽西南临时联合　司令部
　政治部　布告
　　（一九四九年七月）…………………………………（1380）

第七编　劳动法规

第二次国内革命战争时期

劳动保护法
　　（全国苏维埃区域代表大会通过）……………………（1385）
劳动保护法解释书……………………………………………（1388）
苏维埃第一次全国代表大会劳动法草案
　　（一九三一年二月一日）……………………………（1392）
中华苏维埃共和国中央执行委员会关于实施劳动法的决议案
　　（一九三一年十二月）………………………………（1398）
中华苏维埃共和国劳动法
　　（一九三一年十一月中华苏维埃工农兵第一次全国代表大会
　　通过，同年十二月颁布）……………………………（1399）
中华苏维埃共和国中央执行委员会关于重新颁布劳动法的决议
　　（一九三三年十月十五日）…………………………（1407）
中华苏维埃共和国劳动法
　　（一九三三年十月十五日颁布）……………………（1408）
中华苏维埃共和国违反劳动法令惩罚条例
　　（一九三三年十月十五日）…………………………（1423）
中华苏维埃临时中央政府劳动部训令
　　——关于劳动部组织与工作……………………………（1424）
闽西第一次工农兵代表大会劳动法…………………………（1427）
湘赣省第二次苏维埃代表大会关于劳动法执行条例的决议
　　（一九三二年八月一日）……………………………（1430）
闽浙赣省苏维埃政府第二次工农兵代表大会实行劳动法令决议案

（一九三三年四月二十四日）……………………（1435）
江西省苏维埃第一次代表大会实行劳动法令的议决案（节录）……（1440）

抗日战争时期

陕甘宁边区关于公营工厂工人工资标准之决定
　　（一九四一年九月公布）……………………………（1443）
陕甘宁边区劳动保护条例（草案）………………………（1445）
晋察冀边区奖励生产技术条例
　　（一九四一年七月二十日晋察冀边区行政委员会公布）………（1448）
晋察冀边区行政委员会关于保护农村雇工的决定
　　（一九四四年九月二十日公布）………………………（1449）
晋察冀边区优待生产技术人员暂行办法……………（1451）
晋冀鲁豫边区奖励生产技术办法
　　（一九四一年十月十五日施行）………………………（1452）
晋冀鲁豫边区优待专门技术干部办法
　　（一九四一年十一月一日公布）………………………（1453）
晋冀鲁豫边区劳工保护暂行条例
　　（一九四一年十一月一日公布施行，一九四二年十二月十日
　　修正公布）………………………………………………（1454）
修正晋冀鲁豫边区劳工保护暂行条例
　　（一九四四年一月十七日修正）………………………（1459）
晋西北工厂劳动暂行条例
　　（一九四一年四月一日公布）…………………………（1463）
晋西北改善雇工生活暂行条例
　　（一九四一年四月一日公布）…………………………（1467）
晋西北矿厂劳动暂行条例
　　（一九四一年八月一日公布）…………………………（1468）
晋西北奖励生产技术暂行办法
　　（一九四一年十一月公布）……………………………（1469）
晋西北优待专门技术干部办法
　　（一九四二年一月十日修正公布）……………………（1471）
山东省改善雇工待遇暂行办法
　　（一九四二年五月十五日公布施行）…………………（1472）

苏中区改善农业雇工生活暂行条例草案

  （一九四四年七月苏中行政公署公布） ……………………（1474）

解放战争时期

华北人民政府同意华北第一届职工代表会议建议关于在国营、
  公营企业中建立工厂管理委员会与工厂职工代表会议的决定

  （一九四九年八月十日） ………………………………（1478）

关于在国营、公营工厂企业中建立工厂管理委员会与工厂职工
  代表会议的实施条例 ………………………………………（1479）

晋察冀边区行政委员会关于张家口、宣化公营工厂工人工资
  标准的通知

  （一九四五年十月二十六日） …………………………（1481）

晋察冀边区奖励技术发明暂行条例

  （一九四五年十一月一日） ……………………………（1482）

晋察冀边区行政委员会关于改定中小学教职员待遇标准的决定

  （一九四五年十一月十六日） …………………………（1484）

晋察冀边区行政委员会关于执行改定中小学教职员待遇标准应
  注意之问题的通知

  （一九四五年十一月十六日） …………………………（1485）

太原国营公营企业劳动保险暂行办法

  （一九四九年七月五日太原市军事管制委员会公布施行） ……（1486）

东北行政委员会关于统一公营企业及机关学校战时工薪标准的
  指示

  （一九四八年三月十日） ………………………………（1487）

东北行政委员会关于修正公营企业工薪标准的指示

  （一九四八年九月七日） ………………………………（1490）

东北行政委员会为颁布东北公营企业战时暂行劳动保险条例的
  命令

  （一九四八年十二月二十七日） ………………………（1493）

东北公营企业战时暂行劳动保险条例

  （一九四八年十二月二十七日颁布） …………………（1494）

东北公营企业战时暂行劳动保险条例试行细则

  （一九四九年二月二十八日东北行政委员会颁布） …………（1499）

东北行政委员会公营企业工薪标准关于支付办法的补充指示
　　（一九四九年四月二十八日）……………………………（1510）
辽北省政府为提高待遇改以布匹粮食计算薪资标准令
　　（一九四七年三月十四日）………………………………（1514）
哈尔滨市工厂机械安全改进暂行办法
　　（一九四九年六月十六日哈尔滨市人民政府公布施行）…（1515）
苏皖边区保护工厂劳动暂行条例
　　（一九四六年五月）………………………………………（1517）
上海市军事管制委员会关于复业复工纠纷处理暂行办法
　　（一九四九年八月十九日公布）…………………………（1520）
上海市军事管制委员会关于私营企业劳资争议调处程序暂行办法
　　（一九四九年八月十九日公布）…………………………（1522）
中华全国总工会关于处理劳资关系问题的三个文件
　　（一九四九年七月全国工会工作会议上通过）…………（1524）

第八编　婚姻法规

第二次国内革命战争时期

中华苏维埃共和国中央执行委员会第一次会议关于暂行婚姻
　　条例的决议
　　（一九三一年十一月二十八日）…………………………（1533）
中华苏维埃共和国婚姻条例
　　（一九三一年十二月一日公布实行）……………………（1533）
中华苏维埃共和国中央执行委员会命令
　　（一九三四年四月八日）…………………………………（1535）
中华苏维埃共和国婚姻法
　　（一九三四年四月八日公布）……………………………（1536）
闽西苏维埃政府布告
　　——关于婚姻法令之决议
（一九三〇年四月）……………………………………………（1538）
闽西第一次工农兵代表大会婚姻法………………………………（1539）
湘赣苏区婚姻条例…………………………………………………（1539）
鄂豫皖工农兵第二次代表大会婚姻问题决议案…………………（1541）

抗日战争时期

陕甘宁边区婚姻条例
  （一九三九年四月四日公布）……………………（1543）

陕甘宁边区抗属离婚处理办法
  （一九四三年一月十五日公布）…………………（1545）

修正陕甘宁边区婚姻暂行条例
  （一九四四年三月二十日公布）…………………（1546）

晋察冀边区婚姻条例草案
  （一九四一年七月七日公布）……………………（1547）

［附］关于我们的婚姻条例
  （一九四一年七月七日晋察冀边区行政委员会指示信
  第五十一号）……………………………………（1550）

晋察冀边区婚姻条例
  （一九四三年一月二十一日晋察冀边区第一届参议会通过，
  同年二月四日晋察冀边区行政委员会公布）…………（1556）

晋察冀边区行政委员会
  关于婚姻登记问题的通知
  （一九四三年五月二十七日）……………………（1558）

晋察冀边区行政委员会关于女子财产继承执行问题的决定
  （一九四三年六月十五日公布）…………………（1560）

晋冀鲁豫边区婚姻暂行条例
  （一九四一年八月十三日临参会大会原则通过，同年十二月
  二十日驻委会修订通过，一九四二年一月五日公布施行）……（1561）

晋冀鲁豫边区婚姻暂行条例
  （一九四二年一月五日公布，一九四三年九月二十九日修补
  颁布）……………………………………………（1564）

晋冀鲁豫边区婚姻暂行条例施行细则
  （一九四二年四月二十六日公布）………………（1566）

晋冀鲁豫边区涉县县政府通令
  ——关于修改婚姻暂行条例第五章第十八条与执行参议会
  关于妇女类提案第十五条
  （一九四五年七月三十一日）……………………（1568）

冀鲁豫行署关于女子继承等问题的决定
　　（一九四五年五月三十一日施行） …………………（1568）
晋绥边区婚姻暂行条例 ……………………………………（1569）
晋西北婚姻暂行条例
　　（一九四一年四月一日公布） …………………………（1572）
山东省保护抗日军人婚姻暂行条例
　　（一九四三年六月二十七日公布） ……………………（1575）
山东省婚姻暂行条例
　　（一九四五年三月十六日施行） ………………………（1576）
山东省胶东区修正婚姻暂行条例
　　（一九四二年四月八日公布） …………………………（1578）
山东省女子继承暂行条例
　　（一九四五年三月十六日施行） ………………………（1580）
淮海区婚姻暂行条例 ………………………………………（1581）
修正淮海区抗日军人配偶及婚约保障条例 ………………（1583）

解放战争时期

华北人民政府司法部关于婚姻问题的解答
　　（一九四九年四月十三日） ……………………………（1586）
陕甘宁边区婚姻条例
　　（一九四六年四月二十三日陕甘宁边区第三届参议会第一次
　　大会通过） ………………………………………………（1588）
晋绥边区关于保障革命军人婚姻问题的命令
　　（一九四六年四月二十三日） …………………………（1590）
冀南行署关于处理婚姻问题的几个原则
　　（一九四六年七月） ……………………………………（1590）
华中行政办事处指令
　　——关于孀妇带产改嫁问题
　　（一九四八年十二月二十七日） ………………………（1591）
华中行政办事处、苏北支前司令部关于切实保障革命军人婚姻的
　　通令
　　（一九四九年四月五日） ………………………………（1592）
修正山东省婚姻暂行条例

（一九四九年七月十九日山东省人民政府公布）……………（1593）
绥远省关于干部战士之解除婚约及离婚手续一律到被告所在地之
　　县政府办理的通令
　　　（一九四九年八月六日）……………………………………（1595）
辽北省关于婚姻问题暂行处理办法（草案）……………………（1595）

第 六 编

土 地 法 规

第二次国内革命战争时期

土 地 法

（一九二八年十二月制，在井冈山）

（一）没收一切土地归苏维埃政府所有，用下列三种方法分配之：
（1）分配农民个别耕种；
（2）分配农民共同耕种；
（3）由苏维埃政府组织模范农场耕种。

以上三种方法，以第一种为主体。遇特别情形，或苏维埃政府有力时，兼用二、三两种。

（二）一切土地，经苏维埃政府没收并分配后，禁止买卖。

（三）分配土地之后，除老幼疾病没有耕种能力及服公众勤务者以外，其余的人均须强制劳动。

（四）分配土地的数量标准：
（1）以人口为标准，男女老幼平均分配；
（2）以劳动力为标准，能劳动者比不能劳动者多分土地一倍。

以上两个标准，以第一个为主体。有特殊情形的地方，得适用第二个标准。采取第一个标准的理由：（甲）在养老育婴的设备未完备以前，老幼如分田过少，必至不能维持生活。（乙）以人口为标准计算分田，比较简单方便。（丙）没有老小的人家很少。同时老小虽无耕种能力，但在分得田地后，政府亦得分配以相当之公众勤务，如任交通等。

（五）分配土地的区域标准：
（1）以乡为单位分配；
（2）以几乡为单位分配（如永新之小江区）；
（3）以区为单位分配（如遂川之黄坳区）。

以上三种标准，以第一种为主体。遇特别情形时，得适用第二、第三两种标准。

（六）山林分配法：

（1）茶山、柴山，照分田的办法，以乡为单位，平均分配耕种使用；

（2）竹木山，归苏维埃政府所有。但农民经苏维埃许可后，得享用竹木。竹木在五十根以下，须得乡苏维埃政府许可。百根以下，须得区苏维埃政府许可。百根以上，须得县苏维埃政府许可。

（3）竹木概由县苏维埃政府出卖，所得之钱，由高级苏维埃政府支配之。

（七）土地税之征收：

（1）土地税依照生产情形分为三种；一、百分之十五；二、百分之十；三、百分之五。以上三种办法，以第一种为主体。遇特别情形，经高级苏维埃政府批准，得分别适用二、三两种。

（2）如遇天灾，或其他特殊情形时，得呈明高级苏维埃政府核准，免纳土地税。

（3）土地税由县苏维埃政府征收，交高级苏维埃政府支配。

（八）乡村手工业工人，如自己愿意分田者，得分每个农民所得田的数量之一半。

（九）红军及赤卫队的官兵，在政府及其他一切公共机关服务的人，均得分配土地，如农民所得之数，由苏维埃政府雇人代替耕种。

按：此土地法是一九二八年冬天在井冈山（湘赣边区苏区）制定的，这是一九二七年冬天至一九二八年冬天一整年内土地斗争经验的总结，在这以前，是没有任何经验的。这个土地法有几个错误：（一）没收一切土地而不是只没收地主土地；（二）土地所有权属政府而不是属农民，农民只有使用权；（三）禁止土地买卖。这些都是原则错误，后来都改正了。关于共同耕种与以劳力为分配土地标准，宣布不作为主要办法，而以私人耕种与以人口为分田标准作为主要办法，这是因为当时虽感到前者不妥，而同志中主张者不少，所以这样规定，后来就改为只用后者为标准了。雇人替红军人员耕田，后来改为动员农民替他们耕了。*

（选自《农村调查》，一九四九年版）

---

* 这是原书的按语。——编者

土 地 法

（一九二九年四月，兴国县土地法）

（一）没收一切公共土地及地主阶级的土地归兴国工农兵代表会议政府所有，分给无田地及少田地农民耕种使用。

（二）一切公共土地及地主阶级的土地，经工农兵政府没收并分配后，禁止买卖。

（三）分配土地的数量标准：

（1）以人口为标准，男女老幼平均分配；

（2）以劳动力为标准，能劳动的比不能劳动的多分土地一倍。

以上两个标准，以第一个为主体，有特别情形的地方得适用第二个标准。采取第一个标准的理由：（甲）在养老育婴的设备未完备以前，老幼如分田过少，必至不能维持生活。（乙）以人口为标准计算分田，比较简单方便。（丙）没有老小的人家很少。同时老小虽无耕种能力，但在分得田地后，政府亦得分配以相当之公众勤务如任交通等。

（四）分配土地的区域标准：

（1）以乡为单位分配；

（2）以几乡为单位分配（如永新之小江区）；

（3）以区为单位分配。

以上三种标准，以第一种为主体。遇特别情形时，得适用第二、第三两种标准。

（五）山林分配法：

（1）茶山、柴山照分田的办法，以乡为单位平均分配耕种使用。

（2）竹木山归苏维埃政府所有。但农民经苏维埃政府所许可后得享用竹木。竹木在五十根以下须得乡苏维埃政府许可，百根以下须得区苏维埃政府许可，百根以上须得县苏维埃政府许可。

（3）竹木概由县苏维埃政府出卖，所得之钱由高级苏维埃政府支配之。

（六）土地税之征收：

（1）土地税依照生产情形分为三种：一、百分之十五，二、百分之十，三、百分之五。以上三种方法以第一种为主体。遇特别情形，经高级苏维埃政府批准，得分别适用二、三两种。

（2）如遇天灾或其他特殊情形时，得呈明高级苏维埃政府核准，免纳土地税。

（3）土地税由县苏维埃政府征收，交高级苏维埃政府支配之。

（七）乡村手工业工人，如系自己愿意分田者，得分每个农民所得田的数量之一半。

（八）红军及赤卫队的官兵，政府及其他一切公共机关服务的人，均得分配土地，如农民所得之数，由苏维埃政府雇人代替耕种。

按：这是前一个土地法制定后第四个月，红军从井冈山到赣南之兴国发布的。内容有一点重要的变更，就是把"没收一切土地"改为"没收公共土地及地主阶级土地"，这是一个原则的改正。但其余各点均未改变，这些是到了一九三〇年才改变的。这两个土地法，存之以见我们对于土地斗争认识之发展。*

(选自《农村调查》，一九四九年版)

土地暂行法

(一九三〇年五月全国苏维埃区域代表大会通过)

一、凡属地主的土地，一律无偿的没收。

解释：

（一）凡占有土地自己不能耕种，利用来榨取地租者，都是地主。这样的地主的土地，一律没收。

（二）富农占有土地，除自己使用外而出租一部分给他人耕种者，出租部分的土地一律没收。

二、凡属于祠堂、庙宇、教会、官产……占有的土地，一律无偿的没收。

解释：

（三）这些祠堂、庙宇、教会、官产等的土地，大半都是归豪绅、僧尼、牧师、族长所私有。即或表面上是一姓一族或者当地农民公有，实际上还是族长、会长、豪绅所垄断，利用来剥削农民，所以这样的土地一律没收。

---

* 这是原书的按语。——编者

三、积极参加反革命活动者的土地一律没收。

解释：

（四）反革命的以及违反苏维埃法令者的土地，一律没收。

（五）反革命的富农的土地，应一律没收。至于被地主、富农欺骗之下的中农、贫农群众，应尽量用宣传教育的方法，不能与富农同样看待。

四、没收的土地，一律归苏维埃政府分配给地少与无地的农民使用。禁止一切土地的买卖、租佃、典押等；以前田契、租约、押据等一律无效。

解释：

（六）取消土地买卖、租佃、典押制度，就是免除新的地主、豪绅的发生。

（七）分配给农民使用，即是不耕种土地的人，不能享有土地的使用权。

五、分配土地的方法，由乡苏维埃代表大会决定。

解释：

（八）分配土地以乡为单位，因为各地的关系与土地分配状况都极复杂，所以不能有一致的办法，只能就各乡的实际情形决定办法。

（九）土地分配，有两种办法：（1）一切土地平均分配；（2）只就没收土地分配，原耕农民不动。分配的标准，也有两种：（1）按人口分配；（2）按劳动力分配。各乡苏维埃可以按照本乡的实际情形来决定适当的办法。

（十）大规模的农场，不得零碎分割。应组织集体农场、生产合作社等实行集体生产，以免减弱生产力。

（十一）在乡苏维埃分配土地发生困难时，应提到区苏维埃政府决定之。

（十二）没收地主或反动富农的耕具、房屋，应分配给缺少耕具、房屋的农民使用。不得无故破坏。

（十三）如乡苏维埃大会对于缺乏劳动力耕种的家庭（如孤儿、寡妇等），必须同时决定实际办法，来维持他们的生活。最好采取社会救济的办法。

（十四）红军士兵已分有土地者照旧，尚未分有土地者，俟全国苏维埃政府成立时，再行决定分与土地。

（十五）雇农按照苏维埃政府的劳动法令，享有特殊的保护，不必分取土地。如果苏维埃会议决定同样分与土地时，必须同时分与耕牛、耕具，并须让他们集合起来，组织集体的农场。

（十六）土地分配以后，必须到县苏维埃政府领取土地证。

六、大规模的山林、河道、湖沼、盐场、农场、桑地，原归政府者，概归苏维埃政府管理经营。

七、以前军阀、豪绅剥削农民的田赋、契税及一切捐税等，一律取消。分有土地的农民，应缴相当的公益费，其数目由当地苏维埃政府按照累进税的原则规定之。

解释：

（十七）以前军阀、豪绅用各种捐税的名义来剥削农民，有时比地主对农民剥削还更残酷，所以一律取消。

（十八）苏维埃政府，须办理一切公益事业，如建立农民银行，组织生产、消费合作社，办理教育事业，维持孤儿寡妇等，特别是正在进行残酷的革命战争时候，一切红军军事用费更为重要。所以农民耕种所得，应缴纳相当的公益费。

（十九）累进税的原则是所得愈多者，缴纳公益费的比例应同时增加。特别是雇用雇农耕种的富农，缴纳公益费的比例必须比独立劳动的农民增多。

八、各县如有特殊情形，本法令所不能包括者，由县苏维埃代表大会议决办法。

九、全国苏维埃政府成立，颁布了正式的土地法令时，本暂行法令即行取消。

（选自《红旗》第一百〇七期）

苏维埃土地法

（一九三〇年六月中国革命军事委员会颁布）

第一章 土地之没收及分配

第一条 暴动推翻豪绅地主阶级政权后，须立即没收一切私人的或团体的——豪绅、地主、祠堂、庙宇、会社、富农——田地、山林、池塘、房屋，归苏维埃政府公有，分配给无地、少地的农民及其他需要的贫民使用。只有农民协会，尚未建立起苏维埃的地方，农民协会亦可以执行没收及分配。

　　第二条　豪绅地主反动派的家属，经苏维埃审查，准其在乡居住，又无他种方法维持生活的，得酌量分予田地。

　　第三条　现役红军官兵及从事革命工作的人，照例分田，并由苏维埃派人帮助其家属耕种。

　　第四条　乡村中工、商、学各业能够生活的，不分田，生活不够的，得酌量分予田地，以补足其生活为限。

　　第五条　雇农及无业游民愿意分田的，应该分予田地。但游民分田的，须戒绝鸦片、赌博等恶嗜好，否则苏维埃收回他的田地。

　　第六条　旅外不在家乡的，不分田。

　　第七条　分田以乡为单位，由某乡农民，将他们在本乡及邻乡所耕田地总合起来，共同分配。如有三四乡互相毗连的，内中几乡田多，几乡田少，若以一乡为单位分配，那田少之乡不能维持生活，又无他种生产可以维持生活的，则以三四乡合为一个单位分配，但须经乡苏维埃要求，得区苏维埃批准。

　　第八条　为满足多数人的要求，并使农人迅速得到田地起见，应依乡村人口数目，男女老幼平均分配，不采以劳动力为标准的分配方法。

　　第九条　城市商人及工人，以不分田为原则，但失业工人及城市贫民要求分田者，得酌量在可能条件之下分给之。

　　第十条　为求迅速破坏封建势力并打击富农起见，分田须按抽多补少、抽肥补瘦的原则，不准地主富农瞒田不报及把持肥田。分田后，由苏维埃政府制定木牌插于田中，载明此田生产数量，现归某人耕种。

　　第十一条　所有豪绅、地主、富农及祠庙公田的一切契据，限期缴交乡苏维埃，或乡区农民协会，当众焚毁。

　　第十二条　田地分配后，由县苏维埃或区苏维埃发给耕种证。

　　第十三条　凡乡中死亡、改业和外出的，将他所得的田地，收归苏维埃再行分配。外来或新生的，苏维埃应设法分予田地，但须在收获之后。

　　第十四条　暴动分配田地，在农民业已下种之时，田中生产即归分得该部田地之农民收获，原耕人不得把持。

　　第十五条　菜园、河坝、荒地（能耕种杂粮的）要分配。大规模池塘不便分配的，归苏维埃管理营业或定价出租。

　　第十六条　竹山、木梓山，须照其收成，折成田亩计算，合并田地分配。但其原来系雇佣劳动，设厂制造，有工业资本性质的，由苏维埃整个出租，不必分配。

第十七条　松杉等项山林，由苏维埃政府经营或出租，但该乡人民须用以修坡圳，建造公物公屋，修理被反动派焚烧的房屋等等，要用木料时，经区苏维埃政府批准，可以采用。

第十八条　柴火山由苏维埃政府公禁公采。

第十九条　为满足贫苦农民要求起见，应将所有没收田地，尽数分予他们，苏维埃不必保留。但在某种情形之下，得将分配不完的部分，建设模范农场，或临时出租。同时保留该房屋之一部分，为公共事业之用。

第二章　废除债务

第二十条　工农穷人欠豪绅地主富农之债，一律不还。债券契约，限期缴交苏维埃或农会焚毁。

第二十一条　豪绅地主及商人，欠公家或工农贫民之债，不论新旧，都要清还。

第二十二条　工农贫农在暴动前，欠商家交易之老账，无论是否商业高利贷的，或是否本身之账，一概不还。

第二十三条　工农穷人自己来往之账，在暴动前借的，原则上亦一概不还。只有那种以友谊扶助为目的，不取利息之债，经借债人自己愿意归还的，不在此例。

第二十四条　工农穷人典当物件及房屋予豪绅地主及典业商人的，无条件收回抵押品。

第二十五条　钱会谷会，概行取消。

第二十六条　苏维埃政权之下，禁止高利借贷。由县苏维埃按照当地金融情形，规定适当利率，但不得超过普通资本在当地一般经济情形中所得利率之数。

第三章　土地税

第二十七条　为打倒反革命的需要（如为了扩大红军及赤卫队，供给政权机关等）及增加群众利益的需要（如设立学校、看病所，救济残废老幼，修理道路坡圳等），苏维埃得向农民征收土地税。

第二十八条　土地税，以保护贫农、联络中农、打击富农为原则，须在苏维埃建立之后，而且群众已经得到实际利益，经高级苏维埃批准时，才可征收。

第二十九条 土地税按照农民分田每年收谷数量，分等征税：

（一）每人分田收谷五担以下的，免收土地税。

（二）每人分田收谷六担的，收税百分之一。

（三）每人分田收谷七担的，收税百分之一点五。

（四）每人分田收谷八担的，收税百分之二点五。

（五）每人分田收谷九担的，收税百分之四。

（六）每人分田收谷十担的，收税百分之五点五。

（七）每人分田收谷十一担的，收税百分之七。

（八）每人分田收谷十二担的，收税百分之八。

以后每加收谷一担，加收土地税百分之一点五。

第三十条 土地税之收入支出，须统一于高级苏维埃政府，低级政府不得自由收支。支付标准，按照税收多寡及各级政府需要的缓急轻重，由高级政府决定。

第四章 工资

第三十一条 农村手工业工人及雇农，以前工资过低的应该提高。以后工资数目，由苏维埃依照生活物价涨跌及农民收入丰歉两个标准决定之。乡区苏维埃规定工资，须得县或省苏维埃批准。

中华苏维埃共和国土地法

（一九三一年十二月一日中华工农兵苏维埃
第一次全国代表大会通过）

无产阶级所领导的农民斗争，正在继续发展和日益高涨，帝国主义军阀虽然疯狂似的来抵抗，可是苏维埃运动还是向上增长并且扩大；日益使中国的工农武装了自己，组织了红军，一县又一县的农民，从数千年来在封建地主豪绅的压迫之下解放出来了，没收并分配了这些压迫者的土地，打倒了封建制度，建立了工农苏维埃政权。这个政权，是能够彻底完成中国反帝国主义的革命及土地革命任务的政权。

中华工农兵苏维埃第一次全国代表大会，批准和决定没收地主的土地及其他大私有者的土地。为没收和分配土地有一个统一的制度起见，第一次代表大会在基本农民群众与革命发展前途的利益之基础上，采取下面的土地法令，作为解决土地问题的最好的保障。

第一条 所有封建地主、豪绅、军阀、官僚以及其他大私有主的土地，无论自己经营或出租，一概无任何代价地实行没收。被没收来的土地，经过苏维埃由贫农与中农实行分配。被没收土地的以前的所有者，没有分配任何土地的权利。雇农、苦力、劳动贫民，均不分男女，同样有分配土地的权利。乡村失业的独立劳动者，在农民群众赞同之下，可以同样分配土地。老弱残废以及孤寡，不能自己劳动，而且没有家属可依靠的人，应由苏维埃政府实行社会救济，或分配土地后另行处理。

第二条 红军是拥护苏维埃政府、推翻帝国主义和地主资本家政府的先进战士，无论他的家庭现在苏维埃区域或在尚为反动统治的区域，均应分得土地，由苏维埃政府设法替他耕种。

第三条 中国富农性质是兼地主或高利贷者，对于他们的土地也应该没收。富农在没收土地后，如果不参加反革命活动，而且用自己劳动耕种这些土地时，可以分得较坏的劳动份地。

第四条 没收一切反革命的组织者及白军武装队伍的组织者和参加反革命者的财产和土地；但贫农中农非自觉地被勾引去反对苏维埃，经该地苏维埃认可免究者，可在例外；对其头领则须无条件地按照本法令执行。

第五条 第一次代表大会认为：平均分配一切土地，是消灭土地上一切奴役的封建关系及脱离地主私有权的最彻底的办法；不过苏维埃地方政府无论如何不能以威力实行这个办法。这个办法不能由命令来强制执行，必须向农民各方面来解释这个办法，仅在基本农民群众愿意和直接拥护之下，才能实行。如多数中农不愿意时，他们可不参加平分。

第六条 一切祠堂、庙宇及其他公共土地，苏维埃政府必须力求无条件地交给农民；但执行处理这些土地时，须取得农民自愿的赞助，以不妨碍他们奉教感情为原则。

第七条 较富裕的农民，企图按照生产工具多少来分配被没收的土地。第一次大会认为，这是富农有意阻碍土地革命发展和自己谋利益的反动企图，须给以严厉的制止。地方苏维埃政府应根据各乡村当地情形，选择最有利于贫农中农利益的方法；或按照每家有劳动力之多寡同时又按人口之多寡——即混合原则来进行分配；或以中农、贫农、雇农按照人口平均分配，富农以劳动力（即按照人口平均分配土地的地方，富农每个有劳动力者，所得分田数量，等于按人口平均分配每一人所得分田数量）为单位，人口为补助单位去分配。分配土地时，不仅应计算土地的面积，而且应估计土地的质量（特别是收获量）。在土地分配时，还应尽可能地使之适合于进行土地改革，预备消灭官荒、片段、大阡陌等各种封建遗迹。

第八条 没收一切封建主、军阀、豪绅、地主的动产与不动产，房屋、仓库、牲畜、农具等。富农在没收土地后，多余的房屋、农具、牲畜及水碓、油榨等，亦须没收。经过当地苏维埃，根据贫农中农的利益，将没收的房屋分配给没有住所的贫农中农居住，一部分作学校俱乐部、地方苏维埃、党及青年团委员会、赤色职工会、贫农团和各机关使用。牲畜和农具可由贫农中农按组织按户分配，或根据贫农意见，自愿的将各种没收农具办初步合作社，或在农民主张和苏维埃同意下，设立牲畜农具经理处，供给贫农中农耕种土地的使用。经理处应由地方苏维埃管理，农民得按照一定规则，支付相当的使用金，所有农具的修理，经理处工人的供养以及新农具新牲畜的购备，由农民加纳使用金的百分之几，以资弥补。

第九条 没收地主豪绅的财产，同时必须消灭口头的及书面的一切佃租契约，取消农民对这些财产与土地的义务与债务，并宣布一切高利贷债务无效。所有旧地主与农民约定自愿偿还的企图，应以革命的法律加以严禁，并不准农民部分的退还地主豪绅的土地，或偿还一部分的债务。

第十条 一切水利、江河、湖沼、森林、牧场、大山林，由苏维埃管理，来便利于贫农中农的公共使用。桑田、竹林、茶山、鱼塘等，必如稻田麦田的一样，依照当地农民群众的自愿，分配给他们使用。

第十一条 为着实际的，彻底的，实现土地革命的利益，中华工农兵苏维埃第一次全国代表大会宣布雇农工会、苦力工会、贫农团是必要的团体，认为这些组织是苏维埃实行土地革命的坚固柱石。

第十二条 苏维埃全国代表大会认为，在苏维埃政权下，土地与水利的国有，是彻底消灭农村中一切封建关系，而事实上就是使农村经济达到高度的，迅速的发展必经步骤。不过实际实行这个办法，必须在中国重要区域土地革命胜利与基本农民群众拥护国有条件之下，才有可能。在目前革命阶段上，苏维埃政权应将土地与水利国有的利益向群众解释，但现在仍不禁止土地的出租与土地的买卖，苏维埃政府应严禁富农投机与地主买回原有土地。

第十三条 地方苏维埃如在该地环境应许条件之下，创办下列事业：一，开垦荒地；二，办理移民事业；三，改良现有的及建立新的灌溉〔工程〕；四，培植森林；五，加紧建设道路，创办工业，促进农村经济的发展。

第十四条 本法令不但适应于现已成立之苏维埃区域，而且应用于非苏维埃区域及新夺取的苏维埃政权的区域。各苏区内已经分配的土地,适合本法令原则的,不要再分;如不合本法令原则的,则须重新分配。

(选自《苏维埃中国》第二集)

中央关于"平分一切土地"的口号的决议

(一九三一年十二月二十四日)

中央近来检阅各苏区的报告,觉得各苏区党部对于"平均分配一切土地"问题的解释与执行是不相一致而且有错误的。譬如皖西北特委,在第二次扩大会议决议案上说:

"有些地方是离开了没收豪绅地主阶级的土地与实行彻底分配一切土地的原则,形成了一贯的富农路线"(七月三十一日)。

从这一段话上看来,似乎不彻底实行"分配一切土地"那就要犯了富农路线的错误。但是在皖西北地方苏维埃政府对鄂豫皖区苏维埃政府的报告上,又说:

"商城分配土地,犯了极严重的错误,主要是没收的原则应用到中农的土地上去。所以商城不是没收豪绅富农的土地,而实是没收一切土地,平均分配一切土地"(六月底)。

从这一段话看来,则是"平均分配一切土地"是"犯了极严重的错误"。

在鄂豫皖区苏维埃给皖西北地方苏维埃的一封信上则说:

"对中农的土地,不可变更他原来的位置,如果已经变了的,必须宣传叫他提出意见来。如不满意,必须以山地等补充之"(七月二十九日)。

这里是说不可变更中农原来的土地,这就是说,在实行"平均分配一切土地"的原则之下,中农的土地是不包括在内的。

在鄂豫皖中央分局给麻城县委的信上也说:

"侵犯中农的利益,是绝对不行的。他们的土地,以不动为原则"(九月十六日)。

这是在鄂豫皖苏区的情形。

在黄某某同志巡视鄂东苏区的报告中说:

"在平均分配一切土地的口号之下,把中农土地没收,使中农动摇"(七月十一日)。

这就是说，在平分一切土地的口号之下，也没收了中农土地，也分配到了中农的土〔地〕，以至使中农动摇。

在赣东北苏区、赣东北特委政治决议上说；

"在扩大会决议上，没有特别指出'平分一切土地'是错误的"（七月二十二日）。

赣东北省委第一次扩大会决议上指出省委的中心任务，是在：

"彻底的解决土地问题，实行平分一切土地"（十月十三日）。

"所有被没收的土地及一切土地，一律经苏维埃平均分配"（赣东北省委报告）（十月三十一日）。

在中央苏区，则以为：

"被没收的土地，应当按照平均分配一切土地为原则（数量上质量上的平分），就是多少同好坏分匀，来分给农民。因为平均分配一切土地，是消灭土地关系中的封建制度最彻底的办法。……在平均分配土地的一切过程中，应当把已经没收的地主土地和富农土地和中农贫农自己的土地一起拿来平分，使雇农、苦力、贫农、中农分得同样多同样好的土地，就是多少分匀，好坏分匀"（见苏区中央局《关于土地问题的决议案》，八月二十一日）。

在湘鄂西苏区，在湘鄂西省军事委员会《关于九师最近行动的决议》则这样写着：

"武装农民发展农民战争，同时宣传平分一切土地，并在农民自愿的条件之下实行"（八月二日）。

中央认为，虽是有些苏区正确的了解到"平分一切土地"口号的执行，决不能侵犯中农的利益，然而有些苏区对于这一口号的了解与执行，还是模糊的与错误的。

中央必须再一次的告诉苏区的各级党部，共产国际还在一九三〇年七月在《中国问题决议案》上分明的写着：

"必须坚决打击富农的企图，这些企图或者是想阻碍没收地主的土地，或者是想按照农民各自所有的生产工具去分配已经没收的地主土地。党对于这种富农的企图应当反抗，就是要实行没收一切地主的土地，没收教堂、寺院以及其他大私有财产者的土地，把这些土地依平均分配的原则交给贫农和中农，同时不要把没收的原则应用到富裕农民的土地上去"（这里是指富裕的中农说的）。

中央根据国际这一指示，曾经起草了中华苏维埃第一次全国代表大会的法令草案。该草案上关于中农的土地与平均分配一切土地的问题给了很明确的如下回答：

"中等农民阶层的土地不没收"（第三条）

"平分一切土地是消灭土地上一切奴役的封建的关系及脱离地主私有权一切束缚最彻底的方法。不过苏维埃政府无论如何，不能以威力实行，不能由上命令，必须向农民各方面解释，这个办法仅在基本农民群众愿意和直接拥护下，才能实行"（第五条）。

从这里我们可以分明的看到，我们在土地革命中的中心口号，仍旧是"没收地主、教堂、寺院以及大私有财产者的一切土地"。"富农的土地也在没收之列，但在富农不参加反革命，自愿耕种土地的条件之下，仍可分得坏的土地"（像赣东北党那样所提出的"没收地主与富农的土地"，把地主与富农平等看待是不正确的）。中农的土地绝对不能没收。至于没收来的土地平均分配，或是更进一步的实行平均分配一切土地（自然中农的土地也在内），那最好由农民的最大多数去决定。

中央认为，有些苏区的党部，如赣东北，中央区等，只是机械的去平分一切土地，以为不实行平分一切土地，就是富农路线，就是机会主义，这种观念是完全错误的。他们在这种了解之下，完全忘记了中农，侵犯了中农的利益。中央根据各苏区分配土地的经验，必须使全党同志了解，在实行平分土地的过程中，中农的土地以不动为原则。对于那些利用平分一切土地的口号去侵犯中农利益的"左"的企图，必须给以最严厉的与坚决的打击。但是我们不反对而且赞成在"基本农民群众（自然中农也在内）愿意和直接拥护之下"去实行平均分配一切土地，因为这是土地革命最彻底的办法。而且我们在目前还应该尽量宣传"土地国有"的口号，对于这个口号的宣传，苏区的党部是忽略的。

苏区的各级党部必须向广大的雇农贫农群众解释，他们要保持他们所分得的土地，要扩大与巩固苏维埃政权，要坚决的去战胜反革命与富农，他们必须同中农结成最密切的同盟，必须不但不损害到中农的利益，而且要给中农以土地革命的实际利益，就是中农所有的土地比雇农贫农所分得的较多些，我们不能以平均分配一切土地的口号，去分配他们的土地。妨害中农的利益，强迫平均分配他们的土地，必然会使他们动摇到敌人方面，来反对苏维埃政权。这种"左"的反中农的路线，是富农路线的另一表现，实际上同掩护富农利益的机会主义，根本没有丝毫的不同。

（选自《红旗周报》第二十八期，一九三二年一月十八日）

中央执行委员会关于法令的解释

（一九三二年四月十二日）

我看对于重新分配土地方面，有多数群众要照人口平均分配土地（不分老幼），有些要照劳动力来分配土地，发生许多争执，我省中华苏维埃土地法令内第七条有许多看不明白的意义（思），就贫农方面来说，到底按人口之多寡来平均分配，或按照劳动力之多寡来分配土地，即富农无劳动力者又要分又不要分，我等虽不是分田负责人，是第三者，不过替分田负责同志设法函恳指示，即希答复。

杭武篮家渡区　头乡第一劳动学校启
四月二日

现在我有几个问题不能了解请即答复：

（一）土地法第二条"红军是拥护苏维埃政权、推翻帝国主义的先进战士，无论其本地是否建立苏维埃或尚为反动统治，均须分得土地，由苏维埃政府设法替他耕"。那现在豪绅地主不分田，假若某个红军战士他的家庭经济地位是个豪绅地主，这又怎样呢？我问了好多同志，他们的答复不一致：有的说如果他们家族是豪绅地主无论如何不能分田。有的说还是同样分田。

（二）红军优待条例第四条："红军战士，在服务期间无劳动力耕种之家中田地，或分得之公田，应由苏维埃政府派人帮助全部耕种、灌溉、收获工作……"。从前我们在赣县扩大红军时，有一个红军家属是个富农，他家族只有四个人（二男二女），两个男的都到一军团当兵去了，几年家里无劳动力耕种田地。政府问我们这一家红军家属优待不优待，我也无把握答复，最后我们去县政府和县委，他们说不能优待，但他们也迟疑不决，不能硬怎样决定。

（三）劳动法第二条："对于中华苏维埃共和国海陆空军服军役的战斗员指挥员不受本劳动法的拘束"。我也同样的不能解释，问其他的同志，他们解释说："红军战指各员每天上课下操作工事等都是劳动，所以这个劳动不能按照劳动法每日来作八小时"。这个解释，对不对呢？不妥吧！

力梁　四、三于清溪
三师政治部

关于以上的问题解答如下：

一、土地法第七条之分配土地的方法，限定富农只按有劳动力的，可分一份坏田，无劳动力的，按人口来分，即是所分的坏田，只能少于有劳动力所分得的田，或半份或只三分之一，由各地来定。同时，对于贫农中农之分田两种办法——按人口平均分配，以劳动力与人口混合分配——之决定一种，须看当地贫农中农的大多数，以那种方法为最有利益的来决定，而不是以少数人的意见来决定的，同时也不是单以贫农的意见，还要顾及大多数中农的意见。

二、土地法第二条所指红军战士，主要的系指工农群众而言，假如有豪绅地主子弟来参加红军，要看他们是否是革命开始时——即当地苏维埃政权未建立前后——参加红军来定，如若当地暴动后，他来参加革命，我们考察出来，就要驱逐出红军，更谈不上分田；如系当地暴动时参加的，或当地未暴动建立政权而来参加红军的，对革命又努力（如外来参加红军，白军反水过来的）应作例外来看，因为他本人已牺牲本身阶级之利益，而来拥护工农阶级的利益，不能如一般豪绅地主子弟来看，同样要享受分田的权利。

三、红军优待条件第四条重要的意义与上面土地法第二条的意义作一样的解释，如该富农参加红军甚早——在暴动的时候——以及在红军中作战勇敢而有功绩者，应照优待条例执行，但优待条例的范围仅限及于他妻子和父母，旁人都不能享受，如不属上项者，该本人红军应将他驱逐出去。

四、劳动法第二条所指，因为充当红军，不是简单劳动，而是一种革命的义务。非如一般工人相同，况且军队因战争关系，更不能分时间与工资，故不照劳动法来实行。

中央执行委员会
一九三二年四月十二日

（选自《红色中华》第十七期，一九三二年四月十三日）

中央土地人民委员部关于分配土地问题的答复

（一九三二年六月）

中央苏维埃政府鉴：

我们为要彻底分配土地，使一切没有土地权利的人们，不能偷取工农半点土地的利益，也就必须要靠下层每一个做工作的干部，首先定能了解执行一切土地法令的根本问题,那么,下层有了每一个干部在土地问题上发生不了解的地方,也就谈不上土地分配的彻底。因此,我们在分配土地的工作上,也还含有几个地方,还不十分的了解来做结论,所疑质的问题上,其一,就是富裕中农的问题,我们看见各种报纸登载的及一切文件上对于纠正反中农的错误,只说:中农的土地不会出租也并不请长工短工,而靠专向自己劳动力或者农忙时期稍为请些零工,除他够吃够用外,还稍为剩余粮食者,或还放债有七八百毫洋者,这不是富农,还是富裕的中农,是不错的!我也了解了。但有一类人,当然他的土地不出租也并不请长工短工,除剩余十多担谷子出粜外,所放的债务又不止七八百毫,甚至二三千毫,这种人究竟〔是〕富农阶级,也(或)还是富裕中农呢?其二,是对于富农与地主交界的问题,比方一家人,他有三四个人吃饭,有田三四十担,他不请长工、短工,债务也未曾放,可是他的土地出租超过半数,甚至出租土地又没有超过三分之二,这类人,是否地主阶级,或者还是富农阶级呢?其三,至于地主阶级,还在未革命前,我们不顾问他有田多田少,或者欠了多少债及欠债的原因,因为全部专靠土地出租收租坐在家里,专靠收租吃饭,剥削工农,这当然是地主吗?其四,有人所做过的说:"开商店的地主阶级,只能没收他的一切土地,但他们的财产是不能没收。"他说:"因为要保护商店"。这一事件究竟是真分与否呢?其五,我最后问你一个清楚,根据土地法令上,还每一富农家属参加了守望队、靖卫团、白军,以及一切反革命政治派别,如AB团、社会民主党等,当然是要同地主一样的看待没收,有一种工作同志含糊认为自首自新的富农AB犯未被杀掉,是不要没收,这句话是不对吗?

上面几个问题在我们土地工作进行上发生过许多争论,结果总是没有一个人来解释清楚,究竟谁对谁非也不明真相。同时,也不单是我个人不了解,而且我所经过许多下级地方,及下层干部同志,同样的糊涂。也不但胜利县如此,相信其他各县也恐有下层干部不晓,因此,这几个阶级问题,望中央政府发表,最好在红色中华报上作一具体的解答,以求方便,使整个的下层多数不了解的干部都可看见,能清楚懂得,积极进行。

嘉宾同志:来信收到,你所问的五个问题,兹答复如下:

一、富裕的中农与富农的区别这一点,我们应该站在生产关系中去了解他,更具体的说,要在剥削关系上来认识,富裕的中农,他的一切生活资料的供给,是由他自己劳动所得来的,他每年或者有比较多的谷子出粜,来购买他一切需要品，或者在农忙时，还要雇零工，或有时还要放几点债出去，如果所放的债，不是成为他经常收入的一部分，他生活的供给主要部分不是剥削来的，这不能算为富农，假使他剥削所得的成为他经常收入的一部分，成为他生活资料的主要来源，那就是富农。来信所举的例子："如有一类人，不出租田，也不雇长工短工，除剩余十多担谷子出粜外，还要放二、三千毫子的债，是不是富农？"要答这个问题，首先要看二、三千毫子，是不是经常专门用来剥削人的，成为他生活中经常收入的一部分，来决定是富农或是富裕中农。

二、富农与地主的分别，主要的是看他与土地的关系，如果占领有多数土地，依赖剥削人为生活，其本人不参加土地生产而专靠收租为生活或虽耕种一部分土地而主要的收入都是靠出租土地剥削者为地主。自己参加土地生产，同时利用土地剥削或放高利贷，或剥削雇工者为富农。

三、坐在家里，专靠收租吃饭的，当然是地主无疑。

四、地主所有的土地、房屋、财产一律没收（参看中央政府批准的江西省苏没收和分配土地的条例第一条），如借口保护商店，而不没收地主的财产，这完全是机会主义的办法（这是指地主主要的收入，是于土地上剥削来的，商店是附带的营业，至于商人兼地主，他的收入以商为主而兼土地的剥削，那只没收他的土地不没收商店）。

五、富农参加过反革命政治派别的，不论自新或自首，他本人的土地财产等应无条件的没收，但其家属的处置，可按照中央政府批准的江西省苏没收和分配土地条例第三条执行，说参加反革命组织的富农，自新自首的不没收，这完全是错误的。

中央土地人民委员部

中央政府：

兹对于土地问题的疑问几点请答复：

一、阅了江西省政府起草、中央政府批准的没收和分配土地条例第十条"豪绅地主及加入反革命组织和自动领导群众反水的富农的老婆、媳妇、女儿同工人、雇农、贫农、中农结婚的，本条例公布以后不得分配土地"。那么，没有加入反革命组织及自动领导群众反水的富农的老婆、媳妇、女儿和工人、雇农、贫农、中农结婚的可以分配土地吗？分配了土地的要抽回吗？再则，条例说自本条例公布以后不得分配土地，这"以后"二字是否说了以前分配的就可以不撤回？

二、豪绅地主以及加入革命组织的富农的老婆、媳妇、女儿与工人、雇农、贫农结了婚，以前分配了土地，男人是去当红军了，其所分配的土地要撤回吗？如不撤回则与条例有抵触，如撤回则变撤回红军家属的田地了！

上杭县苏土地部长温恒贵
六月十七日

温恒贵同志：来信收到，兹答复如下：

一、江西省苏起草经中央政府批准的没收和分配土地条例第十条："豪绅地主及加入反革命组织和自动领导群众反水的富农的老婆、媳妇、女儿同工人、雇农、贫农、中农结婚的，本条例公布以后，不得分配土地"。这里所说的"不得分配土地"，是指从该条例颁布以后，在开始分配土地，或重新分配土地的地方不得分配土地，假如过去分配土地，土地革命中的利益落在雇农、贫农、中农身上，同时亦没有大多数群众要求重新分配土地的地方，因为过去错误分配了而分得的土地的，但该豪绅富农的妇女与工农结婚〔已〕久而其分配土地之利益落在结婚之工农身上的，可以不必撤回。豪绅地主及自动领导反水的富农等本家，过去分得的土地应收回。同时，应注意，如果豪绅地主及加入反革命组织的富农的老婆、媳妇、女儿与工人、雇农、中农在该地暴动前结婚的，在分配土地时，有分配土地之权，分得的土地，不撤回。没有参加反革命组织及自动领导群众反水的富农的老婆、媳妇、女儿和工人、雇农、中农结婚，在该地暴动前，可依照雇农、中农等一样分田；结婚时是在暴动后，则应按照其本来富农地位分坏田。如分配土地已久的地方而分了田的，在没有重新分配土地时，可不撤回。

二、豪绅地主及加入反革命组织的富农的老婆、媳妇、女儿在该地暴动前与工人、雇农、贫农、中农结婚，可以按照工人、雇贫、中农家属分田，在暴动后结婚的，不能分田，如已分得了田，不是重分土地，可不撤回。

中央土地人民委员部

（选自《红色中华》第二十四期，一九三二年六月二十三日）

中央土地人民委员部训令

第一号

——为深入土地斗争，彻底没收地主阶级财产

（一九三二年十二月二十八日）

要彻底深入土地斗争，实现全部土地法，这不仅要没收地主阶级的一切土地，而且要没收地主阶级的全部财产，分发给贫苦群众，只有这样才能彻底消灭地主阶级的势力，也只有这样才能使贫苦工农得到更多的利益，而能更高兴更积极起来，为争取本身利益而斗争，这是巩固苏维埃政权，彻底粉碎敌人大举进攻的最有效办法。

中央苏区在没收和分配土地上面，自全苏大会颁布了土地法以后，确有了很大的转变与成绩，但在许多地方如石城、会昌、雩都、长汀、宁化、南广等县，仍不免将阶级混淆，把地主当富农，富农当中农，甚至把地主当做中农、贫农看待，有些老区域也还有一部分分秧田给富农，这完全是一种阶级妥协，实际上是维持地主富农的地位，违反了土地法令，目前各地在土地检查中，又有很多只检查而不立即分配，这仍然是延缓土地斗争的深入。

另一种错误，就是过去中央苏区大部分在没收地主阶级土地时，不同时没收他的全部财产，有的只罚款就算了事，这便仍然使豪绅地主得借此相当保存残余势力，留作反苏维埃的活动。

为了彻底消灭地主阶级的势力，发动更广大群众起来，除没收地主阶级一切土地以外，必须进一步没收其全部财产，兹根据土地法令，将没收地主财产这〔项〕工作中几个要点指示如下：

第一、就要分清阶级，把隐藏着的豪绅地主通通清查出来，除他们所有的田地、山林、房屋、池塘通通没收外，其家中一切粮食、衣物、牲畜、农具、家私、银钱等一概没收。反动商店，以及反动分子在商店中所有股金、红利、存款，也要一概没收。但同时要注意不要把中农当富农，富农当做地主，特别是游击队向白区游击时，要坚决纠正过去不分阶级的不好现象，这是破坏阶级战线，把群众送给敌人去利用，结果只有造成铜墙铁壁的赤白对立，把自己闭死了，这简直是自杀政策。

第二、没收来的财物，除现款、金银，首饰及贵重物品交财政部报解上级，以增加财政收入外，其余物件如米谷、什粮、木梓、牲畜、衣服、帐被、农具、家私等，要尽量散发给贫苦群众，首先要发给红军家属、雇农、

贫农、苦力,这样才能发动群众斗争。过去各处把没收品不分贵贱通通拍卖变钱,如会昌县苏前次装了五百多斤锡器到中央来,瑞金各区乡没收土豪谷子,通通归到区政府作为公谷,会昌罗田区没收来之木梓、猪婆等,都拿来出卖,有些地方连没收耕牛都卖了钱,这是很错误的。如果把这些不值钱的东西拿来分给群众,那么要多发动几多群众起来?这些只看到钱而没有看到群众的没收办法,是脱离群众的办法。同时,把没收的东西挑到区政府总务处去,任凭工作人员乱拿,或挑到互济会去,不分给群众,亦同样是脱离群众的。我们必须了解,只有从分发东西中去发动群众,使群众得了东西,更高兴更积极去清查土豪地主,只有这样才能彻底消灭地主阶级的势力。

第三、没收来的东西,尤其要注意在当地散发,小土豪的东西,以乡为单位散发,几个乡村同被剥削的大土豪,可以斟酌拿一部分东西给附近乡村群众。我们一定要注意使土豪所在地的群众得到利益,发动他们起来斗争,我们一定要了解到农民的私有观念,地方界限是不容易打破的,如果任别乡群众把他们本乡土豪的东西搬走了,那么该乡农民很容易受土豪的欺骗和煽动,而引起地方斗争,就(即)使不致如此,至少也会使该乡群众减少斗争的情绪,而最近零都黄龙区大南乡与会昌西同区某乡群众的纠纷,就是这样造成的。各处游击队及独立团有些到白区游击时,没收土豪物品,很少在当地分发,有些简直不发,只顾自己一挑一挑挑回来,任凭当地群众眼红失望,结果给地主富农以欺骗煽动的机会,致妨害新区域工作,这都是没有注意使当地群众得到利益所致。这些宝贵的教训,我们必须紧紧记住,不要再重复这些错误。

第四、没收财产时,必须注意没收与分配方式,凡没收某家财产,首先必须经过调查,调查确实后再经政府决定,由政府派人将财产标封,以后再召集群众会宣布罪状及没收理由,经过贫农团、雇农工会,作□在群众会中通过。分配方法亦同时由群众表决,并公举没收财产委员会,其收归政府或留给红军游击队的,最好亦向群众解释通过。群众会通过后,由没收委员会负责将物品清查登记,分别散发。分配后,并须将没收数目开列公布,只有这样才能使群众彻底了解,使群众认为是自己的事,而能热烈的起来参加这一没收工作之执行。过去很多地方没收财产只经过少数贫农团或政府秘密决定,便进行没收,而没有注意去发动群众宣传群众,因此有些人不了解,反以为是某些人公报私仇,这样虽然把地主财产没收了,但却没有把群众发动起来,这就仍然不能彻底镇压地主富农在群众中的活动,就仍然不能认为彻底消灭了地主阶级的势力。

第五、没收财产要有雇农工会、贫农团在群众中起作用，才能把土豪地主清查出来，也只有雇农工会、贫农团起作用，才能战胜地主富农在群众中的欺骗宣传。如果没有雇农工会、贫农团经常地个别地向群众宣传解释，那么单凭开会时宣布罪状与没收理由，是不能使广大群众彻底了解，而热烈地起来参加没收工作，甚至还有些连东西给他们都不敢要，这亦是过去事实给予我们的教训。要彻底没收地主阶级财产，必须把雇农工会、贫农团组织好，这是我们要注意的。

最后、我们要注意到的，一般豪绅地主除了现存家庭财产之外，还有许多窖藏及寄存在外面之财物，为我们所不知道的，要彻底没收这些财产，必须采用各种方法（如罚款等）去没收地主窖藏的现金，同时也可以增加财政上之收入。

我们现在是站在革命与反革命决死战的重要关头，要深入土地斗争，彻底消灭地主阶级势力，发动千百万贫苦群众起来，在苏维埃领导之下，来粉碎敌人的大举进攻，彻底没收地主阶级一切财产，是我们最主要工作之一。各级土地部接到这一训令，必须彻底纠正过去没收中的一切错误，有计划地去领导广大群众迅速执行这一工作，切切此令。

（选自《红色中华》第四十七期，一九三三年一月十四日）

中华苏维埃共和国中央执行委员会对于乡村工人分配土地及保留公田问题的决议

（一九三三年三月一日）

一、关于乡村工人分配土地问题

根据全国总工会苏区中央执行局的报告，关于乡村工人分配土地问题决议如下：

1. 因为乡村手艺工人与土地有密切的关系，又因他们是热烈参加和积极领导土地革命的斗争的，因此乡村的各业工人，在当地革命爆发后要求分配土地时，不论失业与未失业，政府应该按照分配土地给雇农、贫农、中农的样子分配同等数量质量的土地给予这种要求土地的工人。但未失业而要求土地的，须以本人确能亲自耕种为条件，本人不能亲自耕种的，不应分给土地。

2. 土地问题尚未彻底解决的地方，在查田斗争中从地主富农手里检查出来重新分配的土地，应首先分给当地失业工人，其次分给当地未失业而要求土地自己耕种的工人。

3. 土地问题已经彻底解决不能从地主富农检查出土地的地方，自不应为了工人要求土地而从已经分好了土地的群众中抽出土地分与工人。

4. 过去已经分给失业工人的土地，后来工人得业，政府又把土地收回，如兴国、赣县、雩都、胜利、瑞金等县所发生的现象，这是错误的，应立即将收回的土地发还原人。

5. 县城及相当于县城的大市镇（由省苏指定）的工人仍然不分土地。

二、关于留公田问题

根据各地政府报告，各地的土地除留出红军公田之外，一概分配完了，因此有些必需的公共事业费用，如桥梁的修理，渡河的设置等项，都无处取给。中央执行委员会认为，乡村中关系群众切身利益而群众共同要求的公共事业，如重要桥梁的修理、渡船的修理与船工的给养，确需要相当费用。以后各新区域分配土地时，除留出红军公田外，得于有渡船地点的区乡，经过群众的同意，酌留土地以为该处渡船的费用。有重要桥梁的区乡，亦得酌留土地为修理该处桥梁之用。在土地尚未彻底分配的区域，从地主富农的手中检查出来的土地，经过当地群众同意，亦得酌留公田为桥梁、渡船之用。凡为桥梁、渡船留出公田的数量以适合该桥梁及渡船之必要费用为限，要防止借口桥梁、渡船费用而留出超过需要的多数土地的事情。

中央局关于查田运动的决议

（一九三三年六月二日）

听了毛泽东与胡海同志的报告之后，中央局认为，虽然在瑞金及其他县份中个别区域里，查田运动得到了很大的成绩与丰富的经验，但是整个的说来，查田运动还仅仅在开始的阶段上。为着总结现有的经验及在整个苏区中开展彻底的查田运动，必须指出：

（一）伟大的土地革命的浪潮，在它强有力地扫荡了农村中间封建半封建的势力，推翻了地主土豪在农村中的统治，建立了苏维埃政权，剥夺了他们千百年来借以奴役劳动农民的土地占有，没收了他们的土地，分配给了雇农、贫农、中农，但是由于封建的半封建的势力，在中国农村中的根深蒂固，在革命最初阶段上，雇农、贫农的组织性与觉悟程度之不足，以及党和苏维埃政权过去对于土地问题解决的不正确路线（如"抽多补少，抽肥补瘦"，"小地主的土地不没收"等），在许多区域中，土地问题还没有得到彻底的解决。有些区域中，虽然已经分配了土地，但是地主、豪绅与富农，常常利用各种方法（或者假装革命，混入党、苏维埃机关，或者利用氏族的关系和影响，或者隐瞒田地，或者以物质的收买、政治的欺骗、武力的威吓），来阻止雇农、贫农的积极性的发展，以便利他们的土地占有，甚至窃取土地革命的果实。这种现象，除了个别的先进县区之外，在大多数区和乡中间，都是或多或少的存在着。

（二）在这种情形之下，查田运动成为发动群众深入农村中的阶级斗争，彻底解决土地问题与肃清封建半封建的势力的有力的方法。查田运动，无疑的是一个剧烈与残酷的阶级斗争，是粉碎、扑灭地主豪绅的抵抗的顽强的斗争。在查田运动中，一方面大大地提高了雇农、贫农和中农的阶级觉悟、积极性与组织力量，另外一方面，地主豪绅的残余与富农，亦进行种种的反革命的企图，来破坏、抵抗查田运动的彻底的进行。这里，他们常用的方法，是利用他们混入党和苏维埃机关和贫农团的暗探，滥用党和苏维埃的权威，压制群众斗争的发展，欺骗、收买、威胁一部分群众，散布各种谣言，动摇中农群众，组织秘密会议，诬告陷害积极的苏维埃工作人员，直至暗杀积极的雇农、贫农与苏维埃的工作人员。因此，党的各组织的任务，是要依靠雇农、贫农，巩固地与中农群众联合着，开展最热烈的斗争，来反对和剥夺地主残余与富农的一切反革命企图。依据在雇农、贫农及中农群众的积极性发展的基础上，适时的、无情的揭露、粉碎与镇压一切地主残余与富农的反抗，以深入阶级斗争及彻底进行土地革命到底。

一切以官僚主义与形式主义的敷衍态度来对查田运动，是最有害的。这实际上，便是对于地主残余与富农抵抗土地革命彻底进行的投降与屈服。

（三）正因为查田运动是一个剧烈的阶级斗争，因此，明确的阶级路线，是保证这个运动胜利的必要的先决条件。这是说，我们应当最清晰的分别农村各个社会阶层与采取对于他们的正确与适当的策略。雇农群众，是城市无产阶级在农村中的兄弟，是土地革命的先锋队。贫农群众，是党和无产阶级在农村中的支柱，彻底进行土地革命的积极拥护者。中农群众，是目前农村中最大的基本的队伍，是无产阶级可靠的同盟者。富农，是与封建剥削密切的联系着，并且大半是半封建的阶层，是敌视土地革命彻底进行的力量。地主，是土地革命与苏维埃运动凶恶的敌人。这里，党的正确的策略，应该是依靠雇农及贫农（农村中无产阶级及半无产阶级），与中农群众结成巩固的联盟，并使雇农群众在查田运动中，起先锋队的领导作用，来消灭地主阶级的残余势力，削弱富农经济上的势力与打击他们窃取土地革命果实的企图。

根据现在所有的经验，在执行这个总的策略路线的时候，应该特别注意的是：第一，加强与发扬雇农及农村中的工人在查田运动中的领导作用。因此，苏维埃的工作人员，必须与工会取得密切的联系，经过工会，来发展与组织农村工人的积极性，使他们成为查田运动的先锋。第二，必须特别的注意到与中农群众的联盟。中农是革命后苏维埃农村中最广大的基本群众，一切我们的处置与策略，必须获得他们的赞助和拥护，每一个贫农团与苏维埃的决定，必须使在以村或屋的群众会议上，得到中农群众的了解与拥护；一切中农群众的呼声，须最注意的倾听，并严厉的打击任何侵犯中农的企图。第三，必须把地主和富农分别清楚，在无情的消灭地主残余的斗争中，决不容许任何消灭富农的企图。当然，我们应对富农窃取土地革命果实的企图给以严厉的打击，没收他们多余的农具与好的田地，分给他们以坏的"劳动份地"。

（四）在查田运动中，必须动员尽可能的广大的群众，来完成这个任务。因此，必须经过党、团、工会的支部支，贫农团的会议，乡苏代表会，女工农妇代表会议等等，来进行这个动员。在这些会议中，须详细的解释查田运动的意义，解释分别阶级成分的标准与方法，检举每一个隐藏着的地主与分得好田的富农，在得到大多数的群众拥护之下，没收地主的一切土地及房屋，农具等等，及收回富农的好地。没收与收回的田地，除留一部分为公益地及红军公地外，应分给以前没有分得地的乡村工人及贫农。没收的东西，主要的应散发给当地的群众，因为只有这样，我们才能更加提高群众的积极性。除了个别例外的情形外，一般的不应该采取全盘重新分配土地的方法；必须使已分好的土地，在农民群众手中稳固起来。

（五）查田运动的真实的开展，将毫无问题的联系着党和苏维埃机关工作的改造和加强。必须在查田运动中，依据在农民群众斗争的开展上，来清洗一切混入党与苏维埃机关的地主富农的暗探，提拔在斗争中涌现出来的新的力量、新的干部，以健全与加强党和苏维埃机关的工作。在必要时，进行苏维埃的全部选举。但是这里必须得注意到群众的意志，和各个机关的具体的成分与工作状况，一切简单的命令主义，解散乡或区苏维埃和贫农团等等，将是不可允许的错误。在某些条件之下，这种举动，恰恰是适合着富农地主的阴谋。在这个运动中，同样必须加强健全与扩大一切群众的组织（工会、贫农团、女工农妇代表大会等等）。

（六）查田运动最密切联系到党和苏维埃工作的全部改造。首先是肃反与检举运动。因此，必须严格的纠正以为查田运动是土地部的事，党和苏维埃的其他各部，处于不理或旁观的地位。中央局责成各党部与苏维埃中的党团，采取具体的办法，来执行这个决议与中央政府的查田运动训令。

（选自《红色中华》第八十七期）

中央土地人民委员部为查田运动给瑞金黄柏区苏的一封信

（一九三三年七月十三日）

黄柏区苏各同志：

你们在中央土地部工作团的帮助之下，发动了黄柏区十二个乡的广大工农群众，热烈地起来查田查阶级，在这一激烈的阶级斗争中，查出了二百七十家以上的地主富农，这些都是过去当作中农贫农，有些地主当作富农的分得了土地，并且分得了好田的。这个数目同区苏过去三年来所处置的一百二十二家地主富农比较，占了总数的百分之七十。在这一查田查阶级的斗争中，没收了许多土地财产分配给贫苦农民，镇压反动派的活动，提高了全苏区广大群众高度的革命积极性，清洗了混入苏维埃中的一部分阶级异己分子及其他最坏的分子出去，吸收了大批工农积极分子进苏维埃来，改选了乡苏与区苏，大大的巩固了苏维埃政权，这是黄柏区此次查田运动的伟大的胜利。但黄柏区的查田运动是还没有完毕的，还有些残余的封建势力与一些反动的活动，尤其是上塅乡、新庄乡、蓝田乡各一部分阶级异己分子与不良分子仍在欺骗煽动一部分群众或明或暗的活动着，有些正在企图翻案。这种情形你们还须给予极大的注意，还须最广泛的发动这些乡里的群众起来，揭破反动分子的阴谋，继续清查残余的地主富农成分，镇压上塅等乡的反动分子，防止他们的反攻与翻案的企图，绝不疲倦绝不动摇的坚决领导群众的斗争，争取查田运动的最后胜利。

详细的检查了你们所决定的阶级成分调查表，里面所决定的成分，极大部分是正确的。但也有一些决定是错误的，如有几家应该决定地主，你们却决定富农，甚至决定中农。有一家应该决定富农，你们却决定高利贷者。还有一家，对劳动力方面，表上填得不清楚，希望你们再行调查决定。今为引起你们对于阶级成分的决定应有慎重的与明确的注意起见，特将你们决定错误的成分共计十家列举并加以分析如下：

（一）周宗仁（上墩乡）全家三人，不劳动（在二十年前本人做长工十二年）。自己有田五十担，完全出租，每年收租谷二十五担，收了七年。有山二块，每年息数百毛。放典租四担，扣洋一百元。（你们决定中农）

（二）谢明泗（上墩乡人）全家只有他一个人，他是不劳动的，自己有田三十九担，完全出租，每年收租谷十六担，收了二十年。有房子一间出租，每年收租谷一担，收了二十多年。放债一千零四十毛。过去在农村中曾压迫人，并曾强迫群众打过红军。（你们决定是富农）

（三）朱德蒙（新庄乡人）全家二人，不劳动。自己有田四十一担，完全出租。放典租六担。又放债三十元，放了八九年。（你们决定是富农）

（四）钟同其（山河乡人）全家二人，不劳动。自己有田八十五担半，经常请长工并零工耕种四十六担半，出租三十九担，放生谷一担，管公堂二个。（你们决定富农）

（五）刘芳洛（富溪乡人）全家三人，不劳动。自己有田五十四担，借进田十担，交租二担九十斤。出租田三十五担，每年收租谷十四担，收了八年。请长工短工耕二十九担。欠债一千五百九十毛。管公堂一个，管了八年。过去在乡村有势力，压迫人。（你们决定富农）

以上五家，依照调查表上所填的情形，从他们的土地关系和剥削关系上看来，不是中农、富农，而都是地主（小地主）。周宗仁、谢明泗、朱德蒙，均全家不劳动，土地完全出租，专靠收租过活，是标本式的地主，你们决定周宗仁是中农，谢明泗、朱德蒙是富农，都错误了。钟同其、刘芳洛，全家不劳动，全靠剥削为生。他们和前三家的不同就是他们是拿一部分土地出租，另一部分土地却请长工来家里耕种，但这同样是小地主，不是富农。因为中国农村中劳动力价格极廉，地主阶级中有许多都利用自己的一部分土地及旧式的农具，请工到家里耕种，极残酷的带着许多封建奴役性的方式去剥削工人，而同时以一部分土地出租去剥削农民。这里与富农的不同，就是他们并不参加劳动，而富农则是亲身参加劳动，你们把这一点忽略了，所以做了错误的决定。

（六）萧序畋（院坑乡人）全家四人，本人附带劳动（本人革命时杀了）。自己有田六十二担，请长工耕三十八担（请了长工二代，到革命时止）。出租田二十四担（三十六年）。木梓山三块，每年出木梓四十担。放

债二百一十毛。管公堂两个，这两个公堂每年收谷二十担，收了三十五年。过去曾压迫人。（你们决定富农）

（七）刘积河（胡岭乡人）全家三人，本人附带劳动。自己有田六十五担，请长工零工耕种三十二担。出租三十三担，收租谷十五担。有山三块，每年出息三十余元。有塘一口，每年出息二十余元。出租房子六间，每年收实谷六担。出租厕所一只，每年收租谷三十斤。欠债十元。管公堂四个，这四个公堂每年可收租谷八十九担二十斤。在农村中很有势力。（你们决定富农）

以上二家各有一部分土地出租，同时又各请长工耕种一部分土地，几乎全部依靠剥削为生，这些都是与前面钟同其、刘芳洛两家相同。不同的是本人有附带劳动。但只是附带劳动，仍然应该决定是地主，你们决定富农是不对的。因为富农是实际参加土地生产者，只是附带有点轻微劳动的仍然不能说是富农。这种自己有点附带的轻微的劳动，最大部分依靠剥削为生的小地主，在中国是不少的。

（八）陈择洪（院坑乡人）全家五人，劳动一人。自己有田六十一担。借入田十担，交租谷三担，田地由自己及长工耕种。有木梓山二块，每年收木梓四十担。每年请长工一人，请了十年。放典租三担半，放了三年。放债五百毛，放了二十余年。出租房子一间，每年收税四毛，收了三十四年。管公堂一只，这个公堂，每年收租谷十八担，收了三十五年。过去在农村中曾压迫人。（你们决定中农）

陈择洪经常请长工，兼放高利贷，又管公堂，他的生活来源，大部分依靠剥削。但他本人是实际参加土地生产者，这是中国标本式的富农，你们决定是中农是错误的。

（九）钟国芳（柏地乡人）全家九人，三人劳动。自己有田一百一十二担。有木梓山三块。放债共毛洋三千一百毛，放了十余年。出租房子二间，每年租价二元，因未交钱，利上加利，一直到七千多毛。（你们决定高利贷者）

专靠或大部分靠高利贷剥削为生的人，叫做高利贷者，苏维埃对高利贷者的政策，是全部没收，消灭他们。钟国芳自己有田一百一十二担，完全自己耕种，为其生活的主要来源，我们决不能因他兼放高利贷就把他决定为高利贷者而取消灭他的政策，这种抹杀他自己的劳动的过左的意见是不正确的，正确的决定应该是富农，没收他的土地及多余的耕牛、农具、房屋，而仍应分给他以较坏的劳动份地。为什么不说他是富裕中农？因为他的高利贷剥削到了一万毛之多，并且是经常的。富裕中农有些虽也有一点剥削，但不是经常的，并且数量必是不多的。

（十）刘启昌（柏地乡人）全家四人，本人附带作田，兼做猪子牙人。自己有田三十六担，借进田四十四担，交租十五担。有山二块，每年收木梓桃二十担。请长工共十八年。放典租二担，放生谷一箩。管公堂一处，此公堂每年收谷十五担。（你们决定地主）

决定此人是地主，我们有些怀疑。依据表上看来，他家作了八十担谷田，耕了二块山，如果只一个长工耕种，是不够的，恐怕本人劳动有相当的多。如果本人劳动有相当的多，那就应该决定为富农，不应该取消灭他的政策，而应该照着富农成分待遇。并且地主虽也有借进田来请人耕种的，但只是少数地主如此，地主的多数是不借进人家的田的。此人借进田的占了大部分，这都是富农常有的事。所以你们还要查清他本人劳动的情形，再作正确的决定，到底是地主还是富农，假如查明本人的劳动确实只是附带的一小部分，那你们决定是没有错的。

中央土地人民委员部
一九三三年七月十三日

（选自《红色中华》第九十五期，一九三三年七月二十三日）

中央人民委员会
关于开展查田运动的布告

（一九三三年九月一日）

中央政府为了彻底消灭封建残余势力，特颁布查田运动训令，并在今年六月间召集查田运动大会，号召广大群众起来，在所有农村中进行坚决的查田运动，几个月来，已经得到了极大的成绩。但是，还有许多地方没有开展这个运动；有些地方或包庇地主富农；或侵犯山农利益；或不开群众大会做宣传；或不得群众同意就去没收；或不把没收的东西发给群众；或镇压反革命不坚决，这些都是极大的错误。中央政府为了赶快消灭封建残余，使中农、贫农、工人群众得到全部土地革命利益，特为布告各地政府及广大工农群众一体明白，大家起来拥护中央政府的命令，在下列各条办法之下，进行坚决的阶级斗争，争取查田运动的完全胜利：

（一）各地政府及查田委员会，必须抓紧查田的领导，推动工会、贫农团及一切群众团体，切实进行查田运动。首先要向群众做普遍的宣传，使群众人人明白查田运动的意义，大家起来自己动手查田查阶级。

（二）查田不是分田，查阶级不是查中农贫农雇农阶级。因此不应该按家按亩插起牌子遍查，而是要发动一切革命群众，专门清查地主富农阶级。

（三）贫农团是查田运动的中心力量，应该大大发展贫农团，每个贫农都可不要介绍，自己报名加入。农村工人都应加入贫农团，去领导查田斗争。中农可以参加贫农团的会议旁听。

（四）中农的利益绝对不能侵犯，不能随便把中农当做富农。有些富裕中农分子，过去虽然有些小小剥削，同样不能当富农看待。所有中农群众，都应该团结在贫农团的周围，向地主富农一致进攻。

（五）富农是自己劳动，兼靠剥削为生，因此只能分坏田，不应该把富农当中农看待。但同时也不能把富农当地主看待，完全没收富农家产的办法是错误的。有重大反革命行为的，才叫做反动富农，应没收他，否则不应没收，并且一家之中，只没收本人及与他的反革命行为有直接关系的，其他的人则不没收。

（六）地主自己不劳动，或只有极小一点附带劳动，他们是封建剥削阶级，应该完全没收其土地财产。地主阶级的壮丁，应该编成劳役队，加以训练，使之参加国家的或当地的劳动工作。

（七）地主阶级的财物没收之后，除现款外，应该一概赶快发给本村的贫苦群众。没收的土地，除留出公共事业田之外，应赶快分给群众。

（八）混进苏维埃中的地主富农分子，贪污腐化，消极怠工，命令强迫，以及包庇地主富农的分子，工农群众应该在工农检察部领导之下，向着这些坏分子作斗争。错误轻的，纠正错误，错误重的，清洗出去，巩固苏维埃政权。

（九）一切参加反革命活动的分子，应该受到严厉的镇压，罪大的实行枪决。工农群众应该与苏维埃的保卫局及裁判部好好配合起来，彻底肃清反革命。

（十）查田运动的工作，应该与扩大红军，扩大赤卫军、少先队，推销经济建设公债，发展合作社，发展农业工业生产，发展出口入口贸易，全部实行劳动法，发展列宁学校及识字运动，修理桥梁道路，进行苏维埃选举运动等项工作，切实配合起来。广大工农群众，都应在当地苏维埃领导之下齐心合力，进行各项必要的工作，以便迅速粉碎帝国主义国民党的五次"围剿"，争取革命在全中国的胜利。

（选自《红色中华》第一百一十四期，一九三三年九月三十日）

中华苏维埃共和国中央政府关于土地斗争中一些问题的决定

（一九三三年十月十日）

在分田与查田的斗争中，发生了许多实际问题，这些问题，或是以前的文件没有规定，或是规定不明悉，或是苏维埃工作人员解释不正确，以至执行上发生错误。人民委员会为了正确的发展土地斗争，纠正及防止这些问题上的错误起见，除了批准《怎样分析阶级》关于分析地主、富农、中农、贫农、工人的各项原则外，特作下面的决定：

（一）劳动与附带劳动

在普通情形下，全家有一人每年有三分之一时间从事主要的劳动，叫做有劳动。全家有一人每年从事主要劳动的时间不满三分之一，或每年虽有三分之一时间从事劳动，但非主要的劳动，均叫做有附带劳动。

〔注〕这里应注意：（一）富农自己劳动，地主自己不劳动，或只有附带劳动，故劳动是区别富农与地主的主要标准。（二）规定全家中劳动的标准人数为一人，如全家有数人，其中有一人劳动，这家即算有劳动。有些人以为要有二人甚至全家参加劳动，才算这家有劳动，这是不对的。（三）规定劳动的标准时间为一年的三分之一即四个月。以从事主要劳动满四个月与不满四个月作为劳动与附带劳动的分界（即富农与地主分界）。有些人把有半年时从事主要劳动的还算作附带劳动。这是不对的。（四）所谓从事主要劳动，是指从事生产上主要工作部门的劳动，如犁田、莳田、割禾及共他生产上之重要劳动事项。但不限在农业生产方面，如砍柴、挑担及其他重要劳动工作，都是主要劳动。（五）非主要劳动，是指各种辅助劳动，在生产中仅占次要地位者，如帮助耘草、帮助种菜、照顾耕牛等。（六）劳动既是区别富农与地主的主要标准，因此，对于那种只雇长工耕种，没有其他地租债利等剥削，自己负指挥生产之责，但不亲身从事主要劳动者，仍照地主待遇，不得分土地。（七）构成地主成分的时间标准，以暴动时为起点，向上推算，连续过地主生活满三年者，即构成地主成分。

查田运动中对于劳动与附带劳动的问题，发生许多错误。或以有劳动当作只有附带劳动，把他判为地主，或以只有附带劳动当做有劳动，把他判为富农，都是因为过去对于地主与富农的分界没有明确标准的缘故。依照上面规定，可以免去这种错误。

但上面的规定，是指普通情形而言。在特别情形下须有不同的处置。这里有两方面的情形：第一方面，是大地主而家中有人参加生产者，例如有人剥削地租债利的数量很大，如收租百担以上，或放债大洋千元以上，而家中人口不多，消费不大，则虽这家有人每年从事四个月以上的主要劳动仍是地主，不是富农。但如人口甚多，消费甚大，则虽有百担租或千元债，只要有人从事主要劳动，仍不是地主而是富农。第二方面，是拿剥削情形说是地主，但到暴动前数年，因死亡或疾病原因，突然丧失劳动力，不得不把土地全部出租，或雇人耕种，因此，全家过地主生活。如果把这种人当地主看待是不妥当的，应照本人原来成分待遇。又如有人名义上还是地主，但土地权实际已属别人，剥削收入极少，甚至生活比农民不如，而本人已有附带劳动者，此种人应照富农分给坏田。其特甚者，在群众同意下，可照农民分田。再如有人过去是农民，暴动前二年遇特别机会突然致富，成了地主，但因其二年前是农民，在群众同意下，亦可照富农待遇。

上述这些情形，查田运动中有些地方把它忽视了，这也是不对的。

（二）富裕中农

富裕中农是中农的一部分，对别人有轻微的剥削，其剥削收入的分量，以不超过其全家一年总收入的百分之十五为限度，在某些情形下，剥削收入虽超过全家一年总收入百分之十五，但不超过百分之三十，而群众不加反对者，仍以富裕中农论。在苏维埃政权下，富裕中农的利益，应与一般中农得到同等保护。

〔注〕这里应注意：（一）富裕中农是中农的一部分，富裕中农与其他中农不同的地方，在于富裕中农对别人有轻微剥削，其他中农则一般无剥削。（二）富裕中农与富农不同的地方，在于富裕中农一年剥削收入的分量，不超过其全家一年总收入的百分之十五，富农则超过百分之十五。这种界限的设置是实际区分阶级成分时所需要的。（三）所谓富裕中农的轻微剥削，是指雇牧童，或请零工或请月工，或有少数钱放债，或放少数典租，或收少数学租，或有少数土地出租等。但所有这些剥削，在其全家生活来源上不占着重要的成分，即不超过百分之十五，而其全家主要生活来源，是依靠自己的劳动。（四）在接近暴动的时期内虽曾经有过与富农在同等时间内的

剥削，分量相同的剥削，但不超过二年者，仍以富裕中农论。（五）在某些情形下其剥削收入虽超过全家总收入百分之十五，但不超过百分之三十，群众不加反对者，仍为富裕中农。这里所谓某些情形，是指剥削分量虽超过百分之十五，但家庭人口多，劳动力少，生活并不丰富，更有遭遇水旱灾荒，或逢疾病死丧，反而转向困难者。在这些情形下剥削分量不超过百分之三十者，不能认为富农，而应认为中农。若没有这些情形，则剥削收入超过总收入百分之十五者，即为富农，不应认为富裕中农。这些情形的正确判断，依靠于当地群众的公意。

富裕中农在农村中占着相当的数量。查田运动中，许多地方把他们当作富农处置，这是不正确的。各地发生的侵犯中农事件，多半是侵犯了这种富裕中农，应该即刻改正。

举例：一、有人全家六人吃饭，二人劳动，有田五十担，收实谷三十五担（时价每担四元，共值百四十元），完全自耕。有屋五间，牛一只。有塘一口，出息大洋十二元。杂粮生产及养猪年收约一百元。放生谷三担，利加五，年收一担半（值六元），收了四年，放债大洋一百元（合小洋一千八百毛），利加二五，年收二十五元，放了五年。判断：此家靠自己劳动为主要生活来源，自己生产占二百五十元以上。对别人有债利剥削，但年收息只二十九元，在总收入百分之十五以下，全家开销后有剩余，生活颇好，但因剥削分量不大，故只算富裕中农，不是富农。

二、全家五人吃饭，一个半人劳动。有田二十五担，收实谷十七担。租来田七十五担，收实谷四十二担，交租二十五担，交了十年，杂粮生产及养猪年收五十元，雇牧童一个，雇了三年。放债大洋六十元，利加三，年收十八元，放了四年。有屋五间，牛一只。有木梓山一块，年摘木桃三十担。判断：此家生活主要靠自己劳动，每年剥削人家极少，不过二十余元（雇牧童与放债合计），而受人剥削地租二十五担之多，全家开销所余无几，只能算普通中农，还不是富裕中农。

（三）富农的剥削时间与剥削分量

从暴动时起，向上推算，在连续三年内，除自己参加生产之外，还依靠剥削为其全家生活来源之一部或大部，其剥削分量超过其全家一年总收入的百分之十五者，叫作富农。

在某些情形下，剥削分量虽超过总收入百分之十五，但不超过百分之三十，而群众不加反对者，仍不是富农，而是富裕中农。

〔注〕这里应该注意的是：（一）以暴动时为计算剥削时间的起点，而

不应把其他任何时间作为计算剥削时间的起点。有些人算陈账，拿了中间空隔了的很早年代的剥削，作为决定阶级成分的根据，这是不对的。（二）以连续三年的剥削作为构成富农成分的标准时间。如果剥削时间不超过二年，或虽有三年而是中间空隔了的（不相连续的），虽其剥削分量与富农在同等时间的剥削分量相同，仍以富裕中农论。（三）剥削的分量必须是超过了全家一年总收入的百分之十五，才能构成富农成分。如果剥削分量在总收入百分之十五以下，虽有三年或三年以上的连续性，也不能构成富农成分，而仍是富裕中农成分。（四）所谓全家一年总收入，是指自己生产部分与剥削他人部分的合计。例如，某家全家一年自己生产部分四百元，剥削他人部分一百元，合计五百元，即是总收入。因其剥削部分占总收入百分之二十，故是富农。（五）某些情形，是指家庭人口多，劳动力少，因此生活并不丰富，或因天灾人祸反而转向困难者。在这种情形下，剥削分量虽然超过百分之十五，但不超过百分之三十，群众不加反对者，仍以富裕中农论。这里群众的意见是十分重要的。这种情形的考虑，也是要十分仔细的。不应把富裕中农弄作富农，引起中农群众不满意。但同时，也不应把富农弄做富裕中农，引起贫农群众不满意。所以应有仔细的考虑，要取得群众的同意。

　　查田运动中对于这个时间与分量问题，闹出许多纠纷，这是因为过去对于富农与富裕中农的分界没有明确的标准，或把富裕中农当作富农处置，或把富农当作富裕中农处置，中间的争论时常发生。现在规定的两者分界办法，可以免除这种弊病。

　　举例：一、全家十一人吃饭，二人劳动。自己有田百六十担，收实谷百二十担（值四百八十元）。有茶山二块，每年出息大洋三十元。有塘一口，每年出息大洋十五元。杂粮生产及养猪等，每年约值百五十元。经常雇长工一个，雇了七年，到革命时止，每年剥削剩余劳动约值七十元。放债大洋二百五十元，利加三，年收七十五元，放了五年，到革命时止。有一个儿子是秀才，会做呈子打官司，借势欺人。判断：此家自己有劳动二人，但雇长工，又放债不少，剥削收入超过了全家总收入百分之十五，人口虽多，但开销后余钱不少，故是富农，应分坏田，他家有个劣绅，本人应不分田。

　　二、全家三人吃饭，一人能从事主要劳动四个月。有田六十担，自耕三十担，收实谷十八担，出租田三十担，收租谷十二担，收了五年。经常每年请短工二十天，有牛一只，每年可收牛税谷二担。放债大洋一百二十元，利加三，年收三十六元，放了三年。判断：此家剥削收入超过自己生产，但因一人从事四个月主要劳动，故是富农，应分坏田。

（四）反动富农

在暴动前，尤其在暴动后，有重大反革命行为的富农，叫做反动富农。反动富农应该没收他本人及其家属中参加了这种反革命行为的人的土地财产。

对于反动资本家适用上述的原则。

〔注〕这里应注意：（一）必须是"有重大反革命行为"的富农，才叫做反动富农。如当暴动时领导民团屠杀工农，对革命政府顽强抵抗；特别是暴动后，还在领导别人组织反革命团体机关，或个别进行重大反革命的活动，如暗杀，当敌人侦探，自动替白军带路，逃往白区帮助国民党，积极的坚决的破坏查田运动与经济建设等。这种富农出身而有重大反革命行为的分子，经证明确实者，应没收其土地财产。其他富农中虽有反革命行为，但不是领导或重要的行为者，均不得没收其土地财产。（二）反动富农家属之中，只没收参加了这种重大反革命行为的分子的土地财产，其他分子的土地财产，则不没收。（三）以找生活为目的而暂时跑去白区的，不是反动富农，不应没收家产。但不愿在苏区居住而跑去白区居住满一年不回来者，虽不是反动富农，仍应没收家产。（四）对于反动资本家之定义与处置，完全适用以上之规定。

过去许多地方，把没有重大反革命行为的富农分子的土地财产没收了，并且一家中把没有参加反革命行为的富农分子的土地财产也没收了，这是错误的。这种错误的一个来源，是在江西没收分配土地条例的第三条："凡加入反革命组织（如 AB 团，社会民主党等）的富农，全家没收。"不分首领与附从，不分参加者与未参加者。关于家属问题，虽在这一条的后半指出了："其家属未加入反革命组织，又无反革命行为，并与其家中反革命分子脱离关系，当地群众不反对者，得发还其土地"。但前既全家没收，后才发还一部，仍非正当办法。因此，这一条应照现在规定修正。又过去有些地方，扩大反动资本家的范围，没收了一些不应没收的商店，这也是不对的。

举例：全家九人吃饭，一人劳动，又一人附带劳动。有田百六十担，自耕八十担，收实谷四十五担。出租田八十担，收租四十担，收了十年。有山五块，出息每年大洋七十元。经常雇长工一人。欠债大洋四百二十五元，利加二五，欠了三年。放债大洋三百八十元，利加三，放了五年。有一人当靖卫团连长，当了两年，与赤卫军作战五回。又有一人加入 AB 团半年，不是重要分子，已向政府自首。家里其他各人，无明显反动行为。判断：此家成分是富农。有一人做了重大反革命工作，此人是反动富农，应没收家产。其他各人不应没收。另一人虽加入 AB 团，不是重要分子，又自首了，也不应没收。

（五）富农捐款

在削弱富农的政策下，在国内战争时期中，除了实行分给坏田，没收多余的房屋、耕牛、农具、征收较高的累进税，这些基本的办法外，再向富农要求临时捐款，是应该的，但捐款数量，至多不得超过富农现有活动款项全数百分之四十。捐款的次数，也应有限制。

〔注〕一、近来进行富农捐款，发生两种倾向：一种是包庇富农不去捐款，一种把富农现款捐尽，与地主罚款无别。两者都是不对的，而后者则是消灭富农的倾向企图，并有影响到中农的危险。现规定至多不得超过百分之四十，各地可按富农过去是否交过捐款，及现在家况如何，在上述最高限度规定内，分别要求富农捐出适当的部分。二、捐款是临时性质，与经常的土地税不同，故捐款次数应有限制，不能捐至多次，毫无止境。三、向富农捐款之权，限于国家财政机关，任何其他机关，不得向富农捐款。

（六）富农应有的土地、房屋、耕牛、农具

凡确定为富农应有的土地、房屋、耕牛、农具等，在遵守苏维埃法令下，富农自己有处置之权，他人不得妨碍。仅在便利生产又得富农同意的条件下，工农贫民才可与富农斟换房屋。

〔注〕一、近来有些地方，发生工农贫民拿自己的土地、房屋、耕牛、农具，斟换富农应有的土地、房屋、耕牛、农具，甚至有斟换衣服、肥料事情，这是不对的。因为"削弱富农"应有限制，分给较坏的劳动份地，没收多余的房屋、耕牛、农具，征收较高的累进税，并要求捐出一部分现款，这样"削弱"的政策，已经实现了。超过这种限制，就是消灭富农的倾向，在目前革命阶段上，是不应该的。只有在便利生产，并得富农同意的条件下，才可将房屋互相斟换。二、土地问题正确解决以后，如富农分得之坏田已经改良，变成好田，他人不得再去斟换。三、暴动后，富农添置的耕牛、农具、房屋，确有多余，不得再行没收或斟换。

（七）富农的义务劳动

富农应当比工农贫民担负国家较多的义务劳动，但以不妨碍富农的生产为限度。

〔注〕责成富农担负义务劳动与责成地主担负义务劳动，应有分别。地主的壮丁，应该完全编入劳役队，加以训练，使之参加国家与当地的劳动工作，在劳动过程中，改造其阶级性，消灭地主阶级。富农应该比较工农贫农

担负更多的义务劳动，但不能同地主一样，使之担负无限制的义务劳动，致妨碍生产。因此，把富农与地主编在一个劳役队，在农事的紧张时期内，在富农劳动力没有多余及没有补偿办法的情形下，使之担负长期脱离生产的义务劳动，是不正当的。但不妨碍生产，或富农劳动力有多余，或有其他补偿办法，则不在此例。

（八）破产地主

在暴动前，地主已经全部或最大部分失掉了他在土地财产上的剥削，但仍不从事劳动，依靠欺骗、掠夺或亲友接济等为主要生活来源者，叫做破产地主，破产地主仍然是地主阶级的一部分，不得分配土地。但地主破产后，依靠自己劳动为主要生活来源已满一年者，应予改变成分，有分配土地之权。

地主破产后依靠自己劳动为生活来源之一部，其分量达到其一年生活用费三分之一者，得照富农成分待遇。

〔注〕（一）有些人把部分破产的地主叫作破产地主，这是不对的，因为这种地主还有一部分产业依以剥削，只不过剥削收入的分量有改变罢了。（二）有些人把破产后已经从事主要劳动满一年的，叫做破产地主，这更是不对的。因为地主破产后，从事主要劳动已满一年（指暴动前），他已经由地主变为工人或贫民或农民了。（三）有些人把地主破产后已经从事一部分劳动者，仍照地主待遇，这也是不对的，因为若其劳动已达到维持全家一年生活三分之一者，这种人已应该给予富农待遇了。

（九）贫民

工人农民外，一切依靠自己劳动为生活者，或大部分依靠自己劳动为生活者，或依靠少数资本自己经营以取得生活费者，均叫做贫民。乡村及小市镇贫民分子失业者，应分配土地。城市贫民分子无房屋者，应分配城市中地主的房屋。贫民均有选举权。

〔注〕（一）贫民在城市中占着相当的大数量，在乡村及小市镇上，亦有一部分。贫民的职业是很复杂的，有些贫民的职业，常依季候更换而不能固定。贫农的生活是很困难的，其收入常不够支出。（二）工人农民外，如独立生产者，自由职业者，小贩，不剥削店员的小本经营者，及其他一切劳动分子，均属于贫农范围之内。所谓独立生产者，是指各种自做自卖的小工业生产者。这种小工业生产者有时雇用辅助劳动力，但主要依靠于自己劳动。所谓自由职业者，是指一切不剥削他人的医生、教员、律师、新闻记者、写作家、艺术家等。这种自由职业者，为了执行自己业务，有时雇用助

手或雇工助理家务劳动，这种雇工行为，不算入剥削者范围之内。

（十）知识分子

1. 知识分子不应该看做一种阶级成分，知识分子的阶级成分依其所属的阶级决定。

2. 一切地主资产阶级出身的知识分子，在服从苏维埃法令的条件下，应该充分利用他们为苏维埃服务。

3. 知识分子在他们从事非剥削别人的工作，如当教员、当编辑员、当新闻记者、当事务员及写作家、艺术家等，是一种使用脑力的劳动者。此种脑力劳动者，应受到苏维埃法律的保护。

〔注〕（一）近来有些地方无条件排除知识分子，这是不对的。利用地主资产阶级出身的知识分子为苏维埃服务，是有利于苏维埃革命的政策。在他们为苏维埃服务的期间，应设法解决他们的生活问题。（二）所谓知识分子的阶级成分，依其所属阶级决定，如地主出身的知识分子是地主，富农出身的知识分子是富农，中农出身的知识分子是中农等等。把知识分子看作一种单独的成分是不对的。把农民子弟在学校读过书的分子（所谓'毕业生'）当作一种坏的成分，更是不对的。（三）把当教员当医生等工作看作不是劳动，这也是不对的。

（十一）游民无产者

在紧靠暴动前，工人、农民及其他民众，被地主资产阶级压迫剥削，因而失去职业和土地，连续依靠不正当方法为主要生活来源满三年者，叫做游民无产者（习惯上叫作流氓）。

苏维埃对于游民无产者的政策，是争取其群众，反对其首领及其他依附剥削阶级积极参加反革命的分子。关于争取一般游民无产者群众的主要办法，是使他们回到生产上来，照一般革命民众的例，分配土地和工作，并给予选举权。但分配土地，须在乡村居住，并须自己能耕种者。

〔注〕（一）所谓依靠不正当方法为主要生活来源，是指从事偷盗、抢劫、欺骗、乞食、赌博或卖淫等项不正当职业。有些人对于在业或半失业而兼从事一部分不正当职业（非主要生活来源）的分子，概叫作流氓，这是不对的。甚至把工农贫民中过去染有不良习惯（如赌博、吸鸦片）的人，都叫作流氓，这更是不对的。（二）有些地方对于积极参加反革命的游民无产者领袖分子（所谓流氓头）不加惩办，反而分田给他，这是不对的，有些地方对于一般游民无产者分子，又拒绝其分田的要求，这也是不对的。

(十二) 宗教职业者

凡在紧靠暴动前,以牧师、神甫、和尚、道士、斋公、看地、算命、卜卦等宗教迷信的职业为主要生活来源满三年者,叫做宗教职业者。

〔注〕凡有这些宗教迷信职业而不是依为主要生活来源者,及依为主要生活来源而不满三年者,均不得称为宗教职业者,应各依其成分分别待遇,不得一律取消选举权,或一律不分土地。即是说,凡以这些宗教迷信为副业的,或依为主要职业不满三年的,如是工、农、贫民,均应有选举权,而居乡村者,均应分配土地。本人如此,家属更不待说。有些人把和尚、道士、看地、算命等人叫做流氓,这是不对的。

(十三) 红军战士中地主富农出身的分子与土地

红军战士中地主富农出身的分子,在他们坚决为工农利益作战的条件下,不论指挥员、战斗员,本人及家属都有分配土地之权。

〔注〕(一)优待红军条例第一条:"凡红军战士家在苏维埃区域内的,本人及家属均须与当地贫苦农民一般的平分土地、房屋、山林、水池"。这里本已包括一切红军战士在内。但近来有些地方只问社会出身,不问政治表现,把地主富农出身而坚决为工农利益作战的红军战士,已经分得的土地,重新没收,这是错误的。(二)所谓"红军战士家属"是指父母、妻、子、女及十六岁以下的弟妹,其他人不得享受此权利。(三)地主富农出身的红军战士,如被开除军籍,得收回其土地。

(十四) 工人的家庭是富农或地主者

工人的家庭是富农或地主者,工人本身及其妻子,依工人成分不变更。其应分配土地与否,依其在乡村或在城市分别处理。家中其他的人照地主或富农成分处理。

〔注〕(一)地主或富农家中,在紧靠暴动前,有人出卖劳动力已满一年者,应承认其为工人成分,本人及其妻子照工人成分待遇,其应有的一部分财产不没收。工人本身及妻子如在乡村,本人不分配土地,妻子分配土地,家中其他的人,照地主富农成分处理,不得享受工人权利,家中如尚有其他成分,依其成分处理(例如一家有人在乡村靠收租放债为主要生活来源已满三年,此人是地主。有人依靠出卖劳动力为主要生活来源已满一年,此人是工人。又有人在市镇上开自做自卖的小手工业店依为主要生活来源已满一年,此人是独立生产者。各依其在一定时间内生活来源的性质而决定其成分,又各依其成分而决定其在苏维埃法律下的待遇)。(二)农村工人、独立生产者、小学教员、医生等人中,有兼有小块土地,因乡村不够维持生

活，外出谋生，而将其小块土地出租，并非依为主要生活来源者，应照一般农民分配土地，不能当地主看待。

（十五）地主、富农、资本家与工人、农民、贫民互婚后的阶级成分。

1. 婚姻的行为，不应改变阶级成分。

2. 地主、富农、资本家与工人、农民相互结婚后的阶级成分，依照结婚在暴动前后的分别，依照原来阶级成分的分别，并依照结婚后生活情形的分别，而决定其成分。

3. 在暴动前结婚的，地主、富农、资本家女子嫁与工农贫民，从事劳动依为主要生活来源满一年者，承认其为工人或农民或贫民成分。不从事劳动，及从事劳动不满一年者，依原来成分不变更。工农贫民女子嫁与地主、富农、资本家，则须与地主、富农、资本家过同等生活满五年者，才能承认其为地主或富农或资本家成分，如生活不与地主、富农、资本家同等而与工农贫民同等（即靠自己劳动为主要生活来源者）或过同等生活不满五年者，依原来成分不变更。

4. 凡在暴动后结婚的，工农贫民女子嫁与地主、富农、资本家，依原来成分不变更。地主、富农、资本家女子嫁与工农贫民，须从事劳动（依为主要生活来源）满五年者，承认其为工人或农民或贫民成分。如不从事劳动，及从事劳动不满五年者，依原来成分不变更。

5. 不论何时与何种成分结婚，所生子女的成分与父同。

6. 土地与公民权的应否享有，依其成分。

7. 地主、富农、资本家女子嫁与工农贫民者，不得编入劳役队。随嫁的现款在五十元以下者，不得向她罚款或捐款。

8. 暴动前，工农贫民以子女卖与地主、富农、资本家者，及工农贫民与地主、富农、资本家相互以女招郎者，其出卖子女及招来郎婿的成分与待遇，适用上述一至七条之规定。

9. 暴动前，工农贫民与地主、富农、资本家相互以子过继者，不问过继时之年龄如何，在十岁以下者，成分不变更。从满十岁起，工农贫民之子，过继于地主、富农、资本家，与其过继父母过同等生活满五年者，其成分同于过继父亲。如生活不与过继父母同等，而与生身父母同等者，依原来成分不变更。地主、富农、资本家之子，过继于工农贫民，与其过继父母过同等生活满三年者，其成分同于过继父母。如生活不与过继父母同等，而与生身父母同等，依原来成分不变更。

〔注〕这里所谓劳动，包括家务劳动在内。

(十六）地主、富农兼商人

1. 地主兼商人的，其土地及与土地相连的房屋、财产没收，其商业及与商业相连的店铺、住房、财产等不没收。

2. 富农兼商人的，其土地及与土地相连的房屋、财产，照富农成分处理，其商业及与商业相连的店铺、住房、财产均不没收。

3. 对于地主、富农兼商人罚款或捐款，应限制在地主、富农部分，不能侵及商业部分。

4. 商人不编入劳役队。

（十七）管公堂

管公堂是一种剥削，但应分别地主、富农或资本家管公堂与工农贫民管公堂的不同。

〔注〕管理各种祠庙、会社的土地财产，叫做管公堂。管公堂，无疑是剥削的一种，特别是地主阶级及富农，背着公堂，集中大量土地财产，成为剥削的主要方式之一。凡属这种为少数人把持操纵有大量剥削收入的公堂，管理公堂的行为，当然是构成管理者阶级成分的一个因素。但有些小的公堂，为工农贫民群众轮流管理，剥削数量极小，则不能构成管理者阶级成分的一个因素。有些人以为只要管过公堂的都是地主、富农或资本家，这是不对的。

（十八）一部分工作人员的生活问题

在苏维埃机关及其他革命组织的工作人员，未分配土地而生活特别困难者，本人及其家属可给分相当土地，或以其他方法解决其困难。

〔注〕已分配土地的一般苏维埃工作人员的生活，中央政府已有命令解决（即发动群众耕种其土地），这里只说未分土地的人员。所谓家属，是指父、母、妻、子、女及十六岁以下的弟妹。

（十九）公共事业田

新区分配土地及老区检查出来的土地，重新分配时，应酌量留出为了桥梁、渡船、茶亭及农事试验场等公共事业而使用的土地。

〔注〕桥梁的修理、渡船的修理与船工的工资，茶亭的修理与茶亭的设置，这些公共事业的费用，均须按照需要，留出一部分土地，发动群众耕种。此外，县苏、区苏、乡苏还须在政府机关附近适当地方，留出一部分土地（县苏可留五十担至一百五十担，区苏可留十五担至二十五担，乡苏可留五担至十担），以为开办农事试验场之用。在农事试验场未开办以前，可租给农民耕种，只收最低的田租。

（二〇）债务问题

1. 在暴动前，凡地主、富农、资本家以金钱或物品贷付于工农贫民者，除店铺货账外，本利一概取消。凡工农贫民以金钱或物品存放于地主、富农、资本家者，其本利应照数归还。

2. 专靠或大部分靠高利贷剥削为一家主要生活来源者，叫做高利贷者。高利贷者，照地主成分处理。

3. 在暴动后的债务，凡不违背中央政府颁布之暂行借贷条例者，均应归还。

〔注〕（一）有高利贷剥削（一切过去及现在的国民党统治区域，不论城市乡村，债务中最大多数，都是高利贷剥削），但不是专靠或大部分靠高利贷为其一家主要生活来源的，不能叫做高利贷者，而采取完全没收的政策，应各依其成分处理。以为凡有高利贷剥削的，都是高利贷者，这是不对的。（二）一面放债，一面欠债，应将其"欠人"、"人欠"，互相抵消，看其剩余部分的性质与程度，再与本人其他剥削关系总合起来，决定其成分。（三）店铺货账，必须归还的理由，是为了不使商业受到损害，并且货账一般不能算入高利债务范围之内。（四）工农贫民相互之间的债务如何处理，由借贷双方自己决定。双方不能决定者，由当地苏维埃决定。

（选自一九四七年十二月九日临县县委会翻印件）

怎样分析阶级

（一九三三年十月十日人民委员会批准）

一、地主

占有土地，自己不劳动，或只有附带的劳动，专靠剥削为生的，叫做地主。

地主剥削的方式，主要是以地租方式剥削农民。此外或兼放债，或兼雇工，或兼营工商业，但对农民剥削地租是地主剥削主要方式。管公堂及收学租也是地租剥削一类。地主中以小地主的剥削为为残酷。

有些地主虽已破产了，但破产之后仍不劳动，依靠欺骗、掠夺或亲友接济为生者，仍然算是地主。

军阀官僚土豪劣绅，是地主阶级的政治代表，是地主中特别凶恶者（富农中也常有小的土豪劣绅）。

帮助地主收租管家，依靠地主剥削农民为主要生活来源的一些人，应与地主一例看待。

依靠高利贷剥削为主要生活来源的人，称为高利贷者。高利贷者应与地主一例看待。

二、富农

富农一般占有土地，但也有只占有一部分土地，另租入一部分土地的，也有自己全无土地，全部土地都是租入的（后二种少数）。一般都占有比较优良的生产工具及活动资本，自己劳动，但经常依靠剥削为其生活来源之一部或大部。

富农的剥削方式，主要是剥削雇用劳动（请长工）。此外或兼以一部土地租人剥削地租，或兼放债，或兼营工商业。富农多半还管公堂。但中国的富农常有自己劳动之外，并不雇工，而另以地租债利等方式剥削农民。富农的剥削是经常的，许多并且是主要的。

三、中农

中农许多都占有土地。有些中农只占有一部分土地，另租入一部分土地。有些中农并无土地，全部土地都是租入的。中农自己都有相当的工具。中农的生活来源全靠自己劳动，或主要靠自己劳动，中农一般不剥削人，许多中农还要受别人小部分地租债利等剥削。但中农一般不出卖劳动力。另一部分中农（富裕中农）则对别人有轻微的剥削，但非经常的与主要的。这些都是中农。

苏维埃对中农的政策，是坚决的保护他们，中农的土地不得本人同意不应平分。土地不够的中农，应与贫农分得同等的土地。

四、贫农

贫农有些占有一部分土地与不完全的工具，有些全无土地，有些不完全的工具。一般都须租入土地来耕，受人地租债利与小部分雇用劳动剥削，这些都是贫农。

中农一般不要出卖劳动力，贫农一般要出卖小部分劳动力，这是区别中农与贫农的主要标准。

贫农在土地分配时，应该与雇农、中农得到同等的利益，其原有的一些土地、工具不没收。

五、工人

工人一般全无土地与工具，有些工人有极小部分的土地、工具，完全地或主要地以出卖劳动力为生，这是工人（雇农在内）。

土地革命中，农村中的工人均应分得与贫农、中农同等的土地。对于他们中间有些人原有的那一小部分土地工具不没收。至于那些一家中有人在城市做工，他是工人，但他的家庭在乡下有地出租，或有钱放债，如果他的家庭不是靠着收租放债为主要生活来源，其土地不没收，并照一般农民分田。如果他的家庭是靠着收租放债为主要生活来源，其土地没收。但应分田与他的妻及子女，他本人因在城市不分田。

（选自一九四七年十二月九日，临县县委翻印的《中华苏维埃
共和国中央政府关于土地斗争中一些问题的决定》）

海陆丰工农兵代表大会决议案

——没收土地案

（一九二七年十一月）

理由：

从前田地的例规是田主私有的，农民耕田就要纳租，定出种种方法——造田契，筑田茔，并利用政府来剥削农民，结果使农村经济破产，生出种种弊病：第一，帝国主义者乘机发展实业，极力帮助资本家、土豪劣绅、大地主施行其侵略政策，而资本家等也极力勾结帝国主义以巩固其一切利益；第二，田主利用田地剥削农民，自己不用劳力在家享福，农民终日劳苦反不得一饱；第三，农民既没有田地，所以对田地观念很弱薄，不肯努力改良办法。如把土地交还农民，他一定是有（要）加一点功夫去耕作，落多一点肥料，使收获增加，那么经济才能一天一天的发展。总而言之，田地是天生自然的，天就是田主，人如何称田主，试问他从哪里〔得〕来？哪一定不能回答，只好说是他的父亲传〔的〕，问他的父亲哪里〔得〕来的，他说是祖父传下来的，问他的祖父哪里〔得〕来的，他又说……终不能说是什么人做的，这岂不是笑话？天是空的，也不能做出田地来，只有我们农民才能开垦创造，不过后来给田主霸占去罢了！所以没收田地归还农民，理由是非常正当，不过没收的方法很多，请各代表在大会〔上〕尽量地发表意见。

办法：

甲、拥护工农革命军，消灭民团、保安队等反革命军队，赞助工农革命军伙食；

乙、打倒反革命政府；

丙、焚烧契约租簿——应调查之一，田主有私藏契约者，田佃替田主包庇者，另外抄去多一张者，俱一律枪决；

丁、掘去不妨碍农民工作之田茔，使田主认不清楚；

戊、由苏维埃政府发田地使用证分给贫民；

己、分配田地——苏维埃政府成立后，即调查明白实行分配田地，

讨论结果：

甲、关于"甲"、"乙"、"戊"三条通过。乙、关于"丁"条田茔应怎样掘法？几时掘完？结果：由乡苏维埃认为无妨碍工作可掘者即掘去，时期限旧历十一月十五日以前掘完。丙、关于"己"条（一）田地要怎样分配法呢？一、热心农会而无田可耕的同志应该怎样？二、有人田地有余要雇工的，有人田地不够耕的应该怎样？三、一家中人数增加或减少或迁移时应该怎样？四、一分永不再分或一年分一次，三年分一次呢？彭湃同志提出五种分田标准：一、照人数多少分；二、照人的力量（老幼强弱）分；三、照家庭经济有无别种收入状况分；四、照土地肥瘠分；五、田地的时期则不必限定，照俄国办法，经乡苏维埃认为要分时则分之，结果俱通过。彭湃同志对于分配田地时并提出两个口号；一、不劳动不得田地。二、不革命不得田地（俱鼓掌高呼通过）。（二）田地分配后每年出息应抽多少供给各乡、区、县政府做办公益费。结果暂抽十分之一，自明年六月起实行。（三）田地分配后对于兵士家庭应该怎样维持？兵士家里有田地不得回家耕种者，应准其雇工，以便供给其父母妻子；没有土地者，退伍后应分配田地给他。三区农民代表古鸿冈同志发表意见：凡荷枪的同志没有田地者，由苏维埃政府设法，结果通过。

闽西第一次工农兵代表大会土地法令

（一九三〇年三月）

第一章　土地之没收

一、所有田地不论水田旱田一律没收，归苏维埃政府处理，分配与农民使用。

二、凡旧时关于土地之契约、批字、粮册概行焚毁。

三、没收后，土地禁止买卖抵押。

第二章 土地之分配

四、分田范围以乡为单位,由该乡农民在本乡及别乡所耕之田总合起来共同分配,其数乡合组一乡政府者,照原有乡村范围分配、如果合起来分比较妥当,群众自愿总合分配者例外。

五、分田以乡为单位,按照该乡人数及田地面积为比例计算,每人平均分配得实谷六担以上者(以全年收获为准)照人口平均分配,但商人及在业工人不分田。

六、其计算分不够六担者,则商人家属及在业工人本身不分田,但失业工人可以酌分。

七、有下列条件之一者,无论该乡田多田少一概不分。

1. 旅外不在本乡者本身不分田,但红军、赤卫队及以革命为职业者例外。

2. 反革命者其本身及家属不分田,但已觉悟归来有事实表现经代表会认许者不在此例。

八、分田方法以抽多补少为原则,抽出之田以肥瘦均匀为度,好田多者抽好田,坏田多者抽坏田。

九、分田机关与手续:由土地委员会先行调查统计田地人口之总数,预定每户分田多少及每户应抽应补之数额,交代表会讨论分配,其土地委员会委员必须贫农分子充任。

十、分田面积以收获实谷计算,单季者折半扣算。

第三章 土地之收回

十一、有下列之一者将田地收回:

1. 死亡者将其本身之田收回,但为革命而死亡,依照士兵优待条例准其家属再耕三年。

2. 逃跑或迁徙外乡者将本身之田收回。

3. 分田后过期不事耕耘或不愿耕者,收回其田地。

4. 分得田地后仍从事反革命者,其本人及家属领耕田地收回。

十二、农民领耕田地不得自由转耕,其因便利耕作起见,彼此自愿交换者,得报告政府登记,换取耕田证。

十三、田地之收回应在收获之后,时期由区政府自行规定公布,其既种下之农产物仍准其收获。

十四、田地被收回以前仍须耕作，其所做工作由新领者津贴。

第四章 土地之使用

十五、农民分得田地后得继续使用五年，在五年内如有特别情形，经四分之三以上群众要求，得县政府批准者，得重新分配之，其五年满后尚无问题，农民相安者，仍可不分。

十六、凡耕领田地，不准种鸦片及违禁品等。

十七、领耕田地不准建造地坟。

十八、领耕田地未得政府批准者，不准自由架造房屋。

第五章 公田之处置

十九、分配后有余田地不好再分者作为公田，如田地可以分配则须分完，政府不须另外抽取公田。

二十、乡中新生及外出回来者，由政府将公田或收回田地中分与田地耕作。

二十一、公田及收回田地不须分配者，由政府租与劳动力充足或原耕种农民耕种，政府加收其土地税，其加征之税不得超过原税一倍。

第六章 土地之开垦

二十二、凡开垦荒田者，六年之内不收土地税，十年之内任其使用，政府不予收回。

第七章 土地之登记

二十三、农民领耕田地应报告乡政府登记，转请县政府发耕田证；耕田证失落或破损者，应请求补发，无耕田证者，发生争执时，政府不予保护，开垦荒田者准此。

第八章 水利

二十四、坡圳、水车由乡政府管理，其水流连贯数乡的坡圳，应与该有关系乡政府组织某坡圳管理委员会管理之。

二十五、各乡土地委员会应设巡圳委员，每日巡视圳路堵塞、漏流，排去障碍，以利水流。

二十六、修理坡圳、水车工钱，少数由公家负责，过多则照灌溉田亩分配，派钱派工均可。

二十七、旧有水利组织，如水摆等，应照旧维持，但过去如有豪绅舞弊者可以改正。

二十八、田地上下相连、水利相通者，应准其流通，其自愿划沟者听其自便；新开水路所有经过地方，无论何人不得借故阻挠。

二十九、田坎崩坏由耕田者修理，如数目过多者由政府设法帮助。

三十、所有池塘归政府没收，出租与农民蓄养水产物，其与水利及消防有关者应以水利消防为重。

三十一、秧塘照田亩酌量分与农民，或作为公田任农民播种，不收租税，但秧苗收清后应归公众，租人养鱼。

第九章 耕牛

三十二、有下列条件之一者，其耕牛由乡政府没收：

1. 买牛与农民饲养而收牛租者。
2. 反革命经政府判决收回其田地者。
3. 经政府判决没收其财产者。

三十三、有下列条件之一者，其耕牛不没收：

1. 农民自买自养者。
2. 农民数家合买者。
3. 买牛与农民饲养不收牛租者。

三十四、政府没收来之耕牛，仍交与原饲养人使用，不收租税，但应向政府登记，领取耕牛证。

三十五、没收来耕牛所生牛子一半归政府，一半归饲养人，但须一年后才可分，一年之内归养主。

三十六、没收耕牛卖出之款，除没收时原价归政府外，所得盈余归养牛人所有。

三十七、各处耕牛耕田力钱，由代表会按照当地情形规定，养牛者不得故意刁难无牛的农民，但牛有病或疲劳过甚者不在此例。

三十八、杀牛要经区政府批准给予凭证，非有下列条件之一者，禁止屠杀以保存耕牛，牛之买卖不禁止：

1. 牛老弱不会耕田者；
2. 牛有重伤者；
3. 跌死者；

4. 凶狂会伤人者；

5. 菜牛。

第十章　房屋

三十九、所有以前房租一律取消，店房例外。

四十、土豪房子、洋人房屋、教堂、祠堂、庙宇及其他公共建筑物等，由政府没收，其房屋由政府分配与无房屋住者居住，免收租税，但须向政府登记。

四十一、被难乡村房屋被烧毁者，由政府为之调节，将房屋有余者腾出与无房住者居住。

四十二、房屋被烧以后要建造时，由政府酌量将公家木料供给，不收价扣，如该乡不够者可报告上级政府向别处征调供给。

四十三、典屋问题照下列办法解决：

1. 因贫苦而出租房屋，其房屋系自己居住而纳税与受典者，其房屋归出典人，免纳屋税。

2. 因无屋住而受典房屋，其房屋归受典人居住者，其房屋归受典人所有。

3. 如出典者与受典者双方都缺少房屋，则照双方全家成年人口与所有房屋为比例，其所典房屋应归更少者所有。

四十四、店房问题照下列办法解决：

1. 城市店房之大税及新税减半征收，其系土豪反动财产及三家以上的遗传公众店房，归县政府没收，租户即向县政府缴纳店租。

2. 城厢店房小税一律减半，归县政府征收（按小税即二房东性质），其因生理（意）冷落把租来店房分与别人营业而收附税者例外。

3. 市镇店税照上述规定由区政府执行。

4. 归政府没收之店房，商人应向政府登记领取凭证，如停止营业者，应交回政府，不得自由转租，其店里家私俱归原租店人所有。

四十五、租路亭营业者免收税租。

四十六、土豪反动派及三家以上遗传的纸厂没收归公，私人的不没收，但在做纸时期自己停厂不做连续半年以上者，应借与别人使用，不得霸占，要否租钱由各县自定。

（选自《闽西第一次工农兵代表大会宣言及决议案》，

一九三〇年三月二十五日）

闽西苏维埃政府布告

第二号

——关于重新分田问题

（一九三〇年九月）

　　过去闽西有些地方政权落在富农手里，分田时雇农、贫农不能与富农比较，所以一般分田只做到抽多补少，很少做到抽肥补瘦。有些地方富农自耕的田地反而以多报少抽，与贫农的则以少计多，这样一来，贫农分得的田地仍是利不及费。这是多么不公的事。所以重分田地成了广大贫农群众迫切的要求，本政府根据闽西代表大会决议，特号召全闽西广大贫农群众起来实行抽肥补瘦、好坏搭半的重新分配田地，如有从中作梗、霸占肥田、不照决议重新分配或匿报田地者，当予以严厉之纪律制裁！

　　特此布告

闽西土地委员扩大会决议案（节录）

（一九三一年四月十六日）

　　地点：虎冈本政府会议厅。
　　到会人数：出席委员四人，各县各区参加十六人，政府各部参加六人。
　　1. 报告：a. 政治，b. 工作。
　　2. 讨论：（一）分田问题：
　　A　过去在土地革命斗争中之错误和缺点：
　　（1）过去提出没收一切土地的号召是过左的，是违反了目前资产阶级民权革命阶段的中心策略的错误。
　　（2）分田时有些富农把持了政权，富农田地占绝顶优势，雇农、贫农都分得坏田。
　　（3）单纯以人口为单位，平均分配一切土地，结果富农的人口多，帮助了富农的利益。
　　（4）禁止土地买卖、抵押、出租，结果不独使劳动力不足的老弱残废的及红军战士的家属，分得了田地没法耕种，很难维持生活，而且使农村经济不能很好的调剂，减少生产的数量。至若创造集体农庄，晋（设）置公田，物质条件未齐备，实行了过早办法同样的使生产不能增加，甚至有些地方反而减少。

（5）在业工人和商人，同样的平分土地，削弱了贫农、中农利益，减少了无产阶级的领导力量，违反了以劳动力为原则的分配土地。

（6）豪绅地主及一切反动家属，同样分田给他，是离开了土地革命观点，向豪绅地主阶级"仁慈"、"妥协"，失了土地革命的意义。

（7）分配了田地之后，又决定死亡者收回，新生者补分，这是很复杂而且太麻烦的事，使土地问题永远分配不清楚，不能解决。

（8）没有确定正确的分田原则，一次、两次、三次的重新分配田地，使农民不敢下种下肥，妨碍了耕作，减少了生产，同时使农民对土地革命怀疑，脱离了群众。

B　今后土地之没收及分配的原则与处置：

（1）一切军阀、豪绅地主阶级、祠堂、庙宇、教堂及反革命派的土地及财产，无条件的一概没收（富农或半地主出租的田地亦没收）。过去分给地主阶级土地者，应即收回，一切财产，亦即刻没收归公。

（2）土地没收后，由政府按照以劳动力为原则，站在贫农、中农的利益观点上，以人口平均分配给贫农、中农。雇农要田的，亦须分给他，而且要好田。农民分得之田，政府应登记清楚，并由县政府发给土地所有证，如遇该证失去时要向政府请求补发，无所有证者，如发生争执时，政府不予保护。

（3）分田范围以乡为单位，由该乡工农兵会议（苏维埃）将本乡及别乡所耕之田，总合起来，共同分配。其数乡合并为一乡者，照分田原有乡村范围，或合并范围分配，由该乡群众意见决定。

（4）分田的标准，只要是有劳动力的农民，应领得一部分土地。小孩、老人，由群众大会决定酌量分他们一部分田地，作为"附加亩数"。亩数多少，要按照当地生活情形，经过乡苏群众大会通过规定，但每人领得的"附加亩数"，不得超过有劳动力的人每人应得的亩数的三分之一。

（5）分田的时候，应注意到田地位置、肥瘠，特别是水旱田之别，土地面积不计，以收获数量多少，来决定分配，并应以贫农、雇农为前提，把好的田地分给雇农、贫农、中农。

（6）雇农、红军士兵家属，应该分配田地，半耕半工的劳动者及失业的工人有要求田地的，由群众大会决定酌量分配给他，但商人及在业工人，无论如何不得分田。

（7）有下列条件之一者，无论该乡田多田少，一概不能分田给他。如已分了给他的地方，应马上收回，分配给雇农、贫农。

a、豪绅地主及一切军阀、官僚及其家属。

b、加入反革命政治派别，始终不觉悟的反革命分子，收回其本身田地和财产。

c、长期旅外不在本乡者，本身不分田，但红军、赤卫队例外。

（8）分田机关与手续，由土地委员会先行调查统计田地、人口（分有劳动力与不能劳动者两种）之总数，预定每人分配亩数与附加亩数的多少，交工农兵会（苏维埃）决定分配，其土地委员会委员必须是雇农工会会员、贫农团贫农，绝对不许富农参加。

（9）没有容养及没有劳动能力的孤寡，由当地苏维埃实行社会救济。

（10）农民分得之田地（红军的在内），如雇农、贫农不要求或不愿意，不得随便重分。农民领得田地即为自己所有，有权转租或变卖、抵押，苏维埃不禁止，但绝对严防富农利用机会来欺骗诈取贫农、中农的田地。

（11）田地、山林分配给农民之后，死亡的不收回，新生的不再补。

（12）凡分得田地不准种鸦片烟及一切违禁物，或建造地坟、庙宇。

（13）凡新垦荒田，归农民所有，不收土地税，并得由苏维埃政府酌量情形予以物质上的帮助，但须向苏维埃政府登记。

（14）分田时应注意的，是要防止暗藏在革命中的富农分子，及社会民主党阴谋捣乱，破坏分田，每个雇农、贫农都要负责侦察，如有造谣捣乱的分子，立刻捆送交政府处办。

（二）山林矿产问题：

A　过去分配的错误：

（1）不了解群众实际的要求，不把山林分配给群众，使山林荒芜，所以现在山林问题是迫切要求解决的问题。

（2）富农把持了苏维埃，一贯消极怠工，不想办法来管理山林与发展山林经济。

（3）反富农走上了专门罚款甚至打中农的错误，至群众怀疑有一点钱就是富农，不努力去发展经济，使很大生产的山林，不去开垦。

（4）社会民主党造谣说是有二个钱即富农，土地做好些即富农，使群众怕用资本去发展山林经济。

（5）断绝交通，禁止纸、木出口与外来商人买卖，是自杀政策。

（6）工人工资超过苏维埃社会生活，至无法维持生产资本。

（7）山林税的损失，苏区经济减少，影响斗争上增加很大的困难。

B　解决山林问题的重要意义：

（1）发展苏维埃的经济，增加农村生产，巩固苏维埃政权。

（2）解决农业工人的生活与减少流氓分子，使他们都有工作，都能生产。

转变群众斗争，站在群众利益上，动员广大群众，为拥护苏维埃而消灭团匪，与消灭社会民主党。

C　解决山林问题的原则与工作：

（1）凡以劳动力直接生产的农场、山林（如竹山、茶山、鱼塘、桑田、果园、杉山等），一概分配给农民。

（2）以劳动力为原则，站在雇农、贫农、中农利益上，实行人口平均分配。

（3）以乡为单位与田地一样分配，可以田一半、山一半，红军士兵及老弱小孩（残废的不分）要分山是可以分配给他。

（4）如果大山以区来解决，由乡来分配，由各乡与邻乡开联席会议，或由区苏召集某几乡雇农工会、贫农团主任联席会议决定划分山界，这个联席会要最忠实的雇农、中农、贫农来参加。

（5）组织调查委员会由雇农、贫农、乡苏土地委员负责，以乡为单位实行各山林、矿产的调查，并且以人口决定，召集代表或群众大会，通过实行平均分配。

（6）没有经过劳动力的大山或荒山是防风灾水祸的山林不要分配，由苏维埃管理，群众要求开垦大山应由县苏批准。

（7）在山多田少地方，把山分配当不成问题，在山少田多地方，应以雇农、贫农利益为前提，群众认为不分时，可归苏维埃政府组织管理委员会管理之，发动群众组织劳动合作社开垦。

（8）杉山由群众意见也要分配。政府则看山之远近、肥瘠、木之大小正确估价加重其税收。如发生分配杉山困难时，则应站在雇农、贫农利益上来分，不得分给富农，受摧残群众要做房子或公共建筑桥梁，可由政府设法供给木料。

（9）石炭、石灰可供私人自由开采（但须向政府登记），或组织生产合作社经营之，以增加生产为原则。

闽西苏维埃政府布告

第十四号

——关于深入土地革命分配土地的原则及制度问题

(一九三一年四月二十七日)

目前,中国革命在资产阶级性的民权革命阶段中,土地问题成了极重要的部分。过去闽西土地革命对于解决土地问题的办法有很多不正确的地方,土地革命的利益没有完全落在贫农中农手里,单纯以人口为单位平均分配一切土地,连豪绅地主及一切反动家属以及在业工人和商人都分得了田地,甚至贫农分得了坏田,这一原则,利益了富农。对于土地的制度上则禁止土地买卖出租,设立集体农庄,留置分田,这是过早的办法。对于山林,不了解群众的实际的要求,许多地方不把山林分配给农民,使山林成了荒芜。矿山又没有组织的去开采,以致天然富源置藏无用。因此,对于土地问题的处置是违反了目前革命阶段的办法,削弱了贫农中农的利益,减少了生产数量,农村经济不能得到很好的调剂和发展。现在对土地问题的具体办法规定如下:

(一)一切军阀豪绅地主阶级、祠堂、庙宇及反革命派的土地及财产无条件的一概没收(富农或半地主的出租那部分的田地亦没收,非出租那部分的田地拿出来分配),过去分给豪绅地主的土地应立即收回,分配给贫农中农,一切财产亦应即刻没收。

(二)把没收的土地一起按照劳动力为原则,站在贫农、中农的利益上,以人口平均分配给贫农、中农、雇农,要求田地的亦得分配给他而且要好的。

(三)分田范围以乡为单位,由该乡工农群众大会(苏维埃)将本乡及在别乡新耕种之田总合起来,共同分配,其数乡合并为一乡者,照原来乡村范围或合并乡村,共同分配,由该乡中农贫农群众意见决定。

(四)分田的标准,只要是有劳动力的农民应领得一份土地,小孩老人则由群众大会决定酌量分给他们一部分田地,作为附加亩数,亩数多少要按照当地生活情形,经过乡苏群众大会通过,但每人领得的附加亩数,不得超过有劳动力的人每人应得的亩数的三分之一。

(五)分田的时候应该把土地位置、肥瘠、好坏,特别是好水旱田之别，土地面积不计，以收获数量多少来决定分配，并应以贫农雇农为前提，好的田地分给雇农、贫农、中农。

（六）雇农、红军士兵及其家属应该分配土地，半耕半工的劳动者及失业工人有要求田地的，由群众大会决定酌量分配给他们，但商人（小商）及在业工人无论如何不得分田，没有劳动力的孤寡残废则由政府设法救济（目前可酌量分给他土地）。

（七）有下列条件之一者，无论该乡田多田少，一概不能分田给他，如已分了给他，地方应马上收回，分配给雇农贫农。

①豪绅地主及一切军阀、官僚及其家属。

②加入反革命政治派别始终不觉悟的反革命分子，收回其本身田地和财产。

③长期旅外不在本乡者，本人不分田，但红军赤卫团例外。

（八）农民分得之田地（红军的在内），如雇农贫农不要求或不愿意，不得随便重分，农民领得的田地即为自己所有，有权转租或变卖、抵押，苏维埃不禁止，但绝对严防富农利用机会来欺骗诈取贫〔农〕中农的田地。

（九）田地、山林分配给农民之后，死亡的不收回，新生的不再补。

（十）凡分得田地不准种鸦片烟及一切违禁物或建造地坟庙宇。

（十一）凡新垦荒田归农民所有，不收土地税，并得由苏维埃政府酌量情形予以物质上的帮助，但须向苏维埃政府登记。

（十二）凡以劳动力直接耕种的农场、山林（如竹山，茶山，桑田，果园，杉山等），一概分配给农民（其分法与分田的原则相同）。

（十三）没有经过劳动力的大山、荒山或山林是防风灾水祸的山林，不要分配，山苏维埃管理，群众要求开垦大山应由县苏批准。

（十四）在山多田少的地方，把山分配当不成问题。在山少田多的地方，应以雇农、贫农利益为前提，群众认为不分时，可归苏维埃政府组织管理委员会管理，或发动群众组织劳动合作社开垦。

（十五）石炭、石灰可给私人自由开采（但须向政府登记），或组织生产合格社经营之，以增加生产为原则。

（十六）实行征收山林累进税，各种山林税之多少，应先估价杉山税，则应以落山价多少及收获多少来规定。

各级苏维埃政府、革命群众一体遵照此布告，立刻切实执行，保障贫农中农在土地革命中所得的实际利益，如果有故意违反者，以反对土地革命、违背工农利益论罪。此布

闽西苏维埃政府布告

第十九号

——重新分配土地条例

（一九三一年六月）

我们过去分田犯了许多错误，单纯的按人口平均分配，富农人口多占了便宜，豪绅地主与农民一样分田，没有彻底消灭封建势力，土地不是农民所有，而禁止出租买卖。这些充分证明过去分配田地违背了贫农雇农中农的利益。

为彻底消灭豪绅地主，站在贫农雇农中农利益上，决定重新分配土地。兹将重新分配土地条例公布如下：

第一、下列所有人的土地，无论下种与否都应马上没收：

（一）豪绅、地主及其家属的土地，彻底清查没收；

（二）祠堂、庙宇的土地没收；

（三）富农的土地同样没收（没收以后其能劳动者另分坏田给他）；

（四）枪决了的社党，如是中农贫农与雇农则收回其本人的土地，家属不反动者其土地不收回。

第二、将所没收的土地连同农民自己所有的一切土地，依照劳动力及人口照下列标准马上重新分配。

（一）贫农雇农中农分三等分配：

1. 一岁至十岁及六十一岁以上分三分之一；

2. 十一岁至十五岁分三分之二；

3. 十六岁至六十岁分足成（即三分之三），六十一岁以上劳动力强大者可酌量增加。

（二）富农一岁至十五岁及六十一岁以上者不分土地，十六岁到六十岁分足成，富农应分坏田（山田，少水，远田）。

（三）红军战士本人分田应得下列优待：

1. 现在所有的红军与赤卫团的战士照（一）项标准分，分好田（肥田、水田、秧田）。

2. 已牺牲的红军战士应分一部分田作为抚恤田，交给其家属，数目由各乡自行决定，无家属者不在此例（过去富农、流氓及豪绅地主的子弟当红军牺牲者不分抚恤田）。

3. 红军战士因伤残已回家者，照（一）标准分田，并应酌量增加抚恤田。

（四）在业工人不分田，失业工人愿耕田者酌量分田，在业与失业工人的家属在农村者照（一）项标准分田，半工半农者看其做工与耕田的时间为标准酌量分田。

（五）商人独立劳动者及知识分子（有知识技能不参加劳动者）不应分田。

（六）由白区来赤区的工农，不在赤区分田，另行设法安置与救济。

（七）在押犯人已判决入模范监狱者，照（一）项分田，未判决者不分田。

（八）富农加入反动政治派别的，本人及其家属均不分田。

上列标准，各乡可以依照实际情形，酌量增减，不过一定要特别注意到贫农、雇农的利益。

第三、分配土地，以一乡为单位，大乡可以看实际情形，由各乡自己决定按村落分配计划，土地应分别好田坏田，计算割谷的实额（收获量）。土地不要分割散乱，以致不便利耕种。

第四、土地重新分配之后，各依所分的土地收谷割禾，如有特别情形不便马上依所分土地割禾者，由各乡雇农贫农中农多数的意见自行决定，各乡苏维埃政府不得强迫命令。同时，应禁止富农弄鬼，时时注意到贫农雇农中农的利益。

第五、茶山、竹山可以分配者，应与田地一样分配，不能分配者由苏维埃政府处理。石灰、石炭可以自由开采，只要向政府登记及纳税。

第六、土地经此次重新分配之后，生者不再分，死者不收回，可以出租或买卖（由本政府颁布出租及买卖的条例），要在五年之后依照实际情形再行重新分配。

第七、豪绅地主及反革命派的房屋、财产、耕具应一律没收，由苏维埃政府分配雇农、贫农，有的充作公用。牛只、耕具可以组织犁牛经理处，轮流租借。豪绅地主及反革命派的家私、粮食、银钱、牲畜、烟纸等，应归本政府拨给红军作用费。

第八、各乡应马上依照下列手续进行分配土地：

（一）开乡苏大会推选土地委员七人至十一人，组织土地委员会，负责分配土地。土地委员应由工人雇农贫农充当，中农亦可参加。

（二）土地委员会马上派人分别召集各村落各家的代表开会，调查人口数目、年龄及阶级成分，并调查土地多少、出产数量，加以审查计算。

（三）由土地委员会拟定分配办法，先行公布，并将田地分别标明分给何人，征求大家的意见，随即作最后的决定。

（四）雇农工会、贫农团应全体动员，帮助土地委员会分配土地，并应时常提出办法。

（五）马上监视地主家属及富农流氓，并应马上整理各乡赤卫军，提防社会民主党及富农造谣捣乱，破坏重新分配土地。

第九、在七月十五日以前，各乡应将土地重新分配清楚，愈快愈好。

第十、关于土地税及经营大山林、矿山等办法，本政府当即另行颁布详细条例。

闽西苏维埃政府通知

第六十四号

—— 关于纠正分田错误倾向

（一九三一年六月二十六日）

各级苏维埃政府：

自本政府重新分配土地的条例颁发之后，各地都积极的把所有土地都重新分配，但在这一重新分配土地工作当中，有些地方发生了错误倾向，如把没收富农的田禾，决定割来拥护红军，及呆板的执行分青苗的办法，以雇农、贫农及中农的劳动力所耕种的田，硬要把来分青苗等，不明瞭我们没收富农的肥田而另换坏田给他，若把没收来的肥田的禾，割来拥护红军，而坏田的禾又换与富农去割，则雇农贫农及中农换来的富农的肥田的禾，变为落空，减少了贫农、雇农及中农的利益。

兹决定纠正办法如下：

1. 马上实行重新分配土地，土地平分以后，即行交田，得此田的人便可以割此田的禾，无论豪绅地主的土地也好，富农的土地也好，枪决了的社党的土地也好，一律拿来分配。

2. 在分配土地时，最好把所有土地合并起来，整块整块的分配，但如果雇农、贫农不愿意把自己的青苗分给别人时，则可不必过于调动，雇农、贫农得到好田后，他的坏田应照他应得的亩数足额后，抽调出来。

希遵照切实执行为要。

闽西苏维埃政府布告
第二十号
——关于征收土地税问题
（一九三一年七月十五日）

土地税是苏维埃政府最主要的收入，要巩固苏维埃政权，保障土地革命胜利，冲破敌人围攻与进行社会建设，必须征收最低限度的土地税。

过去征收土地税有错误的地方：第一，规定收钱不收谷，以致谷价一下子跌低下来，甚至流入白区；第二，富农与贫农一样收税，犯了富农路线；第三，价格不统一，有的高，有的低，减了政府的税收；第四，收税迟缓，少数地方税尚未收清。

站在贫农雇农中农的利益及斗争的需要上，决定现年收税办法如下：

1. 雇农贫农中农的土地税，照其所收实谷征收百分之十。
2. 富农的土地税，照其所收实谷征收百分之二十。
3. 每担谷炸燥后一百斤（十六两秤）计算，值得价大洋三元半。
4. 收土地税以收钱为原则，同时也可以纳谷（燥谷）。
5. 群众须负责保存土地税，凡征收、存储、挑运均须负起责任，在某地方（由政府另行指定）政府先举行登记，可以由群众分别保存，需要时提用。
6. 双季田收两次，单季田收一次，均按期所收实谷照上列标准征收。
7. 土地税自八月一日开征，九月底结束。
8. 收土地税须用三联单，纳税人、区苏、县苏各存一份，乡苏照数抄存，县苏须将其税收详细报告闽西政府。
9. 如某个乡村或某个群众的田禾遇重大灾害时（如风灾，雨灾，旱灾，水灾，虫灾等），得当地政府许可后可以酌减或豁免其土地税。
10. 财政委员会须以极大力量去整理和征收土地税，土地委员会经济委员负责帮助。

福建省苏维埃政府区县土地部长联席会决议

（一九三二年六月）

一、红军公田与帮助红军家属耕田的问题。

1. 红军公田每乡至少要有三人的田（田多的地方可以增加）。

2. 红军公田要好田（塅田、秧田、水足田、要大家人看得见的田）拨充。

3. 红军公田要由苏维埃管理，发动全乡〔有〕劳动力的人耕种。

4. 红军公田要在一个月内拨充，并建立田牌（以四寸宽、四尺长的木板书写某乡红军公田几担）。

5. 一定要帮助红军家属耕田。

①凡红军本身及红军家属所少的劳动力，应该帮助他耕种（如红军家属有六个人，只有三个人有劳动力，尚少四个人的劳动力，苏维埃就要发动群众，至少要把尚少四个劳动力的田完全耕好）。

②帮助红军家属耕田，要全乡有劳动力者负担（或十六岁以上六十岁以内）。

③红军家属的田要先耕好。

6. 有劳动力的不做红军耕田的工者，区、乡苏政府要讨论处罚。

7. 乡苏或区苏不执行优待红军条例者，同样要受到处罚。

二、帮助新发展区域分配土地问题。

1. 发展方向与负责派能分田的人去帮助：

①上杭西南——如中都、洪山寺一带，由上杭负责。

②武平西南——如岩前、象洞等地，由武平、上杭负责。

③饶和埔发展时，永定要负责。

④连城、宁化发展时，由新泉、长汀县负责。

2. 每县至少要准备善能分配土地的人五十人以上，到新区域去帮助分配土地。

3. 准备调去新区域工作的人，要县苏负责训练一短时期，要在一个半月做到。

4. 调去新区域工作的人的条件，要分配过土地而有实际经验的积极分子，要阶级意识强的分子，要坚决为中农、贫农、雇农谋利益而不调和不妥协的分子。

5. 各县至少要准备调三人以上有分配土地实际经验的积极活动分子，预备发展到宁化、清流、归化等地时，派去工作，要在一个月内调来省苏。

三、检查土地的工作与深入土地斗争。

1. 检查豪绅地主及一切反革命者的土地财产是否完全没收，富农的土地及多余的耕牛、农具等是否没收了？是否把土地革命的利益完全落在贫农、中农、雇农身上？限一个月内检查清楚。

2. 检查土地一定要县苏督促区苏，区苏督促乡苏，召集代表会，详细讨论办法，并选举和组织土地检查委员会，要随时进行深入群众去检查。

3. 一定要发动雇农、贫农，联络中农，起来坚决反豪绅地主富农的斗争，要领导雇农贫农群众在斗争中得到利益，要团结斗争力量去肃清豪绅地主封建势力，去反对富农。

4. 要在检查土地工作中来了解过去对解决土地问题正确的和错误的地方，还要使雇农贫农中农群众了解，并且热烈的来批评过去错误与缺点的地方。

5. 要在检查土地中建立土地部的工作，要争取中农贫农群众为土地利益而斗争来拥护苏维埃。

6. 要在检查工作中来与一切不正确倾向斗争，来排除消极怠工的分子。

四、竹山、茶山、杉山、果园、池塘的分配问题。

1. 凡属可以分配的竹山、茶山、果园、池塘等，可以准折田地一样去分配，要在二月内分配清楚。

2. 凡属大森林、矿山等不能分配的，归苏维埃管理，要发动群众的劳动力去经营来发展山林的利益，使劳苦群众得到利益。

3. 杉树在全闽西苏区里十分之九没有分配，据一般的实情不好分配，因此有如下的决定：

①杉树以乡为单位归苏维埃组织管山委员会去管理——如火烧山的打熄、栽植杉树等经营。

②杉树的利益十分之七的利益归该乡工农群众平均分配，十分之三归苏维埃所有。

③杉树木材是闽西苏区里最大出产品，利益最大，一定要使群众认识而热烈的来经营管理——已长成的树要保护，仍要新栽植增加生产。

④苏维埃与群众可设法招商，使杉树可输出卖钱。

4. 要随即进行调查大山场可种何种农产物，有何种矿产（如煤、铁、石灰石等），报告省苏。

五、要发展苏区生产，增加粮食及日用必需品，来充实群众及红军的粮食等，去发展革命战争。

1. 加种杂粮——豆子、粟子、番薯等。

2. 准备闽西苏区里普遍的种麦、种棉、种茶（油茶及茶叶）等。

①要随即进行宣传鼓动，使群众了解，一定要领导他们自动的来种，一定要种。

②一定要随即调查有多少地方可以种，有多少群众种，要多少种子，及何处有种子。

③种子（麦种、棉种、茶种等）一定要苏维埃去搜集准备，特别是麦种（因为闽西的麦种不多，又值现在的粮食恐慌，有些麦子种的都很快食完），要一月内准备好。

④随即由土地部想法去搜拾很多种麦棉茶等好的经验来教群众。

⑤要发动群众多准备肥料。

3. 设立农业试验场。

①每区推选一个耕田种植最有经验的人（如耕了十年、二十年、三十年的富有经验的人，头脑清醒的人，身体健全的人）。

②准备地埔、房屋、用具。

③准备一批资本。

④各区乡有最好的农产品及最坏的农产品都要选择送一些来（并且要说明他用甚么方法去使农产品好的理由）农产物陈列室。

⑤要随即准备搜拾所有农产品的种子及一切材料。

4. 要加紧整理坡圳和开垦荒地。

①坡圳要由苏维埃管理，发动群众领导群众去进行。

②要在最便利最容易得水的灌溉的地方作坡开圳，不能以风水迷信去阻碍作坡开圳。

③现苏区里各县区都荒了很多田地，要随即发动群众或移民领去开垦，尽量种植来增加苏维埃生产。

苏维埃要奖励开荒，要帮助贫农雇农以农具、种子、肥料去垦荒栽种。

要反对苟且偷安的、得过且过的、随随便便的等消极态度与不正确观点。

六、要随即进行人口土地调查统计。

1. 要按照省苏现在制定的人口、土地调查统计表第一表、第二表去切实调查统计好（出）来。

2. 召集乡代表讨论调查统计的办法，要在选民会上报告调查统计的意义和重要，才能一方面使调查统计的人有方法去工作，群众才能很实际的报告。

3. 要在一有内完成调查统计工作，报告省苏。

七、豪绅地主及富农开垦荒地的问题。

1. 豪绅地主垦荒一定要报告苏维埃政府许可和登记。

2. 苏维埃一定要自中农贫农不要的荒地，才给他开垦。

3. 一定要定偿租纳税的条约。

八、要建立和健全土地部的工作。

1. 要把中央政府颁布的土地法令，省工农兵代表会土地决议案，及此次土地部长联席会的决议案很快实现出来。

2. 土地部随即建立经常工作，要上级随时指示下级土地部，下级随时把实际情形报告上级土地部。区每半月报告县一次，县每一月要总报告省一次。

3. 各级土地部要经常提出关于土地问题的计划，交到苏维埃主席团讨论执行。

4. 省苏土地部可经常印发关于土地问题的文章和小册子，以便给各级苏维埃及群众关于土地问题的了解。

福建省苏维埃政府检查土地条例

（一九三二年七月十三日）

在去年重新分配土地时，因为军事局面的紧张，时间匆促，加之共产党各级党部和各级苏维埃政府领导上有许多缺点，农民群众对阶级分别并不清楚，所以地主、富农一方面持旧有封建的房族、亲戚的势力强分土地，一方面又（用）地主假富农、富农假中农的欺骗方法偷分土地。

最近，各处即发现许多地主分到土地，许多富农还多分田，而且分好田。地主、富农得到这样的好处，便保持他们原有的地位，暗中造谣捣乱，企图破坏苏维埃、红军。

本政府为了使雇农、贫农、中农在土地革命中得到完满的利益，为了要肃清地主阶级的政治的经济的势力和镇压地主残余和富农的反革命活动，认为以前零星的检查土地非常不够，现在马上全闽西来举行一个检查土地的运动。

第一、何人的土地应该检查出来

（一）一切地主（不论大小地主）家里所分到的土地，以及他们的房屋、财产、用具，一概彻底检查出来没收。

（二）富农多分的土地、所分的好田（及秧田）都要清出来，富农多余耕牛、农具、房产、菜园、粪缸都要检查出来没收。

（三）反革命富农（勾结白军、团匪，组织民团，捕杀群众，造谣捣乱……）全家的土地、财产、房屋、家私，一概清查出来没收。

（四）工头、老板、商人、和尚、道士、尼姑、算命、地理先生等，过去有分田者，应检查收回。

（五）祠堂、庙宇等公田，过去未完全没收者，应查出没收。

（六）全家死亡者，其所分土地不归房族亲戚，应检查出来。

第二、检查出来的土地补分给何人

（一）红军公田未足，应多选好田补足，每乡至少三个人的田额。

（二）过去雇农少分田者应补分，贫农老少太多过去未分田者应补分，雇农、贫农过去分田，被地主、富农弄鬼少分用分坏田者，应补分。

（三）中农少分田者应补分，过去中农当富农分田者应补分。

（四）由白区回来的贫农、中农应酌量补分，释放的社党是雇农、中农成分，过去未分田者现在应补分。

（五）工人的家属及失业工人要分田，过去无分田者应酌量补分；

第三、检查土地和补分土地的手续

（一）以乡为单位进行检查，以前分配土地以村为单位者，则以村为单位。

（二）应在夏收以前检查和补分清楚。

（三）县苏应马上推动各区，各区苏应马上推动到各乡，应派巡视员出发推动。县苏各负责人应直接参加中心区、中心乡，区苏负责人应直接参加各重要乡。

（四）乡苏主席应召集全乡代表会议报告检查土地意义、检查土地方法和农村阶级的分别，同时应成立检查土地委员会，委员五人（雇农和工人各一人、贫农二至三人、中农至少要一人）。

（五）检查土地委员会可请调查员及登记员帮助工作，最重要的要使雇农工会和贫农团一致动员检查，并提出补分办法。

（六）首先要调查全乡地主几家、富农几家、中农几家、贫雇农几家、其他几家，各家人口多少，过去分土地多少。然后认真照上述标准检查，看何家应收回土地，看何家应补分。

（七）检查土地委员会讨论决定后，应即出榜公布，征求大家意见。如检查和补分有不妥当时，则可由检查委员会修改，然后再开全乡苏维埃代表会议最后通过。

（八）在检查土地时，应提防地主、富农造谣捣乱，应该监视地主、富农，提防他们报告捎息，勾结白军来进攻。要特别整顿赤卫队，加紧赤色戒严，并派游击队向外游击，使这次检查土地能顺利成功。

（九）在检查土地时，应打破与地主、富农妥协的观念（因亲戚、房族关系……不敢清查等），同时要打破害怕地主、富农的观念（受地主、富农恫吓等）。

（十）在检查土地时，要把暗伏在各级苏维埃中的地主、富农、工头、老板、商人等阶级异己分子清查出来，热烈参加革命战争，冲破帝国主义、国民党、军阀对苏区红军全线的进攻，实现江西邻近省区的革命首先胜利。

闽西苏维埃政府通告

第五号　地字第一号

——关于租田问题

闽西过去分配土地，系按人口平分，无论男妇老幼，都分得了田地，解决了群众生活大部分的痛苦，推翻了封建势力。可是有一部分老、幼、残废、鳏、寡、孤、独及没有耕牛、农具或自己参加红军的革命群众，对于耕种田地，在生产工具及劳动力上都感受困难。同时，在这两个政权对立，两个战争对抗，国内战争严重的时候，我们要争取全国革命胜利，实行大规模的建设，而实现共产社会，目前政府建设养老院、育婴堂、残废院等，事实上尚做不到，所以这一般老弱残废无法生活，及参加红军工作的革命群众，虽得土地，亦不能很好的耕耘。因此本政府第二届第二次全体委员会，特规定了租田的办法，以减少这些人的困难，使当红军的人很安心地在外杀敌，更利于扩大斗争，同时亦可以增加土地生产，兹将出租田地的条例通过于下：

1. 农民老弱残废无法生活者，得出租田地。

2. 红军士兵及贫苦农民（无人耕田、无耕牛农具的）无法耕耘及不能生活者，得出租田地。

3. 在政府工作的人员不准出租田地，万不得已的须经贫农团认可，上级政府批准。

4. 出租田地其租谷由出租人与承租人商量，但不能超过过去土地私有制度时期的收租数量。

5. 出租田地要先经过贫农团认可，乡政府批准。

6. 田地出租限期三年，在三年内，或三年外，要收回时须得政府批准。

7. 出租田地的土地税，由承租人向政府加五缴纳（例如收百分之十的〔收〕百分之十五）。

8. 剩余田地出租者，如家庭经济充裕的，即应将其田地收回，分给贫农耕耘。

上列条件，是民权革命阶段过程中的一种办法，绝不是鼓动群众租田，只可答应群众的要求。同时出租田地的农民，一定要具备上列条件，经过上列手续，如不照上列条件私行出租田地者，一经查觉当予处罚。

各级政府得此通告后，随即召集会议讨论办理为要！

永定县苏维埃政府关于土地问题草案

（一九三〇年）

一、目前永定土地情形

A　土地革命后的现象

1. 封建势力已经消灭——地主阶级经济基础铲除干净，他们中间死的死，屈服的屈服，就有些还在着的，失了生活的经济来源，而且成了农民的死敌，不能存在于农村。因此，整个封建势力在赤色农村中已经消灭干净。

2. 农民束缚解除，经济向前发展——农村中封建剥削取消了，农民得了土地，有了粮食：（1）大部分农民不须再靠〔当〕雇工挑担为生活，能尽其劳动力去经营土地；（2）土匪、盗贼、烟赌绝迹，真是夜不闭户，野无流氓，社会上大部分人类等于被〔分〕去劳动；（3）水利相当改善；（4）土地因为人工充足而得改良；（5）肥料因人力制造及资本购买而增加，结果今年早禾虽缺乏牛工，但肥料比较充足。所以一般人说来，今年收获比上年还要好些，这证明土地生产在封建束缚解放之后，得到了初步的发展。

3. 富农路线会减少了土地生产——过去田地之分配犯了富农路线，因为政权落在富农手里，没有做到抽肥补瘦的办法，贫农雇农所领田地都是山田或瘦田，生产异常之低。尤其是因为分田时要补还原耕种农民（其实多是富农）工资肥本，因此贫农雇农虽领了田地，却很难耕种。同时又兼以剪刀现象，遂使有些田地荒芜，这可证明富农路线足以减少土地生产。

B 土地革命后坏的现象

土地革命只能减少农民痛苦，不能根本解决社会上生活问题。

现在农村中米价低落，出产不消，* 农民依然无担挑，无钱用，只死板地耕点田地。同时商业资本涣散，新的社会资本尚未形成，加以白色势力经济封锁，外来工业品价格一般的提高，形成剪刀现象，使农民购买力低落，因而造成市场冷落，手工业停滞，工人失业加多。这样，又会障碍土地生产的发展。这一现象虽然不很厉害，但确是社会全般的痛苦，这证明土地革命只能减少农民的痛苦，不能根本解决整个社会生活问题。因为永定和整个闽西都是农村经济，而现在社会生活专靠土地出产是不够的，它部分要靠城市工业生产。在整个中国革命尚未成功以前，永定农村经济与外面大城市经济不能流通、配合，而且时刻受了障碍与破坏。这样，群众痛苦是不能解决的，唯一的出路只有在中国革命成功以后，工人阶级取得了城市工业生产，使城市经济与农村经济在苏维埃支配之下取得联系，急速转变到社会主义的生产。这样，剪刀现象才可以改变，土地生产才可以加速发展。

二、检阅过去的策略

1. 平分田地的最大优点是斗争争取了广大群众。

2. 平分田地不独不会减少生产，而且会增加生产。反之，以劳动力分配土地却会减少生产。虽然田多地方一部分人不愿意多耕田地，但这是剪刀现象的结果，更证明要平分田地以强迫劳动才能维持生活。

3. 田少的地方机械式运用分田策略，不加限制，连商人都分予田地，结果发生转租的现象，变相剥削地租。

4. 分田政纲虽然规定"抽多补少，抽肥补瘦"，但末后却说不可妄想平均以（减）少手续，这恰好为富农利用，尤其是富农把持政权的地方分田

---

* 原文如此。——编者

时，富农占了优势，帮助了富农发展。

5. 分田后，田不是归分田者所有，而归原耕种农民收获，或分田人补以相当工资。这是保护富农或新富农，是富农路线。

6. 不取消一切债务及商家账目，和店租减半征收，是富农路线。

7. 没收杉材与耕牛，取消房租，是反富农斗争的开始，但山林问题执行得不充分。

8. 粮食调剂局是反富农斗争的开始，是认识富农的验器，* 但现在各区还没有注意迅速普遍组织起来。

9. 分田有部分地方不平均（如溪南区），以劳动力以人之岁数来分配，这是会减少生产。

10. 金丰〔区〕自耕农的田不分，是富农路线。

三、今后土地政纲

A 防止富农资本发展

①缴收累进税，②迅速普遍组织粮食调剂局，向富农借款；③减少和限制耕牛力钱；④没收反动富农的耕田及农具；⑤没收转租或出租者的好谷子，无价归与耕田者所有；⑥照抽多朴少、抽肥补瘦的分田方针，将以前为富农把持政权时所分的田地迅速地重分过；⑦分田以按照劳动力来分配的（如溪南区），须迅速地重新平均分配，发动雇农贫农切实调查田地，如果过去分田时有虚报田地者，须使其忠实补报；⑧金丰区田地须按人口平均分配，要以抽多补少、抽肥补瘦方法，但商人、在业工人不分；④切实做到调查工作，如有秘密转租者，则收其谷子无价归耕田者所有，如系富农、商人须加以处分。

B 建立集体农场生产

1. 迅速地组织农业合作社，并鼓励和帮助农业合作社的发展。
2. 对农业合作社减征土地税。
3. 没收的耕牛首先要借与农业合作社。
4. 政府贷资本与合作社。
5. 准农业合作社调换田地。

C 改良土地

1. 大规模的整顿水利。

---

* 原文如此。——编者

2. 输入肥料。

3. 选择种子。

4. 改良土地和工作方法。

5. 帮助雇农贫农资本和农具。

6. 迅速以区为单位组织农事试验场及农业研究会，以改良农业生产。

7. 发动农民开垦荒芜的田地，最近一二年荒芜者可免收三年土地税。如果荒芜多年，要很大力量才能开辟者，可以四年或五年免收土地税。

8. 土地生产要准备社会主义条件，争取社会主义胜利前途。

土地革命后，富农容易转变到中农，贫农一部分也曾发展为富农。这些富农在苏维埃法令取缔之下，虽然不敢经营封建剥削，但经营商业资本剥削雇佣劳动，这些资本主义剥削的方式是向前发展了。虽然在帝国主义、大资本压迫之下剪刀现象的发展，与大农场经济没有建立形成，富农发展是异常之困难的。但如果苏维埃政权落在非无产阶级手里，或策略上犯了富农路线，不能限制富农之发展，不能把富农资本转移到社会主义下面来经营大规模农业生产，而仍旧让土地生产停顿在小农经济的现状，则农村经济仍然不能发展，工农群众痛苦仍然不能解除，这样是于整个社会不利的。因此，土地革命取得相当胜利的现在，为了救济目前剪刀现象的痛苦，为了开辟将来农村经济之发展，土地革命斗争的总路线必然要准备社会主义的条件，争取社会主义胜利的前途。

上杭县第一次工农兵代表大会决议案（节录）

（一）分谷问题

1. 凡土豪、劣绅、福会、众堂以及反动分子的米谷概行没收，分与贫民，但其家属不反动者亦可照分。

2. 凡收租谷五十石以上之地主，将谷子没收分配与无米吃之贫民。

3. 五十石以下之小地主谷子不分，但须限价，每斗谷子小洋叁角发粜贫民，不准米谷商人垄断。

4. 为保护商家交易起见，商店米价不加限制。

5. 各乡没收来之谷子，由各乡自行分配，但米谷够吃者不分。

（二）土地问题

1. 一切地主、土豪及福会、众堂等田地，不论典当与卖绝，一概没收，归苏维埃政府分配与农民耕种。

2. 凡未分配的地方，要马上分完，已分配的地方，要登记，由县政府发耕田证。

3. 分田以人口平均分配为原则，但田地少者例外，分田标准与手续由县政府定出详细办法。

4. 分配后的田地不准买卖典押，或私相授〔受〕，违者严办。

5. 自今年起永远取消田租，强收者和送租者罚。

6. 所有地主阶级的田契佃批等，限期缴交当地政府焚烧，违抗不交者枪决，但自耕农田契不烧。

（三）山林问题

1. 所有土豪地主以及公堂、公山、山场一律没收归公，山契焚毁，但农民自力耕山者不没收。

2. 没收来之山场如系茶山竹山，又系山多田少而农民要求分配者，可由苏维埃政府酌量按照分田办法分给农民使用。

3. 没收来之山场出产品——松杉杂树由乡政府没收，竹茶之类则由乡政府以低税出租，所得价款乡得六成，县区各得两成。

4. 没收来之山场如系农民租种者，其种植之山林出产品不没收。

5. 山中蕴藏矿产者概归县政府公有，煤矿任人采掘，不收捐税，但须向政府请准登记。

6. 凡山林税率及采伐问题，由县政府按情规定详细办法通令实行。

（四）债务问题

1. 工农穷人欠土豪地主反动派之债不还，债券借约限期焚毁，违抗者办。

2. 利息高至贰分以上之高利债务不还，不到贰分者还本不还利。

3. 凡属赌债及勒骗的债务一概取消。

4. 工农穷人自己往来之债仍旧要还，但古历十八年元旦以前老债不还。

5. 对商家交易之账，但古历十六年底以前旧账取消，非本身所欠之账也不还。

6. 以后利息率最高不得超过一分半，违者以高利贷办罪。

7. 农村中银会、谷会仍须维持，但欠土豪及反动派会款不还，首会会款取消。

8. 商家借土豪、公堂、福会的债，归政府没收，不取利息。

9. 豪绅地主反动派欠工农穷人的债仍要还，但其家产经政府没收者不在此限。

（五）捐税问题

1. 所有以前军阀时代的政府衙门、民团、商团、厘卡等捐税一律取消，收捐者格杀勿论。

2. 店税一律减半，其属土豪地主反动派及公家之店税归县政府征收。

3. 各圩场摊子税减半，其属于土豪地主反动派及公家之摊子税由区政府征收。

4. 为补助残废老弱及建设地方公共事业并政府赤卫队等用费起见，政府得向农民征收土地税。

5. 在未分田以前，土地税之征收分三等，米谷够吃者收一成，有余者收成半，有余粮二十担以上者抽二成，只有半年粮者收半成，不够半年粮者不收。

6. 已分田地方土地税征收分三等：①分田五担以上者收一成半；②三担至五担者收一成，三担以下者收半成；③分田十担以上者收二成。

7. 土地税由乡政府征收分配，乡政府得五成，区县政府各得二成，闽西政府得一成。

（六）粮食问题

1. 赤色区域中粮食要彼此流通，但对白色区域则由区以上政府经营，限制输出。

2. 为维持各地粮食起见，凡籴米者须得乡政府籴米证，不得自由多籴，致现时米多，跌价以后米少饥荒。

3. 对城内粮食，政府应设法办理平籴，并准各区自行筹款，买米救济贫民。

4. 各区乡政府应调查各乡所存米谷，报告县政府，以便调剂。

5. 商家贩运米谷，价格不可限制，办米者由政府给予采办证。

右江苏维埃政府土地法暂行条例

(一九三〇年五月一日)

苏维埃政府之主要任务，在推翻一切压迫工农劳苦群众之特殊阶级与解决群众之需要。目前中国革命任务之一是深入土地革命。而土地之取得，更为乡村农民之实际要求，故特颁布下列《土地暂行条例》，仰各县、区、乡苏维埃切实执行为要。

(一) 农村阶级成分的分析

一、凡将自己土地全部或一部分佃给农民，而以佃租制度来剥削农民者，皆谓之为地主阶级。

二、凡利用政治的、经济的、军事的势力，剥削群众，压迫群众者，谓之豪绅阶级。

三、凡农民：(甲) 除了自给外，还有剩余者；(乙) 非豪绅地主阶级之放高利贷者；(丙) 自己土地较多，须雇雇农耕种者；(丁) 还有一种将自己剩余财产埋藏，而在乡村中有个人之经济地位者。以上数种，皆谓之为富农，仍是站在剥削穷苦农民之地位。

四、凡农民每年所得，仅能勉强自给，不剥削人，亦不被人剥削者，谓之中农。

五、凡农民每年所得，不足维持最低之生活，而必须为人作短工、借高利贷或用其他方法以维持其困难生活者，谓之贫农。

六、凡自己没有土地，亦未佃地主土地，而以帮地主或富农种田者，谓之雇农。

七、凡在乡村不种田地，而专以其他职业维持其生活者，谓之乡村手工人。

八、"自耕农"、"佃农"均不能成为代表一种成分的标准，因自耕农或佃农之中，均有富农、中农、贫农之分，应按上面标准以确定之。

(二) 应没收之土地财产及处理原则

一、立即无代价的没收地主豪绅阶级之土地、财产。

二、没收一切反革命的财产、土地，及反革命之标准如下：

（甲）勾结一切苏维埃之敌人（即一切反革命派）或与之作侦探，或在经济上帮助敌人者；

（乙）阴谋企图倾覆苏维埃政府者；

（丙）反抗苏维埃政府之法令者；

（丁）进行反苏维埃政府之小组织。

三、没收一切祠堂、庙宇地产，及其他公产、官荒或产生的荒地、沙田。

四、没收之土地财产，均归农民代表会议（苏维埃）处理，分配无土地或其他的农民使用。

五、凡没收的土地财产之所有权，属苏维埃政府（即所有民众），绝对禁止自由买卖。

六、原属自耕农之土地，其管理权归苏维埃政府，其使用权仍归原有土地之农民。

七、县苏维埃得于本县酌量提出一部分土地，作为该县移民垦殖之用。

八、销毁豪绅、地主、政府的一切田契及其他剥削农民的契约及其口头的完全在内。

九、凡不分配之地产则不必分给各人，由苏维埃直接经营之。

（三）分配办法

一、分配土地应以乡为单位，由乡苏维埃召集大会或代表会议讨论执行，由县、区苏维埃切实指导之。

二、如甲乡与乙乡之土地与人口之比例相差太远时，可由县、区苏维埃用移民等办法解决之。

三、凡没收之土地在甲乡者，由甲乡苏维埃处理之；在乙乡者，由乙乡苏维埃处理之。

四、凡没收之土地，完全分给无地或地少的农民使用。

五、农民所耕种之土地，必须领〔取〕苏维埃颁发之土地使用证。

六、分配土地应以人口为标准，以出产之多寡，平均分配之。暂用每一劳动单位分全份，非劳动单位分半份之办法处理之。

七、出外当红军者，亦得分一份土地给其家属，并得请雇农耕种之。

八、凡贫、中农因地域关系，出租他人之一部分土地被没收者，亦得于其本村按分配原则〔享〕受分配土地之权。

九、凡地主之孤寡，其土地被没收后，不得再分给土地，生活另由乡苏维埃解决之。

十、雇农及手工工人如自愿不分土地，得按另行颁布之劳动法，解决其问题。

（四）税收

一、取消一切军阀政府及地方衙门所颁布的捐税，取消包办税则制，取消厘金。

二、宣布一切高利贷的借约无效，并即刻焚毁。

三、实行单一的农产累进税。

四、单一的农产累进税之标准，暂定按照各人出产，缴纳百分之五。

五、剩余较多之农民，得于征收单一税百分之五外，以累进税为原则，由乡、区苏维埃决议征收之，其标准如下，

（一）有余谷五十斤至一百斤者，征收百分之四十；

（二）有余谷一百斤至三百斤者，征收百分之五十；

（三）有余谷三百斤至五百斤者，征收百分之六十；

（四）有余谷五百斤至一千斤者，征收百分之七十；

（五）有余谷一千斤以上者，即特别征收之。

征收累进税以一家为经济计算单位。

六、苏维埃收得之税项，完全作为〔行〕政费、红军及赤卫队用费、社会保险、改良农业经济、办理教育、建设之用。

（五）工具

一、没收豪绅地主、反革命之耕田工具，如耕牛等，均分给无工具或少工具之农民借用。

二、如不够分配时，则由苏维埃政府向耕具多之农民借出，发给无工具之农民使用。

三、如在一处工具无法普遍分配或缺乏时，得由各该乡苏维埃计划共同使用耕具之办法。

（六）其他

一、苏维埃在尽可能的范围内，帮助下列各项发展农业经济之事业：

（甲）办理土地分配；

（乙）改良扩充水利；

（丙）办理移民事业；

（丁）防御天灾；

（戊）办理农业银行及信用合作社，经手办理低利借贷；

（己）统一币制，统一度量衡；

（庚）一切森林、河道归苏维埃政府经营管理。

二、如在某种军事困难时期乏人耕种土地时，可由苏维埃指定用共耕的办法以解决之。

三、苏维埃政府应随〔时〕按照改良劳苦群众生活之原则，确定其一种或几种物品之价格。

（七）附则

一、本暂行条例，自右江苏维埃政府颁布之日实行。修改之权，属于右江苏维埃代表会议。

二、不遵守本暂行条例之规定者，以反革命论罪。

湖南省工农兵苏维埃政府暂行土地法

（一九三〇年七月二十九日）

第一章 总则

第一条 "要土地"为目前广大农民迫切的要求，故凡以暴动推翻军阀豪绅地主官僚政权的区域，必须立即建立苏维埃政府，实行宣布土地法，彻底解决土地问题，以满足农民之要求。

第二条 凡过去豪绅政府及地主压迫农民所订之一切田契佃约，无论其为书面的或口头的概作无效，并须收集一切田契及其他剥削农民的契约，限宣布土地法三日内概行当众焚烧。

第三条 目前土地问题之根本原则，在于巩固苏维埃政权，改变土地所有关系，故没收地主阶级及一切反动派的土地，交工农兵代表会议处理，为目前解决土地问题之根本原则。其解决土地问题之方式，以满足广大贫农之要求及巩固中农之同盟，以反对富农，使广大的地少或无地的农民实际得着土地耕种为原则。

第二章 土地制度

第四条 根据目前边境广大贫苦农民的要求，宣布没收地主阶级及一切反革命派之土地财产归代表工农兵士劳苦群众的苏维埃政府所有，分配给农民使用，禁止土地买卖，并废除私人占有土地之剥削制度。

第五条 凡不劳动，利用土地私有权，以租佃制度直接剥削农民者，均为地主阶级。此等地主阶级，无论其土地为何种人所有，或多或少，只因其为剥削关系之故，均须一律没收归苏维埃处理。

第六条 凡大规模的及有共同性质的森林、河道、矿山、公共建筑物，及一切水利公产等之不便分配者，概归苏维埃政府经营管理。

第七条 凡现在从事于农业之农民及目前无他项生产事业以维持其生活之劳动贫民及其家属，无论男女老幼均得享受土地使用权。

第八条 中国土地制度的前途，在现时中国资本主义不能向前发展，和无产阶级领导力量日益加强，特别是在苏联和世界无产阶级帮助之下，必然可以走向社会主义的前途，中国贫苦农民亦唯有实现社会主义才能根本得到解放，故政府目前必须渐次采用农业生产合作制度，以政府的力量，帮助集体农业经济之发展，以达得实现社会主义之目的。

第三章 土地分配法

第九条 凡以使用土地获得农业生产品以供给生活需要为目的，而非以剥削他人为目的者，即以自己的劳力耕种土地或以一部劳力自己经营管理耕种土地，而非出租土地之农民及其家属，无分男女、种族、地域之界限，均得分配土地，但非劳动之剥削阶级及反革命者不得分配土地，故分配土地以下列各种人民为限：

（一）无地及地少的农民及其家属。

（二）以自己的劳力耕种土地的自耕农及其家属。

（三）红军官兵及政府机关职员，目前完全脱离职业专从事革命工作者的家属。但其本人因自身生活问题已经解决，且因从事革命工作无法兼顾耕作者，不分土地。

（四）凡乡村中的手工业〔者〕、小商人、小学教师及自由职业者，因长期失业而无他项职业者及其家属。但其有职业或能维持其生活者，一律不分土地。

（五）失业之雇农且其要求分配土地有能力耕种不致荒废者及其家属。

（六）社会上之乞丐、流氓、盗贼及一切无业游民，其愿以劳力耕种土地者。但其懒惰成性，不能改变其游惰、掠夺、〔吸食〕鸦片、赌博等非正当行为者，不得分配土地。

第十条　凡红军官兵、政府机关职员及一切完全脱离职业专从事革命工作者，家属所分之土地无力耕种者，得雇人耕种，或与其有劳动能力之亲属合并，共同耕种土地，以维持其生活。无力雇人而无亲属者，得由当地苏维埃政府指导农民帮助其生产，以维持其生活。

第十一条　分配土地数量的标准，须调查当地土地人口之实际情形分配之，可按每一个农家劳动的强弱，人口的多少，及土地之肥瘦为原则，由乡民代表大会或群众大会讨论议决具体办法，交乡苏维埃政府执行分配之。但目前为满足农民的要求，迅速解决土地问题起见，得依照乡村土地人口的多少，以人口为标准，马上实行男女老幼平均分配。

第十二条　分配土地应以乡为单位，由苏维埃政府土地委员会调查土地人口的数量，共同分配之。如有数乡相毗连的或因多者因少者等特殊情形时，得由数乡联合为一个单位共同分配之，但事前须报告苏维埃政府，得其批准方能执行。

第十三条　分配土地之方法，以该农家居住附近之土地分给之，实行抽多补少的方法，依照分配土地之标准分配之。分配后，由苏维埃政府详细登记，并制定木牌插于分配土地之界限中，载明此土地的生产数量及为何人耕种等字样。

第十四条　凡死亡或出外而其土地无人耕种者，得由苏维埃政府收回，重新分配外来或新生者耕种。

第十五条　凡一切大规模有共同性质之森林、矿产、水利、公共建筑及一切公产之不便分配而便于管理者，概归苏维埃政府管理。其便于分配且需要多量劳力经营管理之山土、果园、茶山、桐山等，均可分配农民使用。

第十六条　凡私人请求经营公共产业以发达生产者，或为私有需要请求采取以供日常需要者，需经当地苏维埃政府之批准，其重大者须经县及省苏维埃政府之批准。

第四章　农业合作社

第十七条　为实行保护雇农利益，救济失业贫民及组织集体农场渐次采用新式生产方式改进农业生产，实际领导农民走向建设社会主义经济的道路，政府须竭力奖励提倡农业生产合作事业。

第十八条 农业合作社之组织法另定之，目前可分两种形式组织之：

（一）政府出资组织之集体农场，由每乡苏维埃政府计划一块公共地，召集无力独立生产之雇农及失业贫民共同耕种，生产品共同分配。

（二）个人集股合资组织之农业合作社，由缺少资本与农具之农民自由联合组织之，按各个社员所出资本与劳力的多少而分配所得生产品之成数。

第五章　农业累进税

第十九条 为维持苏维埃政权，如扩大红军、赤卫军等的需要，及增进群众利益，如设立红色医院、创办各种学校、便利交通、救济失业民众、抚养老弱残废等需要，政府得依照农民的经济状况，征收农业累进税。

第二十条 农业累进税，须按农民的收入及经济地位之优劣而定征收之等级，对贫农须一律免征。

第二十一条 农业累进税，须于建立苏维埃政府，分配土地，农民得着实际利益之后，始能由县以上之苏维埃政府公布征收之。

第二十二条 农业累进税，概作各级苏维埃政府之经费，其各级应得之比例，由县或省苏维埃政府临时公布之。

第六章　债务与借贷

第二十三条 宣布过去一切高利借贷概作无效，一切期票、借字尽行焚烧。

第二十四条 雇主所欠工人之工资、小商店日常货账及无息金、无票据的临时拆借，应一律偿还。

第二十五条 凡工农贫民典当之物件及房屋，概行收回，交归原出当人。

第二十六条 苏维埃政权之下，禁止高利借贷，其最高年利不得超过一分。

第二十七条 凡因债务问题发生纠纷时，由当地苏维埃政府裁判之。

第七章　附则

第二十八条 本土地法经省工农兵代表大会正式通过之后，由省工农兵苏维埃政府公布施行之。

土地革命法令

（一九三○年十月湘鄂西第二次工农兵贫民代表大会通过）

第一条 没收一切地主阶级的土地和财产。

第二条 没收富农所余出佃的一部分土地，不动中农的土地。

第三条 没收教堂、庙宇、祠堂、会馆占有的土地及一切带有公共性质的土地。

第四条 没收的土地由政府召集群众大会讨论，平均分配无地和少地的农民及失业贫民，男女老幼均可分得土地。

第五条 红军战士及其家属亦得分配土地。

第六条 退伍兵士、投诚土匪，只要是本地人民亦得分配土地。

第七条 雇农要求分配土地亦应分配土地。

第八条 无业游民只要不是反革命，亦可分配土地。

第九条 土地有余时，可分一部分给非富裕的中农。

第十条 不禁止雇佣耕种，不禁止买卖。

第十一条 豪绅地主和农民间一切口头的或文字的契约字据，一概交由政府焚毁之。

第十二条 废除豪绅、地主、军阀政府所设立〔的〕一切捐税。

第十三条 政府只按照累进税的原则收公益费。

第十四条 取消一切高利贷，通常借贷利率不得超过年利二分。

第十五条 取消当业。

第十六条 由政府设立农民银行办理储蓄借贷。

第十七条 政府帮助人民组织生产、信用、消费等合作社。

第十八条 统一币制，统一度量衡。

第十九条 政府办理土地工程，整顿水利，防御天灾以及移民事业。

第二十条 政府须多办及协助人民自办公共农具场，帮助没有农具的农民。

第二十一条 农民要求组织集体农场，政府得帮助之。

第二十二条 所辖区域内之农民协会及革命委员会得有没收和分配土地，焚烧豪绅地主与农民间的契约，取消高利贷等权限。

江西省苏维埃政府
关于土地问题的布告

（一九三一年五月）

　　土地问题是目前中国资产阶级性民权革命阶段中的主要内容，中国南方各省贫苦农民为着获得土地及为苏维埃政权的斗争，已普遍发展了。但赣西南经过几年来激烈的斗争，一直到现在，尚有不少的地方，关于土地的分配没有执行抽多补少、抽肥补瘦、以乡为单位、以人口为标准彻底平分的办法。这是一方面因过去各级苏维埃政府里面隐藏有不少的富农、流氓、豪绅地主的子弟及 AB 团等反革命派在那里把持捣乱，如过去有些地方发现有假分田（以房为单位分田）、不分田及延迟分田的都是这个道理。另一方面各级政府没有把分配土地的深入群众，* 就是说没有发动雇农、贫农来坚决执行平分土地，只是由政府下命令一次二次甚至五次六次的分了又分，反使贫苦农民感到讨厌，这些都是足以阻碍土地革命的深入与发展。……

　　最近又因国民党军阀二次围攻苏区的结果，豪绅地主乘机从农民手里抢回田地，现在敌人已被我工农红军击溃，但对于土地问题又难免要被反动分子乘机动摇过去平分土地的原则。同时因各地精壮的贫苦工农在战争前均忙于应敌，以致无余力耕种田地，尤其是经过白军摧残的地方，更感着耕牛、农具、种子的缺乏，这些问题都是马上要解决的。

　　省政府根据赣西南主席联席会土地问题决议案的精神，对于目前的土地问题有如下的决定：

　　一、土地的分配依照赣西南主席联席会的决议以乡为单位，以人口为标准，抽多补少，抽肥补瘦，彻底平分田地，山林、房屋、池塘一律分配，一经分定的土地，即归农民所有，任其出租、买卖，生的不补，死的不退。

　　二、已经彻底分配的不再重分，如未按照上面的原则彻底分配的，甚至有以房为单位分配的（如永丰有些地方），贫苦工农应即起来督促政府执行彻底平均分配，已插禾的可分青苗。

　　三、豪绅地主的家属不应分田，已分配的土地应即由政府收回，但可以

---

* 原文如此，疑有脱落。——编者

准其家属租借土地，租额不规定，可根据当地贫苦工农的意见。

四、杀了的逃跑的反革命分子、AB团、取消派等，政府应没收其已分得的田地，如其家属完全有反革命的事实时，则没收其全家的土地。政府没收来的田地，可租给贫苦工农群众耕作。

五、凡豪绅地主、富农乘军阀进攻革命的机会，从贫苦工农手里抢去土地，应由贫苦工农起来，在政府领导之下夺回田地，这些土地仍然依照过去的分配去耕种，不得混合。

六、山林、池塘，豪绅地主的及富农剩余的房屋，按赣西南主席联席会议执行分配，限最短期间内，要督促各级政府分配完毕。

七、逃跑的反动派家里的耕牛、农具、种子、肥料，一概由政府没收分配给贫苦工农。

八、被难的贫苦工农的土地未耕种的及原来的田，附近村庄的群众应互助耕种（借耕牛、农具及出人力），把这些荒田不论插禾、种杂粮都要很快的种好。

省政府特号召赣西南广大的贫苦工农努力的起来，监督各级政府执行这八个办法。如果发现政府负责人对这项工作怠工时，即可由当地工农兵代表大会予以撤换，必然要这样才能使贫苦工农得到利益，使苏维埃成为真正的工农兵的政权机关。

江西省苏维埃政府
对于没收和分配土地的条例

（一九三一年十二月三十一日颁布）

（一）那些人的土地应该没收

1. 豪绅地主大私有者的土地、房屋、财产、用具以及一切出租的土地，须一律没收。

2. 祠堂、庙宇、公堂、会社的土地、房屋、财产、用具须一律没收。

3. 经证明确实（参加）反革命组织（如AB团、社会民主党等）的富农的土地及生产工具全家没收，房屋可以调坏的给他住。但其家属经过苏维埃政府考察，确未加入反革命组织，又无反革命行动，并向政府恳切表明与其家中反革命分子脱离关系，而当地群众不加反对者，得由政府酌量发还其按照富农地位，在土地法上可发还应得土地的部分。

4. 富农的土地应该没收。

（二）那些人应该分配土地

5. 凡是雇农贫农须一律平均分配土地。中农是否与雇农贫农一律平均分配土地，以中农群众自己的意见来决定。如中农群众中多数愿意平分，即使有少数不愿意，应即实行平分。如中农群众中多数欲保存原有土地，不愿意平分，应不实行平分，少数愿意平分者仍给那少数人以平分的权利。但本省各县在一九三一年十二月三十一日以前对于中农的土地已经平分好了的，不应再行变动。

6. 乡村工人、苦力的家属须一律平均分配土地，本人失业的亦应该同样分得一份土地（失业指一年中多数时间失业，若只有少数时间失业是临时失业，不在此例）。

7. 独立劳动者（没雇雇工而带徒弟的亦在内）、医生、农村教师失业半年以上者，要分配土地（他的家属如是贫农中农的，自然与贫农中农同样分田，不是贫农中农的可以按照实际需要，酌量补助。补助之额，每人不能超过平均分田每人所得三分之二）。

8. 乡村中老板及其家属不分田。

9. 富农按劳动力与人口混合原则分坏田。即有劳动力者，按照当地每人分田数量分以坏田；无劳动力者酌量补以坏田，所补之田，不能超过当地分田每人数量三分之二。

10. 豪绅地主及加入了反革命组织和自动领导群众反水的富农的老婆、媳妇、女儿同工人、雇农、贫农、中农结婚的，本条例公布以后不得分配土地。

11. 凡属豪绅地主及反革命富农的妻子用招郎的办法与工人、雇农、贫农、中农结婚，企图保存原有财产者，政府仍将其财产、房屋一律没收。但在分配房屋财产的时候，结婚的工人、雇农、贫农、中农，应分得本人的一份。

12. 豪绅地主及加入反革命组织的富农，过去所抚养旁人的或买来的儿女，在生活上教育上与豪绅地主一样的，绝对不分配土地。如果专为豪绅地主当奴隶的，本人可以分得土地。

13. 和尚、道士、尼姑、斋公、算八字的、地理先生等封建残余及基督教天主教的牧师、神父，本人是专以宗教为职业吃饭的，不得分配土地，过去分了的土地应收回。如果是以宗教为副，以耕田为主的，经群众赞成者，可以分配土地。这些人的家属，如果不靠上述职业为生，而是工人、雇农、贫农、中农或是富农的，仍按照工人、雇农、贫农、中农或富农的地位，分配土地。

14. 凡贫苦工农收容的豪绅地主的子女，自此条例公布以后，不能分配土地。

15. 豪绅地主及其家属与自动领导反水的富农，全家不得分配土地，过去分配的应收回。

16. 在革命以前，乡村小商人以做生意为主而能供给全家生活的，不分配土地，过去分配了的要收回。如果革命后失了业，可按照独立劳动者办法分田。

17. 小圩场的贫民失业的，应该分配土地。

18. 凡妇女出嫁时，土地由本人自由处理。

（三）土地怎样分配法

19. 应以乡为分配土地的单位，但据贫农、中农大多数意见要以村为单位分配土地时，亦得以村为分配土地的单位。

20. 雇农、贫农、中农、失业工人、失业独立劳动者应按照人口，将田地好歹均匀、多少均匀地去分配，但中农须按照自愿的原则。

21. 茶山、竹木山、杂粮山，可算成田亩或确定价钱，按照当地情形平均分配，富农只能分得荒山。大森林应交苏维埃政府负责管理。

22. 矿山须由国家管理，由政府决定租借或组织生产合作社开采，但目前应以租借为主要办法。

23. 鱼塘可作田数或作价或合股养鱼去分配，只分养鱼不分水，塘水以灌田为主，养鱼为次。

24. 富农多余的耕牛、房屋、农具须没收，按照贫苦工农需要（没有或缺少）来分配。

25. 豪绅地主及自动领导反水的富农的房屋、财产、农具、用具没收后，除留一部分交苏维埃及革命团体应用，一部分救济红军家属、被难群众外，其余的分配给贫苦工农。

26. 政府及各革命团体工作人员，如果不是雇农、贫农、中农、失业的工人、苦力与独立劳动者，一律不能分配土地。

（四）红军土地怎样分法

27. 红军家属土地的分配与贫农中农一样，但须分得附近与不太远的地方（离红军家属家里）。

28. 留红军公田标准：每乡每人分得五担田以上的，每乡须留红军公田三人到五人。如田多的地方，应多留公田，田少的地方（分不到五担田的），亦必须留出至少二人的公田。山林木梓不要留。红军公田主要的是发动群众耕种，耕牛、肥料、种子由群众自愿供给，必要时再由政府帮助。如在某种困难条件之下，可以出租，租额由租田人与政府商定。

（五）租借、买卖、承继及其他

29. 土地分配后可以租借，但不能租借豪绅地主家属，租谷多少由双方议定。

30. 土地分配后可以买卖，但不可卖给豪绅地主家属，土地价钱由双方议定。土地买卖须报告当地政府登记。

31. 土地分配后实行家人承继，生的不补，死的不退。但死者无家属的，其土地由政府收回。

32. 凡属经过平均分配土地，土地革命的利益确系雇农、贫农、中农得着的地方，即在当地群众大多数不要求重新分配的地方，不应重新分配土地。在这些地方有与新的决定和土地法令不符合之点，可按照新的决定与土地法令将不符合的部分加以抽补。只有土地革命的利益未为雇农、贫农、中农得着，而为富农得着的地方，便应动员雇农、贫农、中农群众重新分配土地。

33. 被迫反水群众，除反水首领外，余者一律分配土地。如耕种时仍未回家时，可由其亲属代为耕种，回来时作为租借论。但一年不回者，其土地得归政府收回。

34. 当白军、靖卫团、保卫团士兵的，一律分配土地，其家〔属〕亦一律分配土地，但豪绅地主富农出身的，不能分配土地。对靖卫团、保卫团、警察队团丁士兵，须限期叫他回家来耕种，过限期后可由政府收回。

35. 被欺骗加入反革命组织（如 AB 团、改组派、社会民主党等）的工人、雇农、贫农、中农等自首自新分子，须照样分配土地，现在拘押尚未判决者，除富农外，仍须留田。

36. 现在有荒田应尽先奖励雇农、贫农、中农耕种，可由政府准许若干年内不收租，不收土地税。雇农、贫农、中农租不完的荒田，可以租给富农耕种，酌量减租或免租，减税或免税，但免租免税的年限须较雇农、贫农、中农为短。只有上述各种人租不完的荒田，以及尚未开垦的荒田，无邻地移民的需要或移民使用有余，当地群众不反对，并在乡政府与群众严密监督之下，才可以租给豪绅地主家属耕种或开垦，但不得减免租税，且这只限于赤色腹地，边区不适用此种办法。出租荒田荒山的租期租额，由当地政府规定。

江西省工农兵第一次代表大会土地问题决议案

（一九三二年六月三日）

中国在目前民权革命阶段中，土地革命是主要内容。江西在几年斗争中，现有的赤区土地执行了平均分配，反富农斗争渐次深入，分配土地的执行明确阶级路线，在许多方面确有了它的伟大成功。但是在这些斗争中，错误仍然不少，在这次大会，一定要严格的以自我批评的精神揭发土地问题中一切错误和缺点，正确决定执行全苏大会所颁布的土地法令和中央政府批准省苏发的土地分配条例。在省苏大会后，各地应充分团结广大群众执行这个决议，彻底纠正分配土地工作中的错误，使土地革命的果实真为中农、贫农、雇农所获得，来彻底消灭封建势力，使苏区更能巩固地向外发展，驱逐帝国主义，争取全中国胜利。

一、过去分配土地的工作检阅

（一）土地革命中的非阶级路线：

A　过去江西分配土地是抽多补少，抽肥补瘦，以人口为单位平均分配，已是非阶级路线的全民土地革命，以致一般豪绅地主家属也分得土地，富农与雇农、贫农、中农，数量、质量分得同样的土地，这完全是一种非阶级路线的分配方法，土地革命中的果实仍然落到富农手上，这是最主要的错误。这一错误在老苏区经过重新分配比较减少了，在新发展区域仍然盛行着。

B　江西苏区的发展，绝大数是红军或地方武装打下了一个地方，便进行分配土地，农民自己暴动起来，推翻豪绅地主统治，建立政权分配土地的地方比较〔少〕在分配土地的错误路线上（下）面，加之没有充分的群众工作，红军一到某地没有充分发动群众的阶级斗争，限制三天至五天就要把土地分好。这种不是群众自己动手来分配土地，而是红军少数工作人员命令，从上而下的指派的分配法，广大的基本群众未发动起来斗争，因此到处发现瞒田，富农分好田，豪绅地主家属也分到田，甚至不敢要豪绅地主的土地现象（如雩都）。土地分配要经过几次，这是普遍现象，一般群众完全是倾听上级命令，土地随时变更，农民对土地问题有些地方便发生怀疑，甚至动摇了农民对土地革命的信念。尤其在新发展区域土地分配得更坏，因此产生一种理论说：这个土地是一次分配不好，一定要几次的分配才行。因此，在分配土地时便敷衍了事，而更给基本的农民不好的影响，新发展区域苏维埃政权更不易巩固起来。这种和平的派田而又对派田怠工的错误，必须坚决的给以肃清。

（二）没收土地方面：

在没收豪绅地主及大私有者一切土地原则下，江西苏区普遍地将中农的土地一起没收分配。不了解与中农结成巩固的同盟的严重意义，而形成侵犯中农的错误，和对富农让步，不没收富农的土地，豪绅地主房屋、山林，有些地方仍保留没有没收的错误，必须要彻底的纠正。

（三）分配方面：

自全苏大会颁布了土地法令之后，坚决执行豪绅地主家属不分田，富农分坏田，在这一工作，大多数地方确实发动进一步的斗争，已经有了很大的成绩。在新发展的雩都、会昌、安远、寻乌、信丰、石城、胜利、南广、宁都，有的因才开始做这个工作的成绩较差，在南广发现中农分下田、贫农分中田、雇农分好田，胜利县新发展地区，中农分较坏的土地，这种侵犯中农的左倾现象，我们要坚决反对。另一方面南广豪绅地主、富农一样分田，公略县的罗家区有些乡说好的豪绅地主还是可以分田，好富农与中农、贫农、雇农一样分田，公略、永丰普遍发现富农还分得作种的好田，万泰也有部分的是这样，公略县的陂头区〔对〕豪绅地主的家属的东西不敢没收，宁都还是以抽多补少，抽肥补瘦为分配土地的原则，另有些地方〔发生〕一切大姓分好田，小姓分坏田的错误，明显是被非阶级分子利用氏姓来包办分田，这些都是表现对豪绅地主富农让步的一种极右的观念。

在分配土地时，对于分房屋、鱼塘、山林都没有着重注意，以致现在还有许多地方的房子、山林、鱼塘还没有分配，有的又是被富农得着好的。

过去只注意到分配土地，没有注意分配土地以后的工作，怎样来发展生产，怎样来防止荒田，怎样培植森林。现在到处发现有破坏森林〔的现象〕，万泰、公略、永丰、南广发现许多荒田无人耕种，对于水利改良，种子改良，肥料改良这个工作，只有兴国做到修河岸的工作外，其余都是没有做到，尤其在目前国内战争的环境里面斗争紧张，怎样发展生产，努力参加生产，确实是一件很重要的工作。

二、今后进行土地革命的工作方针

（一）我们在分土地的当中，一定要执行明确的阶级路线，没收豪绅地主及富农的土地，平均分配给雇农、贫农、中农耕种，豪绅地主家属不分田，而富农也只能分坏田，反对对豪绅地主让步的办法。

（二）反对过去侵犯中农利益的办法，我们为巩固中农联盟，中农的土地若是中农不愿拿出来重新分配，不得强迫分配。

（三）我们为着实际检阅全苏大会的土地法令和省苏的土地分配条例彻底的执行起见，老苏区各乡、各区应组织查田委员会，实际清查并公布分田名单。在新的区域，也同样要执行查田，将所有的错误彻底地揭发出来，依照全苏大会的土地法令和省苏的土地分配条例全部执行，反对那种敷衍办法说一次分不好的错误理论。

（四）在新发展区域的里面，首先要充分地发动群众进行阶级斗争，使群众自己动手分配土地，反对没有发动群众就进行分配土地的过去那种命令派田等办法。

（五）反对过去那种单靠红军去分配土地的办法，凡是红军在某县、区管辖的地区内工作时，某县、区必须在老苏区里面征调对分配土地最有经验的同志，组织工作团与红军协同工作。

（六）在分配土地时，发现甲乙丙地均受地方观念与绝对平均主义之支配，而进行邻区的地界争执，甚至被地主、富农利用了去发展成为地方的斗争。各级苏维埃必须严禁此一现象，必须实行中央政府划分区域的条例，打破封建的地界观念，而划地界时也要注意到比较的肥瘦均称，但绝不是主张绝对平均主义，而要团结全体工农群众向地主、富农进攻，以消灭一切封建的界限。

（七）土地建设问题：

A 发展生产，以革命竞赛的方式发动个人与个人、乡与乡、区与区、县与县各种生产的比赛，个人或某乡、某区、某县生产比一般的特别好者，政府可酌量情形奖励，鼓动群众努力耕种，多种米三升来帮助红军，实际去消灭荒田现象,并强迫富农和豪绅地主家属耕种山地荒田。

B 改良种子、各种肥料,各级政府决定种子最好地方,实行收买交换,发动群众修理河弹陂是水塘,*开新的水塘,各乡组织肥料种子研究所,实行改良生产。

C 反对那种破坏森林的办法,实行以乡为单位组织培植委员会,专为作培植森林事宜,实行所有的荒山地种树木,已有的森林不准任意破坏。

D 鸦片烟是一种最毒的物品,我们江西苏区里面仍然没有铲除,还是继续耕种,妨碍生产,减少苏区粮食,在苏维埃政权之下,在明年决不容许继续耕种。

(八)凡是新发展区域,须按照优待红军条例和中央训令留红军公田。已有的公田要各级政府切实负责去领导群众耕种,并将应有公田迅速统计起来。

(九)最后,大会特别指出,对于土地与水利国有的宣传,应当着手进行,使广大农民群众认识要彻底消灭封建关系,使农村经济达到高度的迅速的发展,土地与水利实行国有是最彻底的必须步骤,以后革命在重要区域胜利后,而取得广大基本农民群众拥护,顺利的完成土地与水利国有。

峡江县土地暂行条例

(一九三〇年)

(一)所有豪绅地主阶级、祠堂、庙宇公田的契据,限期缴交乡、区苏维埃政府或区农民协会当众焚毁。

(二)推翻土豪劣绅政权,没收一切豪绅地主阶级、祠堂、庙宇的田地、山林、池塘、房屋归苏维埃所有,由苏维埃分给贫苦人民。

(三)以乡为单位分田。将没收的土地,采取抽多补少,抽肥补瘦的办法,按乡村人口的数目按人平均进行分田。分田后,由苏维埃政府发给土地证。

(四)红军官兵和革命工作者照例分田,并由群众帮助家属耕种。

(五)工农穷人欠豪绅地主的债务一律不还,债簿、债约限期缴交苏维埃政府或农会焚毁,豪绅地主及奸商欠公家或工农贫民的债务,不论新旧账

---

* 原文如此。——编者

目都要还清。

（六）工农穷人典当给豪绅地主的田地、房屋和其他一切物件，工农群众可以无条件收回抵押品。

（七）豪绅地主、奸商接取工农穷人的钱会、谷会，应将钱谷交还给穷人，该会取消。而工农群众接取豪绅地主、奸商者，不必交还谷钱，而会亦取消。

（八）工农群众欠商家交易账，而非高利贷者，仍应归还，但若非本身的账则不还，年限太久的账亦不还。

（九）苏维埃政府禁止高利贷。

湘赣苏区重新彻底平均分配土地条例

（一九三一年十月）

1. 没收豪绅地主、军阀、祠堂、庙宇及大私有者的土地，根据基本农民的意见，实行按照人口平均分配，或以劳动力为标准、以人口为补助混合原则进行分配。雇农、苦力及劳动农民均不分男女同样有享受分得土地的权利。

2. 过去分给豪绅地主家属及商人、道士、和尚、尼姑等的土地，由当地苏维埃号召群众一律收回。但尼姑、和尚、道士如能自己劳动来谋生活、脱离流氓习气、放弃故有职业而系中农、贫农以下的经济地位者，则可分给坏的土地（但过去专以流氓为生活的剥削分子不分给土地）。

3. 富农的土地亦同样的没收与分配，但没收后，富农在服从苏维埃法令并自己以劳动力去耕种土地条件下，得分配较坏的"劳动份地"。

4. 凡继续参加反革命组织及白军的武装组织者的家属，其财物和土地一概没收，并将家属驱逐出境。如系中农经济地位以下的贫苦工农非自动的而是〔受〕欺骗、胁迫反对苏维埃或反水逃走的，经当地群众大会决定不收回其土地，并准其回家耕种。

5. 分配土地的原则以乡为单位，各县须根据当地实际情形与基本群众的意见，以几村或几乡联合去分配亦可以。分配时不但要注意数量上的多少，而且要注意质量上的肥瘦（上中下三等），要切实按照耕种的便利、田地位置的远近、收谷的多少，彻底的平均分配。收获多费力少的好土地应分给红军家属及雇农、贫农、中农，瘠瘦的土地及另星散漫不便耕种的土地则分给富农，在（为）便利贫农、雇农耕种起见，可令富农移居或分出房子给贫苦农民居住。

6. 红军本人及其家属须给以较好的田地，苏维埃须领导群众帮助他们耕种，同时帮助他们的耕牛、种子和肥料。在前方牺牲的革命战士则不准收回其土地，过去没有分田地的，在重新分配土地中须要分得土地。

7. 凡是参加土地革命的游击战争的积极分子，特别是被豪绅地主反革命政府通缉逮捕的分子，须给以分得土地的权利，但须按照阶级地位定出给以土地的标准。

8. 凡工人专门以职业为生活者，或做工的日子占每年三分之二以上者，则不分给田地，如做工之日占每年三分之一以下者，则可分给一半田地。至于工人家属如果〔是〕农民须分配其田地，失业工人而无法救济者须与农民一样分得土地。

9. 凡以商业为生活者〔家属在内〕的小商人不分配田地，如其家属原以农业为生活的须分配其田地，但本人不分田地，如果是富农经济地位只分坏田。

10. 各乡村所分到而不好分配的土地，在贫苦农民同意之下，可作为红军公田或作为苏维埃公田（绝对不准借口多留公田，尽可能的分给农民）。此项公田由当地苏维埃领导群众耕种，作为红军给养与维持红军家属、红色医院及其他公益事业之用。

11. 凡贫苦的老弱残废以及孤寡不能自己劳动而又没有家属可依靠的人，应分给一份土地，或由苏维埃实行社会救济。

12. 凡已进行分配土地的地方，须将契约、文据、粮册、承耕分管等字据一律焚烧，如故意隐瞒不交出者，则以反对土地革命论罪。

13. 各县的矿山、森林、河道、水利、童山沟归苏维埃管理。如有开垦童山者，苏维埃除将所得的利益概归本人享受，免收累进税三年外，并予以奖励和帮助。

14. 荒田荒地可以生产者应尽可能地平均分配给农民，如不易开垦需要很多劳动力者可分给富农等，还仍剩余时，苏维埃得奖励劳苦群众开垦之，并免累进税二年或三年，但反对地主豪绅及家属去占有。

15. 取消高利贷及一切苛捐杂税的剥削，实行统一的累进税（累进税条例，按照湘东南苏维埃颁布的执行）。

16. 没收豪绅地主反革命家属的房屋，分配给无屋或少屋住的贫苦工农及红军家属。没收富农家里多余农具、耕牛、肥料分给缺乏农具的农民，或在农民群众主张之下〔用〕没收来的农具、耕牛组织农具、耕牛经理处，供给无农具、少农具的农民公共使用。

17. 没收豪绅地主家属的茶山、桐山、杉山、竹山、池塘等，同稻田一样，按照当地农民群众的自愿分配给他们耕种使用，如不好分配的及公共池塘、油榨、水碓、纸厂等归苏维埃管理。富农、和尚、道士、尼姑、商人的茶山亦同样没收与分配，但在遵照苏维埃法令并能用自己的劳动耕作的条件下，得分给以较坏的茶山（过去专以流氓习气为职业剥削别人的，仍然没有分给）。

18. 雇农工会、贫农团是领导土地革命保障土地革命的坚固柱石，准许向苏维埃政府提出关于分配土地的意见，并可派人去参加分配土地的工作。同时各级政府土地委员会一定要雇农、贫农及积极的中农当委员，反对富农、流氓参加分田工作。

19. 分配土地时，须召集群众大会、各区乡土地委员会联席会，详细解释全苏大会土地法草案与全省代表大会土地决议案及本条例，并充分讨论执行分配的具体办法。

20. 从（重）新分配土地后，须督促分得田地的人如（各）自维持其冬耕，如原耕人已经下了肥料、种子（红花等）等，须由得田人出还种子、肥料钱与原耕人，如种了花麦、油菜等仍须归原耕人收割。

21. 开垦荒田、疏通水利、种植森林、豢养牲畜这些工作，必须鼓励农民在自愿条件下积极进行，去提高农村生产。

22. 农民分得田地后，自愿将各人所分得田地集中起来公耕，苏维埃政府须予以大力帮助，并建立公耕制度。

23. 实行土地与农民的所有权，准许买卖出租，但严禁一切投机与旧地主收回土地的企图，同时要知道土地国有者（是）改良农村生产最可靠的办法，事实上是转变农村经济达到高度的社会主义发展的必须步骤，在将来全国资产阶级民主革命胜利以后，与基本农民群众拥护这个要求条件底下才能实现。

24. 本条例自公布之日起即发生效力。

25. 此次重分土地，因为过去分配土地不是阶级的分配，豪绅地主家属也同农民一样分得田地，富农把持了好田及阶级异己分子都享受了分田的权利，省苏区要使土地革命的利益完全落在中农、贫农、雇农、苦力手里，所以再来一个重新分配。自此以后的土地，农民有买卖、租佃之权，不举行分配了。

26. 此次重新平等（均）分配一切土地是站在阶级立场上来分配的，无疑，那些富农、流氓，以及阶级异己分子从中来捣乱来破坏，故意把这工作做得不好，如瞒田，把持好田，不准贫苦农民说话，借公济私等，故意散布谣言，蛊惑群众来不执行这一正确条例，来破坏真正中农、贫农的土地革命。省苏区要完全实现全省代表大会的决议，为要舍死拥护工农利益，使农民真正得〔到〕土地革命利益起见，应当毫不顾虑地领导广大基本群众起来与他作残酷斗争，一直到用革命手段拿起他来交群众处决。

赣东北省苏维埃执行委员会
土地分配法

（一九三一年十二月省苏第二次执委会修改通过）

赣东北苏区为要彻底解决土地问题，平分一切土地，深入土地革命，使土地革命的利益切实为雇农、贫农及中农所得，特根据苏维埃第一次全国代表大会所通过的"土地法"的原则，参酌赣东北土地实际情形，规定下列土地分配法。

一、土地的没收

（一）所有封建地主、军阀、豪绅、寺院以及其他大私有者的土地，无论自己经营或出租，立即无代价的实行没收。

（二）中国富农的特性，是兼封建地主或高利贷者，其土地亦须同样没收。

（三）没收一切反革命组织者、白军武装队伍组织者及积极参加者的土地与财产；但贫农、中农非自觉的而受欺骗反对苏维埃者，经该地苏维埃认可，并得上级苏维埃同意者，可作例外。对其首领，则应无条件的没收。

二、土地的分配

（一）所有被没收的土地及其他土地一律经过苏维埃实行平均分配。平均分配一切土地，本是消灭一切土地上奴役的封建关系及脱离地主私有权的束缚底最彻底的办法，不过这个办法绝对不能由苏维埃的命令实行，一定要在基本农民群众——雇农、贫农及中农愿意和直接拥护之下，才能实行。如果中农不愿意拿出他的土地来平分时，即可不更动他的土地。

（二）分配土地应以劳动〔力〕、人口的混合为标准来平均分配为原则。反对主张按照耕具多少来分配土地的富农的企图。土地的具体分配法如下：

甲、分配土地以乡为单位，该乡农民群众在暴动开始时所耕种的土地，即为该乡全体群众所有的土地。

乙、全乡有劳动力能生产的男女群众，每人作为两个或三个人口，全乡不能生产的男女群众及老幼残废者每人作为一个人口。全乡的田地照全乡人口的总数平均分配，但山坑或人多田少的地方，得酌量情形分配，须使足够每人的生活。

丙、所有上田、中田（以收获量为标准去规定）仅由红军、雇农、贫农、中农去分，富农只分得较坏的下田，并必须由他们自己耕种。工人以不分田为原则。有工做的工人，如裁缝、袜匠、铁匠、剃头匠，不分田。在革命后未完全失业的工人，如木匠、石匠等，得分人口田。住在乡村的工人家属得分田。各机关工作人员有分田的必要时得分田。以经商为职业者不分田。被没收的土地所有主无权利取得任何土地。

丁、妇女分劳动田，须以她们参加革命斗争及实际参加种地、种园各种生产事业为标准。妇女不参加革命斗争、不愿劳动、不愿生产的，只能分人口田。

戊、全乡的菜园、旱地及茶地，均依照"乙"，"丙"二项办法去平均分配。

己、山场的分配以在山分田为原则。凡素来靠山生活者可以分山，少分田。按照山的肥瘦及各家的劳动力，由各家平均或几家合共分得一山或一山的一方，共同开铲，共同采插和砍伐。但好山应分给雇农、贫农、中农，富农只能分得较坏的山。

庚、凡红军占领或新建立的苏维埃区域，须照上法立即没收。没收的土地即经过雇农、贫农、中农之手，平均分配。所有的土地不得借口因调查等原因来延级和阻碍分配。

辛、某乡田多，某乡田少，得由多的乡村拨一部分田地给田少的群众，实行田少的乡村群众迁移一部分人口于田多的乡村去居住。

壬、鱼塘、油榨可酌量当地情形作成田亩分给人去管理，或由全村的群众共同管理。

三、土地的转易与收回

（一）苏维埃政府现在还不禁止土地租佃和买卖，但要防止地主、富农乘机收回其土地。

（二）土地分配之后，非必要时，不再重新分配。如因人的生产和死亡的关系，苏维埃政府得按照情形将死亡者土地转入与生产者。

（三）农民分得土地、山坑，须努力耕种开铲，以免荒芜。如因怠工致田地、山场荒废者，苏维埃政府土地委员会得全部或一部分收回其土地，另给他人耕种。其人并须受苏维埃的法律处分。

（选自《苏维埃中国》第一集，一九三三年版）

闽浙赣省第二次工农兵代表大会土地问题决议案

（一九三三年四月二十四日）

闽浙赣土地问题在全苏大会颁布土地法令后，在广泛深入的反富农斗争中执行了正确的平均分配，中农、贫农、雇农获得了土地革命的果实。第一次省苏大会后，因为发展与奖励耕种运动，发展铲山垦荒运动，以及对改良水利的提倡，相当的增加了农业生产和提高了农民群众生产的积极性，但在个别地方执行土地分配后，发生严重错误，对发展农业生产更有许多地方执行得不够。大会认为，在新苏区分配土地方面，应采用江西省土地分配与没收条例，并同意过去省苏废止旧的土地分配法，采用这一条例的决定。在发展农业生产方面，大会号召全省农民群众积极从事农业生产，改良水利、种子及种植方法，发展苏区经济，充裕大规模革命战争的物质基础，更有力的粉碎敌人大举进攻，实现江西一省及邻近几省首先胜利。

一、关于土地的没收与分配

甲、省内老苏区分配土地执行了明确的阶级路线，豪绅地主没有分给任何土地，富农分得坏田，土地革命利益真正落到雇农、贫农、中农的手里，中农的土地拿出来平分一般的是在中农群众自愿条件之下，过去省苏决定老苏区土地不再重分，大会同意。但在个别地方发现土地分配确实不好，在当地大多数群众要求与上级土地部允许之下，得执行部分的重新分配。

乙、在新苏区执行土地的没收与分配，要注意下列几点：

1. 正确分配土地，深入土地革命中尖锐农村的阶级斗争，这是巩固新苏区的必要条件。因此，在农村或地方暴动的开始，应即是分配土地的开始，乐平二区的介首村，借口调查田亩延缓到一年没有分配；德兴五区的鸡龙峰刘家一村建立苏维埃几年了，借口田多人少不用分。这都是延缓土地分配、阻上土地革命深入的地主富农的反动企图。今后凡新的区域，在暴动的一天，应立即着手进行土地分配，信抚苏区应立即执行土地分配，反对延缓土地分配的任何借口。但必须充分发动当地基本农民群众反豪绅地主富农的阶级斗争，深入土地法与土地没收与分配条例的宣传，加紧组织与领导贫农团、雇农工会起来组织土地分配委员会，由群众自己起来动手分田，纠正命令式限几天分配完结的派田或和平分配等办法。

2. 余干新苏区分配土地只是点一下田亩，插一下标记，没有注意土地的质量和认真分配，是一种敷衍了事的态度。乐平新苏区分配土地，没有积极去执行，直到现在还没有完全分配好，是执行分配土地的怠工。为要深入新苏区的土地革命和启发新苏区农民群众的阶级斗争，必须积极执行土地正确分配，无情的打击对土地分配的敷衍与怠工。

3. 凡苏区分配土地要遵照中央政府土地法令及中央政府批准的江西省苏的土地分配与没收条例，执行土地的没收与分配，以不动摇中农土地为原则，巩固与中农的密切同盟，反对象上饶城东区新苏区的抽多补少、抽肥补瘦和怕富农不满意革命、让富农同样分好田等投降富农的办法（万年新苏区也有这一同样错误），反对在土地分配中一切对豪绅地主富农的让步。

4. 过去分配土地在闽浙赣全省范围内，差不多都经过几次，以致农民群众认为本年种的田来年又要重新分配过，都不愿舍本下肥整理水利，甚至有个别的对土地问题发生怀疑，动摇了对土地革命的信念。这必须在老苏区以及新苏区分配土地后，实行宣布"不再重分"、"生的不补"、"死的不退"，普遍的发给土地使用证，坚定群众对土地革命的信念，和努力培植所分得的土地，改良土壤。

5. 除老苏区的红军公田应立即实行总的调查统计外，在新苏区分配土地时候，必须遵照中央政府所颁布的中国工农红军优待条例，划定红军公田。

6. 在分配土地时，必须尽可能的实行土地革命经界划分，尽可能的变动田地的封建界限，发现甲乙两地受地方观念的支配，进行邻近的地界或水利的争执，甚至被富农、地主利用去发展成为地方的斗争。各地苏维埃政府必须注意肥瘦匀称（但绝不是绝对平均主义），确定地界的划分，比较适宜的决定水利的利用，团结工农群众在阶级革命的战线上消灭一切的封建界限。

7. 在分配土地时，对豪绅地主的房屋、山林、耕具、渔场同时须没收实行分配，富农多余的耕具亦须没收，分给无耕具的农民，或者集中所没收的耕具成立犁牛站，由当地农民群众共同管理，共同使用。

8. 为要使土地革命利益完全落到中农、贫农，雇农的手里，不让豪绅地主分得任何土地，不让富农窃取好田，必须在比较落后区域——如闽乐平、万年、余江等地发动查田运动，以区为单位组织查田委员会，在其他各地亦须再来一次土地分配的检查，发现豪绅地主家属窃取了土地要实行收回，富农分得了好田，掉坏田给他，以深入群众的阶级斗争，也只有深入群众的阶级斗争才能把这些事实一无遗漏的检查出来。

二、关于发展农业生产

1. 在目前大规模的战争日益开展中，必须从各方面发展苏区经济，充裕革命战争的物质基础，使更有力而顺利的争取革命战争的胜利。闽浙赣省现有苏区是农业区域，积极发展农业生产，是充裕战争物质基础的至要条件，必须实行发展农业生产的政治动员，使全省农民群众都了解努力生产是充裕战争物质基础，争取革命战争胜利的战斗任务，在这样了解之下去为争取革命战争胜利而千百倍的努力耕种，努力各种农业生产。同时，正确的提出有政治意义的反懒惰的口号，发动深入群众中的反懒惰斗争，并要打击借口斗争与工作去掩盖对生产怠工的分子，特别在青年农民群众中更应充分反对不积极生产的斗争，纠正少数青年农民不积极生产的坏现象。另方面，要注意不浪费群众的生产时间与群众力量，

2. 闽浙赣现有苏区的主要生产品是米谷，在发展土地生产工作特别要着重春耕，尤其是去年冬耕成绩不及前年，今年春耕不及去年，在目前更要全体农民群众以极大努力赶快播种下田，多下肥料，使秋季得极圆满的丰收，增加比去年更多的米谷生产量，下年秋种冬耕同样的不能丝毫忽视。

3. 普遍各村的发动雇农工会、贫农团、赤卫军、少先队起来组织生产冲锋队或生产模范队或生产突击队，每队人数多可分班，每班五至九人。各队应在每亩田增加六斗谷的目标之下，定出具体的生产计划，经常以革命竞赛方式发动队员与队员、班与班、队与队举行各种生产竞赛。同时广泛地发动个人与个人、村与村、乡与乡、区与区、县与县举行各种生产竞赛，生产成绩特别好的，政府给奖，并鼓励群众实行田平耘四次草，早晚至少下两次肥，做到每亩田多出六斗谷。

4. 改良与发展水利。去年有许多地方执行不够，后来先水后旱，生产

上遭到部分的损失,各县区政府不得忽视这一工作,必须调查怕水、怕旱的地方及须要修筑的坝圳、河流、池塘,订出适当的水利工作计划。已经被冲倒的坝圳,要切实保护修理,大坝、长堤均须组织管理委员会,经常负责看管修理;所有柴坝应尽量改作石坝,以期一劳永逸。大石坝应向享受灌溉实利的群众募集基金,以便随时修筑。在没有河坝的地方,应开辟新塘、整理旧塘,同时在这些池塘内,可蓄养鱼类,发展水利副产。

5. 改良种子及各种肥料,确实没有引起群众的注意。各级政府必须在苏区各地、各白色区域选择最好的种子,实行收买交换。以乡为单位组织种子肥料研究所,吸收富有经验的农民参加研究工作,改良生产。省苏土地部在直属各生产合作农场应购买化学肥料试用,在试用后获得生产,大量增加;应发动与帮助群众购买试用石灰肥田;在适合土宜的地方,应鼓动群众集资开办石灰厂,原有的石灰厂应帮助群众恢复起来。采取嫩绿树叶肥田,以及烧灰储蓄肥田,应发动妇女儿童执行。

6. 荒田山地,各地还有很多未开垦出来,应鼓动群众开垦荒田,荒田多的地方应实行部分的移民。另方面可利用某些在监禁的犯人,进行垦荒工作,或鼓动避匪群众组织生产合作农场进行开垦,同时强迫豪绅地主残余帮助开垦(但豪绅地主开垦出来的荒田,他们没有所有权)。为奖励垦荒起见,开垦出来的荒田,应宣布工农劳苦群众开出荒田山地免收土地税三年,富农垦出的山田荒地免缴一年土地税,实行达到全省苏区内不留一寸荒土。

7. 植树运动和培养森林,在全省苏区内是极重要的工作,应反对植树怠工,反对烧毁山林,以及破坏森林的砍伐,实行各乡组织培植森林的委员会,专做培植山林事宜,实行所有荒地(但必须是不可开垦出来的荒地)、大路两旁河堤上种植有益的杂树果木,增加农业副产。

8. 检阅两年来铲山成绩,在全省苏区计算还是不够得很,各级政府应不断地发展铲山运动,实行将竹、桐杉、茶叶等山开铲出来,山上的生产每年总值可达二、三百万元,同时因为脚柴铲尽也不致被白匪烧毁。为要获得铲山的极大成绩,实行以乡为单位的组织铲山冲锋队,举行铲山的革命竞赛,成绩最好的政府给奖。群众铲山没有资本的,由区乡苏负责调查,介绍到苏维埃银行借一部分款子作铲山资本。各级政府必须负责领导与督促群众铲山,实行在今年一年内铲完所有的柽山、茶山及杉竹山。

9. 增加杂粮的生产,但是非常不够,种棉的成绩更坏。为要发展与提高土地的生产,凡有适合种植的土宜地方,实行每人种出两斤净棉花来,棉花是红军与群众的必需品,不容许对种棉怠工。为要奖励种棉,省县土地部应购买棉花种子，不取分文的送给种棉花的群众。麦、豆、油、麻、甘蔗等类亦须适合土宜的多多种植。

10. 蓄牛、牧羊、饲猪、饲鸡、养蜂、养鱼等畜牧事业是增加农村副产最好办法，应在农村中扩大这些畜牧利益的宣传来提倡农村畜牧事业。还要实行鼓动群众多采野菜饲猪，反对专门用米饲猪，减少米谷的耗费。

11. 红军分得的土地以及红军公田，群众应帮助耕种，都很热烈，并且先从红军田耕起，充分表现出群众优待红军的革命热情。各级政府还要更加紧领导群众，切实帮助耕种红军土地与红军公田，实行把红军的田地比自己的田地种的更好，增加红军田地的生产，更加提高红军的战斗情绪。

12. 耕具要发动群众好好的保存，特别是耕牛要好好的蓄养，绝对禁止贩牛卖出苏区和宰杀耕牛。其他各种耕具应发动群众创造与研究，实行求得进步的改造。

13. 关于农业专门人材，应向外聘请，同时要注意培养训练，以渐次普遍灌输农民群众的农业科学知识，求得各农业生产的改进。

14. 为要实际的鼓动农民群众，努力生产，在国家商店对外贸易处和消费合作社应有计划的收买到群众的土地生产品，帮助运输出口，调剂农村经济。

三、最后大会特别指出，过去对深入白区的土地革命宣传和在苏区内土地国有宣传都非常不够，现在必须在苏区里面着手土地国有宣传，使广大农民群众了解彻底消灭封建关系和资本主义商品经济剥削，实行土地与水利国有是进到社会主义必要的步骤，宣传苏联集体农场与苏维埃农场的成功，坚定与加强农民群众对社会主义的信念，打破私有观念，以后革命在与敌人决胜负的重要区域胜利后而取得广大农民群众的拥护，顺利的完成土地与水利国有。在白色区域，应扩大中央政府土地法令和苏区内土地革命成功的宣传，启发白区工农群众同豪绅地主的革命斗争，进行土地革命，为建立苏维埃政权而斗争，取得苏区更迅速的开展，更有力的打通闽北中央苏区，实现一省几省首先胜利，以至争取苏维埃的全中国。

没收土地和分配土地条例

——黔东特区第一次工农兵苏维埃代表会议决议案

（一九三四年七月）

黔东特区第一次工农兵代表会议，根据中华苏维埃的土地法规定一个没收和分配土地的统一办法，并且要交工农群众公议执行。

第一条 本己（人）有土地（即有方），本己（人）不办或是专请长年*办，或是租给别人办，这种人叫地主。这种地主的土地，完全没收，不给他本人留田。

第二条 区长、乡长、镇长的土地，完全没收，不给他本人留田。

第三条 本己（人）有土地（有的是租来的），本己（人）做活路，还要请一个或两个长年，这种人叫富农。本己（人）有土地，本己（人）办一半，租给人家办一半，这种人也是富农。富农的土地亦须没收予以分配。不过富农在被没收土地后，可以分得较坏的土地，但是必须用自己的劳动力去耕种。

第四条 没收一切反革命组织及白军武装队伍的组织者及积极参加者（比如民丁大队长这些人）的财产与土地。但贫农、中农非自觉的被勾引而反对苏维埃，经苏维埃认可者，可作例外。

第五条 寺庙的常熟田，除留一部分作敬神香火之用，其余大部分亦须没收，清明祭祖田不没收。

第六条 公田、学田属于国家或社会的，亦须没收。

第七条 在没收和分配土地中，不应动摇中农及富裕中农的土地，中等农民或贫农自己私有的土地并不没收，并且少了还要分土地给他。

第八条 所有被没收的土地，经过乡工农代表会议（即苏维埃），立即由贫农与中农实行分配。雇农、苦力劳动者均不分男女同样有分得土地权。流氓、盗窃之人，经过他自己声明，以后务农为业，不盗不抢，亦须分给以土地。在白军（军阀军队）里当兵士的，亦须分以土地，并且要他回家种田。经营贸易的商人或小作坊的老板，无权分得土地。

第九条 红军是为工农群众利益，与国民党、帝国主义作决死斗争的先进战士，无论本地人或外籍人，均须分给以好的土地。雇农、苦力应该分给他们以好田，但须向贫农、中农解释，得到大家同意。

第十条 红三军是创造巩固发展黔东苏区的柱石。在分配土地中，每乡给红三军（黔东苏区以外的地方的人）战士，分给十个人的土地。

第十一条 每乡须酌留红军公用十挑至二十挑，为将来外籍人参加红军时分配之用。

第十二条 乡苏维埃须酌留十挑谷的公田，以其收入为苏维埃办事

---

* 长年，指长工，下同。

之用。

第十三条 工农阶级中之衰老残废以及孤寡,不能自己劳动而又没有家属可靠的人,应分得土地,可委托人耕种或出租。

第十四条 将被没收的土地,交给贫农、中农平均分配。(1) 有劳动能力者分一股;(2) 老少无劳动能力者二个分一股;(3) 贫农、中农本已有点私有土地的少分;(4) 雇农或贫农、中农自己完全没有土地者多分;(5) 如雇贫农中老年与有小孩过多者,经乡代会同意,可以三个当两个计算。

第十五条 计算土地时,应该计算他的收获量、位置和收获品种类的价格,将土地分成上中下三等,以中等为标准,计算收获品,以包谷及大谷为标准,大的可得干包谷一斗二升之地,相当于大谷一挑之地。

第十六条 分地的每一份或一股的标准:是由计算人口和土地得来的,(一) 人口计算:1. 少地无地的贫农、中农人口多少;2. 被没收土地的富农人口有多少;3. 计算人口时,注意有劳动力者若干,无劳动力者若干。(二) 土地计算:1. 被没收的田地有多少(贫农、中农从地主那里佃来的土地,仍作为被没收的土地);2. 贫农、中农的私产若干。(三) 以土地数目除人口,即得出每一劳动力可分若干田,就是劳动分地。(四) 那些自己有土地够吃够用的中农,他的人口与土地就不列入在分配的数目之内。

第十七条 分配的范围以一乡为范围(一乡管乡),地主之土地在那乡归那乡人分,贫农、中农不问他人在何乡,他的土地不能没收或强迫交换。

第十八条 没收豪绅地主的财产及土地,同时必须消灭口头的及书面的一切佃租契约。取消农村这些财产与土地的义务或债务,并宣布一切高利贷的债务无效,严禁农民部分的退还地主豪绅的土地或偿还一部分的债务,不准秘密还租。凡贫农、中农之土地抵当与贫农、中农者,或由原主无条件收回,当主另分田地,或原主另分田地,由乡代表会议处理。

第十九条 分配土地时,不必更动农民住处,但是富农占有的好的土地,应该没收分给贫农、雇农,强迫富农换庄。土地分配完结后,应将界址分插标记,并由区苏维埃给土地登记证,以便营业,登记证不取丝毫手续费。

第二十条 没收一切封建军阀、豪绅的动产与不动产,如房屋、仓库、牲畜、农具等。富农在分得土地后,多余农具、牲畜亦须没收。房屋分配没有住所的贫农、中农居住,或分给工农群众之机关使用。牲畜、农具可由贫农、中农按组按户分配,或设犁牛站公营公用。

第二十一条 没收与分配土地的具体步骤：（1）各乡分村召集农民大会，报告没收和分配土地的条例。（2）乡代表会议分组到本乡调查地主、富农的土地、人口，并动员雇农小组、贫农团、党与青年团、少年先锋队、农妇代表会积极参加，成为群众的查田运动。（3）在调查地主、富农土地以后，为了土地能够平均分配，再将贫农、中农的土地和人口登记。（4）代表会议定期计算分地标准。（5）根据分地标准与各家人口去实际分割土地。（6）分村开群众大会报告分土地的结果。注意审查地主、富农的土地是否完全没收了，是否雇农、贫农、中农得到实际的利益。

第二十二条 没收与分配土地的斗争。在没收与分配的当中，地主、富农必然隐瞒土地，企图避免没收。乡苏维埃应倚（依）靠雇农工会与贫农团的力量，坚决地同地主、富农作斗争。因此必须保证雇农工会与贫农团一切组织行动的自由，认为这些组织是苏维埃土地革命的基本柱石。

苏维埃除动员雇农工会、贫农团查田外，必须以村（寨）为单位，经常召集群众大会去发动群众的查田分田运动。

苏维埃必须同自己组织内袒护地主、富农的倾向作斗争，甚至有地主、富农暗藏在苏维埃里，必须无情的洗刷出去。

第二十三条 如果贫农、中农对于自己私产以多报少，企图多分土地者，应该处罚，不分土地给他。

第二十四条 在土地没有分配以前，已经栽种了的庄稼（是贫农、中农种的），如果以后分给别人，应由分得的人出价赔补。

第二十五条 如果苏维埃工作人员在分配土地中保留地主的土地或富农的好土地，或将好土地分给自己，须由群众公议处罚。

第二十六条 如果地主、富农抢夺已经没收之土地之收获品，或地主、富农向贫农、中农索租索债，苏维埃应以最严重的法律制裁之。

湘鄂川黔省革命委员会
没收和分配土地的暂行条例

（一九三四年十二月一日）

（一）哪些人的土地应该没收

一、豪绅、地主、军阀、官僚、大私有者的土地、房屋、财产、用具须一律没收（但地主兼商人的，其商业及与商业相连的店铺、住房、财产等不没收）。

二、祠堂、庙宇、公堂、会社的工地、房屋、用具须一律没收。

三、富农的土地应该没收，（但富农兼商人的，其商业及与商业相连的店铺、住房、财产不没收）。

（三）哪些人应该分配土地

四、凡是雇农、贫农及农村工人、苦力须一律平均分配土地，中农土地是否拿出来与雇农贫农一律平分，以中农群众自己的意见来决定。如中农群众中多数愿意平分，即使有少数不愿意，应即实行平分。如中农群众中多数欲保留原有土地，不愿意平分，应不实行平分。少数愿意平分者，仍给那少数人以平分的权利。

五、乡村工人、苦力的家属须一律平均分配土地。工人家庭是富农和地主者，工人本身及其妻子依工人成分不变更，应分得土地，但家庭中其他的人照地主或富农成分处理。

六、农村及小市镇独立生产者、医生、小学教员等失业者，应分配土地（农村工人、独立生产者、小学教师、医生等人中兼有小块土地，因乡村不够维持生活，而将其小块土地出租，并非依为主要生活来源者，应分配土地，不得当地主看待）。

七、富农按劳动力与人口混合原则分坏田，即有劳动力者，按照当地每人分田数量，分以坏田，无劳动力者酌量补以坏田，不能超过当地分田每人数量三分之二。

八、凡在暴动前结婚的，地主、资本家女子嫁与工农贫民从事劳动依为主要生活满一年者，才可承认其为工人或农民或贫民成分，但工农贫民女子嫁与地主、富农、资本家者，如生活不与地主、资本家同等而与工农贫民同等或过同等生活不满五年者，依原来成分不变更。分配土地时依其成分处理（以女招郎及工农贫民以子女卖与地主、资本家及工农贫民与地主、富农相互以子过继者均适应本条）。

九、凡属豪绅、地主及反革命富农的妻女在暴动后用招郎的办法与工人、雇农、贫农、中农结婚，企图保存原有财产者，政府仍应将其财产、房屋一律没收，但分配房屋财产时候，结婚的工人、雇农、贫农、中农，应分得本人的一份。

十、和尚、道士、尼姑、斋公、算八字的、地理先生等封建残余及基督教、天主教的牧师、神父本人是以宗教为职吃饭的，不得分配土地；如果是以宗教为副，以耕田为主的，经群众赞成者可以分配土地。这些人的家属，如果不靠上述职业为生，而是工人、雇农、贫农、中农或是富农的，仍按照工人、雇农、贫农、中农或富农的地位分配土地。

十一、豪绅、地主及其家属全家不得分配土地。

十二、在暴动前后有重大反革命行为的富农及其家属中参加了这种反革命行为的人不得分配土地，并应没收其财产。

十三、在革命以前，乡村小商人以做生意为主而能供给全家生活的，不分配土地，如果失了业可以分田。

十四、小圩场的贫民失业的，应该分配土地。

十五、凡妇女出嫁时，土地由本人自由处理。

（三）土地怎样分配法

十六、应以乡为分配土地的单位，但据贫农、中农大多数意见要以村为单位分配土地时，亦得以村为分配土地的单位。

十七、雇农、贫农、中农、农村工人、失业独立生产者，应按照人口，将田地好歹均匀、多少均匀的去分配，但中农须按照自愿的原则。

十八、茶山、竹木山、杂粮山，可算成田亩或确实价钱，按照当地情形平均分配，富农只能分得荒山，大森林应交苏维埃政府负责管理。

十九、矿山须由国家管理，由政府决定租借或组织生产合作社开采，但目前应以租借为主要办法。

二十、鱼塘可作田数或作价或合股养鱼去分配，只分养鱼不分水塘，水以灌田为主，养鱼为次。

二十一、富农多余的耕牛、房屋、农具须没收，按照贫苦工农需要（没有或缺少）来分配。

二十二、凡一切没收来的房屋、财产、耕牛、农具、用具，除留部分交苏维埃及革命团体使用，一部分救济红军家属、被难群众外，其余的分配给贫苦工农。

二十三、政府及各革命团体工作人员，如果不是雇农、贫农、中农、工人、苦力与失业的独立生产者，一律不能分配土地。

（四）红军土地怎样分法

二十四、红军本人及家属土地的分配与贫农、中农一样，但须分得附近与不大远的地方（离红军家属家里）。

二十五、长期在红军中服务的红军战士中地主、富农出身的分子，在他们坚决为工农利益作战的条件之下，不论指挥员战斗员本人及其家属均有分配土地之权。但如被开除军籍者，则应收回其土地。

二十六、留红军公田标准：每乡每人分得五担田以上的，每乡须留红军公田三人到五人。如田多的地方，应多留公田，田少的地方（分不到五担田的），亦必须留出至少二人的公田，山林、木梓不要留，红军公田主要的是发动群众耕种。耕牛、肥料、种子由群众自愿供给，必要时再由政府帮助，如在某种困难条件之下，可以出租，租额由租田人与政府商定。

（五）租借、买卖、承继及其他

二十七、凡属经过平均分配土地，土地革命的利益确系雇农、贫农、中农得着的地方，应立即由土地部登记，并发土地所有证，确定土地所有权。但分配不彻底的地方，应即进行查田运动来彻底解决。如有土地革命的利益未为雇农、贫农、中农得着而为富农得着的地方，便〔应发动〕雇农、贫农、中农群众重新分配土地。

二十八、土地分配后可以租借，但不能租借豪绅、地主家属、租谷多少由双方议定。

二十九、土地分配后可以买卖，但不可以卖给豪绅地主家属，土地价钱由双方议定。土地买卖须报告当地政府登记。

三十、土地分配后实行家人承继，生的不补、死的不退。但死者无家属的，其土地由政府收回。

三十一、被迫逃走了的工农群众，除领导逃跑首领外，余者一律分配土地，如耕种时仍未回家时，可由亲属代为耕种。回来时作为租借论，但一年不回者，其土地得归政府收回。

三十二、由工农出身当白军、保卫团、土匪、义勇队、民团、精选队士兵的本人及家属一律分配土地，但豪绅、地主、富农出身的不能分配土地。对保卫团、义勇队、民团、精选队、土匪、警察队、团丁士兵须在一年以内回来耕种，过期后本人土地可由政府收回。

三十三、被欺骗加入反革命组织（如AB团、改组派、社会民主党等）的工人、雇农、贫农、中农等自首自新分子，须照样分配土地；现在拘押者尚未判决者，除富农外仍须留田。

三十四、在分配土地时，应留出为了桥梁、渡船、茶亭及农事试验场等公共事业场而使用的土地。

川陕省平分土地须知

（一九三四年十二月三十日）

一、地主富农反对平分土地的办法

土地是穷苦农民的命根，地主发财人用各种方法把穷人的土地抢夺去了，反用来剥削压迫农民。当广大农民汹涌的起来要求平分土地的斗争阶段，地主、富农便想出许多方法，来维持他旧有土地：

1. 用种种方法〔来〕保存它〔地主、富农〕原有土地

（一）"扯田"——"地主、富农只是扯点出来"，实际没有没收。因此，造出"大洞小补"、"将肥搭瘦"〔的〕地主、富农反抗苏维埃法令的口号；

（二）"原佃种原田"，实际就是"明分暗不分"，他又暗地估原佃户抅租；

（三）留"老板娘"在家，照旧收租；

（四）偷藏在客户或亲朋家，来暗地分谷收租；

（五）利用"红军分田"的名义，保留大批土地，又出佃收租；

（六）混入红军，利用"红军家属分好田"来保护他的田地；

（七）地主、富农他临要跑走时，就安一家穷人或亲戚、亲房朋友来住他的房子，实际替他保护产业佃种抅租；

（八）把土地、房屋等尽行分给他的亲戚、家门、朋友替他寄存土地。

2. 地主、富农瞒藏土地，窃取土地的办法

（一）混入苏维埃当主席、委员来保藏自己的土地；

（二）派他的走狗混入苏维埃替他保藏土地；

（三）利用物质（烟、肉、酒、钱）来收买苏维埃个别委员替他隐藏土地；

（四）收罗少数落后的农民不要斗争他，请去吃酒席，替他瞒藏土地；

（五）混乱阶级成分的划分，隐瞒他自己的成分，来瞒藏土地；

（六）投入他的亲戚、家门、朋友家，冒充为亲朋的家人来偷分土地；

（七）偷藏在穷人家里，冒充穷人的家人；

（八）迁移到别的区域，改名换姓，来窃取土地；

（九）弄他亲房亲朋的家人甚至部分穷人，来多充人数，瞒藏田地，窃取土地；

（十）把女子给穷人家做媳妇来分土地；

（十一）把自己儿子抱给穷人，或者抱穷人家儿子，这样企图来窃取土地；

（十二）尽量派他走狗打入"土地委员会"或"分田委员会"来帮他瞒藏和偷分土地；

（十三）多报人口，少报土地来瞒藏土地；

（十四）招穷人做上门汉顶原穷人的名字来分田；

（十五）假装笑面虎的样子来模糊穷人对他的阶级仇恨，来窃取土地（如乡里造出"好富农"、"劳动富农"、"改良富农"，甚至"好地主"、"好保长"等）；

（十六）派走狗混进苏维埃后，用"罚款"的方法来代替"彻底没收他的土地"；

（十七）派走狗混入苏维埃来，指地主、富农的土地为跑了的穷人田地，这样来替他保留田地。

3. 地主、富农阻止和缓和农民平分土地的斗争的办法

（一）有时就假造上级苏维埃或红军中机关的委派，来压制穷苦农民的分田斗争；

（二）利用宗教迷信说："穷人要讲点良心"，"把发财人整狠了丧德"，"土地本是发财人命运八字好，祖坟葬得好，祖先积德行善的"，"穷人穷是命孬"；

（三）利用"造册子"、"调查统计"、"细细分"、"慢慢分"来迟延立马平分土地；

（四）利用家族观念，"这一姓的田地不分给二一姓"；

（五）利用地域观念，"这一村的田地，不分给二一村"；

（六）利用农民的政治落后说："穷人是吃发财人的，把发财人打了吃哪个？""多少不要争，比从前总好些"，"穷人就多分了田，将来也没有用处"；

（七）造谣恐吓穷人说："多分得田地，马上又成了新富农"；

（八）造谣威吓说："红军马上又要收紧阵地，分了田得不稳"，"你们穷人这时包庇我发财人，马上刘湘来，我又包庇你"；

（九）故意曲解苏维埃的法令说："工人不分田"，"工人分了田，就不要工钱"，这样来企图减轻无产阶级对土地革命的领导；

（十）混进苏维埃之后，故意把分给农民的土地主权不确定，来减少部分农民对土地斗争的热情；

（十一）造出"补田"——就是随便把地主、富农的田地多少补一点出来，并不彻底重新平分；

（十二）用尽各种各样的方法混进"查田委员会"来阻止查田；

（十三）造出"苏维埃公田"和"预备田"来保存他的田地。

二、我们过去在平分土地中的工作缺点

1. 很少艰苦地发动群众起来平分土地；
2. 没有向群众彻底揭发地主、富农抵抗平分土地的一切方法；
3. 只是插签子、填名子，形成红军"给与"和委员"支配"，代替了群众直接平分土地的斗争；
4. 少数同志对阶级划分的模糊；
5. 歧视中农甚至有征发中农的错误；
6. 分配土地的迟缓，不把没收土地立马动员群众来分，等了很久，还在"报册子"；
7. 有些地方未完全按"人口和劳动力的混合比例原则"来分；
8. 对地主、富农的各种造谣，没有用力加以排斥；
9. 没有竭力团结雇工、贫农的力量，来打击地主、富农。在许多地方，雇工会、贫农团还未健强（全）地组织起来；
10. 有时做了地主、富农的尾巴，随声附和说："农民不敢要土地"；
11. 看见混进苏维埃的地主、富农或走狗分子之包庇地主、富农时，不能敏捷正确清洗，只是说他"观念不好"。在这样轻轻一句的说话容忍之下，结果仍旧让他在苏维埃里面破坏。

三、今后平分土地的方法

1. 发动群众一块去分，不要苏维埃委员去"指"、去"插签子"；
2. 到某乡某村，马上考查当地的土地情形，先找当地贫农、雇工、红军家属及地方武装的积极分子开会，向他们提出重新分田的意见，指出地主、富农一切阴谋。在会议上多多搜集材料，通过大家定期召集群众大会来讨论分田；

3. 在这群众大会上，首先宣布我们的"土地政纲"；再宣布地主、富农反对平分土地的一切诡计，彻底揭发敌人一切谣言和罪恶；再由群众报告土地没有分配好的情形；最后提出"分田委员会"的名单（这名单首先在"积极分子会"上就准备好），并向群众谈这"分田委员会"的权限。说明如有地主、富农阻止分田或瞒藏不报者，就由这"分田委员会"提交苏维埃审判；

4. 这"分田委员会"可由二十至三十人组织之，但一定要有工会、贫农团、女工农妇协会、少先队等群众团体派代表参加；

5. "分田委员会"举出后，立马同群众一路，一村一村分。要每家穷人一定有人一路，不要插签子，一头分了，一头就立刻挖出界边，说明这块田地分给谁，就永远是谁的，确定主权；

6. 分完之后，立马公布分田单，张贴于热闹的场口，并马上根据省苏所定发分田证；

7. 分田之时，还要立即宣布过去发财人的一切契约完全无效，号召群众去烧毁。如有地主、富农暗藏契约不报者，即以"反对分田"治罪；

8. 如群众认为田地未分好，可经过雇工会、贫农团提出意见，召集会议重新分配。

四、怎样平分土地

（一）彻底没收地主阶级、军阀豪绅、教堂寺院、富农（高利贷者）的全部土地，来彻底平分；

（二）地主阶级的房屋、财产、耕牛、农具等，亦一律没收（富农多余的没收），并烧毁其契约；

（三）没收的土地由雇农、贫农、中农、苦力、工人不分男女老幼来平均分受；

（四）分田要抖散来分，打破原来主佃关系，不许原佃种原田。但这问题要好好向农民解释；

（五）在分土地时，这土地上面的一切财产（不管天然或人为的），如房屋、果木、猪圈、牛栏、耕牛、农具等，亦随着一样分配给分得土地的人；

（六）一切工人亦同样分田，惟剃头工人不分，只增加工资。因为他每年包头来剃是收的谷子，而且他剃头时又不在家吃饭，但他家里的人一样分田；

（七）这些被没收土地的原有主，没有任何权利取得土地。地主豪绅的家属，如没有参加反革命的活动，可由苏维埃编成强迫生产队，在苏维埃政权监督下做苦工；

（八）富农在不反抗苏维埃和自己耕种的条件下，可分给一小部分坏的土地给他；

（九）切实按照人口和劳动力的混合比例原则来平分，不是定死的四背或五背，如田多就多分点；

（十）分田不是照田面子估计，要照出产量和收成算；

（十一）反对侵犯中农利益，中农田地不够要补给他；

（十二）要撑起分，这一村多的土地可以移到别村去分。打击地主、富农利用地域、家族来捣鬼；

（十三）没收的土地有好多，统统分给穷人，不许留什么"苏维埃公田"和"预备田"的；

（十四）红军公田不能留多，小村只许留十背，大村留二十背；

（十五）红军公田由雇工、贫农、红军家属组织"公田委员会"来管理；

（十六）在分土地时，山地和田坎子，须扯着分。红军、游击队员的家属分顶好田，雇农、贫农分好田；

（十七）大的矿业、林业（如盐井、煤矿、铁矿和大森林等），应收为苏维埃国家共管，作为国家财政基础。因为这些大产业就分给农民，也不能开发，而且也不便于分；

（十八）对于祠堂以及各种宗教团体（土地会、青苗会、观音会、牛王会、瘟痘会等）的土地，同样要分给穷苦农民。但必须慎重的考虑，耐心的说服和解释，在不伤害农民群众的宗教感情，取得基本农民的同意之后，进行分配。如果农民群众要求留下一点来祭祖、祭神都是可以的，但尽量少留几背，并必须完全执掌在穷苦农民手里，不可让地主、富农利用此办法来窃取一寸土地；

（十九）庙宇寺院的土地和旧有的学田，一律要分给农民；

（二十）当过白军士兵，一定要同样分田；

（二十一）当过民团精选队的士兵，只要是穷苦农民出身，一律可分得土地；

（二十二）端公、道士、阴阳、卜卦、算命子等也可分土地，但无公民权，不能参加苏维埃政府机关工作；

（二十三）当过棒老二、土匪、小偷，只要改务正业，有当地穷人担保，一样可以分得土地；

（二十四）民团精选队队长、流氓、痞子、甲长以及整过穷人的，均无权取得土地；

（二十五）市镇上的贫民，在自己能耕种条件下一样可分得土地；

（二十六）和尚、尼姑如是收庙田庙地吃租地主式的，绝对不能分田。如是穷苦人出身，新出家的专替师父劳动做工的徒弟小和尚还俗，仍可分得土地；

（二十七）发财人的妇女嫁给穷人或抱给穷人者不能分得土地；

（二十八）远方穷人移居来多年的，与当地穷人一样分土地。新由远地跑反来的，如不愿回原地，定要有转移证，经过他原籍地方的工会、贫农团的介绍，才可分田；

（二十九）对于鳏、寡、孤、独、老弱残废及一切没有生产能力者，可以不分田，由苏维埃实行社会救济。

五、平分土地应执行的任务

要能保障彻底平分土地，那我们现在应必须执行的任务是：

（一）建立坚强的雇工贫农团。必须把雇工会、贫农团形成群众组织，有定期的开会。团结雇工、贫农、苦力，联合中农，去坚决反对反革命和富农、地主，打破地主、富农一切破坏土地革命的阴谋；

（二）彻底改造苏维埃。必须自下而上的发动群众斗争，改造混入苏维埃机关里的一切地主、富农等异己分子。吸收大批积极的工人、雇工、贫农和红军家属到苏维埃工作，这样才能保障平分土地得到圆满的胜利；

（三）严厉镇压反革命，深入肃反斗争。在广大工农面前揭发反动的一切谣言与罪恶，要向群众彻底说明分土地是可靠的，穷人只有分得土地才能活命，号召群众起来为夺取土地而坚决肃反；

（四）提高苏区的土地生产力。不使苏区的一寸土地放荒，必定只有彻底平分土地，使土地利益全部落在雇工、贫农和中农手里。同时要大大创兴水利，开办农具、种子、耕牛合作社，解决雇工、贫农、苦力、红军家属的一切耕种上的困难。

六、农村阶级的划分法

划分阶级的原则——是按剥削关系来划分的。

（一）地主——拿土地剥削农民，自己不劳动，光靠收租过现成日子；

（二）富农——兼封建和资本主义两种方式的剥削：（1）有多余的土地招客户或请长活路，（2）有钱放高利贷来盘剥穷人；

（三）雇工——在乡里帮做长活路、打长工的，这就叫乡村中的无产阶级；

（四）贫农——自己有少数田地或佃种人家田地，还靠做短活路、卖短工、做小贩受人剥削，一年收入不够穿吃的，这又叫乡村中的半无产阶级（无产阶级就是指乡里的雇农和城市的产业工人）；

（五）中农——自己的田地自耕自种，他本身不剥削人家，一年收入，恰恰供给全家需要，但他还受豪绅地主的压迫和国民党苛捐杂税的剥削。

（选自西北军区政治部、红四军政治部翻印件）

川陕省土地问题解答

问：为什么每乡要留红军公田？

答：使非苏区来当红军的，白色军队哗变来当红军的或由火线上过来当红军的红色战士，都要分得有好的土地，都得着土地革命利益，坚决地为土地革命斗争。并使广大白色军队兵士接受土地革命影响，大批哗变到红军中来参加土地革命，所以现在要留红军公田。

问：红军公田每乡要留多少？要山地否？

答：以乡为单位，按照乡内土地多少，留一石至五石，不要山地，顶好是路边的好田。做一木牌，上面写"红军公田"几字。同时由当地群众开会讨论代耕办法，顶好由代耕人公举一、二人经常负责管理，乡苏维埃随时派人监督。

问：红军公田出产怎样办？

答：出产代耕人得十分之三；红军得十分之七。苏维埃负责保存，由红军自己支配。

问：苏维埃共产党负责人及红军公田的土地都要农民代耕吗？

答：不，农民只替无生产能力的红军家属代耕，其余的任何人不得代耕。我们要坚决反对借着革命势力强迫要农民替他代耕，一种奴役农民的办法。

问：脱离生产的共产党员和苏维埃的委员不代耕，他家里没有人生产怎么办？

答：他家庭真正一点生产力没有，可以请长工或短工，或者农民因为革命友爱关系，自愿帮他耕种是可以的，但绝对禁止要农民代耕的办法。

问：农村的手工业工人是否要分土地？

答：要分土地。在工人自愿条件之下，可按他的工作时间分配一部分。譬如，他一年的时间，他做三分之一的工，可分三分之二的田地；做三分之二的工，可分三分之一的田地，其余类推。

问：雇农与革命工作人员是否分土地？

答：要分土地。如果他自愿的不要土地可不分。

问：雇农得田后，带到雇主家去耕种，是否可以？

答：当然可以的。但田的出产一定要归雇农。

问：剃头工人每年是收谷，是否可以分田？

答：剃头工人因为长年做工，可以不分田。但不是说他没有土地权。因为剃头犹如种田一样，他如不剃头时还可分田给他。他的家属一定要分田。

问：很多雇农分得了田地，没有农具、耕牛怎样办？

答：没收地主的农具、耕牛和没收富农多余的农具、耕牛可帮助和分配他们使用。同时由农民合户或苏维埃同志负责办农具、牲畜经理处，帮助无农具、耕牛的雇农、贫农耕田种地。目前救急的办法暂时还可借用或用人力换牛力等来解决困难，都是可以的。

问：中农山多田地少，贫农山少田地多是否可以更换？

答：可以更换。并要在平均分配土地时双方拿出平均分配，但必〔须〕群众双方愿意。

问：中农的土地，是否可以拿出来与雇农、贫农抖散分配？

答：中农的土地以不动为原则。我们从教育中、宣传中、鼓动中说明彻底平分一切土地，是肃清农村封建势力最好的办法，使他们自动的拿出来平分。中农如果不愿意，不能丝毫拉蛮要他拿出来，动摇中农和侵犯中农利益。但种自己田地的中农，可像这样做；如佃田种的中农就要拿出来平均分配，因为这个田地是没收豪绅地主的，不是他的。

问：乡村做小生意、开饭店、做小贩的可不可分配土地呢？

答：假如他的生意足以谋自己的生活，就不必分配土地给他。但对需要土地的最贫苦的小贩等，还是要分土地。

问：富农小孩子和妇女是否分好土地？

答：要分最坏的土地，由他自己耕种。如果他万一不能耕种，他可与人家换工做或他的亲戚帮助他种，我们也不反对。

问：参加革命很久的地主和富农家属是否分配土地？

答：参加革命很久的地主和富农分子，他完全出卖了他的阶级，投降无产阶级，始终不变的坚决为劳苦群众谋利益，他的家属又热心革命，遵守苏维埃的法令，不统治农村，可按普通人一样分得土地，但绝对不代耕。如果借着革命势力压迫农民，则与其他地主、富农一样看待，要时常监督他统治他。地主就不分土地给他，要他做苦工；富农分坏土地给他，要他自己耕种。但革命家属包括他的父母妻室儿女，他的叔伯弟兄姊妹不包括在内。

问：女子分配土地，是否和男子一样？

答：应该一样。

问：女子出嫁之后，她分得〔的〕土地怎样呢？

答：她将土地带到婆家自己耕种或留在娘家叫她自己丈夫来帮她耕种。我们要打破女子脚小不能耕田，就不分配土地给女子〔的〕错误观念。

问：寡妇可不可分配土地？

答：地主寡妇不可分配土地；富农寡妇如愿耕种可分坏的土地给她；系贫农、雇农、中农出身的寡妇，可以分配土地，或雇人耕种，或托人代种，或将土地出租都可以的。她如果不愿意耕种土地，就不必分配土地给她，可由苏维埃酌量予以救济。

问：如毗连两乡，一乡土地多，一乡土地少，是否可以拨一部分到少的？

答：当然可以。但事先要开两乡联席会议，最好是开两乡群众大会，请上级派人参加，从教育说服当中拨一部分土地到少的乡村分配。被拨出去的土地，要和少的乡村连界。

问：甲乡有多数的土地在乙乡，乙乡有少数的土地在甲乡，更换土地又不相符怎样办？

答：为便利起见，要更换，事先召集联席会议说明更换的理由，如甲乡认为吃亏时，可把乙乡和甲乡连界的土地补一点。

问：过去种了好的土地的人，不愿拿出来重新分怎样办？

答：号召广大群众起来和他作斗争。

问：农民得了好、坏土地两种，把坏的荒了怎样办？

答：要教育农民爱惜土地、培养土地，从宣传教育中叫他好好的种出来，使苏区的土地一寸不要荒掉。苏维埃还要奖励他们。如果故意怠工荒废土地，苏维埃可召集群众大会制裁他；最坏不改的，可剥夺其土地权。

问：水打沙层的田，分给个人，个人不要怎样〔办〕？

答：破田分给个人，要个人负责修补是不对的。要动员起来，使群众帮助整理起来〔再〕分配。

问：某家分配土地之后，忽然死了一个人，是不是马上就把此人分得田地收回呢？

答：不必马上收回。因为死人不是经常的现象，并且人死时又需一些特别费用，如衣衾棺木埋葬等费。过了一、二年之后，再把多的土地交给苏维埃另行分配〔给〕缺少田地的农民耕种。

问：田地分了，柴山、竹园、鱼塘是否分配呢？

答：柴山、竹园、鱼塘等和田地一样要分配。不过，太大的森林农民不好分配的，归苏维埃政府管理。

问：赤白交界地方土地，少数人不敢耕种怎样办？

答：动员后方群众有组织、有计划地配合武装去耕种，不能让它荒了。

问：赤白交界站不住脚跑在后方〔的〕群众，应不应分配土地呢？

答：应该分配土地。但壮丁应尽量到前方种田，加紧站岗放哨侦探工作。如果人数少的可几家设法伙种。后方群众应尽量动员帮助前方的种田及侦探戒严工作。

问：非苏区民众不愿统计土地怎么样办呢？

答：分配非苏区的土地，是要从积极领导斗争中来没收和分配地主阶级的土地、富农的土地，不是光统计调查就算了的。我们主要的是从领导和发动斗争中来分配土地，自然农民对革命负责，农民〔就〕不怕统计调查。

（选自中国工农红军第四方面军总政治部一九三三年二月十九日翻印件）

赣西南苏维埃政府土地法

第一章 土地之没收及分配

第一条 暴动推翻豪绅地主阶级政权后，须立刻没收一切豪绅地主阶级及祠堂、庙宇、会社的田地、山林、池塘、房屋归苏维埃所有，由苏维埃分配与贫苦农民及其他需要土地等项的人民，只有农民协会尚未成立苏维埃时，农民协会亦得执行没收及分配。

第二条 自耕农的田地、山林、池塘、房屋，除自食自用外，尚有多余，经当地多数农民要求没收者，苏维埃应批准农民的要求，没收其多余的部分并分配之。

第三条 豪绅地主及反动派的家属，经苏维埃审查准其在乡居住又无他种维持生活者，得酌量分与田地。

第四条 现役红军官兵伕及从事革命工作者照例分田，并由苏维埃派人帮助其家属耕耘。

第五条 乡村中工商学各业能够生活者不分田，生活不够者，得酌量分配田地，以补足其生活为限。

第六条 雇农及无业游民愿意分田者，应该分与田地，但游民分田者须戒绝鸦片、赌博等恶嗜好，否则，苏维埃没收其田地。

第七条 旅外不在家乡者不分田。

第八条 分田的区域标准有二：

（1）以乡为单位，由某乡农民将他们在本乡及邻乡所耕田地总合起来，共同分配；

（2）以数乡为单位，如有三、四乡互相毗连者，内中几乡田多，几乡田少，若以一乡为单位分配，其田少之乡不能维持其生活，又无他种生产可以维持生活者，则以三、四乡合为一个单位去分配。以上两种办法，第一种是普遍应用的，如有特别情形，经乡区苏维埃要求，得县苏维埃批准者，可用第二种办法。

第九条 分田的数量标准：

（1）为满足多数人的要求并使农民迅速得到土地起见，应依乡村人口数目，男女老幼平均分配。

（2）有特别情形的地方，经乡区苏维埃请求，得县苏维埃批准者，得依劳动力为标准分配，能劳动的比不能劳动的多分一倍（十六岁以上至六十岁能耕田者为一劳动单位）。

第十条 分田以抽多补少为原则，不得采用绝对平均主义，重新瓜分。分田后，由苏维埃制定木牌插于田中，载明此田生产数量，现由某人耕种。

第十一条 所有豪绅地主及祠庙公田的契据，限期缴交乡区苏维埃或乡区农民协会当众焚毁，自耕农的田契如有多数农民要求焚毁者，亦得焚毁。

第十二条 田地分配后，由苏维埃发给耕田证。

第十三条 凡乡中死亡和外出者，将其所分得之田地收归苏维埃再行分配；外来或新生者，苏维埃应设法分与田地，但须在收获之后。

第十四条 暴动分田时，如值农民已下种，则本季生产归原耕种农民收获，他人不得割取。

第十五条　河坝及大规模池塘不便分配者，归苏维埃管理，供给人民公共使用，并督促人民修浚整理。

第十六条　大规模山林不便分配者，归苏维埃管理，人民需要采用竹木时，按照下列数目得苏维埃批准可以采用：二十根以下者由乡苏维埃批准，二十根以上五十根以下者由区苏维埃批准，五十根以上者归县苏维埃批准。

第十七条　大规模的山林出产除供给人民需要外，其余归苏维埃出卖，作苏维埃用费，各级苏维埃应得之成数由高级苏维埃规定。

第十八条　木梓山、竹山、杉山之不便相当分配者，得由人民数家为一组，向苏维埃领取栽种，以其生产分配组员使用。

第十九条　为满足贫苦农民要求起见，应将所有没收田地尽数分与他们，苏维埃不必保留，但得保留没收房屋之一部分为公共事业之用。

第二章　废除债务

第二十条　工农穷人欠豪绅地主之债一律不还，债券、债约限期缴交苏维埃或农会焚毁。

第二十一条　豪绅地主及商人欠公家或工农贫民或小资产阶级之债务，不论新旧都要清还。

第二十二条　工农穷人欠商家交易之账而非商业高利贷者，仍旧要还，但非本身之账不还，年限太久之账不还。

第二十三条　工农穷人自己来往之账，革命以前借的应全还，或减还，或免还，由乡区苏维埃按照情形适当规定，革命以后借的，当然要还。

第二十四条　工农穷人典当物件及房屋与豪绅地主及典与奸商者，无条件收回抵押品。

第二十五条　工农穷人典当物件及房屋与小资产阶级者，其抵押品应收回若干，或不收回，由乡区苏维埃照双方经济情形决定之。

第二十六条　钱会谷会豪绅地主奸商接取工农穷人在先者，接会人应将钱谷交还于纳会人，该会取消；工农穷人接取豪绅地主奸商在先者，接会人须交还钱谷于纳会人，会亦取消。

第二十七条　苏维埃政权之下禁止高利贷，由县苏维埃按照当地金融情形规定适当利率，但不得超过普通资本在当地一般经济情况中所得利率之数。

第三章　土地税

第二十八条　为打倒反革命的需要（如维持并扩大红军及赤卫队，维持政权机关等）及增加群众利益的需要（如设立学校、看病所，救济残废老幼，修理道路、河垣等），苏维埃得向农民征收土地税。

第二十九条　土地税须在苏维埃建立之后而且群众已经得到实际利益，并经高级苏维埃批准时方可征收。

第三十条　土地税按照农民分田数量分等征收：

1）每人分田收谷五担以下的免征土地税；
2）每人分田收谷六担的收税百分之一；
3）每人分田收谷七担的收税百分之一点五；
4）每人分田收谷八担的收税百分之二点五；
5）每人分田收谷九担的收税百分之四；
6）每人分田收谷十担的收税百分之五点五；
7）每人分田收谷十一担的收税百分之七；
8）每人分田收谷十二担的收税百分之八点五；
9）以后每加收一担谷，加收土地税百分之一点五；
10）天灾人祸致农民生产量减少时，由低级苏维埃呈请，经高级苏维埃批准，得减少或免收其土地税。

第三十一条　土地税按照下列比例分配于各级苏维埃：百分之五十归乡苏维埃，百分之二十归区苏维埃，百分之二十归县苏维埃，百分之十归省苏维埃。

第三十二条　山林出产只供自己食用没有多余的，不收税；自己食用之外，尚有多余的，其多余的部分，由苏维埃按照出卖价值用适当比例收税。

第四章　工资

第三十三条　农村手工业工人及雇农以前工资过低的，要相当提高，其工资数目由苏维埃依照生活物价涨跌及农民收入丰歉两个标准决定之，乡苏维埃规定工资须得县或省苏维埃批准。

鄂豫边革命委员会土地政纲实行细则

一、没收细则

第一条 凡豪绅地主所有之土地，一律无代价的没收。

第二条 凡祠堂、庙宇、教堂、祖积、公积所有之土地，及一切公产、官地，一律没收之。

第三条 凡经革命政府肃反委员会宣布没收财产之反革命分子所有之土地，一律没收之。

二、分配细则

第一条 凡没收之土地得照下列情形分配之：
（一）无地之农民。
（二）少地之农民。
（三）愿安家耕种之雇农。
（四）愿耕种之工人。
（五）红军的官兵。
（六）革命职业家。
（七）退伍的兵士。
（八）愿耕种之小贩及其他职业者。
（九）凡豪绅反动派已经解决，其家属确经当地革命团体证明无反动嫌疑者。

第二条 凡鳏、寡、孤、独、残废及无力耕种者，由当地农委会酌量分配土地，其耕种办法得由雇人耕种或由当地农委会负责办理（或帮耕或代耕）。

第三条 分配土地之多少以食粮需要（全家人每年需多少粮食吃）为主要条件。在此条件之外，当地如有宽余之土地，得依照耕种能力分配之。

第四条 分配土地，男女有同样权利。

第五条 分配土地不可以土地面积为标准，须以出产多少为标准。

第六条 每家分得之土地，以配合在同冲同畈为好，不可把面积宽大之垀划细。

第七条　人烟稠密之乡，得由上级机关酌量情形迁移一部人民到人烟稀少之乡。

第八条　毗连之乡，土地宽裕者，须斟酌情形拨给一部分土地与土地缺欠之乡。

第九条　中农在别乡之土地，交给别乡分配，本乡得以同量之土地分给该中农（如无土地掉换则别乡不得分配其土地）。

第十条　凡没收之柴山、竹园、池塘，由当地乡农会管理，但池塘水分原管田地，仍得照旧使用。

第十一条　分配土地方法，由乡土地委员会详细讨论，经乡农代大会通过，交区农会施行。

三、附则

第一条　焚烧豪绅地主一切契约，发给得分土地者土地使用证。

第二条　取消包佃制和批字顶礼押字。

第三条　凡没收之随田棉地，得按分配细则分配之。

第四条　得分土地之人，如若死亡或不愿耕种时，须将土地退还乡农会另行支配。

第五条　没收和分配时，不得侵犯自耕农利益。

第六条　凡无反革命嫌疑而逃亡在外者之土地，得由当地乡农会代为佃给有耕种能力者耕种，其他一切财产及租稞，均由该乡农会负责保管，俟逃亡者归即交还之。

西北革命军事委员会军区政治部
关于土地问题的布告

川陕省父老兄弟姊妹们！

土地是穷人的劳苦雇工农民的命根呀！地主豪绅富人占据了许多土地，自己不做庄稼，雇工农民每年缴纳租粮给他们，他们就坐着享福，有钱有势，压迫穷人，无所不为，穷苦雇工农民租耕主人家的土地，要缴纳六成租谷，雇工农民一年辛苦到头，收获的粮食大半收集到豪绅地主富人的仓里去了！雇工农民年年困苦下去，豪绅地主年年发财下去，土地不是被地主豪绅收买去了，就是典当给发财人去了。

雇工农民要想解决自身痛苦，不但要取消苛捐杂税，还要没收地主阶级的土地，分配给贫苦的工农。记着，地主豪绅占有了土地，就握着穷人的命根在手里，穷人向地主豪绅夺回土地，就是真正从十八层地狱里翻身了。

穷苦工农们！立即实行下列各点。

一、立即召集工农群众大公，宣布无条件没收地主阶级的土地、田埃子、山林、房屋。

二、雇工贫农兵士失业而愿意亲身去做庄稼的穷人，都应分得土地。

三、自己耕种供给自己吃的用的中农，其土地不没收，仍归他自己所有，他自己耕种，只要是他自己耕种的，就是每年有些余钱剩米，也不没收的。

四、土地有多的富农，请佃客帮种，出租自己种不了的土地，放高利贷，也是剥削分子，其土地也应没收，如果他自己仍然作庄稼，可分给他一部分较坏的土地，但必须他自己耕种。

五、地主豪绅的耕牛农具，也就没收来归庄稼人共用或分用。

六、分配土地时，土地和田埃子酌量分配，以田地出产量为标准，人多的多分，人少的少分，能做庄稼的男女多分一点，老弱不能做庄稼的男女少分一点。

七、所有典当给人家的土地，一律无代价的收回，土地归原来出当的穷人所有，所欠主人家的当地钱，一律不还。

八、土地分配了以后，一切收获归耕种者所有，永远不要缴纳租粮给土地旧有主人或其他任何人。

九、这块田地分给了那一个，现在这土地上种的谷子、稻子、菜蔬等，即归他所有。

十、所有农民佃户所欠主人家租谷利谷等，一概取消，不再偿还。

十一、凡参加红军与游击队的雇工、贫农、中农，得分得最好的地，无耕种能力者，由苏维埃负责代耕，伤亡者有伤亡抚恤优待。

十二、凡白区工农、白区军队的士兵和官长来参加红军者，同样在苏区分得红军公田，由苏维埃负责代耕，其家属亦可到赤区来，照人口与劳动力量分受土地。

十三、白区医师技术人材专门家，在服从苏维埃法律在赤区工作者，除应有工资外，如其家属进境，亦同样分得土地。

十四、赤区奖励种植有益身体之谷类，禁止种鸦片烟。吸烟者得分期禁断，另有条例，惟年老气衰，不能禁戒者于乡区苏维埃许可之下，得减食鸦片。但每乡不得过十背谷子的烟田。但经过一定时期后，得完全禁种。

川陕父老兄弟姊妹们！这些就是中华苏维埃共和国中央政府的土地法令摘要。起来！为实现这一法令而斗争！

记着，雇工佃农兵士要分得田地，中农的土地要不受人家并吞，不要还粮上税受剥削，自己耕种即归自己所有，就要起来拿着武器组织政权，来镇压旧的压迫者，土地才能归到被压迫者的手里来。

土地归贫苦农民，粮食归穷人，八小时工作，政权归工农兵苏维埃。

（选自《苏维埃中国》第二集，一九三五年版）

抗日战争时期

中共中央关于抗日根据地土地政策的决定

(一九四二年一月二十八日中央政治局通过)

抗战以来,我党在各抗日根据地实行的土地政策,是抗日民族统一战线的土地政策,也就是一方面减租减息一方面交租交息的土地政策。这一政策,在各根据地实行以后,曾经获得了广大群众的拥护,团结了各阶层的人民,支持了敌后的抗战。凡在比较普遍比较认真比较彻底的实行了减租减息,同时又保障交租交息的地方,当地群众参加抗日斗争与民主建设的积极性就比较高,而且能保持工作的经常状态,安定社会的生活秩序,那里的根据地就比较巩固。但是这一政策,在许多根据地内还没有普遍的认真的彻底的实行。在有些根据地内,还只在一部分地方实行了减租减息,而在另一些地方,或者还只把减租减息当作一种宣传口号,既未发布命令,更未动手实行;或者虽已由政府发布了法令,形式上减了租息,实际并未认真去做,发生了明减暗不减的现象。在这些地方,抗日根据地就无法巩固,经不起敌人的扫荡,变成软弱无力的地区,但是在另外若干地方,则又犯了某些左的错误,虽然这种错误只发生在一部分地方,并且经过中央指示后已经大体上纠正了,但是还有引起各地同志加以注意之必要。当此抗战进入更加艰苦的时期,要求各根据地更加发动广大群众的抗日与生产的积极性,更加团结一切抗日阶层来坚持敌后的长期斗争。中央在详细研究各地经验之后,特将我党土地政策作一总结的决定。另有关于执行土地政策的具体办法,作为附件,随此决定一并发下,以供各地采用。务望各地同志加以研究,认真执行。

(一)承认农民(雇农包括在内)是抗日与生产的基本力量。故党的政策是扶助农民,减轻地主的封建剥削,实行减租减息,保证农民的人权、政权、地权、财权，借以改善农民的生活，提高农民抗日的与生产的积极性。

（二）承认地主的大多数是有抗日要求的，一部分开明绅士并是赞成民主改革的。故党的政策仅是扶助农民减轻封建剥削，而不是消减封建剥削，更不是打击赞成民主改革的开明绅士。故于减租减息之后又须实行交租交息，于保障农民的人权、政权、地权、财权之后，又须保障地主的人权、政权、地权、财权，借以联合地主阶级一致抗日。只是对于绝对坚决不愿改悔的汉奸分子，才采取消灭其封建剥削的政策。

（三）承认资本主义生产方式是中国现时比较进步的社会成分与政治力量。富农的生产方式是带有资本主义性质的，富农是农村中的资产阶级，是抗日与生产的一个不可缺少的力量。小资产阶级，民族资产阶级与富农，不但有抗日要求，而且有民主要求。故党的政策，不是削弱资本主义与资产阶级，不是削弱富农阶级与富农生产，而是在适当的改善工人生活条件之下，同时奖励资本主义生产与联合资产阶级，奖励富农生产与联合富农。但富农有其一部分封建性质的剥削，为中农贫农所不满，故在农村中实行减租减息时，对富农的租息也须照减。在对富农减租减息后，同时须实行交租交息，并保障富农的人权、政权、地权、财权。一部分用资本主义方式经营土地的地主（所谓经营地主），其待遇与富农同。

（四）上述三条基本原则，是我党抗日民族统一战线及其土地政策的出发点。四年以来的经验证明，只有坚持这些原则，才能巩固抗日民族统一战线，才能正确的处理土地问题，才能联合全民支持民族抗战，而使日寇完全陷于孤立。一切过左过右的偏向，都是不能达到这个目的的。

（五）在农村统一战线中，地主与农民间的矛盾，例如地主反对或妨碍农民关于民主民生的要求等，必须按照上述原则作适当的处理。双方的合理要求必须满足，但双方都应服从于整个民族抗战的利益。在处理农村纠纷中，党与政府的工作人员，不是站在农民或地主的某一方面，而是根据上述基本原则，采取调节双方利益的方针。

（六）三三制政权，就是调节各抗日阶级内部关系的合理的政治形式，这一制度，必须在参议会系统中与政府系统中坚决的认真的普遍的实行。认为这一制度不过是一种敷衍党外人士的办法的那种观点，是不正确的。

（七）政府法令应有两方面的规定，不应畸轻畸重。一方面，要规定地主应该普遍的减租减息，不得抗拒不实行。另一方面，又要规定农民有交租交息的义务，不得抗拒不缴纳。一方面要规定地主的土地所有权与财产所有权仍属于地主,地主依法有对自己土地出卖、出典、抵押及作其他处置之权。另一方面,又要规定当地主作这些处置之时,必须顾及农民的生活。一切有关土地及债务的契约的缔结,须依双方自愿,契约期满,任何一方有解约之自由。

(八)抗日经费,除赤贫者外,一切阶级的人民均须按照累进的原则向政府交纳,不得畸轻畸重,不得抗拒不交。

(九)减租减息实行之后,给予了提高农业生产的必要的前提,而农业生产是抗日根据地的主要的生产,党与政府的工作人员必须用最大力量推动发展之。政府应举行大量的农业贷款,以解决农民借贷的困难。

(十)农救会的任务,在减租减息之前,主要的是协助政府实行减租减息的法令。在减租减息之后,主要的是协助政府调节农村纠纷与发展农业生产,而不是以自己的决定代替政府的法令,不是以农救〔会〕代替政府。在调解农村纠纷的任务上,应取仲裁的方式,而不是专断的方式。在发展生产的任务上,应动员所有农救会员起模范的领导作用。

(十一)既然减租减息与保障农民的人权、政权、地权、财权是我党土地政策的第一个方面,既然各根据地内尚有许多地方并未普遍的认真的彻底的实行减租减息,而其原因,不是地主抗拒不实行,就是党与政府的工作人员采取漠不关心与官僚主义的态度。因此,各根据地内党与政府的工作人员,必须对自己工作加以严格的检查,派员下乡分途巡视各地实行的程度,加以周密的调查研究,全般的总结各地经验,发扬正确实行的例子,批评官僚主义的例子。须知发布口号、发布法令与实行口号、实行法令之间,是常常存在着很大的距离的,如不严惩官僚主义,反对右倾观点,就无法使口号法令见之实行。

(十二)既然交租交息与保障地主的人权、政权、地权、财权,是我党土地政策的第二个方面,既然各根据地内曾经发生过忽视这一方面的左倾错误,而其原因,不是农民不了解我党的土地政策,就是党与政府的工作人员也不了解或不完全了解我党的政策。为着防止今后重复这种错误,就必须在党内、在农民群众中明确的解释党的政策,使他们明白现在我党的抗日民族统一战线的土地政策,是与内战时期的土地政策有根本区别的,使他们不限制于眼前的狭隘的利益,而应把眼前利益与将来利益联系起来,把局部利益与全民族利益联系起来。必须劝告农民,在实行减租减息与保障农民的人权、政权、地权、财权之后,同时实行交租交息与保障地主的人权、政权、地权、财权。正如在减租减息与保障农民的人权、政权、地权、财权的问题上，必须劝告地主不应该限制于眼前的狭隘的利益，而要顾及将来与全民族的利益，是一样的。

(选自一九四二年二月六日《解放日报》)

西北局关于进一步领导农民群众
开展减租斗争的决定

(一九四三年十月十日)

一、自去年秋季西北局颁发关于彻底实行减租的指示以来，各地减租运动已有显著的进步，其主要表现就是有些地区（如葭县的店镇、城关、乌龙、通秦寨等区，米脂的河岔、卧羊、桃花峁等区及印斗区八乡，绥德的义合、沙滩坪等区以及合水和镇原的个别区乡）已经发动农民起来，成立各种农民组织，进行减租斗争，使减租开始成为集体性和群众性的运动。凡是这类减租进行得彻底的地方，群众生产热忱大大发扬了，政治觉悟大大提高了。群众于减租后，自动实行变工扎工，修畔溜崖，多施肥，多锄草，增加生产。同时，群众更加拥护我党我军及边区政权，积极参加自卫动员工作和锄奸工作，热烈响应政府每一号召，推行各项建设。这些经验，说明在边区未分土地区域，减租运动实是发动群众积极性的锁钥，是这些区域各项工作的中心环节。在这些区域不谈减租减息，只谈民主选举；不把减租减息当做中心，而把民主选举当做中心的思想观点是极端错误的。但是这种发动群众起来进行减租斗争的地区，在边区内未经分配土地区域的减租运动中还占少数，多数地区是只凭少数干部党员和群众中积极分子推行减租，而不发动广大群众。他们把减租不看做是农民的群众斗争，而看做是党和政府对农民的恩赐。在这类地方虽然也可以减一些租，但不会彻底。因此，这种恩赐的减租，是错误的，是不能够发动广大群众参加多种建设事业和保卫边区积极性的。至于有些地方对减租工作仍旧漠不关心，不查不问，或少查少问，不发动群众，只由政府检查一下执行程度，就算完事，因而不但不能发动群众积极性，而且连恩赐的减租也不能实现，则更是错误的。

二、检查各地减租运动是否贯彻，首先应以发动群众的程度为标准。故今年秋季以后，在还没有实行减租或实行得不彻底的地方，党应继续领导和组织农民的减租运动；必须达到把群众真正发动起来，进行减租斗争。党的指示和政府法令，都是为了协助和领导农民进行减租斗争，故应使之配合与推动减租斗争，而不是代替群众的减租斗争。应经过党的组织和群众中的积极分子去广泛的发动农民，召开租户会议，成立群众组织（组织名称如农会、减租会、租户会、减租保地会等均可），经过这种组织团结以行政村、以乡、直到以区为单位的所有佃户和农民，开群众的减租大会，进行集体的减租斗争，由群众议定（一定要由群众议定）实施减租的具体办法，用群众力量揭发和打破地主对抗减租的反攻，并处罚顽固的地主，最大限度地发动广大群众的积极性。

三、在发动群众减租斗争中，对地主阶级应当是又团结又有斗争的政策，反对有些同志对地主只团结不斗争的错误思想。这些同志生怕在减租中得罪地主，为了迁就地主，就不去发动农民，结果使减租运动不能贯彻，农民的积极性不能发扬。去年秋季以来，所有发动群众进行减租斗争的经验都证明：如果不同某些顽固地主进行斗争，则农民积极性就不可能发扬，减租就不能贯彻。但是只要发动广大农民群众和某些顽固地主进行斗争之后，就不但可以贯彻减租和发动农民的积极性，而且决不会破裂农村统一战线，相反，会使农村统一战线开始得着广大群众力量做基础，达到扩大和巩固之目的。因此，今后凡在未实行或未彻底实行减租的地区，都必须发动农民起来向某些顽固地主进行斗争，以发动农民群众积极性和保证减租能彻底实行。不要害怕群众斗争闹得过火，就不敢大胆的放手的去发动群众，这种畏首畏尾的倾向是错误的。但当群众斗争起来时，放弃党的正确领导，让群众斗争自流的发展下去，对地主进行无区别无限度的过火斗争，在斗争中忘记了团结的一面，也是必须防止的。

四、在农民减租斗争中建立起来的群众组织，党必须加强对其领导，使它能发挥更大的作用和力量，它不仅领导群众的减租斗争，而且能推广到领导群众其他各种切身利益的事业（如生产、防奸等），获得广大群众的喜爱，成为党团结农村基本群众的有力组织，并协助乡村政权工作，成为乡村政权在群众中的支柱。党对这些群众组织的领导，应注意保持其群众团体的性质，不要把它与乡村政权相混淆。因此以行政组织形式（如某些地方的减租检查委员会等）来代替这种群众组织是不对的。同样，以这种群众组织来代替乡村政权（如某些地方已发生的），也是不对的。同时，这些群众团体的工作方式，也应当与政权工作方式加以区别。这些群众团体的工作方式应采取民主讨论的方式，避免少数人专断和命令的方式。

五、在群众减租运动中，必须具体和灵活的执行《边区政府土地租佃条例》的各项规定，并把它作为各地减租运动的一般标准和合法武器。必须指出：减租的主要对象是未分土地区域，把租佃条例机械地搬到已分土地区域照样实行是错误的。减租主要是减地主的租，而在农民互相间及有特殊情形的（如鳏、寡、孤、独及抗、工属等）土地租佃关系中也漫无区别的照样实行减租是错误的。减租率应根据各地土地收获量及租额等不同的具体情形灵活规定，不应当无区别的一律规定或机械地执行二五减租（如陇东及关中某些区域把过去已经规定和实行了的三七减租和对半减租改为二五减租是错误的）。对各种不同的租佃形式，在租佃条例所规定的原则下都要实行减租，不是只减定租，而不减或少减活租和伙种。目前特别注意把活租与定租及伙种严格区别，并认真照减。按租佃条例所规定，过去的欠租应一律认真免除，禁止和反对某些地主讨取欠租，并发动群众进行勾账换约运动。地主因减租而无理收回农民佃地，应实行"翻地"。地主违背减租法令而强行讨取之超额租粮，应实行"退粮"。地主对佃户之一切额外剥削，应严格禁止。各地并应依照租佃条例原则，并参照当地具体情况规定统一的单行减租条例，以切实贯彻减租运动。

六、在发动农民减租运动中，保障农民佃权是一个极重要的步骤。过去经验证明，保障佃权不仅是制止地主威胁农民反对减租的主要手段和发动农民敢于进行减租斗争的前提，而且是提高农民生产情绪，改良农作法和增加生产不能缺少的条件，因此今后必须由群众力量和政府法令加以确实保障，反对地主假典、假卖或任意撤佃等破坏农民佃权的行为。但是保护佃权并不等于"土地完全不准动了"。应当了解，在减租运动深入之后，土地变动乃是不可避免的现象，且是土地由不生产者向生产者手中转移的趋势，要认识这是个进步。当地主有正当理由出卖土地时，党的政策不是不准地主卖地，而是扶助农民买得土地，保障佃农对于购买土地的优先权，使之能买得土地。如因农民购买土地发生佃权纠纷时，应由农会或租户会等群众团体适当的自行调解之。此外，还可提倡农民间的信用合作事业，以扶助农民买得土地。

七、凡在农民减租斗争深入的地区，必须立即计划和组织明年的生产运动，发动每乡每村以至每家农户开荒、集肥、修崖、溜畔、修水利、改良农作法，以及推广合作运输等事业的准备工作，把减租运动与生产运动结合起来。同时又必须抓紧群众积极性的增长，用显著生动的例子，去向广大群众揭露国民党反动派进攻边区和破坏边区的特务活动罪恶，在群众中进行时事教育和阶级教育，增加他们对国民党反动派及日特国特的无限仇恨心，号召他们积极起来参加自卫军整训工作，努力学习打手榴弹和其他武器的使用，在本乡本村清查坏人，展开群众除奸运动，为保卫边区和保卫群众自己的革命利益而积极斗争起来。凡农民减租斗争告一段落之后，即应过渡到这种自卫动员和反奸运动上面来，把这两种群众斗争结合起来，更进一步发扬群众积极性，切实巩固党和政权，并使这些地区的工作走上全面的和彻底转变的道路。

八、在今年秋季以后的减租运动中，党的领导必须真正具体实现：把一般号召与个别指导结合起来，把领导核心与广大群众结合起来。在未减租的各县，都应有计划的先在一两个中心乡村去发动群众的减租斗争，做出榜样，去影响推动其他地区，取得经验，去指导帮助其他地区，然后推广成为普遍的群众的减租斗争。坚决克服只有空洞的一般号召而没有个别的具体指导、只有领导核心行动而没有广大群众行动的领导方法。这将是今后展开与深入减租运动的重要保证。

（选自《减租减息文件》）

陕甘宁边区土地所有权证条例

（一九三八年四月一日公布）

第一条 本条例所称土地，包括农地、林地、牧地、房地、荒地、水地，及其他水陆天然富源。

第二条 下列土地，不得为私有：（一）可通运之水道。（二）天然之湖泽而为公共需用者。（三）公共交通道路。（四）矿产地。（五）盐地。（六）公共需用之天然水源地。（七）其他属于公共性质之土地。

第三条 凡属第一条所定土地及其定着物之所有人，必须依本条例向当地县政府领取土地所有权证。

第四条 凡未照本条例，在规定期限内，领取土地所有权证之土地，概作为公有土地。

第五条 土地所有权证，为土地所有权之唯一凭证，在土地所有权证颁发后，原有关于土地所有权之各种契约，一概作为无效。

第六条 土地所有权证，由边区政府统一印制，由各县政府盖印颁发后，即发生效力。

第七条 凡属私有土地，每一段土地颁发土地所有权证一张。

第八条 土地所有权证载明下列各项：（一）土地种类。（二）土地坐落。(三)土地面积。(四)土地四至界限。(五)每年平均收获量或收益(农地收获量以十六两秤、三十斤斗为标准计算,其他土地以收益计算)。(六)土地等级。(七)定着物情形。(八)所有权来历。(九)所有人之姓名、籍贯、住址、成分等。

第九条 土地所有权证每张应缴纳费额依下列之规定:(一)农地:1. 面积二垧以下者五分。2. 面积五垧以下者一角。3. 面积十垧以下者二角。4. 面积十五垧以下者三角。5. 面积二十垧以下者五角。6. 面积二十一垧以上者一元。(二)林地、牧地、荒地:1. 面积五垧以下者五分。2. 面积十垧以下者一角。3. 面积二十垧以下者二角。4. 面积三十垧以下者三角。5. 面积四十垧以下者五角。6. 面积四十一垧以上者一元(面积单位,得以各地习惯名称为标准,但计算费时,仍以每一习惯单位等于一垧)。(三)城市房地:1. 面积五方丈以下者一角。2. 面积十方丈以下者三角。3. 面积二十方丈以下者五角。4. 面积二十一方丈以上者一元。(四)乡村房地:1. 十方丈以下者一角。2. 二十方丈以下者二角。3. 三十方丈以下者三角。4. 三十一方丈以上者五角。

第十条 各县颁发土地所有权证时,事前应公布本条例及开始颁发日期,自开始颁发之日起,二个月内,各土地所有人,均须依法领土地所有权证,如有特别情形者得声请展期,但至多不能超过六个月,如在六个月后尚未依法领取土地所有权证之土地,即照第四条之规定作为公有土地。

第十一条 土地所有权证颁发后如有错误遗漏,或陈报不实,及其他纠葛情事,得于六个月内,提出声明或控诉。

第十二条 土地所有权证因损坏请求换给者,应将损坏之原土地所有权证,缴呈当地县政府即照换给,并照第九条之规定另行缴费。

第十三条 土地所有权证因毁灭或遗失请求补发,应由土地所有人缮具声请书载明第八条所列各项,并说明毁灭或遗失原因,取具四邻及乡长之保证书,除照第九条规定缴费外并备公告费三角,缴呈当地县政府,查对原土地所有权证存根无误,登报在当地公告三个月后得与补发之。

第十四条 土地如因出卖或其他事故,请求转移土地所有权之全部或一部分时,应由出让人与承受人合具转移所有权声请书,并原土地所有权证缴呈当地县政府,即照换发,并照第九条规定缴费。

第十五条 凡请准开垦公有荒地自行耕种者,得声请发给土地所有权证,但开垦后,不继续耕种,仍任其荒芜三年以上者,得收回其土地所有权证。

第十六条　本条例修改解释之权属于边区政府。

第十七条　本条例自公布之日施行。

(选自《抗日根据地政策条例汇集——陕甘宁之部》下册，一九四二年版)

陕甘宁边区政府布告
——关于处理地主土地问题
(一九三八年四月一日)

地主回乡从事耕种，对其土地债务的处理，本政府在去年曾有布告在案，但以为时已久，诚恐各界了解不周，兹再重申公布于下：

(一)在已分配了土地的区域，地主回来，乡村人民应表示欢迎他们来一致抗日，可在属区乡村公地内分配他以和农民一样多的土地和房屋。但已没收了的土地不应还原，分配了的房屋不得翻案，已取消了的租债不许再索取。如乡村公地当地已分配完者，得在他乡内给以每人应得的份地。

(二)地主回来，与其他群众一样受到政府的保护，但须遵守法令，不得有欺压群众及损害抗战之行为，违者依法处办此布。

(选自《抗日根据地政策条例汇集——陕甘宁之部》下册，一九四二年版)

陕甘宁边区土地条例
(一九三九年四月四日公布)

第一章　总则

第一条　本条例为适应抗战建国之需要，根据国民政府颁布土地法之基本原则，与边区土地改革（此地所称土地改革，指在苏维埃时期土地经过平均分配而言）之实际情形而制定之。

第二条　本条例所称土地，包括农地、林地、房地、荒地、山地、水地及一切水陆天然富源。

第二章　土地所有权

第三条　确定土地私有制，人民经分配所得之土地，即为其私人所有。

土地改革以前之旧有土地关系，一律作废。

第四条　凡在土地改革后分得土地之人民，须持有土地改革时期之分地证，或民国二十六年后边区政府之土地登记证，其未经没收和分配之土地，则须持有惯例管业证，经政府验明登记者，始为取得土地所有权。

第五条　关于土地所有权之证明，以持有边区政府颁发之土地所有权证为准。

第六条　凡边区人民取得土地所有权者，有完全使用与支配其土地之权。

第七条　属于私有之土地及其定着物（可供工业用之矿产除外），在合法手续下，得将其所有权转移于他人（如出卖等）。

第八条　凡过去宣布没收而未经分配之土地，作为公地，其支配权属于边区政府，由当地乡政府管理之。

第九条　家在边区境内而无土地之退伍抗日军人，得向县政府申请领取公地，经县政府允许，边区政府批准登记后，该退伍抗日军人即取得所领土地之所有权。

第十条　下列各种土地不为私人所有：

（一）可通运输之水道；

（二）公共需用之天然湖泽；

（三）公共交通道路；

（四）矿产地；

（五）盐地；

（六）公共需用之天然水源；

（七）其他属于公共性质之土地。

第十一条　凡有卖国行为，经法院宣布撤销其本人土地所有权者，其本人土地即属公地，由当地乡政府管理之。

第三章　土地登记

第十二条　土地有下列情形之一者，须向县政府申请登记：

（一）一切未经登记之土地；

（二）土地所有权全部或一部转移者；

（三）土地有分合增减坍没或其他于他人；*

---

* 原文如此。——编者

（四）土地分割为独立地段者；

（五）土地全部或一部并于其他土地者。

第十三条 土地登记不合手续，政府得宣布作废，另行登记。

第十四条 土地登记时，如有意图隐瞒报称不实，或侵占他人土地者，政府得酌情处罚之。

第四章 土地使用

第十五条 土地使用以土地私有制及尊重各种合法之契约合同为根据。

第十六条 凡可使用之土地，须尽量使用之，无故任其荒芜废弃者，土地所有人，应受相当之制裁。

第十七条 土地出租时，业、佃双方须订合同，除保证业户利益外，须保证佃户使用土地之一定年限及租额之不至过高。

第十八条 有下列情形之一者，政府得征收人民之土地：

（一）交通道路所必经者；

（二）军事上需要者；

（三）公共之建筑。

第十九条 政府征收人民土地时，须按该人民之实际情形，兑换其他土地，或予以地价。

第五章 土地行政及裁判

第二十条 在乡政府内设立土地委员会，处理该乡土地问题。

第二十一条 凡因土地纠纷起诉者，其裁判权属于各级法院。

第二十二条 凡逃门绝户无人继承之土地，由乡政府土地委员会呈报县政府处理之。

第二十三条 土地纠纷未经解决之前，其土地管理权属于耕者所有，如有强行收租或阻止耕种者，酌情惩处之。

第二十四条 凡用欺骗威胁手段强占他人之土地者，一经查出，依法予以制裁。

第二十五条 凡不依法登记土地或私自转移土地所有权，经人告发查明属实者，由政府处罚之。

第六章 附则

第二十六条 本条例修改与解释之权属于边区参议会。

第二十七条 本条例经边区参议会通过后，由边区政府公布施行。

（选自《抗日根据地政策条例汇集——陕甘宁之部》下册，一九四二年版）

陕甘宁边区优待移民难民垦荒条例

（一九四三年三月一日）

第一条 本条例为优待移民难民垦荒，发展农业，定安民生，增长抗战力量制定之。

第二条 凡因下列情形之一，移入边区或垦区居住从事垦荒者，均得称为移难民。

甲、边区外之人民，因在原地生活困难，或因天灾影响及其他原因无法生活，而自愿移入边区居住者；

乙、沦陷区的人民，因不堪敌人压迫，而逃入边区居住者；

丙、边区内地少人多区域之人民，因缺乏土地而自愿移入垦区，或经政府动员移入垦区从事开荒者。

第三条 前条所列移民难民，不分阶级、职业、民族界限，一律得受本条例之优待。

第四条 凡移难民从事垦荒者，不论本人以自力耕种或以资本雇人耕种，均得享受下列各项之优待：

甲、经移民难民自力开垦或雇人开垦之公荒，其土地所有权概归移民或难民，并由县政府发给登记证，此项开垦之公荒三年免收公粮；经开垦之私荒，依照地权条例，三年免纳地租，三年后依照租佃条例办理，地主不得任意收回土地。

乙、移居垦区之移民难民，如因种菜或种粮，需少许熟地，得呈请区乡政府视可能情况，酌予调剂。

丙、移难民无力自行打窑洞，或在未打好窑洞之前，得由县政府就当地公私窑洞或房屋予以调剂暂住，待该移难民自行建有窑洞或房屋后归还之。

丁、凡移难民无力购买耕牛、农具、种子，或缺乏食粮者，得由县政府呈请边区政府优先予以农贷之帮助。如农贷尚不足需要时，得由乡政府帮助向老户借贷，或发动老户互助解决之。

戊、移难民自移入边区居住耕种之日起，对于运输公盐、运输公粮、修公路等义务劳动，第一年全免，第二年第三年分别家庭经济状况酌减，如第二年第三年仍然生活困难者，得全免。

第五条　凡边区以外移入边区之移难民，如暂时尚无基础从事开垦，须以安庄稼或以雇工为生活，而本人又不能约到雇主者，得呈请县、区、乡政府介绍之。在未得到职业之前，如因经济困难，不能维持生活者，得请求县市政府酌量予以救济。

第六条　移难民有病确实无力医治者，得受公共医院免费医疗之优待。

第七条　凡边区人民所享有之民主自由权利以及人权财权之保障等权利，移难民均与边区之老户同等享受之。

第八条　移难民在边区居住从事开垦之三年后，如因生活仍很困难无法负担公粮者，得继续裁免。但不得为逃避负担又行他迁当移难民（有特殊困难者除外）。

第九条　如有老户欺压新户，或政府工作人员违反优待条例，强迫移难民负担者，移难民有随时向各级政府报告之权。各级政府接到此项控告后，应立即查明处理。

第十条　凡移入边区或垦区居住之移难民，须将自愿居住地址、职业、人口数量，及要求优待各事项，报告当地政府，申请登记。该政府接到移难民之申请后，应即依照本条例之规定予以帮助和优待。

第十一条　凡移难民未移入边区或垦区前，因不熟悉情形，恐突然移入，难以找到适当居住地区者，得由该移民先派人或联合数户、数十户共同派人与各县政府接洽，待找到适当地区、窑洞、土地，再行迁移之。

第十二条　移民如需要政府帮助迁移路费者，须在边区找到老户担保，即可向担保人所在地之县政府请求发给迁移补助费。

第十三条　各县政府对于移居在该县之移难民，无论该移难民已否申请登记，均应加以调查登记，其应登记事项如下：

一、户主姓名、年龄、职业、原籍、现住地址、何时到达；

二、家属几口，其中全劳动力多寡，半劳动力多寡，不能劳动者多寡；

三、有什么农具或工具，各多寡；

四、政府已实行什么优待和帮助；

五、还有什么困难，准备怎样解决。

第十四条　各县区政府应经常检查移难民工作，督促各乡政府经常派人按户检查本乡移难民移入后的生活情况，如有困难应即设法解决。

第十五条　各级政府检查移难民中如有特殊困难（如消费人口多生产人口少，无法维持生活，或因疾病死亡，天灾损失不能维持生活）者，应予以特殊之帮助。

第十六条 如移难民中,有不事生产之二流子,乡政府应予以更多的教育说服,必要时即予以强迫,务使其参加劳动。如移难民中,有特别积极从事生产者,应予以奖励。

第十七条 移居边区或垦区之移民难民,均有遵守边区政府法令,维护社会治安,协助政府反对一切破坏抗战团结,巩固边区的义务,如有假借移难民名义,企图混入边区实行破坏抗战团结,危害社会公共治安者,依法处理之。

第十八条 本府二十九年三月一日公布之"陕甘宁边区优待外来难民和贫民之决定",又三十年四月十日公布之"陕甘宁边区政府布告"及附"优待难民办法",又三十一年三月六日公布之"陕甘宁边区优待移民实施办法",又三十一年四月五日公布之"陕甘宁边区优待移民实施办法补充要项"等文告,即行作废。

第十九条 本条例自公布之日起施行之。

(选自《陕甘宁边区重要政策法令汇编》,一九四九年版)

陕甘宁边区土地典当纠纷处理原则及旧债纠纷处理原则

(一九四三年九月十四日公布)

关于土地典当纠纷处理原则

(一)典权之处理依下列原则:

甲、在土地未经分配区域,其土地上存在的典当关系皆为有效,出典人得依约回赎。

乙、在土地已经分配区域,其分配以前土地上的典当关系,随土地分配而消灭,原出典人不得回赎。

丙、凡土地分配不彻底的区域,因而发生典当问题的纠纷时,应在便利农民取得土地的原则下,酌情处理之。

(二)典当时效的处理,有约定者从其约定,无约定者,从民间习惯。

(三)在出典人依法回赎典地时,如承典人一方确系自己耕营而又生活贫苦者,得由区乡政府召集双方予以调剂,或展期回赎,或回赎一部分,或回赎后仍租给原承典人耕营。若双方同样贫苦者，则依契约处理。

（四）典地回赎时，如因典价的货币折算发生纠纷，应按双方的经济情况酌情处理之。

（五）土地出典人出卖其出典土地时，承典人有承买优先权。如承典承租非属同一人时，其承买优先权，应视典佃双方经济情况具体处理之，出卖人须声明其出卖土地之最后价格于优先权人，尽优先权人承买，如优先权人声明不愿依最后价格承买，才得由他人承买。出卖人不得高抬价格，承买人亦不得故意抑低价格。如出卖人虚价欺骗优先权人时，除优先权仍然存在外，出卖人并应受到违法的处罚。

（六）三十二年公布之"租佃条例"优先权行使时所引起之纠纷，依本原则处理之。

关于旧债纠纷处理原则

（一）曾经宣布废除旧债的区域（不管土地分配彻底与否），不准再行索还，居住于其他区域的债权人不得向居住于上述区域的债务人索取已经宣布废除的旧债。

（二）在土地未经分配区域，抗战以前旧债（富户领存公款者不在此例）的偿还办法，依下列各款的规定：

甲、计息标准不得超过一分半。付息已超过原本一倍者，停利还本；付息已超过原本二倍者，本利一概免付。

乙、如系指地揭钱者，除按上款规定清理债务外，其所指土地，债权人无处分之权。

丙、如债务人实因天灾人祸无力履行契约者，或债权人无其他产业依存款为生，而债务人又比较富裕者，发生纠纷时，得由区乡政府召集双方当事人调处之。

（三）旧债偿还时，如因货币折算发生纠纷，应按债务性质与双方经济情况，在照顾贫苦人民的利益的原则下，酌情处理之。

（选自《陕甘宁边区重要政策法令汇编》，一九四九年版）

陕甘宁边区土地登记试行办法

（一九四三年九月公布）

第一条 本办法为确定土地所有权，实行农业统一累进税，依据《陕甘宁边区地权条例（草案）》第十八条制定之。

第二条 凡在边区境内置有土地房屋者，均须依照本办法向土地所在地之县市政府进行登记，领取土地房屋所有权证。

第三条 凡机关、部队、学校、团体及公营企业所使用之公地、公荒，一律须向当地县市政府登记，其未分配之公地、公荒，均由该处乡市政府调查呈报县市政府登记，统一管理。

第四条 申请土地房屋登记者，应分别陈报下列事项：

一、业主姓名、年龄、原籍、现住。

二、坐落、名称、等级、种类、面积及其四至。

三、常年应得收益（以细粮为标准）。

四、土地附着物（如沟条、圪坡、树木、水石等）。

五、土地来历及凭证件数。

六、其他。

第五条 申请登记土地房屋者，应按下列规定呈验契约凭证：

一、凡已实行土地登记之区域，须缴验边区政府二十六年以后颁发之土地所有权证及登记后合法转移之契约。

二、凡经分配土地而未经土地登记者，须缴验二十六年以前土地改革时期之分地证及分地后合法转移之契约。

三、凡未经分配土地之区域，须缴验合法取得土地之契约。

四、各种契约及凭证如有遗失或毁坏时，须缴验土地四邻及村长之证明文件，经考查确实者。

五、红军公地、政府公地及已宣布没收而尚未分配之公地，须有区乡政府之证明文件。

六、凡已分配之土地房屋屡经地主反复收回者，其土地房屋所有权之确定，应依民国二十七年边区政府布告第一款之规定，在确保农民分得土地的所有权的原则下处理之。

（附）民国二十七年边区政府布告第一款："在已分配了土地之区域，地主回来，乡村人民应表示欢迎他们来一致抗日，可在区乡村公地内分配他以和农民一样多的土地和房屋。但已没收了的土地不应还原，分配了的房屋不得翻案，已取消了的租债不许再索取。如乡村公地当地已分配完者，得在他乡内给以每人应得的分地。"

七、房屋窑洞申请登记时，得依照本条例之规定处理之。

第六条 农民合法分得之土地房屋，在土地改革时期未领得分地证，或具有分地证、土地所有权证而与实有数额不合者，经证明确实，准予报实登记。

第七条　灾民、难民、移民及退伍军人与自力开垦农户，领有政府公地公荒准予私有者，须具有政府发给之证明文件呈验登记。

第八条　凡有合法地权之地主居住于边区境外者，应由代耕人或租种人代为申请登记。无代耕人或租种人者，应由当地政府查明地主住址，通知其依限期办理登记。无代耕人或租种人，同时又不知地主住址者，暂由当地政府代为登记，俟原业主回时，其所有权仍归原业主。

第九条　土地房屋所有权证，由边区政府统一制印，交各县市政府颁发。凡土地房屋所有者，须按其段落处所（每段落处所领取一张），分别领取土地房屋所有权证。

第十条　土地登记之计算单位规定如下：

一、农地、荒地、牧地、森林地、园地等，以当地习惯垧或亩计算。

二、房屋以间数，窑洞以孔数计算。

三、院落地以方丈计算，或以原来四至为界。

第十一条　土地房屋登记后，如地权有所改变（移转、分割、合并、增减、坍没等），须于一年内呈验原登记证附有关契约，按本办法第四条规定，申请政府再行登记。

第十二条　土地房屋所有权证，如有遗损或错误，应呈验原有契约或四邻证明，叙明理由，经村长证实，申请县市政府审核补换。

第十三条　农地登记时，须依照其种类和质量划分为三等九级：

一、水地为一等地，划分为上中下（一、二、三级）。

二、川塬地为二等地，划分为上中下（四、五、六级）。

三、山地为三等地，划分为上中下（七、八、九级）。

第十四条　申请登记土地房屋者，须依照下列规定缴纳登记费：

一、农地：

甲、水地之登记手续费每张细粮七合。

乙、川塬地之登记手续费每张细粮六合。

丙、山地之登记手续费每张细粮五合。

二、房基地之登记费，每张细粮一升。

第十五条　凡典出土地或房屋者，仍由原业主申请登记，如原业主无力缴纳登记费者，暂由承典人代为缴纳，俟原业主赎回时，其登记费如数归还。

第十六条　在进行土地房屋登记时，各县市得以行政村或自然村成立临时评议会，凡一切有关土地房屋登记之申报事项，须经评议会评议后，再交乡政府审查后进行登记。

第十七条　土地房屋所有者，对评议审查如有异议时，得提请区府复审，复审再不服时，得向县市政府提起申诉。

第十八条　凡登记土地房屋者与他人发生地权纠纷时，应依据《陕甘宁边区地权条例（草案）》及其他现行土地法令由乡政府或区政府调解之。

第十九条　申请土地房屋登记，如有企图隐瞒，陈报不实，伪造证据，霸占他人土地者，得分别酌予罚金或没收其隐瞒部分。

第二十条　本办法修改解释之权，属于边区政府。

[选自《陕甘宁边区政策条例汇集》（续编）]

陕甘宁边区地权条例

（一九四四年十二月边区第二届参议会第二次大会通过）

第一条　本条例根据边区施政纲领及边区实际情况制定之。

第二条　本条例所称地权，包括农地、林地、牧地、荒地、宅地、墓地、矿地及一切水陆天然富源之所有权。

第三条　依保证人民土地私有制的原则，凡合法土地所有人在法令限制范围内，对于其所有土地有自由使用、收益和处分（买卖、典当、抵押、赠与、继承等）之权。

第四条　在土地已经分配区域，土地为一切依法分得土地人所有；在土地未经分配区域，土地仍为原合法所有人所有。

第五条　为厘定边区人民的土地所有权，由边区政府颁布土地登记办法，举办土地登记。土地登记时，土地所有人须分别呈缴下列之证明书状：

一、在土地已经分配区域，为依法取得边区政府所发的土地所有权证，分地以后依法转移土地之契约，或分地时之分地证或补分凭证。

二、在土地未经分配区域，为合法取得土地之契约。

三、如上述契约或凭证因故遗失或毁坏，或在土地革命中未及颁发分地证者，则须缴验当地群众团体或分地时工作人员之证明文件，或土地四邻公正人士及村长之证明文件，经考查确实者。

第六条　土地登记时，凡业主实有土地因当日未经真确丈量，致超过过去凭证所载之数量，经证明确非侵占他人土地或公地，得照实呈报登记，不予追究。前项土地在登记后，查明仍有隐匿不报之土地，其隐匿不报部分充公。

第七条 土地登记后，地权有下列变动情形之一者，须于一年内向当地政府申请重新登记。

一、地权发生转移者；

二、地权分割者；

三、土地有分合、增减、坍没及其他变动者。

第八条 凡属下列各种土地，均为公有：

一、军事工事及要塞区域的土地；

二、公共交通的道路；

三、公共需用的河流和其他天然水源地；

四、凡不属于私有的矿产地、盐池、荒山、森林、名胜、古迹等；

五、依法没收归公的土地；

六、其他未经人民依法取得所有权的一切土地。

凡公有土地，除法令有特殊规定者外，一般由当地县、市（等于县的市）政府统一登记管理，其所有权属于边区政府，任何个人或团体不得侵占。

第九条 有下列情形之一者，得呈请政府领取公地或公荒，并可依法取得土地所有权：

一、留居边区的退伍抗日军人和抗日军人家属，没有土地耕种者；

二、蒙、回等少数民族人民愿在边区境内居住，而没有土地耕种者；

三、外来灾民、难民、移民或边区人民愿从事自力耕种，而没有土地者；

四、在分配土地时期外出的业主，现在回边区居住，而他的土地已经没收分配，现无土地耕种者。

公地、公荒是否发给和发给多少，都由县政府根据具体情况决定之，但第八条所载一、二、三、四各项公地，不得发给。

第十条 在公荒很多并经政府指定的区域，人民所开荒地，得依法取得其所有权。

第十一条 部队、机关、学校、团体及公营企业，得依法领取（不得自由圈地）公地、公荒使用，但所有权仍属于边区政府。

第十二条 合法土地所有人不在当地时，土地可以由他的亲属或代理人代管；没有代管人时，可以由政府代管，并招人耕种，在他本人回归时，须发还其土地，并酌量发还其地租。

第十三条 由于建筑国防工事，兴修交通道路，进行改良市政工作，以及举办其他以公共利益为目的而经边区政府批准的事业，政府得租用、征用或以其他土地交换任何人民或团体所有的土地。

第十四条 本条例颁行后，收入于"抗日根据地政策条例汇集"中之"陕甘宁边区地权条例（草案）"应即废止之。其他一切有关土地问题的法令或条例与本条例有抵触者，概依本条例行之。

第十五条 本条例由边区政府公布施行。

（选自《陕甘宁边区第二届参议会第二次大会实录》，一九四五年七月版）

陕甘宁边区土地租佃条例（附说明）

（一九四四年十二月边区第二届参议会第二次大会通过）

第一章 总则

第一条 根据边区施政纲领，为合理调整租佃关系，发展农业生产，特制定本条例。

第二条 本条例适用于边区内一切土地租佃关系。

第三条 本条例所称之地租如下：

一、定租（亦称死租）：按照土地面积计算所定之租额，是谓定租。

二、活租：即指地分粮，出租人只出土地，所需生产工具概由承租人自备，就地上收获正产物由双方按成分配者，是谓活租。

三、夥种：出租人除出土地外，并供给承租人各种生产工具之一部或全部，就地上收获按成分配者，是谓夥种。

四、安庄稼：出租人除出土地及全部生产工具外，并借给承租人粮食、窑房等，就地上收获双方按成分配者，是谓安庄稼。

第四条 本条例所称土地副产物，指柴草等而言。

第五条 各县市在本条例范围内，得按当地实际情况，制定有关租佃单行办法，呈报边区政府核准施行之。

本条例颁布后，一切有关租佃法令，有与本条例抵触者，均照本条例规定办理。

第二章 减租

第六条 出租人应依本条例所定减租额收租，不得多收或法外增租。

第七条 定租（死租）依照当地减租法令或当地现行减租额给租。在未经分配土地区域，一般减租率，不得低于二五。

第八条 活租（指地分粮）按原租额减百分之二十五至四十，减租之后，出租人所得最多不得超过收获量百分之三十。土地副产物，皆归承租人。

（说明）活租的地租，应当和当地定租的地租维持大致相同的额数，它的减租多少，随当地定租额及土地好坏而定。在减租之后，若出租人所得不到三成时，就照该数给租，若超过三成时，减为三成。减租计算法举例如下：

假定原租率是四六分（主四佃六），而减租率假定是百分之三十，那么出租人应分二成八，承租人应分七成二。

有些地方把活租混同于夥种，这是错误的。关于夥种的减租办法，不适用于活租。

第九条 夥种按原租额减百分之十至二十，减租之后，出租人所得最多不得超过收获量百分之四十，土地副产分法，依其约定，无约定者依习惯。

（说明）夥种减租多少，看原租额高低、出租人所供给的生产工具多少而定，供给多的少减，供给少的多减。减租之后，若出租人所得不到四成时，即照该数给租，若超过四成时，减为四成。

第十条 安庄稼，按原租额减百分之十至二十，减租之后，出租人所得最多不得超过收获量百分之四十五。土地副产物亦随正产物由双方按成分配。出租人对所借粮食及窑房，不得收取利息及租金。

（说明）安庄稼减租多少，看原租额高低及土地年成好坏而定，土地年成好的少减，土地年成坏的多减。减租之后，若出租人所得不到百分之四十五时，即照该数给租，若超过四十五时，减为四十五。

以上定租、活租、伙种、安庄稼的减租率，各地区得根据本条例第五条作较详细之规定。

第十一条 第七条至第十条所称原租额指实行减租以前实交租额而言，禁止以任何借口抬高原租额。

（说明）各地曾发生过出租人以种种借口抬高原租额情事，如将粗粮地租改为米租，虚报土地，重量土地等等。这些办法，都是名义上未抬高租额，实际上把租额抬高，来对抗减租，都应当在禁止之列。

第十二条 在实行减租以后，新成立之租佃关系，其租额不得超过本条例第七条至第十条之减租标准。

（说明）减租以后，新议之地租不应当比当地减租以后的租额高。定租、活租、伙种、安庄稼出租人所得，都不得超过本条例规定之标准。

第十三条 若因天灾人祸致收成减少或毁灭时，承租人得商请减付或免付应交租额。

（说明）本条例所称"天灾人祸"，指灾、荒、战争等不可抗力而言，各地区得依照本条例第五条统一规定减免办法。

第三章　交租

第十四条 承租人应依本条例所定减租后之租额交租，不得短少。其有力能交租而故意不交者，出租人有请求政府依法追缴之权。

第十五条 地租一律在收获季节终了后交纳，禁止预收地租之一部或全部，及收取押租。

第十六条 承租人如因收获减少而确系极贫或遭遇意外无力清交地租时，得与出租人协商缓期交纳之，出租人对欠租不得作价行息。

（说明）本条所称"意外"，指疾病、死亡、被盗等意外变故而言。

第十七条 地租应交谷物，依双方约定，其细粮杂粮折算办法，依当地习惯。

交租使用当地通用之斗，禁止大斗收租与小斗交租。

第十八条 谷物地租易为货币，货币地租易为谷物，须经双方协商同意始得行之。

第四章　租佃契约及佃权

第十九条 租佃契约不论为书面为口头应觅见证人，或经当地乡长证明之。

在条例颁布前所订立之租佃契约，有与本条例相抵触者，应依本条例规定办理；其在本条例后订立之契约，与本条例抵触者无效。

第二十条 出租人不得任意收回租地，有下列情况之一时，始得收回租地。

一、定有期限之契约已经期满，或为不定期之契约，由出租人收回其地确系自耕或雇人耕种者。

二、承租人非因不可抗力，无故继续一年不为耕种，而又不交地租者。

三、承租人将租地转租，从中图利者。

四、减租后承租人力能交租而故意不交者。

五、承租人死亡，无承继人者。

六、承租人自动放弃承租权者。

（说明）在出租人援用本条例第一款因自耕收回租地时，必须照顾到第二十一条的规定。

关于转租的解释见下第三十三条。

第二十一条　在抗战期间，出租人依法收回租地时，应顾及承租人生活。如承租人实系贫乏而无力生活者，由政府召集双方予以调剂，得延长佃期或只退佃一部。但如出租人确系为生计所迫非典卖土地不可者，不在此限。

第二十二条　出租人依据第二十条第一款收回租地时，须于本年作物收获后、次年作物耕种之时日为之，并须于收获后一月内通知承租人。

在上述情形下承租人仍须交纳本季地租。

第二十三条　出租人典卖其租地于他人时，原承租人依同一价格有承典承买之优先权。

（说明）出租人出典出卖租地，应当先尽承租人，在这里卖方不得故意高抬价格，买方也不得故意压低价格。

第二十四条　出租人典卖其租地于他人，该承买承典人，若非自耕及非雇人耕种者，原承租人有依原约继续承租权。

第二十五条　出租人典卖其租地时，须于秋收后春耕前之时期为之，并须至迟于立春前一个月通知承租人。

第二十六条　非得双方同意，租佃之一方不得将定租改为活租，或作其他类似变更。

（说明）任意变更租佃形式之行为，不但破坏租佃契约，而且可能妨碍农业生产之发展，影响租佃生活，故加禁止。

第二十七条　禁止借口自耕收回土地暗行出租，或任其荒芜，以及假典假卖等行为。

（说明）出租人口称自耕，但暗行租给别人，或口称自耕，收回土地之后，又将自有另一土地出租，或是收回之后无力耕种，或是口称典卖给另一农民，实际是租给他（假典假卖），这些都是侵害承租人佃权行为，故加禁止。

第二十八条 租佃契约期满，出租人仍将土地出租时，原承租人有依原契约继续承租权。

第五章 其他

第二十九条 民国二十八年年底以前欠租一律免交。

（说明）边区减租之实行一般在民国二十九年，故规定二十八年以前欠租免交，在已经分配土地区域，因多年欠租早已免除，且租额甚低，故不适用本条。

第三十条 开垦他人之老荒地者，三年免付地租，三年期满，再按本条例纳租。

第三十一条 承租人在租地上进行耕地改良，出租人不得反对。在上述耕地改良有效期间，出租人不得收回土地。

（说明）所称耕地改良，按国民政府土地法的解释，就是："增加劳力资本之结果致增加耕地的生产力或耕作便利者"。例如把中地修成上地，旱地修成水地都是。为了提高农业生产，应当鼓励承租人进行耕地改良。

第三十二条 由于出租人投资进行耕地改良，致土地产量提高时，得酌情增加地租。

（说明）本条用意同于上条。增加地租多少，看土地产量增加多少而定。

第三十三条 禁止包租转租从中图利。

（说明）承租人将租地之一部，以原租额让租给别人，或将租地附加上一部生产工具与人伙种、安庄稼不算转租。只有租进土地又定租、活租出去，从中取利，才加禁止。

第三十四条 于应收正租外，出租人不得索取任何额外报酬及无偿劳动。

第三十五条 抗日军人家属及贫苦孤寡，因丧失劳动力出租少量土地为生活者，得不受本条例之限制。

前项所称少量土地，以每人平均五垧以下为限。

第三十六条 故意违犯本条例规定者，按情节轻重，由司法机关处理之。

第六章 附则

第三十七条 本条例经边区参议会通过，由边区政府公布施行之。其解释之权仍属于边区政府。

(选自《陕甘宁边区第二届参议会第二次大会撮录》，一九四五年版)

陕甘宁边区地权条例（草案）

第一章　总则

第一条　本条例根据国民政府颁布之土地法基本原则与边区土地条例、边区施政纲领第六条第十条规定制定之。

第二条　本条例所称地权，系包括农地、水旱地、林地、牧地、园地、荒地、宅地、墓地、矿地及一切水陆天然富源之所有权。

第二章　土地所有权

第三条　确定土地私有制，凡领取政府颁发之地权证，取得私有地权之业主，对于其土地，有完全买卖、处分、收益、使用之全权。

第四条　在经过分配土地之区域，确定地权之根据，为依法取得边区政府曾经颁发之土地所有权证与分配土地以后依法转移土地之契约。

第五条　在未经过分配土地之区域，确定地权之根据为合法取得土地之契约。

第六条　宗教地、族地、社地、寺地、学地已经没收分配者，其地权即为分得土地人所有；未经没收分配者，其地权仍属于原业主所有。

第七条　退伍留居边区之抗日军人或抗属，无地耕种者，得申请当地政府领取公地或公荒，依法取得其地权，并得享受取得土地之优先权。

第八条　分配土地时期外出之业主仍回边区居住，其原有土地，未经没收分配者，其地权仍属于原主，已经没收分配者，得申请当地政府领取公地或公荒，并依法取得其地权。

第九条　外来灾民、难民、移民及边区境内之人民，愿从事耕种，而无土地者，得向当地政府领取公地或公荒，并依法取得其地权。

第十条　前列第七条、第八条，第九条，申请领地之数量，由当地政府依据当地具体情形决定之。

第十一条　为鼓励垦荒增加生产，在边区内公有生荒甚多之区域，所有自力开垦之荒地，得依法取得其地权。

第十二条　凡机关、部队、学校、团体及公营工厂，得依法申领公地或公荒，但地权仍属于公有。

第十三条　墓地之耕地部分地权属于业主，其坟场则属于坟主，业主不得任意更毁或迫迁原有坟场，原有坟场建筑物及树木不得毁损。

第十四条　在他人土地上之建筑物（如房屋、窑洞、水井等），主权属于建筑主，其地权仍属于地主，双方得依照租佃条例办理。

第十五条　下列各项地权，不得为私人所有：

（一）军事工事及要塞地；

（二）公共交通之道路；

（三）公共需用之天然源地；

（四）名胜古迹；

（五）法令禁止私有之其他土地。

第十六条　下列各项地权，不得为私人所有，但得依法取得其使用权：

（一）矿产地。

（二）盐地。

第十七条　凡未经人民依法取得私有地权之土地以及不属于宗教地、族地、社地、寺地、学地者，均为公有土地，其地权属于边区政府。

第三章　地权处理

第十八条　凡经确定地权之土地，均须重新登记，过去一切凭证，经领得地权证后一律作废，如有隐匿不愿登记者以公地论。

土地登记办法另行制定之。

第十九条　凡遗失契约之土地，得由四邻及年长人士证明确非侵占他人土地或公地者，经政府考察属实后，得发给地权证。

第二十条　凡业主实有土地，超过过去凭证所载之数量，经证明确非侵占他人土地或公地者，得照实陈报登记，不予追究，但在重新登记后查明仍有隐匿不报之土地，其隐匿不报部分充公。

第二十一条　地权有下列变动情形之一者，须于一年内向政府申请登记：

（一）地权转移他人者；

（二）土地分割为独立地段者；

（三）土地全部或一部分并于其他土地者；

（四）土地有分合、增减、坍没及其他变动者。

第二十二条　地权之继承权，得依被继承人之意志或遗嘱支配之，如被继承人无上项决定或遗嘱时得依下列规定配合边区内习惯法施行之：

（一）夫妻有相互继承权；

（二）嫡系卑亲属有同等继承权；

（三）养子女之继承权与婚生子女同。

如无前三项情形者，即依边区内习惯法办理。

第二十三条　业主外出，其土地由亲属或代理人代管，无人代管之土地，由政府代管招人耕种，待业主归还时发还其土地及地租。

第二十四条　凡经法院判处没收其本人财产者，其本人土地之地权，即收归公有。

第二十五条　依据下列各项需要，政府得备价征用或租用私有土地，或以其他土地兑换之。

（一）国防工事；

（二）交通道路；

（三）改良市政；

（四）其他以公共利益为目的之事业，经政府批准者，土地征用或租佃办法另行制定之。

第四章　附则

第二十六条　本条例解释之权属于边区政府。

第二十七条　本条例经边区参议会通过，由边区政府公布施行之。

（选自《抗日根据地政策条例汇集——陕甘宁之部》下册，一九四二年版）

陕甘宁边区土地租佃条例（草案）

第一章　总则

第一条　本条例根据国民政府抗战建国纲领改善民生之原则并适应边区实际情况制定之。

第二条　各县、市在不违背本条例原则下，得按当地特殊情况制定单行租佃细则，呈报边区政府核准后施行之。

第三条　本条例适用于边区内之公私租佃关系。

第四条 本条例所称土地，包括耕地、荒地、市地及其与土地有关系的房屋耕牛等。

第五条 本条例所称租佃，系指下列各种：

（一）租种地；（二）伙种地，（三）安庄稼；（四）开荒地；（五）房屋、耕牛及建筑物的地基租赁等。

第六条 边区惯行之调分子捎地种等制，则属于雇佣关系，不在本条例范围之内。

第二章 租种地

第七条 凡租种地按当地习惯，以收获量比例计租者（活租制），无论山、川、平原、荒、熟、水、旱，各地均依土地之质量分等给租，但最高租额，不得超过如下列之规定：

（一）上地，水地不超过收获量百分之二十五，川原地不超过收获量百分之二十，山坡地不超过收获量百分之十八。

（二）中地，水地不超过收获量百分之二十，川原地不超过收获量百分之十八。山坡地不超过收获量百分之十五。

（三）下地，水地不超过收获量百分之十八，川原地不超过收获量百分之十五，山坡地不超过收获量百分之十。

第八条 凡按面积计算者（死租制），得按当地习惯的坰亩或堆垺为单位，斗以当地习惯的斗计算，租额可按被租地前三年平均收获量与前项优劣地的比例作标准规定之。

第九条 凡边区租佃土地，必须自力耕种，禁止包租转租之剥削。

第十条 凡未分配过土地之区域，以租佃双方约定原租额为标准，减租百分之二十五，但遇荒地或承租人受灾害影响歉收时，当地政府可召集租佃双方，以仲裁形式调解之。

第三章 伙种地

第十一条 凡伙种地以当地习惯，生产工具，应由租佃双方负责，所收获之粮食、柴草等，应按租佃双方所出之牲口、劳动力之比例约定分配，不超过租四佃六之原则。

第四章 安庄稼（招门客）

第十二条 安庄稼租额，依粮食、柴草收获量，租佃双方约定，不得超过收获之一半。

第十三条 租方在安庄稼时，必须供给佃方足够耕作需要之耕牛、农具、籽种、草料、肥料等物，农具因耕作损坏，耕牛因耕作生病，由佃方修补与医疗，佃方如无房屋居住，由租方供给之。

第十四条 租方在安庄稼时，必须借给佃方足够之粮食，收获分配后借一还一，其已用之牛、料、种子，租佃各负一半。

第十五条 安庄稼之佃户，如遇疾病时，可雇人耕作收获，其工资、伙食，由租方垫付，在佃方收获应分粮内扣除，如全数扣除，佃方不能维持生活时，则可分期缓至下年清还之。

第十六条 佃方脱离安庄稼时，借粮须还清，如因事无力还清者分期还之。

第五章 开荒地

第十七条 新开老荒地者耕作三年不出租，三年后得照第七条之规定出租。

第十八条 开荒后承租人因故不能耕作时，在免租期内，可以转租他人耕种，但租额也不能超过第七条之规定。

第十九条 开垦私人或公家之荒地，必先征得荒地地主或主管机关之同意。

第二十条 凡在开垦区开垦者，依照垦区之规定。

第六章 房屋耕牛建筑物的地基

第二十一条 房屋租金由房主与住户按当地经济发展情形以合同规定如下：

（一）交通便利商业发达之城镇，营业店铺房屋或窑洞，大间每间每月租金不能超过二十元，小间每间每月不能超过十五元。

（二）普通城镇之营业店铺房屋或窑洞，大间每间每月不能超过十元，小间每间每月不能超过八元。

（三）城镇住家房屋或窑洞，大间每间每月不能超过八元，小间每间每月不能超过五元。

第二十二条 房窑大小标准如下：

（一）房子一丈宽二丈深以上者为大间，一丈宽二丈深以下者为小间。

（二）窑洞九尺宽二丈深以上者为大间，九尺宽二丈深以下者为小间。

第二十三条　房屋破坏之赔修费用，由房主住户双方各半支付之。

第二十四条　凡租赁他人地基而建筑房屋或其他场所者，应给地主地租，但不得超过第二十一条房屋租金额百分之二十。

第二十五条　凡在私人或公家土地内建筑房屋或其他场所时，必先征得地主或主管机关之同意。

第二十六条　耕牛租粒如下：

（一）每具牛每年可耕地三十垧以上者，租粒不得超过粗粮七斗（以三十斤斗计算）。

（二）每具牛每年可耕地五十垧以上者，租粒不得超过粗粮一石二斗。

（三）每具牛每年可耕地七十垧以上者，租粒不得超过粗粮一石八斗。

第二十七条　耕牛草料全由佃方负责。

第二十八条　耕牛在耕地时，如因疾病耽误耕作或遇瘟疫死亡者，佃方不负赔偿之责，牛租可按已耕地数量宜减之。

第七章　租佃契约

第二十九条　双方约定缔结租佃契约者，须依本条例为依据，以字据为之，并得聘请合意之公证人。

第三十条　契约经合法成立，双方均应受其约束履行之。

第三十一条　租粒租金按年期交清者，出租人不得中止契约，另行招租，但关于耕作地承租人，后因缺乏劳动人不能耕作或出租人收回自己耕作者，不在此限。

第三十二条　招租承佃其耕作地牛具，应以收益季节后次期作业前之时日为之，如系房屋应以定期支付租金之末日为止，但均应于一季前或一个月前通知之。

第八章　租佃罚则

第三十三条　承租人对法定租额不得短交或拖欠，如无故不交者，出租人有向当地司法机关诉追之权。

第三十四条　承租人因受灾或确系无力不能按时交纳者，得依照实际情形缓期交纳之，出租人不得按本作价行息。

第三十五条　凡有剩余耕地拒绝租出任其荒芜者，每年每垧罚粮一斗。

第三十六条　凡有荒地自己不垦又拒绝他人开垦者，每年每垧罚粮八升。

第三十七条　由出租人违反本条例加重租额者,将超过法定租金,归还承租人。

第九章　附则

第三十八条　凡租佃双方过去订立之契约与本条例抵触者无效。

第三十九条　凡专员公署县市政府过去制订关于租佃之单行法令,与本条例抵触者废止之。

第四十条　本条例经边区参议会通过,由边区政府公布施行之。

（选自《抗日根据地政策条例汇集——陕甘宁之部》下册,一九四二年版）

晋察冀边区减租减息单行条例

（一九三八年二月十日颁布）

一、本边区为巩固统一战线,争取民族革命战争的彻底胜利,调剂群众利益,逐渐改善人民生活,特制定本条例。

二、地主之土地收入,不论租佃、半种,一律照原租额减收百分之二十五。

三、钱主之利息收入,不论新债旧欠,年利率一律不准超过一分（即百分之十）。

四、地租一律不缴。

五、严禁庄头剥削。

六、大粮、杂租、小租、送工等额外附加,一律禁止。

七、出门利（即现扣利）、剥皮利、臭虫利、印子钱等高利贷,一律禁止。

八、本办法自公布之日施行。

九、附则

1. 自本办法公布之日,本区域内各级政府施行之减租减息办法,一律废止。

2. 租斗以通用公斗为准,旧租斗一律禁用。

3. 地主未得租户、佃户或半种户之同意,不准将地转租、转佃、转半种于他人。

（选自《抗日根据地政策条例汇集——晋察冀之部》第二辑,一九四二年版）

晋察冀边区行政委员会训令

——关于杂租、小租、送工的解释

（一九三八年三月）

为令遵事：查本会前制定减租减息条例，业经通令各县遵照办理在案。兹据各县该项各例内所载杂租、小租、大粮、送工等名词，多不明瞭，纷纷来文请予解释，据此合亟解释如下：

1. "杂租"系指在租额之外，另要些各种物品，如肉类、酒类等。在前喇嘛收租，就有这种现象，这都是无道理的额外剥削，所以应该一律禁止。至原订租契时言明定为米粮若干，其他物品若干者，当然不与杂租同论。

2. "小租"这也是佃户于正租额以外对庄头的纳款，系属剥削之一种。

3. "大粮"这是佃户约定为地主佃耕时地主预借米粮若干，到次年秋收时加五或加倍偿还，也是高利贷的一种。

4. "送工"就是佃户于每年之内，给地主无代价的服务几天的办法。

仰即知照，与各民众团体详细解释为要。

（选自晋察冀边区行政委员会《现行法令汇集》上册，一九四五年版）

晋察冀边区减租减息实施办法

（一九三九年十二月十七日边区农会提出）

为了彻底执行减租减息，并解决执行中之一般困难问题，特根据政府减租减息单行条例及边区一般租息关系，由边农常委会详细讨论，规定具体办法，希各级农会根据各地具体情况切实执行，并可提出意见，以便修正，使更适合各地之需要，以改进民生而利抗战。

减租问题

一、根据政府法令，一律实行二五减租，取消现佃（上打典钱或上打租）及杂租、小租（非正式租）、庄头、二东家剥削，并规定地主不得佃户同意，不得收地。

二、半种地减租问题

1. 一般半种地者，佃户出肥料、种子、牲畜、人力，则收获物按二五减租执行（即地主应得之半再二五减），地主得千分之三百七十五，佃户得千分之六百二十五，柴草之类完全归佃户。一切摊派款，如按土地担负时，须由地主负担，特殊者可根据具体情形解决。

2. 地主出肥料、牲畜、种子，佃户只出劳力者，则按过去之地主所得数，实行二五减租，过去地主普通得三分之二，佃户得三分之一，二五减租后地主则得二分之一，佃户得二分之一。柴草归佃户，杂派归地主。如佃户借用地主粮食，以不加利为原则，最多利不得过一分（一斗还斗一）。柴草如过去即两家分者，亦按二五减之（摊派斟酌处理）。

三、出租或出佃（现款）减租问题

1. 一般是不须上当，一季交租交佃，且按原额减二五，所有粮赋杂派归地主。

2. 如分两季交租者，则须按夏秋收获物之多少适当交纳，反对平均按二分之一交付，一般是麦秋出产较少，则按麦秋收获物之多少，最多交付收获物千分之三百七十五之代价，其余秋季交付，歉收者按年成交租或以收获物千分之三百七十五付之。

3. 因水旱虫灾而歉收者，均按原额二五减，再以年成大小折交（如五成年景则应交数二分之一），如折合不一时，按收获物千分之三百七十五交付或相同之代价交付。

4. 租额最高不得超过收获物百分之三十七点五，如超过时，得按收获物千分之三百七十五付租。

四、灾后减租问题

1. 地全部被毁未打粮者，停止交租。

2. 地被毁一部及少打粮者，按年成交租，或按收获物多少分与千分之三百七十五。

3. 麦秋收得粮食大秋被毁者，如佃户赤贫无力交纳者，停付地租；能交纳者，按麦秋收获物交纳一部分，最多不超过千分之三百七十五。

4. 地被水灾而不得修理者，解除租约。

5. 连租数年已付租佃而地被毁者，由地主退出应退原额。

6. 地被水冲或淹没须修理者（修堤……），地主得出修理费。如地主不出修理费时，则根据情形停付若干年地租（根据修滩条例之原则）。

7. 被敌寇烧杀而影响佃户生活者，得减免租额，根据具体情形规定之

（已交之不在此例）。

五、欠租清理问题

1. 欠旧租一年以上二年以下者，按一年计，二年以上者（不管多少年），按二年计，按原额二五减，并分年交还。

2. 如因天灾人祸而欠租者，得特殊处理再减少或免还。

六、地主收地问题

1. 一般原则地主不得佃户同意不许收地。

2. 地主因减租后借口收地者，一概不许。

3. 地主富农能维持生活者，或收回转租转佃者，一概不许收地。

4. 不能自己耕种及不增加劳动力者，或不能增加生产者（雇工不算），不能收地。

5. 原地主（小农，只有几亩地，过去自己有工作，把地租出，现没有工作回家自己耕种者）不能维持生活而自己耕种，经村农会许可时，可收回土地，但以自己的生产力并能维持生活为限。

6. 地主收地，即佃户同意时而影响整个减租问题之执行时，亦不得收地。

7. 收地或不收地以不影响双方生活为限，如影响双方生活者，得经村农会适当处理（双方分种）。

七、地主卖地、当地与租佃有关问题

1. 地主卖当自己土地与佃户无关者，农会不加过问。

2. 地主已租出之地，以不卖当为宜。如卖当时，先卖当自种之地。

3. 如必须卖当时，先卖当比较富裕佃户所耕种土地为宜，同时佃户有承买之优先权。

4. 即卖当后必须先缴税契（当地税半价），始为证实。

5. 新买当主不能随便收回原佃户之土地，但佃户得与新地主换约，转移租佃关系（把租佃交付新买当主）。

6. 如新地主生活困难时，须收回自耕者（或收回一部），得适用第六项"地主收地问题"之原则。

八、原来是佃钱不得改成租子，并得实行二五减。

减息问题

一、根据政府法令最高利息年利不得过一分（10%），凡一切不适合或超过一分利率，一律取消，并得换成新约。

二、质地使钱减息换约问题

1. 质地使钱而不定利息者，一律换成揭帖（借约），按一分利息（或不足一分）。原利息不足一分者，不得增加（并质原地）。

2. 质地使钱欠息换约者（地未交出，原地主自耕者），凡欠息一年以上不足二年者，按一年计，二年以上者（不管多少年），按二年计，均按年利一分计算欠息，分若干年还清，并按一分换成揭帖。

3. 质地使钱欠息归地者（债务人——原业主把地交给质权人——钱主），欠息一年以上者，按一年计，二年以上者，按二年计，按年利一分结算，偿还欠息把地收回（地归原业主自耕），原约按年利一分换成揭帖（借约）。

4. 如原地已转租第三者时，则根据减租问题第六项收地办法处理，如债务人比债权人富裕者，可按以上办法处理，但地已归债权人自耕者，得仍由耕种，但须订立新租佃关系（租佃最高不得过千分之三百七十五）。

三、当地减息换约问题

1. 当地仍适合用减息办法，一般按年利一分质原地改成揭帖，收回土地（如原业主比当地人富裕者，不应动）。

2. 死契活口，凡未正式税契者，均得按一分换约（质原地），收回原地（原业主富裕者换成活当，不得收地）。

3. 当地者将当得土地转租于第三者时，其所得租典如超过年利一分时，应将多得之部分退回原地主（原地主富裕者不退）。

4. 当地者将当得之土地自耕者，按其收获物之千分之三百七十五（半种地者地主应得数）折合利息，如超过一分时得退给原业主（原业主富裕者不退）。

以上三、四两项系不换揭帖、不收回土地之减息办法。

5. 当地者将当得土地已转第三者时，原业主如换约收地，可与原当主成立揭约（按减息办法），但是否收回土地，得根据双方生活情形，比照减租办法第六项之原则处理。

6. 原业主以现款收地自耕者，得任其收回（如收地影响佃户之生活者，得使用租地办法）。

7. 当地者高价或低价转当于第三者时，原业主以现款收地，一般是经过当地者以原价收地。特殊者，得根据三方面生活程度，适当处理。

8. 当地者低价出卖原约给第三者，如有人证明时，以现款低价收地，以低价换成揭帖，但影响第三者生活时，不得收地。

四、清理债务问题

1. 不管欠旧利多少，如清理时一本一满利为原则（即一百元的加十元的利）。

2. 如已付之利超过原本时，得停利还本。

五、灾后减息问题

1. 被灾者，生活困难可停付本年利息。

2. 如质地使钱或质房使钱，不管地毁房塌或房子被烧，得依法解除契约。

附　则

一、本办法系边农常委会之讨论总结，非法令性质。

二、各级农会得根据此办法，经过农会组织，以政治说服处理实际问题。

三、农会会员得执行农会决议，如有故违者得以组织纪律处分之。

四、本办法之进行中，如遇有困难情形，得随时反映边农。

五、本办法进行中，如双方发生争执而不能解决时，得经过政府处理。

六、本办法以政府法令为依据，改善人民生活，增加抗战力量为原则。各级处理问题得本此原则及精神灵活应用。

七、本办法适用全边区，晋东北立即纠正四六减租之办法（地主分六斗，佃户分四斗），适用本办法减租问题第二项之第三条对半分粮。

八、本办法函请边委会备查，各级农会进行时得与各级政府配合进行。

九、本办法自发到各级农会后一律执行，在组织上进行讨论传达、公布。

十、本办法如有不适宜处，得根据实际情形随时经边农会议修改。

（选自《抗日根据地政策条例汇集——晋察冀之部》第一辑，一九四二年版）

晋察冀边区减租减息单行条例

（一九四〇年二月修正）

第一条　本边区为巩固抗日民族统一战线，争取民族革命战争的彻底胜利，调剂群众利益，改善人民生活，特根据中华民国土地法及中华民国民法债权物权编之规定制定本条例。

第二条 出租人之土地收入，不论租、佃、半种，一律照原租额减收百分之二十五。

第一款 地租不得超过耕地正产物收获总额千分之三百七十五；二五减租后地租仍超过千分之三百七十五者，应减为千分之三百七十五；不及千分之三百七十五者，依其约定。

第二款 出租人对于佃户耕作上必需之农具、种子、肥料、牲畜完全供给，佃户只出劳力者，二五减租后地主所得不得超过耕地正产物收获总额二分之一，超过者应减为二分之一；不及二分之一者，依其约定。

第三款 半种地之土地收入，二五减租后不得超过耕地正产物收获总额千分之三百七十五，超过者应减为千分之三百七十五，不及者依其约定。如出租人对半耕者耕作必需之农具、种子、肥料、牲畜有供给者，按其供给多寡比例，增收地租；但出租人所得最高不得超过耕地正产物收获总额二分之一，超过者应减，不及者依其约定。

第四款 出租人不得预收地租，并不得收取押租，其有预收地租或收取押租者，一律退还承租人，并按年利率一分退还利息。

第五款 地租交付以耕地正产物为原则，其约定地租为现金者，于二五减租后，其租金仍超过正产物收获总值千分之三百七十五者；应减为千分之三百七十五，不足千分之三百七十五者，依其约定。约定两季交付者，一律按两季正产物收成比例分两季交付。

第六款 耕地之土地税，由承租人代付者，应予地租内扣出之。耕地之合理摊派，依村合理负担办法行之。

第七款 因敌人烧杀抢掠及水旱虫灾而减收者，适用本条各款之规定，按耕地正产物实有总额，出租人与承租人分配，其正产物全部被毁者，地租停付。

第八款 耕地副产物，一律归承租人所有。

第三条 出租人未得租户、佃户、半种户之同意，不得将耕地收回转租、转佃、转半种他人。

第一款 依定有期限租用耕地之契约，与依不定期限租耕地之契约，如承租人继续耕作，出租人均不得解除契约。

第二款 出租人于能维持生活之前提下，于不能保持耕地原有性质及效能前提下，于不能增加雇工耕作前提下，均不得收回耕地以自耕为借口，而解除契约。

第三款　出租人于不能维持生活之前提下，于能保持耕地原有性质及效能前提下，于自己耕作不用雇工前提下，得承耕种人之同意，得将出租耕地收回一部或全部自耕。

第四款　出租人出卖耕地时，承租人依同样条件有继续承租权，如承买者于买来自耕，适用本条第二款及第三款之规定。

第四条　严禁庄头、二东家剥削，大粮、杂粮、小租、送工等额外附加，一律禁止。

第一款　承租人虽经出租人承诺，仍不得将耕地全部或一部转租于他人，其转租者即为庄头或二东家，庄头或二东家剥削应受刑事处分。

第二款　下种时出租人借给承租人种子者，不论有无契约规定，其偿还额除原借外，每月增收不得超过原借量千分之八点四，出租人并不得借口停止借给承租人种子。

第三款　杂租、小租、送工等额外附加，一律禁止，出租人并不得借口增加地租。

第四款　租斗以通用公斗为准，旧租斗一律禁用。

第五条　债权人之利息收入，年利率一律不得超过百分之十。年利率超过百分之十者，应减为百分之十；不及百分之十者，依其约定。

第一款　依定有期限借用现款之契约，与依不定期借用现款之契约，无论有无质物，年利率超过百分之十者，一律减为百分之十，换成新约；年利率不及百分之十者，依其约定，债权人不得因减息关系解除契约。

第二款　现扣利、高利贷一律禁止，高利贷者应受刑事处分。

第六条　本条例得由本会根据需要修改之。

附则

一、本条例自公布之日起施行，前条例即行作废。

二、本条例由边区各级行政机关施行。

三、县政会议、区政会议、村民代表大会得遵照本条例，根据各该县、区、村具体环境制定施行办法，报请上级政府批准施行。

四、欠租欠息在二年以上者，准按本条例减租减息后，出租人或债权人一年应得之租息二倍，五年内分年偿付，结束积欠。其因灾荒致欠者，并得减少或停付。自《晋察冀边区减租减息单行条例》公布后，两年来来曾执行减租减息法令之出租人或债权人，承租人或债务人所欠租息一律停付，已付者追还，以示惩处。

五、清理多年旧债，应按年利率一分一本一利计算清偿；其利息超过原本者停利还本；其已付息超过原本二倍者，本利皆停付。

六、债务人向债权人质地借钱，欠息在二年以上或系多年债务关系者，应按附则第四、第五两项之规定办理，并应按本条例第五条之规定换成借贷契约，继续借贷关系。债权人不得因欠息关系处置所质土地；如已处置者，应将原质土地交还债务人；其将所质土地已转租者，适用本条例第三条第二款及第三款之规定。

七、承租人已将耕地转租者，现耕种人应直接与耕地所有者订立租佃契约，建立新租佃关系。

八、灾荒后减租问题本条例有未竟处，适用民国二十八年九月十八日公布之《晋察冀边区垦修滩荒办法》。

（选自《抗日根据地政策条例汇集——晋察冀之部》第二辑，一九四二年版）

晋察冀边区减租减息单行条例施行细则

（一九四一年三月二十日公布）

第一条 本施行细则依照修正晋察冀边区减租减息单行条例（以下简称减租减息条例）第十三条之规定制定之，其施行日期及区域与减租减息条例同。

第二条 减租减息条例及本施行细则之解释权，属于晋察冀边区行政委员会。行署、办事处、各专署、各县、区、村政府，均有宣传解释之义务，但须于晋察冀边区行政委员会所规定之范围内行之。

第三条 各县县议会得遵照减租减息条例及本施行细则，根据各该县具体环境制定施行办法，由县政府报请晋察冀边区行政委员会批准施行。

第四条 减租减息条例所称出租人，系一切法人之全称，公产、庙产、学田、社地、祭地等之管理机关均属之。

第五条 租用房屋、耕畜、井渠、牧畜场或其他工具者，均适用减租减息条例第二条之规定。

第六条 租、借、揭契约应一律另换新约，于契约上注明实行减租减息起始年月，原租息应减及减后租息数额。减租减息条例公布前，已换新约者不再换。

第七条 副产物之作物种类与栽种位置，均依当地习惯决定之，但副产物不得超过收获总额十分之一。超过十分之一者，其超过部分以正产物论。

第八条 半种地之副产物，除柴草外，其他因沿习惯或双方约定按股分配者，种户得将地主分去部分折价总计于其应得之正产物内扣除之。

第九条 因减租关系，发生租佃纠纷时，依下列原则处理之。

一、承租人纵经出租人承诺，仍不得将耕地全部或一部转租于他人，其已将耕地转租者，现承租人应直接与耕地所有者订立新租佃契约，转租之契约一律无效。

二、承租人将所租耕地之一部以所租租额分种于他人者，不得以转租论。

三、出租人于契约期限未满出卖其已租出之耕地时，原承租人有依原约租用之权，倘非原承租人自愿放弃权利，则非于原约期满后，新地主不得收回。

四、出租人出卖耕地时，承租人依同样条件有优先承买之权。

五、承租人无故继续两年不为耕作，或力能付租而故意不付者，出租人得收回其耕地。

六、经承租人施行特别改良之耕地，出租人于契约终止收回耕种时，须先清付承租人之特别改良费。但以其未失效能部分之价值为限。耕地特别改良，系指保持耕地原有性质及效能外，以增加劳力资本之结果，致增加耕地产量或耕作之便利者而言，此种工作承租人得自由为之，但用费数目应即通知出租人。

七、地租一律于收获后一月内交付，出租人自取或承租人代送，依双方议定。

八、以约定以外之实物或现金交付地租者，一律按交付时市价折合。

九、预收地租或收取押租者，须一律退还，并按年利率一分付息。

十、约定两季付租者，其每季应付多寡，依约定及收获情况而定。

十一、因敌匪破坏及水旱虫灾而歉收者，按正产物实收总数千分之三百七十五与六百二十五比例分配。其正产物全部被毁者，地租停付，但在一般收成情况下，承租人不得借口歉收减付地租。

十二、承租人不能按期支付应交地租之全部，而先以一部支付时，出租人不得拒绝收受，承租人亦不得因其收受而推定为免收租额一部之承诺。

第十条 减租减息条例所称自耕，系指自任耕作，或为维持一家生活雇工经营耕作者而言。

第十一条 出租人为不在地主时，其地租依减租减息条例照减，交由政府处理，其处理办法另定之。

第十二条　因减息关系发生债务及土地纠纷者，依下列原则处理之。

一、定有期限之揭借契约，期限未满，一方不得解除，期满继续契约关系者，须另换新约。

二、未定期限之揭借契约，得经双方同意改为定期契约。

三、清理多年旧债，应按年利率一分一本一满利计算清偿，其已付利息超过原本者，停利还本，其已减利息超过原本二倍者，本利皆停付。

四、质地揭借钱，欠息在二年以上者，准按减租减息条例减息后，债权人一年应得利息之二倍、分期清偿，另换新约。债权人不得因欠息关系处置所质土地。

五、质契地、典当地既因债务关系，经双方同意转为卖契者，不得回赎。

第十三条　本施行细则得由晋察冀边区行政委员会根据减租减息条例及实际需要修改之。

（选自《抗日根据地政策条例汇集——晋察冀之部》第二辑，
一九四二年版）

晋察冀边区租佃债息条例

（一九四三年一月二十一日晋察冀边区第一届参议会通过，
同年二月四日晋察冀边区行政委员会公布）

第一章　总则

第一条　为保障边区人民之土地所有权，及土地使用权，发展农业生产，活跃社会金融，特依中华民国民法、中华民国土地法之基本精神，制定本条例。

第二条　关于租、佃、债、息除本条例别有规定外，悉依民法、土地法之规定。

第三条　本条例之施行条例另定之。

第二章　租佃

第四条　凡出租出佃之土地，不论其地租为实物或现金，出租出佃人应一律按照原租额减收百分之二十五。

前项原租额系指未依本边区减租法令实行减租前之租额而言，在已实行减租地区，新订之租额不在此限。

第五条 依前条之规定，实行减租后之租额，或新订租佃契约之租额，均不得超过耕地正产物收获总额千分之三百七十五，超过者应减为三百七十五，不及者依其约定。

佃耕伴种地，出佃人供给承佃人以农具、种子、肥料、耕畜或其他耕作上必需之物资者，得视其供给之多寡，双方就正产物依约分配。但除扣还出佃人所供给物资之等值代价外，出佃人所得不得超过正产物总额千分之三百七十五，超过者应减为千分之三百七十五，不足者依其约定。

第六条 以谷物为主兼种果木之耕地，其减租及减租以后之租额，适用第四第五条之规定；以果木为主兼种谷物之耕地，及专种果木之果木地，其减租之标准及减租后租额之限制，由各县依当地习惯按果木性质分别具体规定之。前项兼种果木之耕地，其果木之收益，以正产物论，但双方另有约定或当地另有习惯者，依其约定或习惯。

第七条 耕地副产物收益之分配，应依双方约定为之，无约定者依其习惯。

前项无约定之副产物，超过正产物收获总额之十分之一者，其超过部分，以正产物论。

第八条 庄头、二东家之中间剥削、杂租、小租、送工、非法租斗、上打租等额外索取，一律禁止。

出租出佃人借给承租承佃人以粮食者，有无利息依其约定。

第九条 地租之缴付以实物或以现金，均依其约定为之。

第十条 地租一律于产物收获后一月内缴付，两季作物其约定分两季缴付者从其约定；收租或送租亦均依双方约定为之。无约定者，从其习惯。

前项地租之缴付，承租人不能按期缴付应缴之全部而先以一部缴付时，出租人不得拒绝收受，承租人亦不得因其收受，而推定为减租之承诺。

第十一条 因不可抗力之灾害，正产物全部被毁者，得免付当年地租；因灾歉收者，出租人与承租人应就实际收获之正产物按三百七十五与六百二十五之比例分配之。

第十二条 土地之租佃，须一律缔结书面契约，契约期满，出租出佃人得收回其土地，但在抗战期间，出租出佃人收回土地致承租承佃人无法生活者，应减收一部或暂时不收，并另定新约。

第十三条 契约期满，出租出佃人收回土地仍行出租出佃或自耕未满一年再行出租出佃时，原承租承佃人，有依原租佃条件承租承佃之权，其自耕已满一年再行出租出佃时，原承租承佃人有依同等条件承租承佃之优先权。

前项依原租佃条件承租承佃之规定，不适用于低租地。

第十四条 定有期限之租佃契约，有下列情形之一者得解除之：

一、因不可抗力之灾害，耕地全部被毁者。

二、承租承佃人有故意毁坏地产行为，以及损坏租地之附属物不负法定之赔偿责任者。

三、无故荒废耕地在一年以上者，但轮耕地、压青地不在此限。

四、承租承佃人力能缴租而无故不缴租，或积欠地租达二年之总额者。

五、承租承佃人死亡而无继承人，或有其他原因，不能继续耕作者。

第十五条 不定期限租佃耕地之契约，非有下列情形之一时不得终止之：

一、承租承佃人死亡而无继承人时。

二、承租承佃人抛弃其耕作权利时。

三、出租出佃人为自任耕作或为维持一家生活直接经营耕作收回土地时。

四、有第十四条一、二、三、四款情形之一时。

依前项第三款规定，出租出佃人收回土地时，应于一年前通知承租承佃人，承租承佃人如因土地被收回而无法生活者，适用第十二条之规定。

第十六条 不定期限租佃之耕地，出租出佃人收回土地自耕未满二年再行出租出佃时，原承租承佃人有依原租佃条件承租承佃之权，其自耕已满二年再行出租出佃时，原承租承佃人有依同等条件承租承佃之优先权。

第十七条 累世承租承佃之土地，视为承租承佃人取得永佃权，非承租承佃人自愿放弃其使用权者，出租出佃人不得夺租夺佃，但承租承佃人有第十五条第一、四两款情形之一者，出租出佃人有要求停租停佃之权。

前项累世承租承佃之土地，其尚未订立文契或文契遗失者，应即补立文契。

第十八条 租佃关系存续中，出租出佃人出卖其土地时，承租承佃人有依同等条件承买之优先权，如承租承佃人愿放弃其优先承买权，而为第三人所承买者，承租承佃人仍得就其土地继续租佃至契约期满。

第十九条 租佃关系存续中，因不可抗力之灾害致土地之一部被毁者，承租承佃人有要求出租出佃人减租之权。

第二十条 承租承佃人得自由在租佃之土地上，施行土地特别改良，出租出佃人不得因土地改良而要求加租。

前项所称土地特别改良，系指承租承佃人于保持耕地原有性质及效能外，以增加劳力资本之结果，致增加耕地生产力或耕作便利者而言。

第二十一条 租佃契约依法解除或终止时，当事人彼此尚未终了之权益关系，依下列规定办理之：

一、承租承佃人依第二十条规定，而为土地特别改良者，出租出佃人应给付承租承佃人以土地特别改良费，但以未失效能部分之价值为限。

二、承租承佃人于不影响耕地原有性质及效能在承租承佃之土地上培植有果木或其他树木者，得视果木或其他树木成长情形，出租出佃人应给付承租承佃人以相当之代价，但另有约定者依其约定。

三、承租人积欠之地租，应全数清偿，其一时无力清偿部分，得改为借贷关系，另立新约。

第二十二条 贫苦抗日军人家属及孤儿寡妇，因家中无劳动力出租少量土地以维〔持〕生活，其所收租额及其他收入平均每人在统一累进税两个富力以下者，不受本条例第四条第五条之限制。

前项富力包括免税富力在内。

第三章 债息

第二十三条 凡新订之借贷契约，其利率得由双方自由约定之。

第二十四条 现扣利、出门利、印子钱等高利贷一律禁止。

第二十五条 旧债之清理，其利率在年利一分以上者，一律按年利一分计算。债务人已付利息超过原本一倍者，停利还本，其超过原本二倍者，视为借贷关系消灭，本利停付。

前项旧债系指本条例公布以前之债而言。

债务清理后，债权人应将原有借约退还债务人。原约遗失，债权人应对债务人出具借贷关系消灭之证明。

第二十六条 依第二十三条规定新成立之债，及依第二十五条第一项规定减息后之债，债务人应偿付之本息到期不能偿还时，债权人得依法追诉，或依民法规定处理其质物或抵押物品。

第四章 典地与抵押地

第二十七条 出租出佃人出典耕地时，承租承佃人有依同等条件承典之优先权。

前项所称之典地，系指收受典价将土地移转他人为定期或不定期占有，供其使用及收益，而于期满后随时得以原典价回赎者而言。

第二十八条　承典人将典地出租出佃时，原土地使用人有依同等条件承租承佃之优先权。

第二十九条　出典人将赎回之典地出租出佃时，原土地使用人有依同等条件承租承佃之优先权。

第三十条　在租佃关系存续中，出租出佃人将其土地出典者，承租承佃人仍得就其土地继续租佃至契约期满。

第三十一条　典地定有期限者，承典人将其转典或出租出佃时，所定期限不得逾原典期限；典地未定期限者，承典人将其转典或出租出佃时，亦不得定有期限，转典之典价不得超过原典价。

前项不定期之租佃，承佃人得于出典人赎回其土地时，终止租佃契约，不受第十五条之限制。

第三十二条　在租佃关系存续中，出租出佃人将其土地抵押于人，因清偿债务而土地所有权转移者，承租承佃人仍得就其土地继续租佃至契约期满。

第五章　调解与仲裁

第三十三条　因执行本条例而发生之争议事项，争议之任何一方，得依本章之规定请求调解，调解不成立时，得请求仲裁。

第三十四条　得请求调解及仲裁之争议事项如下：

一、承租承佃人因出租出佃人收回土地，无法生活，而不愿放弃租佃权利者。

二、因本条例第六第七条规定，而区分主种兼种正产副产者。

三、因本条例第十一条规定，而免付当年地租，或比例分配正产物者。

四、因本条例第十四条第二、三款规定，解除租佃契约者。

五、因本条例第十九条规定而减租者。

六、因本条例第二十一条第一款规定，而给付土地特别改良费，及第二款规定而给付相当代价者。

七、因本条例第二十二条规定，而发生争议者。

八、本条例施行条例所特定者。

第三十五条　行政村村公所及游击区接敌区之区公所，均为调解机关。

第三十六条　调解依晋察冀边区行政村调解工作条例为之。

第三十七条　仲裁机关定名为仲裁委员会,由县议会、县政府代表各一人,县抗联会代表二人,及县司法机关审判官一人组织之。

第三十八条　在游击区、接敌区或特殊情况下,县政府得授权区公所设立仲裁委员会分会。

前项仲裁委员会分会,由区公所代表一人,区抗联会代表二人组织之。

第三十九条　第三十四条所列之争议事项,径向县司法机关起诉者,县司法机关不得受理,应发调解机关或函请仲裁机关调解或仲裁之。

第四十条　仲裁委员会或其分会对所受理争议事项之仲裁,由全体委员合议行之,取决于多数。

仲裁委员会会议,以县政府代表为主席;仲裁委员会分会会议,以区公所代表为主席。

第四十一条　争议当事人,于仲裁委员会或其分会进行仲裁时,须莅场陈述事实,并提出意见。

前项当事人,因故不能莅场,得委人代理之。

第四十二条　仲裁委员会应于仲裁终结后,二日内作成仲裁书,由县政府加盖县印登记备案,送达于当事人。当事人一方,如不同意,得于五日内声明不服,向专署以上行政机关请求复裁。

专署以上之行政机关,于接到前项请求后,须于五日内发回原仲裁机关复裁,或为维持原仲裁之决定,但复裁以一次为限。

在前项复裁期间,第一项之仲裁,暂不执行。

第四十三条　在区仲裁之争议事项,其仲裁结果,当事人均认可时,由区公所制定仲裁书,加盖区公所钤记,当场发给当事人,并报告县政府登记备案。

当事人之一方,对区仲裁不同意时,得当场声明不服,向县请求重行仲裁,区公所须立将仲裁经过及结果报请县政府核办。县政府于接到此项请求后,须于三日内令区或由县重行仲裁。

前项之重行仲裁以一次为限。经区仲裁之争议事项不得依第四十二条第一项之规定请求复裁。

第四十四条　争议当事人之一方,对第四十二条第一项之仲裁,未为不服表示,或对第四十三条第一项之仲裁当场认可,而抗不执行,或对第四十二条第二项之复裁,第四十三条第二项之重行仲裁,抗不执行时,他方得依民事法规径向司法机关请求强制执行。

第六章 附则

第四十五条 本条例自公布之日施行。前颁晋察冀边区减租减息单行条例及其施行细则，同时作废。

（选自晋察冀边区行政委员会《现行法令汇集》上册，一九四五年版）

晋察冀边区租佃债息条例施行条例

（一九四三年一月二十一日晋察冀边区第一届参议会通过，
同年二月四日晋察冀边区行政委员会公布）

第一条 本条例依晋察冀边区租佃债息条例（以下简称租佃债息条例）第三条之规定制定之。

第二条 租佃债息条例之解释，除该条例已有解释者外，悉依本条例之解释。

第三条 本条例之施行日期及区域与租佃债息条例同。

第四条 出租人承租人系包括自然人以外一切法人之总称，出佃人承佃人在本条例中与出租人承租人义同。

第五条 租佃债息条例第六条所称以谷物或果木为主，其区分以谷物和果木收获物之总值为准，谷物总值多于果木总值者以谷物为主，果木总值多于谷物总值者，以果木为主。

因前项之区分而发生争议时，依租佃债息条例之规定调解或仲裁之。

第六条 果木地之所有人，于果实生长或成熟前与他人预订契约出卖其果品者，不适用租佃债息条例第六条之规定。

第七条 正产物副产物之区分，依当地习惯或双方约定确定之。

因前项之区分而发生争议时，依租佃债息条例之规定调解或仲裁之。

第八条 定期契约之现金地租，于契约满限前，经双方之同意或一方之提议，得将原租金一部或全部改为实物地租。一方提议，他方不为同意，而发生争议时，依租佃债息条例之规定调解或仲裁之。

第九条 因租佃债息条例第十一条之规定而免付之当年地租，或依该条之规定实行分配正产物，承租人较原租少交之地租，均不得以欠租论。

第十条 租佃债息条例第十三条所称之低租地，指现有租额不及承租土地全年正产物总额百分之十五者而言。

第十一条　承租、承典、承买优先权，承租人于接到出租人之通知后须于十日内为承受或拒绝之表示，此项表示以书面或口头行之，并须有第三者之证明。承租人于接到出租人之通知后，为拒绝之表示，或逾十日而不为表示者，前项优先权即为消灭。因前项之优先权而发生争议时，依租佃债息条例之规定仲裁之。

第十二条　租佃债息条例第二十一条第三款所称积欠之地租系指民国三十年三月三十一日晋察冀边区行政委员会民地字第一号布告以后之欠租而言。前项欠租，如因未经减租而积欠者，应依本条例第四条第五条之规定清理之。

第十三条　租佃债息条例第二十二条所称新订立之借贷契约，系指该条例施行后所订立之借贷契约而言。

第十四条　租佃债息条例第二十五条第二项所称之旧债系指未依本条例减息之债务而言。

第十五条　租佃债息条例第二十六条所称之质或抵押物品，依民法物权编第八百六十条第八百八十三条之解释。

第十六条　本边区所辖各地，所称地无租钱无息之当地，即租佃债息条例第二十七条第二项所称之典地。

第十七条　本边区所辖各地，以土地担保债务所称之质契地，即租佃债息条例第四章所称之抵押地。

第十八条　典地定有期限者，于期限届满后，出典人得以原典价回赎其土地。

出典人于典期届满后，经过二年不以原典价回赎者，承典人即取得典地所有权，但另定新约者，不在此限。

前项二年之期限自租佃债息条例施行之日起算。

第十九条　典地之约定期限不满十五年者，不得附有到期不赎即作绝货之条款。

第二十条　仲裁委员会中之抗联会代表二人，由农会及抗援会各派代表一人充任之。

无抗联会组织之县份，抗联会代表二人改由农会代表一人，公正士绅一人充任之。

第二十一条　租佃债息条例第四十一条第二项所称当事人之代理人，须由当事人出具书面证件，交由仲裁委员会备案者，始为有效。

前项之书面证件，以有当事人之签名盖章或所在村村公所之图记者为限。

第二十二条 租佃债息条例所规定之仲裁书，由晋察冀边区行政委员会另定之。

（选自晋察冀边区行政委员会《现行法令汇集》上册，一九四五年版）

晋察冀边区行政委员会
关于贯彻减租政策的指示

（一九四三年十月二十八日）

一、边区自实行减租减息与交租交息政策以来，对于启发广大农民抗战与生产的积极性、巩固阶级团结，坚持根据地，曾起了重大作用。然而由于各地工作发展的不平衡，敌我力量在战争中不断变化，特别是由于各级政府对减租减息政策的某些忽视与错误认识及执行中的粗枝大叶，致使这一政策尚未能普遍的贯彻。在北岳区与冀中区仅有部分地区彻底实行，大部地区只是基本上实行了，有些地区则只初步实行（如平北、十二专区之落后区），或初步实行后因地区变质又取消（如一、六专区之一部及十专区），有些地区则基本上尚未开始（如冀热边七、九专区之大部及一、二、六专区之一部）。由于此种差别，不仅后三种地区尚普遍的存在高额地租与各种超经济剥削，广大农民尚未能充分发动起来，即在前两种地区，亦尚个别的或较多的存在着明减暗不减，提高租额，违法夺佃，超经济剥削等现象。根据北岳区基本地区的不完全材料，近一年来约一万件的租佃纠纷中，绝大部分系因地主企图加租夺佃等所引起。目前较普遍的存在下列问题：

（甲）未减租或减的不彻底，减后租额仍超过正产物收获总额千分之三百七十五或变相加租等。有地主威骗佃户不敢减，减后当欠租追交，歉收不减租，定租改活租或伴种以提高租额，按统累税登记的产量为订租标准，佃户代地主拿负担，高租减后仍超过三七五，或因战争灾荒生产下降超过三七五，变相上打租，交细粮，大租斗，杂租或因地区变质又恢复原来租额等不同情形。

（乙）地主违法夺佃以抵制减租。有剥夺佃户永佃权，承租承业承买的优先权，假典假卖违约收地，或不顾佃户生活收地赎地，收好地租坏地，以不换约或不继续定约相抵抗等等情形。

（丙）旧债未减息或减后因债权人拒不收受（也有的是债务人不还债），

尚多未清理。

二、由于许多地区对减租政策实行的不够彻底，或尚未实行，致广大农民对抗战与生产的积极性，未能进一步的发挥。甚至有个别地区因执行土地政策的某种偏差，引起农民对我政府之怀疑。有些地区已具备减租条件而未实行。为了坚持对敌斗争，开展生产运动，巩固团结，渡过难关，各地必须彻底实行减租以进一步的组织发动农民。这是非常重要的工作，各地须依下列原则执行：

（甲）各级干部对减租政策须有正确了解。首先要了解农民是我抗日民主政权与农村统一战线的基本力量，贯彻减租政策是扶植农民发展新民主主义经济及坚持抗战，巩固团结的首要条件。几年来边区土地政策之保障地权与佃权、减租与交租、照顾双方巩固团结，增加生产以利抗战的基本精神也只有在彻底减租，将一切受压迫的农民发动起来减轻苛重的封建剥削以后，才能充分表现出来。目前某些干部的各种错误观念如对减租政策的忽视，不闻不问，以为这是农会的事，解决租佃纠纷，强调地主利益不照顾农民，割裂条文，偏袒地主，以及认为游击区或新开展的地区不能实行减租，或不在减租中发动农民，替农民减租或替地主收租等，必须彻底纠正。

（乙）经济建设与对敌斗争为当前中心任务。贯彻减租正可以推进这个任务的完成，但须服从这个总的要求，不因彻底减租造成许多纠纷与阶级对立，而要使租佃关系合理解决。一般的以不算旧账不咎既往为原则。处理租佃问题时多用说服解释调解仲裁等方式。在游击区更要强调团结对敌，以反抢粮、反勒索、减轻对敌负担为主，把减租放在从属地位，但因强调对敌而不实行减租是错误的。凡已具备实行或恢复减租条件的地区，应立即实行。条件尚未具备者，应积极进行准备工作，俟条件具备立即实行。

（丙）实行减租，必须发动农民来做，使之成为农民自觉运动，只有如此，才能使减租政策彻底实现与坚持下去。因此，各级政府须与群众团体，密切协同，具体分工，分明职责，划清范围，深入宣传解释土地法令，检查减租实行情形，召集议会参政会、村代表会或农民与地主联席座谈会等讨论减租。对租佃纠纷调解仲裁秉公处理等，应由政府负主要责任。组织与领导农民实行减租等，应由农民团体负责，尚无农民团体组织，或已瓦解的地区，在减租工作中，政府应与民运工作部门协商，帮助建立或恢复之。某些地区政民不分，包办代替或各自为政甚至对立的现象必须纠正。

（丁）减租要根据各种不同地区，确定不同重点，总的重点要放在限制高额地租与废除超经济剥削方面。在地区上，北岳区将重点放在基本实行了的地区，逐村逐户地检查，求得彻底实行。冀中将重点放在游击根据地，保障或恢复减租的既得利益，其本实行的求得彻底实行。冀热边将重点放在山地的中心区与已恢复了的平原基本地区。平北是继续推行与深入贯彻。各个地区凡已彻底实行的就要保障农民既得利益，制止某些不明大义的地主向佃户反攻报复，保障交租与纠正农民某些过左行为；基本实行了的要深入检查，彻底实行，初步实行的要继续发动农民，逐步深入贯彻；曾经实行又取消的，要恢复之；尚未实行的要在一定期间（一般的应在今秋后至明春，接到此指示晚的地区可推迟一些），有步骤地实行。要纠正不顾主客观条件，不从当地具体情况出发，主观的机械的抄袭进步地区的做法。

三、各地在贯彻减租政策中，除依据边区租佃债息条例及现行的土地法令执行外，兹再就与减租有关之若干问题，加以规定，各专署县政府对当地之租佃具体问题可依此具体确定。其与上述条例法令及本规定抵触者，须依本会法令指示执行。

（甲）减租与减租后之租额问题：

1. 在北岳冀中各基本地区，于本会民国三十年三月三十一日民地字第一号布告以后，凡未实行二五减租或明减暗不减，减的不彻底者，须一律按二五减租。减后超过正产物收获总额千分之三七五者或因不可抗力之灾害常年生产量下降超过三七五者，应减至三七五。因不努力生产影响常年产量下降而超过三七五者不减（以上各规定伴种地亦在内）。在工作开辟较晚的游击地区（一、二、六、七、九专区，平北之一部或大部，冀热边，十一专区全部）减租成数可由十分之一至二五，最高租额可略高于三七五，由各该行署专署办事处依各县主客观的具体条件决定之。晋东北曾实行四六分粮的仍应恢复四六分粮（四六分粮相当于十分之一减），惟必须在减轻对敌负担斗争中进行，不然便会脱离群众，农民得不到实际利益。

2. 超经济的剥削（杂租、劳役、上打租、大租斗等）未废除者须一律废除之，租斗依当地之通用斗，交租粮种依租地之主要产物。

3. 我们的政策是减租不是加租，千分之三七五是地租的最高额（某些游击区略高于三七五的以其规定为最高额），减租后之租额应依土地肥沃产量多寡，减租后百分之十五以下的低租地无论公产或地主生活比佃户困难者之私产，应说服佃户适当提高租额（不能强制执行），但佃户租入之小块地开为大块地者不在此限。

4. 钱租因粮价高涨，过低者可适当提高，改实物半实物租，如改半实物应将减租后租额之一半按订约时粮价折粮，其最高额不得超过法定最高租额之半数（最高额为三七五即一八七·五）。但不应一律按此最高额给半实物。

5. 订租约，应依土地常年实际产量，不得以统一累进税调查产量为标准，因租佃契约与统累税搅在一起，便会因税则之修正与调查产量之变更而增许多纠纷。统累税之调查产量虽有时与实际产量不完全一致，但不影响人民负担之公平合理，且到次年调查时可以得到纠正，如以为订租标准，便有一方吃亏，同时统累税之产量连副产物在内，订租不包括副产物。故订约应按土地正产物之常年实际产量做标准。

地主令佃户代拿统累税或将佃耕地登记为自耕地，应禁止与纠正。地主不要地租令佃户白种代拿统累税或对敌负担者，应视同出典，双方须订契约并定年限，佃户在约定期间按自耕地拿统累税，对敌负担因各地办法与数额不同，应在有福同享有祸同当，共同对敌照顾双方之原则下，合理的解决之，不得一律按自耕地论。

6. 为了提高佃户生产情绪，改良土壤多施肥料，增加产量，应提倡地主与佃户实行定租制与订较长期契约（一般的应三年至五年），这对双方均有利。租约期满佃户继续租种之地，地主如将定租改为活租（即按比例分配正产物），其租额不得超过定租之额。

（乙）清理欠租与退租问题在不算旧账、互相让步的精神下，依下列原则执行：

1. 凡应减租未减或减后仍超过最高额及本会民地字第一号布告中规定停交之欠租，须一律取消，地主不得再要，并给佃户以执据。因灾歉收未依租佃债息条例第十一条减免之地租，不得以欠租论，须依条例减灾规定清理。

2. 减租后佃户应依约交租，不得故意拖欠或交坏租。对以往应交而未交的欠租，依边区租佃债息条例第二十一条第三款及施行条例第十二条之规定清理之。但须照顾双方不同情形具体解决，佃户力能交租故意拖欠者应全部偿付，佃户穷苦无力偿付者，应说服地主减免一部或全部，地主、佃户生活俱贫苦者，应偿付一部或分期付清。

3. 因未减租佃户已交应减之租，地主应依法退还（民地字第一号布告以前的不再追究）。惟应根据各地发展时期，地区性质，工作基础，地主与佃户双方生活等条件之不同，全部退还，少退或不退。游击地区一般的以不道为宜，只作个别的全退或少退。地主生活优于佃户者应退全部或一部。佃户生活优于地主者应不退或少退。

4. 佃户替地主已交的统累税，与减租后仍超过法定最高租额的超过部分，或因灾应减免未减免多交之租一般的均不退。佃户生活特别穷苦者可酌退一部或全部。因生产量下降，超过法定最高租额的超过部分一律不退。

（丙）对佃户土地之使用权，须依法切实保障之：

1. 已取得永佃权之土地，地主不得巧藉名目违法收地，关于永佃权之解释如下：

a. 不论佃户租种年限多少，契约明白规定"永佃"或"长期佃户"者。

b. 无论有无契约，父死子继，经营两世或两世以上者（连续订有期限契约者不在此限）。

c. 未定契约或契约未定年限，虽然父死子继，但佃户连续租种多年，在习惯上村中公认为长期佃户者。

地主违法收回或变更佃户已取得永佃权之土地（如因租典卖给第三者、收地或改为有期契约等），应立即恢复其永佃权。

2. 在抗战期间，契约期满地主如依约收地，应依下列原则处理：

a. 地主生活优于佃户，不收地仍能自给，而佃户因收地无法生活者，应暂时不收，地主如强制收地，仲裁机关得制止之。

b. 地主与佃户生活均能自给，佃户不因收地而无法生活者，得允许地主收回一部或全部；如双方生活均困难，得允许地主收回一部。

c. 佃户生活优于地主者，得允许地主收回一部或全部。

地主因违法收回之土地（如契约未满收地，或因收地使佃户无法生活等），应即恢复佃户之使用权。

3. 凡未订契约或减租后未换新约者，均须订书面契约，其有一方坚持不订者，他方可请求调解仲裁机关解决之。

4. 佃户承租承典承买土地优先权，须依条例第十三、十六、十八、二十七各条之规定保障之，地主不得以欺诈等方法剥夺之，佃户亦不得故意反复为难地主，为减少因优先权问题所起之纠纷，应切实执行租佃债息施行条例第十一条之规定。

（丁）典当地与债息问题。

1. 典当地应规定年限，未约定年限者，依三年后出典人始得回赎之习惯。出典人因赎回典地致承典人无法生活者，应改订租佃关系，将地租给承典人。本会前关于因物价上涨，出典人酌增补一部典价或实物回赎典地的规定，只限于出典人生活富裕、承典人困难者，因典当时间与双方生活不同，回赎典地，不得一律如此。

2. 未依法减息之抵押地，应依法减息清理，债权人因未依法减息而取得抵押地所有权者，应依法纠正之。

3. 租佃债息条例中规定新成立之债，除第二十四条所规定之高利贷应予禁止外，利率不加限定。其目的在于恢复农村借贷关系，活跃金融，刺激私资投入生产贸易部门，这对于政府与人民都是有利的，故各地不应限制利率（有的地区对新债利息规定不得超过二分或三分是不对的，应当纠正），抵制高利贷的办法，基本上是依靠政府的工商金融部门及合作社以低利借贷，不应以法定限制。

4. 旧债清理，应依租佃债息条例第二十五条之规定执行（在尚未实行减息的游击区，可由行署专署办事处依具体情形规定减至二分至一分），如债权人拒不收受或债务人力能还债付息而不还付者，债务人或债权人均得请求调解仲裁机关解决之。

5. 新成立之债，债务人因不可抗之灾害无力还债付息者，得以双方生活之具体情形，减付利息或停息还本。

6. 土地典当或借贷系用白银者，在白银禁止流通之地区得以边币按法定比值回赎典当地或还债付息，因边币跌价承典人或债权人损失过巨影响其生活者，得由出典人或债务人酌增一部分边币或实物。执行此项规定亦应视双方生活状况、典当借贷时期之不同，具体确定，不应一律如此。

在白银与边币同时为流通货币之地区（如晋东北雁北），其约定以白银回赎或还付债息者，仍应依其约定，无此约定者，得依上项之原则处理。伪钞流通地区（平北、冀热边）亦得依上项原则处理。

7. 今后关于因债息问题所引起的纠纷，亦得由调解仲裁机关处理之，其应由司法机关处理部分，仲裁机关仍应移交司法机关处理之。

四、为使减租政策能彻底实行，各级政府在减租工作中应注意下列各点：

（甲）各级干部（尤其是民政与司法干部）必须深入研究与熟悉租佃债息条例及有关土地政策的法令，了解其精神，克服各种不正确的认识，编印减租通俗教材，利用冬学、民校及各种会议，在区村干部与群众中进行深入教育，并与减租工作密切结合起来。

（乙）各级政府在领导上必须进行具体的调查研究，有重点地检查与总结各种复杂的租佃问题与减租工作，必须紧紧掌握保障地权佃权、照顾双方、团结抗战、增加生产的基本精神，具体分析不同地区、不同基础、不同的地主（有大小中贫富开明顽固等）与佃户（贫富进步与落后等），作各种不同的处理，克服粗枝大叶一般的形式的看问题与官僚主义作风。

（丙）调解仲裁工作，在解决租佃纠纷中，占着很重要的地位，各地须加强对此工作的领导。调解工作主要在村，区公所应帮助村干部解决问题，建立其威信。仲裁工作主要在县（游击区在区），调解为仲裁之必经之程序，未经调解请求仲裁之案件，仲裁机关应视案件情形发回本村，或直接调解之，调解不成立再行仲裁。

（丁）目前各级政府执行减租政策主要偏差是过右，是地主未依法减租与违法夺佃，而不是佃户不交租息（个别不交的仍应纠正），故应强调反对执行减租政策的右倾。在这一前提下，防止农民报复，造成地主惶恐不安等过左现象发生，同时要注意敌人与反动分子乘机挑拨造谣等破坏行为，公安部门无须负责。

（戊）各地接到此指示后，应即开会讨论具体执行，在北岳区目前仍以反扫荡、统累税征收为全面的中心工作，但在此工作中必须抓紧空隙，密切联系减租工作与下一阶段以减租为全面中心工作的准备工作（在干部中传达动员，选择典型吸取经验等），未进入反扫荡或反扫荡结束，征收工作大体完成以后，至明春生产运动以前，即以此为全面的中心工作，其他地区由专署，冀热边由行署具体布置之。

各地执行情形与游击区因对敌负担所发生的土地关系之复杂变化以及荒地等具体材料，各署县政府应多调查搜集送本会。

（选自晋察冀边区行政委员会《现行法令汇集》上册，一九四五年版）

晋察冀边区行政委员会
关于租佃地、典当地对敌负担
问题的通知

（一九四五年八月九日）

顷接冀晋行署转来四专署关于对敌负担两个问题的请示内称：

"一、关于游击区租佃土地负担问题。今春边区已有指示，本专区执行中，一般能做统累税调查的地区，都照统累税规定，由主佃双方按资产与实际收入分担。但有些地区如平定靠近巩固区的第一线村庄，过去都执行了佃户不出对敌负担。因为在这些地区掌握政权的还大都是上层分子，不敢斗

争，愿意支敌，佃户不出对敌负担，用意在发动群众迫使上层分子减少支敌。今年在改造负担中，如果照边区规定原则执行，即对敌负担亦由主佃双方分担，则是取消了佃户既得利益，加重基本群众的负担。故本署意见，在这些地区，对敌负担仍照过去执行（即完全由地主负担），以照顾基本群众既得利益。一般的地区，过去未执行佃户不负担的，照边区规定原则执行。

二、关于游击区典当地负担问题。在边区指示中未规定，根据本专各县情形，游击区当地完全是为了把负担转嫁到农民身上，地主则仍保持其地权，与巩固区情形不同，当价一般很低，多者五十元，少者十元以下，甚至有倒给当价者，因之这种典当实际不是小买小卖。但按统累税的规定，典当地是承当户视同自耕地负担，在游击区这种土地关系占最大部分，把苛重的对敌负担完全转嫁到农民身上，所以几年来阶级关系很少变化，因之在去年贯彻政策中有很多地主把认粮种地及租佃地改为典当地，个别地区（如建屏）为保障农民利益，则规定当地一律改为租地，这种办法是不合法的，故已纠正。但当地负担问题必须想法解决，否则因对敌负担重会使大部租地都转成当地，农民为了有地种，也只好忍耐苛重的对敌负担。关于这问题的解决，经专署与抗联讨论，认为全部资产税应由地主负担，收入税由承当户负担较好。"

本会颁发之"关于新解放区人民负担问题的指示"，曾规定在贯彻减租后，主佃分担，典当地由承典人负担（但各地区已经处理，承典人之既得利益应予保持），这都是指对我负担而言。至于对敌负担"对我对敌可采一套办法，但亦不应强调对敌对我完全采用一套办法"，故四专署意见与本会指示并无抵触，四专署的意见本会同意，准予执行。其他地区有同样情形者，亦可参照处理。

新解放区人民负担问题，关乎新解放区之建设，至为重要。自四月间本会颁发指示后，各地反映甚多，尚望各地对该指示详加研究，经常反映执行的问题与经验为要！

（选自晋察冀边区行政委员会《现行法令汇集》上册，一九四五年版）

晋冀鲁豫边区土地使用暂行条例

(一九四一年十一月公布
一九四二年十月十一日修正公布
一九四三年九月二十九日修补颁布
一九四五年五月十六日修补颁布)

第一章 总则

第一条 本条例依据现有土地关系、敌后环境及抗战建国纲领,为团结抗战,增加生产及改善民生制定之。

第二条 本条例所称土地,包括农地、房地、牧地、林地、荒地、山地、水地及一切水陆天然富源。

第三条 本条例所称土地使用,即劳力耕作、资本经营及其他使用关系。

第二章 土地所有权

第四条 下列各项土地均为公有:

一、可通航运之水道河川;

二、公共需用之天然湖沼及水源;

三、公共交通之道路;

四、无契约之矿泉地、瀑布地、古迹名胜、河滩、荒山及森林等;

五、经政府宣布公有之汉奸土地、绝户地及庙地等。

第五条 土地经人民依法取得所有权者,为私人所有之土地,但地下之矿产不在此限。

前项矿产另以条例规定之。

第六条 公私土地之所有权,均受政府法令保障,任何人不得侵犯。

第七条 公有水道河川两岸及公有湖沼地周围之私有土地,如因坍没或冲毁而变成水道河川或湖沼之一部分者,其所有权视为消灭,该冲毁部分之土地,自然恢复时,经原地主凭契约或近邻证明为其所有者,仍恢复其所有权,如须人力修复,而原地主自愿放弃修复或自冲毁后二年以内不修复者,他人有重修权,修复后土地所有权即归重修人,私人有约定者依其约定。

第八条 土地所有人得禁止他人或牲畜侵入其地内；但他人有通行权或依习惯可在其山地牧场内樵采牧畜者，不在此限。

第九条 土地所有人，如遇他人之畜生或物品偶入其地内者允许其取出，但土地所有人因此而受损害时，得请求赔偿。

第十条 土地所有人非通过他人土地，不得到达其自己之土地者，得依习惯经过他人之土地。

第十一条 土地所有人因邻地所有人在其地界或近旁营造或修缮建筑物有使用其土地之必要时，应许其使用之，但土地所有人因此遭受损害时，得要求赔偿。

第十二条 土地所有人，于须要越界建筑房屋时，须商得邻地所有人购买其土地，如未事先协商而以越界建筑者，视为侵犯邻地所有权，邻地所有人对越界部分之土地，得要求适当之价格出卖。

第十三条 私人土地所有权之继承，以财产继承法行之。

第十四条 绝户土地依土地所有人之遗嘱处理之，无遗嘱者，由其最近亲属继承，无最近亲属或亲属间发生争执，无法解决者，由政府宣布其为族公产，无本族者，宣布其为村公产。前项公产之收益，作为举办公益事业及救济贫苦抗属之用（特别是荣誉军人及其家属）。族公产用于本族范围内，村公产用于本村范围内。绝户土地业经依法继承者，不再变更其所有权。

第十五条 区县之土地，为中华民国领土之一部分，外国人不得以任何方式取得所有权。

一、天主和耶稣教会业经依法取得所有权之土地有契约证明者，为教会所公有。其非法取得之土地无契约证明者，退归原地主，无原地主者，由政府收归公有。

二、外国宣教师以私人名义购置或捐募之土地，改为有关教堂或教会学校所公有，依照边区政府法令交纳赋税，其收益作为教会公益经费及办理教育之用。

三、通敌有据破坏边区或与中国政府断绝国交之外国人，土地由政府收归公有。

四、在本条例颁布前教会土地业经处理者不再变动。

第十六条 关于土地之水利部分，另以条例规定之。

第三章 租地与永佃权

第十七条 承租人以自行耕种，或资本经营为目的，约定交付地租使用出租人之土地者为租地，所有租地均以契约为之。

第十八条　承租人与出租人协议订立契约后，即取得租地使用权，凡承租人在租期内按期交清租额，出租人不得无故收回土地，承租人亦不得转租他人。

第十九条　租地在租佃契约上习惯上于本条例修改前已有永佃权者，仍保留之。无永佃权者，仍由双方协议，订立五年以上之契约。但无论何种租佃关系，凡具有下列情形之一者，得缩短年限，或收回土地一部或全部自耕。

1. 定有期限之契约已经满期者；
2. 承租人非因不可抗力，无故连续一年不为耕种而又不交地租者；
3. 承租〔人〕将地转租者；
4. 出租者确系无以为生，经双方协议同意者；
5. 承租人死亡无人继承者；
6. 承租〔人〕自动放弃承租权者，
7. 减租后承租人力能交租而故意不交者；但因灾荒歉收，经双方协议减付、缓付或免付者不在此限。

第二十条　出租人出卖或出典租地时，承租人有承买或承典之优先权，出租人须于一月前通知承租人，其通知手续须有村公所及村农会之证明方为有效，如有特殊情况由村公所证明，须于两月前通知。

第二十一条　出租人出卖或出典有永佃权或租约期限未满之土地，新主不得另出租他人或收回自种。但遇新主确系贫苦无以为生者，在照顾主佃双方生活原则下，得经调解收回其租地之全部或一部自种。

第二十二条　出租人因租约期满收回之租地，再行出租时原承租人有依同等条件承租之优先权。

第二十三条　出租人收回租地或承租人放弃租佃权时，均应于秋收后、惊蛰前办理之。并应于办理前三个月通知对方。

第二十四条　出租人收回租地时，承租人纵使拖欠地租，出租人亦不得扣押承租人之牲畜及其他实物，所欠之数作为债务。

第二十五条　出租人除出租土地外，不供给承租人以生产工具与生产资料，而约定一定租额者，为租种地，其地租以土地正产物收获总额千分之三百七十五为标准，但经双方协议，特别硗瘠之土地租额得低于百分之三十，特别肥沃之土地，租额得高至租地正产物百分之四十。

第二十六条　出租人对承租人耕作上必须之牲畜、农具、种子、肥料完全供给者，为半种地，其地租以土地收获物总额百分之五十为标准，但特别肥沃之土地，出租人所得为租地收获物总额百分之五十五，种子由土地产量中扣除之。出租人如仅供给牲畜、农具、种子、肥料等一部分而不全部供给者，得以第二十五条及本条前项之准则以比例规定之。

第二十七条 出租人仅出租土地，并未预先约定租额，而以比例分配租地之当年收获物者，为活租地，其地租以土地正产物总额百分之三十五为标准，承租人所得为百分之六十五，出租人所得为百分之三十五。

第二十八条 未经依法减租之一切地租一律减少百分之二十五，另定新契约。依法减租后租额仍超过第二十五条、第二十六条或第二十七条之规定者得再减至该规定，不及该规定者，依旧约定，业经依法减租者，不得再度实行二五减租。

第二十九条 地租应在秋季或夏季收获后交付之，其约定分两季交付者，按两季交付之。

第三十条 因敌灾水旱虫灾等不可抵抗之力量而致歉收时，出租人与承租人得将土地正产物实收总额按低于原有之比例分配之，其实收总额尚不足或仅足承租人所出肥料种子之所值，或其正产物全部被毁者，得免纳该年地租。

第三十一条 不占租地正当面积之树木，如系出租人原有者，其收益归出租人；但原有约定与习惯者，从其约定与习惯，如系承租人栽植者，其收益归承租人，前项树木之栽植以不妨害租地之正当生产为限。

第三十二条 地租以现金交付，因物价变动致损及出租人或承租人收益过甚者，双方均得提出改定契约。

第三十三条 承租人向出租人借贷粮食，以习惯不行息者，从其习惯，其行息者，息率不得违反分半减息之规定。

第三十四条 承租人于保持租地原有之性质及效能外，得与出租人协议或自由进行对于土地之改良，但其进行情形及所需经费应通知出租人。

第三十五条 出租人收回租地时，承租人得要求出租人偿还其租地改良所出之费用，但以尚未失去效能部分之价值为限。

前项价值由双方协议，协议不成时，由村民事委员会或农会调解之，调解无效时，得呈请县政府作最后决定。

第三十六条 承租人不论取得原出租人同意与否，均不得将租地全部或一部暂租他人，业经转租者，其转租之约定为无效，第二承租人应以原租额直接向原出租人交租，自本条例颁布之日起，三个月后仍有转租者，应受法律处分。

第三十七条 出租人不论是否出于承租人之自愿，不得预收地租或押租，违者除一律退还承租人外，承租人并得依其预交地租或押租之期间及额数，以一般交租时间为标准按月扣算利息。

第三十八条 除法定地租外，出租人不得再有杂租、小租、送工、送礼等额外索取。

第三十九条 出租人除出租土地外，使承租人无报酬捎种其土地者为额外剥削，一概禁止，自本条例颁布之日起，二个月后仍有实行捎种情事其出租人应受法律处分。

第四十条 租地之资产负担，由出租人负担之。

第四十一条 外国人在尊重中国主权，及遵守边区政府法令之原则下，经专员公署以上政府之批准，得依法租用必要之土地办理实业文化公益及宗教事业，但违反中国法令时，政府得随时撤销其租用，前项土地未经政府批准，边区人民不得自行租赁于外国人。

第四十二条 在本条例颁布前，承租人所欠地租，以下列办法清理之。

一、确系因灾荒歉收致欠者，得按灾荒实情减少或免付。

二、普通欠租在二年以内者，按二五减租计算，不得计算利息，于五年内分期偿还。其二年以外之欠租一律免交。

第四章 典地与押地

第四十三条 承典人依法交付典价，订约税契后，在典权存续期间，享有使用出典人土地之收益权利者为典地。

第四十四条 典地自立约之日起三年以内不准赎回，其三年以上三十年以内出典人得随时以原典价赎回；有约定年限者，依其约定；超过三十年者，经承典人将原典契当作卖契税契后，典地所有权即归承典人。

第四十五条 出典人赎回典地应于秋收后惊蛰前为之。

第四十六条 出典人赎回出典之土地再行出租时，须履行第二十一第二十二两条之规定。

第四十七条 承典人因改良土地所需之费用在典地赎回时，得在现存效能内，请求偿还。

第四十八条 承典人在典地上之有利建筑及土地改良，出典人赎回时，应听承典人撤回，其不能撤回或因撤回损失土地之生产效能者由双方协议归出典人收买；协议不成时，由村民事委员会或农会调解之；调解不成时，由县政府作最后之判定。

第四十九条 承典人得将其典地转典或出租于他人；但转典期限不得超过原典期限，转典价不得超过原典价。

第五十条 承典人因事实需要，而出典人暂无收回典地之能力时，承典人得将典权让与他人，典权让与后，受让人应继续原承典人与出典人之关系。

第五十一条 承典人不得出卖典地。在本条例颁布前，出卖典地业已税契者，应由承典人依出卖时地价补偿出典人之地价，如未税契者，其出卖关系作为无效。

第五十二条 出典人出卖其典地时，承佃人有购买之优先权。出典人出卖典约期限未满之土地，新主不得收回自种或另出典他人。

第五十三条 典地因天灾或其他意外，以致全部或一部消灭者，其消灭部分之承典权与赎回权均归消灭。前项情形出典人赎回典地之余存部分时，得由原典价中扣除消灭部分之典价，承典人得修复消灭部分之土地；但所需费用超过消灭部分土地之原典价时，由双方协议解决之。

第五十四条 因承典人之过失，以致典地或其附属物遭受损失者，承典人应按损失情形负责赔偿之。

第五十五条 在本条例颁布前之一切典地，依下列办法清理之：

一、典期不明之典地在三十年以上六十年以下者，于民国三十年十一月一日本条例颁布之日起，准出典人于三年内设法赎回。逾期不赎者，即以死契论，不准赎回，其未满三十年者，概以典产论，准其依法赎回。

二、契约已载明典期者，按原契约之规定。

第五十六条 债务人向债权人不转移其土地之使用，而只抵押其土地以担保偿还债款本息者为押地。

第五十七条 押地于债款已到偿还期而未能偿还者，得依习惯继续付息，其不能付息或契约注明到期必须偿还本利者，得改为典地契约。如债务人不愿改为典地契约时，债权人得声请法院（或县政府）按市价出卖该土地，以其卖得之地价偿还其债务，剩余之地价归交债务人。

第五十八条 同一押地担保数债权者，其卖得之地价，按各债权之债务契约先后依次清偿之，上项情形在债务人破产时，依破产法处理之。

第五十九条 转押地得援用第四十九条转典地之规定。

第六十条 押地因天灾而被消灭者，债权人不得再要求押地。

第六十一条 债务人于土地抵押后，在押地上营造建筑者，债权人于五十七条之情形下，得将其建筑物与土地一并出卖，清偿债款，但不能以建筑物之价款偿还。

第六十二条　在本条例颁布前之押地，得以下列办法清理之：

一、契约载明之利息，应减为年利率百分之十五，另换新约，不及者依其约定。

二、债务人已付利息超过原本二倍者，即作为还清，由债务人无条件收回押地，债权人因债务人未能交付利息以致收回押地者，该押地之收益，作为已交约定利息计算。

三、押地已成买卖关系或典地关系者不得变更，但未经税契者，按债务关系解决之。

第五章　汉奸土地

第六十三条　凡叛国投敌死心塌地之汉奸首要，依照国民政府修正惩治汉奸条例之规定，没收其土地，但没收其土地须经专员公署以上政府之批准。在特殊情况下得由专员公署委托县政府批准。

第六十四条　汉奸首要全家附逆者，没收其全部土地，其家属尚在抗日者，依下列办法处理之。

一、汉奸首要之子女尚在抗日，并与脱离亲属关系者，酌留土地之一部与其子女，以维持生活。

二、汉奸首要之父母或祖父母尚在抗日并与脱离亲属关系者，取消该汉奸首要之继承权，不没收土地。

三、汉奸首要之兄弟姊妹尚在抗日并与其脱离亲属关系者，没收该汉奸应分得之土地。

四、汉奸首要之妻或夫尚在抗日并与断绝夫妻关系者，没收其土地之半数。

五、以上家属以未分居析产者为限，业经分居析产者，没收汉奸个人的全部土地。

第六十五条　没收归公之汉奸土地，依下列办法处理之：

一、依次分给荣誉军人及其家属贫苦抗属及贫苦人民等，或以较低租额租给之。

二、政府如认为必要时，得将其一部或全部作为地方公产举办公益事业。

第六章　逃亡地主土地

第六十六条　逃亡敌占区或其他地区地主之土地，为逃亡地主土地。逃亡地主全家逃亡，其土地并未委托他人代为经营者，由当地政府暂行代管。

第六十七条　逃亡地主之土地，委托他人代为经营者，应依法令交纳赋税与负担。

第六十八条　逃亡地主家中留有部分人口者，不得代管其土地，但计算负担时，应依在家人口为限。

第六十九条　逃亡地主土地之地租，一律不得超过租地正产物总额百分之二十五，超过者减为百分之二十五，不及者依其约定。

第七十条　代管土地之耕种，除原承租人继续承租外，荣誉军人及其家属，贫苦抗属及贫苦人民依次有以较低租额借种之优先权。

第七十一条　逃亡地主之逃往敌占区者，一律不准其出卖或出典其土地，其逃往其他地区者，在特殊情形下，须呈请县政府核准，方允出卖或出典，违者应受法律处分。

第七十二条　逃亡地主回籍时，政府代管之土地除原承租人仍继续承租外，应将借种之土地，及地租全部发还，但须扣除应缴之赋税与负担，代管土地之发还，一律以秋后为之。

第七十三条　在本条例颁布前无租借种逃亡地主之土地，依下列办法清理之：

一、过去无租借种土地之收益，归借种人，不再追缴。

二、过去无租借种地，一律改为低租借种，由政府代管之。

第七章　公地

第七十四条　地方政府对于管辖区内之公地，除法令另有规定外有使用及收益之权。

第七十五条　一切庙地均由主管村庄选举管理委员会管理之，并以较低租额，尽先依次租给荣誉军人及其家属，贫苦抗属与贫苦人民，及具有生产能力之机关团体耕种。

第七十六条　庙地之一切收入，除给所在僧道尼必需之最低生活费用外，其余大部或全部作为教育及公益事业之用，不归公有，其已收归公有者不再变动，如非法侵占庙地者须依法处理之。

第七十七条　为尊重国内少数民族起见，清真寺及喇嘛庙所有之土地不收归政府管理。

第七十八条　凡属公有学田，均由县政府组织教育基金委员会管理之，其地租及收益拨作地方教育经费，出租办法得援用第七十五条之规定。

第七十九条　凡属一村和数村公有之土地，为大社地。大社地由本村或该数村选出之委员会管理之，受当地政府监督，其收益作为公益事业之用途，出租办法得援用第七十五条之规定。

第八十条　属于一族或数族公有之土地，为小社地。小社地由各该族选举委员会管理之，其收益充作本族公益用途，出租办法得援用第七十五条之规定。

第八十一条　远年无主之坟地，归为公有，由当地政府处理之。

第八十二条　教会土地由当地教民选举委员会管理之，教会主持人全部逃亡无人经理者，重新选举主持人，在不能选举之情形下，政府代管其土地，俟有合法之主持人后发还之，代管期间土地之收益，作为政府公益事业之用途。

第八章　荒地

第八十三条　凡公有之荒山、荒地、野地、河滩等或未经开垦之土地为公有荒地。除经政府保留或指定为他种用途外，人民得依法自由牧畜或开垦之。

第八十四条　下列各款之人民得为承垦公有荒地之承垦人：

一、自力开垦者。

二、合力开垦者。

三、自己劳动并雇用工人从事开垦者。荣誉军人及其家属，贫苦抗属及贫苦人民依次有承垦之优先权。荒地依限垦竣后，承垦人得向县政府领取证书，取得土地所有权，在五年内免纳赋税及负担。

第八十五条　承垦人应具承垦书，呈请县政府核准，发给承垦证书，保证承垦权利。承垦书应载明下列事项：

一、承垦人姓名、年龄、籍贯、住址、职业及家庭状况。

二、承垦人具有之劳动力。

三、承垦荒地之坐落境界及面积。

四、垦竣年限。

第八十六条　承垦人自领得承垦证书之日起，即可开垦，其开竣年限，由县政府依据地质情形分别规定之，但最多不得超过二年。

第八十七条　承垦人如已满垦竣年限尚未全垦者，除已垦地外，即撤销其承垦权，但因天灾或其他意外致未垦竣者得酌量展期。

第八十八条　有契约证明为私人所有之荒地，为私有荒地，私有荒地之生荒，于本条例颁布后一年内荒地所有人不自行开垦者，他人得依法自由开垦之，但土地所有权仍属原地主，土地垦竣后，承垦人取得五年之使用权，五年期内免纳地租赋税及负担，期满后，承垦人有买典租佃之优先权。

第八十九条　土地所有人放弃耕种之熟荒，由当地政府招人无租借种之，借种期限定为一年至三年。期满后土地所有人如仍放弃耕种时，借种人得再继续借种。

第九十条　私有荒地在其开垦后免租期限内，土地所有人得不交纳资财负担。

第九章　非法地

第九十一条　凡不依法缴纳田赋、隐匿不报或非法变更土地所有权之土地为非法地，一律禁止。

第九十二条　土地所有人因托人顶免粮赋或代垫粮赋，致土地所有权发生争执者，依契约决定其所有权，无契约者经证明属实其土地仍属原有人，代垫粮赋人未收取土地收益者得凭粮赋收据，向土地所有人要求偿还。

第九十三条　土地所有人因图转嫁粮赋将土地推于承粮人者，得由承粮人税契取得土地所有权。承粮人逃亡者，土地归公，出租办法得援用第七十五条之规定。

第九十四条　凡隐匿不报、逃避赋税及负担或无契约之土地，为黑地，一律限本条例颁布后六个月内自行呈报税契，过期不报者，查出后，由政府给予相当处罚。

第九十五条　凡交付地主一定金额开垦山地后，逐年交付地主山钱，取得土地无限制使用权者，为顶地，一概禁止。现有顶地户得自本条例颁布之日起，向县政府登记税契，取得土地所有权。

第十章　附则

第九十六条　本条例之修改权属于晋冀鲁豫边区临时参议会，解释权属于晋冀鲁豫边区政府。

第九十七条　本条例颁布后，凡以前各级政府所颁布之土地使用条例应即一律废止。

第九十八条　本条例经晋冀鲁豫边区临时参议会通过后，由晋冀鲁豫边区政府颁布施行之。

(选自晋冀鲁豫边区《法令汇编》第一分册，一九四五年版)

晋冀鲁豫边区冀鲁豫行署
修正清理黑地奖惩暂行办法

(一九四三年一月二十七日公布，
同年四月九日修正)

第一条　为保证抗日需供，彻底肃清黑地，使各阶层人民负担合理起见，特根据边区具体情形订定本办法。

第二条　未向政府投税并取得政府合法证明文件或虽有合法证明文件，而在交纳田赋公粮公款中冀图逃避与减少负担而作个别或集体隐匿一部或全部之土地，均为非法黑地。

第三条　未向政府投税并取得政府合法证明文件之非法黑地，其补契补税及处罚办法，应依照本区田房契税征收暂行办法处理之。

第四条　既无政府合法证明文件亦不负担或虽有政府合法证明文件，但为冀图逃避负担而隐匿一部或全部之非法黑地，其田赋公粮等负担之追交与处罚办法如下：

一、凡自动将其隐匿之黑地向所在地抗日县区政府报告者，为奖励自报起见，一律免予处罚，并得以户为单位根据其隐瞒黑地之多寡与具体情形，分别减免或缓征其应追交负担一部或全部。

二、一村人民将所隐瞒之黑地，集体自动向政府呈报者，除依前款办理外，并得于追交负担总额内提出百分之二十至四十作为该村合作社基金，在合作社尚未建立前，应由村组织临时保管委员会保管，且得无利贷给贫苦人民。

三、非自动呈报而系经人检举告发或经政府查出者，除全部追交其应纳负担（自第五条规定之时期起计算）外，并应酌量情形，处以追交负担数一倍以内之罚金。

四、集体隐匿之黑地，经检举或查出后，除追交其应纳负担外并得根据具体情形，按照前款之规定处罚其主谋人与隐匿黑地最多之民户，其附从与隐匿黑地较少者，可酌予免罚。

五、如村长或村中少数管事人瞒上欺下隐匿黑地并私自享受黑地利益者，除应全部追交其历年私享部分与根据本条第三款处罚外，如情节过重时，并得送交司法机关处理之。

六、村长及村中管事人包庇民户隐匿黑地明知而不检举者应受连带处分，但可根据情节轻重增减其连带处分之额数。

第五条 追缴负担从民国三十一年秋季公粮起计算，但非自动呈报而经检举或查出者，自民国三十一年麦季公粮起计算，如此时该地区抗日民主政府尚未建立，应自抗日民主政府建立之日起计算。

第六条 凡向政府检举或告密（村干部在内）经政府查验属实后，除保证告密人之秘密外，并得根据下列办法奖励之：

一、凡个别民户径向政府检举告发者，得提出全部罚金百分之十为奖励金，奖励告发人。

二、群众团体会员经过各自组织系统向政府检举报告并查明属实者，除应按照前款个别奖励外，并得再提全部罚金百分之四十充作该村之公益基金。

三、集体隐匿黑地中之个别民户如向政府报告集体隐匿情形并将自己隐匿部分报告政府者，其自己隐匿部分可不追交负担与免罚外并应受本条一二两款之奖励。

四、区级以上公务人员如有检举或查获黑地者，不得于罚款内提成奖励。

第七条 本办法于清理村负担时准用之。

第八条 本办法之修正权属于行署，如有未尽事宜得由行署以命令修改之。

第九条 本办法自公布之日起施行。

（选自《晋冀鲁豫边区法令汇编》上册，一九四四年版）

晋冀鲁豫边区政府
关于几个土地问题处理办法的决定

（一九四四年十月十五日）

甲、收复区游击区减租清债问题

（一）凡已建立抗日民主政权之新解放区，在未被解放之前，一向为我政权力量达不到的地区，应自建立政权之日起一律依法减租百分之二十五，两面负担者减百分之十五。

（二）原为我政权力量所能进到的地区，并实行过减租法令，后因敌寇蚕食跃进□□□□侵入，又被翻案者，应再照减租法令继续减租，并补退过去已减之租，情形特殊者可经过调解，仅退一部或不退。

（三）为照顾地主佃户双方利益，凡地主按以上标准减租后，佃户应保证交租，双方均须履行契约，地主既不能无故夺佃，佃户又能改良生产。

（四）关于处理押地问题，凡前三项所述各种地区，均可依照上地条例第五十七至六十二条办理。

（五）对于抗战前旧债之清理，按一本一利和分半减息的原则，凡付利超过或恰为原本二倍者，抽回原约作为偿清，但超过的部分，不论多寡，均不再退还。超过一倍，在一倍半以下者，停利还本。超过一倍半或恰为一倍半者，补至二倍即为偿清。

（六）凡未偿清之战前旧债，如继续其债务关系时，其利率于三分以下者依其原约定，超过三分者，减至三分，新的债务关系依其约定。

（七）在游击区进行减租清债工作，应依据土地细则第十九条成立仲裁委员会办理，以便主佃双方均有正确认识，心服口服，避免"恩赐"倾向。

（八）游击区之公社之地，应租给赤贫农户，租额可低至百分之十到百分之十五。

（九）游击区没收之汉奸土地，应租给有劳动力的贫苦农户耕种，租额可低至百分之五到百分之十。

（十）游击区逃亡户之荒芜土地，由政府代管，租给贫苦农户耕种或由合作社集体耕种，租额可低至百分之十。

乙、根据地的典当地问题

（十一）出典（出当）人系因逃避负担，典当土地，在典当期间以灾荒及土地变质等原因，承典（承当）人未获应得之收益者，典当期限应延长原期限三分之一至二分之一。如出（出当）人生活困难须赎回时，除按契约执行赎地手续外，得再给予承典（承当）人原典（当）价额三分之一至二分之一之补偿。

（十二）出典（出当）人系贫苦农户，当时典出土地确因生活无着，得按原契约原典价赎地，不延长典当期限，但承典（承当）人在土地上所出之各种改良费用，出典（出当）人须依情酌予补偿。

（十三）承典（承当）人原系该典（当）地之佃户者，于典当期满后，得继续其租佃权，出典（出当）人不得借故夺佃。

（十四）典（当）原属租佃地，出典（出当）人是为抵抗减租而出典（出当）他人者，原佃户有继续租种之权，新承典（承当）人所有之损失，旧出典（出当）人予以补偿。

丙、根据地的减租问题

（十五）佃期未满，地主无故夺回佃户土地者，应保障佃户佃权，地主应将收回的土地退还给佃户租种，如地主故意将收回土地出卖或转租与他人以破坏法令侵犯佃户佃权者，地主应从自己土地中选择同等土质与数量之土地租与原佃户，并适当赔偿夺地期间佃户之损失。

（十六）在土地细则公布半年后（土地细则在民国三十二年十一月二十五日公布），地主仍有明减暗不减，或暗中变更租佃制度（如死租变活租，随意改变租额租率等），不履行租约规定而多收佃户地租者，地主应将多收地租全部退还佃户。同时，佃户有不履行租约交租者，应将应交而未交的地租作为欠租，于今年秋后或明年麦收后分期交还地主，但因灾荒歉收，应减免者不得视为欠租。

（十七）地主以变天威胁佃户，或以"因果报应"欺骗佃户，抵抗减租者，须退出在欺哄期间佃户多交的全部地租。

（十八）减租以后，地主仍有欺骗佃户，除出租外，代其负担者，地主应将佃户代其负担之全部退回佃户，并根据当时当地利率，给佃户以适当利息。

（十九）租地产量与负担地产量，须求得一致，如因应产量高于实产量以致妨害佃户利益时，须重新评议，不及评议者，得暂按实产量交租，次年必须进行评议；如实产量超过应产量者，则以应产量出租，不得因此提升租额。

（二十）顶地（即馒头地）应归顶户，如地主乘顶户不了解法令，欺骗顶户将土地私自出卖者，地主应将顶地的全部或一部地价，归还顶户，或由地主将出卖的顶地买回退还给顶户。

（选自一九四四年晋冀鲁豫边区政府《边区政报》第四十三期）

土地使用暂行条例太行区施行细则草案

（一九四三年十一月二十五日公布）

第一条 凡已依照土地使用暂行条例执行减租后之土地，应将原契约作废，另订新契约，其新契约之订立，另以规则行之。

第二条 土地使用暂行条例第二十五条所称："特别硗瘠之土地，租额得低于百分之三十，特别肥沃之土地，租额得高至百分之四十。"其硗瘠及肥沃之土地标准，及其应减低与增高之具体租额或租率，得由各地依照具体情形规定之，但须呈该管县政府或专署批准，并报边府备案。

第三条 土地使用暂行条例第二十八条所称："未经依法减租之一切地租，一律减少百分之二十五"。但贫苦抗日军人家属及孤儿寡妇，因家中无劳动力出租少量土地以维持生活者，其所收租额及其他收入，平均每人在统一累进税两个富力以下者，不受本条例之限制。

第四条 遇有荒歉年成，土地收获在二成以下者，应全部免租，在七成以下者，依次按成折扣交纳，如七成七扣，六成六扣等。

如因土地特别肥沃，年成虽在二成以下，而其正产物所值仍超过其经营该项土地所需之全部消耗（包括肥料、种子等在内）者，亦应按年成折扣酌交地租。

第五条 租地经不可抗力之摧毁，不能保持原有之性质及效能时，得将摧毁部分之租额减去；如摧毁部分经佃户修复者，出租人得予以应有之报偿。

第六条 习惯上已确定为取得永佃权之租地，从其习惯。至于累世承租之土地，如在三世以上者，亦视为承租人取得其永佃权。未订立文契者，应即订立之。

第七条 自本细则颁布之日起，必须一律依法实行二五减租，并订立新契约，已往多收之租，因灾荒频繁不予追究，如于细则颁布半年以后，仍有非法收租者，除退还额外所收之数外，该出租人并应依法处罚。

对于已往减租中所发生之退租问题，业经处理退清者，不予翻案，尚属悬案未经解决者，应按本细则之规定迅予调解或仲裁之。

第八条 评定租额之产量与评定负担之产量，必须一致，不得有两个标准。交租时，应以新度量衡为标准，各地尚适用旧度量衡者，应折合计算之。

第九条 土地使用暂行条例第六十二条所称："在本条例颁布前之利息，应减为年利率百分之十五。"系指过去借贷契约而言；但今后新订之借贷契约，其利率得由双方自由约定之。但亦不应过高，形成超经济的剥削。

第十条 土地使用暂行条例第六十二条第二款所称："债务人已付利息超过原本二倍者，即作为还清。"但超过之部分，不论多寡均不退还。超过一倍在一倍半以下者，停利还本；超过一倍半，或恰为一倍半者，补至二倍即作偿清。

第十一条 土地使用暂行条例第六十二条三款所称："押地已成买卖关系或典地关系者不得变更，但未税契者，按债务关系解决之。"如于条例颁布后税契者，亦应按债务关系解决之。

第十二条 债权人抵押债务人之牲畜，如已订立契约变为买卖关系者，不再变更。如未变为买卖关系者，债权人喂养牲畜一年，顶债务人出利息一年，债务清理后，牲畜退还。但抵押期间所生产之牲畜，不再追还，有习惯者依习惯处理。

第十三条 债权人隐匿不予清理债务者，政府得强制执行：

一、原契约确系失掉，债权人须出新据，交由债务人收存，如系抵赖，政府依法处罪。

二、托病外出借故推延时日，政府须予限期清理。逾期不清理者，即强制执行。

第十四条 凡曾借敌奸以及其他非法手段讹诈之土地、钱财、杂物，被讹诈者，具有确实之人证物证，得声请清理追还。

第十五条 已予没收之土地，如须发还者，须照顾以下两点：

一、已分配抗属及农民所有者，不再变更。

二、由贫苦农民借种维持生活者，发还后得予〔与〕借种户建立租佃关系。

第十六条 土地使用暂行条例第六十五条第一款及第七十五、第七十八、第七十九、第八十各条所称公地之较低租额，一般可按该土地正产物收获总额百分之二十至二十五为标准。如土地有特殊硗瘠与肥沃情形时，得由当地政府与承租人协商办理，不以此规定标准为限。

第十七条 没收后之汉奸土地，应依照土地使用暂行条例第六十五条，及汉奸财产没收处理暂行办法第七条第一款之规定，尽量分配处理之。不应全部或过多收为公产，以鼓励人民热烈生产。

第十八条 土地使用暂行条例第十四及第八十条内所称之绝户土地、族公产等，得依法将其一部酌量分配给村内或族内之贫苦抗属、赤贫劳动农民及荣誉军人。

第十九条 因执行本细则而发生之争议事项，争议之任何一方得请求调解。调解不成立时，得请求仲裁：

一、得请求调解及仲裁之争议事项如下：

（一）因出租人收回土地而发生争议者。

（二）因本细则第二条之规定而发生租额应如何具体确定之问题者。

（三）因本细则第四条之规定而确定荒歉年岁之收获量者。

（四）因本细则第五条之规定而引起偿付修复资费之争议者。

（五）因本细则第七条之规定，应如何具体确定退还非法所收之地租者。

二、调解得依村一般调解关系行之。

三、仲裁机关定名为仲裁委员会。县级成立仲裁委员会，由县参议员一人，政府代表一人，县农会代表一人，司法机关审判官一人，公正士绅一人组织之，县政府代表为仲裁会议主席。仲裁事项，由全体委员合议行之，取决于多数。区级成立仲裁分会，由区公所代表一人，区农会代表一人，公正士绅一人组成之，区公所代表为会议主席。仲裁事项，由全体委员合议行之，取决于多数。

四、关于一款所列争议之各事项，径向县司法机关起诉者，县司法机关得不受理，并应发交原地进行调解，或函请仲裁机关调解或仲裁之。但非所列之争议各事项，不能推给仲裁委员会处理，仲裁委员会亦不得包揽。

五、在区仲裁之结果，当事人均认可时，由区公所制定仲裁书，加盖区公所钤记，当场发给当事人，并报告县政府登记备案，当事之一方，对区仲裁不同意时，得当场声明不服，向县请求重行仲裁，区公所须立将仲裁经过及结果报请县政府核办；县政府于接到此项请求后，须于三日内视案件情形，或则由县进行仲裁，或则具体指示区仲裁委员会，并将原案发还，由区重行仲裁。但此种重行仲裁以一次为限。

六、县仲裁委员会应于仲裁终结后，二日内作成仲裁书，由县政府加盖县印登记备案送达于当事人。

七、争议当事人之一方，对仲裁未为不服表示，或当场认可而抗不执行，或经重行仲裁后抗不执行时，他方得依民事法规径向司法机关请求强制执行。

八、仲裁委员会之会议，超过全体委员之半数即可开议。

第二十条　本细则由晋冀鲁豫边区政府颁布施行。

（选自晋冀鲁豫边区《法令汇编》第一分册，一九四五年版）

太行区租佃契约订立规则

第一条　租佃双方于执行二五减租后，即行订立租佃契约。

第二条　订立租佃契约，不得违背边区土地使用暂行条例及施行细则之规定。

第三条　租契内容，应记载下列各项：

一、承租人姓名、住址。

二、出租人姓名、住址。

三、出租地之种类、面积及坐落地点四至。

四、租种期限。

五、地租种类、地租数额和租率。

六、交租时期及地点。

七、租地费用、资本、负担分配。

八、立租约人、中证人，签押（盖章、划押、按指纹）。

九、立约年、月、日。

第四条　租佃契约应写同样两纸，租佃双方各执一张。

第五条　契纸费用由租佃双方负担。

第六条　租佃契约订立后，应并送田地所在地之区公所检验，区公所检验无违背法令情事后，应在三骑缝加盖钤记，并编号列册登录，俾资证明查考。

第七条　本规则由晋冀鲁豫边区政府颁布施行。

（选自晋冀鲁豫边区《法令汇编》第一分册，一九四五年版）

太岳区地权单行条例

（一九四五年三月二十五日参议会通过，
同年四月十五日公布）

第一章 总则

第一条 本条例根据边区政府施政纲领及本区实际情况制定之。

第二条 本条例所称地权包括农地、林地、牧地、荒地、宅地、坟地、矿地、藏地、盐地及一切水陆天然富源之所有权。

第三条 依保证人民土地私有制的原则，凡合法土地所有人，在法令范围内，对于其所有土地，有自由使用、收益或买卖、典当、抵押、赠与、继承等处分之权。

第四条 为确实保障全区人民土地合法所有权，得由政府举行土地验契登记，其验契登记办法，由行署另定。

第五条 凡业主实有土地，因过去未经确算丈量，致超过当日契约所载之亩数，经证明确非侵占他人之土地或公地者，据实呈报，税契不予追究。如超过之部分故意搁置、荒芜，已过二年不予经营者，政府得收归公有。在本条例颁布到达后，限一年内一律税契。在税契后，查明仍有隐匿不报土地，其隐匿不报之部分，充公或处罚之。

第六条 土地验契登记后，如地权发生转移、分割、增减、坍没及其他变动者，须于一年内向当地政府申请重新税契登记，或换契登记。

第七条 自本条例颁布后，如因河道改变，土地面积发生变化时，仍按原契约所载亩数，各归各主，不以河心计算，但被水冲坍之土地，原地主在五年以内不修复时，别人可以修复，土地所有权则归修复人。

第二章 公地公荒

第八条 凡属下列各种土地均为公有：

一、军事工事及要塞区域的土地。

二、公共交通的道路。

三、公共需用的河流和其他天然水源地。

四、凡不属于私有的矿产地、盐池、荒山、森林、名胜古迹等。

五、依法没收归公的土地。

六、其他未经人民依法取得所有权的一切土地。

凡公有土地，除法令有特别规定者外，一般由当地县政府统一登记管理，其所有权属于边区政府。

第九条 有下列情形之一者，得呈请政府领取公地或公荒，并可依法取得所有权。

一、留居本区的荣退军人和抗日军人家属，及退休政民工作人员和政民工作人员家属（以下简称工属），没有土地耕种者。

二、回回等少数民族人民，愿在本区境内居住，而无土地耕种者。

三、外来灾民、难民、移民或本区人民，愿从事自力耕种而无土地者。

公地公荒是否发给或发给多少，都由县政府根据具体情况决定之。但第八条所载一、二、三、四各项公地，除荒山外不得发给。

第十条 在公荒很多并经政府指定的区域，人民所开荒地得依法取得所有权。

第十一条 部队、机关、学校、团体及公营企业，得依法领取公地荒地使用，但所有权仍属于边区政府。

第十二条 由于建筑国防工事与修筑交通道路，以及举办其他公益事业，经太岳行署批准后，政府得租用、征用、收买或以其他土地交换任何人民或团体所有的土地。

第三章 汉奸土地地权处理

第十三条 凡叛国投敌死心塌地之汉奸首要，依照地区政府惩治汉奸条例之规定，没收其土地，地权归公。但没收其土地，须经专员公署以上政府之批准。在特殊情况下，得由专员公署委托县政府批准。

第十四条 汉奸首要全家附逆者，没收其全部土地。其家属尚在抗日者，依下列办法处理：

一、汉奸首要之子女尚在抗日，并与脱离亲属关系者，得酌留土地之一部分与其子女维持生活。

二、汉奸首要的父母或祖父母尚在抗日，并与脱离亲属关系者，取消该汉奸首要之继承权，不没收土地。

三、汉奸首要之兄弟姐妹尚在抗日，并与脱离亲属关系者，没收该汉奸应分得的土地。

四、汉奸首要之妻或夫尚在抗日，并与断绝夫妇关系者，没收其土地之半数。

五、以上家属以未分居析产者为限，业经分居析产者，没收汉奸个人的全部土地。

第十五条 没收归公之汉奸土地，依下列办法处理之。

一、依次分给荣退军人及其家属、贫苦抗属、贫苦工属及贫苦人民，由政府发给契约，取得地权，或以较低租额租给之，地权仍归政府。

二、政府如认为必要时，得将其一部或全部土地，作为地方公产，举办公益事业。

三、已被政府没收土地之汉奸，向政府坦白悔过后，政府可由公地中酌给一部分土地，并登记发给契约后取得所有权，但不得退回其原被没收后已分配之土地。

第四章 逃亡地主土地之地权处理

第十六条 逃亡敌占区及其他地区地主之土地，为逃亡地主土地。逃亡地主全家逃亡，其土地未委托他人代为经营者，由当地政府暂为代管，地权仍给其保留。

第十七条 逃亡地主家中留存部分人口者，政府不得代管其土地。

第十八条 逃亡地主逃亡敌占区者，一律不准其出卖或出典其土地。其逃亡本区以外其他地区者，须呈请县政府核准后，方允其出卖或出典。

第十九条 逃亡地主回籍时，政府代管之土地，除原承租人继续承租外，并酌量发还其地租。

代管土地之发还，一律于耕作物收获后为之。

第五章 庙地社地之地权处理

第二十条 地方政府对所管辖区域内之庙地社地，除法令另有规定者外，有使用及收益之权。

第二十一条 凡不属于一村或数村，一族或数族之一切庙地，又不属于一切僧道尼自己劳动所得之土地，其庙地所有权概归边区政府，得由县政府设立或委托主要村庄选举管理委员会管理之。并得以较低租额，尽先依次租给荣退军人及其家属、贫苦抗属、干属、贫苦人民及具有生产能力之机关团体耕种，必要时政府亦得分配之。

第二十二条 庙地之一切收入，除给所在僧道尼留必须之最低生活费用外，一部作为教育基金，其余作为公益事业之用。地权已收归公有，并且已分配者不再变动。如有非法侵占霸占者，须依法处理之。

第二十三条 为尊重国内少数民族起见，清真寺及喇嘛庙所有之土地不收归政府管理或公有。

第二十四条 凡属公有学田，均由县政府组织教育基金委员会管理之，其地租及收益拨作地方教育经费，出租办法得援用第二十一条之规定。

第二十五条 凡属一村或数村公有之土地，为大社地。大社地由本村或该数村选出之委员会管理之，或由该村及该数村公民自决处理，但须受当地政府之监督。地权未经分配者，其收益作为公益事业之用。出租办法，得援用第二十一条之规定。

第二十六条 属于一族或数族公有之土地为小社地。小社地由各该族选举管理委员会管理之，或由其一族或数族公民自决处理之。地权未经分配者，其收益作为本族公益事业之用。出租办法得援用第二十一条之规定。

第二十七条 过去已经归公之大小社地，均不得变动。在本条例颁布前，未经一族一村或数族数村群众公决非法出卖之社地，如经过多数群众请求收回，政府得批准以原价赎回或无条件收回，责令出卖人赔偿或退回土地。但须照顾其目前之经济状况，及本人已否死亡，及年代久远等情形，酌量处理，其已转卖者，应由出卖人负责赔偿，不再退地。自本条例颁布后，凡大小社地之出卖，必须经过当地政府批准。

第二十八条 远年无主之坟地，归为公有，由当地政府处理之。

第二十九条 教会土地，由当地教民选举委员会管理之。教会主持人全部逃亡，无人管理者，重新选举主持人；在不能选举情形下，政府代管其土地，待有合法之主持人后发还之。代管期间土地之收益归政府公益事业之用。

第六章 私有荒地之地权处理

第三十条 有合法契约证明为私人所有之荒地，为私有荒地。私有荒地之生荒，于民国三十年底边区政府土地使用暂行条例颁布到达后一年内，如荒地所有人不自行开垦者，他人得依法自由开垦之。但土地所有权仍属于原地主。土地开垦后，承垦人取得五年使用权。三年以内免纳地租，五年以内不出负担，期满后，承垦人有买典租佃之优先权。

第三十一条 土地所有人放弃耕种之熟荒，由当地政府招人无租借种之。借种年限定为二年。在无人借种情形下，借种期得延长三年。期满后土地所有人如仍放弃耕种时，借种人得再继续借种，至土地所有人收回为止。

收回土地应在作物收获后为之。

第三十二条　私有荒地，在其开垦后免租期限内，土地所有人得不交纳资产负担。

第七章　非法土地之地权处理

第三十三条　凡隐匿不报，或以欺诈、威胁、侵占、霸占等非法手段取得土地所有权者，为非法地，一律禁止。自本条例颁布后，如经群众告发，并有确实证据时，该原有土地人得向政府申明要求赔偿或退还土地，如土地已转卖者，应行赔偿，不再退还土地；在退还或赔偿时，应根据双方经济状况，先在照顾贫苦人民利益原则下，酌情处理之。

第三十四条　土地所有人因托人顶免粮赋或代垫粮赋，致土地所有权发生争执者，依契约决定其所有权。如无契约者，经证明属实，其土地仍属原有人。代垫粮赋人，未收取土地收益者，得凭粮赋收据向土地所有人要求偿还。

第三十五条　土地所有人因图转嫁粮赋，将土地推予承粮人者，得由承粮人税契取得土地所有权。承粮人逃亡者，土地归公。出租办法，得援用第二十一条之规定。

第三十六条　顶地或包山梁地，自边府土地使用暂行条例颁布到达后，地主如无契约证明者，顶地户或包山梁户，可向当地县政府登记税契，取得土地所有权。地主如有契约证明者，依佃租关系论。

顶地或包山梁，如系大小社地，无契无约者以公地论，有契有约者，由该社群众公决处理。

（选自太岳行署《太岳解放区现行法令（第一辑）》）

太岳区租佃单行条例

（一九四五年三月二十五日参议会通过，
同年四月十五日公布）

第一章　总则

第一条　本条例根据边区政府施政纲领，及合理调整租佃关系，发展农业生产之原则制定之。

第二条 本条例适用于本区内土地租佃关系。

第三条 本条例所称之地租如下：

一、定租（亦称死租）：按照土地面积计算所定之租额，是谓定租。

二、活租（即按地分粮）：出租人只出土地，承租人自备一切生产工具，就地上收获正产物双方按成分配者，是谓活租。

三、夥种：出租人除出土地外，并供给承租人各种生产工具，或肥料种子之一部或全部，就地上收获物双方按成分配者，是谓夥种。

四、安庄地：出租人除出土地及全部生产工具外，并借给承租人粮食、窑房等，或采取定租，或就地上收获物双方按成分配者，是谓安庄家。

五、包山梁（或顶地）：凡交付地主一定金额，或不交付金额，开垦山地后，逐年交付，甚或逐年增加给地主山钱或梁租，取得土地无限制使用权者，为包山梁或顶地。

第四条 本条例所称土地副产物，指柴草及在地边沿单独点种之农作物而言，其他依各地习惯行之。

第五条 各县在本条例范围内，得按当地实际情况，制定有关租佃的单行办法，呈报太岳行署核准施行之。

本条例颁布前，一切有关减租法令，与本条例抵触者，均按本条例规定办理。

第二章 减租

第六条 出租人应依本条例所规定减收租额，不得多收或法外增租。

第七条 定租（死租）：依照战前租率，根据现在常年产量，计算应交租额，实行减租，减租率不得低于百分之二十五。减租后，最多不得超过正产物收获量百分之三十五，超过者减为百分之三十五，不足者听之，不准加高租额。

（说明）定租减租计算法。例如每亩产量为一石，租额为四斗，其租率则为百分之四十，现在每亩产量因战争降为八斗，按原租率百分之四十计算，其租额应为三斗二升，从三斗二升内减去百分之二十五。减租后，应交租额即为二斗四升，其租率为百分之三十。

第八条 活租（按地分粮）：按原租额减百分之二十五至四十，减租之后，出租人所得最高不得超过正产物收获量百分之三十。土地副产物皆归承租人。

（说明）活租地租应与当地定租地租维持大致相同的租额，其减租多少，随当地租额，以土地好坏而定。在减租之后，若出租人所得不到三成时，就该照数给租，若超过三成时，减为三成。

减租计算法举例如下：假定原租额是四六分（主四佃六），而减租率假定是百分之三十，则出租人应分二成八，承租人应分七成二。

有些地方把活租混同于夥种，这是错误的，关于夥种的减租方法，不适用于活租。

第九条 夥种：按原租额减百分之十至二十，减租之后，出租人取得最多不得超过百分之四十。土地副产物分法依其约定，无约定者依习惯。

（说明）夥种减租多少，看原租额高低、出租人所供给的生产工具和肥料种子多少而定。供给多的少减，供给少的多减，减租之后，若出租人所得不到四成时，即照数给租，若过四成时，减为四成。

第十条 安庄地：按原租额减百分之十至二十，减租之后，出租人所得最多不得超过收获量百分之四十五。土地副产物亦随正产物双方按成分配。出租人对所借粮食、窑房，不得收取利息及租金。

（说明）安庄地减租多少，看原租额高低及土地年成好坏而定，土地年成好的少减，土地年成坏的多减。减租之后，若出租人所得不到百分之四十五，即照该数给租，若超过四十五时，减为四十五。

第十一条 包山梁、顶地：有正式契约者，按第七条之规定实行二五减租。如继续开山荒者，依开私荒之规定，三年不出租，五年不负担。

第十二条 以上第七至第十条之定租转种安庄地，如系水地、园地等，少减租与减租算法相同。减租后，出租人之所得，比旱地各增高百分之五，譬如旱地减租后之租率为百分之三十五，水地、园地可增至百分之四十。但由承租人改良之水地、园地不得增高。

以上定租、活租、夥种、安庄地、包山梁之减租率，各地区得根据本条例第五条作较详细规定。

第十三条 第七条至第十二条所称之原租额，指实行减租以前实交租额而言。禁止作任何借口，抬高原租额。

（说明）各地曾发生出租人以种种借口，提高原租额。如粗粮地租改为细粮地租，虚报土地，重量土地（这些办法都是名义上未抬高原租额，实际上把租额抬高）来对抗减租，都应当在禁止之列。

第十四条 在实行减租之后，新成立的租佃关系，其租额不得超过本条例第七至十二条规定之减租标准。

（说明）减租后新议之地租，不应当比当地减租后之租额高。定租、活租、夥种、安庄地、包山梁出租人所得，均不得超过本条例规定之标准。

第十五条 因天灾人祸致收成减少或毁灭时，承租人得与出租人商议，减付或免付应出地租。

（说明）本条所说天灾人祸，指灾荒、战争等不可抵抗者而言。各地区得依照本条例第五条，统一规定减免办法。

第三章 交租

第十六条 承租人应依本条例减租后之租额交租，不得短少。其有能力交租故意不交者，出租人有请求政府依法追交之权。

第十七条 地租一律在耕作物收获后交纳，禁止预收地租之一部或全部及收取押租。

第十八条 承租人如因收获减少，而确系极贫或遭遇意外，无力交清地租时，得与出租人协商，缓期交纳之，出租人对欠租不得作价行息。

（说明）本条所说意外，指疾病、死亡、失盗、战灾等意外变故而言。

第十九条 地租应交之谷物，依双方约定，其细粮杂粮折算办法，以（依）当地习惯。交租通用当地之斗，禁止大斗收小斗交租。

第二十条 谷物地租易为货币，货币地租易为谷物，须经双方协商同意，始得行之。

第四章 租佃契约及佃权

第二十一条 租佃契约不论为书面或口头，应觅具见证人，或经当地村长证明之。在本条例颁布前所订立之契约，有与本条例相抵触者，应依本条例规定办理，其在本条例颁布后订立之契约，与本条例抵触者无效。

第二十二条 出租人不得任意收回租地，有下列情况之一者，始得收回租地。

一、定有期限之契约，已经期满，或为不定期限之契约，由出租人收回其租地，确系自耕或雇人耕种者。

二、承租人非因不可抗力之阻碍无故继续一年不为耕种，而不交地租者。

三、承租人将租地转租从中图利者。

四、减租后，承租人力能交租而故意不交者。

五、承租人死亡，无承继人者。

六、承租人自动放弃承租权者。

（说明）在出租人援用本条第一款"因自耕收回租地"时，必须照顾第二十三条的规定。关于转租的解释，见下第三十六条。

第二十三条 在抗战时期，出租人依法收回租地时，应顾及承租人生活。如承租人实系贫苦而无力生活者，由政府召集双方予以调剂，得延长佃期或只退佃一部。但如出租人确系为生活所迫，非典卖土地不可者，不在此限。

第二十四条 出租人依据第二十二条一款收回租地时，须于本年耕作物收获后为之。并须于收获一月前，经过村公所通知承租人。在上述情形下，承租人仍须交纳本季地租。

第二十五条 出租人典卖其租地于他人时，原承租人以同一价格，有承典承买之优先权。

（说明）出租人出典出卖租地与他人时，应先尽承租人。在这里卖方不得故意抬高价格，买方亦不得故意压低价格。

第二十六条 出租人典卖其租地与他人时，该承典承买人若非自耕，又非雇人耕种者，原承租人有依原约继续承租权。

第二十七条 出租人典卖其租地与他人时，须于耕作物收获后为之，并须于收获一月前经过村公所通知承租人。

第二十八条 非双方同意，租佃之一方不得将死租改为活租，或作其他类似变更。

（说明）任意变更租佃形式之行为，不但破坏租佃契约，而且可能妨害农业生产之发展，影响主佃生产，故加禁止。

第二十九条 禁止借口自耕，收回租地暗行出租，或任其荒芜，以及假典假卖等行为。事后发觉者，原承租人仍得继续承租其土地。

（说明）出租人口称自耕，但暗行租给别人，或口称自耕，收回土地之后，又将自己另一土地出租，或是收回之后，无力耕种，或是口称典卖给另一农民，实际是租给他（假典假卖），这些都是侵害承租人佃权之行为，故加禁止。

第三十条 租佃契约期满，出租人仍将土地出租时，承租人有以原契约继续承租权。

第三十一条 一般原则上废止永佃权，但永佃权在租地契约上、习惯上，于民国三十年十一月一日边区土地使用暂行条例颁布前已有永佃权者，应保留之。

第五章 其他

第三十二条 民国三十年年底边区政府法令到达该地以前的欠租，一律免交。

第三十三条 开垦他人之生荒地者，三年免付地租，三年期满，再按本条例纳租。

第三十四条 承租人得在耕地上进行耕地改良，出租人不得反对。承租人将荒地变为漫沟地时，五年不出租，在上述耕地改良有效期间，出租人不得收回土地。

（说明）所谓耕地改良，就是"增加劳力资本之结果，致增加耕地生产力，或耕作便利者。"例如，把中地修为上地，旱地修成水地，都是为了提高农业生产，应当鼓励承租人进行耕地改良。

第三十五条 由于出租人投资进行耕地改良，致土地产量提高时，得酌情增加地租。

（说明）本条用意同于上条。增加地租多少，看土地产量增加多少而定。

第三十六条 禁止包租、转地，从中图利。

（说明）承租人将租地之一部，以原租额让租给别人，或将租地附加上一部生产工具与人夥种、安庄地，不算转租。只有租进土地，又定租、活租出去，从中取利，方加禁止。

第三十七条 于应收正租外，出租人不得索取任何额外报酬与无偿劳动。

第三十八条 贫苦抗战军人家属或贫苦工属及贫苦孤寡，因丧失劳动力出租少量土地为生活者，得不受本条例之限制。

第三十九条 经政府代管之逃亡地主土地，除原承租人继续承租外，荣誉军人及其家属、贫苦抗属工属及贫苦人民，依次有以较低租额租种之优先权。

第四十条 在本条例颁布前，无租借种逃亡地主之土地，以下列办法处理之：

一、过去无租借种土地的收益，归借种人不再退交。

二、过去无租借种土地，一律改为低租借种，由政府代管之。

第四十一条 故意违反本条例之规定者，按情节轻重，由司法机关处理之。

（选自太岳行署《太岳解放区现行法令（第一辑）》）

太岳区关于典地、旧债纠纷、押地问题之处理办法

（一九四五年三月二十五日参议会通过，
同年四月十五日公布）

关于典地处理办法

第一条 承典人依法交付典价，订约税契后，在典权存续期间，享受使用出典人土地之收益权利者，为典地。

第二条 典地由双方自愿约定期限，无约定者，三年以内不准赎回。在三年以上六十年以内，出典人得随时以原典价赎回，有约定年限者，依其约定。超过六十年者，经承典人将原典契当做卖地税契后，典地所有权即归承典人。

第三条 出典人赎回典地应于耕作物收获后为之，并须于收获一月前，经过村公所通知承典人。

第四条 出典人赎回出典之土地，出租时，承典人有承租之优先权。

第五条 承典人因改良土地所需之资用，在典地赎回时，得在现存效能内，请求补偿。

第六条 承典人在典地上之有利建筑及土地改良，出典人赎回时，应听承典人撤回，其不能撤回，或因撤回损失土地之生产效能者，由双方协议，归出典人收买。协商不成时，由村民事委员会或农会调解之，调解不成时由政府判定之。

第七条 承典人得将其典地转典或出租于他人。但转典期限不得超过原典期限，转典价不得超过原典价。

第八条 承典人因事实需要，而出典人暂无收回典地之能力时，承典人得将典权让与他人。典权让与后，受让人应继续原承典人与出典人之关系。

第九条 无约定年限之典地，自立约之日起，不满六十年者，承典人不得出卖。在民国三十年底边区政府土地使用暂行条例颁布前，出卖典地业已税契者，应由承典人依现时地价，照数补偿。如未税契者，其出卖关系作为无效。如已根据边区政府土地使用暂行条例第十四条之规定，执行出卖并已税契者，不在此限。

（说明）在补偿地价时，得照顾双方家庭经济状况，酌情处理之。

第十条 出典人出卖其土地时，承典人有购买之优先权。出典人于一月前通知承典人，其通知手续，须有村公所及村农会之证明方为有效。

第十一条 典地因天灾或其他意外，以致全部或一部消灭者，其消灭部分之承典权与赎回权，均归消灭。前次情形，出典人赎向典地之余有部分时，得由原典价中扣除消灭部分之典价，承典人得修复消灭部分之土地。但所需费用超过消灭部分之原典价时，由双方协议解决之。

第十二条 出典人抽回甲地，出典乙地时，原承典人有承典之优先权。

第十三条 因承典人之过失，以致典地或其附属物遭受损失者，承典人应按损失情形负责赔偿之。

第十四条 典地回赎时，如因典价发生货币折算纠纷，应根据双方家庭经济状况，酌情处理之。

关于旧债处理办法

第一条 抗战以前旧债（富户借有公款者不在此限）的偿还办法，依下列各规定。

一、计息标准，不得超过一分半。付息超过原本一倍者，停利还本，付息超过原本二倍者，本利一概免付。

二、如系押地□钱者，除按上项规定清理债务外，其所押土地，债权人无处分之权。

三、如债务人因天灾人祸无力履行契约者，或债权人无其他产业，依存款为生，而债务人又比较富裕者，发生纠纷时得由区村政府召集双方当事人调处之。

四、如债权人以变天思想威胁，不将原地抽给债务人，或企图隐匿者，债务人可声请政府给作证明，以后发现，原地作为无效。

五、如原契约遗失，双方可声请政府另补换一契，原契作为无效。

第二条 旧债清偿时，如因货币折算发生纠纷，应按债务性质与双方经济状况，在照顾贫苦人民利益原则下，酌情处理之。

关于押地处理办法

第一条 债务人向债权人不转移其土地之使用，而只抵押其土地，以租出偿还债款本息者，为押地。

第二条 押地于债款已到偿还期，而债务人不能偿还者，得依习惯继续付息，其不能付息，或契约注明到期必须偿还本息者，得改为典地契约。如债务人不愿改为典地契约时，除为债务人留必需生活费外，政府得责令债务人指定该原押地收益，依清债办法分期偿还。同一押地，担保数债权者，债权人亦可声请政府责令债务人以押地收益，按上述办法，依债务契约先后不同比例分期偿还之。

第三条 转押地得援用典地处理办法第七条转典地之规定。

第四条 押地因天灾而被消灭者，债权人不得要求押地。

第五条 在边区政府民国三十年颁布之土地使用暂行条例到达前之押地，得依下列办法清理之：

一、契约载明之利息，应减为年利率百分之十五，另换新约，不及者依其约定。

二、债务人已付利息超过原本两倍者，即作为本利还清，由债务人无条件收回押地。如债权人因债务人过去不能交付利息，以致收走押地者，得就将该押地之收益，作为已交利息计算。

三、押地已成买卖关系，或典地关系者，不得变更。但未经税契者，按债务关系解决之。

四、如因债务关系被迫形成让地情形，亦未税契者，仍按债务关系处理之。

（选自太岳行署《太岳解放区现行法令（第一辑）》）

晋西北减租减息暂行条例

（一九四一年四月一日修正公布）

第一条 本条例之制定以适应抗战建国需要，改善人民生活，照顾各阶层利益为原则。

第二条 地租照原租额减收百分之二十五（以下称二五减租）。

第一款 地租不能超过耕地正产物收获总额百分之三十七点五，二五减租后，超过百分之三十七点五者，应减为百分之三十七点五，不及三十七点五者，依其约定。

第二款 活租及新成立租地关系之租额，亦以耕地正产物收获总额百分之三十七点五为最高额。

第三款 地租以现金缴纳者，应按缴纳时之市价折算之。

第四款　地租原定为甲类谷物，而所收获者为乙类谷物时，即以当时两类谷物之市价折合缴纳之。

第五款　出租人不得收取押租。

第六款　耕地之土地税，由承租人代付者，应于地租内扣除之；耕地之村款摊派，以村款摊派法行之。

第七款　因敌伪破坏及水旱虫灾而歉收者，适用本条第一款之规定，其正产物尚不足种子或仅等于种子者，地租全部停付。

第八款　耕地副产物一律归承租人所有。

第三条　三条腿、二八分、三七分、四六分、对半分等夥种形式，地主之土地收入原则上亦照原分配法减少百分之二十五，惟根据夥种之具体条件酌定。

第四条　关于收租地及夥种地之限制。

第一款　具有如下情形之一者，始可收回租地及夥种地。

（甲）地主不能维持生活收回自耕而不用雇工时。

（乙）耕地履行法定手续出卖时。

（丙）依照政府命令变更其使用时。

（丁）承租人、夥种人死亡而无继承人时。

（戊）承租人、夥种人将耕地转租转夥种于他人时。

（己）依本减租法减租后，承租人力能缴租而故意不缴时。

（庚）承种人、夥种人非因不可抗力继续一年不为耕作时。

第二款　地主将耕地出卖时，原承种人、夥种人有继续承租及夥种权，如承买者买回自耕时，则不得要求继续承租及夥种。

第三款　收回自耕之耕地，如再出租或夥种时，原承租人或夥种人有继续承租及夥种之优先权。

第五条　转租、送工及其他不合理办法一律禁止。

第一款　承租人虽经出租人同意，亦不得将耕地全部或一部转租他人。

第二款　将坏地出租而又承租好地，因而妨害他人利益者，严加禁止。

第三款　出租人不得向承租〔人〕要求送人工、送礼、代替支差及其他额外要求，但夥种地应履行双方所约定之条件。

第四款　斗以通用斗为准，租斗一律禁用。

第六条　钱息粮息无论年利月利均不得超过百分之十五（分半行息），超过百分之十五者，应减为百分之十五，不及百分之十五者，依其约定。

第七条　债权人不得因减息关系解除契约。

第八条　现扣利、利滚利等高利贷及赌博债，一律禁止。

第九条　依本条例缔结之租借契约一律有效。

第十条　本条例自公布之日施行。

附　则

第一条　畜租、房租亦适用本条例。

第二条　抗战后减租已减足百分之二十五者，不得再减。

第三条　贫苦抗属、鳏寡孤独无力自耕将耕地出租者，可酌量免减或少减，并不受第四条关于收回自耕之限制。

第四条　敌占区原则上亦应执行本条例，惟应多采用政治动员方式，并以不妨害敌占区工作为前提。

第五条　承租人已将耕地转租者，现耕种人应直接与耕地所有者建立新租地关系。

第六条　抗战以后之欠租欠债，准按本条例规定重定借约，五年内分期偿还，结束债欠。

第七条　抗战以前旧债旧租如清理时，应按年利分半，一本一利计算偿清，其已付过之利息超过原本者，停息还本；已付过之利息超过原本二倍者，本利均停。旧租如系因灾荒歉收致欠者，得斟酌具体情形少还或停付。

第八条　夥种分配法，收回自耕，地租免减少减，清理债务租息，歉收后之减租免减，定收成等事关双方利益者，皆须经由政府、群众团体、地主、佃户共同组成之评议会公平议定后，方为有效。

第九条　本条例所称之正副产物之解释如下：

耕地所产谷物为正产物，所收柴草为副产物；耕地每年收获一次者，谷物为正产物，地边附种菜蔬、瓜豆为副产物；耕地每年收获二次者，谷物为正产物，附种菜蔬、瓜豆为副产物；其一季专种菜蔬者，菜蔬亦为正产物；耕地种两种以上谷物者，均以正产物论，地边附种作物均以副产物论，耕地附着果木产物之处理依其约定。

（选自晋西北行政公署《法令辑要》）

晋西北行政公署为改正减租减息条例及补充回赎不动产办法的命令

(一九四一年四月四日)

为发展根据地生产事业,流通农村资金借贷,兹经政务会议决定:(一)减租减息方面:牛租不受二五减租之限制,借贷利息以双方同意为原则,取消分半行息之限制,过去牛租及债务问题之处理,仍按减租减息条例规定。(二)回赎不动产方面:承典人或债权人在改良土地上所消耗之费用,出典人或债务人于回赎时,须酌予补偿。希即遵照并转饬所属周知为要。

(选自晋西北行政公署《法令辑要》)

晋西北行政公署修正垦荒条例

(一九四一年八月修正,同年十月十日起施行)

第一条 为达到消灭荒地,扩大耕地面积,增加农业产量,并便于实行,特修正本条例。

第二条 凡在本区内开垦荒地,悉依本条例之规定办理。

第三条 荒地种类如下:

一、生荒——尚未开垦之荒地及林地(林地开荒只限林间之地,不得砍伐树木)。

二、熟荒——去年曾经开垦耕种,而今荒废一年以上之地(凡原条例所指新旧熟荒及新荒均属之)。

三、河滩地——被河漂没之地。各地习惯上压青地(即轮息地),不在荒地之例。

第四条 开垦荒地办法如下:

甲、对地主因种种原因致使荒芜之地:

一、生荒——开垦后免征公粮三年,免缴地租五年,五年后由当地政府评议,向地主缴纳公平之地租。如系本人自行开垦者,免征公粮二年。

对此项荒地,开垦人有永佃权,在未取得开垦人同意之前,地主不得随意夺回（即许还不许夺）。

二、熟荒——开垦后免征公粮一年，免缴地租二年，二年后由当地政府评议，向地主缴纳公平之地租。如系本人开垦者，在第一年内免征公粮一半。

对此项荒地，在五年以内，地主在未取得开垦人同意之前，不得随意夺回。

三、开河滩地——开辟后免征公粮三年，并按当地习惯免缴地租五年至二十年，期满后归还原地主耕种。本人开辟者，免征公粮二年。

乙、对地主离开本区，亦没托人代管致使荒芜之地，其开垦办法，均适用甲项之规定。惟当地政府应负责暂为保管，代其租出，并设法招致原主返区，以便交还。

前项土地应出之公粮田赋，由当地政府代收缴纳，在地租内扣除。

丙、对无主之荒地（即绝户地），其垦荒办法均适用甲项之规定。惟在免征期满后，其应出之地租应按期向当地政府缴纳。

第五条　开垦第四条甲、乙、丙各项所规定之荒地，如有原地主者，尽先由原地主开垦，如原地主不开垦或不能出租或离开本区亦未托人管理或根本无地主者，由当地村公所按：（一）抗属，（二）部队机关团体，（三）合作社，（四）贫苦农民，（五）一般农民之次序，按照规定代为招人开垦。

第六条　开垦人无论个人或团体，应于春耕前，将自己原耕种之土地亩数、剩余劳动力、情愿承垦地段，详报当地村公所，以便统筹决定开垦人。如准其开垦后，并应受村公所之指导与督促，不得贪多，以免荒芜。

第七条　如发现有意图逃避或减少负担，将自己耕地荒芜或转租他人而开垦他人之荒地者，经村公所查明属实后，不予减免公粮地租。

第八条　本条例如有未尽事宜，得由本署随时修改之。

第九条　本条例自三十年十月十日起实行。

（选自晋西北行政公署《法令辑要》）

晋西北行政公署修正兴办水利条例

（一九四二年一月施行）

第一章　总则

第一条　为扩大水田面积，适当解决水利中的纠纷，增进农业生产，特修正本条例。

第二章 奖励

第二条 本区域如有河流泉水及地下水旺盛之地区可资利用者,人民均得尽量开凿之。

第三条 如兴办水利工程利益甚大,但需工料较多不能兴办时,得呈请当地政府设法协助与推动。

第四条 凡抗战以来从未灌溉之地,新近兴办水利者,其上水后第一年之收入,在征收公粮时仍按前一年旱地时期的产量计算,以为奖励。

第五条 本区域旧有水利事业无论公营私营,须由当地政府督饬其负责人积极整理,以增进灌溉数量。

第六条 水利合作社的股本及利润,均不计算负担.

第三章 水利组织法

第七条 以自由契约结合为原则,按地摊工或自由集股合资办法,由各地依实际情况自行选定之。

第四章 土地关系

第八条 兴办水利占用之地,无论公有私有须经当地县政府查明批准。

第九条 因开渠、凿井、凿泉及淤地被占田地之地主,有要求地价或租金之权利,买价或租金由当地县政府根据当地时价规定之。

第十条 新修水地佃户之永佃权须严加保证,以提高兴办水利的积极性,但经区公所核准得酌量增加地租,依减租减息条例不超过产量百分之三十七点五,如系伴种,仍可按原规定分粮。

第五章 水利营业

第十一条 人民或团体如欲兴办水利以资营业者,须于事前将工程计划、灌溉面积、资本数目、收费办法等,详具图说,呈请当地县政府转报本署核准。

第六章 附则

第十二条 本条例如有未尽事宜由本署修正之。

第十三条 本条例自民国三十一年一月实行。

(选自晋西北行政公署《法令辑要》)

晋西北减租交租条例

(一九四二年十一月六日晋西北临时参议会修正通过，
同年十一月晋西北行政公署公布)

第一章 总则

第一条 为确实减租交租，保障地主与农民地权，调整租佃关系，发展农业生产起见，特制定本条例。

第二条 所有租种、夥种、认粮租种之公地、私地，不论其为死租、活租、粮租、钱租，均须依照本条例实行减租交租。

第二章 减租

第三条 山地依战前原租额先以七成五折算（因战后产量约及战前之七成），再减百分之二十五，但个别地区产量超过七成者，其产量折算，另以命令行之，水地平地，只减百分之二十五。战前原租额如为活租者，以其实交租额为原额。

第四条 认粮租种地如依照第三条减租后，其租额尚不足或等于田赋时，须于原租额内除去田赋，再行减租。

第五条 夥种地之夥出人所得，照战前原分配法减少百分之二十五，如夥出人投资（畜力、肥料、种子、水利等）时，其投资部分不减租。具体办法为：先于总产量中除去夥出人投资部分，然后照战前原分配法在夥出人分得内减百分之二十五。但有下列情形者依照下列规定：

一、约定或习惯投资不除去者，应先按战前原分配法分粮后，在夥出人所得内，除去投资部分，再减以百分之二十五。

二、约定或习惯投资由夥入人所得为偿还者，其偿还部分不减租。

夥种地柴草之分配依其约定或习惯。

第六条 战后新租出夥出之土地，其原租额原分配法不论高于或低于战前，减租时仍照战前一般标准计算之。

第七条 出租人、夥出人如不依照本条例减租时，一经查出或被告发，除退还多收之地租外，并将多收之部分□月利分半行息。

第八条 贫苦之鳏、寡、孤、独、抗属无力自耕将土地租出或夥出者，得由双方自行协商不减或少减，以照顾其生活。

第九条 游击区及敌占点线附近地区之减租，不受第三条之限制，得由县政府依照当地情况酌情减少百分之十、十五或二十。

第十条 为繁殖牲畜，发展生产，畜租不减。

第三章 交租

第十一条 依照本条例减租后，承租人必须如数交租不得拖欠。如力能交租而抗不交付时，出租人得无条件收回租地，并得追收欠租。

第十二条 如承租人非因产量减少而确系无力交租时，须于第二年全数补足；第二年仍未补足时，须订立借约，以年利分半行息。

第十三条 地租之谷物种类有约定者从约定，无约定者从习惯。

第十四条 地租于产物收获后交付，不得预收，如承租人自愿预交且经村公所批准者，不在此限。

第十五条 出租人、夥出人不得向承租人、夥入人要求无代价之送工、送礼、播种等任何额外负担。

第四章 减租后租额

第十六条 依照本条例减租后，应以减后租额订立新租约，双方遵守，不再实行减租，亦不得自行加租，夥种地同此，但夥种条件变更时，得依减租原则另行约定。

第十七条 租地因出租人改良土地，或因天然关系土壤改善提高产量时，得经评议酌情加租。

第十八条 个别地区因天灾及战争关系收成大减时，得由县政府呈报行署根据收成另定减租标准。

第十九条 个别农户因天灾人祸、疾病死亡，其收成大部或全部被损时，得经评议由村公所呈请区级以上政府酌情减免。

第五章 土地所有权与佃权

第二十条 租期由双方自愿约定。出租人（包括夥出人，以下同此）除依照第十一条、第二十三条收回租地外，在下列情形下亦得收回租地（包括夥种地，以下同此）：

一、自耕或雇工耕种时，得于契约期满后收回。

二、出卖或出典时，无论期满与否皆得收回。

惟在抗战期间出租人收回租地自耕或雇工耕种地，须照顾承租人（包括夥入人，以下同此）之生活，贫苦之承租人因收回租地无法生活者，得经评议并由政府决定收回一部分。

收回租地，须依当地习惯行之。

第二十一条　承租人改良土地，或经出租人同意在租地上建筑房屋、栽植树木，出租人于收回租地时，须经评议在现存之上利益限度内，酌情补偿。

第二十二条　出租人于契约期满后仍行出租（包括夥出，以下同此），或出卖出典后新主仍将该地出租时，原承租人均依原条件有继续承租（包括伙入，以下同此）之优先权。

第二十三条　承租人非因天灾人祸、疾病死亡，耕作不努力荒地（荒种或荒收）在三分之一以上时，出租人得无条件收回租地，承租人仍须照数交租，但轮歇地不在此限。

第二十四条　禁止转租，但不以从中取利之分租不在此限。

第六章　旧租之清理

第二十五条　为清理欠租，保证今后交租，改善租佃关系起见，本条例颁布以前之欠租一律免交，抽回欠约。欠约确系遗失时，出租人须出具证明（即写拦约）。

第二十六条　本条例颁布前，出租人未依法减租者，亦不追究。

第七章　租佃调解委员会

第二十七条　为推动本条例之执行，行政村及租佃关系复杂之大自然村，根据需要得设立租佃调解委员会。行政村之租佃调解委员会由村长一人、出租人代表一人、承租人代表二人、村中公正人士三人共七人组成之，村长为主席。大自然村之租佃调解委员会由村主任代表一人、出租人代表一人、承租人代表一人、村中公正人士二人共五人组成之，村主任代表为主席。租佃双方代表各由双方选举之，公正人士由村民代表会或代表团推荐之。

第二十八条　租佃调解委员会任务如下：（一）调解本条例内所评议事项；（二）调解村中一切租佃及债务纠纷。调解时政府有最后决定权。

第八章　附则

第二十九条　出租人或承租人不执行本条例时，由政府强制执行之。

第三十条 本条例经临参会通过，由行署公布施行之。所有以前之有关法令，一律作废。

（选自一九四二年十一月晋西北临时参议会常驻委员会出版印行的《条例》）

山西省第二游击区减租减息暂行条例

（一九四一年四月一日修正公布）

第一条 本条例之制定以适应抗战建国需要，改善人民生活，照顾各阶层利益为原则。

第二条 地租照原租额减收百分之二十五（以下称二五减租）。

第一款 地租不得超过耕地正产物收获总额百分之三十七点五，二五减租后，超过百分之三十七点五者，应减为百分之三十七点五，不及三十七点五者，依其约定。

第二款 活租及新成立租地关系之租额，亦以耕地正产收获总额百分之三十七点五为最高额。

第三款 地租以现金缴纳者应按缴纳时之市价折算之。

第四款 地租原定为甲类谷物，而所收获者为乙类谷物时，即以当时两类谷物之市价折合缴纳之。

第五款 出租人不得收取押租。

第六款 耕地之土地税，由承租人代付者，应于地租内扣除之，耕地之村款摊派，以村款摊派法行之。

第七款 因敌伪破坏及水旱虫灾而歉收者，适用本条第一款之规定，其正产物尚不足种子或仅等于种子者，地租全部停付。

第八款 耕地副产物一律归承租人所有。

第三条 三条腿、二八分、三七分、四六分、对半分等伙种形式，地主之土地收入原则上亦依照原分配法减少百分之二十五，惟应根据伙种之具体条件酌定之。

第四条 关于收回租地及伙种地之限制。

第一款 具有如下情形之一者，始可收回租地及伙种地。

甲、地主不能维持生活，收回自耕而不用雇工时。

乙、耕地履行法定手续出卖时。

丙、依照政府命令变更其使用时。

丁、承租人、伙种人死亡而无继承人时。

戊、承租人、伙种人将耕地转租、转伙种于他人时。

己、依本减租法减租后，承租人力能缴租而故意不缴时。

庚、承租人、伙种人非因不可抗力量继续一年不为耕作时。

第二款　地主将耕地出卖时，原承租人、伙种人有继续承租及伙种权，如承买者买回自耕时，则不得要求继续承租及伙种。

第三款　收回自耕之耕地，如再出租或伙种时，原承租人或伙种人有继续承租及伙种之优先权。

第五条　转租、送工及其他不合理办法一律禁止。

第一款　承租人虽经出租人同意亦不得将耕地全部或一部转租他人。

第二款　将坏地出租而又承租好地，因而妨害他人利益者，严加禁止。

第三款　出租人不得向承租人要求送工、送礼、代替支差及其他额外要求，但伙种地应履行双方所约定之条件。

第四款　斗以通用斗为准，租斗一律禁用。

第六条　钱息粮息无论年利月利均不得超过百分之十五（分半行息），超过百分之十五者，应减为百分之十五，不及百分之十五者，依其约定。

第七条　债权人不得因减息关系解除契约。

第八条　现扣利、利滚利等高利贷及赌博债一律禁止。

第九条　依本条例缔结之租借契约一律有效。

第十条　本条例自公布之日施行。

附　则

第一条　畜租房租亦适用本条例。

第二条　抗战后减租已减足百分之二十五者不得再减。

第三条　贫苦抗属鳏寡孤独无力自耕将耕地出租者，可酌量免减或少减，并不受第四条关于收回自耕之限制。

第四条　敌占区原则上亦应执行本条例，惟应多采用政治动员方式，并以不妨害敌占区工作为前提。

第五条　承租人已将耕地转租者，现耕种人应直接与耕地所有者建立新租地关系。

第六条　抗战以后之欠租欠债，准按本条例规定重订借约，五年内分期偿还，结束债欠。

第七条　抗战以前旧债旧租如清现时，应按年利分半，一本一利计算偿清，其已付过之利息超过原本者停息还本，已付过之利息超过原本二倍者，本利均停；旧租如系因灾荒歉收致欠者，得斟酌具体情形少还或停付。

第八条　伙种分配法，收回自耕，地租免减少减，清理债务租息，歉收后之减租、免租、定收成等事关双方利益者，*皆须经由政府、群众团体、地主、佃户共同组成之评议会公平议定后，方为有效。

第九条　本条例所称之正副产物之解释如下：

耕地所产谷物为正产物，所收柴草为副产物，耕地每年收获一次者谷物为正产物，地边附种菜蔬瓜豆为副产物；耕地每年收获二次者，谷物为正产物，附种菜蔬瓜豆为副产物；其一季专种菜蔬者，菜蔬亦为正产物；耕地种两种以上谷物者，均以正产物论；地边附种作物均以副产物论；耕地附着果木产物之处理依其约定。

山西省第二游击区公地户地社地庙地寺地学田使用条例

（一九四一年四月一日公布）

第一条　为正确处理公地、户地、社地、庙地、寺地、学田特制定本条例。

第二条　公地（黑地、绝地、没收汉奸之土地及其他属于政府管理之土地）由县政府管理，地租作为政府收入。

第三条　户地由本姓全体成员选举户地管理委员会管理之，地租一部分可作为祭奠祖先之用，其余部分须作为救济本姓贫苦者之借贷金及兴办本姓公益事业及教育事业之用。

第四条　社地由社地所有人组织管理委员会管理之，地租一部分捐助县政府作为教育基金，其余部分作为救济社内贫苦者之借贷金或兴办本社公益事业之用。

第五条　庙地寺地

一、原来由社管理者，使用办法与社地同。

二、原来非由社管理者，一部分留交主持耕种或出租以维持其生活，其余部分由县政府代管。

---

* 原文如此，疑有误。——编者

三、喇嘛庙、清真寺之土地，有关民族问题者，应由政府加以保护。

第六条 学田由县政府管理，地租作为教育基金。

第七条 由各种管理委员会及县政府管理之土地应尽先租给土地所在村之农民；贫苦抗属、贫苦农民有租地之优先权。

第八条 本条例自公布之日施行。

附　则

第一条 逃亡户之土地。

一、如有代管人时，由代管人管理，代管人代缴纳该逃亡户依法应缴之粮款。

二、无代管人时，由县政府代为管理，地租除去该逃亡户依法应缴之粮款外，其余由县政府暂代保存，俟该逃亡户归来时，连同土地一并归还。

第二条 在本条例公布后，所有以前颁布之有关上述各种土地使用之法令有与本条例抵触者应遵照本条例，本条例所未规定者遵照其他法令。

注：以上所称各种土地于本年年底以前整理完毕，依照下表报告行署。

整理各种土地统计表

	亩　数	地　租	整理办法及结果	其　他
公　地				
户　地				
社　地				
庙　地				
寺　地				
学　田				
逆　产				
逃亡户地				
附　注	1. 整理办法及结果系记多少亩由政府代管，多少亩归社等等。 2. 其他系记其他应该填报者。			

山东省减租减息暂行条例

（一九四〇年十一月十一日通过公布施行）

第一条 为改善人民生活，增强抗战力量，调整阶级关系，巩固民族团结起见，特制定本条例。

第二条 地主之土地收入，不论租佃、半种，一律照原租额减收五分之一，按收获分粮者，不论其种子、肥料、农具谁负。均按原定分粮比例，地主减收五分之一。

第三条 钱之利息收入，不论新债旧欠，年利率一律不得超过一分五厘（即百分之十五）。

第四条 地租一律不准预缴。

第五条 严禁庄头剥削。

第六条 地主对佃户之无偿劳役及指粮讹算之陋习，一律禁止。佃农在春荒时向地主所借之粮食，到收成后还粮，不得折价，粮息不得超过一分半。

第七条 出门利、剥皮利、印子钱、利上利等及其他一切高利贷，一律禁止。

第八条 十年以上之旧债，债务人得商请债权人停息还本，债权人不得借故拒绝。

第九条 长期借贷者所交利息之总和，不得超过本金。

第十条 各县人民已［有之］息借款物及租种田地之文约字据，应由各县各级抗日政府督促当事人限期按照本条例第二条至第八条之规定，一律重新更换字据，过期不换，概作无效。但有特别情形经政府查明属实，或由各抗日群众团体负责证明者，不在此限。

第十一条 出租人未得租户、佃户、半种户之同意，不得将耕地收回转租、转佃、转半种他人：

一、依定有期限租用耕地之契约与依不定期限租用耕地之契约，如承租人继续耕作，出租人均不得解除契约；

二、出租人于能维持生活之前提下，于不能保持耕地原有性质及效能前提下，于不能不增加雇工耕作前提下，均不得以收回耕地自耕为借口而解除契约；

三、出租人于不能维持生活之前提下，于能保持耕地原有性质及效能前提下，于自己耕作不用雇工前提下，得原耕人之同意，得将出租耕地收回一部或全部自耕。

四、出租出卖耕地时，承租人以同样条件有继续承租权，□承买人买来自耕，适用本条第二款及第三款之规定。

第十二条 在本条例公布前，其已实行减租，超过五一减租之规定办法者，可仍其旧。

第十三条 本条例如有未尽事宜，得随时由山东省临时参议会修正之。

第十四条 本条例自山东省临时参议会通过后公布施行之。

（选自《山东省战时法规政令汇编》第一辑第一分册，一九四二年版）

山东省战时工作推行委员会
关于陈报清查土地人口的决定

（一九四一年四月四日）

（一）为了推行民主政治，切实实施公平负担，整理田赋起见，在各抗日民主政权工作较有基础地区（各行政系统已经建立，民众已有组织，政令已能推行，村公所已实行民选之地区），得举行陈报、清查土地与人口登记工作，使政府能确切了解管辖各该地区之土地、人口，使一切行政工作有所依据。

（二）地亩标准：

甲、地亩面积以官亩为标准，即以营造尺五尺为一方步，二百四十六方步为一亩。

乙、地亩肥瘦之不同以收获多寡分为三等九级，即以普通收获年成每亩全年收获小麦（其他秋粮杂粮折合麦子）不及三十斤者列为劣等，一般不列负担。三十一斤到一百斤者为下等，一百零一斤到二百斤者为中等，二百零一斤到四百斤以上者为上等，而每等又分为三级，即三十一斤到五十斤为下下级、五十一斤到七十五斤为下中级、七十六斤到一百斤为下上级、一〇一斤到一二五斤为中下级、一二六斤到一五〇斤为中中级、一五一斤到二〇〇斤为中上级、二〇一斤到二五〇斤为上下级、二五一斤到三〇〇斤为上中级、三〇一斤到四〇〇斤为上上级。

丙、因土地肥瘦消耗人工、肥料、种子数量不同，因此各级土地折合比例还不能完全以收获量折合,因此决定以中中地一亩等中下级一亩半、等下上地二亩、等下中地四亩、等下下地六亩、等中上地七分五厘、等上下地五分、等上中地四分五厘、等上上地四分。列表如下:

级\等	下等			中等			上等		
级	下下	下中	下上	中下	中中	中上	上下	上中	上上
产量	31－50	51－75	76－100	101－125	126－150	151－200	201－250	251－300	300－400
折合地亩比例	6亩	4亩	2亩	1.5亩	1亩	0.75亩	0.5亩	0.45亩	0.4亩

丁、小麦与秋粮杂粮之一般比例标准,小麦十斤等高粱十二斤、谷子十六斤、小米八斤、豆子十三斤,其他花生地瓜等按时价折合,各地得照当地具体情形酌予增减。

（三）实施陈报与清查土地之地区,以县为单位,应先经县级党政军民负责机关商议,认为该地区条件已具备,可以推行,呈报专署批准后,召集县区政府及群众团体深入解释,宣布陈报及清查土地办法及标准及对付匿报土地（即黑地）之处理办法和纪律,并抽调一批干部,加以专门训练,然后到区村开群众大会,宣布陈报及清查土地之意义、办法及标准,务使群众了解赞同,解答可能发生之误会、疑问后,才开始进行。为了收集经验,减少弊病起见,可先择定每个区工作较有基础之乡或村为实验区,实验有效后,再普遍推行。

（四）陈报清查土地之办法,先由人民根据规定土地丈量标准及土地分等标准,将自己所有土地按段按块,将地主姓名、位置、亩数、等级,折合"中中亩"标明于小木牌上,插在田上,由村政委员加以登记成册,然后乡或区清查土地委员会加以审查订正以至实行清丈,个别匿报者,采取个别抽丈,全村匿报者,采取全村清丈,对匿报之土地或以多报少者,即为黑地,将加以处罚或宣布没收归公。如有区、乡间标准不同,严格与马虎不同者,由县清查委员会复议,作为最后决定。

（五）土地人口清查时,即应列表登记,村列户口、人口、土地、乡区,以村乡为单位。

（六）为使土地人口工作有专人管理起见,村乡区县政府应有专人管理登记土地人口事宜。县民政科、区民政助理员、乡、村公所应有人专司人口出生、死亡、移出、迁入等之登记。土地则于每年春季实行征收田赋、救国公粮以前，实行订正一次，以后田赋一律按清查土地后所折合之中中亩征收。

（七）清查土地，登记人口，是政权工作之基本工作，为建立巩固的民主政权，确实施行政策的急务，亦为中国民主政治之创举与艰巨任务，这与人民有切身利害关系，易生误会，亦易生谣言，对于这一工作实行的好坏，关系今后政权工作的巩固发展与政府威信，亦为尺量各地政权工作程度之标志，要求各级政权机关应慎重讨论，根据实际情况，切实推行，并应通过参议会、群众团体，进行充分动员解释工作，吸收他们参加这一工作，并望随时将实施情形及经验教训报告我们，以便转到其他各地区去。

（选自《山东省战时行政委员会公文合订本》卷二）

山东省清查土地登记人口
暂行办法草案

（一九四一年十月二十日山东省战时工作推行委员会拟颁）

第一章　总则

一、为了推行民主政治，切实实行公平负担，整理田赋，使各级政府能确切了解所辖区域内之土地人口，使一切行政工作有所依据起见，特制定本办法。

二、本办法施行于抗日民主政权较有基础，行政系统已经建立，民众已有组织，政令已能推行之地区。

三、本办法之实施须以县为单位，先经县政委员会认为条件具备，呈请专员公署批准后实行。

四、施行本办法清查土地登记人口时，必须由党政军民负责机关组织土地清查委员会作为集体领导机关。

第二章　分则

第一节　清查土地

五、清查土地必须彻底清查所有民户之土地面积、产量、坐落、四至及其现种权（出典或出租）。其陈报表式另定之。

六、为了实行真正的公平负担起见，清查土地时须将土地分为以下几种：

甲、耕地——能耕种之土地（包括水田）；

乙、宅地——房屋院落所占之土地；

丙、场地——晒打农户产品所用之场园地；

丁、荒地——私人所有生产茅草及小树之荒山；

戊、林地——种植树木之土地；

己、坟地——坟墓占用之土地；

庚、汪地——私人所有生产苇、蒲、芰草之河滩湖汪。

七、土地面积必须以官亩为标准，即每亩二百四十方步（杆），每步五尺（营造尺，即潍县活尺之合起者）。

八、因全省各地耕地产量之悬殊，为使负担真正公平起见，特规定耕地等级之标准如下：

甲、山地标准——如鲁中、鲁南地质较差、产量较低之地区，以年产小麦七十六斤至一百斤者为标准地。其土地等级及折合比例如下：

地　　级	每亩全年产量	折合标准亩所需亩数
一级地	三〇——四〇斤	三亩
二级地	四一——五〇斤	二·二五亩
三级地	五一——六〇斤	一·五亩
四级地	六一——七五斤	一·二五亩
五级地	七六——一〇〇斤	一亩（标准中亩）
六级地	一〇一——一二〇斤	〇·八五亩
七级地	一二一——一四〇斤	〇·七亩
八级地	一四一——一六〇斤	〇·六亩
九级地	一六一——一九〇斤	〇·五亩
十级地	一九一——二二〇斤	〇·四五亩
十一级地	二二一——二五〇斤	〇·四亩
十二级地	二五一——三〇〇斤	〇·三亩

乙、平原地标准——如清河、鲁北地质较好、产量较优之地区，以年产小麦一百五十一斤至二百八十斤者为标准地，其土地等级及折合比例如下：

地　级	每亩全年产量	折合标准亩所需亩数
一级地	五〇——七〇斤	三亩
二级地	七一——九〇斤	二亩
三级地	九一——一二〇斤	一·五亩
四级地	一二一——五〇斤	一·二五亩
五级地	一五一——八〇斤	一亩（标准中亩）
六级地	一八一——二一〇斤	〇·八五亩
七级地	二一一——二五〇斤	〇·七亩
八级地	二五一——三〇〇斤	〇·六亩
九级地	三〇一——三五〇斤	〇·五亩
十级地	三五一——四〇〇斤	〇·四五亩
十一级地	四〇一——四五〇斤	〇·四亩
十二级地	四五一——五〇〇斤	〇·三五亩

丙、优等地标准——如在全专员区范围内，产量一般均在三百斤以上者，得以二百五十一斤至三百斤为标准地，其土地等级折合比例如下：

地　级	每亩全年产量	折合标准亩所需亩数
一级地	七〇——一〇〇斤	三亩
二级地	一〇一——一五〇斤	二亩
三级地	一五一——二〇〇斤	一·五亩

续表

地　级	每亩全年产量	折合标准亩所需亩数
四级地	二〇一——二五〇斤	一·二亩
五级地	二五一——三〇〇斤	一亩（标准中亩）
六级地	三〇一——三五〇斤	〇·八五亩
七级地	三五一——四〇〇斤	〇·七亩
八级地	四〇一——四五〇斤	〇·六五亩
九级地	四五一——五〇〇斤	〇·六亩
十级地	五〇一——五五〇斤	〇·五五亩

九、第八条所列之三种标准，由各主任区或专员区决定采用一种，各县区村不得随便采用。

十、各地清查土地时，无论采用何种标准，其不及一级地之耕地谓之劣地，劣地一般不列入负担。

十一、以土地产量确定土地等级，系以同一地质之通常产量为标准，不能因某人多使肥料、水利、劳力致产量提高而提高其地级，亦不能因某人懒惰致减低其产量而降低其地级数。

十二、第八条所称之全年产量，系指一般之二年三季之收获折合而言，不是单纯以麦季为限。

十三、第八条所称之全年产量系以小麦为标准，其他产物得按一定之比例折合为小麦，其折合标准得按当地情形斟酌采用下列比例：

小麦十斤等于高粱十二斤、谷子十五斤、豆子十二斤。

其他花生、地瓜按时价折算。

十四、为使全县标准统一起见，县区土地清查委员会必须确定全县各区各村之标准地，并详定土地等级，使户主依照陈报。

十五、确定土地等级时，除由土地清查委员会详细审定外，并须经过各村民众之民主斗争以至民主决定。

十六、耕地等级确定后，土地之清查手续如下：

甲、陈报——由户主填写土地陈报表送交村公所。

乙、插标——由户主自制小木牌插于地之一角（插于何一角由村公所指定），牌上写明地主姓名、面积、等级、坐落及四至。

丙、清丈——由土地清查委员会派人审查订正以至清丈。

丁、复议——各村清查完毕后由县区土地清查委员会加以审核复议。

十七、清查土地时，如发现土地有匿报情事得加以处罚。

十八、清查土地以所有权、耕种权并重为原则，因此：

甲、租佃土地由地主佃户双方陈报。

乙、外村外区外县外省之土地向户主所在地之政府陈报，但土地所在地之政府必须予户主所在地之政府以必要之协助，如户主在非民主政权区者，则向土地所在地之政府陈报。

丙、典当之土地由出典人承佃人双方陈报。

丁、庙地由主持之僧道陈报，但所有权属于寺庙而非属于主持之僧道，故户主为寺庙而非僧道（僧道私有之土地例外）。

戊、义田、学田、公荒、公林、公田由政府陈报。

十九、为了解各地各种土地之数量起见，凡宅地、场地、坟地、荒地、林地、汪地与不及第一级地之劣地均须陈报。

二十、附着于耕地之坟地、荒地、林地、汪地与耕地一并陈报,但须注明其所占面积。

二十一、为了真正公平负担奖励增加生产起见,特规定新开垦土地,新增加生产土地及菜园、莲汪之等级确定办法如下:

甲、新开垦之荒山旷地,其耕种期限未满三年者暂不列等级,但须注明其开垦年月。

乙、因开渠筑堤增加产量之土地三年未满者,按原来之产量计算,满三年后按增加后之产量提高等级(陈报时须注明开渠筑堤年月),因凿井而增加生产之土地不提高等级。

丙、小块菜园、莲汪不以营利为目的者,按普通土地确定等级;大块经营而以营利为目的者,按普通土地加二级计算。

丁、荒芜之耕地以耕地论,耕种四周及中间能耕种之旷地亦以耕地论。

第二节 登记人口

二十二、登记人口须登记所有人口之姓名、年龄、性别、职业、文化程度及经济状况,共登记表式另定之。

二十三、人口登记之陈报以户为单位,登记事项以人为单位。

二十四、人口年龄以周岁为标准计算,如某人自出生之日起已超过十六周年(即生日)始为满十六岁,不以习惯之年龄计算。

二十五、为了正确的了解人口之生产能力及真正的实行公平负担起见,举行人口登记时须将全部人口按年龄分为下列几类:

甲、老年——年满五十岁以上之老年男女。

乙、壮男——年满十六岁未满五十岁之壮年男子。

丙、壮妇——年满十六岁未满五十岁之壮年妇女。

丁、幼年——年满七岁未满十六岁之幼年男女。

戊、儿童——未满七岁之男女儿童。

己、残废——无劳动能力之残废人员。

二十六、年满七岁未满十六岁之男女为学龄儿童,为了解教育状况起见,学龄儿童之入学及未入学者须分别登记清楚。

二十七、为了解参军工作状况并优待抗属起见,人口中之参加抗战部队及脱离生产参加政府、政党及群众团体工作者,须分别登记清楚。

二十八、人口登记以现有人口为标准,因此:

甲、已出嫁之女子登记于夫家,未出嫁之女子登记于本家。

乙、雇工及长年寄居于亲友家之人口登记于本家。

丙、迁移之人口向现住地之政府登记。

丁、非民主政权区移来及出外之人口均须分别登记。

戊、兄弟分家以后之父母，其有独立生活依靠者，自成一户，无独立之生活依靠者得登记于某一家，但不得一人登记于数家。

二十九、举行人口登记时，户主必须陈报人口之真实年龄及实有人口，其有以壮报老，以壮报小及以少报多者，得予以处罚。

第三章 附则

三十、第十四条所列之土地清查手续系以一般地区而言，抗战前已实行土地陈报之地区须按其确实程度斟酌变通之。

三十一、依第八条三种折合比例折合标准地时，不足一厘之亩数按数学定例"四舍五入"计算。

三十二、按照本办法举行土地清查人口登记完竣之地区，各级政府须有专人管理土地人口变动之登记事宜，日后土地之买卖及等级之变动与人口出生、死亡、嫁娶、迁徙及其他变动，均须随时登记，按月逐级呈报，其为负担之变动须于每年春秋二季征收公粮田赋前变更之。

三十三、土地经清查后，其现有之土地面积与原有地契所载之面积不相符合时，县政府须于其地契上加以注解并盖印证明，其无官契者须分别情形令其税契或补契。

三十四、本办法草案俟提经山东省临时参议会通过后公布施行，但在参议会未通过前，各地可试行之。

（选自《山东省战时法规政令汇编》第一辑第一分册，一九四二年版）

山东省租佃暂行条例

（一九四二年五月十五日公布施行）

第一条 为提高生产，改善生活，调整租佃关系，增强抗战力量，特依据中国国民党抗战建国纲领，中国共产党关于抗日根据地土地政策的决定，中华民国土地法及山东省战时施政纲领之精神，制定本条例。

第二条 凡公私租佃之土地，均须实行二五减租（二五减租，即减租百分之二十五，也就是减租四分之一）。

第一款 未实行减租者，均按原租额减百分之二十五。

第二款　虽已实行减租，但不及百分之二十五者，仍按未减租前之租额，续减百分之二十五。

第三款　已实行减租，但超过百分之二十五者，双方无争议时，依其约定，有争议时，由政府调处之。

第四款　本条例颁布前约定之货币地租，因物价高涨影响出租人实际收益时，得由政府适当调整，并得将货币地租之一部或全部，改为实物地租。

第五款　承租人向出租人所交之柴草，亦须照减，但习惯上牛草归牛者，依其习惯。

第六款　游击区及敌占区实行减租时，得低于二五。其具体数额，由该管县政府拟定，呈请专署批准施行。

第七款　贫苦抗属及鳏寡孤独出租土地之地租，业佃双方同意维持原租额时，不加限制。承租人要求减租时，亦须照减。其因减租后无法维持生活者，政府得设法救济之。

第三条　凡租佃公私土地者，均须按约交租。

第一款　承租人于减租后，其应纳之租额，须按约交清，不得抗不交纳。

第二款　地租一律于产物收获后交纳，出租人不得向承租人预收地租或收取押租。

第三款　定租（定额地租）因天灾人祸，致收成之全部或大部被毁时，得由双方协议减付或停付地租，如有争议，由政府调处之。

第四款　本条例颁布前，承租人因确系无力交纳，积累至三年上之欠租，得予免交。如有争议，由政府调处之。

第五款　减租后，救国公粮由业佃双方负担（其负担办法另定），土地税（田赋）由土地所有人负担之。

第四条　租佃土地均须订立租约共同遵守。

第一款　减租后，须将旧约换成新约；无租约者，一律补订租约。

第二款　为使承租人安心生产，租约须规定五年以上之租期。其因特殊情形不能规定为五年以上者，至少不得少于三年。

第三款　特殊租地（如瓜地、园地等）不愿订立长期租约者，经双方同意，得依其约定。

第四款　在租佃契约上或习惯上，有永佃权者保留之。无永佃权者，不得强迫规定。

第五款　无永佃权及契约期满之土地，出租人有自由处置之权——包括出租、转让、出典、出卖、自耕及雇人耕种等项在内。

第六款　在抗战期间，出租人抽地，应顾及承租人生活，并须于收获前三个月通知承租人。如原承租人因抽地后不能维持生活时，得由政府召集租佃双方加以调处，延长租期或只退佃一部。

第七款　出租人于契约期满，召人承佃或出租、出典、出卖时，原承租人依同等条件，有承佃、承租、承典、承买之优先权。

第八款　出租人不得因减租而解除既定之租佃契约，及抽回无契约出租之土地。

第九款　出租人出卖有永佃权之土地，永佃权继续存在。

第十款　出租人出卖契约期限未满之土地，原承租人有继续耕种之权，非原租约期满后，买主不得收回自耕或另租他人。

第十一款　租约尚未期满之土地，有下列情形之一者，出租人得将土地收回：

一、承租人死亡无人承种时。

二、承租人无故不耕达一年以上时。

三、承租人有力付租而故意不付达二年以上时。

四、承租人怠荒耕作，致租地之原生产量降低达三分之一以上时。

五、原租人损毁租地之附着物，应负责赔偿责任而不赔偿时。

六、承租人放弃其租佃权时。

七、出租人无法生活收回自耕时。

第十二款　出租人收回租地或承租人放弃租佃权时，均须于秋收后、惊蛰前办理之（得种得收）。

第十三款　凡公地、学田及政府代管土地之出租者，无论过去租约如何规定，一律改为定租制。

第五条　严禁包租、转租、占租及一切租约以外之勒索。

第一款　承租人纵得出租人之承诺，亦不得将土地之全部或一部转租他人。业经转租者，其转租之契约视为无效。第二承租人应以原租额直接向原出租人交租，违者予以处罚。

第二款　地主对佃户之无偿劳役和奴役及高利贷性质的"份子粮"等陋习，一律禁止。

第三款　下种时，承租人向出租人所借之种子，及青黄不接时承租人向出租人所借之粮食，依习惯不行息者，依其习惯。行息者，不得超过社会息借一般利率。

第六条 本条例之解释修正权属于山东省临时参议会。
第七条 本条例经山东省临时参议会通过后公布施行之。
第八条 自本条例公布后，二十九年十一月十一日公布之减租减息暂行条例即行废止。

（选自山东省胶东行署《法令汇编》，一九四四年版）

山东省战时行政委员会
关于查减工作的训令

（一九四四年八月十日）

自从一九四二年前战工会颁布了《山东省租佃暂行条例》、《山东省借贷暂行条例》、《山东省改善雇工待遇暂行办法》及不断督促查减以来，由于各地党政军民的努力，在许多地区已经初步地实行了减租减息政策，人民生活得以初步的改善，抗战的群众组织得以扩大与巩固，使我抗日民主政权奠定了部分的群众基础。但是，直到今天检查起来，减租减息政策的执行还非常不够，有的地方还是明减暗不减，有的地方还是形式上减了租息而实际上并未扶持群众起来。尤其严重的是，在减租减息政策的执行中，群众团体做的多，各级政府做的少，有的政府根本不问不闻，对减租减息政策的执行是漠不关心的，对人民群众的疾苦采取官僚主义熟视无睹的态度，个别政府干部由于群众观念缺乏，教条主义的理解政策和机械的搬运旧法律条文，有的根本在主观上就受了地主恶霸的蒙蔽迷惑而同情他们，反映他们的一些歪曲事实，不反映基本群众的生活疾苦，作出了泼冷水的行为，或者是口头上空叫查减，而在行动上不去深入实际，主动配合扶持群众运动，不会在政府的立场上以法律制裁那些抗减和破坏群运的人，也不会在查减中从事务阶层的团结工作，或者在进行查减工作时一意孤行，不启发群众的自觉自动，不与地方工作群众团体密切配合，采取包办代替的"恩赐"办法，于是造成了减租减息增资工作不彻底、不深入、不普遍的现象。必须明确的指出，所以发生以上缺点是由于各级政权的领导思想中存在着以下的毛病：

（一）缺乏群众观念，缺乏政府应努力改善群众生活、扶持群众组织起来、形成独立自主的政治力量的严肃的民主立场。有的还不认识群众只有在改善生活的运动中才会发动和组织起来，只有群众普遍的发动和组织起来以后，抗日民主政权才能有广大的基础，无此基础政权是不巩固的，是经不起革命中的风吹雨打的。有的还不明白群众不真正起来，民主政治是不可能彻底实现的，村政是不可能彻底改造的，土地陈报是不可能彻底完成的，一切政策法令都不能彻底有保证的执行，一味强调改造村政而不从查减着手，不从扶持群众起来着手是作不好的。有的干部不去扶持群众起来，却天天怕群众起来，群众一动则呼之为"过火"，个别更坏的利用现有职位，曲解政府法令，借以限制甚至压抑群众，即是失掉了民主政府立场的行为。

（二）不明白减租减息政策的实际，不明白自己的职务，我们需要明确认识，减租减息法令的实质是减轻封建剥削，改善群众生活，扶持群众组织起来，以树立民主政治的巩固基础，这就是新民主主义的具体内容。新民主政治所以不同于旧民主政治其关键就在这里，所以检查这一法令执行的彻底与否，要从群众生活是否改善、群众是否起来了检查起。在这一法令的推行中，各级政府不但要公布法令，而且要不断动员检查，力求贯彻实现。在其他各种法令上、各种工作中，都要随时随地注意其与这一法令的联系，以保证群众生活真正得到改善，扶持群众真正组织起来。许多政府工作干部，只以法令宣布减租减息就算完事，把群众组织起来的职责忘了，相反的将此责任完全推到群众团体身上，人家做了不去帮助，只来挑毛病，还认为这是掌握政策，还不明白任何政策不在实际运动本身的各个过程中去掌握是掌握不好的，群众不发动组织起来，减租减息政策的实现是没有保证的，不深入群众运动之中，随时随地去扶持帮助，政府对减租减息发动组织群众的任务是不能完成的。

（三）不了解抗日民主事业的一致性及其发展的规律性，不会将党政军民共同的中心任务贯彻于政府工作中，致使政府工作计划与总的中心工作脱节，我们首先检讨本会去冬之三个月工作计划，在精神与中心工作不够一致，强调了土地陈报、民主教育，轻视查减，形成孤军奋战，单枪匹马，结果不能完成自己的计划。有的政府后来将中心工作转到查减了，又不会将中心工作与经常工作结合，只强调中心查减，不明白从经常工作出发去围绕查减，只会突击不会经常，致放弃了经常工作，孤立了中心工作。有的政府不会及时具体的转移中心，如在已经彻底查减的村庄或在期限以前确定先期完成了查减的村庄，虽仍在所定查减任务为中心的时期以内，就应该及时的转入民主教育运动，而不是等待命令一块进入民主教育。

本会兹决定：今年八、九、十三个月各级政府工作的中心毫无例外地一律是查减，在与群众密切配合下，要求老地区普遍彻底的实行减租减息增资，消灭空白村，消灭明减暗不减的现象。新地区要求大部村庄实行彻底减租减息，改善雇工待遇。边沿区、游击区在不妨碍对敌斗争原则下，尽可能改善群众生活，但不得借口对敌斗争，忽视拖延改善群众生活的工作，至减租减息增资的标准自可比根据地降低，工作的方式亦可与根据地不同。无论老地区、新地区、边沿区、游击区，在进行查减时都必须时刻与群众团体密切配合，依据实际需要，扶持群众运动之发展与群众组织之扩大与巩固，凡为群众所迫切要求有利于群众运动之发展者，如反恶霸、反贪污、反黑地及土地纠纷之解决等，均可予以扶持帮助，但必须使这些工作之进行与查减密切联系起来，明确的把握查减为中心，至租佃关系、息借关系之存在，则是一般存在的事实，其形态可能是多式多样的，应深入调查研究，以期具体发现与认识，不得以粗浅表面的了解即认为查减工作不适合于当地具体情况，如有已经布置了工作而中心不是查减的，应迅速改正自己的计划。为完成查减工作的任务，我们要求：

（一）各级政权干部深刻进行整风反省，尤其主要领导干部必须首先彻底的反省，反省的重点是揭发缺乏群众观念、官僚主义作风，不配合中心工作和旧法制观点等。反省的方式或在整风会上或在讨论此训令之会议上进行，应在今年将错误思想完全转变过来。

（二）政府各项工作的进行，都应紧密的围绕着查减，务求做到一切工作围绕查减，一切工作通过查减，切实纠正各自分立、"各干各的"分散主义现象。但这并不是取消各种工作，而是在现工作岗位上，工作布置上，求得配合和一致。各种工作的计划，应在这一方针下根据各地不同情况，自行制定，但应该认识配合的方法不是代替、"恩赐"，而是从一切行政中发现与在斗争中一致的布置，各尽其能。政府进行查减的主要方式是根据查减和扶持群众、组织群众的方针，研究审查各种有关的法令，宣传这些法令，以法令启发和保证查减和群众运动的发展，制裁那些抗减和破坏群众运动的坏分子，说服教育那些犹疑观望的地主和高利贷者，使查减工作和群众运动得以顺利进行。

（三）各级政府应抓紧减租减息斗争的时期去进行村政改造，那些仍旧或明或暗把持在封建势力手中的政权，必须在群众运动中取消，改造成基本群众为主的民主政权，那些既经过初步改造但官僚主义又在滋长或贪污腐化或打骂压迫群众，应在群众斗争中教育他，或者撤换他；那些已经改造得较好的村政，应在群众斗争中更多采纳群众的意见，进一步建设村政工作。但必须认清，改造村政必须在群众运动中去进行，一般的是在斗争胜利以后紧密的进行，因此在进行村政改造的工作时，应完全与群众工作人员配合，纠正一意孤行的作法，应明白为了发动群众，先行初步改造村政，有时是需要的，但群众动不起来的村政改造，必定是不彻底不巩固的。同时也应明白，没有好政权，群众所得的利益是无保障的，所以要求减租减息彻底实行的村庄，村政也必须进行彻底改造，这种村政，即使暂时不是三三制，亦可经过农民掌握政权，群众团体充分发展后，再吸收进步的富农地主参加政权。

（四）在群众运动发动时期，政府必须特别给群众团体以经济上的补助，不应强调财政困难致限制群众运动的发动，对群众团体经费的补助，各级政府应根据具体的需要尽量设法，其他制度不能自行决定者，应迅速呈报上级，请求核夺，不得延宕。今冬各地群众团体举行区以上各级群众代表大会时，政府应按人补助，每人每日粮二斤四两，菜金五毛（渤海一元）。此项钱粮，准实报实销于群众团体补助费项目以内。

在群众团体各级代表大会上，各该级政府首长应尽量出席会议作报告，除进行慰问鼓励以外，应明白宣布政府扶持群众运动的立场，征询代表们的意见，并号召群众进行民主运动，以求得工作更好结合。

（五）在整个查减运动中，各级政府应以实事求是的新的法制观点来处理人民中的纠纷，切实纠正一成不变的搬用旧法律条文，致在法律神圣论与不可变论下打击了群众的抬头翻身，维护旧势力的统治压迫，在群众运动中政府处理各种诉讼案件都必须贯注扶持群众起来的精神，使用法律应该是辩证的灵活的，不是墨守条文的，对旧法律的采用要根据今日的政策和扶持群众的方针去批判选择，对本省民主政权颁布的法令，应把持其精神和实际与工作发展的具体需要相结合，而不应以教条主义的态度去死守条文，如判决贪污罪，虽贪污数量一样，但有的是新官僚主义者，有的是旧封建统治者，则前者罪应从轻，以避免旧统治复辟，后者罪应从重，以启发群众敢于起来。那些不管群众疾苦的假斯文者、官僚主义者，应在群众运动中予以改造或撤换。至于由于群众运动的发展，工作的深入，各地情况的不同，在查减工作进行时，所遇租额、息率、退租、土地纠纷等各种不同情形，前颁之租佃借贷等条例中，可能有不少未曾具体规定者，在本会新的补充法令尚未颁布前，各地应由租佃、借贷等条例之基本精神，根据群众运动发展的现实需要，精细研究，适当处理并呈报本会。

（六）在查减运动中，各级政府应不断动员号召人民实行减租减息，并推动各级参议员及政府工作人员首先起模范作用，对过去不减的人并依法惩办，如系参议员或政府工作人员则应接受群众意见罢免或撤换之。

（七）在查减工作进行中，县以上政权均应配合群众团体，建立基本工作，以创造经验，推动全盘，并应走一村做一村，以由负责干部亲自动手，领导全机关工作人员深入查减，推动驻地群众运动，即可创造工作经验，又可锻炼干部的思想和作风。

（八）各级政府在查减的进行中，对生产（如秋收）、教育二大任务亦不容忽视，查减一村，除即抓紧布置村政改造外，亦应对生产、教育工作联系布置，但不可使彼此中心颠倒或分割不联系。

本训令关系整个政权工作作风的转变和所有政府工作人员的思想改造，特决定发至县政府，并摘要传达到区公所，各级政府于接到后应即召集本机关所有干部，并约同级参议会驻会委员会进行讨论研究，检讨各部门工作，迅速具体布置执行，限文到半月内将讨论、检讨及布置情形报告上级，并应于工作进行中不断总结经验，尤其政府如何扶持群众的经验，以及工作进行的情况，及时简报上级，如有忽视或违背本训令之精神者，应视其情节轻重予以严厉之批评或惩处。

（选自《山东省战时行政委员会时期法令汇编》，一九四五年版）

山东省战时行政委员会
关于执行"八·十训令"的决定

（一九四四年十二月十一日）

自从本会"八·十训令"发表以后，各级政府干部纷纷进行思想政策检讨，认识并开始纠正了过去忽视减租减息和广泛发动基本群众这一伟大历史任务的严重错误，因此近几月来，各地查减工作和群众斗争已有新的开展，这是我们动员广大群众，增强抗战力量，准备反攻的必要措施，也是我们改造村政，发展生产，和开展群众文化教育运动的必经步骤，不大胆扶持群众运动，不认真贯彻查减工作，那么我们的抗战和一切民主建设工作，是决不会收到真正的效果。

但还有部分地区对这训令重视不够，仅将这个训令照样传达下去，而未具体布置，深入检查，或者虽布置工作，但未组织干部认真讨论，切实反省，认为干部思想上还未打通，还存在着许多糊涂观念，因此仍有许多政府工作干部站在贯彻查减工作和扶持群众运动的圈子之外，袖手旁观，或者继续用包办代替、强迫命令等办法"贯彻查减"。这种缺乏群众观念和违反群众路线的严重错误，必须发动深刻检讨，把它迅速纠正过来。

另一方面，由于中国农民受着几千年的残酷压迫，今天在共产党、八路军、民主政府领导之下获得翻身机会，免不得会产生个别报复行动，提出一些不合团结抗战的过高要求，如果领导干部不能正确掌握原则政策，及时教育群众纠正某些过"左"现象，不但对于团结抗战不利，而且会使群众斗争陷于孤立，对于群众斗争运动本身也是不利的。群众斗争在其开始发动时候，因为群众未受政策教育，必然可能发生某些过"左"现象，但如领导干部能够正确掌握政策，耐心说服教育，这种过"左"现象不难迅速纠正过来，害怕这种过"左"现象而因噎废食，向群众运动泼冷水更是严重错误，反之，对于这种过"左"现象，特再重复决定下列要点，希在查减工作进行过程中间仔细研究，切实执行。

一、减租方面：

（一）各种租佃关系一律按照一九四二年省战工会所颁布的土地租佃条例实行二五减租，即按照抗战前原租额减少百分之二十五，游击区、敌占区可按具体情形酌量减少，中农贫农出租少数土地和贫苦抗属、孤寡因无劳动力而出租土地，可以少减或不减。

（二）过去无故不减租的，承租人得要求减租外，再要求退还其过去多交的租额，退租一般应从一九四二年五月颁布《租佃条例》时退起。有些地区一九四〇年或一九四一年即按照《减租减息条例》实行五一减租，后因环境恶化，地主依靠敌伪顽势力推翻减租减息，现经群众要求可以从一九四〇年或一九四一年退起，一九四二年以前照五一减租办法退租。新解放区如过去因受敌伪顽统治，确实无法实行减租法令者，应当从解放时退起，未解放前不退，贫苦小地主及富农出租少数土地可以酌量少退，中农以下不退。

（三）地租外的各种额外剥削，如份子粮、带种地（白带地）、拨工（拨房工）、送礼等一律废止。过去额外剥削如果承租人因感吃亏太大，要求算账，一般可从一九四二年算起。如出租人为封建恶霸剥削特别残酷，亦可接受承租人的要求，酌量追算一九四二年以前的超额剥削（即当时一般规定以外的剥削），至抗战爆发时起为止。过去拨工说给工资而未给的，可按赊欠工资算账，如出租人贫苦，应当说服承租人少算账或不算账，免致出租人不能维持生活。

（四）减租后应订立三年至五年之租约，世代租种及租种二十年以上之佃户，可以要求订立十年以上的租约。订约后，应一面保护出租人的地权，一面保护承租人的佃权，租期未满以前，不得无故抽地撤佃。如因抽地发生纠纷，应按政府法令及双方经济情形进行调解，防止因地主抽地而妨碍减租法令的推行。

二、减息方面

（一）一九四三年以前之息借关系，均按一九四二年所颁布之《借贷暂行条例》处理，其已本利清偿，债务消灭者，一般不应追究，只有对个别剥削特别残酷（超过当时普通利息）的封建恶霸及著名高利贷者，群众感到吃亏太大，要求算账时候，可以酌量追算抗战爆发后的部分，此种退息可按下面一条规定，将其超过最高利率部分退回，但这办法不应滥用之于一般息借关系。

（二）一九四二年起所定息借关系，可以参考下列最高利率适当处理：

①借钱还钱不得超过月利三分（百分之三），不得利上滚利。②粮食春借秋还，至多加利百分之五十。③借粮（或借其他农产）还钱应按借粮还粮或借钱还钱办法计算，不得利用物价涨落巧取豪夺。④借钱还粮或还其他农产（预卖农产），最高利息不得超过百分之五十，如按还时物价计算，所得利息超过百分之五十时，应将超过部分退还。

（三）各种货币折合办法，可以参考下列原则适当处理：①一九四二年以前所借法币，可按原数改为本币归还；一九四二年起所借法币，可按借时还时的法币折价（法币对本币的比值）折中处理。②过去所借的伪钞，均按还时伪钞折价（伪钞对本币的比值）计算。③在根据地违法使用伪钞所成立之债权不予保护，但因对外贸易所成立之借贷关系则应承认。④在停用法币后，违法使用法币所成立之债权不予保护，其情有可原者，可按还时法币折价折合本币归还。

（四）土地抵押贷款（尚未转移地权）应照息借关系成立处理，不得抽地换约，过去已经抽地换约（利涨准折）因而发生纠纷者，应按处理土地纠纷办法去调解，该项办法另行规定。

三、增资方面

（一）在目前情况下，成年男工之长年工资，一般应以粮食六百斤为最低标准，在平原已达一千斤，山地已达八百斤者，不应要求再增。工资外之物质供给，应按当地习惯适当规定，雇主应当照顾雇工困难，雇工亦应照顾雇主，勿做过高要求。

（二）增资均从当年增起，一般不应追算往年老账，只有封建恶霸低价强雇，致使雇工特别吃亏者，可以要求追算，自愿受雇且其工阶合于当时一般规定者，不能援例。

（三）由于粮贱布贵，雇工生活特别困难，今后议订工资时，可经双方同意一半粮食一半货币，以免物价涨落发生纠纷，在奖励植棉地区（渤海县外），可以多种棉花，并得以一部棉花作为工资。

（四）采用劳资两利分红办法，奖励雇工深耕细作增加生产，或利用农闲时间雇主出钱、雇工出力经营副业，这是解决雇主雇工矛盾的最有效办法，应当普遍提倡。

在按上列原则处理各种纠纷时，仍须因地及按不同对象灵活运用，务须掌握土地政策基本精神，以期达到团结抗战和减轻封建剥削，改善工农生活，扶持基本群众的目的。对少数封建恶霸和有意违抗政府减租减息法令的顽固地主，应当发动群众斗争，帮助农民翻身，但在他们承认错误，切实减租减息以后，仍应予以自新之路。对于一般地主，我们要求他们认真减租减息，不要阻碍农民的翻身，在达到上述目的以后，就应争取团结他们，不应滥找斗争对象，尤不应把斗争锋芒转向赞成减租减息的开明地主、富农以及某些落后中农。

在群众斗争中，政府应当一面帮助群众翻身，一面掌握政策，教育群众，使他们都了解并拥护政府法令，政府干部应当明白表示我们政策的另一方面，即团结抗战的一方面，使农民可以不受顽固地主威胁，大胆进行斗争，使开明地主和富农，可以不受顽固地主挑拨欺骗，致在群众斗争前面惊慌疑惧，这些都是政府所应切实注意并认真执行的。

本决定主要用作解决今后减租减息增资纠纷的参考，过去已处理的问题如无严重错误，不必再行修改，以致反而增加纠纷，关于如何处理各种土地纠纷，全省行政会议已有详细决定，不久即可正式发表。

（选自《山东省战时行政委员会时期法令汇编》，一九四五年版）

山东省土地租佃条例

（一九四五年二月十五日）

第一章 总则

第一条 为调整业佃关系，增加农业生产，保障地权及佃权，特依据山东省战时施政纲领所规定之原则制定本条例。

第二章 减租

第二条 凡公私租佃土地，除本条例另有规定者外，均须实行二五减租，即按抗战前原租额减少百分之二十五。

未实行减租者，应按原租额减百分之二十五；虽已实行减租，但不及百分之二十五者，仍按未减租前之租额减至百分之二十五；已实行减租，但超过百分之二十五者，双方无争议时依其约定，有争议时由政府调处之。

第三条 有下列情形之一者，减租标准得斟酌实际情形改为百分之二十、百分之十五或百分之十，业佃双方同意维持原租额时，不加干涉。

一、业主为贫苦之抗属或抗工属者。

二、业主为贫苦之孤儿寡妇者，幼残疾困无劳动力而出租土地者。

第四条 凡照前条情形，减租或不减租者，须经农救会调查属实，由业佃双方协议订约。如有争议，可由农救会调解，不服调解时，由政府仲裁之。

第五条 游击区、敌占区实行减租时，得由县政府斟酌实际情形，暂将减租标准改为百分之二十、百分之十五或百分之十，至该地区收复时，仍须按照第三条之规定实行二五减租。

第六条 减租时，承租人向出租人所交之柴草亦须按租粮数目比例照减，但习惯上牛草归牛者，依其习惯，不予变更。

第七条 地租外之一切额外负担，如份子粮、带种地、干拨工、送礼等均应除消。过去地主出种实行双除种者，应改为单除种，于未分前在公堆上扣除之。

第八条 因取消份子粮致使佃户难以从事生产者，佃户得向业主要求借粮，收获后归还，原无利息者依其习惯，有利息者利率最多不得超过百分之二十五。

第九条 在民国三十一年《山东省租佃暂行条例》公布后，地主不减租者，减租时佃户得按以前多交数额要求退租；如系无理顽抗，破坏政府减租法令，得经县政府决定酌予处罚，处罚部分应缴政府充优救之用。

凡第三条所规定之出租人、承租人均不得要求退租。

第十条 在民国三十一年前已经根据民主政府法令实行五一减租之地区，地主未减租者，佃户亦得要求按照五一减租办法实行退租。

新解放地区如过去确实无法实行减租法令，得于民主政府法令可以实施时开始减租或退租。

第三章　租额

第十一条　出租人除出租土地外，不供给承租人以耕畜、农具、种子、肥料，而约定一定租额者，为定租制。减租后定租，租额不得超过土地正产物收获总额千分之三百七十五，超过此项标准者应降至此项标准，低于此项标准者依其约定。

第十二条　凡行定租制者，如遇特殊荒歉年成，应即协议减租，其应减数额可由政府召集业佃双方代表协商决定之。

第十三条　出租人出租土地，承租人自备耕畜、农具、种子、肥料，或由出租人供给一小部分，约定按照收获对半分粮者，为分租制。减租后分租标准，地主不得多于千分之三百七十五，佃户不得少于千分之六百二十五。

第十四条　出租人除出租土地外，并供给承租人以耕畜、农具、种子、肥料之全部或大部，耕作劳动全由承租人负担，原定出租人分得收获总额超过半数者，为伙种制。减租后伙种制之分租标准，应按出租人所出农本多少决定，最多不得超过土地收获总额的百分之五十。

第十五条　承租人因开垦荒地或其他原因而取得承租权者，租额最多不得超过土地收获总额的百分之二十五。

第十六条　民国三十一年前约定之货币地租，因物价高涨，影响出租人实际收益时，得由政府调解，并得将货币地租之一部或全部改为实物地租。

第十七条　种植瓜菜等特种作物之土地，一般应按种植谷物之租额决定租额。如其收益特别丰厚，得由业佃双方协议，酌量提高租额，但最多不得超过种植谷物应交租额之一倍。

第十八条　为奖励增施肥料，出租人或承租人如购豆饼或肥田粉等肥田，经双方协议，得于收获后按购价折成粮食，并得酌加利息，于未分前在公堆中扣还。

第四章　交租

第十九条　凡公私租佃土地，已减租订约者，承租人应照新约交租，不得无故不交。

第二十条　地租一律于产物收获后交纳，出租人不得向承租人预收地租或收小租。

第二十一条　在实行减租前承租人所欠地租，如确因贫苦无力交纳，得由县政府决定免交或少交。

第二十二条　出租人不在解放区内，并无破坏解放区之行为者，承租人之交租办法如下：

一、出租人在解放区内有代理人者，承租人可向代理人交租，但不得将粮食运出解放区。

二、出租人无代理人者，承租人交租由政府暂代保管，并折价通知出租人限期具领，如有损失费用，应由出租人负担。

第二十三条　减租后业佃双方交纳公粮田赋，应按政府法令处理，任何一方均不得将应负责任推给对方。

第五章　租约

第二十四条　租佃土地业佃双方必须订立租约，租约期限应由双方议定，但为安定承租人之生产情绪，租约期限一般应在五年以上，其因特殊原因不能订为五年以上者，不得少于三年。

世代佃种土地及佃种满二十年之土地，承租人得要求订立十年以上之长期租约。特殊租地（如瓜地、烟地等）不便订立长期租约者，经双方同意，得订短期租约。

第二十五条　减租后必须重订新约，出租人不得因减租而抽地或增加不利于承租人之租佃条件，已经违法抽佃撤佃者，原承租人得要求继续承租该项土地，或赔偿其因抽地所受损失。发生纠纷时，由政府按情调处。

第二十六条　承租人原有永佃权及依法取得永佃权者，保留其永佃权；无永佃权者，不得强行规定。

第二十七条　无永佃权之土地，租约期满时，出租人有自由处置之权，包括出典、出卖、出租、自耕及雇人耕种在内。

第二十八条　出租人出典、出卖或继续出租其土地时，原承租人有以相同条件承典、承买及继续承租该项土地之优先权。

第二十九条　出租人出典或出卖租期未满之土地时，原承租人有依原租约继续租种该项土地之权。如承佃或承买人收回向耕，承租人得向原业主要求赔偿其损失。

第三十条　在抗战期间，出租人于租约期满时抽地撤佃，应照顾承租人之生活，必须于秋收前三个月通知承租人。如原承租人因抽地致不能生活时，得由政府召集业佃双方适当调处，延长租期或只退佃一部。

第三十一条　租约尚未期满之土地，有下列情形之一者，出租人得将土地收回：

一、承租人自愿放弃其租种权者（应于秋收前三个月通知出租人）。

二、承租人无故不耕达一年以上者。

三、承租人有力交租而故意不交租达一年以上者。

四、承租人耕作怠惰，使产量降低半数以上，屡经劝告仍不改正者。

五、承租人损坏土地重要附着物，应负赔偿责任而不赔偿者。

第三十二条　出租人因无法生活，要求将其土地收回自耕者，应由农救会调查业佃双方经济状况，进行调解。农救会调解无效时，由政府仲裁。

第三十三条　禁止包租、转租，如承租人将其租得土地转租时，出租人应即将此项土地直接租与第二承租人；其原转租而致租额加重者，加重部分须由原承租人如数退还第二承租人。

第三十四条　订租约时，不得收取押租；其已交之押租须一次或分数次退还，更不得有礼物、酒食、使费、中资等类额外需索。

第三十五条　凡公地、学田及政府代营土地之出租者，不论过去租约如何规定，应一律改为定租制。

第六章　附则

第三十六条　本条例经山东省临时参议会通过，山东省战时行政委员会公布施行。

第三十七条　本条例公布后，三十一年五月十五日公布之《山东省租佃暂行条例》即行废止。

（选自《山东省战时行政委员会时期法令汇编》，一九四五年版）

山东抗日根据地土地纠纷问题

山东省根据地多系落后山区，这些山区的封建统治者过去用更野蛮的方式压榨农民，他们采用各种非法手段掠夺农民土地，造成极严重的土地纠纷。抗战爆发以来，敌区汉奸同样采用各种非法手段掠夺农民土地。因此，怎样收回被掠夺的土地，在某些地区也象减租减息一样，成为农民们的迫切要求。在我抗日民主根据地，某些地主为着逃避负担，反对减租政策所引起的土地纠纷也是不少。这些土地纠纷要求我们按照土地政策予以适当解决。

解决土地纠纷首先必须依据民主政府所颁布的各种法令。但我民主政府所颁布的法令极不完全，上述各种纠纷大多尚未具体规定解决办法，我们必须掌握土地政策的基本精神，照顾当地习惯，求得适当解决。所谓土地政策的基本精神，在解决土地纠纷时候所应注意到的，在我看来主要的有下列三点：

第一、保障地权，反对强典强买侵占掠夺。

过去有些政权工作干部以为保障地权仅仅是（或主要是）保障地主的地权，而不知道同时（而且更重要的）还要保障农民的地权。地主依法所取得的土地应予保护，但如采用非法手段掠夺农民所有土地，那就不能予以保护。在这情况之下，我们应当保护农民所应有的地权，不准任何人用非法手段掠夺。过去采用非法手段所掠夺的土地，均应依法归还原主。这里所谓合法或非法，不应拘泥形式，而应考察它的实际情形，如凭权势强迫订立契约，或者勾结官府，违反事实，制造法律根据，同样应当认为非法行为。

第二、奖励生产，照顾贫苦农民生活。

所谓奖励生产，是自耕自营、勤劳生产的人应当多照顾，不劳动不生产、坐食地租的人应当少照顾。在不侵犯地权的原则下，土地从收租地主手里转向生产农民的手里是应当奖励的，这就是孙中山先生的耕者有其田的政策。在各种土地纠纷的处理中，对于贫苦农民应当更多照顾，使他不至失去生活凭借，贫苦的小地主如果生活确实困难，也应予以适当照顾。但其对方如系贫苦农民，生活比他更加困难，那就必须给以更多的照顾。

第三、采纳群众意见，考虑政治影响。

在土地纠纷中，有些狡猾分子为着达其不正当的目的，往往伪造各种理由，甚至歪曲法律条文，把它真实企图隐蔽起来。我们稍不谨慎，就会受其欺骗，造成极不好的政治影响，必须多作调查研究，采纳群众意见，因为狡猾分子可以欺骗政府，但决欺骗不了广大群众，群众是会根据他的过去历史和各方面的复杂关系，来揭发他的真实企图的。纠纷处理以后所造成的政治影响（如对群众运动所起推动或阻挠作用），更应慎重考虑。法律是要服从政治任务［的］，掌握政策方针、灵活运用法律条文，才是真正掌握了政策和法令的基本精神。

现在来讲各种土地纠纷及其具体处理办法。

一、土地买卖纠纷

地权移转普通经过下列四种方式：

甲、从土地抵押变为买卖关系。开始时是借贷关系，而以土地作为抵押（担保还本付息，并不移转地权，土地仍由原主耕种经营）。如果本利累积无力清偿，债权人即要求"抽地换约"，即以本利作为买卖，订立土地买卖契约，如果本利合计少于应付地价，则应补足短少部分，添价订立买卖契约。

乙、从土地典当变为买卖关系。典当就是活卖，它与抵押不同，一开始就移转地权（移交承典人耕种，或于移交承典人后再租给出典人，纳租而不支付利息），它是土地关系而非借贷关系。一般习惯：土地典当在"两年三季"或三年后，随时可以原价回赎。因为可以回赎，所以典价总是低于卖价，普通仅及卖价之半，出典人无力回赎时，亦可要求承典人（或由承典人要求）添付一部地价改定买卖契约，所谓"添价作绝"。

丙、死契活尾。形式上是买卖关系，但在买卖契约之中附带规定若干年内可用原价回赎；如果到期不赎，就变成正式买卖关系。但按一般习惯，死契活尾到期以后尚须改订买卖契约，即把"活尾"除去，否则出卖人仍有要求回赎之余地。死契活尾的卖价普通比典价稍高，大约相当于普通卖价（地价）的三分之二。变成绝卖时候大多不再添价。

丁、一开始就交付全部地价，订立正式买卖契约（绝卖）。农民出卖土地时候很少采用这种方法，大多是经抵押、典当或死契活尾，然后转成正式买卖关系。

按照上述各种方式买卖土地时候，有些是按一般习惯"公平交易"；有些是乘人困难，用较低廉的代价取得上地；有些更是依仗权势，强迫立约掠夺土地。在第二种，尤其是第三种场合，自然就会发生土地纠纷，要求我们依法处理，我们的一般的处理原则是：

1. 普通买卖关系（或由抵押、典当转成买卖关系）确系自愿，双方均不吃亏，或者吃亏不大者，予以承认，非有特殊原因不得要求回赎。

（说明）所谓"普通买卖关系……双方均不吃亏"，系指：a. 按照当时地价或其近似数额订立买卖契约者。b. 订立典约或死契活尾，按照习惯交付典价，并按习惯添价（死契活尾所付买价已达地价三分之二者可不添），改订买卖契约者。c. 抵押贷款，按照当时长期贷款，普通利息本利合计已与当时地价不相上下，或虽少于当时地价，但经添价订立买卖契约者。

2. 乘人困难，采用各种方式廉价取得土地。出卖人虽系自愿，但确实吃亏很大，现在要求回赎者，准许备价回赎。赎价按承买人所付贷款本利或典价买价，及自该项土地所得收益多少决定之。

因币值变化所生争议，得比照地价，增加倍数，适当调解，务使双方均不吃亏。

（说明）所谓"乘人困难……廉价取得土地"系指：a. 买卖契约买价在当时地价半数以下者。b. 典当或死契活尾典价在当时地价三分之一以下，且未添价改定买卖契约者。c. 贷款本利（利息一般不超过原本一倍，五年以上者不超过原本二倍）尚不及当时地价半数，即不添价订立买卖契约者。

此类纠纷订约时系双方自愿（虽其自愿多少系因环境逼迫所致），故应承认其为土地关系，而非普通借贷关系。承买人自土地所得收益，不能完全用以抵偿典价、买价或贷款本利，仅可作为决定赎价多少时之参考（收益多者应当酌量减少赎价）。

币值变化可以比照粮价增加倍数或地价增加倍数两种办法处理，但粮价增加比地价增加快得多，如照粮价增加倍数处理，赎价可能高于现在地价，太不合理，故以比照地价增加倍数处理为宜。

3. 凭借权势，乘人困难，强用廉价掠夺土地，如其收益已经超过应还本利，准许出卖人无偿回地。如恶霸采用欺骗、敲诈等类方式，无代价取得土地，被侵占人得无偿回地外，再要求算还被占期间该项土地收益之一部或全部。

（说明）所谓"凭借权势……强用廉价掠夺土地"只适用于下列场合：a. 得地人为封建恶霸或有势力的地主高利贷者。b. 乘人困难廉价取得土地合于前条各款；或用欺骗（如设局诱赌）、敲诈（如用政府名义勒索处罚）等类方式掠夺土地。c. 失地人确非自愿，被迫忍受，群众对此亦均愤恨。

此类纠纷所订契约非出自愿，不承认其合法，按照借贷关系处理。故得地人自土地所得收益，均可用以抵偿典价、买价或贷款本利（利息不得超过原本一倍）。如用欺骗敲诈方式或无代价掠夺土地，且可要求算还被占期间土地收益。

4. 第二类纠纷如承买人为贫苦农民，自耕所买土地，依此为生者，不应回赎，或按双方经济状况公平调解。

5. 第三类纠纷如得地人已没落，将其所得土地转卖者，应按双方经济状况通融处理；如得地人并非由于生活困难，而因逃避责任将其所得土地转卖者，则可按照次列办法处理：

a. 赎回转卖土地交还原主。
b. 从其自己土地中划出同数土地赔偿原主。
c. 以其转卖侵占土地所得卖价赔偿原主。

6. 土地抵押贷款如未改定买卖契约，均按借贷关系处理，未得业主同意不得"抽地换约"。一九四二年前或民主政府法令推行前已经抽地换约者，按照上列各条处理。

二、典当回赎

此类纠纷包括下列三种内容：

甲、一般土地典当——多发生于民主政府建立以前，及减租减息法令尚未认真推行时候，出典人多系贫苦农民，承典人多系地主富农，亦有少数农民与农民间之典当，及地主典给农民者，其处理原则是：

1. 典当土地及死契活尾尚未换约转成正式买卖关系者，准按原价回赎，如因币值变化发生争议，得比照地价，增加倍数，适当调解。

2. 承典人贫苦，自耕所典土地依此为生者，得用调解方式说服出典人暂时不赎，或添价作绝，或赎回后租与原承典人耕种，出典人亦贫苦需要赎回自耕者，仍应允许回赎，或回赎其一部分。

3. 典当已过三十年，死契活尾已过十五年，是否尚可回赎，应按当地习惯及具体情况决定之。

乙、特殊典当土地——发生于民主政府建立后，地主为逃避负担，将其土地廉价典给贫苦农民，现因负担减轻，纷纷要求赎回，其处理原则是：

1. 地主为逃避负担而出典之土地，按照一般习惯两年内不得回赎，规定年限者依其年限，回赎时因币值变化发生争议，应比照地价变化适当调解。

2. 承典人如系贫苦农民，依靠耕种承典土地生活者，出典人应于一年前通知回赎，承典人且得要求订立三年至五年之典约；或于回赎后承租该项土地，订立三年至五年之租约。

丙、假典（或者假卖）——地主为反对减租，借口抽地，逃避负担实行假典（或者假卖），假典方式主要的有次列四种：

a. 假立典约，地主不要典价，减轻租额，佃户代交公粮。

b. 地主立典约，佃户立借约，纳利代替拿租，形式上已变为借贷关系。

c. 假立典约，佃户用粮食按年交纳典价，数额仍与原租额不相上下。

d. 佃户出少数典价，讲明几年以后"价烂产回"，实际等于预付几年地租。

对于假典假卖的处理原则是：

1. 取消假约，恢复原来租佃关系，少减租者退租，少交粮者补粮。如系蓄意破坏政府法令，且得加倍处罚。

2. 在有利于承典农民的条件下，改为正式典当关系，原佃户有承典之优先权。

3. 利用假典假卖抽地者，得令赔偿佃户全部损失。

三、新地区的土地纠纷

敌区伪保甲长以及其他汉奸，利用人民无力交纳苛重负担机会，强买土地，自己并不负担给养，仍将此种负担派在其他人民身上，或将此项土地卖给其他人民，承买人亦多与汉奸勾结，亦有少数佃户贫民因无土地不出给养，兼做小本经营，能有微薄积蓄廉价购得少数土地。沂山专署曾经总结处理此类土地纠纷所得经验，作出《关于新地区特殊土地纠纷解决办法的决定》，所定处理办法具体适当，可供各地参考（原文载《民主导报》第五期）。节录要点如次：

此项土地纠纷，大体包括下列三种：

第一种：

a. 业主无力交纳苛重负担，放弃土地逃亡，伪保甲长或其亲友以替业主还债为名，未经业主许可将其土地占为己有。

b. 依靠敌伪顽之势力，将欠给养之土地没收，迫立契约，占为己有，地价完全顶了给养，业主一无所得。

第二种：

a. 业主放弃土地逃亡，伪保甲长或其亲友未经业主许可，将其土地出卖或典押与他人。

b. 业主未逃亡，但其土地亦因欠给养被伪保甲长强迫卖与他人，迫立契约。

第三种：业主无力交纳给养，伪保甲长劝其卖地，得到业主之同意，将地卖给佃户或贫民。

上列各种土地纠纷的处理办法是：

① 第一种土地纠纷所争之土地，应无条件退还原业主。

② 第二类土地纠纷所争之土地，原则上应归还原业主，但可收回其一部或全部之买价。承买人所纳负担，原业主不负责。如承买人与敌伪勾结，不负担给养，亦应无条件退还原业主。

③ 第三类土地纠纷所争之土地，如由承买人自己耕种，为照顾生产及承买人之生活，即有乘机买贱的意味存乎其间，所立契约仍应有效，但如承买人与敌伪勾结，可按前条办法处理。

对这决定还有几点补充意见：

1. 敌伪反正抗日，如彼过去亦曾恃势侵占土地，现被侵占人要求收回，除按上列原则予以处理外，应按抗日军人多予照顾，伪保甲长为害怕群众斗争，及保持其非法侵占的土地而参军或参加政权工作者，不得享受此项优待。

2. 革命两面派之村长为应付敌人所交资敌负担，应当予以承认。如村长为业主卖地交付此种资敌负担，回赎时此项负担仍由原业主负责。

3. 大地主的土地被汉奸霸占，该地收复后一年内，如该地主仍留敌区，不向政府要求收回，即为自动放弃，政府得将该项土地收归公有。

4. 地主为勾结敌伪，自动将其土地赠送汉奸者，该项土地收归公有，不发还原业主。

四、垦区土地纠纷

渤海垦区土地纠纷处理原则基本上是正确的，实施过程中间所得收获很大（详情参阅《民主导报》第五期），综其优点主要的有：

1. 用实事求是方法处理土地纠纷，调查双方取得土地过程，保护开垦农民应得利益，取缔霸占压盖等类非法行为，调查文契来源，尊重文契而不拘于文契。

2. 按照耕作能力计口授地，开垦三年给以地权，以奖励开垦，安定垦民生产情绪。计口授地禁止买卖，防止兼并，过去已买卖的按其有无工作能力适当处理。

3. 清丈土地，确定地权，收回丈余土地（侵占公荒）分给抗属贫民开垦，并用同法整理宅基，取缔兼并霸占，公平分配，安定居民，繁荣市集。

但在执行中间还有若干缺点，为着纠正这些缺点，特再提出几点补充意见：

1. 地主勾结官府承领大批荒地，已开垦者承认其所有权。如仍抛荒未开，政府可用原价征收，分给抗属贫民开垦。

2. 地主所领荒地租给农民开垦者：

a. 开垦农民依法可向地主要求永佃权。

b. 租额在产量百分之三十以上者，按原租额减百分之二十五；租额在产量百分之二十以上者，按原租额减百分之二十；租额在产量百分之十以上者，按原租额减百分之十；租额在产量百分之十以下者，按原租额不减。

c. 地主应照政府法令交纳公粮田赋，不得责令佃户代交，但地租在产量百分之十五以下者，得折半交纳田赋，或佃业双方各半交纳。

3. 地主用非法手段所领得的荒地，政府得按情形取消其所有权，或用原价收回。

4. 侵占公荒（丈余土地）如已开垦，自耕自营者承认其所有权，出租者由政府收回，原佃户有承领该土地之优先权。

5. 垦区不在地主之土地，农民租种在五年（或十年）以上者，得向政府要求征收其所租种土地，地价按领荒时之原价及目前地价折中规定之。

五、山荒河荒

此项土地纠纷如何处理，材料甚少，尚无具体经验，仅能提出下列几点意见：

1. 私有荒地有正式文契，四至亩数符合，且无公私争议者，保障其所有权。但地主勾结官府，廉价领得大批山荒河荒，如仍抛荒未垦，政府得用原价征收，分给抗属贫民开垦。

2. 荒地开垦三年以上，自耕自营，并无公私争议者，即无文契，亦承认其所有权。如系侵占私荒，应按奖励开垦原则及双方经济状况适当处理。

3. 农民向政府领垦公荒，三年以后给以所有权或永佃权。农民开垦地主私荒，三年以后亦可依法取得永佃权，或订十年以上长期租约。有永佃权之土地，地租最高不得超过其产量的百分之三十。

4. 地主恶霸恃势霸占公荒，不准农民开垦者，此项公荒不论已否开垦，均可收回分给抗属贫民，或作村中公产。霸占公荒转卖他人者，按其经济状况适当处理。

5. 山荒河荒种植树林，如此树林收益并不少于种植谷物或对防水护地利益甚大，得作已开垦论。如果该地依据前条收归公有，原造林人得要求分得其树木之一部分，以补偿其造林所费工本。

6. 河道改变，冲毁耕地，政府将隔河新涨土地分给被损害人；但被损害人不得自行隔河找地，以免引起纠纷。耕地经水冲毁，后又变成荒地，过去地权有证明者归还原主，无证明者归村公有，分给抗属贫民开垦。

7. 族地社地（荒地）采用民主方式管理，可开垦者分给抗属贫民开垦，公地收益用做公益事业，禁止地主恶霸恃势霸占族地社地，侵吞公地收益。

8. 两村争夺山荒河荒，应按过去历史及目前需要公平调解。如已开垦（包括植树造林），谁开垦的给谁，但恃势强占者仍应秉公处理。调解时应注意消释仇恨，加强团结，防止恶人挑拨离间。

土地纠纷种类繁多，内容复杂，上列数种仅能举其大要，自然不能包罗无遗。同时所举处理办法，亦是原则性的，不是具体法令，应按实际情况灵活运用。如果不调查实际情况，不掌握土地政策的基本精神，机械地搬弄前面所提处理原则，仍然难免不犯严重错误。

处理土地纠纷一方面要经过周密调查，另一方面又不应当拖延时间，以至影响农业生产。为着防止双方争夺土地、阻挠耕作，任何土地纠纷在未解决以前，仍应当由原耕作人继续耕作，必须移交他人耕作者，由政府明白决定。已耕种的土地，收获应归原耕种人所有，非经政府决定，他人不得强行收割，这也是处理土地纠纷时候所应注意到的问题。

（选自山东省政府司法厅《山东省现行司法法令》，一九四六年四月版）

胶东区开垦荒地暂行办法

（一九四三年六月十五日公布施行）

第一条 为扩大种地面积，增加根据地生产，保障地权，特制定本办法。

第二条 下列各种土地谓之荒地：

一、可供耕作之草地、林地。

二、可供耕作之海滩、河岸、水地。

三、以前曾耕种，现在荒芜的土地。

四、经修筑整理，可供耕作之水塘、沟渠、洼地。

第三条 荒地经开垦后能增加产量者，始得开垦。

（说明）山荒、草场土质比较肥沃，开垦种地后，能增加收入者，仍须开垦。不便于耕作之山岚、草场，或虽可耕作，但按当地情形留长柴草比开为农田更为适宜（如放柞蚕等），不得强为开垦。

开垦河滩，以在开垦后不能引起水患为原则。

第四条 公荒由政府分配给人民开垦，私荒由政府限令所有人定期开垦，否则由政府代为找人开垦。

第五条 开垦他人荒地，须经土地所有者的同意，并须于开垦时依法订立契约，如有争议，由政府调处之。

第六条 前项由政府调处之争议，荒地之在五亩以下者，由行政村村公所负责处理。

荒地之在五亩以上十亩以下者，由区公所负责处理。

荒地之在十亩以上者，由县以上政府处理之。

荒地所有人与承垦人如有不服，得请求直接上级政府处理之。

荒地所有人与承垦人自由约定开垦者，政府不加限制。

第七条　承垦人领垦荒地，以自耕为限。

第八条　由政府代为找人开垦之荒地，抗日军人家属、荣誉军人及贫苦人民有优先承垦之权。

第九条　大片荒地，需要较大劳力与财力，个人不能开垦者，人民得组织垦荒合作社，合力合资开垦，或由军队、政府的各种机关团体与人民商得同意开垦之。

垦荒合作社对个人有优先承垦之权。

垦荒合作社须呈请县政府备案，发有垦荒执照者，方为合法。

第十条　开垦公荒，承垦人即取得所有权，三年不设定负担。

开垦私荒，承垦人即取得永佃权，三年不纳租，但土地所有人家境贫苦，须撤回自种者不在此限。

第十一条　开垦河滩、山地、劈石、理墙、筑堤，需要较大劳力与资力者，得延期五年不负担不纳租。

第十二条　荒地之有田赋负担者，自开垦之日起，由承垦人负担一半，开垦之荒地，短期间内无收获者，得呈请县政府暂免其田赋负担。私荒开垦三年后，向土地所有人交纳地租时，田赋即由土地所有人负担。

第十三条　私有荒地，因被他人开垦，而影响土地所有人的生活时，得酌情确定地租，但该项地租不得超过一般地租的二分之一。（说明）前项规定只适用于生活困难的土地所有人，富裕者或荒地虽经开垦而并不影响其生活者，不得确定地租或其他代价。

第十四条　荒地之附着物，在地上者归地主，在地下者归承垦人，重要较大之附着物，土地所有人不愿迁移或毁坏者，得保留之，如有争议由政府调处之。

第十五条　本办法由胶东区临时参议会通过施行。

第十六条　本办法解释修正之权，属于胶东区临时参议会。

第十七条　本办法自公布之日施行。

（选自山东省胶东行署《法令汇编》，一九四四年八月版）

渤海区关于垦区土地所有权的决定

一、垦区人民之土地凡有红契（完粮升科）者，即确认其所有权。

二、凭有老照（包括司照、省照、县照），坐落可步邻至相符，经邻至及年长人出证明确为其经营之老业，且无重复情形及公私争议，经政府查明属实者，承认其所有权。

三、凭有所有权证书，坐落可步邻至相符，无公私争议，经政府查明非伪造冒领者，承认其所有权。

四、凭有计口授田（鲁西移民或功曹兵地等）之根据而无上述文契者，则按一户三十亩承认其所有权，该地以原耕者为限，不除荒碱。

五、在清丈土地中，除按文契规定的数目承认其所有权外，所有丈余的土地作如下的处理：

甲、凡系富农以下之农民，其丈余的土地，只要有邻至及村内年长人士证明确为该户自耕（自力耕种）自营（包括雇佣劳动等富农的生产方式）而无公私争议者，一律皆承认其所有权。

乙、拥有土地一顷以上之地主，除按其所有文契上的数目承认其所有权外，其丈余之土地，以该地主现有生产力范围（包括现有壮丁、耕牛、长工）所能自耕自营之数目承认其所有权，余地收归公有，计口授田之土地买卖者无效，其因买卖所生之争议，由政府处理之。

丙、计口授田者，其应得三十亩以外之土地，作丈余论，依上项办法处理之。

六、无任何文契根据之土地，只要有邻至及村中年长人士证明其确为自耕自营者，并无公私争议，经政府查明属实，亦承认其所有权，但如为出租土地，则只按该地主自能经营之部分承认其所有权。

七、文契遗失经邻至及年长人证明，无公私争议，经政府查明属实者，承认其所有权。

八、计口授田后原领地户他徙，其土地由政府代管，如有代管人者，由代管人向政府交纳负担，若原领地主二年不归，其地即由政府重新处理。

九、承领生荒者，政府按每一壮丁（男丁）发给三十亩，并承认其所有权，若以富农生产方式更多经营者，政府皆允其承领权，但除其每壮丁三十亩以外，余地不给予所有权，三年以后向政府交纳地租。

十、凡有所有权之土地，经政府发给所有权文契，该地主对其土地有处理的完全自由（包括出租、出典、出让、出卖、雇人耕种等）。

垦区地权补充决定一

一、凡承领官荒者须发承租单，三年后发给所有权，但在承租三年内，不负担任何负担。

二、凡权名不符之土地，只要无公私争议，经邻居证明，确系该户耕种之老业者，亦承认其所有权。

三、关于处理计口授田地买卖关系的决定：

1. 确定计口授田地买卖无效，如系在主任公署布告前（民国三十二年六月　日）买卖而为自经自营者，承认其所有权，但须经邻至证明确实，经政府查明无讹，无公私争议者。如系买名出租者，则只承认其生产力范围所能自耕自营部分，归其所有，余者归公有。如系在主任公署布告后买卖者，其地应交政府处理，如买户系贫民且为自耕者，由政府授与地权，原地价没收归公，用作开荒奖金。

2. 上述生产力范围，系按清查土地时之地主经济状况而言，不得追引既往及许计将来，其生产之条件包括现有之耕牛、壮丁、雇工。每一壮丁（包括十八岁至四十五岁之壮年男女）之生产力定为耕种十官亩，每一耕牛（包括牛驴骡马）生产力定为二十亩。

3. 如原地主他徙，而指定有代理人，并有文约可凭者，其地仍由代理人代管，并代向政府交纳负担，如二年以后原主不归，其地即由政府重新处理。

4. 买地人他徙者，不承认其所有权，亦不能适用前三项之规定。

5. 让与地、交换地（鲁西清河互相交换者）概以买卖关系论。

6. 地主远徙，其地由他人盗卖者，其买卖关系无效，其地由政府代管，如原地主二年不归，该地即由政府重新处理（盗卖人应交政府法办）。

7. 因上项情形，以致地权发生变动时，原租户有领租的优先权。

8. 领有计口授田地者，其宅基确定为每户一亩（官亩），若有多占，交由政府处理，不能引用上述1.2.3项之规定。

9. 地权证书由主署制印发下，由垦区县长、土地局长作签发人签署，每亩地权证书费一元。

垦区地权补充决定二

1. 计口授田地应得宅基，承认其所有权，该项宅基数目按计口授田时政府之规定，每户应得最高数目为一官亩，但其确无居住需要者，得由政府收回另行处理。

2. 计口授田之宅基买卖无效，其处理办法规定如下：

（1）凡在主任公署布告前买得之宅基系自己居住，且确实有居住需要，无公私争议，经政府查明属实者，得按其实际情形承认其所有权。

（2）凡在主任公署布告前买得之宅基，非为自居或非作为自居而作出租、出借、出典、植禾种园等行为者，除按其确实系需自居部分承认其所有权外，余悉数收归公有。

（3）宅基之顶名、让与、实得、交换、盗卖等情，均按买卖关系处理之。

（4）凡在主任公署布告后买卖者，概予收归政府处理，其办法与处理主署布告后买卖计口授田者同。

3. 凡因不正当关系将镇基或宅墓大批取得所有权而作非自居行为妨害公共建筑者，政府当予适当限制。

4. 盗买计口授田地者，不拘时间，原地价一概没收归公，用作开荒奖金。

5. 所有权地原主他徙，而无合法代理人者，概收归政府代管。

（选自渤海区行政公署《战时单行法规》，一九四四年四月版）

淮北苏皖边区行政公署
关于土地复查问题的训令

（一九四四年五月二十八日）

土地复查是民主政府今年夏季工作的中心一环，它关系全边区几百万人民的地权、产权、粮赋负担与生产前途，是一件重大复杂繁重的大事，我们必须集中力量才能完成此重大任务。为此，本署特详细指示如下：

一、为什么要实行土地复查

我边区自实行减租减息，取消苛捐杂税，增加工资等政策以后，人民生活已逐渐改善，生产情绪日益提高，社会生产因之也逐渐发展。但目前还有三件事情阻碍着生产力更进一步向前发展。这三件事情是什么呢？

第一，是土地纠纷。有许多土地尤其是湖地与滩地，由于过去旧政权的黑暗专制与乡间豪强相勾结，致有许多公地、私地、公滩、私滩被豪强霸占,产权被人剥夺,甚至农民自己垦出之荒地,被当时有势力者向官厅冒领圈为己有,而无可奈何(如半城刘洼农民与泗城姚某之土地诉讼)。其承领荒地之契约,往往四至不明,任意扩大,有说湖心为界者,有说一望之地者,更有所谓水影地者。这种种荒谬名称,就是过去豪强勾结官府兼并土地的铁证。因此就造成了今天湖地、河地及滩地所有权之极端紊乱与民间土地之重重纠纷。同时因为产权未定,纠纷来清,有地者不愿垦荒,无地者无法经营,对熟地更不愿加以施肥,这对目前农业生产之发展阻碍殊大。此其一。

第二,是产权未定。除因上述纠纷影响产权外,还有不少地区过去土匪为患,契约被毁,亦有年代久远契约遗失,地界混淆,因而彼此争执,产权不清。更有歹人乘机侵犯,敲诈勒索,此种结果,更妨碍私人生产,影响生产之发展前途。此其二。

第三,是负担不均。在旧政权时代,人民有粮无田,有田无粮,粮多田少,田少粮多,以及牛头捐、户口捐、壮丁捐等等捐税负担,极不公平。因捐税繁重而倾家荡产者不知凡几,同时因人民破产更影响生产力之日益衰落。自从民主政权建立以来,废除苛捐杂税,实行合理负担,旧时积弊早已清除,人民负担大为减轻,经过土地复查区域,田赋负担尤属公平合理,但公粮征收办法,则尚不尽妥善。检查淮北公粮征收,标准系按每季每人实际收获量计算,此种办法本属合理,但却产生了三种弊端:(一)每季征收时,估计收获量未能尽符实际,有的估计过多,有的估计过少,有的因贪图小利瞒报舞弊,而有的又因人事关系被人多报诬害;(二)每季征收时,政府须动员几千个人参加征收工作,时间延长数月之久,于人力财力耗费殊属浩大;(三)因为生产发展,人民公粮负担年年随收获量之增加而加大。此三种弊端,对人民生产积极性与边区生产发展,是有很大妨碍的。此其三。

上述三点就是目前边区农业生产发展过程中的新障碍,如何克服这三个障碍,主要办法是要进行土地复查,完成了土地复查:(一)可以解决纠纷,清查土地积弊; (二)可以确定人民产权,鼓励人民安心生产;(三)可以固定粮赋负担,避免无谓顾虑。这样边区农业生产便可以大大发展。同时有了精确的土地调查与户口统计,对将来政府财政收支与社会经济建设计划,也有了实际根据,而不致犯主观主义。这就是行署所以下决心实行土地复查的主要原因。

二、土地复查的任务与方针

根据上述理由就决定土地复查的基本任务。

第一，是解决土地纠纷，清除土地积弊。一切过去被豪强霸占的公地、私地、公滩、私滩，应在土地复查中发动群众彻底清除。私滩、私地归还原主，公滩、公地由公家统一筹划，廉价放领给无地及地少之人民承领（其自动报告退出者亦得承领一部分，隐瞒不报者查出除收回赃地外，应受一定处分）。其契约四至不明者，应重新规定四至，进行清丈，保证其应得产权。一切假公济私、词句含糊、借词侵占之土地，须一律清查退出，民主政府没有任何理由承认豪强兼并土地之所有权。在此次土地复查中，务使各人土地界限清楚，头绪明白，各安生业，再无纠纷。

第二，清查所有土地，确定人民产权。把全边区所有土地，逐户逐丘重新清丈审查，验明契约证照，局收油单有无讹错，是否管用，查清弓口四至，土地来历是否合法正当。一切来历清楚，产权合法者，发给营业执照。契约确系丧失，经一定手续证明者，准予重立新契，以确定各人产权。其来历不明非法取得之土地，则抽出其非法不明部分，其合法部分仍予保证其产权，使各能安心经营，发展生产。

第三，是改进粮赋征收，固定人民负担。在此次土地复查中，查清全边区人口、户数、地亩、土质等级，确定其收获量，编造串册。自此以后，各人每年公粮田赋，即根据此确定之收获量，按照税率缴纳粮赋，每年如此，丰年不加，荒年不减（十分荒年按一定□□照减）。如此人民负担固定，无被人挟嫌加税之虑，政府财粮收入也有一定依据，无瞒报短收之弊，更无须每年动员几千人突击征收，劳民伤财，这是一举两得的事情。

三、怎样进行土地复查

（一）宣传动员

1. 召开县、区、乡、村各级组织的以及群众的动员会议，传达布置工作，详细具体地说明土地复查的意义和目的，任务和方针，方式和方法，从事一般动员。然后分别召开小的座谈会、讨论会，深入研究。

2. 在动员宣传时，要详细、具体、通俗、明了，根据不同对象，采取不同的方法，务使听者能懂。最好以本乡本村的事实说明，通过民间艺人，民间的谚语、小调、歌谣扩大宣传。反复动员，反复宣传，一直到完成任务为止。

3. 宣传动员时，要紧紧掌握土地复查的方针，不能偏废（不因强调一方面而忽略另一方面），要预防谣言的发生，及时解释，不要陷于被动。

（二）组织领导

1. 组织各级查委会，要慎重选择，不要让一个坏人参加，尤其乡村两级更加重要。在组织查报队时,要注意到各个工作人员的政治质量,起码条件要能够为群众服务。

2. 要动员广大群众参加复查(包括工农与知识分子、公正人士在内),把土地复查工作变为一个巨大的群众运动。没有成千成万的群众参加,要想消除各色各样的土地积弊,解决曲折复杂的土地纠纷,查丈几百万亩的土地,是不可能的。因此,各级领导干部的主要责任,在于组织领导群众进行复查,并在各种实际斗争中发现积极分子,通过积极分子来领导群众,使领导与群众相结合,并在此次复查中,创造一批新的力量,作为今后改造政权的基础。

3. 在领导进行复查时,要防止两种偏向:一种是单纯强调了解土质收获量,查登地亩等单纯技术观点,而放松发动群众清理土地纠纷的工作,结果使群众情绪低落,甚至与政府对立;另一种是单纯着重清理土地积弊,解决土地纠纷,而放松了解土质收获量,查登地亩,以及各项固定产权之正式法律手续,结果影响确定产权固定负担的进行。这两种偏向都是有害的,必须防止和纠正。一般说,在沙岗地,土地纠纷少的地方,应该强调审查和确定产权,推动群众的自量呈报运动;在湖滩地,土地纠纷多的地方,应该清除土地积弊,解决土地纠纷,开展反贪污反霸占的群众运动。总之,应当在解决群众土地产权的运动中去了解地亩户数,了解土质收获量,固定负担。

(三)解决土地纠纷

1. 发动群众检举一切徇私舞弊、非法取得土地的不良分子,并给检举者以适当的奖励,以便彻底揭发各种积弊。

2. 解决各种土地纠纷,首先由群众团体和各级查委会调解,不服调解者,可依法起诉,由司法机关处理。

3. 一般农民间的琐碎的细小的土地纠纷,应加以调解(如地边、场边、沟沿、莹地、宅基等),采取大事化小、小事化无的方针解决。

4. 豪强霸占倚势欺人侵占他人土地者,允许群众说理,政府并得主张公道,予以协助。

5. 处理土地纠纷之时限,滩地从原领时起,一般土地从民国元年起。时间太长,无从证明的不必过于深究。

(四)查登工作

1. 说服动员群众各人丈量各人的土地,进行呈报,开展自量呈报运动。其中遭遇的困难,可由群众自行解决,或由政府在技术上协助。一般在丈量中会碰到几种困难:第一是大家一齐量,弓子不够用,这可以绳子、芦柴代用（和弓子比好），而绳子天晴天阴长短不一，还是用芦柴好，第二是技术人员少，会算会写的少，老百姓解决的办法，是用绳结圪塔，记回来找人算，第三是不会写证明书，找四邻困难，这可以找附近小学教师或查报队代写。

2. 反对瞒报，克服群众中的"三怕"：一怕报实了出粮多，二怕报不实受处罚，三怕补契出钱多。要用事实反复说明，使他放心，对不同情形的瞒报者，应采取不同方法处理。一般应采取启发、动员、劝说方式，使他们自动实报。对那些顽强恶霸固执隐瞒，可采取舆论制裁，一直到群众的说理，最后不行时由政府依法处理。并实行抽查丈量，好的给予奖励，坏的给予处罚，但要防止挟嫌报复行为，使大家不敢瞒，不愿瞒，不能瞒。

3. 了解土质收获量，划分等级。各级负责同志要亲自下手，召集乡村干部分别研究各种土质。经过初步了解，要选择各种不同的土质亲自检验一遍，然后在乡村干部会上统一意见，划分等级，交村民大会通过。在确定等级时，一乡要统一，与其他乡、他区、他县相邻的土地，要保持等级的一致。

4. 查报登记完竣后，召开村民大会实行公告，使所有群众了解本乡本村的土地查报情形，并当场举行讨论，更正错误，随时检举呈报不实和一切瞒报人员。在公告时，除书写张贴外，要由查报队向群众详细讲一遍。

5. 登记统计办法从略，参看土地复查办法实施细则。

（五）进行步骤

五月一日至六月一日成立县、区、乡、村各级土地复查委员会，组成查报队，传达布置工作，训练技术人员，实验完毕一个乡。村民大会开完，查报开始。

六月一日至六月二十三日通过夏收工作进行大规模复查的各种准备，以便麦收后迅速开始。

六月二十五日至八月十五日大量开展土地复查运动，完成全部复查工作，进行总结，并通过土地复查完成夏季征收的准备工作。

八月十五日至八月底完成夏季征收、总结、入仓，各县政府接得指示后，要详细讨论，认真执行，号召所有公务人员以身作则做模范，影响群众，推动群众，组织领导群众进行复查，保证任务的顺利完成。"土地复查成功的关键，在于把土地复查变成群众自己的事情，使他成为广大群众的土地复查运动"。在土地复查运动中，要联系贯彻改善民生，协助开（发）展群众团体，发展及巩固民兵，改造政权，提拔干部等工作。

希各级政府切实执行为要！

淮北苏皖边区减退租补充办法

（一九四五年六月）

一、自抗日民主政权成立和减租法令公布后，一切未减租或明减暗不减及减租未彻底者，一律照减租法令退租。

二、减退包租按下列规定处理：

（一）按原租额二五减，未减者退租。

（二）地主因减租增加包租额者（不论先增后减或先减后增都是一样），除将增加部分退还佃户外，仍照原租额二五减租比率计算，退回应减之租。

（三）包租地应查实依实地交租，凡属虚地，依退租办法处理。

（四）原包租额过高，应行降低，地主所得最高不得超过土地收获量百分之三十五。凡超过此标准者，应依此标准重新规定租约，不足者不再增减。

（五）房租宅基不在此限。

三、游击区可实行让租，成数由各县根据具体情况规定。凡游击区已成为根据地，应即依法减租，原来实行让租地区，未让之租应按过去让租成数实行退租。

四、凡缺乏劳动力之抗烈属和鳏寡孤独，家庭境况尚不及中农生活者，不论过去已否减租，均不追究，今后可说服佃户少减或不减。

五、花田、烟叶田，实行主□佃八分租，或按当地一般收获量改交粮租。

六、自民国三十三年秋季起柴草随租分者，应随租减。三十三年秋前应退而未退之柴草免退，已退者亦不再还。从今年夏季起原随租分草者，即随租减草，未随租减草者，即随租退草，原不分草者仍不分草。

七、自减租法令公布后应由地主负担之公粮、公草、田赋、河工、路工等粮款，而由佃户代出者，应全部归还佃户，加利二成。

八、对粪照旧例，原来对粪还对粪，在减租后如有地主应对粪而未对粪者，得按原对粪成数偿还佃户。

九、种子照旧例，原来对种还对种，原来不对还不对，但应出种子之一方，在播种时如不出种子，得依照本年底该项种子最高价格赔偿对方。

十、在三十四年七月十五日前关于查减租问题，依下列规定处理：

（一）自动减租者，免予追究。

（二）少数代佃之人情租，经查出后如依法减退者，免予处分。

（三）凡以威胁利诱手段不执行减租法令者，经查出后除依法减退外，并予以三日至一月拘役处分。

十一、在三十四年七月十五日后之查减租问题，依下列规定处理：

（一）凡以威胁利诱手段破坏减租法令者，除依法进行减退租外，其刑事部分交司法机关依法惩处。

（二）除前条规定外，一般未进行减退租者，以诈欺取财论罪，处以半年以上一年以下徒刑。

（三）公务人员犯前两项之罪者，得按情节轻重加重其刑。

（四）凡佃户无故不缴租者，按其情节轻重给以刑事处分。

十二、凡地主不遵守调整租佃关系办法，非法无理抽地者，按下列情形处理：

（一）地主自耕者，交出一部或全部仍归原佃户耕种。

（二）地主将抽回之地转佃给其他佃户者，如新佃户比原佃户富者，应退还一部或全部归原佃户耕种。如新佃户很穷，原佃户能维持生活，而地主亦无其他土地出租者，不变。

（三）对地主非法抽地之所为，给以严重批评，此后如再发现类此情形，依法惩处。

十三、减退租后，租佃双方应根据淮北土地租佃条例及本办法重新订立契约，原来规定租期者可延长五年以上，原来未规定租期者照旧，新契约一经订立，旧契约即应交出作废。

十四、本办法自公布之日起有效。

（选自一九四五年六月二十四日《拂晓报》）

苏中区土地租佃条例（修正草案）

（一九四四年九月一日）

第一章　总则

第一条　为调整本区业佃关系，增加根据地生产，团结各阶层人士，加强抗日民主建设力量，依据中国国民党第二次代表大会二五减租办法的决议、国民党抗战建国纲领和中国共产党关于抗日根据地土地政策的决定，特订定本条例。

第二条 凡本区土地租佃问题都依照本条例规定办理，以前本署及各级政府颁布有关租佃问题的法令与本条例有抵触者，应照本条例办理。

第二章 减租

第三条 公私土地的租佃，除本条例另有规定者外，一律实行二五减租。

第四条 本区减租以民国二十六年度实交租额为标准，实行二五减租，打七五折交租，如有已照二十九年度标准减租换约者，经业佃双方同意不应再有变动。

第五条 有下列情形之一者，减租标准得斟酌实际情形改为二成，或一成五，或一成减租（即打八折或八五折或九折交租）。

一、业主为贫苦抗属者。

二、业主为贫苦之鳏寡孤独者。

三、业主为贫苦之小学教师或自由职业者。

四、无劳动力之中小地主因减租而使生活不易维持者。

五、业主私有土地不足二十亩，且无其他生产足以维持生活者。

第六条 凡照前条情形减租者，须经农抗会调查属实，由业佃双方协议订约。如有争论，可由农抗会调解，不服调解时，得呈请当地政府仲裁之。

第七条 采用银租制之租佃土地，因货币跌价，或物价高涨，业佃有一方认为不合理时，得提出商议，酌量增加银租或变更租制。

一、斟酌粮食正产收获物的价格，或酌量增加银租，或将一部或全部之银租改为物租制。

二、银租改为物租，最多不得超过全年正产收获量二成（百分之二十），如增加银租时，亦不得超过正产量实物折价的二成。

三、按照本条规定，换立新约，记明减租后租额者，不再减租。

第八条 减租后实交租额，不得超过全年正产收获量千分之三百七十五，其原来租额低于千分之三百七十五者，不得增加。

由业主全部供给种子、肥料、工具者，得由双方会同农抗会共同议定应交租额。

第九条 减租须就应交正租额照减，佃农不得将押租折成租额加进正租内同减，业主不得以退押租为理由向佃户加租。

第十条　实行减租后，双方应按照新约之规定，实行交租收租，不得抗不减租或抗不交租。

第十一条　假减租之业主，不论使用何种方法使佃户受到损失者，应受下列之处罚：

一、全部或一部假减租之业主，应按照假减数目，受加倍的处罚，一半交与佃户，一半送交政府。

二、业主减租以后，用其他方法加重剥削，使佃户应得的利益减少，以及用无偿的劳役剥削佃农者，应照佃户所受的损失加倍处罚，一半交给佃户，一半交给政府。

第十二条　业主不依法减租者，佃户可以自动扣下应减部分，并报告政府照假减租办法处罚之。

第十三条　凡因假减租处罚而解交政府之粮食或现金等，由政府拨充优抗基金，或举办地方公益事项，决定权属于县政府，区乡政府不得擅自动用。

第十四条　业主于当地抗日民主政府建立以后，未曾遵照二五减租法令实行减租者，佃户可照历年应减的租数，进行倒租，但如当地环境特殊，或业主经济确系困难者，得由农抗会按实际情形，拟定办法，呈请政府处理之。

第十五条　业主暗中勾结敌伪或利用敌伪势力压迫佃户，企图不减租者，除照本条例规定处理外，并视情节轻重，依照惩治汉奸紧急治罪法论处。

第十六条　实行减租后，各业主故意抗不收租者，佃户可将应交租额交给政府，由政府通知业主限期具领，其因搬运蚀耗，或其他意外所生之损失，由业主负担，如逾期不领，认为自愿放弃，即行入库，或拨充优抗基金。

第三章　交租

第十七条　公私租佃土地，在减租后，已经换立新约者，佃户应照新约交租，不得无故抗不交租。

第十八条　每年各季交租时期，一律在正产物收获后履行。

第十九条　业主不得向佃户预收地租或押租及类似性的押租，但在本条例颁布前已有押租者，得暂行保留，以后不得增加，并须注明缴押租之年月日。业主如中途或租期届满退还押金时，应顾及双方实际生活，按照交押租时之粮价或田价比例折价退还。

第二十条　因天灾人祸遭受荒歉时，佃户应交地租，得根据下列标准酌量减免之。

一、收成不足二成者，全部免交。

二、收成在二成以上，五成以下，按成议减，五成以上者照交。

三、业主与佃户平均负担肥料、种子者，不论看收或分收，收成在二成以上时，得仍照减租后习惯分租。

第二十一条　在苏中抗日民主政府建立之后，实行二五减租以前，佃户所欠旧租，一律免交。但业主确系贫苦而佃户有力缴纳者，得根据实际情形全部照交，或酌交一部分。如业佃双方均系贫苦者，在减免发生争论时，得由农抗会进行调解，或呈请政府处理之。

第二十二条　由下列原因之一造成欠租者，仍须照交。

一、因交通阻碍，业主不能收租而佃户不能按期交租者。

二、佃户无故不交者。

三、因诉讼拖延而其过失在佃方者。

第二十三条　交租斗秤以当地通用斗秤为标准，不得使用大斗大秤收租。

第二十四条　业主居住不在根据地内，并无破坏根据地之行为者，其佃户交租办法如下：

一、业主在根据地内有代理人者，佃户可向代理人照交，但不得将粮食运出根据地或资敌。

二、业主无代理人者，佃户交租可请政府暂行保管，由政府通知该业主限期来领，所有损失费用应由业主负担。

第二十五条　减租后业佃双方缴纳粮赋办法，应遵照苏中区征收粮赋条例办理。

第四章　租约

第二十六条　租佃土地，业佃双方必须订立租约，在订约后，双方应共同遵守。但有违背本条例之规定者，一概无效。

第二十七条　减租后，必须重订新约，旧约一律作废。

第二十八条　租约期限应由双方议定，但仍须照顾佃户对生产上的安定性，租约期限至少在五年以上。

第二十九条　业主因家庭贫苦或其他特殊原因，而暂时出外谋生者，其租期得经双方同意，由农抗会长与乡长为法定中人，依照习惯订立租约。

第三十条　佃户对所耕种的土地，如业主出卖出典时，得以同样的条件有优先承买承典之权。

第三十一条　业主不得因出卖、出典、转让或出租田地而妨害佃户之利益。

一、有永佃权者，不妨害永佃权之利益。

二、租期未满者，佃户仍有继续耕种之权，非原租约期满后，不得收回自耕，或另租他人。

第三十二条　业主确系贫苦，因特别紧急事故必须出卖，佃户无力承购而买主须自行耕种者，由农抗会适当调解，或呈请政府处理之。

第三十三条　订立新约时，原有永佃权者，应予保留，其无永佃权者，不得强迫规定。

第三十四条　无永佃权而期限已满，业主退佃时，应顾及佃户之生活，并须在收获前三个月通知。如佃户因退田而不能维持生活者，得由农抗会合理调处，延长租期或退田一部分。

第三十五条　业主如因租期届满后收回自耕，而将其他自耕田出租给他人耕种时，则被撤佃之佃户有优先租种权，其出租条件不得高于原来之标准。

第三十六条　业主因减租而中途收田退佃者，其退佃为无效，除原佃有继续耕种之权外，其所受之损失应由业主赔偿。

第三十七条　业主因减租撤佃收田，并以出租给抗属或更贫苦农民作对抗佃户之要求者，如业主有自耕田者应划一部或全部给佃户种，如业主无其他自耕田者，应赔偿原佃因退佃而所受之损失。

第三十八条　业主不得因减租而悔约，或改变有利于佃户之租田条件。

第三十九条　减租后对无契约出租之土地，不得借故收回，或转租他人，应与原耕种人补订契约。

第四十条　减租后如业方欲改变租约，必须得佃方之同意，会同农抗会共同订立新约。

第四十一条　佃户有下列情形之一者，业主可以收田：

一、佃户不愿种者，但佃户应在种前一月通知业主。

二、佃户无故不耕达一年以上者。

三、佃户力能交租，而故意抗不交租在一年以上者。

四、佃户死亡而无继承人者。

五、佃户投敌附逆经政府批准收回者。

第四十二条 无永佃权之佃户将土地转租谋利者，业主得收回或直接出租于现承种人。

第四十三条 业主因破产失业，或由沦陷区失业来根据地别无生计者，得于不妨害佃户生活情形下收回自耕。如有争执，可请农抗会调处，或声请政府批准收回一部或全部自耕。

第四十四条 减租前业主对佃户及耕种方面的负担，如修理房屋、油漆水车与肥料种子之供给等，减租后一律照旧，不得借故拖延或变更。如有违背，佃户所受损失应由业主负责赔偿。

第四十五条 凡公地、学田、政府代管土地出租时，无论过去租约如何规定，在佃户同意的条件下，一律改为定租制。

第四十六条 租约之式样，由各县政府统一制发，其内容大体须具备下列各项：

一、业佃双方之姓名。

二、承租土地之亩数、坐落四至及所附之庄屋行产。

三、应交租额与交租方法。

四、租期定期或不定期。

五、其他地方习惯上应注明之事项。

六、法定中证人为乡长、乡农抗会长。

第四十七条 预租制（预先交纳地租）、跑租制（如上季给甲种，下季给乙种，往往视租额之高低一年或一季即更换佃户而且预付地租等情形）一律禁止。

第四十八条 业主对佃户不得使用无偿劳役，如雇用时，须照雇工条例办理。

第四十九条 土地租佃之中证人，禁止需索酒席、使费、中资等一切陋规恶习，如以前佃户已交酒席、中资、使费者，业主应按照交费时粮价比例折算退还。

第五章 附则

第五十条 本条例之解释权及修正权属于本署。

第五十一条 各行政区、各县得依据本条例规定，根据当地实际情形订定实施细则，以前已颁布之实施细则应依本条例修正，呈请核准施行。

第五十二条 自本条例颁布之日起,前民国三十一年度所颁布之《苏中土地租佃条例》及其他有关租佃法令,应即废止。

第五十三条 本条例自公布之日起实行。

(选自一九四四年十月十六日《苏中报》)

解放战争时期

中共中央关于土地问题的指示

(一九四六年五月四日)

根据各地区最近来延安的同志报告,在山西、河北、山东、华中各解放区,有极广大的群众运动。在反奸、清算、减租、减息斗争中,直接从地主手中取得土地,实现"耕者有其田",群众热情极高。在群众运动深入的地方,基本上解决了或正在解决土地问题。有些地方,运动的结果,甚至实现了"平均土地",所有的人(地主在内)都得了三亩土地。

另一方面,一部分汉奸、豪绅、恶霸、地主逃跑到城市中,则大骂解放区的群众运动。有些中间人士则发生怀疑。党内亦有少数人感觉群众运动过火。

在此种情况下,我党不能没有坚定的方针,不能不坚决拥护广大群众这种直接实行土地改革的行动,并加以有计划的领导,使各解放区的土地改革,依据群众运动发展的规模和程度,迅速求其实现。

各地党委在广大群众运动面前,不要害怕普遍地变更解放区的土地关系,不要害怕农民获得大量土地和地主丧失土地,不要害怕消灭农村中的封建剥削,不要害怕地主的叫骂和诬蔑,也不要害怕中间派暂时的不满和动摇。相反,要坚决拥护农民一切正当的主张和正义的行动,批准农民获得和正在获得土地。对于汉奸、豪绅、地主的叫骂应当给以驳斥,对于中间派的怀疑应当给以解释,对于党内的不正确的观点,应当给以教育。

各地党委必须明确认识,解决解放区的土地问题是我党目前最基本的历史任务,是目前一切工作的最基本的环节。必须以最大的决心和努力,放手发动与领导群众来完成这一历史任务,并依据下列各项原则,给当前的群众运动以正确的指导。

(一)在广大群众要求下,我党应坚决拥护群众在反奸、清算、减租、减息、退租、退息等斗争中，从地主手中获得土地，实现"耕者有其田"。

（二）坚决用一切方法吸收中农参加运动，并使其获得利益，决不可侵犯中农土地。凡中农土地被侵犯者，应设法退还或赔偿。整个运动必须取得全体中农的真正同情或满意，包括富裕中农在内。

（三）一般不变动富农的土地。如在清算、退租、土地改革时期，由于广大群众的要求，不能不有所侵犯时，亦不要打击得太重。应使富农和地主有所区别，对富农应着重减租而保存其自耕部分。如果打击富农太重，将影响中农发生动摇，并将影响解放区的生产。

（四）对于抗日军人及抗日干部的家属之属于豪绅地主成分者，对于在抗日期间，无论在解放区或在国民党区，与我们合作而不反共的开明绅士及其他人等，在运动中应谨慎处理，适当照顾，一般应采取调解仲裁方式。一方面，说服他们不应该拒绝群众的合理要求，自动采取开明态度；另方面，应教育农民念及这些人抗日有功，或是抗属，给他们多留下一些土地，及替他们保留面子。

（五）对于中小地主的生活应给以相当照顾，对待中小地主的态度应与对待大地主、豪绅、恶霸的态度有所区别，应多采取调解仲裁方式解决他们与农民的纠纷。

（六）集中注意于向汉奸、豪绅、恶霸作坚决的斗争，使他们完全孤立，并拿出土地来。但仍应给他们留下维持生活所必需的土地，即给他们饭吃。对于汉奸、豪绅、恶霸所利用的走狗之属于中农、贫农及其他贫苦出身者，应采取争取分化政策，促其坦白反悔，不要侵犯其土地。在其坦白反悔后，须给以应得利益。

（七）除罪大恶极的汉奸分子的矿山、工厂、商店应当没收外，凡富农及地主开设的商店、作坊、工厂、矿山，不要侵犯，应予以保全，以免影响工商业的发展。不可将农村中解决土地问题、反对封建地主阶级的办法，同样地用来反对工商业资产阶级。我们对待封建地主阶级与对待工商业资产阶级是有原则区别的。有些地方将农村中清算封建地主的办法，错误地运用到城市中来清算工厂商店，应立即停止，否则，即将引起重大恶果。

（八）除罪大恶极的汉奸分子及人民公敌为当地广大人民群众要求处死者，应当赞成群众要求，经过法庭审判，正式判处死刑外，一般应施行宽大政策，不要杀人或打死人，也不要多捉人，以减少反动派方面的借口，不使群众陷于孤立。反奸清算是必需的，但不要牵连太广，引起群众恐慌，给反动派以进攻的借口。

（九）对一切可能团结的知识分子，必须极力争取，给以学习与工作机会。对开明绅士及其他党外人士，或城市中的自由资产阶级分子，只要他们赞成我们的民主纲领，不管他们还有多少毛病，或对目前的土地改革表示怀疑与不满，均应当继续和他们合作，一个也不要抛弃，以巩固反对封建独裁争取和平民主的统一战线。对于逃亡的地主及其他人等，应让其回家，并给以生活出路。即使其中有些人回家目的在于扰乱解放区，亦以让其回家置于群众监督之下为有利。如此，可以减少城市中反对群众的力量。

（十）群众尚未发动起来解决土地问题的地区，应迅速发动，务必在今年年底以前全部或大部获得解决，不要拖到明年。但在进行斗争时，必须完全执行群众路线，酝酿成熟，真正发动群众，由群众自己动手来解决土地问题，绝对禁止使用违反群众路线的命令主义、包办代替及恩赐等办法。

（十一）解决土地问题的方式，群众已创造了多种多样。例如：

（甲）没收和分配大汉奸土地。

（乙）减租之后，地主自愿出卖土地，佃农以优先权买得此种土地。

（丙）由于在减租后保障了农民的佃权，地主乃自愿给农民七成或八成土地，求得抽回三成或二成土地自耕。

（丁）在清算租息、清算霸占、清算负担及其他无理剥削中，地主出卖土地给农民来清偿负欠。

农民用以上各种方式取得土地，且大多数取得地主书写的土地契约。这样就基本上解决了农村土地问题，而和在内战时期解决土地问题所采取的方式大不相同。使用上述种种方式来解决土地问题，使农民站在合法和有理地位，各地可以根据不同对象，分别采用。

（十二）在运动中所获得的果实，必须公平合理地分配给贫苦的烈士遗族、抗日战士、抗日干部及其家属和无地及少地的农民。在农民已经公平合理得到土地之后，应巩固其所有权，发扬其生产热忱，使其勤勉节俭，兴家立业，发财致富，以便发展解放区生产。在解决土地问题后，凡由于自己勤勉节俭，善于经营，因而发财致富者，均应保障其财产不受侵犯。因此，不可无底止地清算和斗争，妨害农民的生产兴趣。对于一部分有游惰情绪的人及二流子，应加以教育，使他们从事生产，改良生活。

（十三）在运动中及土地问题解决后，应注意巩固与发展农会和民兵组织，发展党的组织，培养提拔干部，改造区乡政权，并教育群众为保卫已得的土地和民主政权而斗争，为国家民主化而斗争。

（十四）凡我之政权不巩固、容易受到摧残的边沿地区，一般不要发动群众起来要求土地，就是减租减息亦应谨慎办理，不能和中心区一样，以免造成红白对立及受到摧残。但在情况许可的地区，又当别论。

（十五）各地党委应当放手发动与领导解放区的群众运动，依照上述各项原则，坚决地去解决土地问题。只要能遵守上列各项原则，保持农村中百分之九十以上人口和我们党在一道（农村中雇农、贫农、中农、手工工人及其他贫民共计约占百分之九十二，地主、富农约占百分之八），保持反封建的广泛统一战线，我们就不会犯冒险主义的错误。如果我们能够在一万万数千万人口的解放区解决了土地问题，就会大大巩固解放区，并大大推动全国人民走向国家民主化。但是，如果我们不能遵守上述各项原则给运动以正确的指导，如果侵犯中农土地或打击富农太重，或不给应该照顾的人们以必要的照顾，那会使农村群众发生分裂，因而就不能保持百分之九十以上人口和我们党一道，就要使贫农、雇农和我们党陷于孤立，就要增加豪绅、地主和城市反动派的力量，就要使群众的土地改革运动受到极大的阻碍，这对于群众是很不利的。因此，必须说服群众和干部遵守上述各项原则，对于群众方为有利。

（十六）因此，各地必须召开干部会议，总结经验，讨论中央指示，向一切党的干部印发并解释中央指示；根据当地具体情况，确定实施中央指示的计划，调动大批干部，加以短期训练，派到新区去进行这一工作。同时向党外人士作必要与适当的解释，指出解决土地问题是百分之九十以上人民群众的正当要求，合乎孙中山主张与政协决议，而且对各色人等及地主富农有相当照顾，因此应当赞助农民的要求。同时各地应当教育干部，特别是区乡干部，发挥共产党员为人民服务的精神，不要利用自己的领导地位取得过多的利益，以免引起群众不满，转向同干部作斗争。如果此种斗争已经发生，则应劝告干部采取公平态度解决问题，以免脱离群众。

（十七）几年来，各地正确执行了一九四二年中央土地政策的决定，发动了广大群众运动，支持了抗日战争。由于目前清算减租运动的发展和深入，实际上不能不依照广大群众的要求，对土地政策作重要的改变，但不是全部改变，因为并没有全部废止减租政策。

（十八）党内在土地问题上发生的右的与左的偏向，各地应根据本指示，以充分的热情与善意进行教育，加以纠正，以便领导广大群众为完成土地改革、巩固解放区而奋斗。

中国土地法大纲

(一九四七年九月十三日中国共产党全国土地会议通过)

第一条 废除封建性及半封建性剥削的土地制度,实行耕者有其田的土地制度。

第二条 废除一切地主的土地所有权。

第三条 废除一切祠堂、庙宇、寺院、学校、机关及团体的土地所有权。

第四条 废除一切乡村中在土地制度改革以前的债务。

第五条 乡村农民大会及其选出的委员会,乡村无地少地的农民所组织的贫农团大会及其选出的委员会,区、县、省等级农民代表大会及其选出的委员会为改革土地制度的合法执行机关。

第六条 除本法第九条乙项所规定者外,乡村中一切地主的土地及公地,由乡村农会接收,连同乡村中其他一切土地,按乡村全部人口,不分男女老幼,统一平均分配,在土地数量上抽多补少,质量上抽肥补瘦,使全乡村人民均获得同等的土地,并归各人所有。

第七条 土地分配,以乡或等于乡的行政村为单位。但区或县农会得在各乡或等于乡的各行政村之间作某些必要的调剂。在地广人稀地区,为便于耕种起见,得以乡以下的较小单位分配土地。

第八条 乡村农会接收地主的牲畜、农具、房屋、粮食及其他财产,并征收富农的上述财产的多余部分,分给缺乏这些财产的农民及其他贫民,并分给地主同样的一份。分给个人的财产归本人所有,使全乡村人民均获得适当的生产资料及生活资料。

第九条 若干特殊的土地及财产之处理办法,规定如下:

(甲)山林、水利、芦苇地、果园、池塘、荒地及其他可分土地,按普通土地的标准分配之。

(乙)大森林、大水利工程、大矿山、大牧场、大荒地及湖沼等,归政府管理。

(丙)名胜古迹,应妥为保护。被接收的有历史价值或学术价值的特殊的图书、古物、美术品等,应开具清单,呈交各地高级政府处理。

(丁)军火武器及满足农民需要后余下的大宗货币、资财、粮食等物,应开具清单，呈交各地高级政府处理。

第十条 土地分配中的若干特殊问题之处理办法，规定如下：

（甲）只有一口或两口人的贫苦农民，得由乡村农民大会酌量分给等于两口或三口人的土地。

（乙）一般的乡村工人、自由职业者及其家庭，分给与农民同样的土地。但其职业足以经常维持生活费用之全部或大部者，不分土地，或分给部分土地，山乡村农民大会及其委员会酌量处理。

（丙）家居乡村的一切人民解放军、民主政府及人民团体的人员，其本人及其家庭，分给与农民同样的土地及财产。

（丁）地主及其家庭，分给与农民同样的土地及财产。

（戊）家居乡村的国民党军队官兵、国民党政府官员、国民党党员及敌方其他人员，其家庭分给与农民同样的土地及财产。

（己）汉奸、卖国贼及内战罪犯，其本人不得分给土地及财产。其家庭在乡村、未参与犯罪行为，并愿自己耕种者，分给与农民同样的土地及财产。

第十一条 分配给人民的土地，由政府发给土地所有证，并承认其自由经营、买卖及在特定条件下出租的权利。土地制度改革以前的土地契约及债约，一律缴销。

第十二条 保护工商业者的财产及其合法的营业，不受侵犯。

第十三条 为贯彻土地改革的实施，对于一切违抗或破坏本法的罪犯，应组织人民法庭予以审判及处分。人民法庭由农民大会或农民代表会所选举及由政府所委派的人员组成之。

第十四条 在土地制度改革期间，为保持土地改革的秩序及保护人民的财富，应由乡村农民大会或其委员会指定人员，经过一定手续，采取必要措施，负责接收、登记、清理及保管一切转移的土地及财产，防止破坏、损失、浪费及舞弊。农会应禁止任何人为着妨碍公平分配之目的而任意宰杀牲畜，砍伐树木、破坏农具、水利、建筑物、农作物或其他物品，及进行偷窃、强占、私下赠送、隐瞒、埋藏、分散、贩卖这些物品的行为。违者应受人民法庭的审判及处分。

第十五条 为保证土地改革中一切措施符合于绝大多数人民的利益及意志，政府负责切实保障人民的民主权利，保障农民及其代表有全权得在各种会议上自由批评及弹劾各方各级的一切干部，有全权得在各种相当会议上自由撤换及选举政府及农民团体中的一切干部。侵犯上述人民民主权利者，应受人民法庭的审判及处分。

第十六条 在本法公布以前土地业已平均分配的地区，如农民不要求重分时，可不重分。

（选自《东北行政导报》第一卷第六期）

陕甘宁边区征购地主土地条例草案

（一九四六年十二月十三日公布）

第一章 总则

第一条 本条例依据陕甘宁边区第三届第二次政府委员会之决议，在未经土地改革区域，发行土地公债，征购地主超过应留数量之土地，分配给无地或地少之农民，以达到耕者有其田之目的而制定之。

第二章 征购范围

第二条 凡地主之土地超过下列应留数量者，其超过部分，均得征购之。

一、一般地主留给其家中每人平均地数，应多于当地中农每人平均地数之百分之五十（假如中农每人六亩，地主每人应是九亩）。

二、在抗日战争及自卫战争中著有功绩之地主，留给其家中每人平均地数，应多于当地中农每人平均地数之一倍（假如中农每人六亩，地主每人应是十二亩）。

三、地主自力耕种之土地，不得征购。

第三条 地主家在边区外者，应按第二条之规定留给土地。其留给部分，在地主未回边区居住之前，由当地政府代为经营，地主回来后，即交还其自行经营。

第四条 地主如经献地后，所留土地超过第二条规定应留地数者，其超过部仍应征购之，不足应留地数者，由县政府呈请边区政府酌予补发部分公债。

第五条 富农土地不得征购。

一切非地主成分因无劳动力而出租之土地，亦不得征购。

第三章　地价之评定

第六条　地价由当地乡政府协同乡农会及地主具体评定之。其评定标准，应按各地地价与土地质量之不同，但最高不得超过该地平年两年收获之总合，最低不得低于该地平年一年收获量。

地广人稀之区域或新开荒地之地价评定标准，不受前项规定之限制。

第七条　地价以细粮与公斗计算。

第八条　被征购土地之地价，采用超额递减办法。地主每人平均所得地价在五石以下者给全价；超过五石以上至十石者，将超过五石之数目减给百分之八十；超过十石以上至十五石者，将超过十石之数目减给百分之六十，超过十五石以上至二十石者，将超过十五石之数目减给百分之四十，超过二十石以上至二十五石者，将超过二十石之数目减给百分之二十；超过二十五石以上至三十石者，将超过二十五石以上之数目减给百分之十；超过三十石以上者，其超过部分不再给价。

（说明）按以上规定，例如：甲地主每人平均所得地价为五石五斗，按本条规定之递减办法，应是：五石以下的不减，超过五石之五斗应给百分之八十为四斗，其实得地价为五石四斗。乙地主每人平均所得地价为二十四石，其递减计算法应是：五石（开始五石给全价）加四石（因五石以上至十石应给百分之八十，所得是四石），再加三石（因十石以上至十五石应给百分之六十，所得是三石），再加二石（因十五石以上至二十石应给百分之四十，所得是二石），再加八斗（因二十石以上至二十五石应给百分之二十，故四石所得是八斗）。以上共计其实得地价为十四石八斗。

第九条　各户地主土地之数量，应按其在边区境内所有之土地总合计算。

第四章　土地之承购

第十条　政府征购之土地，按征购原价之半数，分配给无地或地少之农民承购，地价分为十年付清。家境贫苦无力缴付者，经县政府呈请边区政府批准后可予免付。

第十一条　土地之承购，应以现耕为基础，进行合理之调剂。

第十二条　下列人员有承购土地之优先权。

一、原耕地之贫苦佃农及雇农。

二、家境贫苦之革命死难者之遗族，现役军人之直系家属及复员退伍军人。

以上人员每口承购之土地数，不得超过当地中农每人平均地数。

第十三条 移难民应和当地居民有同等承购土地之权利。

工人、小手工业者、小商人等，须按当地土地情形和家庭生活需要，由乡政府和农会斟酌规定其承购土地之数量。

二流子承购土地后，须由当地政府管教其勤劳生产，不得任其荒芜。

第十四条 土地之承购，以乡为单位，但在可能与必要时，县政府可在邻近乡进行调剂之。

第五章 土地公债之清偿

第十五条 边区政府委托边区银行为土地公债清偿之经理机关。

第十六条 土地公债基金为边区农业税及承购者之缴价。

第十七条 土地公债之票面以细粮计算。

第十八条 土地公债分十年还清，年息千分之五，清偿期为每年秋末。

第十九条 每年到期土地公债之本息，可以抵交农业税，但只限于本县范围。

土地公债可以转让抵押，但不得在市面流通。

第二十条 关于土地公债之章程另定之。

第六章 其他

第二十一条 地主典给农民之土地，应在征购之列，其原典价超出于征购地价者，地主不退出多收之典价，其原典价低于征购地价者，应将不足之部分补给公债。

第二十二条 地主居住本院以外多余之房屋窑洞（包括碾磨在内）及地基崖势，皆得以土地公债征购之，并按征购原价之半数，分配给无住处或少住处之人民承购，征购价值不得超过当地现价三分之二。

佃户居住地主之房屋窑洞，如系佃户亲自建筑者，即归佃户所有，不再给价。

第二十三条 宗教团体及庙院所占有之土地，以当地人民公意决定征购或不征购。

族田（或称社地、祠堂地、坟会地）由乡政府与农会商同族人公意决定征购或不征购。

第二十四条 地主荒山或"拉荒地"如其地权无确实凭据者，除给地主留足够耕种之土地外，其余收归公有；如有确实凭据者，除按第二条规定留给地主土地外，其每人平均土地在百亩以内者，应根据土地质量及地主实际生活需要，由县政府酌发公债征购之，超过百亩以外之部分，无代价收归公有。

第二十五条　土地上之树木及果园，属于佃户栽种者归佃户，属于地主栽种者归地主。

荒山自生之森林，随地处理。

第七章　附则

第二十六条　地主对土地隐瞒不报或实行假典假卖等舞弊行为，应没收其隐瞒与舞弊部分。

第二十七条　本条例自公布之日施行。

第二十八条　本条例解释之权，属于边区政府。

陕甘宁边区政府关于贯彻土地改革，准备明年生产，加强民兵整训以支持战争胜利的指示（节录）

（一九四六年十二月二十八日）

根据边府第二次政府委员会的决议，边区各地在进行土地改革、民兵整训及战争动员工作方面已获得相当成绩，尤以民兵在自卫战斗中表现的英勇事迹值得嘉许。两月来蒋胡反动派因各方面的困难，不得不拖延向延安的进攻，最近侵犯关中，亦被我击退。但狼心未死，进攻边区决不可免。为深入战争动员奠定胜利的坚实基础，本府对目前边区的几项中心工作，给予以下指示，务希各地政府按照具体情况掌握中心，并配合其他工作抓紧时机，全力进行，并将执行情况随时报告本府。

一、迅速彻底完成土地改革。根据二次政府委员会的决定，在土地未分配地区，以贯彻减租并采用土地公债征购地主超额土地，完成土地改革的方针，本府已公布征购地主土地条例草案，现在凡已普遍完成彻底减租的地区如绥德分区各县，首应普遍征购分配，陇东分区之庆、合、镇三县，安边、鄜县及关中分区各县未分配土地地区，应在继续发动群众深入查减的基础上进行征购分配，务须于明年春耕之前彻底完成土地改革。征购所得之土地及地主献出之土地，应保证全部分配给无地和地少的农民。分配时应按照当地具体情况，根据条例的基本原则适当运用，尽可能做到无地和少地的农民普遍获得土地，并使每人所有土地之数量和质量达到大体的平均。各级干部应以身作则，大公无私，决不多得土地。各机关团体亦不得借口生产，占取土地。土地分配后，对于分得土地而缺少耕牛、农具、籽种、吃粮的贫苦农民，应发动群众互助，及时解决其困难问题，必要时政府尚可酌予贷款，务使获得土地之农民得以顺利进行生产。榆、横等地区应普遍实行减租、减息、勾欠、保佃，对于群众痛恨的个别特务恶霸应进行清算。在发动群众起来的基础上组织明年的生产运动。在土地已经分配的地区，对于旧日地主非法夺去农民分得土地的事实，应迅速分别解决，将地退还农民。在移难民较多的县份，应集中力量分配公地，使每个移难民都获得土地所有权，更加积极生产，坚决自卫。至农民间的土地纠纷，应按照具体情况逐渐分别调处。

（选自《陕甘宁边区重要政策法令汇编》，一九四九年版）

陕甘宁边区政府关于减租和查租的指示

（一九四六年）

根据边区第二届参议会通过实行减租同时交租的政策，民国三十一年十二月边区政府委员会通过之边区土地租佃条例公布后，数年来，边区已经相当普遍地实行了减租，尤其经过民国三十二年比较彻底的减租运动后，农民生产情绪大大提高，随着生产运动的发展，农村经济面貌一新，农民翻身，不仅生活得到改善，并且逐渐买进土地。同时实行交租，照顾了地主的利益，使边区各阶层团结一致，坚持抗战，赢得了胜利，这个成绩是十分伟大的。但因各地减租运动进展不平衡，及两年来一般地放松了查租工作，以致某些地方发生部分地主任意倒佃、撤佃、假典、假卖、改定租为活租，减了又加，变相的提高租额，骗取陈租，明减暗不减，以至吓诈农民等非法行为，也有少数乡村根本没有实行减租，既打击农民生产情绪，又妨碍农村经济的发展。爰特根据本年四月间边区三届参议会一次大会通过关于进行查租保佃，贯彻减租方针，给予以下有关减租和查租工作的指示，务希各地从实际情况出发，进行具体的讨论和布置，切实执行，并将工作情形随时报告我们。

（一）在减租已较彻底的绥德和关中一带，应以复查和保佃为主；在减租尚不彻底不普遍的陇东庆、合、镇一带，应以减租、退租、勾欠、换约、保佃为主，在安边除切实依照租佃条例进行退租、勾欠、换约、保佃、达到彻底减租外，同时应根据其具体情况，适当照顾各阶层利益，非法倒佃的土地，仍应退还农民耕种，假典假卖、抬高租额，骗取陈租等行为，应受到法律的制裁，并补偿农民的损失，消灭明减暗不减现象，揭露造谣撞骗、愚弄农民的手段。贯彻减租政策并研究妥善办法，逐渐达到"耕者有其田"。

（二）为此，必须首先搞通各级干部思想，使他们了解农民是边区经济的基本动力和民主政治的基本支柱，深入查减，不仅是为了提高农民的物质生活，而且是为了发展边区的国民经济和巩固边区的民主政治。因此必须坚决克服部分干部笼统地认为"减租并非大问题"或"已无大问题"，不深入调查和具体了解的麻痹现象，必须把减租和查租工作当成今年夏收和秋收后的中心工作。

（三）为此，必须加强各级干部对于政策的掌握，深入研究边区土地租佃条例，并充分领会其扶助农民发展经济的基本精神，尤其对于下列两点应有明确的认识：一、关于减租：部分地区曾把定租减租率"不得低于二五"误认为只限于二五，机械地实行二五减租（没有了解不得低于二五，自然可以高于二五），以至把当地已成习惯法的对半减租压至二五减租，实际成了加租。对于活租"减租之后出租人所得不得超过收获量百分之三十"以及"应和当地定租的地租维持大致相同的额数"等规定，不确实执行，以致有很多的定租转变为活租。安边有些地区倒四六（租六佃四）分租，也机械按二五减租，更其不对。二、关于佃权：有些地区只片面的了解出租人在某种情况下得收回土地，而没有看到"出租人不得任意收回土地"、"出租人应顾及承租人生活"以及禁止借口自种收回土地，暗行出租或任其荒芜，以及假典、假卖等行为等等的规定，因此对坚决保佃发生动摇，使佃权无保障，影响农民对减租失掉信心，应即彻底纠正上述违反农民利益的错误认识和行为，使减租率的确定有利于农民的再生产和扩大再生产，并坚决执行保护佃权的法令。

（四）为此，尤须教育各级干部能够按照具体情况，发动群众，组织群众，依靠群众，进行减租和查租工作，具体深入领导农会和加强农会工作，将运动中的积极分子选举到农会中去，在自愿的原则下，及时地和大量地吸收农会会员，使农会成为实际进行查减工作的坚强核心。经验告诉了我们，有了真正农民做主的坚强农会组织，减租就会彻底，农民得到的利益也可巩固。因之，应将已有威信的农会提高一步，毫无威信的农会加以改造，通过农会引导群众到彻底查减，又引导到努力发展生产巩固边区的路上去。任何恩赐观点和包办行为都必须坚决纠正。

此外，边区尚有一半以上的地区在内战时期曾经分配了土地，农民的土地问题早已解决，但地权纠纷及少数重租剥削的现象还存在，应即进行土地登记，解决纠纷，确定地权。同时确实执行边区土地租佃条例中减租率的规定，防止和取缔重租剥削的现象，更加促进发展生产。

（选自《陕甘宁边区重要政策法令汇编》，一九四九年版）

陕甘宁边区颁发土地房窑证办法

（一九四八年二月）

第一条 为确定土地改革后各阶层人民之土地、房窑所有权，保障其不受侵犯，以促进与发展生产，特制定本办法。

第二条 凡土地问题已解决的地区，不论原有或分得的土地、房窑均应依照本办法进行登记，发给土地、房窑证。

（说明）一、按照中共中央关于一九四八年土改与整党工作指示的规定，"凡属封建制度已经根本消灭，贫雇农已经得到大体上相当于平均数的土地，他们与中农所有土地虽有差别（这种差别是允许的），但是相差不多者，即应认为土地问题已经解决，不要再提土地改革问题"。

二、边区经过减租征购与土地改革（土改过程中曾经发生尚未纠正的偏向，必须认真地、适当地加以纠正）之老区、半老区，其封建性、半封建性剥削的土地制度已经消灭，并已实行合理分配者，应进行登记土地、房窑，颁发土地、房窑证。

三、边区经过土地革命之老区，如系地广人稀，有大量移难民的地区，经过合理调剂土地后，应进行登记土地，颁发土地证。地狭人稠地区，亦应重新登记土地，同时进行必要的个别调剂，并颁发土地证。

第三条 若干特殊土地、房窑之处理：

一、凡未分配及各机关、学校、部队、团体耕种之公地及公营企业使用之公共房窑，均由各县（市）政府登记管理。

二、大森林、大水利工程、大矿厂、大荒地、大牧场等，均归县级以上政府登记管理。

三、土改中分给二流子的土地、房窑，如一时难望改好者，其土地、房窑证可由乡政府或乡农会代替保存，待其转入劳动后，再行发给。

四、业主因特殊原因，一时外走（逃荒或逃亡），亦须填发土地、房窑证，由乡政府或乡农会代为保管，待其返回后，交给本人。

第四条　各县（市）进行登记土地时，应以乡为单位，由乡政府指派代表二人，乡农会选派代表三人，及乡政府与乡农会商聘当地公正群众二人，经区政府审查批准后，组织土地登记委员会，在乡政府指导之下进行登记土地、房窑工作。土地登记委员会之职责如下：

一、接受本乡人民土地、房窑登记之申报，并主持进行土地数量、产量及房窑等级之审查评议登记事项；

二、负责向人民公布、向上级政府呈报登记土地、房窑情形，接受人民意见或上级政府指示，复查或复议土地数量与产量等事项；

三、承上级政府之委托，颁发本乡人民之土地、房窑证，代收领证手续费等事项；

四、调解本乡登记土地、房窑中，所发生的纠纷事件。

第五条　土地登记一律以亩计算，并按下列规定缴纳领取土地证手续费：

一、耕地一律按评定之常年产量每斗（细粮）缴纳二合（细粮）；

二、可耕荒地每亩缴纳细粮三勺；

三、荒地以及牧地免费登记。

以上手续费一般应按当地粮价折成农币缴纳，确实无法缴纳农币者，得缴纳细粮。

第六条　房窑之登记，应按户以其院落、房窑之多寡好坏评定等级。各级房窑划分及手续费规定如下：

一、每口人平均有窑一孔或房子二间以上，且其质量较好者为一级，每户应缴纳领取房窑证手续费一万五千元；

二、每两口人平均有质量较好之窑一孔或房子两间以上者为二级，每户应缴纳领取房窑证手续费一万元。

三、每两口人平均不足普通窑一孔或房子两间以下，或虽有窑一孔房子两间，但质量不好者，为三级，每户应缴纳领取房窑证手续费五千元。

（说明）房窑指可以居住的。

第七条　城市房窑及地基之登记办法另定之。

第八条　贫苦之军、工、烈属、鳏、寡、孤、独确实无力缴纳者，经县政府审查批准后，可酌情减缴土地、房窑领证手续费。

第九条　各乡进行土地登记时，应尽可能与整党、建政工作相结合，充分发扬民主，首先发动群众按实自报土地、房窑数量及土地常年产量，经登记委员会审查，提出初审意见公布，由各村民会进行讨论。再由登记委员会根据群众意见，进行调查研究，提出复审意见，二次公布，交由群众大会讨论。最后登记委员会集中群众意见，整理材料，呈报上级政府批准，三榜公布，方为定案，按户颁发土地、房窑证。

第十条　人民登记土地，房窑时，须呈验其土地、房窑原有之凭证及约据。如无证据时，须经乡农会或乡政府之证明，方准进行登记。应申请登记事项见土地及房窑证。

第十一条　土地及房窑证，由边区政府统一制印，交由各县（市）政府填发，或由县（市）政府委托之区、乡政府及土地登记委员会填发。存根由县（市）政府保存。

第十二条　土地、房窑登记证发后，如遇有转移、买卖、变迁、分家、嫁娶等情形时，准予向当地县（市）政府申请分领或换取土地、房窑证。

土地、房窑证如有遗失、差误时，应随时呈明理由，经四邻及乡农会或乡政府证明，申请县（市）政府核准后补发。

第十三条　各户领到新发之土地、房窑证后，原有之约据证件，一律缴出，当众焚毁。

第十四条　土地、房窑领证手续费，一律由发证机关收缴县政府转解边区政府财政厅。

第十五条　本办法自公布之日起施行之，其解释之权属于边区政府。本办法颁布后民国三十二年九月公布之《陕甘宁边区土地登记试行办法》应即作废。

（选自《陕甘宁边区重要政策法令汇编》，一九四九年版）

陕甘宁边区政府
关于调剂土地确定地权的布告

（一九四八年九月）

边区军民经过一年半的英勇艰苦奋斗，已把解放战争推向国民党统抬区，边区人民获得了相对安定的环境，除新区及接敌区应集中力量加强对敌斗争外，基本区最中心的工作任务，就是努力生产，提高生产，恢复与发展边区经济，以资改善人民的生活，加强人民间的团结，更长期地有力地支援前线，取得革命战争的胜利。为保证顺利完成上述任务，特就有关农业生产的几项重要政策和工作宣告如下：

（一）边区的基本区，经过土地革命的地区，封建早已消灭；经过减租、征购、去春及今春土地改革的地区，封建也基本上消灭了。因此，在基本区已不是再提平分土地问题，而是普遍发土地证，确定地权，并保障其不受侵犯，使人人安心生产，发家致富。

（二）基本区确定地权工作务须依据不同情况采取不同步骤进行之：

甲、在经过减租的老区中，有大部分地区经过减租及历次土改，土地问题已彻底解决，但今春工作中错误处理的问题，尚未全部改正的，必须认真地适当地加以改正后，再发土地证，确定地权；一小部分地区，未经过今春的调剂土地，应先根据情况需要，进行抽补调剂工作，然后再发土地证，确定地权。抽补土地的来源主要是：（一）抽取地主、旧富农多于全人口平均数以上的土地；（二）纠正去春分配不公现象；（三）公地及绝门产遗弃地等。将土地全部抽好后，合理地分配给地少、地坏、地远的农民。

乙、经过土地革命的老区，有一部分地狭人稠地区，过去土地分的较彻底，现在无地户也很少，应在重新发土地证，确定地权过程中，将现有的少量公地、查出的黑地、遗弃地及纠正个别旧地主富农非法夺占的土地，进行个别调剂，尽先使当地贫苦务正的农民及久居的移难民获得适量土地。过去分地后又把土地卖了的二流子及不打算久居的移难民，可少补成不补；一部分地广人稀地区，公地荒地很多，移难民也很多，应先调剂土地，使移难民及无地少地户得到足够的土地，然后发土地证，确定地权。

（三）在基本地区宣布：

甲、允许特定条件下继续存在租佃关系，即因孤寡废疾，因参加革命军队及其他脱离生产的革命工作，因进入工厂做工及改营工商业等，致缺乏劳动力或劳动力不足，不能或部分不能耕种本身土地者，均得出租其土地，租额暂由主佃双方自行约定。

乙、允许继续存在雇长工、揽短工、包月工、安庄稼、调份子等雇佣关系，提倡缺乏劳动力或劳动力不足者雇工种地，以免荒芜土地。雇佣条件由主雇双方根据双方互惠原则，自由约定。

丙、保护在废止高利贷以后的私人借贷，提倡农民间在生产中的互助借贷，利息由债主和债户自由议定。

（四）各县、各乡、各村，应在现有的基础上，具体的研究提高农业生产技术，订立计划，增加产量。在自愿结合、平等互惠、等价交换的原则下，提倡组织合作互助变工，鼓励妇女参加农业生产，帮助旧地主旧富农转向劳动，从事生产，教导监督二流子学习劳动，转向生产。市镇及地狭人稠地区，应即注意恢复建立集市，扶助恢复与发展工商业，尤须加强对广大手工业者及农村与城市的家庭副业生产之具体帮助指导和组织，掀起全边区普遍深入的生产热潮，积极准备为展开明年的大生产运动而努力。

此布！

（选自《陕甘宁边区重要政策法令汇编》，一九四九年版）

晋绥边区行政公署 晋绥边区农会临时委员会 布告

（一九四八年八月二十日）

边区土地改革业已完成之地区，封建土地制度，业已消灭，为及早确定地权，特明白宣布：

一、凡土地改革业已完成之地区，今后任务为全力恢复与发展生产，不再进行土地改革。

二、责成各县县政府及农会，加紧办理土地证填发事宜，以期早日确定地权。凡大多数群众对已分土地无意见的村庄，即认为分好，不再变动。

三、今后各阶层人民所有之土地及财物，不论原有或分得，一律受法律保护，任何人不得侵犯。

望我全体人民，高度发挥劳动热忱，努力生产，发家致富，以充分发扬土改伟大成果。

（选自《生产法令经验汇集》上编）

晋冀鲁豫边区政府颁布施行 中国土地法大纲补充办法（草案）

（一九四七年十二月二十八日）

一、大纲第三条所称："废除一切祠堂、庙宇、寺院、学校、机关及团体的土地所有权",包括教堂的土地在内。

二、大纲第四条所称,"废除一切乡村中在土地制度改革以前的债务",不包括商业买卖的债务关系。

三、大纲第六条所称:"按乡村全部人口"系指该乡村实行平分土地期间现有人口而言。除按大纲第十条(甲)项之规定:"只有一口或两口人的贫苦农民得由乡村农民大会酌量分给等于两口或三口人的土地"外,统按当时现有人口,平均分配。

四、大纲第六条之补充:

(甲)民国三十四年以来所开之生荒地,应属于开荒主所有,不在平分之列。

(乙)富裕中农的土地,得在抽多补少,抽肥补瘦的原则下,酌予抽出,但不得动其浮财及房屋。

(丙)逃荒户、移民只能确定在一个地方分一份,不得两头重分。

(丁)逃荒户在外无音讯者,依法分给土地,不分浮财,该项份地由村农会保管,暂给雇农、贫农及其他贫民耕种,不出租金,只纳负担。但留地以三年为期(从分地之日算起),逾期不归者,该项份地即另行分配。在期限内,归来分地者,如其现住地在解放区,须由该地农代会证明。

(戊)清真寺的土地,在各该乡村全部土地平均分配的原则下,由回民自行处理。

五、大纲第七条之补充:地少人多之地区,经平分后,雇农贫农仍不足维持生活,在自愿原则下,可采移民办法解决之。

六、大纲第八条之补充:

(甲)地主兼城镇出租房屋者,其出租之房屋得一并没收分配之。一般以分给该城镇贫民为原则。分配办法由该城镇人民代表会(或其委员会)决定。如与乡村发生争议,可会同县农民代表会(或其委员会)解决之。如该项房屋系承租人用以经营工商业者,则没收分配后,其与承租人之关系,应依租佃房屋之习惯办法处理之,原则上,不影响工商业之经营。

(乙)自反奸清算以来,干部所多占的果实必须退出。

七、大纲第九条(甲)项之补充:山林、桑林、竹林、水利、苇地、果园、池塘、湖沼、莲地等,由各地农民公议,可分者平分;若平分不利于经营者,可采取合股办法经营之。

八、大纲第九条(乙)项之补充:

(甲)政府已开采或准备开采之矿山地不分;已发现之矿山,政府暂时不开采者，可分给农民经营，俟需要开采时，即行收回，由当地政府给农民另行调剂土地，并适当补偿其生产的损失。

（乙）旧有铁路沿线之附属公地、准备即时兴修铁路之用地、现有农场、公共建筑、公园、陵园以及指定的公路、河道等土地，概不得分配。此项用地，由有关之各级人民代表会（或其委员会）与政府共同确定之，任何人员不得借口擅自留地。

（丙）河滩地、沙地、义地等，由县区农民代表会（或其委员会）处理之。

九、大纲第十条（乙）项之补充：家居乡村的失业工人无法维持生活者，得经该工人现住地政府之证明，回原籍分地。

十、大纲第十条（丙）项所称"人民解放军"，包括解放战士在内。

十一、大纲第十条（丙）项之补充：

（甲）凡自抗战以来在前线战斗中牺牲的烈士（包括人民解放军军人、民兵、民工及其他人员），本人仍应与农民分得同样一份土地和财产。

（乙）准备安置荣誉军人及退伍军人之土地，由行署统筹保留，不得分配，但其数量不得超过该行署区土地总量千分之一。此项留地，暂由所属县农民代表会（或其委员会）交给贫苦农民及其他贫民耕种，不出租金，只纳负担。

十二、大纲第十一条之补充：土地所有证之样式，由晋冀鲁豫边区政府统一规定，由各行署照式印制，交各县政府负责填发。

十三、大纲第十三条之补充：各级人民法庭的组织条例，由晋冀鲁豫边区人民代表大会制定之。

十四、大纲第十六条之补充：

（甲）本条所称"土地业已平均分配的地区，系指其分配情形符合于中国土地法大纲原则与精神的地区而言。如尚有非法多占、肥瘦不均，致贫苦农民不足维持生活情况者，仍须检举重分或加以调剂。

（乙）在中国土地法大纲公布以前，土地业已平均分配的地区，地主富农如有虽劳动而仍不能维持生活者，得依法补给土地。

十五、本办法在必要时，得随时修改之。

十六、本办法自公布之日施行。

（选自一九四七年十二月三十一日《人民日报》）

冀南行政公署布告

（一九四九年二月二十六日）

　　我区经过各乡农民运动、土地改革，封建半封建剥削制度已根本上消灭，土地已大体实现平分，广大农民得到了必要的生活资料和生产资料，解除了封建束缚，这就造成农村人民生产情绪的高涨与生产发展上空前的有利条件。人民革命战争又处在即将胜利的紧张关头，大力发展农业、工业及手工业生产，以保证军需民食，便成为我区最基本最重要的任务。只有发展生产才能有力支持战争；只有发展生产才能使人民发家致富，克服困难。为此特公布下列事项：

　　一、凡土地改革已经完成的村庄，立即确定地权财权，今后绝不再行平分。无论实属何阶层（土地改革前的地主、旧富农在内），各人的土地财产归各人所有，任何人不得侵犯，并保障其自由处理的权利，如买卖、赠送、转让、分家、嫁娶带产等。旧文契一律作废，政府颁发土地财产所有证（简称土地证），由各户收执，作为土地财产所有权的合法凭据。对不从事生产、游手好闲的二流子，一时难望改好者，由村公议，其土地证可由村政府暂代保存，待其转入劳动后再行发给。凡土地业已抽补的地区（或村庄），应即发土地证，固定地权。土地尚未抽补的地区（或村庄），保障"谁种谁收"，使劳动收获不受土地变动的影响。

　　二、因大城市相继解放，各种工业逐渐恢复，工业原料需要大量供给，这就有利于恢复与发展农业生产和广大农民的发家致富。今特号召各地农民应在可能条件之下多种棉花、花生、芝麻、大麻子等经济作物，政府负责组织产品的推销，并保证有高于五谷杂粮的利润。

　　三、为恢复与发展农业生产，提高产量，必须实行深耕细作，制造与改良农具，保护与增殖耕畜，提倡养猪打圈，积肥泡粪，选择优良品种，防治各种灾害，发展水利，变旱地为水田，提倡农村人民以自愿结合与等价两利为原则，进行合作互助。妇女应积极参加农业劳动，进行同样工作的应与男子享受同等权利。凡积极生产并推动别人生产之劳动英雄，勤俭模范，组织与领导群众生产有显著成绩之政民干部（包括村干部），及对生产工具、耕作方法有特殊发明和改良，或产品特殊优良之群众与干部，政府将分别予以表扬或奖励。

四、一切敲诈、盗窃、抢劫及偷砍树木、割削青苗等破坏行为，均属违法，定予严惩。

五、凡因老弱孤寡废疾（包括无劳动力的烈军工属）而不能耕种自己的土地者，均允许出租，其地租收入不得认为封建剥削。租额多少，暂由业佃双方自由约定。

六、地主劳动满五年，旧富农停止其剥削满三年者，即可取得劳动人民成分。但如有不安心生产，蓄意报复，阴谋破坏者，一经查觉，当予严惩不贷。

以上各项，仰我全体人民遵照。

（选自《冀南政报》第二期，一九四九年三月二十五日）

东北解放区
实行土地法大纲补充办法

（一九四七年十二月一日）

一、中国土地法大纲（以下称大纲）第三条废除各项土地所有权之规定，系指执行土地改革以前之土地而言，其在土地改革后所取得之土地不在此例。

二、大纲第四条废除乡村债务之规定，系指在民国三十六年十一月以前农民对地主、富农等之一切债务而言，其贫农、雇农、中农之间的债务应由农民自己解决。而在民国三十五年七月以后，农村之间及农村与城市之间的买卖关系尚未清理者，不在此例。

三、大纲第六条之补充：各地在平分土地时，必须经过丈量，统一平分。其方法可采取全部打烂彻底平分，或抽多补少、抽肥补瘦平分，由各地根据当地情况及多数农民的意见决定。在全部打烂平分时，中农一般以自愿为原则。

四、民国三十六年所开之生荒地应属于开荒主所有，不在平分之例。所开之二荒地属于地主富农者，应在平分之例；属于雇农、贫农、中农者，不在平分之例。

五、城市工商业家自愿投资开垦荒地经营农业者，由政府给予方便指定大荒地开垦，第一年征收土地税百分之五，第二年收百分之十，第三年以后按公粮征收比例。但土地所有权属于国有。政府保证农业经营之财产不受侵害。

六、大纲第八条征收富农多余部分之规定，系指一般富农的粮食、房屋，以该家庭留下种子后，吃了有余、住了有余的，为多余部分；牲口、农具以超过该村农民所有的平均数，为多余部分；家底及其他财产全部交出后仍分给他一份。小富农（家庭主要人员全部参加劳动，剥削半个至一个劳动的）除粮食、房屋、牲口、农具照上述办法处理外，家庭及其他财产不动。

七、大纲第九条甲项之补充：山林、蚕场、水利、果园、苇塘、草甸子、荒地等，由各地农民公议，可分者平分，如平分不利于经营者，可采取合股经营办法。

乙项之补充：已开或准备开采之矿山地不分，已发现之矿山地暂时不开采者可分给农民耕种，俟需要开采时即行收回，由当地政府给农民另行调剂土地，并补偿其生产的损失。

八、以铁路中心为起点，两旁各留三十至五十米远之土地作为铁路用地，不得分配。

九、大纲第十条乙项之补充：铁路线路工人及其家属其工资不足维持生活者，可分给部分土地，由当地农会讨论决定之。

丙项之补充：在民国三十六年十一月以前参军战士，本人已分得土地者，在打烂平分时，不得少于已分得之土地数量与质量。跑腿子参军的战士分得之土地，由农会代管出租。为革命及战争中牺牲的烈士，本人仍应与农民同等分得一份土地及财产，作为对其家属之抚恤。准备安置荣誉军人及退伍军人之土地，由县政府统一保留，不得分配。

十、在平分土地后，区村政府农会不得留公地，在有学校之村，可留三坰至五坰学田。在民国三十六年十一月以前地方部队及机关已留之土地，归当地贫雇农大会或农会处理。在满足农民土地要求后有多余时，地方部队机关可留一部分生产地，如无多余时，则地方部队机关应另行开荒。

十一、大纲第十一条之补充：土地所有证之样式，由东北行政委员会统一规定，由各省政府照式印制，交各县政府负责填发。

十二、大纲第十三条之补充：区村两级应组织人民法庭，其组织及办事细则，由东北行政委员会制定颁布。

关于死刑的最后批准权，在基本解放区，属于群众斗争对象者（如恶霸、汉奸、地主、富农、警察、土匪等），由县以上政府批准，属于干部及政治案件者（如地下军、国特等），须经省以上政府批准。在新收复地，属于群众斗争对象者，由等于县级之工作团批准，属于干部及政治案件者，由等于县级之工作团的上一级批准。

十三、在东北解放区境内各少数民族应与汉人同等分地，并享有所有权。

十四、本办法经东北行政委员会公布施行，其解释及修改权属于东北行政委员会。

（选自东北人民政府《东北行政导报》第一卷第六期）

东北行政委员会土地执照颁发令

（一九四八年六月一日）

各省（市）政府：

东北解放区大多数地区土地改革业已完成，为保障个人土地所有权，特由本会颁发土地执照，由土地所有者存执，其所有权任何人不得侵犯，仰即遵照并转饬所属遵照为要。

东北行政委员会土地执照颁发办法

（一九四八年六月一日）

（一）在东北解放区内，所需土地执照，统由东北行政委员会颁发，由各省政府转各县（市）政府负责填发。

（二）各省（市）、县前所颁发土地执照，即由各省（市）、县自行收回作废。

（三）土地执照颁发原则如下：

1. 凡经土地改革后，分给个人所有之土地皆发给土地执照。

2. 如系分给数户所共有者，其土地执照须载明其共有土地，各户各执一张。

3. 凡土地租与或借与他人（或部队、机关、团体等），如该土地属于公有者，则不发给土地执照，如系私有者，则发给领有土地者。

4. 凡归村所有之土地，如学田或尚未分配之土地，其土地执照发给村政府收执。村有地须经县政府批准。

5. 凡属公营农场或苗圃，以研究或改进农业为目的所占有之土地，以及私人资本家投资经营之土地，不发给土地执照，但须经县以上政府登记。

6. 凡属公有之土地，如义地、荒地、草甸等，概不发给土地执照，由县市政府负责登记。

7. 在土地改革尚未完成的地区，或土地尚在调剂时，可待其完成后，再行发给土地执照。

8. 村中劳动态度不好之二流子，一时难望改好者，经群众公议后，其土地执照由村政府暂代保存，待其改变后，再行发给。

（四）不论家庭人口多寡，土地数目若干及土地种类如何，每户只得填写土地执照及土地执照存根各一份，土地执照归家庭负责人收执，土地执照存根归县政府存查。如一户分有土地，其地段在四段以上者，方得另行填写土地执照及土地执照存根。

（五）土地面积单位，以东北行政委员会所公布之尺度为标准计算，即一垧十亩，每亩三百六十平方弓或九千平方市尺，各地尚未采用者，应一律改用此标准。

（六）土地执照及土地执照存根字号以县为单位，统以"土地还家后，致富靠劳动，努力多生产，前方打胜仗"二十个字编排，每字排至一万号为止，共计可发给二十万户。

（七）在土地执照颁发后，各省（市）县应将全省（市）县土地种类（旱、水、菜田等）及等级汇集统计，最迟在本年十月一日以前，呈报东北行政委员会备查。

（八）在土地执照颁发后，如女子出嫁或分家，或土地转移买卖等，准予分领土地执照。

（九）每份土地执照及土地执照存根，收费二千元，由县政府代收，交省政府转东北行政委员会。

（十）本办法有未尽事宜，得由东北行政委员会命令修改之。

（选自东北人民政府《东北行政导报》第二卷第二期）

东北行政委员会
关于颁发地照的指示

（一九四八年八月二十日）

目前各地正在进行发放地照的试点工作，在一开始进行这一工作时，便遇到了许多复杂问题，这就证明发放地照必须是艰苦细致的工作过程。根据各地试点的初步经验，特提出我们的意见如下：

甲、发放地照必须有深入群众的思想动员工作与组织领导工作。

（一）要着重在干部中在群众中指出，发放地照不仅是在法律上最后保障地权，而且实际上是土改工作的继续，是完成土改与发展生产结合的重要环节。这是一件极其复杂而又细致的工作。必须深入发动群众，打通思想，大家动手，才能做到好处。

（二）发放土地执照是有关今后农业生产的政策问题，而不能看作简单的技术或行政手续问题。因此，必须由各省主席、各县县长与各省、县农业部门，集中力量，在统一领导之下，进行一套系统的组织领导、督促检查的工作，首先在试点工作中取得经验，然后逐步推广，限期完成，绝不可企图以全面突击的方式草率的完成。

乙、在发放地照时，必须进行土地丈量（采取本会规定的统一丈量标准），并明确评定土地等级。

（一）丈量必须是实地丈量，而不应采取粗枝大叶的计算或折算办法。丈量出多的地或黑地一般的仍归现在土地所有人，不调整不重分。只有在个别地区，土地分配太不公平合理，才能采取个别调整的办法，但也不能提出重分的问题。反对平均主义。

（二）评定土地等级时，必须注意土地质量相同、当年产量相同（即平常年景、平常劳动条件下的一般产量），即应评定为同一等级。因其劳动细作而产量提高，或因懒惰荒废而产量降低者，土地等级一律不能随之提高或降低。

（三）评级的具体标准，应以每垧常年产量五百斤为起点，增二百斤之差额即升一级（五百斤及不足五百斤者为一级地，七百斤为二级地，九百斤为三级地，以此类推）。按照各地具体情况，将土地评为若干级，有多少级算多少级，不要先行规定几等几级。评定方法应为有组织有领导的自报公议，民主评定。

丙、在发放地照时的几个具体问题。

（一）凡无主生荒，群众开垦，谁开的所有权即归谁，应发给地照。只有私人资本家开的荒地，地权归国家所有。

（二）凡山林、蚕场、水利、果园、苗园、苇塘、草甸子、农事试验场等，其原属于公有因平分而不利于经营者，得设法收归公有（如以其他公地调换，或以一定代价收回补偿损失；但不能轻易动用私人土地来补偿，不能采取简单生硬的收回办法)。如已设法收回公有,即不发地照。

(三) 凡属群众分得之地,无论熟地或已开未开之荒地,一律发给执照。只有二流子,一时难望改好者,其地照经公议可由村政府暂代保存,待其转入劳动后,再行发给。

(四) 熟地中间的坟地或未开荒地,其他小块菜地,均应发给执照。只能在征公粮时减除其不生产或生产仅足自给菜蔬之实际土地数量的负担。

(五) 群众分得之地或新开之荒地,均允许其自由买卖、转让、放弃(但不得因懒惰而任其荒废),或在特定条件下出租。

(六) 乡下小道在田中者,计入公地内,公路归国有,应保持十四米至二十六米之宽度(注)。

丁、发放地照的完成,将进一步巩固新民主社会的秩序,并奠定发展农村生产力的基础。在试点过程中,各地遇到新的问题,取得新的经验,均望随时报来。

注:公路有下列三种:

(一) 国道:连络大城市、海港。公路本身宽七米,全宽二十六米。

(二) 省道:连络主要车站、主要都市。公路本身宽六米,全宽十八米。

(三) 县道:连络普通市镇。公路本身宽五米,全宽十四米(公路全宽即包括两旁水沟、植树等在内)。

(选自东北人民政府《土地政策法令汇编》)

东北行政委员会
关于新区土地改革几个问题的答复

(一九四九年一月十八日)

(一) 问:地主兼营工商业、副业,或在土地改革前不久才将资产转入工商业,是否应没收?这类地主还分不分给土地?

答:地主的土地及其他封建财产,应与他的工商业、副业(作坊、手工业等)加以区别。土地和其他封建财产应当没收分配,副业和工商业不属封建财产,应保留不动,仍归原主经营。地主在土地改革以前,改营工商的也同样处理。至于是否分地给这类地主,要看他副业、工商业收入多寡,如果收入足以维持生活,就不需分给土地;如果不足维持,可以再酌分一些土地。完全转入工商业者不再分地。

（二）问：地主变卖的土地，是否应追回没收？

答：在土地改革期间，应禁止地主盗卖土地。土地改革前，地主已经卖掉的土地则不再追究。

（三）问：今年参加生产劳动的地主，他的粮食是否完全没收？

答：靠他自己劳动收获的粮食，归他自己所有，其余没收分配。

（四）问：逃亡地主返乡，还分不分给他地？

答：应号召他们遵守法令与土地法大纲，自行交出全部土地财产，然后分给他们应得的一份，其中只有极少数罪大恶极的反动分子可以另外处理。而他的家族未参预罪恶行为的，亦仍应分得一份。

（五）问：没收地主封建财产时，地主、富农短欠雇工工资、搒青户分粮以及欠农民其他债务，应怎样办理？

答：应先将雇工工资、搒青户分粮以及欠农民的其他债务先行扣出，偿还本主。因为这是农民的劳动代价，不能作为封建剥削的果实没收。

（六）问：农民欠地主、富农的债务，是否仍要缴还，然后没收、征收分配？

答：高利贷是封建剥削的一种，应当废除，农民欠地主、富农旧债无须偿还。

（七）问：中农在外村土地，可不可以没收？

答：不能没收。因为没收中农的土地是错误的。倘若本人同意调换，则应在本村补以同等的土地。

（八）问：自由职业者和公私企业职工，在农村中的财产（少量土地、房屋），应当怎样处理？

答：自由职业者和企业职工，如果他们的家庭成分不是地主，则其在农村中的财产一律不动。

（选自东北人民政府《土地政策法令汇编》）

辽宁省土地登记丈量评级暂行办法

（一九四八年九月十二日辽宁省政府公布）

第一项 遵照东北政委会"关于颁发土地执照指示"一、二、三丈地评级原则，并为使负担公平合理，提高农业生产起见，特制定本办法。

一、土地登记

第二项 公私旱田、水田、果园、菜园、莲塘、苇塘、山林、蚕场、宅基、场园、寺庙、祠堂，均以户为单位进行登记，并由各行政村造具土地登记册三份，分别汇存县区村，以便查考。

第三项 人居甲村，地座乙村者，其地应在乙村登记。地籍确定后，除行政区划变动外，勿论业主迁移或因买卖变换业主，地籍仍不变更。

第四项 根据东北政委会之规定，一律改旧亩为新亩，均以五市尺为一弓，三百六十平方弓为一市亩，十市亩为一垧。

二、丈地与评级

第五项 经过彻底土改地区，所有耕地面积均按户为单位逐段丈量，彻底消灭黑地。为使及时发下地照房照与不误秋征，今年丈评着重已耕地；非耕地面积，采取自报公议登记，可暂不丈量。

第六项 边沿区、新区及土改无基础或基础较差者，采取自报公议，重点抽查。

第七项 在丈量时，业主在地两端插地牌，丈地组即将丈量结果在地牌上标明，以便随时抽查。

第八项 丈量尺由省统一制造标准尺（木质），加盖火印（文曰辽宁省政府制）发给各县，再由各县评丈委员会主任委员指定专人依式仿造，并严格检查加盖火印后，分发各村使用，以杜弊端。

第九项 评级办法：

（一）旱田以其地质优劣及常年产量进行评级，切禁以其投资高收获大而提高地级，亦不得以其少投资产量低而降低其地级。

（二）土改后新开发水田以原地质评级，土改前旧有水田，按现在土质与常年产量评议地级，须根据奖励生产政策，不应按当年实产量评级。

（三）特种作物所占土地面积均以地质评议地级，如果园、菜园、莲塘、苇塘、棉、麻、花生、黄菸、土豆、地瓜等，严禁以其收入大而提高地级。

第十项 各种农作物不论年产几季，均以年产普通粮一季计算，而产量之计算，应以该地之主产为主。

第十一项 每新亩所评产量五十斤者为一级地（不足五十斤者亦为一级），每增二十斤进一级。如七十斤为二级，九十斤为三级，余类推，评多少级，标多少级。

第十二项　为使全省土质标准一致（县与县、区与区、村与村、户与户均须求得一致），各县、区、村必须切实按照土质与常年产量评议，不得擅自上下。执行评议时，可选择上、中、下三种地评级试点，作为评级标准地，以资参考。

第十三项　地亩数、地级，先由业主自报，经评级小组评定后，交村评丈委员会丈量总评张榜，再由村民大会通过，并报请区评丈委员会审查批准。本人如不服区村评丈委员会之评丈，得提请县评丈委员会重新审查评议，县评丈委员会不得拒绝。

三、织领组导

第十四项　县、区、村分别成立土地评丈委员会，委员五人至十一人，正副主任委员各一人，由党、政、群众团体负责人员及选举或聘请公正人士组成，特别应吸收有经验之人士参加。

村评丈委员会设评级小组，按间为单位组成之，并另组成丈地组，负丈量责任。丈量员条件：①公正；②负责任；③有丈地经验。采取绝对负责制，于每段地丈量完毕后，在丈量清册上签名盖章，以便随时追究责任。

第十五项　组织丈地评级工作队，各县抽调县区村干部，集训后组成之，每村有一个至二个干部参加。

第十六项　丈地评级所需经费，规定每一行政村一百至一百五十斤粮，由县统一编造预算，向省领取，绝对禁止动用村上一文钱和一粒粮。地牌由业主自备，统计表册由省发给，村委员系为义务职。

第十七项　各县在丈地评级时，办一快报，以资交流经验（以奖励表扬为主，适当批评坏的）。

四、奖惩

第十八项　丈地彻底、评级正确者，予以表扬；个人带头，并能检举他人者，予以物质奖励与表扬；模范者，奖给锦旗锦标。

第十九项　个人或集体隐瞒土地者，交村民大会批评，土地重丈重评，情节重大者，送交法庭依法惩处；各级评丈人员营私舞弊者，按情节轻重，由司法机关依法惩处。

第二十项　本办法自公布之日起施行。

第二十一项　本办法有未尽或不适情况事宜，提交省府补充修改之。

（选自一九四八年十一月辽宁省政府《法令汇集》第五集）

辽宁省土地丈评登记的补充办法

（一九四八年十月十五日辽宁省政府公布）

关于土地丈评登记问题，在本月一日专员县长联席会上，业经提出讨论，兹根据讨论的基本精神，作出如下之补充办法：

一、坟地：分新坟与老坟，新坟从坟角起，四周各留五尺，不纳公粮。老坟以不能耕种之地边为界，不纳公粮。

二、宅地不纳公粮，土改后新建筑之房屋，前后共除掉五丈，左右共除掉一丈不纳公粮。

三、菜园：占主产地者纳公粮，在宅地范围内者不纳公粮。

四、新开生荒，土改后仍属于原主耕种者，三年不纳公粮。如开荒后分给他人者，新主仍应评级纳粮。

五、苹果地：凡栽植在三年以下者征收应征公粮一半，四年至七年者征收应征公粮的三分之一，八年以上征产销税。

六、农场地：已分出者收回，并给以适当代价。

七、学田不纳公粮。

八、四至（除公路外）一律以道心沟底河心为界，树随地转。

九、主产粮标准：产包米区以包米、谷子、大豆三种产量平均计算；产高粱区以高粱、谷子、大豆三种产量平均计算，报评产量以斤为主，可参照各地区之习惯结合进行（因各地升斗大小不一）。

十、村边界的确定：在丈地以前，毗连各村的干部、业主会同踏查决定，尽可能按自然地形（如沟、道、河、山脊等），不然就必须用各村连在一片的土地之边界来制成。地籍的确定，原则上是地在那村即在那村登记（人随地走）。如地在复县而业主住在新金，仍应在复县登记。

（选自一九四八年十一月辽宁省政府《法令汇集》第五集）

辽西区土地租佃暂行条例

（一九四六年三月一日公布）

第一条 为调整租佃关系，发展农业生产，特依国民政府所颁布之土地法与全国政治协商会议决议之和平建国纲领关于减租之规定，并参照本区之具体情况，制定本条例。

第二条　所有各种形式之地租，均自民国三十五年起，出租人应一律按照原租额减收百分之二十五，减租后之租额最高不得超过耕地正产物收获总额百分之三十七点五，不及者依减租后之租额约定之。

第三条　土地副产物收益之分配属于定租制与外傍青地者归承租人所有；属于里傍青地者得按出租人所出之牛具、肥料、籽种之比例分配之（牛具分二分之一、肥料及籽种共分四分之一）。

前项土地副产物系指稭草及其他依当地习惯或双方约定者而言；所称之外傍青地者，系指出租人供给土地、肥料，或由承租人与出租人各半，或完全由承租人出，惟承租人出牛具、籽种、劳力经营之土地之租佃形式而言；里傍青地者，系指出租人供给土地、牛具、肥料、种子，承租人出劳动力，并在出租人家中吃饭，代做杂活之租佃形式而言。

第四条　地租一律于产物收获后一月内交纳之，禁止上交租、转租，取消押租及其他额外负担。

第五条　实行定租制者，如因不可抗拒之灾害收成减少，或正产物全部被毁时，承租人得减付或免付当年地租。

第六条　民国三十四年"八一五"前出租人因避免伪满粮谷出荷之损失，自动降低租额，使承租人完全负担出荷之土地，其租额在正产物百分之二十以下者，不再实行减租，但亦不得增租。

第七条　定有期限或不定期限之租佃契约，非有下列情形之一时不得终止之：

一、租佃契约期满，出租人须收回自行耕种者；

二、承佃人自动退租者；

三、土地所有权转移后，而原定契约期满时，由新业主自己耕种者；

四、因不可抗力之灾害，耕地全部被毁者；

五、承租人有故意毁坏地产行为，以及毁坏租地之附属物，不负法定之赔偿责任者；

六、无故荒废租地在一年以上者，但轮耕地、压青地不在此限；

七、承租人力能缴租而无故不缴租，或积欠地租达二年之总额者；

八、承租人死亡而无继承人，或有其他原因不能继续耕作者。

依前项第一、三款规定出租人收回土地时，应于半年前通知承租人，承租人如因收地而无法生活时，出租人应减收一部，或缓期收回，并另定新约。

第八条　为保障地主之地权，在减租后承租人应按契约交租，不得无故拖欠。

第九条　在实行减租后，承租人与出租人双方应一律重订书面之租佃契约，契约期限不得少于三年。

第十条　出租人典卖其租地时，原承租人有依同等条件承买承典之优先权。

第十一条　出租人依本条例收回其租地自耕未满三年再行出租时，原承租人得依原租佃条件承租之。其自耕已满二年再行出租时，原承租人有依同等条件承租之优先权。

第十二条　出租人不得夺佃，但承租人有第七条第五、六、七、八各款情形之一者，出租人有要求停租之权。

第十三条　贫苦抗日烈士家属，或革命军人家属及贫苦孤寡，因缺乏劳动力而出租少量土地为生者，不受本条例第二条、第三条之限制。

第十四条　本条例自公布之日施行，如有未尽事宜，得由辽西区行署随时修正之。

（选自辽宁省辽西区行署《法令辑要》）

辽西区关于处理敌伪地产之决定

（一九四六年四月一日公布）

一、为清理敌伪土地，发展生产，下列各种土地一律分配给当地无地或少地之贫农与贫民：

甲、日本人之私有土地。

乙、经本区县以上之政府宣布没收之汉奸土地。

二、伪满时代所有之开拓地、满拓地概依下列办法处理之：

甲、原地权所有人因敌伪强购其土地，得向区以上政府申请无代价发还其本人之能自耕部分。

乙、原地权所有人无力自耕，而又依靠土地为生者，得按其人口多寡及其全部收入多寡，发还其足以维持生活之土地部分。

丙、经营已久，原有土地界限已消灭之公共水地，概归国有，由政府分租给农民耕种。

丁、依前三项之规定，所余之土地，一律按第一条之规定分配给当地之贫农与贫民。

戊、依甲、乙两项之规定，原地权所有人申请收回期，自本决定公布后三个月内为有效期限。

三、伪满时代被日伪没收之流亡者土地由政府代管，分租于农民与贫民耕种之。

四、原地权所有人如系伪满时代之汉奸、特务、宪兵、警察等敌伪残余分子，不得享有本决定各条款之权利，如汉奸家属未参加汉奸罪行，或参加而悔过自新者，则属例外。

五、开拓地、满拓地现有之永利工程，仍为公有，应予以充分保护，不得破坏，以利公众耕种。

六、在敌伪潜逃后，凡擅自收租或擅自拿去公有之牲畜、车辆以及收获物等，均须一律退交政府合理处理。

七、敌伪及汉奸之牲畜、农具，全部分给当地贫农与贫民。

八、三十四年开拓地之地租，一律由各政府收缴。

九、为了合理的解决土地纠纷，各区村得组织敌伪地产清理评议会，组织办法另定之。

十、原地权所有人于收回其土地时，一律重新税契，换取土地执照。

十一、本决定自公布之日实行，当地农民得依此决定集议具体执行。

前各市县已处理之敌伪地产，如有与本决定相抵触者，概依本决定处理之。

（选自辽宁省政府辽西区行署《法令辑要》）

辽吉区行政公署为土地房产登记及发给土地房产执照的指示信

（一九四六年六月十日）

为确定土地房产所有权，决定各县依照下列各项布置土地房产登记，发给土地房产执照：

（一）凡在去年"八一五"解放后，土地或房屋发生买卖关系，或敌伪及公有土地房屋经各级政府分配者，一律实行土地登记，发给土地房产执照。但在"八一五"以前及"八一五"后没有发生买卖关系者，暂缓举办，但自请登记者不在此限。

（二）凡呈请土地房产登记，须缴纳契税，提价百分之三办理完毕后，再发给土地房产执照（每张收工本费二十元）。提价标准，如系买卖关系者，按当地当时卖价；如系分配地，按当时当地评价。如卖价与实价不符，或伪报实价者，由县决定评价提征。

（三）凡经政府分配取得之土地或房屋之契税，分三种办法办理：(1)富有者全数缴纳。(2)中产者减半提征。(3)贫苦者免税。但契税减免须群众团体或三人以上证明人并经县政府核准者为有效。各县根据以上规定，颁发布告，周知人民。

（四）契税之收入，百分之六十归省，百分之四十归地方。统由各专署掌握，作为地方经常开支、每月结算一次，分别留解。

（五）土地房产执照，概以县为单位，依照本署发给样式，用石印印制，加盖县印，编排号数，妥为保管，郑重发给。已发给执照者，一律依照本决定重新改发。

（六）执照及声请书样式附后，希即通饬所属遵照办理[*]。

(选自一九四七年一月辽吉区行政公署《法令辑要》第一辑)

哈尔滨市公有土地出租暂行条例

（一九四八年十月十四日开始试行）

第一条 公有土地出租，均依本条例办理之。

第二条 公布土地出租租金，须由本府规定之。但因公用、公共用或用诸公益事业为目的者，租金得酌核免除一部或全部。

第三条 公有土地出租年限，不得超过下列之规定：

一、以建筑住宅为目的者五十年。

二、以建筑工商业为目的者六十年。

属于前两项以外者，得临时酌情定之。

第四条 凡承租公有土地，须由本府按照呈请先后建筑情形及利用目的决定之。

第五条 公有土地租金，如有必要时须于每年评定一次。

---

[*] 执照及声请书样从略。——编者

第六条　公有土地租金，得按照出租年限，逐年交纳，每年须在六月末日以前，自动向本府一次交纳，如有特殊情形者，另行酌定之。

第七条　凡新租公地者，为奖励建筑，繁荣市面，须依下列年限，免征租金。

一、建筑洋灰铁筋造楼房者四年。

二、建筑砖造铁盖楼房者三年。

三、建筑砖造铁盖平房者二年。

四、建筑木造砖根铁盖平房者一年。

第八条　依据第七条各项之规定，凡属既租公有土地者，如欲新筑或改筑时，亦适用之。

第九条　公有土地出租之一切捐税均由承租人负担之。

第十条　承租人对承租之地段，须负善良保管责任，以建筑为目的者，得绘具详图，呈请指定界标，经本府建设局核准后，方准按期动工。

第十一条　承租土地，有下列情形之一者，须呈请本府批准后施行之。

一、使用目的变更者。

二、地上建筑物转让或抵押与他人者。

三、租期届满，欲继续使用者。

四、不能如期完成建筑，须延期者。

五、承租人姓名改换者。

第十二条　承租公有土地，到期如无公用之必要时，原承租人有优先承租权。

第十三条　承租土地有下列情形之一时，本府得将契约一部或全部解除之。

一、欠租金逾期六个月以上时。

二、不服改正租金时。

三、租期届满，不办续租手续时。

四、违背契约条款时。

五、如期未完成建筑，亦未办理延期手续时。

六、因供公用或公共用有必要时。

七、都市计划，必须使用时。

八、未经建筑之土地，私自出让时。

因以上各项情形解除契约时，不返还既交之租金。但对第八项情形除已解约外，如系有价出让时，得酌情处罚之。

第十四条 对于第十三条第六、七两项情形解除契约时，其地上建筑物由本府依当时市价收买之。

第十五条 公有土地租金每逾期一个月不交时，得课以租金一倍之罚金。

第十六条 公有土地，不经许可，擅自私占者，没收其占用范围内所有设备，但在本条例公布前私占者另行处罚之。

第十七条 本条例如有未尽事宜，由本府随时修正公布之。

第十八条 本条例自公布之日施行。

（选自《哈尔滨市法令汇编》第一辑）

哈尔滨市人民政府
不动产登记暂行办法

（一九四八年十月十四日经批准试行）

第一条 凡属不动产登记，均依本办法办理之。

第二条 不动产登记，以土地及建筑物为限。

第三条 不动产所有权登记，无论保存、设定、移转、涂销、销减及其他变更，非有当事人之声请或各级主管政府之嘱托，不得为之。

第四条 不动产登记物权分下列各项：

一、所有权。

二、地上权。

前项规定于一切公产、私产及其他特标名义之各级政府或社会团体之公产均适用之。

第五条 不动产物权，未经政府登记者，对于第三人不生效力。

第六条 租权已经登记者，对于以后所得物权之人亦生效力。

第七条 不动产之登记，应置下列各项登记簿以备记载之：

一、建筑物所有权登记簿。

二、土地所有权登记簿。

三、不动产索引簿。

四、登记收件簿。

前项各簿于登载时，须依次序登记之。

第八条 登记簿中对于一宗不动产，应备一用纸，各以三页为限。

第九条　登记簿就地方情形划分区域登记之，但于簿面标明某区字样。

第十条　登记簿每一用纸，应分为登记号数栏、不动产标示部，所有权部及他项权利部。

第十一条　登记簿须逐页盖政府骑缝印。

第十二条　登记簿及其附属文件，除有紧急事项外，不得擅自携出之。

第十三条　登记声请书，须由政府规定格式印刷发行。

第十四条　依第三条之规定，如私产登记时，应由登记权利人及登记义务人或其他代理人为之，但对各级政府或公立机关、社会团体之公产为登记时，得以其主管者视为代理人。

第十五条　因判决或继承之登记，得仅由登记权利人声请之。

第十六条　不动产登记于伪时取得于敌伪逆者所有人得先行请求本府核准后，再行办理登记手续。

第十七条　登记人因自为更名登记时，得仅由原登记人声请之。

第十八条　为不动产保存登记时，得提出有关证明文件，证明有所有权之人声请之。

第十九条　因各级政府或公立机关，对不动产执行拍卖或公卖处分时，登记权利人为所有权移转之登记时，得请求执行政府或公立机关，应具登记原因，证明书嘱托政府登记之。

第二十条　因公共事业收用之土地或建筑物为所有权移转之登记时，得仅由登记权利人声请之。

第二十一条　各级政府或公立机关，自为登记权利人为不动产各项权利之登记时，应提出登记义务人之承诺书或他项证明声请之。

第二十二条　声请不动产登记时，应呈具下列文件：

一、声请书。

二、登记原因有关文件。

三、曾经登记者之登记证明书。

四、登记原因与第三人有关系时第三人之证明文件。

五、保证书。

六、不动产之图式。

第二十三条　不动产登记声请书，须记载下列事项：

一、不动产座落、种类、地段、号数及面积。

二、登记原因及其年月日。

三、登记之标的。

四、不动产之价格。

五、证明登记原因文件、件数及参考事项。

六、登记主管单位。

七、年月日。

八、声请人之国籍、姓名、住所、职业。

九、由代理人声请时，代理人姓名、住所。

第二十四条　声请书如未经声请人或其代理人之签字盖章时，不得受理之。

第二十五条　登记权利人如系多数共有其所有股份得于声请书内详细标明之。

第二十六条　声请登记如须有第三人认可同意时，得由第三人出具承诺书声请之。

第二十七条　受理登记声请书时，得将收件年月日时、收件号数、声请人姓名、登记之标的记载于收件簿，并将收件年月日时、收件号数记载于声请书，但收件号数应按接收声请书之先后编列之。

第二十八条　受理登记时，有下列情形者不予受理：

一、事件系不应登记者。

二、当事人或其代理人不到场或代理权限不明者。

三、声请书不合程式者。

四、声请书所载不动产之权利标示与原登记簿及证明登记原因文件不符者。

五、不附具声请书所必要之文件者。

六、不缴纳登记税者。

第二十九条　声请人对政府已裁决之登记，如有异议时，得于三日内提出理由书。

第三十条　登记责任对声请之登记，有调查之必要者得具调查报告书。

第三十一条　登记声请书经裁决核决后，得按收件号数、次序分别记载于登记簿，并须盖登记校对者之印。

第三十二条　依第三十一条登载完毕后，应即作成不动产登记证明书发给声请人。

第三十三条　不动产登记证明书须以清正楷不得潦草挖补，如有增添涂抹时，得盖登记责任者之印。

第三十四条　声请为地上权设定或移转之登记时，声请书内应记明存续期间设定目的及范围。

第三十五条　声请为不动产权利设定保存移转之登记，须依下列规定交纳登记税。

一、因不动产移转取得所有权者，依不动产价值千分之六十。

二、因不动产赠与取得所有权者，依不动产价值千分之六十。

第三十六条　各级政府或公立机关自为登记时，市政府斟酌登记性质，得减免登记税。

第三十七条　未经登记之不动产，因他事发现命为登记者，得照登记税加倍征收之。

第三十八条　如有为虚伪之登记者，除缴纳登记税不发还外，并依法律处罚之。

第三十九条　出具保证者知其虚伪而仍为保证者，与虚伪登记人受同样处罚之。

第四十条　不动产登记证明书类遗失，请求补发时须先登报声明作废，三日后无第三者提出异议时，得具保证书办理之。

第四十一条　不动产所有权之权利，如有移转或其他变更时，须于六个月内声请登记之。

但迄期不为登记时，得依登记税率□增处罚之。

第四十二条　不动产权利人因原登记证明书遗失或他项原因请求补发时，得交纳工本费。

第四十三条　不动产登记图册或他项有关书类请抄阅时，得交纳工本费。

第四十四条　本办法如有未尽事宜，得随时修改之。

第四十五条　本办法自公布日施行。

（选自《哈尔滨市法令汇编》第一辑）

内蒙党委、内蒙古自治政府 关于确定地权发展生产通告

（一九四八年五月五日）

为发展我内蒙古自治区农牧生产，巩固农村土地改革已得胜利，特对确定地权、奖励开荒与奖励牧畜业，作如下之规定：

（一）土地已平分地方，即实行确定地权。凡分得土地之贫雇农，中农以及富农、地主，均有土地所有权，均应把分得之土地视为自己私有产业，安心生产，兴家立业，今后凡以劳动生产致富者，绝不再分再斗。政府俟土地执照制就后，即正式领发地照。

（二）实行组织农村全体劳动人民生产，保证去年全部耕地今年全部种上，不撂荒。并提倡生产竞赛，争取多开荒，增产粮食，实行奖励劳动，奖励开荒，其奖励办法：

甲、凡因勤劳生产耕作得法，致产量超过通年产量，秋收后选举生产模范劳动英雄，由政府予以奖励和表扬（其详细办法另定）。

乙、凡增开生荒或开一年以上撂荒者（种轮歇地者不在此限），第一年免征全部公粮，第二年免征三分之二，第三年免征三分之一，并确定开荒之土地属于开荒者所有，不得加以分配。

（三）实行奖励农业地区农村畜牧副业与奖励畜牧地区畜牧业，发展畜牧业生产：

甲、凡经营畜牧业者，无论属于主业或副业，由于改良畜种，改进防疫及牧畜方法，因而使牲畜繁殖，获有成绩者，实行予以奖励和表扬（其奖励办法另定）。

乙、凡农业地区，直接用于农业生产之畜力，秋后征收公粮时，均不计征。其属于副业生产部分者，另按牲畜税合理征收，废除去年四头牲畜按一垧地产量征收办法。

丙、奖励牲畜繁殖，凡当年繁殖的幼畜，今年征收牲畜税时一律免征。

丁、实行保护牲畜，禁杀耕畜和母畜，禁止分散畜群，以免影响牲畜繁殖，违者予以处罚。

以上各项，旨在促进我自治区农牧业发展，提高农牧民劳动热情和积极性，实行发展生产，增加我内蒙自治区财富，以更加有力支援战争，改善人民生活。愿我全体农牧人民，高度发挥劳动人民生产积极性，实行组织起来，动员起来，为完成今年生产任务而努力。

特此通告！

（选自《内蒙古自治政府法令汇集》第一集，一九四九年版）

内蒙古自治政府
关于颁发土地执照的指示

(一九四九年二月十三日)

我内蒙古解放区农业地区，由于实行土地改革实现耕者有其田，彻底平分土地后，基本上摧毁了封建统治，广大农民翻身做主，改变了农村的面貌。凡经土改结束地区，土地业已做到合理分配，分给谁即归谁个人所有，地权即算确定。今后应进行全民生产，勤劳致富，此种新的农民土地私有制度，任何人不得侵犯，民主政府自应给以保护。本府已印就土地执照，即可颁发。发放地照是最后完成土改的重要工作，又是一种细致的工作，仰我各级政府立即进行发照准备工作，并可进行发放地照的试点工作，以得经验。特提出以下几个问题，希各级政府研究执行。

甲、发放地照必须有深入群众的思想动员与组织领导：

（一）因此必须要着重在干部中群众中指出发放地照不仅在法律上最后保障地权，而且实际上是土改工作的继续，是完成土改与发展生产结合的重要环节。这是一件极其复杂而又细致［的］工作，必须深入发动群众，打通思想，大家动手，才能作好。

（二）发放地照是有关今后农业生产的政策问题，因此必须由各盟盟长、各旗旗长（县市长）与各盟旗县农业部门集中力量，在统一领导下，进行一套有系统的组织领导、督促检查的工作，首先在试点工作中取得经验，然后逐步推广，限期完成，但不可草率从事。

（三）召集盟旗（县）、努图克（区）民政工作人员及吸收能写好字的农村知识分子干部，开办临时（三五天不等）评地发照讲习会，先在他们中间进行打通思想和进行发照工作方法的教育，要编工作组下去领导这一工作，并注意说明，如旧时代发照在地方上大吃大喝的坏作风，要严加禁止。

（四）要于各嘎查（村）、屯组织评丈委员会，该委员会必须以嘎查（村）、屯干部为骨干，选举公正而熟悉土地情形者（但不要地富）参加，嘎查（村）评丈委员会受旗（县）、努图克（区）干部之领导或所派之工作组领导，基点嘎查（村）的评丈委员会，应由各屯代表组织之（大屯三人、小屯二人），必要时努图克（区）可组织评丈委员会，由每屯选派代表一人参加组成之，进行评丈复查及解决评丈中所发生的问题。

乙、在发放地照时，必须进行土地丈量，采用内蒙古自治政府规定的度量衡标准（附注一），并明确评定土地等级：

（一）丈量必须是实地丈量，不应采取粗枝大叶的计算或折算办法。丈量出多余地或黑地，一般的仍归现在土地所有人，不另调整，不重分。只有在个别地区，土地分配太不公平合理，才能采用个别调整的办法。但也不能提出重分的问题，并要反对平均主义。

（二）评定土地等级时必须注意土地质量相同、常年产量相同（即平常年景、平常劳动条件下的一般产量），即应评定为同一等级。其因劳动细作而产量提高或因懒惰荒废而产量降低者，土地等级一律不能随之提高或降低。

（三）评级的具体标准，应按每垧常年产量（所谓常年产量，是指某一定土质，在一般的劳动条件即两铲两踹，一般的天年，约七、八成年，可拿过去一个或数个中等年成作评定之参考）。五百斤以下者为一极，每向上增二百斤之差额，即升一级（即五百斤及不足五百斤者皆为一级地，五百零一斤到七百斤为二级地，七百零一斤到九百斤为三级地，以此类推）。按着各地具体情况，将土地评为若干级，有多少级算多少级，不先行规定几级。评定方法应为有组织有领导的自报公议，民主评定。

评地时应该先评地板后评产量，评地板时，先找到全屯中最好的和最坏的地，先在好坏中间定出地的级次，作为标堆，大家都向各标准地样子比。比上比下，就能把每户的地找到了适当的级次。

丙、发放地照时的几个具体问题：

（一）群众分得之地或新开之荒地，在发地照后，均允许其自由买卖、转让、放弃（但不得因懒惰而任其荒废），或在特定条件下出租。

（二）乡村小道在田中者，计入土地之内，公路大道归国有，应保持十四米至三十六米之宽度（附注二）。

（三）撸牛地应算在熟田地照内，熟田当中之荒地，其熟田所有户有优先领荒开垦（但不准占荒不开）权。

（四）壕沟大的扣除，小的不扣除。树林别人的扣除，自己的不扣除。

丁、为了及时确定地权，使农民"托底"，以安定其生产情绪与提高其生产积极性，各级政府对于发放地照工作，应努力争取于春耕前将地照发完。若有尾欠，可于春耕后完成，但亦不得因急于求成而粗率从事。在领发地照时，应发动当地群众热烈举行庆祝；以示隆重。在庆祝会上并可以事实联系政策进一步教育群众，推动今后的大生产运动。庆祝以群众性的热烈隆重为主，不得借故大吃大喝，浪费金钱。

戊、发放地照的完成，将进一步巩固新民主社会的秩序，并奠定发展农村生产力的基础。各级政府接到指示后，应深入研究，慎重掌握执行，并将这一工作进行［中的］经验［与］缺点，随时作出总结报告本府。

附注一

（1）度量衡尺，比旧尺一尺大六分，比木匠尺大一寸，比旧裁尺小四分，但各地使用尺子比率不一致，一定要使用度量衡尺。

（2）米突：每米合度量衡尺——三尺。

附注二　公路有下列三种：

（1）国道：连络大城市、海港。公路本身宽七米，全宽三十六米。

（2）盟道：连络主要车站、主要都市。公路本身宽六米，全宽十八米。

（3）旗（县）道：连络普通市镇。公路本身宽五米，全宽十四米——（公路全宽即包括两旁水沟、植树等在内）。

附　土地执照颁发办法

（一）在内蒙古自治区内，所需土地执照，统由内蒙古自治区颁发，由各盟政府转各旗（县市）政府负责填发。

（二）各盟旗（县市）前所颁发之土地执照，即由各盟旗（县市）自行收回作废。

（三）土地执照颁发原则如下：

1. 凡经土地改革后分给个人所有之土地，皆发给土地执照。

2. 如系分给数户所共有者，其土地执照须载明其共有土地数目及各户主姓名，合发一张，共同保存，各户如愿分领地照，亦可各发一张，但其共有之土地，亦须丈量分开。

3. 凡土地租与或借与他人（或部队、机关、团体等），如该土地属于公有者，则不发土地执照，如系私有者，则发给领有土地者。

4. 凡归嘎查（村）所有之土地，如学田或尚未分配之土地，不发土地执照，但须丈量，并向旗（县市）政府登记。

5. 凡农业区公荒地，已经群众开垦者，应发给土地执照。但私人资本家投资开的荒地，地权归国家所有，不发地照，但须丈量，并须经旗（县市）以上政府登记。

6. 熟地中间的坟地应计算在熟地之内发给土地执照，只能在征收公粮时减除其不生产之实际土地数量之负担。

7. 凡属公营农场或苗圃以研究或改进农业为目的所占有之土地，以及私人资本家投资经营之土地，不发给土地执照，但须经旗（县市）以上政府登记。

8. 凡属公有之土地，如义地、荒地、苇塘、山林、草甸等，概不发给土地执照，由旗（县市）政府负责登记。

9. 在土地改革尚未完成的地区或土地尚在调剂时，可待其完成后再行发给土地执照。

10. 嘎查（村）中不好好劳动的二流子、流氓、懒汉，一时难望改好者，经群众公议后，其土地执照由嘎查（村）政府暂代保存，待其改变后再行发给。

11. 军人无家属者，其分得之土地不论代耕或出租均须发照，可由嘎查（村）政府代为保存。

12. 生产小组夥开之荒地，应按原定条件分配后，将各人应得之地数与其自家分得之地，合并发照。

13. 原来分得土地太坏本主不拟耕种，则不发照，分地后全家迁移远处者，不予发照。

14. 牧业区或半农半牧区之沙坨子地、漫撒子地，经二、三年后即不能再行耕种者，可不发照。

15. 住庙喇嘛集体分得之土地，应按各人所应得地数各发地照一张，交本人收执。

16. 被水冲坏之土地确已无法修整耕种者，不发地照，被水冲坏一部且无法修整耕种，其余一部仍发地照。

17. 丈出之多余土地，地照仍发给所有者，重新丈量时如地数不够，亦按现有实数发给。

18. 在自治区以内，旗（县市）与旗（县市）、努图克（区）与努图克（区）、嘎查（村）与嘎查（村）之间的邻地界，其地段属何处，即由该管处之政府负责发照。

（四）不论家庭人口多寡，土地数目若干及土地种类如何，每户只得填写土地执照及土地执照存根各一份，土地执照归家庭负责人收执，土地执照存根归旗（县市）政府存查。如一户分得土地其地段在三段以上者，方得另行填写土地执照及土地执照存根。

（五）土地面积单位以内蒙古自治政府所公布之尺度为标准计算，即一垧十亩，每亩三百六十平方弓或九千平方市尺，各地尚未采用者，应一律改用此标准。

（六）土地执照及土地执照存根字号，以旗（县市）为单位，统以"土地还家，劳动致富"八个字编排，每字排至一万号为止，共计可发给八万户。

（七）在土地执照颁发后，各盟旗县市应将全盟旗县市土地种类（旱、水、菜田等）等级、亩数汇集统计，最迟在本年六月一日前呈报内蒙古自治政府备查。

（八）在土地执照颁发后，如女子出嫁或分家或土地转移买卖等，准予分领土地执照。

（九）土地执照颁发手续：

1. 发放地照前各嘎查（村）必须普遍进行丈评土地，并造具土地底册交努图克（区）政府保存。

2. 各旗（县市）将地照存根先行发至努图克（区），努图克（区）即根据各嘎查（村）之土地底册，详细填写地照存根，呈交旗（县市）政府。

3. 各旗（县市）政府根据各努图克（区）填写之地照存根，正式填写地照编号加印后，发回各努图克（区）转发各嘎查（村）群众。

（十）每一份土地执照收费二千元，由旗（县市）政府代交盟政府转内蒙古自治政府。

（十一）本办法有未尽事宜，得由内蒙古自治政府命令修改之。

（选自《内蒙古自治政府法令汇集》第一集，一九四九年版）

绥远省人民政府
关于如何处理回赎土地问题的通知

（一九四九年三月十九日）

最近各县常有请示如何处理回赎典押土地问题者，为此特提出如下意见，希遇到此种问题时，参考解决。

（一）贫雇农民之缺地少地问题，主要要在减租减息精神下，用调租或调剂办法解决，回赎土地的口号，基本上不应提出，更不加以强调。但如有个别农民（破落户不在内）向地主富农提出回赎问题，而且要求坚决者，一般典地在典出二年以上，押地已付利息相等或超过原价时，即可无代价的收回土地。

（二）农民间之典押土地回赎问题，原则上按旧习惯，以双方不吃亏由农民自行调解处理。原典价押价无论为本币或伪币，均按当时币价之购买力，以粮食为标准计算确定赎价。参加调解者，以照顾贫雇农而又不脱离中农为原则。

(选自《绥远省人民政府法令汇编》第一集，一九四九年版)

绥远省人民政府关于减租生产指示

(一九四九年四月二十六日)

目前春耕生产正值大量播种时期，各地应切实依照过去所颁发之生产布告和生产指示抓紧进行外，特将执行中的几个具体问题，再作如下指示：

（一）在具体减租中，各地办法多不一致，现依据投资多少，租额大小和农民所受剥削程度，规定统一减法如下：

① 夥种、伴种者，一律按原约分法减一成，分收者，原对半分的二五减，原四六、三七、二八的均减一成；死租者，一律二五减。减后租额如仍超过实产量的千分之三百七十五者，可减到三七五；牛租不减；蒙古地租，一般的暂行缓减。以上凡减租者，均从一九四八年减起。

② 柴草随粮减，但伴种地者不减去年的草。公草由地主负担。

③ 地主所正当投资的底垫仍归地主。公粮按阶级负担政策征收。

④ 农民在地主土地上所建筑的房屋地基租，如已交租三年以上者，地权归农民，不减租也不再交租；不满三年者仍按二五减租。

所有减租粮必须完全用在生产上，减租粮的分配，以能发动大多数农民参加减租生产为出发。因之，基本上应实行统一分配，打破谁减归谁，不按贫雇农的生产需要。但同时也必须适当的照顾佃中农的情绪，绝对的统一分配的做法也是不妥当的。所有农民减租户之减租粮，先解决自己的生产困难，自己不需要或长余者，本农民团结互助精神，说服分给别人一部，或借给其他生产困难的贫雇农。有借有还，并酌情适当的规定利息。

（二）有些地区在个别村庄的初期工作中，严重地侵犯了中农利益。兹再明确规定：在调租调借上，只能限于对地主富农，严禁以自愿为名，变相的强迫中农调租调借，伤害中农利益，妨害农民团结。对已被侵犯之中农，应讲清道理，说服贫雇农一面迅即纠正退还，一面另设法解决贫雇农的生产需要。但农民间的旧有习惯的借贷周转，则应予以提倡与保护；农民之间的租佃关系，可以自由约定，如发生纠纷时，采取协商调解办法解决，与地主出租土地应有区别，敌人过去所发放之贷款，地富的酌收，中贫农的不收。

(选自《绥远省人民政府法令汇编》第一集，一九四九年版)

绥远省人民政府
为减息问题给丰镇县政府的批复

(一九四九年五月二十八日)

（一）减息工作的基本精神，是为了把贫苦农民从封建债务束缚下解放出来，使其积极生产，改善生活。但另一方面，因目前农村借贷关系停滞，农民生活、生产上均已受到相当影响，极应加以提倡促进，以利农村生产之早日恢复。因此，在具体执行减息政策时，只能限于以农民与地主富农间旧有（解放前的）债务关系之清理为范围，根据晋绥分局规定之"已付利息低于本者分半行息，利一倍于本者停息还本，利二倍于本者本利均停"之原则，实行清理。而对于解放以来民间新发生或即将发生之债务关系（不论那个阶级与那个阶级的），应从积极方面，广泛宣传我之政策，在自愿的精神下，提倡互济互借的正常债务关系，借以活跃农民经济，便利生产，达到改善农民生活之目的。目前农村借贷关系上所存在的实际情况，不是利率高低问题，而是农民借不出债的问题。此点我们应有清醒的认识与了解。最近有些地方在减息问题上所采取的"倒找"和主观的"限制利息办法"，是错误的，都是对农民有害无益的，应注意防止。

（二）减息工作，即应只以清理旧债为范围，则其在削弱封建及解决农民实际困难上，不如减租的意义更为积极和现实。因此，在发动群众工作上，主要应以减租为重点，对于减息一般的不过分强调，如有因过去借贷问题已发生纠纷时，可在清理旧债范围内，按章给以清理。至于离开本人而去发动组织关系以外的人集体减息的做法，非但不能使债务关系获得妥适解决，反易引起其他不良影响。各地现时尚有采取这种办法的，可迅予指正。

（三）城镇工商字号兼放高利贷剥削农民者，如其历史长、放账多、利率又很高（如材料中所举隆盛庄某些字号的情况），应视为是一种封建性的剥削，原则上可减息。但亦只应以清理解放前之旧债为限，且在方式上要慎重，最好由当事双方，按我清债原则，协议解决，任何组织群众集体去减的办法都不妥当。群众有自行纠合去减者，亦要设法劝止。否则对城镇工商业之发展，将要发生不良影响。

（选自《绥远省人民政府法令汇编》第一集，一九四九年版）

绥远省人民政府关于如何解决
回村逃户土地问题的批复

（一九四九年五月三十一日）

复示清河县政府

报告悉："五四"前后经过初步调剂或分配土地的村庄，如确系地富之土地，且周围情况许可，而分配上又无多大问题时，原则上即宣布将地权确定，归分得人所有，保证不再变更，以解除农民顾虑，达到地尽其利。对于新近返村之一般逃亡地富，可说服农民好坏搭配退给其一份土地。如系一般的逃亡中农返村者，如其因害怕献出或错被分配之土地应给其退回。但其地已为农民下种时，可于秋收后再退。其眼前缺乏土地问题，可在公地、学田或其他许可的土地中，临时调剂解决，或先少退一部分。

（选自《绥远省人民政府法令汇编》第一集，一九四九年版）

北京市军事管制委员会关于本市
辖区农业土地问题的决定

（一九四九年五月三十一日公布）

本市辖区内的农业土地问题，是复杂的，是与一般农村不同的。第一，这里的地价地租，受其土地所在位置的影响更大，由城市社会经济发展所产生之利益，更明显地为少数寄生的土地所有者所侵吞。第二，这里封建土地占有者，不仅直接束缚一般农业生产的发展，而且直接妨碍工业及城市各种建设事业对土地之合理的使用，因而妨碍工业及城市建设事业之进行。第三，这里有大量的为供给城市人民菜蔬而生产的园艺，封建地租之征收不仅直接束缚园艺生产之发展，而且直接影响城市各阶层人民之生活。第四，供给蔬菜的农业经营者，有自耕的贫农，中农、富农和佃贫农及佃中农，也有佃富农，经营地主和农业资本家等，对于是项土地问题处理不当，也会影响城市菜蔬的生产和供给。第五，在本市农业地区与贫民杂处的有大批的非农业人口。同时，在城市发展中又将有大量的工厂、商店、住宅和马路、公路等之修筑，需要充分自由合理地使用城乡所有土地。在这里如果也实行土地平分，则全体农民将因土地平分而变成少地即耕地不足之农民，并且不利于城市建设事业之发展。因此，在城市郊区，虽需要和一般农村一样废除封建与半封建的土地制度，即没收地主的土地和富农出租的土地，却不能和乡村一样实行土地平分和土地平分后的一般私有制。兹特根据本市辖区内农地占有与使用的具体情况，规定处理办法如下：

一、所有自耕农民之土地，包括富农自耕部分之土地在内，其耕种权与所有权一律照旧保持不变。

二、没收所有地主之土地并征收富农出租之土地，统一由本市人民政府管理并酌量出租，但对于需要依靠土地为生之地主，在没收土地时，应留给以大体与普通中农相等之一份土地，如有其他收入者可酌量少留或不留予土地。

三、在土地被没收与征收归公之后，不论原土地使用者为佃贫农、佃中农、佃富农或经营地主与农业资本家，或其他土地使用者，也无论原来为公地或私地，一般维持原耕、原用不动，但恶霸等仗势侵占使用之土地不在此限。

四、凡使用机器耕种之土地，不论其土地所有权有无变动，一律原耕不动。

五、农民耕种的地主和富农的土地，在没收归公之后，一律不再交地租，只向政府缴纳统一的农业累进税，其税则另定之。

六、没收地主之土地时，租种该地主原有土地之佃户所使用的耕畜、农具应转为佃户所有。经区政府批准后并得征收地主一部分粮食，分给缺少生产资金的农民，对于地主其他浮财，不再没收或征收。

七、佃户已缴之押金及预缴之地租，地主应退还佃户，但如出租土地者为贫苦之老弱孤寡，无力退还时，应另行调处之。

八、生活不超过中农水准，因缺乏劳动力，或因从事其他职业无力自耕而以少数土地出租者，其土地不在没收之列，今后其分得或留有之土地仍可继续出租，其租额由东佃双方自由议定之。

九、关于地主土地的没收与富农出租土地的征收：在政府领导下由区村农会执行之，农会尚未建立或不健全不能胜任时，由当地人民政府执行之，但须邀请正派农民积极分子或农民代表参加。关于地主富农成分之划定，由村农民大会邀集本人参加评定之，并应报告区政府批准，由村农民会贴榜公布之。区政府批准后如本人仍不同意时，得于贴榜公布后五日内向市人民法院提出申诉，在法院未判决前不得执行。

十、人民对于土劣恶霸的罪行，有向人民法院提起控诉及要求赔偿之权。任何人不得加以阻挠。但群众不得采取吊打或其他直接行动，直接侵犯被控诉者之财权人权，应听候人民法院之判处。

十一、一切可耕之荒地，在不妨碍城市建设与风景的条件下，由政府统一分配予缺少土地之农民使用。垦种荒地者免税一年至三年，视其地质与位置而定。

十二、本办法只适用于本市所辖地区之农业耕作的土地，并自本日起施行之。

（选自《北京市法令汇编》第一集）

天津市军事管制委员会关于市郊农田土地问题暂行解决办法的决定

（一九四九年三月二十八日公布）

现值春耕季节，本市郊区农田土地问题急待解决。兹为不误农时，保护与发展农业生产，特对市郊区农田土地问题暂行解决办法决定如下：

一、解放前原有公地一律不动，继续租与农民耕种，并废除一切中间剥削。

二、没收地主所有土地，废除二地主等中间剥削，并分给大体与农民相等的一份。如该地主另有工商业收入足以维持其家庭生活者，可酌予减少。旧式富农自己经营的土地不动，其余出租的土地则征收之。

三、中农（包括富裕中农）、贫农、雇农、手工业劳动者、小商贩、工人、贫民及公教职员所有自耕之土地，与因从事其他社会事业，缺乏劳力，而少数出租之土地，均应一律不动，加以保护。

四、凡用机器耕作之农田，不论是自有土地或租入土地，一律不动。其地上投资与设备，均予保护。但对雇工之待遇须予合理的改善。

五、没收与征收之土地，归市人民政府所有。连同原有之公地（包括市公地、学田，公营企业机关、工场及一切机关之公地）统一由财政局管理之。

六、所有没收或征收之土地及一切公地，去年之原佃农民，一般的维持原佃不动。原佃如系富农，其所租入之土地不动，允其继续经营，但对雇工待遇应予改善。尚未出租之土地，尽先租给无地少地之贫雇农及愿意耕种土地之失业工人。承租者得向区街政府声请，以户为单位，向财政局订立租约。

七、租用公地之租额，按租税统一计算，最高额不超过产量百分之三十，依地质好坏规定之。

八、地主及旧式富农所收农民租地之押金及预付之地租，须全部退还。如当时所收系货币地租，按当时实物（玉米面）折合退还。

九、地主或旧式富农不住在本市，土地在市区以内者，由本市处理之。如地主或旧式富农住居市区以内，其土地在接邻之市区以外者，由本市人民政府会同土地所在地之县政府共同处理之。

十、没收及征收地主、富农之土地，执行机关为本市人民政府及各区人民政府、街道组织农民土地委员会，协助人民政府办理调查、评议、接收、分租等事项。委员会受区街人民政府之领导。委员由农民选举或由区人民政府聘定。

十一、对于地主、富农成分之判定，先由街政府及街农民土地委员合作初评，区人民政府作复评，经市人民政府批准公布。本人如有异议，得于市人民政府公布后五日内提出不同意见，作第二次之判定。

十二、执行之步骤：由财政局制定调查统计表，包括调查地主、富农土地及一切公地，由区街政府及农民土地委员会协同尽先完成地主、富农之土地调查，并进行评议具报等工作，以赶速完成土地没收、征收及分租。机关、学校及公营企业机关、工厂公地之调查，由财政局召开有关部门会议研究进行。

十三、市内土地及非农田地不适用本办法。

十四、凡本办法未规定之土地问题另行处理。

（选自《天津市法令汇编》第二集）

中共中央华东局关于执行
对新收复区处理地权及其农产物所有权
暂行办法的指示

（一九四八年六月十三日）

凡经过减租减息反奸清算以后实行初步土改后，被敌人占领现又重新为我收复的地区，因敌占期间地主曾倒回土地及部分得地户不敢从事耕种，在新收复后又有部分地主畏罪逃亡，以致形成部分土地荒芜，地权混乱，对此如不迅速处理，不仅夏收秋收中纠纷难解，并将发生农民自动抢割现象，则影响生产及增加生产救灾中的困难。同时，又因为过去反奸清算及初步土改时，在执行中，对阶级划分不明确，曾有不少地方把中农（甚至个别的贫农）划为富农而侵犯其土地财产，如果听任下面简单处理，则又将重复过去的错误。如上述新收复区要平分土地与正确处理地权，必须按照中央五月二十五日发布的一九四八年土改整党的指示精神，待农会建立与当地基本群众的绝大多数业已有了分配土地的要求，及在干部掌握领导上确有把握时，才能进行，否则可能侵犯中农利益，为坏分子乘机篡窃果实，甚至引起新的混乱。

此外，新收复区亦有两种不同情况，即：一种新收复区是环境安定，已无战争情况（如胶济沿线及鲁中山区）；另一种新收复区是环境比较动荡，战争情况依然紧张（如沿津浦路、陇海路）。故我们在处理新收复区地主倒回土地与其农产物时，应按照不同地区，不同条件，不同对象，采取不同的处理办法。在环境安定、群众已经起来要求处理地主倒回土地及其农产物，并已有适当干部能够掌握领导的地区，应按照对新收复区处理地权及其农产物所有权的暂行办法审慎处理。在上述环境安定地区，如果阶级划分尚不明确，又无适当干部掌握领导，则为避免重复侵犯中农的错误起见，除对某些明显为地主与旧式富农以及对逃亡地主等的土地及其农产物，应按对新收复区处理地权及农产物所有权的暂行办法个别处理外，而对其他阶级划分不明确的富农及某些地主可不作普遍一般的处理。在环境动乱地区，如果农民对地主尚有顾虑，对上述土地及农产物不加处理，亦不致引起纠纷与土地荒芜者，亦可暂时不加处理，则应以发动群众进行支前生产为主。

附：对新收复区处理地权及其农产物所有权的暂行办法

（一）地主、旧式富农倒回的土地及其农产物的处理：

甲、凡地主、旧式富农倒回已分给农民的土地而自耕种者，应一律宣布为非法行动，并限期归还原得地户。这些土地上所已经种上的农产物（包括即将收割的在内），亦统归原得地户所有。

乙、凡地主、旧式富农倒回土地后，又租给佃户耕种者，其土地亦应归还原得地户所有，并应废止其业佃关系，由种地佃户径向原得地户缴纳地租，分租办法可由双方协议。此项土地今后或由得地户收回自种，或继续交原佃户耕种，或另找新佃户耕种，概由原得地户自行决定。

丙、凡地主、旧式富农倒回土地但已出卖者，如买主亦系地主、旧式富农，可照甲项办理。但如买主是中农或贫雇农或其他劳动人民，则该地主、旧式富农应退还其地价。如该地主、旧式富农已逃亡或无力偿还时，应由当地政府从该地主之浮财或其他地主、旧式富农多余土地或公地中抽补抵偿原买主。至原买主现已种上的农产物，则可由政府或农会按照原得地户及买地户双方的生活情形调处之。

丁、凡在敌人占领期间，地主、旧式富农向农民所倒回之粮物及雇工工资，在原则上应退回原主。在实施时应照顾具体情况分别处理。

戊、凡地主、旧式富农于退回其倒地粮款及雇工工资后，确无法维持生活者，应调剂一部分土地及粮食，使之能维持生活，从事耕种。

己、过去有些地方违反了我党保护工商业的政策，清算了某些地主、富农经营的商店、作坊，在敌占时又倒回者，仍应归其经营，可不退还原分得者。

（二）在敌占期间，地主、恶霸所霸占的土地及农民因无力负担而交公或充公的土地的处理：

对上述土地及其种上的农产物，应即无条件的归还原主。其已由地主、恶霸、伪乡保长等租给或卖给别人者，可照本办法之第一条乙、丙两项处理。

（三）全家逃亡户的土地及其农产物的处理：

甲、凡中农、贫农全家逃亡者，其土地及其他财产均应由其亲族代收代存，代交公粮，并于收割后代为耕种；无亲族者，可由政府委托有劳动力之基本群众代收代存，代交公粮，并代为耕种。此项代收代存代耕之报酬标准，可由当地县、区政府本着公平合理双方兼顾之原则，具体规定之。

乙、凡地主、富农之全家逃亡者，其土地可暂时分给无地少地的农民耕种；待其回来后再交还其一部或另抽土地给其耕种，使之能维持生活。在其逃亡之前已耕种之农产物，可由政府代为收割，扣除公粮，并保留一部待其返回时酌情发给，使之能维持生活，所余部分可作当地公益救济事业之用。对个别罪大恶极为群众痛恨者，其土地（包括已种上之农产物在内）经县以上的政府机关批准后，可予以没收，并即分给无地或少地的农民耕种；但对其家属，仍应留给一定的土地，使之能维持生活。

（四）公地与未经分配的土地及其农产物的处理：

凡公地及未经分配之土地，即应分配给无地少地的农民耕种。至其已经种上的农产物，应按谁种谁收之原则处理，但种地户应照章交纳田赋公粮。

（五）游击区、边沿区的夏收秋收问题：

甲、在游击区活动的武装部队应积极保护群众收割。如过去为解放区现在变为游击区发生上述倒算情形者，应按照当地敌情，群众力量及我干部领导与掌握能力，具体处理，但应特别注意不要使群众遭受摧残为原则。

乙、在边沿区活动的武装部队，应积极掩护群众收割及打击向我区抢粮之敌，但应坚决禁止群众到敌占区去抢夺民粮，以免造成群众的赤白对立。

（一九四八年九月二十六日《新华日报》华中版）

华东新区农村减租暂行条例（草案）

（一九四九年九月十五日公布）

第一章　总则

第一条　在群众条件尚未成熟，土地改革准备工作尚未完备的情况下，为减轻封建剥削，初步改善农民生活，恢复与发展农业生产起见，特依据中国人民革命军事委员会一九四九年四月二十五日颁布约法八章之规定，制定本条例。

第二章　减租

第二条　凡地主、旧式富农及一切机关、学校、祠堂、庙宇、教会等所出租之土地，其租额应按照原租额减低百分之二十五至三十，不论钱租制、物租制、活租制、定租制均适用之。各地政府得依据此原则及当地具体情况，规定实施办法。

第三条　凡租地副产物，原为全归农民者，仍按照旧；原为业佃分益者，业主所得按原额减低二成半至三成；原为全归业主者，随粮按成分配。

第四条　凡出租土地者，均不得预收地租或地租以外的任何变相剥削。

第五条　解放以前农民对地主富农的欠租，一律免交。但对非地主富农的欠租，应酌量交还。

第六条　无论任何租佃形式，如因不可抗拒的灾害而至歉收，或全部被毁时，应酌情减交或免交地租。

第七条　凡属工人、手工业者、贫苦自由职业者、贫苦革命军人家属与鳏、寡、孤、独、残废等，因缺乏劳动力而出租全部或一部分土地，不超过当地一般中农所有土地的平均数者，可由政府及农会协议，酌情少减或不减。

第八条　在减租以后，应确实保障佃权。凡契约及习惯上有永佃权者，仍继续有效；无永佃权者，地主不得收回土地转租、出典或出卖，因生活困难而需收回土地自耕者，亦应由业佃双方协议，照顾原佃生活，经农民协会及当地区以上人民政府批准后，始得退佃一部。

第九条　公粮公款，应依照合理负担原则，按业佃收益情况，由双方分担。土地税由土地所有者负担之。

第三章　债务

第十条　凡战争罪犯及罪大恶极的恶霸分子，其债权一律废除。

第十一条　过去农民向地主及旧式富农所借的债务，如属高利贷性质者，一律停利还本；低息债务，仍照常还本付息。

第十二条　地主富农在工商业中的债权、债务，由债权人与债务人自行处理，不在停息之列。

第十三条　今后借贷利息由双方自由议定，并须有借有还。如因天灾人祸及其他不可抗拒的原因，债务人无力履行债约时，得请求政府酌情处理之。

第四章　若干特殊问题之处理

第十四条　凡战争罪犯及反革命首要分子，应由县人民政府呈请省人民政府依法判决，没收其土地，并分配给无地少地农民和复员革命军人及贫苦烈属军属所有；其家属未参加反革命活动者，应保留其足够维持生活的一部分土地。

第十五条　凡豪绅恶霸恃强霸占农民的土地及财产，经农民告发、农会证明、政府调查属实者，得由农民无代价收回。

第十六条　凡逃亡地主及旧式富农的土地，无人承管者，由政府代管，除扣除其应交负担及减租部分外，待原主回家时，将其土地及应得地租酌量发还之。

第十七条　凡游击区已经实行减租而地主或旧式富农强迫倒租者，由农民提出控告，经农会证明、政府查明属实者，应按该地主或旧式富农的经济条件，酌量退还农民；但应使该地主或旧式富农得维持其生活。

第十八条 族地、社地、公地、学产应由本族、本社、本地有关人员组织管理委员会管理之；其收入除依法缴负担外，应经贷议充作公益事业之用。

第十九条 宗教土地均不变动；如无人经管时，可按逃亡地主之土地处理办法实施之。

第二十条 凡公荒及无主荒地，由政府分配给无地、少地农民耕种，并归其所有，在一定期限内免除其税收。

第五章 附则

第二十一条 本条例适用于新区农村，不适用于老区与城市。

第二十二条 本条例自公布之日施行之。

（选自《山东政报》第四期，一九四九年十一月十五日）

山东省政府关于减租减息增资的布告

（一九四五年十一月十三日）

查减租减息，增加工资，为民主政府重要政策之一，早经明令公布在案，自推行以来，群众生活得到改善，各阶层团结益臻巩固，根据地人民有衣有食，安居乐业，生产情绪普遍提高，抗战民主力量与日俱增。新解放区人民，以长期处在残酷压迫之下，受敌伪之敲剥恐吓日久，加之以破坏分子挑拨造谣，对减租减息增加工资法令，不免有观望延宕犹疑不前等现象。为此，再根据《山东省土地租佃条例》、《山东省借公暂行条例》、《山东省改善雇工待遇暂行办法》基本原则，撮要布告，仰我新解放区同胞，切实遵照执行为要。

甲、减租

一、自新解放之时起，无论公私租佃土地，一律实行二五减租，即按原租减少百分之二十五。

二、在日本宣布投降后解放之地区，本季尚未交租者，二五减租之后，实行交租；其本季已经交租者，按百分之二十五退租。

旧历年后麦收前，始获解放者，本季地租退回百分之十二点五（即已交租百斤者须退回十二斤半，余依此计算）。

三、自解放之时起，除前项规定者外不再退租，佃户欠租而无力交纳者得少交或免交。

四、减租时佃户向业主交纳之柴草，亦须照减百分之二十五，过去柴草全部交纳者，亦须照减百分之二十五。但习惯上牛草随牛者，依习惯办理。

五、地租以外之一切额外负担，如份子粮、带种地、乾拨工、送礼等均应取消。

六、减租后公粮田赋应按政府法令办理，业佃双方均不得将应负责任推给对方。

乙、减息

一、抗战后解放前的债务尚未清偿，因利率过重发生争议时，由政府调处，调处不成者可按分半利息判处，不得利上算利，利之总和不得大过原本，其付息达原本一倍者停息还本，超过原本一倍者，超过之数作还本计，超过原本二倍者，本利停付，债务消灭。

债务已经清结者，一般不应再事追究，但如其方法特别狠毒或依仗敌伪势力及以恶霸方式，利息苛重超过当地一般标准者，如债务人要求算账，应由政府酌情处理，退还其特别多剥削的部分。

二、凡解放前所借伪币法币，由于货币比价不同，债务清算，发生困难时，按当时当地情况调处，如调处不成时，按解放之月币值折成本币计算处理。

三、解放后之借贷关系，约期在一年以内者，月利最高不得超过三分（百分之三），禁止利上滚利，利息总和不得超过原本，其借钱还粮，借粮还钱，借粮还粮或其他实物借贷，俱准此计算，不得巧生花样，重利盘剥。

丙、增加工资

雇工之工资，一般应按照各地生活状况，以能解决自己生活外，再养活一个人至一个半人为标准，增资之后，工人应按约积极工作，遵守劳动纪律，增加生产，雇主不得借故降低工人生活或多所吹求，限制工人自己的活动。

丁、减租后须订立新约，地主应尊重佃权，不得由减租而借故抽地；佃户应尊重地权，按照新约交租，不得无故不交。

对于政府减租减息增加工资法令，如有故意违抗，借故拖延，明减暗不减，收买愚弄，欺骗农民，或有挑拨造谣，破坏法令行为，准由农民、雇工及农会、工会，向地主、债主、雇主理论，并向政府指控或检举，当地政府应酌量情节予以处分。

（选自山东省政府《法令汇编》）

山东省土地改革暂行条例

(一九四六年十月二十五日)

第一章 总则

第一条 为实施政协决议，迅速实行土地改革，满足农民"土地回家"的正当要求，达到"耕者有其田"以发展新民主主义的经济，巩固国家民主化的基础，特制定本条例。

第二条 本条例所称土地，包括耕地、牧地、林地、荒山、山地、水地、宅地，至于工矿业所用土地，另行规定，不在此限。

第二章 没收土地

第三条 下列土地，除有特殊规定者外，应由政府没收，分配给农民。

（一）日伪的一切公有土地。

（二）大汉奸的土地，但没收时除汉奸本人外，其家属每人应留一亩半至二亩（官亩）土地及必要的房屋家具，以维持生活。

（三）地主匿报的黑地及霸占的公地。

第三章 地主土地

第四条 地主对农民的非法剥削，必须以土地偿还之。在清偿农民负欠后，所余土地即为原地主所有。

第五条 地主土地无论其能否清偿对农民的欠负，政府为照顾其生活，应以下列各款留出适当土地、房屋、农具和耕牛。

（一）地主是豪绅、恶霸者，清算后其本人及其家属每人所留土地应稍低于当地中农的土地（例如当地中农每人土地为三官亩，则此项地主每人只留一亩半至二亩），其房屋、家具可抵偿一部，保留一部。

（二）中小地主每人保留土地，应比当地中农每人平均土地多半倍（如当地中农为三亩，则中小地主每人为四亩半），其房屋、农具、耕牛一般不抵偿负欠。

（三）军、工、烈属是地主者，每人保留土地应比当地中农每人平均土地多一倍（如中农为三亩则每人平均留六亩），其原有土地少于本款规定者，应免予清算，但亦不再分给土地，如因抗战遭受较大损失者，仍应予以适当照顾。

（四）地主对抗战与民主事业有贡献者，其保留土地的亩数得与军属地主同。

第六条 军、工、烈属是地主者，自愿献出土地给农民时，政府加以表扬，其生活应特别照顾，但献出土地必须交政府或农会，统一合理分配，不得私相授受。

第七条 对解放区逃亡地主的土地处理办法，与在解放区地主的土地处理办法同。在其未回家以前，按第五条各款规定应留出的土地，由政府代管，于其回家后发还之。

第四章 征购土地

第八条 地主土地经清偿、献田后所余土地，超过第五条规定数额者由政府依下列办法酌量征购之。

（一）由政府发行土地公债，向地主征购土地，地价由得到土地的农民负担一半，政府负担一半。农民于得到土地的第二年起，每年向政府缴纳其应付地价十分之一，分十年还清；地主亦于被征购土地的第二年起，每年向政府领取全部地价的十分之一，至领足时为止。

（二）征购土地的地价由当地县（市）政府、地主与农民代表评议规定之，一般应低于市价，并得递减至半价征购之。

（三）地主每人平均土地超过第五条各款规定数额二倍（如九亩至十二亩）以上者，征购价格即开始递减，土地每超过规定数额二倍，地价即递减十分之一，但递减至被征购土地市价的半价时，即不再递减。

（四）土地公债为实物（粮食）公债，地价亦按实物（粮食）计算。

（五）凡富农自耕土地，无论多少，不予征购。

（六）逃亡地主的土地，其征购代价，由政府保存，于其回家后发还之。

第九条 城市工人、手工业者、自由职业者、教员、小职员、小商贩仅有少量土地（不超过中农土地）出租时，免于征购。

第十条 地主多余的耕畜及重要农具，必要时得按市价递减至半价征购之。

第十一条 地主、富农经营的工商业、矿山，不得征购。

第五章 特殊土地

第十二条 公地、荒山、湖沼、河淤、海滩，一律分配给农民耕种、开垦或植树造林，如不能分配或经公议留作公有公营者，依其议定。

第十三条 农村原有学田，可酌留全部或一部，作为办学基金，其已经分配者，不再收回。原无学田，但群众自愿在分配土地时留出土地办学者，得酌留一部。

第十四条 祭田、庙地及教会土地，根据当地农民族人和教民的公意处理之，如农民要求分配时，除留一部作为传教士和僧道、尼姑维持生活外，其余分配给农民。

第十五条 清真寺土地，应尊重当地回民公意解决之。

第十六条 社会福利事业（如育婴堂、孤儿院、医院、残废院等）所用土地，应予保留，不得分配。

第六章 土地分配

第十七条 凡没收土地、献出土地、征购土地、公地，均由当地政府协同农会统一分配给无地少地的农民。

第十八条 地主清偿欠负的土地，由农会统一分配给算账人及无地少地的农民。

第十九条 前两条所分配的土地，烈属、荣誉军人、革命军人、工作人员、复员人员、退伍军人及军属、工属要地耕种者，应按人口，各得一份，并有优先得到较好较近土地的权利。外籍退伍军人及外籍军属无家可归者，应分散安置各村，并分给土地。

第二十条 无地少地的农民，按其现有人口计算，每人各得一份。算账人分得土地，连其原有土地，应不超过当地中农所有土地的标准。

第二十一条 乡村或城市回来的失业工人及城市贫民同样有分得土地权。乞丐、流氓亦应分得土地，使其自耕，以便改造。鳏寡孤独更应按人口分得土地。

第二十二条 政府军队、机关团体开垦的土地，应予保留。各级政府设立的农场、苗圃及其他试验田地，不予分配。

第二十三条 国民党军队的官兵，其家在解放区，本人及其家属为贫农者，亦得按人口计算，酌量分得土地。

第二十四条 一般曾参加伪军、伪组织的贫苦人员，于其坦白悔过后，如无地少地耕种时，仍应分给土地，但得低于当地中农标准。

第二十五条　以村为单位分配土地。如土地太少的区村，由县区统一从附近区村设法调剂。

第七章　地权

第二十六条　土地分配后，地权即归分得土地的农民所有，农民对其所有土地有自由使用收益和处分之权。

第二十七条　没收土地、献出土地、征购土地及公地、学田等分给农民后，由该管县（市）政府发给营业执照。地主偿还农民欠负的土地，由地主立卖契约，其旧契无效，并将旧契交出，当众销毁。

第二十八条　农民于取得营业执照及契约成立后六个月内，应向政府照章税契，确定产权。

第二十九条　土地改革后，地主所保留的土地和财产均受政府法令保护，出租的土地允许其抽回自耕，凡依法执行并积极赞助土地改革的地主，应受政府奖励，或资助其转而经营工商业。

第八章　其他

第三十条　地主富农合法经营的工商业，不得连带清算或征购，清算征购仅限于封建剥削部分。

第三十一条　富农自耕土地一般不动，清算征购，只限于其封建剥削部分。至于在减租生产运动中，勤劳发家的新型富农，则禁止清算和变动其土地。

第九章　附则

第三十二条　本条例颁布后，凡有关土地问题的法令或条例与本条例抵触者，概依本条例执行之，但边沿地区仍执行《山东省土地租佃条例》。

第三十三条　本条例之修正权属于山东省临时参议会，解释权属于山东省政府。

第三十四条　本条例经山东省临时参议会驻会委员会及山东省政府委员会联席会通过，由山东省政府公布施行，自公布之日起有效。

山东省政府关于
修正《山东省土地改革暂行条例》
第三十二条之但书的命令

（一九四六年十二月十二日）

查《山东省土地改革暂行条例》经本府以民字第三十七号命令公布在案，兹经山东省参议会驻会委员会、山东省政府委员会第十一次联席会议决定：将该暂行条例第九章附则之第三十二条后段的但书——但边沿地区仍执行《山东省土地租佃条例》删去，因其与本条例前段规定抵触，也与土地改革定义不相符合，故作新的修正，仰即遵照为要。

华中行政办事处
关于颁发土地执照的通令

（一九四八年八月九日）

为使农民安心生产，劳动兴家，凡完成土改之乡村，一律由当地县政府按户发给土地执照，确定产权。兹规定颁发土地执照之各项要点如下：

一、凡业经制发土地执照之乡村，各户所分得之土地，不得再行更动，业户（主）所有土地及其劳动成果政府予以法律之保障。嗣后自种、出租、典让、转卖悉听业主自便，非经法律手续任何人不得干涉。

二、土地执照中关于田地面积之计算，可暂按各地惯用之标准，但须力求以县为单位统一之。其中土地等级一项暂不填写，俟以后调整负担时颁布统一等级，经群众民主评议，政府核准后补填之。但不论今后土地等级有无变动，凡已确定之产权，好田不再抽出，坏田不再补进，一律不再变动。

三、颁发土地执照，其手续由各乡村填写"土地执照申请书"呈送区政府核准后，由区政府填发土地执照，并誊写田亩清册妥为保存，以作今后征收农业税及处理土地纠纷之依据。业主如发现土地执照填写有讹误者，得申请更正，经乡政府证明向区政府更换执照。

四、颁发土地执照，一律免征契税，除由各专署统一定价，统一收回纸张、印刷、缮写费用外，不得附收任何其他费用。

五、颁发土地执照后，如发生嫁女、招婿、分家，继承、馈与转让、典押、买卖推抃等情事，而致土地产权发生异动者，得向政府申请办理推收过户手续。凡推出地产之业主，由政府于原发土地执照上备注格内注销其产权，并解除其推出田地之农业税负担；凡合法增加地产之业主，一律由政府另行补发新土地执照，追认其地产所有权，并同样予以法律保护。关于推收过户之手续由本处另订之。

六、附发土地执照式样及"土地执照填写须知"、"土地执照申请书"及"田亩清册"式样交各专署、县府使用，其中如有于实际情况未尽符合，得经本处批准作某些必要的修改与补充。*

华中消灭荒地暂行办法草案

（一九四八年十月三十日）

第一条 为消灭荒地（以下皆称灭荒），发展农业生产，改善人民生活，支持革命战争，特制订《华中消灭荒地暂行办法》（以下简称本办法）。

第二条 凡荒地从未开垦者，称为生荒；熟地在一九四六年"五四"土改后抛荒者，称为熟荒；"五四"土改前抛荒者，亦称生荒。

第三条 凡公地、绝户地或土改中依法没收而尚未分配之土地，无人耕种因而抛荒者，应由当地乡政府会同农会尽先分给缺少土地之农民耕种。其一时难于分配者，应暂行招人承种，承种期可按照土质状况，酌定为一年、二年或三年。承种期间，在此项土地上之收入归承种人所有，但地权属于政府，承种人除照章缴纳公粮外，不需交租。在承种期未满前，如需抽调此项承种土地，须取得承种人同意，并须津贴其适当之工本，否则应约承种至期满后交出之。

第四条 凡逃亡户、外出户之土地，无人照管而抛荒者，应由当地乡政府动员其亲属代管、代种或由乡政府代管、招人承种，承种期可按照土质状况，酌定为一年、二年或三年；期满后，如原主尚未回归，仍由承种人继续耕种。承种期间，在此项土地上之收入归承种人所有；在承种期未满前，如原主回归且生活确系困难者，得由乡政府会同农会双方协议，依据下列两项办法办理之：

---

* 附件从略。——编者

（一）自原主回归之季起，由承种人交纳原主一部分租谷，如回归时正当收获季节终了，得由承种人预付原主下一季一部分租谷；原主不得补收回归前任何一季地租。

（二）如原主要求收回自种，经商得承种人同意，得交还原主一部至全部承种土地。如承种人不愿交还者，则仍应依约耕种至期满后交还之。

第五条 革命军人、革命职员与革命烈士家属及荣誉军人之土地抛荒者，有劳动力应自种灭荒，缺劳动力者，当地乡政府或行政村村长、行政小组长应根据其缺少劳动力之多少，组织代耕、助耕或协助其雇工耕种。其自愿出租者，应协助其招租。

第六条 鳏、寡、孤、独、老、弱、残废之土地抛荒者，由乡政府或村长、组长负责动员其亲邻助耕，或协助其雇工耕种或招租。

第七条 地主自种之土地抛荒者，限令转向劳动，自行耕种灭荒，其劳动力不足者，允许其雇工耕种或出租。

第八条 远田、薄田抛荒者，如田主无力耕种，允许其出租，或取得田主同意在不变动其地权条件下，招人承种。在此项承种土地上之收入归承种人所有，承种人除照章缴纳公粮外，不需交租。

第九条 上列各条中出租之土地，其租额以不超过二五减租时（百分之三十七点五）之标准为原则，特殊情形者例外，由有关双方自行协订之。

第十条 上列各条中耕种之熟荒，不论自种、承种或租种，均得按田亩等级或常年产量，分别减征或免征公粮公草。其减免办法如下：

（一）甲等田与乙等田，或常年产量在三百市斤以上者，第一季减半征收，第二季起照征。

（二）丙等田与丁等田，或常年产量在一百五十市斤至三百市斤者，第一季免征，第二季征半，第三季起照征。

（三）戊等田以下或常年产量在一百五十市斤以下者，第一年免征，第二年征半，第三年起照征。

第十一条 凡开垦或耕种生荒者，其开垦或耕种部分，得自收获之一季起，按照田亩常年产量，分别免征一年至五年之公粮公草，其免征办法如下：

（一）常年产量在三百市斤以上者，免征一年。

（二）常年产量在一百五十市斤至三百市斤者，免征三年。

（三）常年产量在一百五十市斤以下者，免征五年。

上列各条中灭荒部分如系生荒，其免征办法亦同。以上田亩之常年产量难以确定者，按邻近同类熟田之常年产量比较规定之。

第十二条　凡耕种生熟荒地，如因土质或水利等条件恶劣，其全年产量每亩在九十市斤以下者，虽按照前项第十条或第十一条规定超过减免期，仍得经县以上政府核准，继续减免此项土地上之公粮等负担。但一般耕种之生熟荒田超过减免期，均须遵章缴纳公粮公草，自种者自交，承种者如需交租，则扣除田主应交之部分抵租。

第十三条　凡耕种生熟荒地，如因加工、因施肥或改造土质而增加产量者，其增加部分归耕种者所有，政府征粮仍照常年产量计算，概不提高此项田亩之等级；耕种人如需交租，其租额亦不得因产量提高而增加。

第十四条　凡耕种无主之生荒，除政府保留地权与代管之土地外，地权应即为耕者所有，在结束土改，调整土地中，亦不得抽调。

第十五条　凡耕种无主或无人管理之生熟荒地，须向当地乡以上政府呈报，经核准承种，方得受到法律保障及享受减免公粮等负担之待遇；同一土地有二人以上同时报领承种者，由该管辖区域政府会同农会合理调处之。

第十六条　自本办法公布后，凡耕种之土地，并非因不可抗拒之原由而抛荒或减产者，公粮公草仍照原田亩等级全部照征。

第十七条　一九四八年各季消灭之生荒及一九四八年秋季消灭之熟荒，凡适用本办法前列任何一条者，均予追认。一九四八年春夏两季消灭之生荒，秋征中在此项土地上所征收之公粮公草应予退还，并自一九四九年起，按前项第十一条办法继续免征。一九四八年春夏两季消灭之熟荒，秋季公粮公草在此项土地上全部征收者，得退还其所征之半数，或在一九四九年夏征中照数扣算之；如此项公地产量过低，交纳秋季公粮公草后致再生产发生困难者，应将秋征公粮公草全部退还，并得引用前项第十条及第十二条办法继续减免以后之公粮等负担。

第十八条　凡荒地较多地区，县、区两级得组织灭荒委员会，共同领导灭荒。乡村组织查荒灭荒队或查荒灭荒小组，负责查荒灭荒。在灭荒工作中有显著成绩者，得视其成绩大小，分别褒奖、记功或晋级；在灭荒工作中工作不力，灭荒无成绩者，应按级查究责任，视其责任之轻重，分别予以记过、降级或撤职之处分。

第十九条　本办法自公布之日起施行，凡以前华中各地公布之灭荒条例或类似办法与本办法有抵触者，均应作废，各专署必要时得制定实施细则，呈送华中行政办事处核准后施行。

第二十条　本办法解释权属华中行政办事处，如有未尽事宜，以命令修正之。

中共中央中原局减租减息纲领

（一九四八年十月八日）

（一）为适应新解放区农民目前的需要，改善农民生活，发展农业生产，争取人民解放战争迅速胜利，特制定减租减息纲领。

（二）减租：

甲、所有地主、旧式富农及一切公田、学田、祠堂、庙宇、教会所[出]租之土地，不论任何租佃形式，一律实行"二五减租"，即按原租额减去二成半。各地政府得根据此原则及当地具体情形规定实行办法。

乙、城市工人，贫苦的自由职业者，及贫苦的革命军人家属与鳏、寡、孤、独等，因缺乏劳动力而出租之少量土地（不超过当地中农占有土地的平均数），可由政府及农会协议酌情少减或不减。

丙、租地之一切副产物，原全归农民者，一律照旧。原业佃分益者，按原成"二五"减。原全归业主者，随粮按成分配。

丁、地租一律于产物收获后交纳，禁止预收地租，尤不得索取其他一切劳力或财物的额外剥削。

戊、陈年欠租一概免交。

己、所有押租押金，一律取消。凡已收之押租押金，应一律退还农民。退还时，应按交纳时之物价折算。

庚、农民与农民间（指贫农、中农间，包括富裕中农在内）之租佃关系，本团结互助原则，由双方协议，经过农会处理之。

辛、减租后应确实保障佃权。契约上、习惯上有永佃权者，继续有效。无永佃权者，应奖励业佃双方订立较长期（例如五年以上）的契约，使佃农得安心发展生产。在契约有效期间，地主不得收回土地自耕、转租、出典或出卖。契约期满后，地主招人承租及出典、出卖时，原佃有承租、承典、承买之优先权。如地主及旧式富农为生活计，须收回土地自耕或雇人耕种者，亦应照顾原佃生活，延长佃期或只退佃一部。

壬、减租后，政府与农会可根据自愿原则，适当地调剂佃权，使耕地太少之贫苦农民增加一部分佃耕地，借以维生。

癸、减租后应抽旧约，双方另立新约，地主按约减租，佃户按约交租。

如因不可抗拒之灾害（战争、水灾、风灾、旱灾、虫灾等）而致歉收者，应酌情减免。

（三）清债减息：

甲、过去农民向地主、旧式富农所借旧债，一律按月利分半计算清偿。其多年债款，应照下列原则清理之：利倍于本（即借本百元已还息达一百元者）停息还本；利二倍于本（即借本百元已还利息达二百元者）本息停付。旧债清偿后，其抵押债务之土地应即交还农民。但在民主政府成立前，已成立买卖关系者不动。

乙、农民与农民间（指贫农、中农间，包括富裕中农在内）债务，由农民自行处理之。

丙、凡以农产物先行定价之买卖贷款（即放青苗，实质是高利贷），其先定之阶无效，应照交货时市价扣算，另行分半补息。

丁、凡货物买卖及工商业往来账项，由人民自行处理，一概不在清理之列。

戊、今后借贷利息，由双方自行约定，政府不限定利率，使农民能自由借贷济急。

（四）已分配土地浮财之处理：

甲、地主、旧式富农已被分配之土地，一律不得倒算，违者应受处罚。但应保证地主、旧式富农分得与农民同等之土地，不足者设法补足之。

乙、农民已分得土地后，如农民与原业地主或旧式富农双方确系自愿改为租佃关系者，经双方向政府登记后得改变之。

丙、地主或旧式富农已被分配之浮财，一律不得倒算，违犯应受处罚。

丁、凡农民（包括富裕中农在内）土地、财物被错分者，应劝分得户自动退还。无法偿还时，另外设法弥补之。

戊、凡没收地主、旧式富农及工商业者之工商业，应设法退还或另行设法弥补之。

（五）若干特殊土地问题之处理：

甲、凡地主及旧式富农，利用农民危急之际，贱价强买典当农民之土地，得由农民请求政府查明后，按原价收回。

乙、凡豪绅恶霸恃强霸占农民之土地，经农民告发，农会证明，政府调查属实者，得由农民无代价收回。

丙、凡确系反革命罪犯，由专员公署以上政府机关依法判处，其本人之土地应依法没收者，得没收分配给无地少地农民所有。其家属未参加罪恶活动者，应保留各人应得之部分。

丁、凡逃亡地主或旧式富农之土地，得由其亲朋代管。无人承管者，由政府代管。原佃户依法减租后，向政府交租。政府扣除其应交负担外，代管其所余部分。俟地主归来后，连其土地一并发还之。

戊、族地、社地、公地、学田，应由本族、本社、本村、本地区人员组织管理委员会管理之。其收入除依法缴负担外，应经公议充作公益事业之用。

己、宗教团体所属土地，均不变动。如无人经营时，可按逃亡地主土地处理办法处理之。

（六）农民协会为办理减租减息事宜的合法机关。农村中一切地租、高利贷债息及调整土地等问题，均由政府会同农民协会处理之。最后决定权属于政府。

（七）本纲领适用于农村，不适用于城市。

（选自中共中央统一战线工作部《关于土地农民问题重要文献》）

中原新解放区减租减息条例

（中原人民政府发布）

第一章　总则

第一条　为适应新解放区农民当前要求，改善农民生活，发展农业生产，团结各阶层人民，支援前线，解放全国与巩固人民民主解放区，特颁布本条例。

第二章　关于减租

第二条　所有地主、旧式富农及一切机关、学校、祠堂、庙宇、教会所出租之土地，一律按本条例实行减租，违者除勒令其依本条例实行减租并将多收租额退还原佃户外，并依法惩办。

第三条　不论任何租佃形式，一律按原租额减去二成半，即原来应交租粮一石者减去二斗五升。减租后租额最高不得超过土地正产物千分之三百七十五，超过者应再减。按二五减租后，其租额不及千分之三百七十五者，则按二五减租后之租额交租，不得增加。

第四条 租地内之一切副产物（如麦秸、稻草、地边之瓜豆等），全归佃户所有，但属于副业产物者（如草、桑、木梓、桐籽等），原全归农民者，仍照旧归农民；原主佃分益者，按原分配额减去二成半；原全归地主者，随减租后之租粮按成分配。

第五条 地租（租稞）一律于农产物收获后缴纳，不得预收地租。禁止二东家转租土地及一切非法之额外剥削（如各种无偿劳动、送礼等）。

第六条 取消押租金制度，原佃户缴纳地主之押租金一律按缴纳时实际价格退还原佃户。

第七条 减租年限从各该县人民政府建立之时期实行，人民政府建立以前之欠租一律免交。

第八条 贫苦革命军人及革命职员家属、城市工人、贫苦的自由职业者与鳏、寡、孤、独等，因缺乏劳力而出租之小量土地（不超过当地中农所有土地之平均数），可与政府及农民协会商议，酌情少减或不减。

第九条 中农与贫农中间的租佃关系，应视为农民内部问题，依据团结互助原则，由双方协议，由农民协会调解处理之。

第十条 减租后应切实保障佃权，严禁抽地、夺佃和变相夺佃。在契约上或习惯上有永佃权者，继续有效。无永佃权者，主佃双方应订立较长期（三年以上）之契约，俾农民能安心生产。在契约有效期间，地主不得收回土地，契约期满后，地主招人承租或出典、出卖时，原佃户有承租、承典、承买之优先权。如地主、旧式富农为生活计，须收回一部土地自耕或雇人耕种时，亦应照顾原佃户生活，将未退佃部分减低租粮，以为补助。

第十一条 减租后，人民政府与农民协会可根据自愿原则适当调剂佃权（如佃耕地特多之佃富农），使耕田太少之贫苦农民增加一部佃耕地，借以维持生活。

第十二条 减租后应撕毁旧约，双方另立新约。地主依约减租后，佃户亦应依约缴租。但因有不可抗拒之灾害（如战争、水旱灾、风灾、虫灾等）而致歉收者，须酌情减免。

第三章　关于减息清债

第十三条 在解放以前，农民向地主、旧式富农所借之旧债，一律按月利一分半计息清偿（即每元每月付息一分半）。如过去已付之利息超过原本一倍者，停息还本。超过原本二倍者，本利停付。旧债清偿后，其抵押债务之土地、财产，应即交还农民，其已成立买卖关系者不动。

第十四条 以农产物预先定价之买卖贷款（如放青苗），实质亦是高利贷，其先定之价无效，应照交货时之市价扣算。其原定贷款之利息，在人民政府建立以前者，以分半利息计算。在人民政府建立以后者，由双方自由约定。

第十五条 中贫农间相互之债务纠纷，由政府与农民协会作为农民内部问题协议调解之。

第十六条 凡货物买卖及商业赊欠之账，不在减息清债之例。

第十七条 本章所指减息，是指解放前所借债款而言。至今后借贷利息，由人民双方自由约定，政府可规定利率。

第四章　关于特殊土地问题之处理

第十八条 凡豪绅、恶霸、地主、富农恃强霸占农民之土地，经农民告发，政府调查属实者，其霸占之土地，应无代价发还原主。

第十九条 凡确系反革命首要分子，由专员公署以上政府机关依法判处，其土地应予没收者，可分配给无地、少地之农民所有。但其家属未参加罪恶活动者，应保留各人应得之土地。

第二十条 自民国二十六年起，凡地主、旧式富农乘灾荒之危，贱价强买（或变相强买）与典当农民之土地，得由农民请求人民政府查明后，按原价赎回。

第二十一条 凡逃亡地主、富农之土地，得由其亲朋代管。无人承管者，由当地人民政府代管之。凡佃户依法减租后，向政府交租，政府扣除其应交负担外，俟原主归来后，连同其土地一并归还之。

第二十二条 族田、社田、公田、学田，应由本社、本村、本地区人民组织管理委员会管理之。其收入除缴纳负担外，可经公议充办学、济贫、救难、渡灾或其他公益事业之用。

第二十三条 公荒由政府分配给贫苦农民开垦（但不能因开荒而破坏森林），并归其所有。地主、旧式富农之私荒，应先准业主开垦，如业主无力开垦或不开垦时，政府得招人开垦。土地所有权仍归原主，开垦者有永佃权。为奖励生产计，生荒五年、熟荒三年内不交租，不负担。

第二十四条 按第十九条与二十三条所称没收反革命首要分子的土地及分配公荒时，贫苦革命之烈属、军属，有受分配之优先权。

第五章　附则

第二十五条 农民协会为进行减租减息之合法组织。农村中一切地租、高利贷、债息等，均由农民协会调处，但最后决定权则属于区级以上人民政府。

第二十六条 保护一切工商业者的财产、正当营业及其合法权益不受侵犯，包括地主、富农兼营之工商业在内。

第二十七条 农村负担（如公粮公草等）中租佃相互间及其他纠纷，应按减租原则处理之。

第二十八条 在半老区地主、旧式富农已被农民分配之土地财产，一律不得倒算，违者应受人民政府处罚。其具体处理应依据当地省政府所颁布之单行法执行之。

第二十九条 各省政府均依据本条例所定原则及当地具体情况规定实施办法，经本政府批准后施行。

第三十条 本条例仅适用于农村及市郊土地，城市中之地产房产及债务问题，另行制定之。

第三十一条 本条例修改权、解释权属于中原人民政府。

第三十二条 本条例自公布之日起施行。

（选自山东省人民政府《山东政报》一九四九年第四期）

豫皖苏区行政公署布告

——颁布新区停止土改实行减租减息条例

（一九四八年十月）

查土地改革，是我民主政府与人民解放军的基本政策，其目的在取消封建剥削与豪强压迫制度，实现耕者有其田，使劳动农民大家有田耕、有饭吃、有衣穿、有钱用，因而大大提高农村生产力与农民购买力，使工业、手工业、商业得以大大发展，市场得以繁荣，文化教育事业得以振兴，失业人民得以工作，游手好闲失业游民得以改造，盗匪得以绝迹，社会秩序得以安定。地主在土改之后也可分得与农民同等之一份土地，因为土地改革是废除封建剥削的土地制度，消灭依靠这种制度不劳而获的寄生的地主阶级，而不是在肉体上消灭地主个人，并要改造地主个人为自食其力的劳动人民或经营工商业，使之由无用之人变成有用之人。所以这种土地改革政策，不仅为了解放农民，而且也是为了各阶层人民之繁荣发展，为了整个国家之富强、独立、民主、自由，以摆脱外国帝国主义之侵略及国内之封建势力之长期黑暗统治，这正是全中国四万万五千万人民最基本的要求。人民解放军与民主政府将尽一切努力，排除各种障碍坚决使之实现。

惟要实现土地改革，应在土改前完成准备工作。这必须是广大农民群众在政治上有高度的阶级觉悟与革命胜利的自信心，在组织上有自己的农民协会与大公无私的农民领袖作为领导。我豫皖苏区一部地区，远在抗日时期已获得解放，建立民主政权，实行减租减息、反奸清算、分配土地。但绝大部分地区系自去年人民解放军进军以来解放的新区，一部分农民也起来分地、分浮财，改善了自己的生活，提高了农民反美反蒋，支援解放军作战的积极性。终因大部农民觉悟尚未提高，自信心尚未确立，农民协会尚未普遍建立，大公无私的农民领袖也未普遍产生，即为满足农民的迫切需要进行了分配土地，虽有少数村庄做得较好，农民得到了利益，而大部分农民仍未起来，有些地区则只有少数积极分子在进行，甚至个别村庄反为流氓、地痞、投机分子所把持，广大群众还是徘徊观望，因而产生强迫命令、包办代替、贪污腐化，甚至乱斗、乱打、乱没收等严重现象。这种违反土地政策的行为，不仅不能发展农村生产，反而破坏了农村经济，对整个社会更无好处。

本署有鉴于此，特决定在一切未进行土改地区，从今以后停止土改，改为减租减息政策；既进行土改地区，则进行调整土地，使地主与农民都能安居乐业，从事生产，以便经过相当时期的准备，农民有了觉悟，有了组织，有了领导，再来实行土改，完成新民主主义革命任务，以达到富国利民之目的。兹制定减租减息及调整土地条例公布之，仰各阶层人民一体遵行。

此布！

(选自一九四八年十月十八日《雪枫报》)

豫皖苏区减租减息及调整土地条例

(一九四八年十月公布)

第一章 总则

第一条 为停止新区土地改革，实行减租减息，保护农民既得利益，调整土地关系，使农民与地主各能安居乐业，发展生产，以便各阶层人民团结一致，战胜蒋匪，建设与巩固豫皖苏人民民主解放区，特制定本条例。

第二章 减租

第二条 自本年夏季起，所有私人出租土地及一切公田、学田、祠堂、庙宇、教会之土地，一概按本条例实行减租，违者依法惩处。新解放地区，则自民主政权建立季节起实行减租。

第三条 减租率规定如下：

一、课租地（又名包租、定租、死租），一律按原租额减去二成五，即原来应交租粮一石者，减去二斗半交纳。

二、分种地（又名活租、分租、分收）：

甲、原倒四六分者（地主分六，农民分四），改为正四六分（地主分四、农民分六）。

乙、原对半分者，改为三五、六五分（地主分三五、农民分六五）。

丙、原四六分者（地主分四、农民分六），改为三七分（地主分三，农民分七）。

丁、其土质太坏，原三七分者（地主分三，农民分七），改为二八分（地上分二、农民分八）。

三、拉鞭地（又名拨种地，即土地、种子、肥料、牲畜、农具概由地主供应，农民只出劳动力者）：

甲、原倒三七分者（地主分七，农民分三），改为四五、五五分（地主分五五，农民分四五）。

乙、原倒二八分者（地主分八、农民分二），改为三五、六五分（地主分六五、农民分三五）。

第四条 各地地租如有特殊情形，得由各县政府酌情改变，具体规定；但以照原租额减去二成五为度。

第五条 凡租地之一切副产物，原归农民者照旧不变，原由农民与地主夥分者，则按以前夥分数目随粮照减；原全归地主者，随粮按成分配。

第六条 佃户除交租外，其余一切额外剥削和封建陋规，如请客、送礼及无代价的为地主做工等，一概取消。

第七条 所有押租、押金制度，一律取消。以前已交之押租、押金，一律归还农民，并应按交纳时物价折算。

第八条 所有租粮均按收获季节交纳，不准提前收租（如夏季即收秋季租粮）。

第九条 实行减租之后，政府确保地主土地所有权，佃户应依法交租。

除因不可抗拒之灾害（战争、水灾、旱灾、风灾、虫灾等）而致歉收者，应酌情减免租粮外，不得无故拖欠，地主亦不得借故退佃。应由主佃双方重订较长期（如五年或五年以上）租约，俾农民安心发展生产。在契约有效期间，地主不得借故退佃转租。契约期满后，地主招人承租或出卖、出典时，原佃户有承租、承典、承买之优先权。如地主及旧式富农为生活计，须收回土地自耕或雇人耕种者，亦应照顾原佃户生活，只退回一部，并延长其余佃期或减少租额。

第十条 去年秋季以前之欠租，一律免交。新解放地区则免交民主政权建立以前之一切欠租。

第十一条 在实行减租之后，政府与农民协会可根据双方自愿原则，调整佃权，使耕地太少之贫苦农民增加一部分耕地，借以维生。

第十二条 城市工人、小商贩、贫苦的自由职业者、革命军人家属及老弱孤寡，因缺乏劳动力而出租的少量土地（不超过当地中农所有土地平均数），由政府及农民协会协议后，得酌情少减或不减。

第三章 减息清债

第十三条 自本条例颁布日起，以前工、农、贫民向地主、旧式富农及高利贷者所借旧债，一律按月利分半计算清偿（即每元每月利息一分半，粮食每担每月利息一升半）。

第十四条 工、农、贫民所欠地主、旧式富农及高利贷者之旧债，利倍本者（即借本一百元，已还利达一百元者），停息还本；利二倍于本者（即借本一百元，已还利达二百元者），本息停付，收回押地。但民主政府成立前已成立买卖关系者不动。

第十五条 农民与农民（包括贫农、中农、富裕中农在内）间债务，由农民自行处理。

第十六条 凡货物买卖及工商业往来欠账，由人民自行处理，概不在减息清偿之列。

第十七条 其以农产物先订价之买卖贷款，如放青苗等，实质也是高利贷，其先定之价无效，应照交货时市价扣算，另行分半补息。

第十八条 今后借贷利息，由借贷双方自由约定，政府不规定利率，使人民能自由借贷济急。

第四章 关于特殊土地问题之处理

第十九条 凡真正反革命罪魁，由专员公署以上政府机关依法判处，其本人之土地应予没收者，可分配给无地少地农民所有。其家属未参加其罪恶活动者，应保留各人应得之土地。

第二十条　凡逃亡地主及旧式富农之土地，应由其亲朋代管，依法减租；无人承管者，可由政府代管，原佃户依法减租后向政府交租。由政府扣除其应交公粮负担外，其余部分由政府代管，俟地主及旧式富农归家后，连同其土地一并发还之。

第二十一条　族地、社地、公地、学田，应由本族、本社、本姓、本村、本地区人员组织管理委员会管理，其收入除应交负担外，须经公议，充作公益事业之用。

第二十二条　宗教、教堂土地均不变动，如无人经管时，可按逃亡地主土地处理办法处理之。

第二十三条　凡地主及旧式富农乘灾荒之危，贱价强买典当农民之土地，得由农民请求政府查明后，按原价赎回。

第二十四条　凡豪绅恶霸恃强霸占农民之土地，经农民告发，农民协会证明，政府调查属实者，得由农民无代价收回。

第五章　关于已分配土地与浮财之处理

第二十五条　凡地主及旧式富农已被分配之土地，一律归分得地之农民所有，地主及旧式富农不得倒算，倒算者应受处罚。但应保证地主及旧式富农分得及留得与农民同等之土地，不足者，设法补足之。

第二十六条　农民已分得土地后，如农民与原此之地主及旧式富农确系双方自愿改为租佃关系者，经双方向政府登记后，得改变之。

第二十七条　农民间分地不公者，由农民协会加以适当调整，使各人所分土地公平合理。但一般不要重分，以免妨碍生产。

第二十八条　凡地主及旧式富农已被分配之浮财，不准倒算。倒算者，处罚。

第二十九条　凡农民（包括中农、富裕中农、佃富农在内）土地财产被错分者，应劝分得户自动退还。无法偿还时，另行设法弥补之。

第三十条　凡没收工商业者及地主、富农之工商业，应设法退还或另行设法弥补之。

第六章　附则

第三十一条　农民协会为办理减租减息、调整土地事宜的合法机关，农村中的一切地租、高利贷、债息及土地调整等问题，均由政府会同农民协会办理之，但最后决定权属于政府。

第三十二条 本条例修改权属豫皖苏行政公署。

第三十三条 本条例自公布日起施行。

（选自一九四八年十月十八日《雪枫报》）

苏皖边区土地租佃条例

（一九四六年五月公布）

第一章 总则

第一条 根据和平建国纲领和本边区施政纲领，为调整租佃关系，改善民生，发展农业生产，特制定本条例。

第二条 本条例适用于边区境内一切土地租佃关系。

第三条 本条例颁布后，一切有关租佃法令与此条例相抵触者，均按本条例之规定处理。

第二章 减租

第四条 出租人应依本条例所订减租额收租，不得多收或法外增加租额。

第五条 分租（亦称活租，即按土地正产物收获量由双方按成分配）：

一、按未减租前原租额对半分者，改为三五、六五分（如分一石，业分三斗五升，佃分六斗五升）；四六分者，改为三七分；三七分者，改为二五、七五分；原租额不到三七分者，根据二五减租酌减。

二、已实行减为三七分租地区（如淮南、淮宝）等，不再变更。

三、各地土地副产物，属于牛草归佃户，属于烧草三七分，烧草原来归佃者照旧。如业佃双方发生争执时，由当地政府、农会本此原则，依据当地情况处理之。

四、种子肥料仍照旧例，如出租人应出之种子，自减租故意不出时，得于分场时预先扣除，由佃户保管。

五、出租人应出之农具，不得因减租而抽回、少出或不出。

第六条 包租（亦称死租，即按土地面积所定之租额）：

一、按照民国二十六年实交租额，实行二五减租。减租后，出租人所得不超过土地正产物收获量百分之三十五，不到百分之三十五者，亦不得再行增加。

二、抗战时由钱租改为粮租不超过土地正产物收获量百分之二十者，不得再行变更。

三、收成不足三成者，全部免交，三成以上八成以下者，按成议交，八成以上者照交。

第七条 实行减租后，新成立的租佃关系，其租额一般的不得超过本条所规定之减租标准。

第八条 贫苦之抗烈属与贫苦之鳏寡孤独，因丧失劳动力，出租少量之土地为生活者，可以斟酌业佃双方实际情况少减或不减。

第九条 公田、学田依照本条例规定减租。

第三章 退租

第十条 自民主政府建立后，政令能推行之地区，出租人不遵守政府法令减租或明减暗不减者，一律自该地区民主政府成立法令公布之日起还租，如屡次顽抗不减，或减后威逼租户退还者，除如数还租外，并以诈欺取财论处。

第十一条 原有押租金（亦称押板上庄钱等）未退还者，一律退还，其押租以当时之地价折算为标准。遇有特殊情形，有所争议时，可由当地政府协同农会调处之。

第十二条 解放而又沦陷的地区，沦陷在一年之内未减租者，一律退租；沦陷在一年以上未减租，沦陷期间出租人因遭受重大损失，生活实在困难者，可以少退或不退，但应由出租人负责交纳而转嫁在佃户身上各种负担要酌情照数退还。

第四章 交租

第十三条 承租人应依本条例减租额交租，力能交租而故意不交者，出租人有依法向政府诉追之权。

第十四条 地租一律在收获季节终了后交纳，禁止预收地租之一部或全部与收取押租。

第十五条 承租人因收获减少或遭受意外无力交租时，得与出租人协商缓期交纳（但不能作价行息），或酌量减免，但出租人不能因缓交作价行息。

第十六条　依约交纳租物，应按照当地习惯，使用地方适用之斗秤，禁止大斗大秤收，小斗小秤交。

第十七条　废除一切陋规，除正租外，出租人不得索取任何额外报酬和无代价之劳动。

第十八条　虚田查实，实地交租，租地内凡不属于生产的土地，承租人不负交租责任，但屋基地得依习惯。

第十九条　民主政府成立前所欠地租，一律免交。

第二十条　租地坐落解放区，出租人居沦陷区，因致收交租物困难，所欠之租得酌情减免，但出租人附敌者全部免交。

第二十一条　承佃开垦公私生荒，三年不交租，期满后按照具体情形议定租额，承佃开垦公私熟荒，三年内得根据实际情况酌量减交或免交。

第五章　租佃契约及保障佃权

第二十二条　租佃双方要依本条例订立契约，原订契约与本条例不符者无效，应退回旧约，重订新约，期限至少五年，但有永佃权者，仍保留永佃权。

第二十三条　出租人不得任意收回土地，但有下列情形之一者，可以收回一部或全部。

一、契约期满，出租人收回土地确系自耕者；

二、承租人无故抛荒土地在一年以上，而又不交地租者；

三、减租后佃户力能交租而故意不交者；

四、承租人死亡无继承人者。

第二十四条　契约期满，出租人收回土地时，须于一年前通知佃户，不通知时，原契约继续有效。

第二十五条　契约期满，承租人确系贫困无法生活者，由农会协同地方政府，召集双方加以调剂，得延长租期或留佃一部。

第二十六条　禁止借口自耕，收回土地，暗行出租或任其荒芜，以及假典假卖之行为，出租人因非法手段收回土地，承租人得要求因抽地所受损失之赔偿，并得依法复田。

第二十七条　契约期满，出租人仍将土地出租时，原佃户有继续承租权，出租人典卖其土地于他人时，原承租人依同一价格有承典承买之优先权。

第二十八条　契约未满，出租人典卖其土地于他人时，原佃权继续有效，但该承典承卖人生活困难必须自耕，原承租人放弃佃权亦无法生活者，由地方政府、农会协同加以调剂，得退佃一部分。

第二十九条　出租人典卖其土地时，须于秋收后春耕前时期为之，并须至迟于立春前一个月通知承租人。

第三十条　承租人在租地上进行耕地改良，出租人不得加以反对，在耕地改良有效期间，出租人不得收回其土地。

第三十一条　出租人投资进行土地改良致使土地产量提高时，包租地按土地增产情形，由农会与双方协议，酌量增加地租。

第三十二条　承租人不得将土地转租给他人从中图利。

第六章　附则

第三十三条　本条例由边区临时参议会通过，交由边区政府公布施行，修改手续亦同。

第三十四条　本条例自公布之日起施行。

（选自一九四六年五月三十一日《新华日报》华中版）

中国人民解放军闽粤赣边纵队闽西南临时联合司令部政治部布告

（一九四九年七月）

本军为适应目前形势的需要，团结各阶层人民和改善农民生活，发展农业生产，争取人民解放战争迅速胜利，特制定减租减息条例，分列于后：

减租减息条例

一、凡公私土地（包括地主、富农、祖宗、学校、庙寺、教堂等）之地租，一律实行二五减租。

二、减租办法规定为对分租（地主、佃户各半）二五减，即实行减租以后，其租额不得超过耕地正产物收获总量的千分之三百七十五；原租额超过对分者（例如主六佃四），应降为对分再二五减；原租额低于对分者，不得借此提高，并可少减或免减。

三、凡过去已实行减四还六，减七还三，减八还二及停租者，一律不得倒算。过去已贴减租布告之地区，而未实行减租者，一律二五退租，今后之租息按照本条例办理。

四、凡遇灾荒，物产完全失收者免租，欠收者及原有习例评成者，先评年情，然后二五减租。

五、除正租外，小冬所收及其他副产物，概为佃户所有。

六、废除一切付租（如田信鸡、田信米、饭飨等）、有租（粪尾租等）及禁止预收地租和其他一切劳力财物的额外剥削。

七、民国三十七年以前积欠的老租，一律免交。

八、凡城市工人、独立劳动者、贫苦自由职业者、知识分子、贫苦的革命军人家属及鳏、寡、孤、独、残废等，因缺乏劳动力而出租少量土地，不超过当地中农占有土地的平均数，可由政府及农会协同主佃双方商议，酌量少减或免减。

九、保护佃权，不许吊佃。但地主因生活困难，必须收回土地自耕，经政府及农会查明属实，酌量主佃双方生活情形，可延期收回或先行收回一部分。

十、减租后因敌人侵扰，而佃户被地主强迫退租谷者，应向地主索还。

十一、凡旧债交息已达原本一倍者（即一本一利），还本停息；已达原本二倍者（即一本二利），本息俱停。计算办法以折合当时当地之米价为准。

十二、凡本年六月以前所发生的借债，一律折定实物以年利二分计算。

十三、凡以农产物先行定价之买卖贷款（如放青苗等），先行之定价无效，应照当时市价折合实物，按年息二分付息。

十四、凡农民之间（指贫农与中农间，包括富裕中农在内）的租佃关系与借贷关系，应本团结互助的原则，由双方协议，经过政府或农会处理。

十五、三十七年十一月一日在控制区与半控制区已颁布之借贷条例仍然有效，今后借贷利息由双方本团结互助原则自由约定，政府不加规定限制。

十六、凡借贷买卖及工商往来账目不在此例。

本条例自公布之日起施行，仰我全体人民切实遵行，如有借故违抗或阳奉阴违，明减暗不减，一经查觉，严惩不贷。切切此布。

第 七 编

劳 动 法 规

第二次国内革命战争时期

劳动保护法

(全国苏维埃区域代表大会通过)

第一章 工作时间

第一条 实行八小时工作制。
第二条 未成年工人工作时间不得超过六小时。
第三条 地下工作及特殊劳苦工作,应减工作时间。
第四条 缩短夜间工作时间,最多不得过四小时。
第五条 工作时间内应规定休息及进膳时间。
第六条 禁止一切额外工作。

第二章 休息时间

第七条 每星期应继续休息至少四十二小时,工资照给。
第八条 下列革命纪念日及节日应停工休息,工资照给。
(1)二月七日(京汉铁路工人流血纪念)。
(2)五月一日(劳动节)。
(3)十二月十一日(广州暴动)。
(4)新年、端午、中秋等节日。
(5)地方革命纪念日。
第九条 休息日及纪念节日的前一日工作时间,不得超过六小时,工资照原〔数〕发给。
第十条 工人继续工作经过半年者,每年应给例假休息,此项例假至少为两星期,工资照给。

第三章 工资

第十一条 一般工资不得少于当地苏维埃政府机关所规定之最低工资（四十元）。

第十二条 在第九条与十条所规定之休息时间中，如经当地工会特别允许，得延长工作时间，其超过时的工资应加倍给算。

第十三条 工资发给期应规定为每星期一次，至多不得延长逾两星期。

第十四条 工资付给须一律现金或与现金同值之通用纸币，禁止任何方式积欠工资与克扣工资。

第十五条 废止存工或储金制度。

第十六条 禁止雇主罚金。

第十七条 取消包工制、包工头制及一切与此类似制度。

第四章 女工及未成年人

第十八条 未满十六岁的男女工人绝对禁止雇用。

第十九条 劳苦笨重及有碍卫生工作，禁止妇女及二十岁以下的未成年工人操作。

第二十条 妇女与未成年工人禁止做夜工及额外工作。

第二十一条 妇女、未成年工人与成年工人同样工作，应得同样工资。

第二十二条 女工在产前产后各六星期内，在月经五天内，完全停止劳动，工资照给。

第二十三条 雇主应为女工设置托儿所，女工应给哺乳时间，每次至少半小时，每次相距时间不得少于三小时，此停工时间工资照给。

第二十四条 废除学徒制度。

第五章 保障与抚恤

第二十五条 雇主应遵守苏维埃政府工厂法令，在工厂内设置最完备的卫生、清洁、防险等设备，尽力保持工人健康，预防不幸事件发生。

第二十六条 工人或工人家属发生疾病、伤寒等事，应由工厂给费调治，听其疾病治愈为度，此项停工期内不得克扣工资。

第二十七条 因工作致死伤或残废之工人，应按照政府与工会之规定给以恤金。

第二十八条 雇主应出资交给工会举办工人文化辅助事业。

第二十九条　工会会员因办理工会事务不能工作时，应照常发给工资。

第三十条　雇主宣告歇业，经当地政府机关批准时，应先期（至少一个月）通知工人，要发给工人最低限度二个月的退职金。

第三十一条　工人因故请假离开工作，至少准于两个月内保持其工作地位。

第三十二条　工人如被征为苏维埃政府服务时，工厂应付给以一月工资的津贴金。

第六章　工会

第三十三条　工会为代表工人利益机关，有代表工人与雇主订结团体契约之权。

第三十四条　工会应计划改善工人经济生活及教育文化辅助事业，并赞助苏维埃经济的发展。

第三十五条　工会应选派劳动监察员，随时监督劳动保护事宜。

第三十六条　工会发现不利于工人的劳动契约时，得随时提出要求解除之。

第七章　社会保险

第三十七条　按照下列各项实施社会保险：

一、疾病时的医药津贴；

二、暂时丧失劳动能力的津贴（如受孕及服侍病人等）；

三、失业时的津贴；

四、残废衰老的津贴；

五、死亡失踪工人的家属津贴；

六、生育、结婚、丧葬及意外灾难的津贴。

第三十八条　实施社会保险时，应遵照苏维埃政府法令，按工资成数由雇主出资缴付之。

第三十九条　社会保险由工会负责办理。

第八章　劳动保护监察事项

第四十条　雇主如有违反本法事件，应受政府的行政处分或司法处分。

第四十一条　关于审讯及处理违反劳动保护法案件细则另订之。

附 则

第四十二条 本法自经过第一次苏维埃代表大会之批准日发生效力。

(选自《红旗》第一○七期，一九三○年六月四日)

劳动保护法解释书

中国工人长期地在帝国主义与中国反动政治之下，受尽种种非人的剥削和压迫。自从国民党专政以来，工人的生活更加恶化，国民政府是经常的在帝国主义指令之下进行屠杀工人，逮捕工人，欺骗工人，以保障资本家的利益。

国民党反动政府虽然也曾经以"保护劳工"为名颁布工厂法、工会法、劳资调解法等，但是这些立法无非是模仿西欧资本家故智（技）用以桎梏工人，欺骗工人，充分表现它的反革命性，不啻为中国工人加重一条锁链！

因此，中国工人阶级目前的迫切任务一方面要锤破国民党所加于自身的锁镣，一方面需要真正保护工人利益的劳动法。中国第一次苏维埃区域代表大会为完成这个历史任务正式宣告废除国民党政府所有一切钳制工人、压迫工人〔的〕法令，并立即解散反动政府依据同样目的而设立的一切管理劳工官僚机关，同时颁布为工人自己的劳动保护法。

本法的内容分为八章四十二条，保护劳动的重要的原则均已包括在内。兹就其主要内容分别解释如次：

一、工作时间

八小时工作制为全世界工人阶级四十六年来斗争的主要目标（一八八四年美国芝加哥工会首先倡议八小时工作制运动），现在西欧诸国都采用了这个原则（但事实上有些地方被社会民主党人所破坏），社会主义国家苏联，更于一九二七年十月宣布为七小时工作制，可见世界各国工人对于缩短工作时间运动的努力是在不断地进展中。中国工人在中外资本家严重剥削之下，过去关于工作时间全由雇主片面的意思而定，毫无一点限制，通常多为十小时至十四小时，还有高至十五、六小时以上的，如属轮班制的矿工（如煤矿、锡矿、石膏矿等），有做工到数昼夜全无休息的，惨苦程度，实达极点。十余年来，中国工人为争取减少工作时间的运动未尝一日停顿，八小时工作制的要求已成为每次工人阶级斗争的目标。在一九二五至一九二七年时代的工人革命大浪潮中，铁路、海员、矿山以及各大城市工人的工作时间，有部分的实现八小时工作制，或者相当地减少他们原有的工作时间。但是自从国民党叛变后，资本家反攻的结果，工时状态，仍复旧观。自是以后，资本家为实行其工业合理化起见，首先增加工作时间为扩大利润之计，于是夜间工作漫无限制，额外工作随便延长，工人在这种野蛮毒辣的剥削下面，体力被其摧残，生活沦于地狱，切身要求，缩短工作时间，实为第一迫切之事。因此，本法规定一般的成年工人实行八小时工作制，未成年工人实行六小时工作制。此项规定不带丝毫的限制，即不容许有任何条件。至于地下工作及特殊劳苦工作（如矿工与化学工业），则规定减少其工作时间，减少至何程度，本法未能为一律规定，各地苏维埃政府与工会应就实际情形核减二小时起至三小时止（即实际工作时间为五小时或六小时），夜间工作时间之最高限度规定为四小时，亦可依据当地实际情形于此项范围内酌量伸缩之。在工作中之休息时间及进膳时间具体规定，须视其业务之情形而异，故此项最后斟酌决定之权，仍属之地方政府与工会。惟此项停工时间仍应列于八小时工作之内。

二、休息时间

适当之休息时间为保护工人健康，增进工人精神修养的重要条件。现在各国通行者为每星期休息制，苏联最近则更进一步采用五日一周的休息制（即工作四日休息一日），每年定有长期例假的休息。中国雇主对于此点是完全反对的，多数工厂即星期日亦不允许休息，常年例假更无此事。有些工厂采用大小礼拜制，即每隔一星期休息一日，此日称为大礼拜日，其不休息之星期日称为小礼拜日。然大礼拜日亦多数不发给工资，故此制亦等于虚设。至于革命纪念日素为资本家所仇视，绝少自动停工之举，而节日的停工雇主亦必多方阻挠或少其数日。根据这种情形和工人的需要起见，本法第二章休息时间中规定每星期继续休息时间至少四十二小时。按照此项规定，每星期中，必须是：星期六工作半天，星期六夜工停止，星期日整日整夜休息，工资照原发给。革命纪念日及节日均规定全日休息，休息之前一日的工作时间应特别减少，节日及地方革命纪念日的具体日数，须视当地之习俗历史而定。

在第二章第十条中特别规定每年应有之例假，以两星期为最低限度，此项例假在中国的仅少数国家产业是存在的（如京奉铁路，唐山大厂），但还附有种种苛虐的限制，故事实上工人此项权利常被取消。因此，本法规定已经工作半年者，即有此项权利。在重工业及其他特殊困苦之工业中，此项例假，各地方政府与工会有酌量延长之权。

三、工资

中国工人工资之低廉为全世界各国所无。中外资本家利用这一点益逞其残酷的剥削，在国民党反动统治之下，资本家进攻最露骨的便是继续不断降低工人的工资，甚至取消工人的工资，如铁路工人的长期欠薪，许多矿山（安源煤矿、中兴煤矿、井陉煤矿等）工人不发工资，仅有伙食费及煤炭，就是最明显的例证。因此，工资低落成为中国工人生活痛苦之主要元素。本法于此，首先规定各业工人的最低工资，此项最低工资的具体数目，应由当地苏维埃政府与工会根据工作情形及生活物价、工人家庭等状况妥为决定，作为订结劳动契约的标准，并且此项规定应随工人生活之增进，而为适当之变动，不当受某种时间上之限制。

超过工作时间的工资，亦属工资之重要部分。现在工厂一般情况对于超过时间工作有不给增工资的，有由雇主任意加给若干数工资的。本法则确定其增加之数最低加倍计算，不过此外应注意的：所谓超过工作定时并不允许对于第一章规定的工作时间有所变动。

工资付给期限素来视各地各业习惯而有差异，如在工头制度之下有一年或半年发给一次的。付给工资时更有种种克扣的方法，如发低折纸币，发小洋，除尾数等。在上海、天津各地有所谓存工制度（或称储金），每月发给工资时强迫存工资一天至五天，此项存工常被雇主任意收没。罚工资制度在全国各地均很盛行，工人因罚工经常丧失大部应得之工资。至于包工及包工头制之戕害工人尤为普遍，在资本主义合理化过程中，多数重工业改用包工制度（如造船、铁路等），此外海员之涉孖沙，矿工之把头制，香港之伴工制，纯属直接损害工资最凶横的剥削方式，故本法对于这一方式采取彻底废除之办法。

四、妇女与未成年工人

妇女与未成年工人因生理关系，苏维埃政府必须颁布保护他们的特殊法令。此项法令务求周密，本法第四章所示不过是规定几个重要的原则。第一是限制从事劳动的最低年龄，因为中国童工的采用事实上是全无限制的，十岁左右的童工数量的发展殊足惊人，多数工厂（如火柴厂、纺织厂）雇用六岁至八岁的童工更是常事。本法于此主张绝对禁止雇用十六岁以下的男女工人。第二是规定未成年工人的年龄。未成年工人是不能与成年工人担负同等的劳动的，故须有年龄的限制，但此项规定（即二十岁乃为成年工人之规定）因南北地域之异与从事轻重工业之不同，各地苏维埃政府与工会有酌量变更之权。第三，笨重工作与有碍卫生工作（如矿山工业、化学工业等）、夜工、额外工作等，为保护妇女及未成年工人起见，参加工作之确实范围应由苏维埃政府另法规定之。第四，采用妇女、未成年工人与成年工人同工同酬之原则，此项原则之主要解释，就是说妇女与未成年工人在特殊保护之下，其工资及待遇毫不因工作时间之减少或因获得其他待遇、特殊待遇而稍受损失也。第五，关于引进青年工人学习生产之事，苏维埃政府应当有计划地办理此事，视为劳动行政之重要部分。现存之学徒制，限期甚长，工资极低（多数没有工资），并常强迫学徒为种种学习技术以外的服役。此等制度是专以剥削青年工人为目的，必须根本废除，而代以政府有计划的令青年工人有自由学习的机会。苏维埃政府应在保护青年工人的单行法中特别注意改革学徒制度。

五、保障与抚恤

解决保障与抚恤问题为中国工人最迫切的要求，本法亦仅作原则上的提出，苏维埃政府应迅速根据本法精神制定工厂法，详细规定保护工人及预防工厂不幸事件之发生。同时应制定关于工人疾病、伤害、死亡抚恤条例及请假退职等实施细则。

六、工会

苏维埃政府为确定工会权利及任务，应根据本法迅即颁布保护工人之工会法。关于劳动监察部分，为本法实施的重要保证，故规定工会必须选派劳动监察员为组成劳动监察部之主要成分。

七、社会保险

社会保险制度在中国根本没有成立过，这是中国工人生活水平线低落的重要证明。真正的社会保险的实施只有在苏维埃政权之下才能实行。本法规定社会保险制度为对于工人失业、疾病，死亡及其他临时救助事项等。保险费用须全部由雇主担负（资本主义国家劳动保险费多取给于工人本身及政府，仍属剥削工人血汗的制度），并规定办理社会保险之权赋予工会机关，俾能完全根据工人利益为正当的支配。至雇主出资成数，须经苏维埃政府与工会机关按照实际情形予以详细之规定。

八、劳动监察

劳动监察机关在资本主义国家内亦有设立之者，但并不能真正代表工人利益行使职权，结果只是些掩耳盗铃的官僚装饰罢了。故劳动监察机关的设立实为执行本法唯一保证，否则将使本法失其意义。因为这样，所以在本法颁布之后，最近期内苏维埃政府应迅予组织正式劳动监察机关，公布劳动监察条例，经常注意执行劳动监察工作。又关于处理违反劳动法案件及因有关于雇用劳动所发生的争议事项，更须正式成立审讯机关及调解、仲裁等机关，此项机关的设立，应以工会与政府合组之。苏维埃政府必须明令公布其组织。

综合本法八章四十二条看来，苏维埃政府对于劳动保护法重要原则悉已载入。本法是中国劳动者的权利宣言，是代表千百万在帝国主义与国民党反动统治下工钱劳动者的反抗呼声，全国工友们只有在争取实现本法的时候，才能锤碎中国工人阶级最痛苦的枷锁，才能打破剥削阶级的重重压榨和侮辱。

苏维埃政府已经承认工人阶级在政治上的绝对自由，已经扩大工人阶级在政治上最高限度的权利，并且实行武装广大工人群众，扩大苏维埃革命的胜利。因此，苏维埃政府劳动保护法的历史使命，它的最后目的是走向消灭资本制度，消灭剥削关系和阶级差别，创造劳动者的崭新生命！

（选自《红旗》第一〇七期，一九三〇年六月四日）

苏维埃第一次全国代表大会劳动法草案

（一九三一年二月一日）

第一章 工作时间

第一条 所有工钱劳动者通常每日工作时间依本法规定不得超过八小时。

第二条 十六至十八岁之青工，每日工作时间不得超过六小时，十四岁至十六岁之童工，每日工作时间不得超过四小时。

第三条 所有工人，在危害于工人身体健康之工业部门中工作（如地下矿工、铅、锌以及其他带毒性工作），每日工作时间须减至六小时与六小时以下。危害工人身体健康之工业种类及某种工业之每日工作时间应减至若干小时，由劳工委员会制定和公布之。

第四条 所有在下午九时至上午六时做工之工人，每日工作时间较通常工作时间少一小时（通常八小时者减至七小时，六小时者减至五小时，余类推）。

第五条 除非经过劳工检查机关和职工会对于某工业部门的特别允许,任何工业和季候工作不得做比本法规定时间以上的额外工作。

第六条 在法定的每日工作时间内,经常包括每日半小时至一小时休息为吃饭时间,不扣工资。

第七条 每〔个〕工人每周经常须有继续不断的四十二小时休息。

第八条 在任何企业内的工人继续作六个月以上者,至少须有两星期休假,工资照发;在危害工人身体健康之工业中,工人每年至少须有四星期休假,工资照发。

第九条 法定的休假日,工人全日休息,工资照发:一月二十一日——列宁、李卜克内西、卢森堡纪念日,二月七日,五月一日,五月卅日,十一月七日,十二月十一日——广州暴动纪念日,一月一日——新年,以及当地革命纪念日……

第二章 工资

第十条 任何工人之工资不得少于由劳工委员会所规定之绝对最低工资额,各种工业部门的最低工资额至少每六个月由劳工委员会审定一次。

第十一条 各种企业内(国家的、合作社的或私人的)的实际工资额,由工人(由工会代表工人)和企业主或企业管理人用集体合同规定之。

第十二条 女工、青工与成年男工做同样工作得同样工资。

第十三条 所有工资须用现钱去付(不得用货品),经常每周或半月支付一次(不得交迟过半月,并禁止任何方式的积欠),直接给工人本人。所有工钱劳动者适用本法,包括十六岁至十八岁之青年工人。

第十四条 所有劳工检查机关和工会所特许的额外工作,工人须得双薪。

第十五条 各种罚款与克扣工资须严格禁止,赔偿损失亦须禁止。

第十六条 雇佣工人时和雇用后任何时间内征收工人保证金或储金制度一律严格禁止。

第十七条 按件工作可由工人(由工会代表工人)与雇主双方订定集体合同,所有按件工作,须根据每日通常生产予每日工资(按照每一工业按件所须之工作时间计算)。

第十八条 夜工工资须高于通常工资,工作八小时者每小时增加七分之一工资,六小时者增加五分之一工资。

第十九条 因厂方过失停工不得克扣工资(如机器损坏,缺少原料,厂方不实行苏维埃法律之规定等）。

第二十条 工人因必要告假，如在选举时参加职工大会或会议，担负工厂委员会工作，出席苏维埃大会等，不得克扣工资。

第三章 女工与青工

第二十一条 女工除得享受关于保护工人之一切条文外，并实行下列特别保护女工之条文。

第二十二条 禁止女工在某些特别繁重或危险的工业部门中工作，禁止女工工作之工业部门由劳工委员会审定公布之（地下矿工、橡皮、铅、铜、编苏胶、水银、银、铸造与其他同样矿场，温度过高或过低地方的木工等等）。

第二十三条 禁止女工在任何举重过四十斤之工业内工作，若在某种特殊工业或工作过程中包括一部分举重工作，女工工作时间不能超过通常工作时间三分之二。

第二十四条 十八岁以下之女工，怀孕的和哺小孩的女工，严格禁止做夜工。

第二十五条 所有体力劳动女工，产前产后休息八星期，工资照发（女工办事员与女书记产前产后休息六星期，工资照发）。女工产前产后的休息期内，工资由厂方担负，如若社会保险部已经成立，则经过社会保险部发给。女工打胎或小产休息二星期，工资照发。

第二十六条 哺乳的母亲在工作时间内，每三小时可休息半小时来哺小孩，不扣工资。

第二十七条 十四岁至十六岁和十六岁至十八岁的青年工人除享受第二条关于青工工作时间的规定外，并实行下列特别保护青工之条文。

第二十八条 工会与厂主所订之集体合同，应规定特殊条文，由厂方供给，设立工厂或店铺学校，以提高由十四岁至十八岁青年工人的熟练程度，并给他们普通教育。

第二十九条 每一企业须完全的与详细的登记所雇青工的年纪、工作时间与工资等等。

第三十条 十四岁以下儿童严格禁止雇用。

第三十一条 严格禁止一切青工（十八岁以下）做夜工。

第三十二条 严格禁止特别繁重或有害的工业或工作过程雇用十八岁以下的青工（矿、锯厂、运输、制币、炼糖、蒸酒，以及其他有害工作）。

第三十三条 严禁旧有的学徒制和养成工制。各种…本法条文不符者（工作时间、工资、待遇等），都宣告无效…

第四章 雇工方法

第三十四条 雇用工人须经过工会或工作介绍所并根据集体…

第三十五条 所有工作介绍所须由劳工委员会组织并管理，严…人设立之工作介绍所或雇用代理处。

第三十六条 所有关于工作条件（在某一企业内所雇用各种工人的工资与工作时间，青工与女工卫生与安全的条文等等）的集体合同，由雇主或企业管理人与职工会签订之。

第三十七条 劳动合同有效期间不得超过一年。工会在合同满期前有权要求取消合同。

第三十八条 严格禁止经过所谓工头招工员、买办或任何私人或代理处的各种契约的劳动、包工制、包工头等。

第三十九条 严格禁止并严厉处置罚工人出钱买工做，或从工资中扣钱作为介绍工作报酬。

第五章 安全与卫生

第四十条 任何机关或企业不经劳工检查员、卫生局与技术检查处检查和认可，不得进行工作、开设或迁徙企业。

第四十一条 工作条件与工作过程特别危害工人身体健康的企业（温度湿度异常与毒气等），企业管理人须供给工人特别保护衣服与其他保护物，如护眼器、面具、呼吸器、肥皂、特殊食品（油类与牛奶）。在有毒企业内，供给消毒药品或器具。这些设置，不得由工人担负，并须按期检查工人体格，借谋保护。

第四十二条 所有机器须设置防护器，未经检查与适当防护设置，不得增设新机器。

第四十三条 凡劳动检查员认为某一企业将有立即危害工人身体健康和生命者，本法授予劳动检查员封闭该企业之权。

第四十四条 所有受雇与工作过程中所得职业病，本法律认为与职业遇险同，应得全部优恤。

第六章 社会保险

注：社会保险的目的是从特别贮备的基金中拿出一部分付给工人，这笔

钱不是从工人工资中拿出来的。优恤的种类如下：

（甲）普通病。

（乙）失业。

（丙）残疾。

（丁）母亲与婴儿。

（戊）死葬等。

（己）医药。

（庚）房屋等。

社会保险基金由雇主支付，不论他是国家、合作社或私人。无论如何不由工人支付。

社会保护（险）的所有责任与执行社会保险法，由劳动委员会经过它的社会保险局来进行。

由职工会提出关于社会保险法的建议、社会保险机关管理人名单，监督与管理社会保险基金的收集与用途。

所有被雇用工人，都可以得到社会保险优恤。

第四十五条 工会与雇主间订立的集体合同，须有特别条文规定由雇主于应付工资之外，支付全部工资额百分之十至十五的特别基金作为各种社会保险之用。

第四十六条 （甲）疾病优恤：不论是普通病或因工作致病，如遇险受伤、职业病等，支付医药费与不能工作时间内的工资。

（乙）贫困补助金可支付予在受雇任何企业二月以上的工人。

（丙）疾病优恤金从得病第一天算起，可达工资同样数目，但不能超过相当规定的最高限度。

（丁）疾病优恤金可支付给由职业病而残废的人。

第四十七条 （甲）职工会会员做工一年后可得失业保险费，非职工会会员做工二年后可得失业保险费。

（乙）失业工人要在劳动介绍所或本地工会注册，或由文件证明曾被雇用和〔有〕职工会会员证，才能得到优恤。

（丙）支付失业救济时间长短，可按照本地情形和社会保险基金状况加以限制。

（丁）失业工人可继续领优恤金，如遇暂时失去工作能力、怀孕、生小孩等，失业工人可得免费医药，如在业时同。

第四十八条 残废及年老：凡工人因一般的原因或遇险或职业病而遭受

部分的或完全的残废，经过特别专门委员会的检查而确定此种残废的程度与性质后，须得现金优恤。

第四十九条 （甲）女工在怀孕及生产期间在十六或二十个礼拜应领取全部工资。

（乙）生产前五个月及生产后九个月之内不许开除女工。

（丙）此外，女工应得补助金，用来买小孩九个月内所必须的物品，此项补助金的总数不得超过两个月的工资。

第五十条 （甲）本法律社会保险条文所包括的工人，应得公葬费的恤金。

（乙）凡工人家庭全靠工人赚钱生活者，若工人死亡，应得死亡恤金，此项恤金的数目，要看家庭的大小等等条件。

第七章　职工会与劳动保护

第五十一条 苏维埃法律保证职工会的行动自由，宣布并领导罢工权，交涉并签订合同权等。

第五十二条 职工会的主要作用是个别地或集体地代表并保护一切雇佣工人的利益，努力改善一切工人经济的及文化的条件，用各种方法积极的帮助、加强、发展并保护苏维埃运动及苏维埃政府。

第五十三条 在一切国家及国有企业中，职工会直接参加这些企业的经营与管理；在私人企业中，职工会成立特别机关监督生产。

第五十四条 一切工资合同及劳动协定须经过工厂或店铺委员会，这是职工会在企业中的基本机关。产业职工总会签订该商业、工业或地方的工人集体协定。

第五十五条 关于一切争执纠纷，及雇用工人与开除工人等问题，职工会得经过委员会保护工人，一切社会保险、安全卫生、司法保障等问题，亦然。职工会提议一切劳动法，职工会提出并保荐劳动检查员。

第五十六条 工厂及店铺委员会直接保护自己企业中的工人，每个企业中的工厂委员会须组织劳动保护特别委员会，从活动工人中选出三个或七个工人组织之，看企业的大小而定。这个委员会的作用是：（甲）视察劳动中关于保护劳动集体合同的一切条例是否执行。（乙）劳动检查员的训令与命令是否执行等。

第八章　劳动法的执行与工厂的检查

第五十七条 劳动法的执行与工厂的检查是劳工委员会的职务，特别是它的劳工保护局。

第五十八条　劳动工厂检查员的详细职务，由劳工委员会决定之。

第五十九条　本法律条文经苏维埃大会公布后即发生效力。

第六十条　处罚违犯本法律的一切犯人的条例，至迟须于本法颁布后三个月内制定并公布之。

第六十一条　关于国有工业中工人的特别条例，由劳工委员会以命令规定之。

第六十二条　雇农的工作条例在雇农工会与雇主间之集体合同中确定之，此种合同应包括最低之基本工资、劳动保护、雇主供给工作衣服等，及社会保险。雇农须得多于八小时的额外工作的额外工资，为在冬季供养之用。

第六十三条　劳工委员会须制定特别的苦力条例（包括搬运，拉车、拉船、推车、轿夫、脚夫等），规定一定的负荷重量、较法定工作时间更少之工作时间、工资的最低限度（须较普通工资高三分之一）、女工担任部分苦力工作之特别规定和绝对禁止十八岁以下的男女童工做苦力工作。

中华苏维埃共和国中央执行委员会关于实施劳动法的决议案

（一九三一年十二月）

中央执行委员会对于劳动法的实施特议决如下：

1. 根据中华苏维埃工农兵第一次全国代表大会所通过的劳动法条文而实施之。

2. 本劳动法从一九三二年一月一日起发生效力。

3. 自本劳动法实施之后，以前各级政府所颁布的一切劳动法令及关于劳动问题决议都不发生效力。

4. 人民委员会和中央劳动部根据劳动法的规定并发展劳动法的应用，得颁布各种专门的法令细则和表册。

5. 如遇有劳动法修改和增补，以中央执行委员会的命令公布之。

6. 本劳动法在中华苏维埃共和国的领土内都发生效力。

7. 凡违反本劳动法之规定，以及将来颁布关于劳动问题的各种法令，须按照刑法以应得之罪惩罚之。

中央执行委员会
主　席　毛泽东
副主席　项　英
张国焘

中华苏维埃共和国劳动法

（一九三一年十一月中华苏维埃工农兵第一次
全国代表大会通过，同年十二月颁布）

第一章　总则

第一条　凡在企业、工厂、作坊及一切生产事业和各种机关（国家的、协作社的、私人的都包括在内）的雇佣劳动者，都应享受劳动法的规定。

第二条　对于在中华苏维埃共和国海陆空军服军役的战斗员和指挥员不受本劳动法的拘束。

第三条　无论何种已生效力或未生效力的集体合同、劳动合同及其他劳动契约，倘它的劳动条件比本劳动法所规定的条件恶劣者，不发生效力。

第四条　雇农、森林工人、季候土人、交通工人、苦力、家庭的女厨役及其他有特殊劳动条件的工人，除享受本劳动法的一般规定之外，并得享受中央执行委员会、人民委员会及中央劳动部对于这些工人所颁布的个别劳动条件的规定。

第五条　对于苦力（搬运工人、拉车夫、拉船夫、轿夫、挑夫等都包括在内）的荷重量，由中央劳动部另行规定之。独立劳动者在被人雇佣时所应享受本劳动法之规定权利，另由中央劳动部颁布详细条例。

第二章　雇用的手续

第六条　雇佣工人须经过工会和失业劳动介绍所，并根据集体合同。严格禁止所谓工头、包工员、买办或任何私人的代理处的各种契约、劳动包工制、包工头等。

第七条　所有失业劳动介绍所须由各级劳动部组织之，严格的禁止私人设立工作介绍所或雇佣代理处。

第八条　严格禁止并严厉处罚要工人出钱买工做，或从工资中扣钱作介绍报酬。

第九条　凡欲寻找工作的人，须向中央劳动部在各地所设立的失业劳动所登记，列入失业劳动者的名册内。

第三章　集体合同与劳动合同

第十条　集体合同是一方面由职工会代表工人和职员与另一方面的雇主所订立的集体条约。在该集体合同上规定出企业、机关、家庭及私人雇主对于雇佣劳动者的劳动条件，并规定了（出）将来雇佣者个人与雇主间订立劳动合同的内容。

第十一条　集体合同的条件对于该企业或机关内的全体工作人员，无论他加入了职工会与否，都发生效力。

第十二条　业经劳动部注册的集体合同，自双方签字之日起或依合同上所规定的日期起，发生效力。

第十三条　劳动合同是一个工人或几个工人与雇主订立的协定。劳动合同的条件倘与劳动法、现行的劳动法令及集体合同的条件较恶劣，皆不发生效力。有期限的集体和劳动合同的有效期间不得超过一年，工会在合同满〔期〕以前有权要求取消合同。

第四章　工作时间

第十四条　所有雇佣劳动者通常每日工作时间，依本劳动法的规定，不得超过八点钟。

第十五条　十六岁至十八岁的青工每日工作时间不得超过六点钟，十四岁至十六岁的童工每日工作时间不得超过四点钟。

第十六条　所有工人在危害身体健康之工业部门中工作（如地下矿工、铅锌及其他带有毒性的工作），每日工作时间须减至六点钟以下。危害工人身体健康之工业种类，某种工业每日之工作时间减至若干点钟，由中央劳动部制定公布之。

第十七条　所有在夜间做工之工人每日工作时间较通常工作时间少一点钟（通常八点钟者减至七点钟，七点钟者减至六点钟，其余类推）。

（附注）下午九点钟起至第二天上午六点钟之时间称为夜工。

第十八条　除非经过劳动检查机关或工会对于某项工业部门的特别允许，任何工业和季候工作不得做比本劳动法所规定时间以上的额外工作。

第五章　休息时间

第十九条　每工人每周经常须有继续不断的四十二小时的连续休息。

第二十条　在任何企业内的工人继续工作到六个月以上，至少须有二个星期的例假，工资照发；在危害工人身体健康之工业中工作的工人，每年至少须有四个星期的例假，工资照发。

第二十一条　下列的纪念日和节日须一律停止工作。

（甲）一月一日新年。

（乙）一月二十一日世界革命的领袖列宁逝世纪念日。

（丙）二月七日——军阀屠杀京汉路工人纪念日。

（丁）三月十八日——巴黎公社纪念日。

（戊）五月一日——国际劳动纪念日。

（己）五月三十日——五卅惨案反帝纪念日。

（庚）十一月七日——无产阶级革命纪念日和中华苏维埃共和国成立纪念日。

（辛）十二月十一日——广州暴动纪念日。

（附注）各级劳动部得商同当地的总工会，按照当地情形规定地方纪念日作为特别休息日，休息和纪念日的工资照发。

第二十二条　休息和纪念日、节日的前一日的工作时间，至多不得超过六点钟。

第二十三条　在劳动法规定的每日工作时间内，包括半点钟至一点钟为吃饭时间，不得扣工资。

第二十四条　工人和职员若因生病或生育小孩所得休假，不得算入第二十条例假之内。

第六章　工资

第二十五条　任何工人之工资不得少于由劳动部所规定的真实的最低工资额，各种工业部门的最低工资额至少每三个月由劳动部审定一次。

第二十六条　各种企业内（国家的或私人的）实际工资额由工人（由工会代表工人）和企业主或企业管理人用集体合同规定之。

第二十七条　所有劳动检查机关和工会所特许的额外工作，工人须得双薪。

第二十八条　由劳动检查机关的许可，工人在休息日或纪念日做工应发双薪。

第二十九条　女工、青工与成年男女做同样的工作领同等的工资，童工、青工虽按缩短时间做工作，但工资仍须按照该职业工资的等级以全日计算。

第三十条　夜间的工资须高于通常的工资，工作八点钟增加七分之一，工作六点钟（危险工作者）者增加工资五分之一的工资。按件计的工作，如为夜工，除应得的工资外，工作八点钟者应照其平均工资增加五分之一。

第三十一条　所有工资须用现金支付（不得用货品），经常每周或半月支付一次（不得迟过半月，并禁止任何方式积欠），且直接交给工人之手。

第三十二条　工人和职员如每年例假时，在例假期间的工资应在例假前提前发给。

第三十三条　按件的工作可由工人（由工会代表工人）与雇主双方面订定集体合同，所有按件工作，须规定每日的平均生产率与每日的中等工资（按照每一工业按件所作之工作时间计算）。

第七章　女工、青工及童工

第三十四条　女工、青工及童工除享受本劳动法各章的普通权利之外，规定下列的特别保护女工、青工、童工之条文。

第三十五条　凡每（某）些特别繁重或危险的工业部门，禁止女工、青工及童工在里面工作。禁止女工、青工及童工工作之工业部门，由中央劳动部审定公布之（如地下矿工、橡皮、铅铜、胶水、银锡、铸造及其他同样矿场，过高或过低的地方的木工等等）。

第三十六条　禁止女工在任何举重过四十斤之企业内工作，若在某种特殊工业或工作过程中必须包括一部分女工，女工工作时间不得超过通常工作时间的三分之二。

第三十七条　十八岁以下的男女工及怀孕和哺小孩的女工严格禁止做夜工。

第三十八条　所有用体力的劳动女工，产前后休息八星期，工资照发，使用脑力的机关女职员（如女办事员与女书记），产前后的休息六星期，工资照发；如小产（堕胎），休息两星期，工资照发。

（附注）女工产前产后的休息期内，及小产时的工资，由厂主负担，如若社会保险处已经成立，则经过社会保险处发给。

第三十九条　生产前五个月内及生产后九个月内，不许开除女工，若不得她的同意，并不得令其出外办事，或迁移到别处去。

第四十条 哺乳的女工除享受本劳动法第二十三条所规定的外，并规定每隔三点钟休息半点钟，来哺小孩，不得克扣工资，并在工厂内设立哺乳室及托儿所，由工厂负责请人看护。

第四十一条 十四岁以下的男女，严格禁止雇用，十四岁至十六岁的童工，经过劳动检查机关许可后才能雇用。

第四十二条 每企业必须完备的详细登记青工、童工的年龄、工作时间和工资等等。

第四十三条 设立工厂或商业学校以提高青年工人的熟练程度，并给他们以补充教育，经费由厂方供给。严格禁止旧式的学徒制和养成工制各种形式的学徒制，凡与本劳动法条文所规定的条件恶劣者（工资、工作时间、待遇等），都宣告无效。

第八章 劳动保护

第四十四条 任何机关或企业，不经劳动检查机关检查和许可不得进行工作、开设或迁徙地方。

第四十五条 所有机器须设置防护器，未经劳动检查机关检查与适当防护器设置，不得增设新机器。

第四十六条 无论何种企业必须发给工人工作专门衣服，衣服的种类及穿着的期间，由中央劳动部特别规定之。

第四十七条 工作条件及工作过程特别危害工人身体健康的企业（如温度异常、毒气等），企业管理处须供给工人特别的保护衣服及其他保护物（如护眼器、面具、呼吸器、肥皂、特殊食品、肉类与牛乳）。在有毒企业内供给消毒药品或器具，这些设备不得由工人负担，并须按期检查工人体格，借谋保护。

第四十八条 各种罚款与克扣工资须严格禁止，赔偿损失亦被禁止，同时对雇用工人后任何时间内征收工人保证金或储金制度一律严格禁止。

第四十九条 因厂方过失中间之停止工作，不得克扣工资（如机器损坏或缺少原料，厂方不能实现苏维埃的规定等）。

第五十条 工人去参加苏维埃选举，出席苏维埃大会，参加职工大会或会议，担任工厂委员会的工作，被法庭叫去当见证人、鉴定人或陪审员等，在执行工作期间，无论时间之久暂，都不得克扣工资。

第五十一条 工人或职员被征到红军中去服务，因此而失去他们的工作，在这种情形中，须预先发给他三个月的平均工资。

第五十二条 雇主必须供给工人以工作的工具，并不得因用工具而克扣工资；倘若工人用自己的工具，雇主必须偿还工人以原价，其详细的办法由集体合同规定之。

第五十三条 由工厂出资建筑工人寄宿舍，无代价的分给工人及其家庭，未建寄宿舍的，每月由工厂津贴相当的房金。

第五十四条 工人和职员若自愿的解除劳动合同，雇主须发给他半个月的中等工资，作为卸工津贴费；若雇主开除工人和职员，雇主须发给他三个月的中等工资，作为卸工津贴。

第五十五条 工人和职员若暂时丧失劳动能力，雇主须保留他原有的工作地位和原有的中等工资。

第五十六条 由劳动检查员监督劳动法之实行，凡劳动检查员认为某企业将有立即危害工人身体健康及生命者，劳动检查员有封闭该企业之权，劳动检查员的工作任务，由劳动部另行公布之。

第五十七条 所有受雇用后在工作过程中所得的职业病，本劳动法认为与职业遇险同，并应全部抚恤之。

第九章 中华全国总工会及其地方的组织

第五十八条 中华全国总工会是联合全国各企业与机关的工人和职员所组成，各项职工会及其地方组织，须根据中华全国总工会全国代表大会通过的章程而组织之，不根据该章程所组成的各种联合会，不得称为职工会，也不得享受职工大会在法律上应享受的权利。

第五十九条 苏维埃保证职工会的行动自由，有宣布并领导罢工之权，代表工人交涉，并签订合同等权。各省和各县的产业职工总会，得代表工人签订该商业、工业或地方工人的集体合同。

第六十条 一切集体合同及劳动合同，由工厂或店铺委员会监督执行，因为这是职工会在企业中的基本组织，并得监视劳动法及各种关于劳动问题的法令之执行。

第六十一条 职工会主要的任务是代表个别的或集体的工人，保护一切雇用劳动者的利益，并努力设法改善工人的一切经济及文化的条件，用各种方法积极地帮助和加强、发展并保护苏维埃运动及苏维埃政府。

第六十二条 在一切国有及协作社的企业中，职工会是直接参加和佐理这些企业的经济与管理，在私人的企业中，职工会成立特别机关以监督生产。

第六十三条　苏维埃政府给职工会的组织以物质上的帮助，并予职工会以享受邮政、电报、电话、电灯、自来水等市政公用品及铁道、轮船等优待条件。

第六十四条　由雇主出工资总数以外的百分之二的数目作为工会的办公费，又百分之一作为工人的文化费。

第六十五条　雇主开除工人，须得职工会的同意，职工会的工厂委员会、店铺委员会代表工人加入评判委员会，以解决劳资间的一切纠纷。

第六十六条　每个工厂及店铺委员会为直接保护自己企业中工人的劳动条件，每个企业中的工厂委员会须组织劳动保护特别委员会，从活动工人中选出三个至七个组织之，这个委员会的作用是：

（甲）劳动法中关于保护劳动及集体合同的一切条文是否执行。

（乙）劳动检查机关的检查记录之提议是否执行等等。

第六十七条　职工会有向苏维埃政府提议颁布各种劳动法令、提出并推荐劳动检查员之权；工厂委员会之委员，根据工厂委员会的证书有自由进出工厂和参观全部工厂之权。

第十章　社会保险

第六十八条　社会保险对于一切雇佣劳动者，不论他在国家企业、协作社或私人企业，不论工作时间之久暂及付给工资之形式如何，都得施行之。

第六十九条　由雇主于应付的工资之外支付全部工资额百分之十至百分之十五的数目，作为社会保险之基金。该项百分比例表，另由中央劳动部以特别命令颁布之，绝对不得向被保险人征收保险费，也不得从工资中克扣。

（附注）保险基金绝对不许移作与保险人无关的用途．

第七十条　社会保险的优恤种类如下：

（甲）免费的医药帮助——不论是普通病或因工作致病、遇险受伤、职业病等，都支付医药费，其家属也同样享受免费的医药帮助。

（乙）暂时失去工作能力者的津贴，如疾病受伤、受隔离、怀孕生小孩以及服侍家中的病人等空缺时间内的工资。

（丙）失业津贴费——①职工会会员做工在一年以上就可得失业津贴费，非职工会会员做工在二年以上才可得失业津贴费。②失业工人必须在失业劳动介绍所或在当地工会注册，或由机关证明曾被雇用过，或有职工会会员证，才能得到优恤金。③支付失业津贴费时间之长短，可按照当地情形和社会保险金的状况加以限制，但失业工人仍可继续领相当的优恤金。

（丁）残废及老弱的优恤金——凡工人因一般的原因或遇险或职业病而遭受部分的或全部的残废，或年老不能工作，经过特别专门委员会的检查而确定此种残废的程度与性质及其家庭状况，须得现金优恤。

（戊）婴儿的补助金——如工人生了小孩须领取补助金来买小孩十个月所必须的物品和牛奶，但此项补助金的总数不得超过两个月的工资。

（己）丧葬津贴费——工人及其家属之死亡，都由社会保险处领取丧葬费。

（庚）工人家属贫困补助金——凡工人的家庭专依靠工人赚工钱生活者，若工人死亡或失踪，应得优恤金。此项优恤金的数目之大小，支付时间之长短，要看工人的家庭大小等条件，由专门委员会审查决定之，但于受雇任何企业六月以上的工人都得领取之。

附注（1）疾病优恤金从得病第一天算起可达工资同样的数目，但不能超过相当规定的最高限度。由职业病而残废的人同样可领疾病优恤金，到规定领残废优恤金为止。

附注（2）未成年人的失业津贴，不问他的工作时间之长短，做同种工作，都得领取之。

第七十一条　社会保险处之管理与社会保险基金之用途，雇主不得过问。雇主只尽纳保险费的义务，由职工会的代表大会选举社会保险机关管理委员会，并由政府批准，而在职工会和劳动部的监督之下管理社会保险基金的收集与用途。

（附注）在社会保险处未成立以前，本章所列举的各项津贴费由雇主负责担任之。

第十一章　解决劳资冲突及违犯劳动法的机关

第七十二条　凡违犯劳动法的案件以及劳资的纠纷，或由人民法院的劳动法庭判决强制执行之，或由劳资双方代表所组成的评判委员会及设在劳动部的仲裁委员会以和平解决之。评判委员会和仲裁委员会的工作细则，由中央劳动部另行颁布之。

第七十三条　凡违犯劳动法及关于一切劳动问题的法令、集体合同等，无论他对于刑法受何种惩罚，都归人民法院的劳动法庭审理之。

第十二章　附则

第七十四条　本劳动法有疑问或在执行上发生争执的时候，由中央劳动部解释之；未与中央苏区打成一片的苏区，由该苏维埃省政府劳动部解释之。

第七十五条　凡未与中央苏区打成一片的苏维埃区域，凡中央劳动部有权颁布之各种组织细则和表册，该苏区的最高政权机关有颁布之权。

中华苏维埃共和国中央执行委员会关于重新颁布劳动法的决议

（一九三三年十月十五日）

一九三一年十二月一日所颁布的劳动法，经过一年半实施的经验，认为该劳动法的条文有些地方不合于现在苏区的实际环境，对于雇佣辅助劳动力的中农、贫农与手工业者，没有变通办法的规定，在执行上发生困难，而且有许多实际事项没有规定进去，而这些实际事项又迫切需要规定。中央执行委员会为了增进工人的利益，巩固工人与农民的联盟，发展苏维埃的经济，在一九三三年四月间，组织了劳动法的起草委员会重新起草劳动法。五个月来，这一新的劳动法草案经过各地工农群众的讨论，集合了许多意见。中央执行委员会根据劳动法草案与各地的意见加以审查修改，特决议如下：

（一）劳动法条文通过并公布之，从一九三三年十月十五日起发生效力。

（二）新劳动法公布以后，在一九三一年十二月一日所公布的劳动法即宣告无效，其他关于劳动问题的一切法令，如与新劳动法的规定相冲突者，亦失其效力。

（三）实施新劳动法各条文的详细手续，由人民委员会及中央劳动人民委员部以命令公布之。

（四）本劳动法的修改和增减，以中央执行委员会的命令行之。

（五）本劳动法在中华苏维埃共和国的领土内均发生效力。

（六）凡违反本劳动法各条之规定，均照中央执行委员会一九三三年十月十五日公布之违反劳动法令惩罚条例各条之规定处罚之。

中华苏维埃共和国中央执行委员会

主　席　毛泽东
副主席　项　英
　　　　张国焘

（选自一九三四年七月《苏维埃法典》第二集）

中华苏维埃共和国劳动法

（一九三三年十月十五日颁布）

第一章 总则

第一条 本劳动法，对于凡受雇用的劳动者均适用之。对于各种企业、各项机关、各种商店（不论为国有，为团体所共有，为私有，以及雇请工人在家庭工作者，都包括在内）和以物品或货币作报酬而使用他人劳动力的各个人，均须受本法的拘束。

（注一）对于雇用辅助劳动力的中农、贫农、小船主、小手工业者及手工业的生产合作社，得到工人与职工会的同意，得免除受本法某些条文的拘束，另由中央执行委员会制定特别的法令颁布施行之。

（注二）遇有特别事件发生（如防饥、防灾及战争事件等缺乏劳动（力）时），中央人民委员会得到中华全国总工会的同意，得在一定限期内颁布特别法令实施之，免除适用本法。

上列两项的例外与限期，工人与职工会随时有权要求取消和缩短。

第二条 本法不适用于中华苏维埃共和国海陆空的现役军人。

第三条 对于农业工人、季候工人、乡村手艺工人、苦力、家庭仆役及其他有特殊劳动条件的工人，除开适用本法一般规定外，另由中央执行委员会根据这些工人的劳动条件，制订特别保护这些工人的补充法令公布施行之。

第四条 各项正式或非正式的集体合同与劳动合同，其条件如比本法所规定的条件较为恶劣者，均不发生效力。

第二章 雇佣及取得劳动力的手续

第五条 凡居住在中华苏维埃共和国领土内的各个人及各种企业、机关和商店，欲以雇佣的方式取得别人的劳动力从事工作者，除本法第十条所规定的例外，均须向政府劳动部所属的机关（劳动介绍所）请求介绍。在当地政府劳动部没有成立该项机关时，须向职工会请求介绍。

第六条 凡欲寻觅工作的人，须到当地政府劳动部所属的劳动介绍所登记，列入失业劳动者的名册内。如果当地政府劳动部没有成立劳动介绍所时，即到当地职工会登记。

第七条 私人设立的工作介绍所或雇佣代理处及委托工头招工员、买办或任何个人私自雇佣工人，一律禁止之。要被介绍人付出金钱或物品作为介绍工作的报酬，或从工资中克扣介绍工作的报酬，均禁止之。

第八条 所有各种企业、各项机关、各商店以及私人雇主等，凡欲雇佣劳动者工作时，均须照下列手续，请求劳动介绍所介绍。

（一）应开列所须用之劳动力的各种条件，以该企业或机关管理部的名义，或私人雇主自己或代表人的名义，向该管政府劳动介绍所请求介绍。

（二）在劳动介绍所注册的人，有和前项所需要的条件符合者，即照劳动介绍所的章程，介绍前往工作。

（三）雇主对于劳动介绍所派来工作的人，不论拒绝或收用，均须照劳动部所订章程通知该管政府的劳动介绍所。

第九条 如有下列情事发生，雇主须负完全责任：

（一）雇主在劳动介绍所开列所需用之劳动力的条件，与实际上不符合时；

（二）不履行因雇用工人所必须执行的手续时；

（三）非法拒绝劳动介绍所派去的工作人员时。

第十条 遇有下列情形，雇主可不经过劳动介绍所自行招雇劳动者工作，但必须在该管劳动介绍所登记。

（一）需用负政治上的责任或其他与被雇人身份有关的专门家和经理人、管理人时。

（二）劳动介绍所从雇主请求之日起，在劳动介绍所章程所规定的日期内，不能代为招到该项工作人时。

第十一条 所有企业、机关及一切雇主应照劳动部所定期限，将所有雇用的劳动者依式向当地劳动部呈报。

第十二条 在乡村中的雇主雇用劳动力及登记寻觅工作的人，由中央劳动部会同中华全国总工会制订特别章程办理之。

第三章 工作时间

第十三条 所有雇用的劳动者，从事各项工作，通常每日的实在工作时间，不得超过八小时。

第十四条 下列几种人，他们每日的实在工作时间不得超过六小时：

（一）十六岁到十八岁的未成年人；

（二）除开办理直接与制造有关系的人员外，所有使用脑力劳动的人员；

（三）在危害工人身体健康的工业部门，及在平地下层工作的人。

（注）所有危害工人身体健康之工业部门，由中央劳动部规定公布之。

第十五条　十六岁以下的未成年人，每日实在的工作时间不得超过四小时。

第十六条　对于第十三条、第十四条、第十五条所规定的工作时间，中央劳动部得到中华全国总工会的同意，得指定数种有特殊情形的劳动人员（如担负政治工作，参加会议，负责任的劳动人员，生产合作社及其他有特殊情形的劳动者），另行规定办法，不受上列规定工作时间的限制。

第十七条　所有在夜间工作的人，其工作时间应较白日的通常工作时间缩短，但在连续生产或轮流换班工作的情形下，夜间工作时间仍与白日同。但须增加夜间工作的工资（如属于第十三条所规定者，应照白日工作时间内的工资增加七分之一；属于第十四条所规定者，应增加五分之一）；按件计算工资的人，如遇前项情形，除按件所得之工资外，如为夜间工作亦须增加工资七分之一或五分之一。

（注）本条所称夜间，系指由下午十时起至第二天上午六时的时间。

第十八条　在每日的工作时间内，应有半小时至一小时的停工以为工人吃饭和休息的需要，但此项停工时间不算入工作时间内。

（注）凡在不能停工之工业中工作的劳动者，此项休息时间，由中央劳动部另行规定特别办法施行之。

第十九条　超过法定工作时间以外的工作（即额外工作），按照一般原则禁止之。但在工作上有必要时，经过工人与职工会的同意及当地劳动部的批准，得作额外工作。

（注）如有特别紧急的情事发生（如预防公众灾难，消灭工程上的障碍等）必须进行的额外工作，不及得到职工会与劳动部的同意时，应在第二天通知劳动检查员备案。

第二十条　进行额外工作的时间，连续两日共不得超过四小时。

（注）在农业中及其他季候工作中，必须进行本条所规定以外的额外工作时，得到工人与职工会的同意及劳动部的批准，得酌量增加之。

第二十一条　凡由厂方的过失以致上工迟误，所消费的时间，不得令工人做额外工作补偿。

第四章 休假时间

第二十二条 所有被雇用的劳动者,每一星期内至少应有连续四十二小时的休息。

(注)若在工作上有特殊的情形,不能按照普通办法每星期依次休息者,则于相当时期内一次补给以若干日的休息。

第二十三条 下列各纪念节日须一律停止工作:

(一)一月一日　新年节

(二)二月七日　军阀屠杀京汉铁路工人纪念日

(三)三月十八日　巴黎公社纪念日

(四)五月一日　国际劳动纪念日

(五)五月三十日　反帝纪念日

(六)八月一日　反对帝国主义战争及中国工农红军成立纪念日

(七)十一月七日　苏联十月革命及中华苏维埃共和国成立纪念日

(八)十二月十一日　广州暴动纪念日

(九)各级劳动部得商同地方的工会联合会,按地方情形,规定各该地方的纪念节日作为休息日,但此项地方纪念节日每年不得超过二天。

第二十四条 每星期的休息日和前条各纪念节日停止工作,工资照给,若在工作上有必要继续工作者,须加倍发给工资。

第二十五条 休息日和二十三条所列各纪念节日的前一日的工作时间,不得超过六小时,工资与完全的工作日同,若系按月计算工资者,不扣除工资。

第二十六条 所有被雇用的劳动者连续工作在五个半月以上,在一年以内至少须有两星期的休假,照给工资。不满十八岁的未成年人及在危害工人身体健康之工业中工作的人,每一年至少须有四星期的休假,照给工资。

第二十七条 第二十六条所规定的休假,工人可以自由选择时期利用,但以不妨碍各该事业及机关与家务的进行为限。

第二十八条 被雇人若因生病与生育所得的休假,不得算入第二十六条所规定的假期之内。

第五章 工资(劳动力的报酬)

第二十九条 被雇人因出卖劳动力所得的报酬(工资)之额数,应在集体合同及劳动合同内规定之。

（注）本条所称工资，系包括货币部分与物品部分（如雇主供给伙食、衣服及自然品等）之总称。

第三十条 所有被雇用的劳动者，其工资不得少于当地政府在各该时期依照当地生活程度与各项劳动者职业的等级所规定的工资之最低限度。

第三十一条 所有各项被雇用的劳动者所得工资等级的最低限度，每三个月至六个月由当地政府劳动部规定一次。

第三十二条 超过法定工作时间以外的额外工作，应给额外工资，额外工资的数量应在集体合同及劳动合同内规定。但起首两小时以内的额外工作，其工资应比通常工资增加百分之五十，超过两小时以外的额外工作，即应加倍付给工资。

第三十三条 所有被雇用的妇女与未成年人，如与成年男工作同样工作者，应得同样工资。未成年人按第十四条或第十五条规定的工作时间工作，但他们的工资仍应按照该职业工资的等级，给予全日工资。计算未成年人工资的办法及工资的数额，由中央劳动部按照各企业的情形与工作性质规定之。

第三十四条 倘转移被雇人换做比原定工资较低的工作时间，则应由转移之日起在两星期内仍照原定工资额数付给。

第三十五条 凡系长期工作，应分期付给工资，但至多每半个月应支付一次。临时或不满两星期以上的工作，应于工作完毕时付给工资。

（注）如系按月、按季、按年计算工资者，在得到被雇人与职工会的同意〔时〕，不受本条例的限制。

第三十六条 工资应以当地通用货币支付，但在得到被雇人的同意时，可以物品代替一部分。以物品代替工资的额数及物品计算的办法，均于劳动合同、集体合同内规定之。

第三十七条 付给工资，应在工作时间及工作地点行之，且须直接交给被雇人之手或被雇人所委托的代表。

第三十八条 例定支付工资日期如为例假，在例假期间的工资应在例假前付给。

第三十九条 按件计算工资的工作，应在集体合同、劳动合同内规定。按件工作的工价，并须根据每日的通常生产规定每日的标准工资。规定包工工资的办法及包工工资的支付办法，亦应在合同内规定，但禁止利用包工的办法来克扣和剥削工人应得之工资。

第四十条 关于生产率的标准，由各企业、各机关的管理部或雇主与职工会协议规定之。倘被雇人因为自己的过失，在正当的工作条件下不能完成生产率的标准时，可照他们已完成的工作付给工资，但不得少于原定工资额数的三分之二。如果被雇人屡次不能完成生产率的标准时，可照本法第十二条第三项的规定解除合同。

（注）本条所指的正当工作条件如下：

（一）机械及其运用上均完整无阻；

（二）在工作中所需要用的一切材料与器具，均能按时供给并足敷使用；

（三）工作地方，对于卫生及身体的运动各事有适宜的设备（如光线，温度等）。

第六章　妇女及未成年人的劳动

第四十一条　凡工作特别劳苦笨重或有害工人身体健康以及需要在平地下层工作的地方，均不得雇用妇女及未满十八岁的人从事工作。禁止妇女及未成年工人工作的场所，由中央及各省劳动部规定公布之。

第四十二条　受孕和哺乳的妇女及未满十八岁的人，不得雇用为夜间工作。

第四十三条　使用体力工作的妇女，于生产前及生产后各休息八星期。使用脑力工作的妇女，于生产前及生产后各休息六星期。

（注一）本条休息期间的工资，如被雇人已在社会保险，由社会保险局付给，否则由雇主付给。

（注二）小产经医生证明，照疾病例给予休假。

第四十四条　被雇用的妇女受孕在五个月以上者，不得她自己的同意，不得派往别地方工作，离开她原来的居住地点；在生产前五个月，雇主不得辞退，在生产后九个月，除开第一百零二条七项所规定的情形外，亦不得辞退。

第四十五条　哺乳的妇女在工作时间内，除享受本法第十八条所规定的普通停工休息时间外，每隔三小时应有半小时休息来哺乳小孩。此项休息时间计入工作时间内。工厂并须设立哺乳室及托儿所，请人负责看护。

第四十六条　未满十四岁的男女禁止雇用，雇用十四岁至十六岁的未成年人，须经劳动检查机关的许可。

第七章　学徒

第四十七条　凡在工厂、作坊、商店以及在专门技艺工人指导下面和附属在工厂中的工艺学校分别学习各种技艺者,均称为学徒。

第四十八条 学徒学习的限期,由中央劳动部会同中华全国总工会及教育部,按照各该职业的性质分别规定之。但最长的学习期限不得超过三年。

(注)关于保护各项学徒的补充法令,由中央劳动部另行颁布之。

第四十九条 无论何种学徒,均不得强令他们负担与本人所学特别技艺无关的他项工作或杂务,并不得强令学徒举行各种宗教的仪节。

第五十条 学徒每天至少须有一小时以上专门学习技艺的时间。

第五十一条 学徒在学习技艺三个月以后,须得相当工资,以后须按学徒学习期限与生产率的标准,提高工资。学徒应得工资的比例由中央劳动部会同全国总工会规定之。

第五十二条 各机关、各企业、各商店以及学徒的专门指导人,须遵照劳动部、教育部及国民经济部所颁行的法令,对于未成年的学徒学习业务之正当进行与否,负有设法维持保护并督促的责任,但严格禁止打骂与虐待学徒。

(注)考核与监督学徒学业正当与否的责任,属于该管劳动部的机关。

第八章 保证与津贴

第五十三条 凡工人及职员,被选为苏维埃或职工会所召集之代表会议的代表,在参加代表会议的期间,仍有支领工资的权利。

第五十四条 凡工人及职员,被法庭传唤充当见证人或鉴定人或陪审员执行司法机关委托事件的日期,如果不超过一个星期,仍有支领工资的权利。

第五十五条 凡工人及职员,因被征到红军中服军役及被派到苏维埃职工会及其他社会团体服务,因而取消他的工作地位时,须预先发给他一个月工资的津贴。

第五十六条 因第一百零一条(一)、(二)、(三)三项原因而解除劳动合同,及因第九十三条、第九十四条所指的原因而解除劳动合同,与被雇人因第一百零三条所指各项原因而解除劳动合同者,须给被雇人二星期工资的退工津贴。

第五十七条 各企业内,在工作中所必需的器具及使用物件,保证被雇人随时有权使用,不得索资。如果因为工作的需要,而使用被雇人私有器械者,倘有损坏,雇主应负责赔偿。

各企业内如因工作而致损坏工人衣服者,须由雇主负责照实价赔偿。

（注）本条对于作零工的手艺工人，免除适用。

第五十八条　凡工人及职员暂时丧失劳动能力，须保留他原来的工作地位。但病者以三个月为限，怀孕及生产者除开第四十三条所规定的休假外，以再经过三个月为限。（第一百零二条第七项）。

第五十九条　各机关各企业中间停止工作，而未声明解除合同者，须照给工资。

第六十条　如因被雇人的疏忽，或不遵守工厂机关的内部管理规则，致将器械、使用物件、制造品和物料损坏，经过职工会、工厂委员会的同意，在被雇人工资内扣除赔偿损失的价值时，其额数不得超过该工人一个月所得工资的三分之一。

第六十一条　雇主若因财力缺乏，对于因集体合同及劳动合同所欠工人及职员的工资，须比其他的债务有优先权，尽先付给。

第九章　劳动保护

第六十二条　无论何项企业，不经过劳动检查机关的许可不得开设或复业，或迁徙建筑物。

第六十三条　各企业各机关必须采用适当的设备，以消灭及减轻工作人的危险，预防事件的发生，及保持工作场内的卫生。

第六十四条　凡担负各种特别有害卫生的工作（如发生不规则的温度或潮湿或沾污身体等），及在有毒企业内工作，须由企业主发给工作人的工作衣服及各种防护器具（如眼镜、面具、呼吸器、肥皂等），并须给予工人以消毒药水及特别食品（如肉类、牛乳、鸡蛋等）。

在上述情形下之工作人，应按期检查他们的身体。

第六十五条　各项保护劳动的现行法令，由政府劳动部所属的劳动检查机关监督执行。劳动检查员于一定期间内，由职工会的会议选举，呈请当地劳动部批准。劳动检查机关的职权范围，由中央劳动部制定特别条例颁布之。

第十章　社会保险

第六十六条　社会保险，对于凡受雇佣的劳动者，不论他在国家企业或合作社企业、私人企业，以及在商店家庭内服务，不问他工作的性质及工作时间的久暂与付给工资的形式如何，均得施及之。

第六十七条　各企业、各机关、各商店及私人雇主，于付给工人职员工资之外，支付全部工资总数的百分之五至百分之二十的数目，交纳给社会保险局，作为社会保险基金。该项百分比例表，由中央劳动部以命令规定之。保险金不得向被保险人征收，亦不得从被保险人的工资内扣除。

（注）社会保险基金不得使用于其他与社会保险无关的用途。

第六十八条　社会保险的实施如下：

（一）免费的医药帮助；

（二）暂时丧失劳动能力者付给津贴（如疾病、受伤、受隔离、怀孕及生产，以及服侍家中病人等）；

（三）失业时付给失业津贴；

（四）残废及衰老时，付给优恤金；

（五）生产、死亡、失踪时，付给其家属的补助金。

第六十九条　凡被保险人如暂时丧失劳动能力，如第六十八条第二项所载，不论为何项原因，须从丧失劳动能力之日起，至恢复原状或确定残废时止，照该被保险人在企业机关内所得工资额数付给津贴。

第七十条　因受孕及生产而丧失劳动能力，须照本法第四十三条所规定的休假时间付给工资。

第七十一条　社会保险机关如因基金缺乏，得相当减少付给暂时丧失劳动能力者之津贴的额数。

第七十二条　被保险人及被保险人的妻，如生产小孩缺乏抚育能力者，须付给一次补助津贴，并小孩在十个月内必需的物品与养育费。但此项补助津贴的总数不得超过被保险人二个月的工资。

第七十三条　被保险人及被保险人担负生活费的家属，如有死亡，须付给必需的丧葬费，其数目由当地保险机关决定，但不得超过被保险人一个月的工资。

第七十四条　被保险人失业，须付给失业津贴。被保险人如系职工会会员，做工在半年以上，并由雇主交纳他的保险金者，可得失业津贴；非职工会会员，做工在一年以上，并由雇主交纳他的保险金者，可领失业津贴。领取失业津贴，须先到劳动介绍所登记领失业证书，如系职工会会员，须有职工会会员证为凭。

支付失业津贴期间之长短，可按照当地情形和社会保险基金的状况加以限制。

（注）关于苦力、零工等领失业津贴，由劳动部规定特别办法办理之。

第七十五条　凡被保险人因疾病或遇险，而致部分或全部残废，或因年老而丧失劳动能力,经过专门委员会的审查确定,须付给优恤金。优恤金付给的额数,以残废的程度及性质与被保险人的家庭状况决定之。

第七十六条 凡被保险人死亡或失踪,或被保险人家属因而无从取得生活资料者,经过专门委员会的审查确实,须付给补助金。付给补助金的额数及方式,由当地社会保险机关视受津贴人的年龄及财产状况决定之。但只有被保险人家属的下列各人,才能领取本条所规定的补助金:

(一)未满十六岁的子女、兄弟及姐妹;

(二)无劳动能力的父母及妻;

(三)上述家属各人虽有劳动能力而被保险人有未满八岁的子女者。

第七十七条 关于农业工人、苦力、家庭工人与零工的社会保险,中央劳动部得制定特别章程实施之。

第七十八条 雇主交纳社会保险金,但社会保险机关之管理与社会保险基金之用途,雇主不得过问。

第十一章 集体合同

第七十九条 集体合同,即一方面以职工联合会为工人及职员的代表与他方面雇主所缔结的契约,用以规定各企业、各机关、各商店中的雇佣劳动者的劳动条件与雇佣条件,并确定将来各个人订立劳动合同的内容。

第八十条 集体合同内各条款对于在各该企业或机关商店内的全体工作人员,不论他是否为缔结合同之职工会的会员,均适用之。

(注)集体合同的效力,不及于享有开除与录用工人权力的管理人。

第八十一条 缔结集体合同的期限,由中央劳动部会同中华全国总工会规定之。

第八十二条 集体合同上所规定的条件,如比本法及其他关于劳动的现行法令所规定的条件较为恶劣者,皆不发生效力。

第八十三条 集体合同以书面为之,并须在劳动部所属的机关登记,该项机关对于合同内的某部分条文,如认为与现行的各劳动法令,有不利于工人或职员时,有权取消之。集体合同登记的手续,由中央劳动部规定之。

(注)劳动部所属机关,取消集体合同内的某部分条款,其余各部分条款如双方声明愿意登记时,应予以登记。

第八十四条 业经登记的集体合同,自双方签字之日起,或依合同内所规定的日期起发生效力。

第八十五条 各企业、各机关、各商店转移于新业主时,已注册的集体合同在该合同的有效期间仍旧有效。

（注）如有前项情形，订立合同的双方，均有权声明重新审议该项合同，但须于两星期前通知对方。在新合同未成立前，该项合同仍旧有效。

第八十六条　集体合同，不论因为何种原因而未在劳动部所属机关登记，将来工人与雇主如发生与合同有关的争议时，其解决办法不以该合同为根据，而以现行各项劳动法令为根据解决之。

第十二章　劳动合同

第八十七条　劳动合同即两人或两人以上所缔结的契约，一方面（被雇人）因受他方面（雇主）的报酬供给他的劳动力。劳动合同无论有无集体合同均可缔结之。

第八十八条　劳动合同上的条件，以双方协商同意而定。但劳动合同上的条件，如果比现行的劳动法令、集体合同及各工厂机关内部管理规则上所规定的条件较为恶劣者，或有限制劳动者政治权利与公民权利的情事时，均不发生效力。

第八十九条　劳动合同订立之后，应即给予被雇人工摺一本，此工摺的内容由中央劳动部以特别命令规定之。

（注）劳动合同的有效期间，在一星期以内者，不发给上项工摺。

第九十条　未成年人在劳动合同上与已成年人享有同等的权利。但他的父母与负有监督执行劳动法令责任的机关及人员，倘因继续该项合同于该未成年人身体健康有损时，虽该项合同尚未期满，可以要求解除。

第九十一条　劳动合同的有效期限，分为下列三种：

（一）不满一年的有定期限；

（二）无定期限；

（三）完成某项工程的全时期。

第九十二条　被雇人不得雇主同意，不得将自己所负担的工作自行让给他人担负，但有下列的情形不受此条时限制：

（一）劳动合同为多数工人共同承揽工作者；

（二）被雇人自己丧失劳动能力，而当时的环境确实无法通知雇主者。

第九十三条　雇主不得要求被雇人做在合同内所规定之工作无关系的其他工作，及做于被雇人生命有危险或违犯劳动法令的工作。

雇主因某项工作雇用工人，倘临时在该处并无该项工作，或暂时无法进行该项工作时，雇主得要求被雇人转行担负与其性质相同的他项工作。如被雇人拒绝担负，得解除合同，但须给予两星期工资的退工津贴。如系零工，则给予当日的工资，如系月工，则给予五天的工资。

如因预防危险及公众灾难有特别必要的情形时，虽与被雇人职业性质毫不相同的工作，雇主亦得要求被雇人担负。

如有上项情形不得减少被雇人原有的工资。但该项临时工作应给的工资，如高于该被雇人的原有工资时，则应照该项较高额的工资付给。

第九十四条　迁移被雇人由甲机关至乙机关，或由甲地至乙地，虽有时该机关或企业随同迁移，须先得被雇人的同意。若被雇人不同意时，则此项劳动合同可由一方面解除之。但须给予被雇人二星期工资的津贴。

第九十五条　凡系长期性质的工作，在订立劳动合同以前，对于被雇人得有一相当试验时期。但该项试验期限，普通工人不得超过六天；办事员及技术人员不得超过半个月；负责人不得超过一个月。前项试验的结果，应即确定雇用或不雇用，但不雇用时，应按照该项工作的等级付给被雇人试验期间的酬金。

前项试验的结果（雇用或不雇用），应即呈报当地劳动介绍所。各劳动者在试验期间，仍以失业工人论，保留他轮流介绍工作的次序。

第九十六条　雇主与雇主间，秘密往来，通达消息，意图规定雇佣劳动力的条件等行为，一律禁止之。

第九十七条　除依照特别法令及工厂机关的内部管理规则外，禁止雇主或企业机关的管理人征收被雇人的罚金。

第九十八条　劳动合同有下列各情事之一者得废止之：

（一）双方同意废止者；

（二）合同期满者；

（三）合同所规定的工作完毕者；

（四）根据本法第九十三条、第九十四条的规定经某一方声明者。

第九十九条　各企业各机关如有迁移及变更业主时，不得废止劳动合同。

第一百条　如劳动合同所订期限已满，而劳动关系仍继续进行，订立合同的双方均未声明要求废止时，则该项合同仍以原有条件继续有效，其期间无一定限制。

第一百零一条　无限期的劳动合同，被雇人随时可以要求解除，但普通劳动者必须于一星期前预告雇主；负责人及技术人员必须于二星期前预告雇主。

第一百零二条 无限期的劳动合同与有限期而未满期的劳动合同，除第九十三条、第九十四条所规定的情形外，如有下列各情事之一，得依雇主的要求而解除之：

（一）各企业、各机关或商店之全部或一部歇业或缩减工作者；

（二）遇有不可克服的经济原因，停止工作在一个口以上者；

（三）发觉被雇人对于工作无能力担负者；

（四）被雇人无充分原因不履行合同及工厂机关内部管理规则所负的责任者；

（五）被雇人犯刑事罪，其犯罪行为与被雇人担负的工作有直接关系并经法庭判决确定者，或该被雇人受监禁处分满三个月以上者；

（六）被雇人无故旷工不到连续满五日以上，或一月总计无故旷工七日以上者；

（七）被雇人因暂时丧失劳动力，自丧失之日起经三个月以后仍不到工者，或妇女因受孕及生产，丧失劳动力，除本法第四十三条规定的休息时间外，再经过三个月，仍不到工者。

（注一）解除劳动合同，如该被雇人为工厂支部委员会委员或其他相当机关的委员时，须经职工会同意后才能执行。

（注二）如有本条（三）、（四）二项情形时，解除劳动合同须经职工会同意后方得执行。

（注三）因本条（一）、（二）、（三）项原因解除劳动合同时，须给予被雇人二星期工资的退工津贴。

第一百零三条 有限期的劳动合同如有下列情形，虽未满期被雇人亦得自行解除之：

（一）被雇人不能按期领得所应得的酬金者；

（二）雇主违犯合同上所负的责任及劳动法令者；

（三）雇主或管理人或他们的家属对于被雇人有无理待遇情事者；

（四）变更劳动条件较为恶劣者；

（五）因其他在法律上所规定的情形者。

第一百零四条 无论何种劳动合同经职工会的要求，均得解除之。

第一百零五条 各机关、各企业、各商店如雇用新的工人、职员，须于三日内通知职工会的支部委员会。如欲辞退工人、职员，须于三日前通知职工会的支部委员会。

第十三章 职工会联合会及其在企业、机关、商店中的组织

第一百零六条 职工联合会（简称为职工会或工会），系联合各企业、各机关、各商店以及家庭中的雇用劳动者而成立的机关。中华全国总工会是全国各种职工联合会的总机关，各项职工联合会的组织须按照中华全国总工会全国代表大会所通过的章程，在各该产业职工联合会的中央委员会及中华全国总工会登记。

第一百零七条 所有各种其他的联合组织，未根据前条规定，在各产业职工联合会的中央机关及中华全国总工会登记者，均不得称为职工联合会及享有职工会在法律上的权利。

第一百零八条 职工联合会及其所属各分会均有下列各种权利：

（一）宣布并领导罢工；

（二）代表工人和职员与各企业、各机关的管理部以及各私人雇主签订合同；

（三）出版报纸刊物，设立学校、图书馆、俱乐部，购置产业并管理之；

（四）对于各企业、各机关、各商店，帮助劳动检查机关监督劳动法及其他一切劳动法令的执行；

（五）在私人企业中成立特别机关监督生产；

（六）在国有企业中参加企业的管理；

（七）向苏维埃政府提议颁布各种劳动法令，提出并推选劳动部所属各机关的职员。

第一百零九条 职工会得享受苏维埃政府各种物质上的协助，并享受邮政、电报、电话、电灯、自来水、电车及市政公用物品与铁道、轮船等优待条例（件）。

第一百一十条 在军事机关内职工会的支部委员会，照中央劳动部会同革命军事委员会及中华全国总工会所制定颁布的特别条例组织之。

第一百一十一条 各机关、各企业、各商店的管理部或雇主，对于职工会一切机关的行动不得有任何阻碍，但召集该机关、企业或商店的工人和职员大会或代表大会，在普通情形下，须于工作时间外行之。但派遣代表参加苏维埃会议，或参加上级职工会的代表会议，仍得于在工作时间内行之。

第一百一十二条 各机关、各企业、各商店除付给工人、职员工资外，

须付工资总额的百分之二为职工会的办事经费，又百分之一为职工会的文化教育经费。

第一百一十三条 各职工会的各级委员会的委员，持有该项委员的证书，均有权自由视察各机关、各企业、各商店内一切工作场所。

第十四章 管理规则

第一百一十四条 各企业、各机关或商店内之劳动人员满五人以上者，为整理其内部工作秩序起见，得制定内部管理规则。此项规则遵照法定手续（第一百一十六条及第一百一十八条）确定之后，宣布于各劳动人员，方生效力。

第一百一十五条 在前条所述之内部管理规则内，对于劳动者及管理员之普通与特别的责任，以及因违犯规则所负责任的范围及负责办法，应有明确详细的规定。

第一百一十六条 内部管理规则，对于各项现行的劳动法令和命令，以及该企业、机关或商店内现行有效的集体合同，不得有所抵触。

第一百一十七条 标准的内部管理规则，由中央劳动部会同中华全国总工会和中央国民经济部制定之。各企业、各机关、各商店于未制定内部管理规则或该项管理规则未经批准（第一百一十八条）以前，本条所述标准管理规则，各企业、各机关、各商店应行遵守。

第一百一十八条 所有各企业、各机关、各商店之内部管理规则，应由各该管理部会同当地职工会协定后，呈由劳动部所属的机关批准。

第十五章 解决争执及处理违犯劳动法案件的机关

第一百一十九条 凡违犯劳动法及其他关于劳动问题的法令和集体合同的一切案件，均归劳动法庭审理之。

第一百二十条 各机关、各企业或商店与被雇人间，因为各种劳动条件的问题发生争执和冲突时，各级劳动部在当事人双方同意时，得进行调解及仲裁。但在发生重大争议时，即无当事人的双方同意，各级劳动部亦得进行仲裁。

第一百二十一条 在国有企业、国家机关以及合作社企业中，得由管理部及职工会工厂作坊的支部委员会，各派同等数目的代表，组织工资争议委员会。工资争议委员会的职务如下：

（一）评定该企业或机关中工人、职员应得工资的额数；

（二）解决管理部与工人、职员间因执行劳动法令及集体合同所发生的争执；

（三）工资争议委员会的决定，须得双方同意，如工资争议委员会不能解决的案件，即提交劳动部所属的机关或劳动法庭办理。

中华苏维埃共和国中央执行委员会

主　席　毛泽东

副主席　项　英

张国焘

（选自一九三四年七月《苏维埃法典》第二集）

中华苏维埃共和国
违反劳动法令惩罚条例

（一九三三年十月十五日）

第一条　本条例是专为惩罚违犯劳动法令的雇主（私人的、国有的及合作社的）而颁布，凡违犯劳动法令的一切犯法行为，都根据本条例惩罚之。

第二条　凡雇主违犯劳动法令各章的规定，依照以下各项分别惩罚之。

甲、在三个雇用劳动者以下的企业或机关内，雇主违犯劳动法者，处以三元大洋以上的罚款或三天以上的强迫劳动或监禁。

乙、在三个以上七个以下的雇用劳动者的企业或机关内，倘雇主的犯法行为仅及于小部分的雇用劳动者，处以十元大洋以上的罚款或十天以上的强迫劳动或监禁。倘雇主的犯法行为系及于多数或全体雇用劳动者，处以二十元大洋以上的罚款，或两个星期以上的强迫劳动或监禁。

丙、在七个以上的多数雇用劳动者的企业或机关内，雇主的犯法行为，仅及于少数雇用劳动者，处以一个月以上的强迫劳动或监禁，或三十元大洋以上的罚款。

倘雇主的犯法行为，系及于大多数或全体的雇用劳动者，处以三个月以上的监禁，或一百元大洋以上的罚款。

第三条　凡雇主违反关于劳动问题的现行法令，看雇主犯法行为的程度及影响于被雇用者的多少，根据本条例第二条各项的规定处罚之。

第四条　凡私人雇主及国有或合作社企业之管理人违反与职工会订立的集体合同，而该项合同又在当地劳动部登记者，以违犯劳动法论罪，按本条例第二条各项的规定处罚之。

第五条　凡阻碍职工会各级机关的负责人员及代表的合法行动或妨害其使用自己的职权者，依其犯罪之程度，处以三天以上的强迫劳动或监禁，或处以三元大洋以上的罚款。

第六条　凡用强力恐吓或收买等方法以阻止工人或职员加入工会，以企图达到违犯劳动法令和集体合同之目的者，依其犯罪之程度，处五天以上的强迫劳动或监禁，或五元大洋以上的罚款。

第七条　凡违犯劳动法或其他关于劳动问题的现行〔法令、集体合同等案件，都归劳动法庭根据本条例的〕①原则审理之。

第八条　国有及合作社企业如发生有违反劳动法令及集体合同的事情，可由劳动部、国民经济部及职工会组织特别委员会解决之。如不能解决时，则交劳动法庭根据本条例第二、三、四各条的原则判决强迫执行之。

第九条　凡中农、贫农及手工业者、小船主因自己的劳动力不够而使用他人劳动力以补助自己劳动力之不足者，倘得工人及职工会之同意而没有按照劳动法令的规定者，不应机械地依照本条例第二、三、四各条处罚之。

第十条　本条例中央执行委员会得随时修改和废止之。

主　席　毛泽东
副主席　项　英
张国焘

① 括号内的缺字，系据《苏维埃法典》第二集所载之《违反劳动法令惩罚条例》补加。*

中华苏维埃临时中央政府劳动部训令

第一号

——关于劳动部组织与工作

为了实际执行全苏大会保护工人阶级的政纲和劳动法令，必须健全劳动部的组织与工作。查过去各级苏维埃政府，有的未建立劳动部，有的在形式

---

* 这是原件的附注。——编者

上建立了无工作。全苏大会闭幕至今为时已半年，劳动法令的实施，不仅没有去做，甚至有的从未过问这一问题，以致在苏维埃政权下，使工人阶级没有完全实现他们应享受之一切权利，许多地方资本家还是用过去剥削工人的方式来继续剥削工人。这是何等严重的现象，不仅有损于苏维埃政权的威信，而且减弱工人阶级参加苏维埃斗争的积极性。这种错误的现象要立即改正与消灭，以提高工人阶级的积极性，加强苏维埃革命发展的力量。现各省选举运动，将要次第完毕，劳动部的组织也依次建立了，本部为健全劳动部组织与工作，除本部颁布有组织纲要外，并作以下之决定：

一、各级劳动部和劳动科要依照中央劳动部所颁布之组织纲要，将劳动部与劳动科之组织与工作使它逐渐地健全起来，充实起来，并限于红五月内将各级劳动部的组织情形依级转报各上级劳动部审查备案。

二、劳动检查员是代表劳动部实际去监督和检查资本家雇主对于劳动法之实行，其工作与职务甚为重要。在目前情形之下，非工业区之省县苏可暂不设立劳动保护所和科，只设劳动检查员，由各级劳动部于红五月内正式通知同级的职工会，选举最好的积极会员，介绍到劳动部或劳动科委任为检查员，执行劳动检查工作。但非工业区县区市之检查员，尽可能不脱离生产；一面做工或做工会工作，一面兼负检查员之职务，因目前事不繁重而又增加政府之开支。

三、县区苏之失业介绍所必须逐渐建立，目前暂以一人来担任这一切工作，但在介绍所未成立前，暂委托当地职工会代理介绍工作的事务。介绍工作，首先要举行失业工人登记，各地限红五月内完毕，统计后转报上级劳动部，并实行禁止资本家自由雇用工人。

四、经济评判所在商业的大城市（如上杭、汀州）要设法建立关于工人与资本家订立之合同，一律重新登记，再加审查，不符者，令其重新订立，已订立者必须实行。普通市与区之经济评判工作，由部长和科长管理。

五、目前劳动法之实行，首先是：

1. 八小时工作制，青工十六至十八岁六小时，十四岁至十六岁四小时的严格执行，如因目前工作情形必须延长者，须由各级检查员检查后，由劳动部或劳动科批准者方能继续工作，但工资加倍。

2. 星期日、例假日的休息照发工资，如因工作星期不能全体休息者，可轮流休息；要继续工作者，工资加倍；对于工人参加苏维埃大会或工会的会员大会者，不得扣工资。

3. 最低真实工资已由本部规定，在目前每月为七元（伙食在内），任何工人的工资，只有高于此数，不能低于七元，由检查员实际检查。如有低于此数者，由劳动部或劳动科令其照数增加。

4. 雇主请工人要订立集体合同和劳动合同。

5. 资本家雇用工人须向失业介绍所请求，或由职工会介绍。

6. 旧式学徒制废除，普通技术及商业者学习年限一年；特别技术者不得超过二年，并规定每年最低限度须发给学徒津贴洋十五圆，这种津贴必须按期增加，学习期满按其技术与成年工人得同等工资。各业学徒学习期限，应由各地劳动部和劳动科按以上原则，就各种职业技术的情形分别规定年限颁布。

7. 青〔工〕女工与成年工人做同样工作得同样工资，虽青工六小时、童工四小时，其工资应与成年工资相等。女工产前产后的休息与工资照发一条必须实行。

8. 社会保险费的实行在现在农村及小城市中比较困难，失业保险费须按情形来实行，至于疾病、残废、伤亡等等之医药费与优恤费，在未设保险局以前，暂订在合同上。如发现这种事情时由资本家给费。

9. 以上各项，已有本部布告在案，并限红五月内实行，由各地劳动部、劳动科负责监督资本家、店老板及雇主实行。对于劳动法其他各项，须按当地情形拟定实行办法，报告上级劳动部批准公布。

六、劳动部和劳动科为保障劳动法之实现，对于资本家应用命令和布告限期责令资本家实行。如故意违抗或阳奉阴违者，一经检查员查出和职工会会员报告者，须将资本家、雇主移交法庭依法处罚。

七、各地劳动部或劳动科对于监督资本家对于劳动法之实行，必须取得当地职工会之帮助。

八、各地劳动部或劳动科在五月内须将当地工人数目，职业种类，工时多少，工资多少及种类，生活状况，失业工人情形，拟成表册，统计起来，报告上级劳动部转交中央劳动部备考。

九、在红五月各地实行劳动法的情形及经过，详细做成报告，于六月十五号前按级报告，以后区市每月须作工作报告一次，县与省属市一个月报告一次，省每两月报告一次，其最下级之报告亦应按期转送中央劳动部。此令

(选自《红色中华》第十九期，一九三二年四月二十八日)

闽西第一次工农兵代表大会劳动法

第一章 总纲

一、工人有组织工会、言论、集会、出版、罢工之自由权。

二、各工会应规定最低限度工资,并按照生活程度递加。

三、各种工人利益由各工会会员大会随时规定,得总工会批准后执行,并须报告所在地政府。如政府认为不妥时,得召集联席会议解决之。

四、失业工人政府应设法救济,并分与田地及介绍工作。

五、取消工头制度,不准工头克扣工资。

六、纪念日例假休息,工资照给。

七、工人暴动以前,过支东家之款取消。

八、长期工人遇疾病死伤者,其医药费、抚恤费由东家供给。

九、工人有监督资本之权。

十、工作同等者工资同等。

第二章 工厂工人条例

(房屋、机器、原料都是厂主所有,采用分工方式,工人卖出劳动力支工钱者,为工厂工人,如织布、织纱袜、电灯、机器米等属之。)

一、工人每日工作不得超过八小时。

二、工资按照生活程度增加,多少由工会自定。

三、工资要按期发给,期限由工会自定。

四、预支工资不得折扣利息,暴动前过支之款取消。

五、厂主不得无故停工,如因亏本倒闭者,要照发两个月之工资。

六、厂主不得无故开除工人,开除工人要经工会同意。

七、工人疾病死伤,其医药费、抚恤费由厂主供给,多少由工会自定。

八、工厂房屋要注意卫生,工厂中要经常有充分茶水。

九、厂主不得打骂虐待和侮辱工人。

十、纪念日例假休息,工资照给。

第三章 商店工人条例

(老板运用资本、雇用工人、经营买卖事业者为商店,商店工人如管账、买卖、打杂、学徒、伙夫等属之。）

一、十二月发双薪。

二、要规定最低限度工资，按照生活程度增加。

三、店东不得借故辞退工人，如须辞退者须经工会同意。

四、店东加请工人，应得工会同意。

五、店东不得借故倒店，如因亏本无力再做者，须经过工会审查，如无故不肯再做者，将资本盘与工人经营，资本分年摊还。

六、暴动以前过支东家之款取消。

七、工人不为私人服务。

八、工人晚间到夜学读书时不做工，学费由东家负担。

九、工人理发、洗衣费由老板负担。

十、无故辞退工人者，要发足工人半年工资，如因事辞退者给予路费。

十一、店东因亏本无力再做者，要给二个月工资和伙食费。

十二、工人被盖要店东供给。

第四章　工场作坊工人条例

（雇用工人集合一个场所运用手工定期工作者为工场工人，如做纸、木行、做菜、刨烟、做鞋、理发、缝衣、打棉线等属之。小规模的工场，雇用工人不多者为作坊工人，如染布、五金、做酒、做豆腐、做饼等属之。）

一、暴动以前过支东家之款取消。

二、工钱按照生活程度增加，并规定最低限度工资，由工会自定。

三、工人先支工资，不准折扣。

四、工人疾病死伤时，医药费、抚恤费由东家供给。

五、洗衣费、理发费由东家供给。

六、工场作坊内卫生要东家设法改良。

七、工人因病回家，要给以川资。

八、东家不得利用秤头银水剥削工人。

九、工场工人要有一定牙制。

十、东家不得无故停工，因故停工者照最低限度支薪。

十一、东家不得无故开除工人，开除工人须得工会同意。

十二、东家因亏本倒闭者，须照发二个月工资。

十三、东家无故停工半年以上者，其工具由工人没收使用。

十四、东家不得借故克扣工资。

第五章　自由手工业工人条例

（用工人自己之工具和劳动力，照双方订定工资日期或件数为人工作者，为自由手工业工人，如乡村间之泥水〔匠〕、木匠、缝衣〔匠〕、理发〔匠〕等属之。）

一、由工会规定最低限度工资，按照生活程度递加。

二、不准工头抽收工资。

三、工作时间最多不得超过八小时。

四、在工作时期内，工人病疾死伤，由东家酌贴医药费、抚恤费。

五、逢天时不好不能做工时，伙食由东家供给。

第六章　运输工人条例

（为人运输货品者为运输工人，如船夫、挑夫、木排〔工〕、拖树〔工〕、码头〔工〕、邮差工人等属之。）

一、力资照生活程度增加，要规定最低限度工资，多少由各工会自定，经总工会批准行之，不准由行家操纵。

二、力资一律照现银扣算，不得用银水七折八扣。

三、运输易消耗之货品，要规定销蚀限度，老板不得任意克扣其力资。

四、运输长途货物者，老板要先付力钱作路费，不计利息。

五、不准行家吃秤头。

六、挑夫工人疾病死伤者，由工会向商家募款救济。

七、运输工人之力钱，货到交清，不得留难。

八、禁止工头抽收工人工资。

九、码头上下货多时，行家要发点心。

十、木排、拖树、船夫工人在工作期内疾病死伤者，医药费、抚恤费由东家发给。

十一、因天时耽搁者，伙食费由东家负担。

第七章　女工条例

一、女工与男工工作同等者工资同等。

二、女工产前产后两个月内不做工，工资照发。

三、禁止侮辱女工。

第八章 青工条例

一、禁用十二岁以下之童工。

二、青年工人与成年工人工作同等工资同等。

三、青年工人晚间要读书不做工。

四、学徒学习年限，不得超过二年。

五、学徒、牧童每月要有最低限度工资，并按照生活程度增加。

六、学徒、牧童，东家每年至少要有两套衣服发给。

七、学徒、牧童不为东家师傅私人服务。

八、学徒、牧童饭菜要与东家一样。

九、禁止东家打骂学徒、牧童。

十、青年工人不做有害身体之工。

十一、青年工人被盖要东家供给。

十二、十六岁以下的青年工作不得超过六小时。

第九章 失业工人救济条例

一、总工会要组织职业介绍所，介绍失业工人到各地工作。

二、帮助失业工人移居到田地多的地方，分与田地耕种。

三、政府设法开办工厂，招收失业工人工作。

四、政府没收来之反动财产或公产，可以经营者，如纸、木等，尽先低价出卖与失业工人，并借一部分给他做资本。

五、政府、工会要设法募捐救济失业工人。

(选自《闽西第一次工农兵代表大会宣言及决议案》，

一九三〇年三月二十五日印)

湘赣省第二次苏维埃代表大会
关于劳动法执行条例的决议

(一九三二年八月一日)

大会对中华苏维埃临时中央政府颁布的劳动法详细研究了，一致认为是非常正确的，是真正保护工人利益、反抗资本家的压迫和剥削的有力武器。湘赣苏区执行这一劳动法，部分地实行了成工八小时、青工六小时、童工四小时以及星期日和各革命纪念日的休假制，工资也较前提高了，工人的文化娱乐亦相当地提高了，三年学徒制已普遍的废除，有些地方雇请工人已实行了订出集体与劳动合同。特别是由于工人生活的改善，工人领导革命的积极性大大的提高了，许多地方的工人能够自动地领导群众到红军中去。这一切都是执行中央政府劳动法不可否认的成绩与事实。

但是，因为劳动法的宣传工作的不深入，没有广泛的发动工人群众为实现劳动法而斗争，以致迟缓了劳动法实现的程度与速度。同时由于各级劳动部的组织不健全，没有很好建立它的日常工作，未能经常去检查劳动法的实现情形，致使在执行劳动法的过程中还发现了不少的错误与缺点。如有些工人工作八小时者故意缩至六小时，部分的商店和合作社工人不晓得轮流工作，呆板的规定每天上午八时起至下午四时止为工作时间，一致（度）引起了一般群众的不满意并影响生产上的减少等。大会为要纠正这些错误与缺点，迅速地全部实现劳动法，真正保障工人的利益，特别根据中央劳动法汇（结）合湘赣苏区的实际情形，□□□□□。

甲、工作时间

1. 成工每天八小时，青工六小时，童工四小时。

2. 经过劳动检查机关和职工会的许可，成年工人如需要延长工作时间时，至多不能超过十小时，并要按日加时间的工资须加一倍或半倍（如做八小时的工作平均每小时的工资可得一角，延长的时间每小时须得二角或一角半的工资）。

3. 青工、童工为要保障本身发育与读书娱乐，不得延长工作时间。

4. 凡危害身体的工作，须以保障工人健康为原则，工作时间应减至六小时以下。青工、童工、女工不得做危害身体及笨重工作。

5. 做夜工的应较通常工作时间少一点钟，如工作八小时者须减至七小时，余类推。

6. 商店、工厂、企业、合作社的工人须实行轮流，以不得停机器和交易，及每人不能超过规定工作时间为原则。

7. 各县区劳动检查所应经常检查工人工作时间。

乙、休息时间

1. 按照日历表星期日一律休息，工资照给。如商店和工厂、企业、合作社以及长工、月工、季工、学徒、牧童等任何工人（包括公私开办的）事实上不能停止的，经过劳动检查机关或职工会的许可，工人应得双薪。

2. 每逢革命纪念日须一律停止工作，工资照给。

3. 休息日和纪念日、节日前一日的工作时间，成工至多不得超过六小时，余类推。

4. 工人出席任何革命会议，雇主不得阻止并克扣工资。

5. 工人在每日工作时间内，包括一点钟为吃饭时间，不得扣工资。

6. 在任何企业内的工人，继续工作到六个月以上者，须有两星期休息；满一年者，应有四星期休息。在危害工人身体健康之工业中工作的工人，须加倍休息，工资照给。

7. 工人和职员若因生病或生育小孩所得的休假，不算入上条规定的休假之内。

丙、工资

1. 劳动部应按照各地生活程度及各种工人工作的分别，以米价为标准，规定真实的最高限度的工资额，并由劳动部每月审定一次。

2. 夜工工资须高于通常工资，工作八点钟者须加十分之一，六点钟者须增加五分之一。

3. 工资应按月发清，不得借故积欠，或以货物抵算工资，并且要直接交于工人之手。

4. 按件论价须按生产章程与各类货物品〔种〕不同，议定每件工资的数目。

5. 工厂、作坊与店铺等企业工人，由工会代表与雇主订立集体合同及工人自己订立劳动合同规定工资。

6. 禁止雇主扣除工人工资，赔偿任何损失。

7. 季工的工资要〔比〕年工的一季工资多，月工比季工、日工比月工，余类推。如有特殊劳动条件的，除享受本劳动法规定外，并须依照中央劳动部颁布的劳动细则执行。

8. 如因雨雪或其他缘故不能做所议定的工作而要做其他任何的工作，须得工人同意，并且所做的工作，劳动力超过了议定的工作须酌量增加工资。

9. 女工、青工与成年工人做同样的工作，须得同等的工资；童工、青工须按照缩短时间做工作，但工资须按照职业工资的等级以全日计算。

丁、童工、青工及女工

1. 凡繁重及危险的工作，禁止青工、童工、女工去做。

2. 十八岁以下的男女工及怀孕哺乳小孩的女工，严格禁止做夜工。

3. 十四岁以下的男女禁止雇用。

4. 哺乳的女工规定三点钟休息，半点钟来哺小孩，不得扣工资，并须在做工内设立哺乳室及托儿所，由工厂负责请人看护。如小孩有病需要女工招呼时，也不得克扣工资，医药也须雇主负责。

5. 大风大雨大雪，青工、童工、女工不出外工作，并不能扣除工资。

6. 学徒期限以各种工业熟习为标准，普通以半年至一年，至多不能超过两年。而学徒要求退职时，师傅、老板不得强留，并须发清该学徒原所议定应得的工资，如回家路远，应由师傅、老板担负路费。

7. 禁止征收学徒寄宿金及储蓄金制度。

8. 凡各种工业的学徒应规定一定的工作，不得强迫作重大苦事和苛待学徒。

9. 在学艺时期内，雇主或师傅应切实负责教授，如故意懒教致使手艺不能在议定时间成熟时，应由他继续教授，工资应与成工同。

10. 雇主不得任意开除学徒，如有特别情形须要辞退学徒时，须得职工会的同意，并须发给相当的退职金。

11. 所有用体力劳动的女工，产前产后休息八星期，工资照给。使用脑力的机关工职员（如女办事员与女书记），产前产后休息六星期，工资照给。

12. 生产前五个月内及生产后九个月内不许开除女工，若不得她的同意，并不得令其出外办事或迁移到别处去。

13. 设立工厂或商业学校以提高青年工人的熟练程度，并给他们以补充教育，由雇主供给经费，苏维埃亦应予以帮助。

戊、劳动保护

1. 凡有危害工人身体健康的工作，雇主应供给工人特别保护衣服及其他保护物（如护眼器、肥皂、特殊食物、肉类与牛乳等）。

2. 无论何种企业，必须由雇主发给工人便利于该项工作的专门衣服。

3. 因雇主过失中间的停止工作，不得扣工资（机器损坏或缺乏原料等）。

4. 工人或职员被征到红军中去服军役因此而失去他的工作，须预先发给三个月平均工资。

5. 雇主必须供给工人工作的工具，并不得因工具而扣工资；倘若工人用自己的工具，雇主必须偿还工人以原价，其详细办法由集体合同规定之。

6. 工人寄宿舍由雇主设法，不纳房租，如无寄宿，全由雇主津贴房金。

7. 工人有病，不能开除他们的工作，并须由雇主发给医药费到病愈为止，如果在一个月内，仍须照常发给工资。

8. 工人和职员若自愿的解除劳动合同，雇主须发给他半个月的中等工资作为卸工津贴费，若雇主开除工人和职员，雇主须发给他三个月的中等工资作为卸工津贴费。

9. 所有被雇用后在工作过程中所得的职业病或遭受任何危险，须由雇主全部抚恤之。

10. 长工、季工、月工饮食起居要与雇主一样。

11. 雇主除支付工资额外，并按照工人所得的工资额，另支付百分之一为工人文化费，百分之一为工会办公费。

12. 苏维埃政府须给职工会以物质上的帮助，并予以享受政府电话、电灯、自来水等市政公用器及铁路、轮船等优待条例。

己、社会保险

1. 雇主除应支付的工资外，须支付全部工资额百分之十至百分之十五的数目作为社会保险之基金。

2. 一切雇用劳动者均有〔权〕领取社会保险费。

3. 凡被合作社雇请的工人、职员，须由合作社同样的出纳保险费。

4. 为着社会保险基金迅速的征集，各乡苏维埃每乡至少须津贴一元，区苏维埃按照经济能力酌量津贴帮助社会保险基金。

5. 社会保险费的管理与用途，雇主不得过问，只尽纳保险费的义务，须由职工会代表大会选举社会保险外，*交苏维埃批准，在职工会与劳动部监督之下执行社会保险的一切事宜。

6. 社会保险□□□须将收入支付报告所属劳动部、职工会审查。

7. 社会保险的具体分类如下：

一、免费的医药费的帮助：不论是普通病或因工作致病、遇危险受伤、职业病等都支付医药费等，其家属也同样有受免费的医药费的帮助。

二、暂时失却其工作能力者的津贴：如患病、受伤、隔离、怀孕、生小孩以及服侍家中的病人空缺时间的工资。

三、失业津贴费：

（甲）职工会会员做工一年以上就可得失业津贴费，非职工会会员做工在二年以上方可得失业津贴费。

（乙）失业工人必须在失业劳动介绍所或在当地工会注册，曾被雇用过

---

* 疑有脱漏。——编者

或有职工会员证明方能得优恤金。

（丙）支付失业津贴费时间之长短，可依照当地情形和社会保险基金的状况加以限制，但于失业工人可继续领取失业基金。

四、残废和老弱的优恤金：凡工人因一般的原因或遇险或职业病而遭受部分的或全部的残废或年老不能工作，经过特别委员会的检查而确定此种残废的程度与性质及其家庭的状况后，须得现金优恤。

五、婴儿的补助金：如工人生了小孩，得领取补助金来买小孩十个月内所必须的物品和牛乳，但此项补助金的总数不得超过两个月的工资。

六、丧葬津贴费：工人及其家属之死亡，都由社会保险处领取丧葬费。

七、工人家属贫困补助金：凡工人的家庭专依靠工人赚钱生活者，若工人死亡或失踪应得优恤金。此项优恤金数目之大小、支付时间之长短，要看工人的家庭大小等条件，由专门委员会审查决定之，但因受雇任何企业六月以上的工人都得领取。

庚、劳动检查所

1. 县区苏维埃劳动部之下应设立劳动检查所。

2. 各级劳动检查所须制劳动检查表，切实调查工人生活及失业工人多少，报告劳动介绍所登记，并检查劳动法执行情形。

3. 劳动检查所的检查员须由职工会介绍审准与负责。

4. 任何商店、企业、工厂中雇请工人，必须经过劳动介绍所，首先雇请职工会会员，职工会会员享有优先资格。

闽浙赣省苏维埃政府第二次工农兵代表大会实行劳动法令决议案

（一九三三年四月二十四日）

一、闽浙赣省苏维埃自第一次代表大会以来，在坚决执行劳动法的当中，对工人阶级的生活是更加改善了，主要的是：

①一般工人、雇农、学徒的工资是比以前增加了，待遇亦比以前相当改善了。②所有的工人、雇农得到了免缴土地税的特殊权利。③苏维埃工厂中、合作社工厂中的工人与私人雇用的工人、雇农，大部分是实行订立了劳动合同、集体合同，实行了成工八小时、青工六小时、童工四小时的工作制，星期日休息、医药救济等劳动法的基本条件。④在苏维埃工厂中、合作

社工厂中、私人企业工厂中的青工、女工实行了同工同酬,女工实行了产前产后的休息和津贴、小孩的抚养费等特殊利益。⑤在苏维埃工厂中的工人,除得到了实现八小时工作、星期日休息和例假外,更实现了入休息所休养,更兴奋了工人的情绪。⑥失业雇农全部得了土地的救济,失业工人除大部分得了土地外,并在苏维埃政府帮助之下,建立了五十几个生产合作社,减少了失业工人生活上的困难,以及因苏维埃政府经济上的转变,亦减少了工人的失业(如信河、乐河船工与闽北纸工),省苏维埃从政治上经济上帮助了职工会组织的建立与工作的开展。

二、正因为苏维埃对劳动法的实施,对工人生活的改善,就更发挥了工人阶级对革命的坚决性、积极性,更提高了工人阶级斗争的勇气,巩固了无产阶级革命斗争的领导。在苏维埃工厂中的工人都自动努力进行生产的革命竞赛,积极节省经济,捐助战费慰劳红军,踊跃参加红军,尤其是这次无产阶级团的战功,更证明了工人对苏维埃政权的认识,及为苏维埃政权而奋斗的决心。

三、全省代表大会检查过去各级苏维埃对工人阶级利益的保护,特别是对于中央苏维埃政府所颁布劳动法令的执行,认为还有很多不够的地方,今具体指出于下:

1. 有些苏维埃政府对于劳动法令的执行,对于工人阶级利益的保护,仍表现不容许的消极,特别是有些区乡苏维埃政府没有把实现劳动法当做苏维埃的中心任务之一,尤其是对失业工人救济的不够,有些乡村苏维埃政府,不但不注意介绍失业工人的工作和失业工人的救济,反因为多留人在本乡村内做防守工作,就不许本乡村的工人到别处去找工作,更弄成工人的失业。

2. 八小时工作制、增加工资、劳动保护及订立劳动合同、集体合同等,在有些苏维埃工厂中以及私人雇用的雇农、牧童中,还没有完全实现。又没有订立合同的在业工人、雇农、牧童等,以及已经订立了合同的工人、雇农、牧童,过去苏维埃劳动部、劳动科,都没有实行检查过。没有坚决去监督实现劳动法,使仍有一小部分的工人未得到增加工资、改良待遇的实际利益。

3. 因为过去学徒问题没有很好解决,增加工资没有分清学徒师傅,结果增加的工资实际上都被师傅剥削去了。徒弟自己得到的很少(如师傅在雇主方面收学徒的工资,是收同师傅的一样多,而付给学徒的都是一月一元或两月一元),又因各地劳动介绍所没有很好建立,农民多雇一般手艺好的老师傅去做工，很多手艺没有学好的工人学徒，又时常失业，没有工做。另一方面，农民又时常感到雇请工人不到的困难，这样增加工资变成帮老板师傅向农民加工钱，真正工人学徒，反得不到几多增加工资的实际利益。

4. 过去老苏区内及现在有些新苏区内，在实行平债斗争中，把老板雇主欠工人的工资，以及雇农因税集来的钱，移借给别人都拿来当债去了，这是过去下级苏维埃在领导平债斗争中非阶级的严重错误。

5. 有个别苏维埃工厂中对女工的待遇不平等（如闽北被服厂对女工没伙食），这是很违背劳动法的严重错误。

6. 过去有些地方实现劳动法中还犯着过左的错误（如上饶煤厂工人生病，在家六个月都发工资伙食，亦不去问他的病好了没有，以及多数牧童、学徒，合同上订些过高的空洞的条件）。

7. 对劳动法宣传的不深入，不普遍，因此大部分工人只知八小时工作，增加工资，而不知道劳动法的全部利益。

8. 各级劳动部、劳动科的工作，过去是完全没有很好建立，只是一个形式的空机关。因此，有很多工人群众对劳动法还没有很好的认识，有时工人为劳动法的事，只知道要求职工会解决，不知道经过劳动部的批准。同时，在各县劳动部、劳动科与职工会的关系，又没有很好建立，有时在领导实现劳动法中，劳动部与职工会不联系一致。

9. 在过去执行劳动法中，对巩固工农联盟及提高无产阶级对农民的领导注意不够。

10. 全省代表大会严格的指出过去有些下级苏维埃对于执行劳动法消极的错误，并委托新省苏执行委员会立即去改正这一错误。大会一致拥护和坚决执行中央苏维埃政府颁布的劳动法令，并同意中央劳动部第一号训令去执行。今根据全省实际情形，关于劳动法令的执行，更具体的决定如下：

1. 对于成工八小时工作、青工六小时工作、童工四小时工作、星期日和例假日的休息，依照中央劳动部的规定，无论苏维埃工厂和群众所组织的合作社及私人资本的企业须一律坚决实行，如必要延长工作时间者，须经劳动部批准，并依劳动部法令发给双薪，未经劳动部或工会的特别允许，任何工业或季候的工作，不得要工人做比中央劳动部法令规定的工作时间以上的额外工作。

2. 煤厂工人、烧石灰工人每日工作时间，不得超过七小时（挑石灰石头与打石头的，不在此例）。

3. 各种做月工、季候工、年工等工人及各工厂中的工人，除星期日休息外，每星期六下午休息半天，工资照发（做零工者，不在此例）。

4. 煤厂工人与长期烧石灰的工人，因工作关系每日工作时间要超过七小时外之两小时以上得到当地劳动部批准者，做五日工之后应休息一天（临时烧石灰的工人，不在此限）。

5. 大会同意中央劳动部第一号训令的规定，目前无论男女工人最低的工资，每月为大洋七元（伙食在内），并决定零工和雇农、苦力、短工等每日最低工资为大洋五分，伙食由雇主供给。

6. 雇农工资长年的每年工资大洋三十六元，每月最低四元，牧童工资长年的每月为大洋八角，月工每月最低的为大洋一元，每四个月付清一次，月工工资，须每半月付给一次。

7. 绝对禁止包工制，按件工作者要改为日工或月工，如遇工作的特殊情形，必须要按件工作者，其每件工资必须由当地劳动部依劳动法规定每件最低的工资额。

8. 学徒的期限看学徒的程度与技术的难易去规定，但较困难的技术最长不得超过两年，如学满两年，学徒自认手艺还没学好，得要求再继续学习若干时，师傅不得拒绝。至于每种职业的学习期限，由劳动部再行详细规定之。

9. 学徒的工资，师傅不能从中剥削分文，但学徒的工资亦不能与师傅的一样多，要劳动部与职工会共同依照学徒的年限与学徒手艺的高低另行分别规定。各业学徒的工资数目，学徒每日做工的工资，完全归学徒得，学徒另报酬师傅的教育费，由政府或工会拿出一部分及从老板雇主方面抽收，坚决消灭旧的学徒制与师傅对学徒、雇主与学徒中间的一层剥削，及纠正过去把学徒工资定得与师傅一样多，实际上学徒本身又没有得到，多数被师傅剥削去了，变成帮师傅向农民加工钱的错误。

10. 为要使学徒有地方学手艺，解决学徒的困难，大会责成省苏新执委须开办学徒学校，尽量吸收学徒来学习手艺，及帮助工人组织各种生产合作社，吸收学徒参加学习，以解决学徒找不到师傅带的困难，及消灭师傅对学徒的剥削。

11. 工人、雇农、青工、学徒、牧童，应由职工会以工资为标准，从老板雇主方面抽收相当的文化教育经费，来创办工人、青工、学徒的文化教育工作。

12. 女工生产前后八星期休息，工资照发，对于抚养婴儿的补助金，应由雇主给以最低津贴费五元。

13. 对于刨烟工人、煤矿工人、烧瓷器窑工人、烧石灰窑工人、砖瓦瓷工人、机器工人、印刷工人、铁工等，每年由雇主做工衣两套给工人穿。

14. 苦力工人（搬运工人、拉船夫、轿夫、挑夫都包括在内）所负工量，长途者不得超过六十斤，在三十里以内不得超过七十斤。推车夫长途者不得超过一百二十斤，在三十里内者，不得超过一百五十斤，如超过重量者，除原有工资外，应另加工资。

15. 工人因发生疾病及受伤的，在社会保险局未设立前，临时由雇主与资本家出医药费，并照给工资。因工残废者由雇主与资本家出三个月中等工资给其家属作优恤金。

16. 对于失业工人，除由劳动部建立失业介绍所登记失业介绍工作外，以后凡是苏维埃企业中及合作社中、私人企业中首先要雇用失业工人。在失业工人中，尤要先雇用加入工会的会员。同时，劳动部与财政部要协同帮助失业工人组织各种生产合作社，目前主要的是要组织煤炭、烧石灰、做纸、织布、做瓷碗及苏区群众日常生活需要的各种手工业等生产合作社。如工人能自己办生产合作社缺少本钱时，得由职工会担保向苏维埃银行借资本开办，以解决工人的失业与发展苏区的生产。但这些生产合作社，绝不能容许剥削工人的老板参加，以防止老板对工人的剥削。大会责成劳动部在三个月内要调查失业工人数量与生活状况，及具体计划解决失业救济，坚决肃清苏区内的失业现象。

17. 在私人资本企业中的工人，要开始按月实行征收社会保险金，以保障工人失业的救济。在社会保险机关未建立前，这些保险金暂委托职工会管理。

18. 各级劳动部要积极领导在业工人、雇农、牧童等，实行与雇主资本家订立劳动合同、集体合同，以保障工人、雇农、青工的利益和劳动法令的实行。同时，为要监督劳动法的实行，必须在劳动部之下设立劳动检查所和劳动检查员，随时去检查合同的实行，最低限度每月要检查一次。

19. 在执行劳动法中，要注意到巩固工农联盟，要加紧宣传农民来拥护工人劳动法的利益，以建立工人与农民的亲密关系。

20. 加紧对工人群众劳动法令的宣传教育，更要加紧对白区的宣传，把苏区工人所实现的劳动法利益，广泛宣传到白区工人群众中去，以启发与提高白区工人的斗争。

21. 为要有力地来保障劳动法令的实现，首先必须要依照中央劳动部所颁布的组织纲要，去健全各级劳动部、劳动科的组织与工作，严格纠正过去劳动部不单独进行工作、不积极领导工人实现劳动法的错误。大会并责成省劳动部切实地来建立劳动部的行政系统，并将劳动法及大会的决议拟具更具体的实际进行方案，以指示和督促下级劳动部执行。

22. 各级劳动部、劳动科要经常与同级职工会取得很密切的联系。关于一切实施劳动法与解决工人与资本家斗争的问题时，要职工会派人参加会议，征求职工会和其他会员的意见与赞助。但以后各级职工会关于领导工人实现劳动法令的问题，亦必须征得同级劳动部、劳动科的同意与批准，以纠正过去劳动部与职工会领导实现劳动法不一致的错误。

23. 大会严重指出，保障工人阶级利益是苏维埃基本政纲之一，只有坚决执行这一政纲，彻底改善工人阶级生活，才更能发挥工人阶级对革命的积极性、创造性，才更有力量去领导工人阶级参加革命战争，争取苏维埃在全中国的胜利。

24. 大会号召全省工人群众，一致来赞助各级劳动部来实现劳动法令和大会的决议，一致团结在苏维埃政权领导之下，来积极参加革命战争，只有把国民党的统治推翻，把帝国主义赶出中国去，争取民族战争的完全胜利，创造苏维埃的全中国，才能求得劳动法令的全部实现和工人阶级的彻底解放。

江西省苏维埃第一次代表大会
实行劳动法令的议决案（节录）

（五）全省代表大会一致拥护和坚决执行全苏大会的劳动法令，并同意中央劳动部第一号训令去执行外，并根据江西的实际情形，作以下具体的决议：

一、对于成年工人八小时制，青工六小时，童工四小时，星期日和例假日的休息，依照中央劳动部的规定，自本年红五月起，无论政府所办的工厂企业，群众名义所组织的合作社，私人资本的商店作坊，一律实行。劳动部批准延长工作者，依劳动法令给双薪，并由各地苏维埃劳动部负责监督实行。

二、对于钨矿、煤矿、石灰窑等类工人的工作时间，不得超过七小时。

三、对于手工业工人、矿工等，除星期的休息外，星期六只作半日工作。零工者不在此限。

四、矿工、石灰窑工以及因工作关系每日工作时间要超过八小时以外二小时以上的而得到当地劳动部批准者,做五日工后,应休息一天。

五、大会同意中央劳动部规定,目前无论男女工人最低真实工人工资为大洋七元,并决定零工和雇农短工、苦力、独立劳动者,每日工资最低者为大洋一毫半,伙食由雇主供给。

六、长年雇农其每年工资最低为大洋三十六元工资,须分节付给。

七、绝对禁止包工制,计件工作者尽可能改为日薪或月薪,如遇工作特殊情形,其每件工资由当地劳动部依劳动法规定,定出每件最低工资。

八、学徒的期限,看熟练的程度而规定,但普通技术,不得超过半年,较困难的技术,最长不得超过两年。如何规定各职业的学徒期限,由省劳动部规定出各职业的名员(?)。

九、学徒学习期内的津贴,规定上半年每月最低大洋一元,下半年最低每月为大洋二元,如学习期为半年及二年者,每按半年,增加每月津贴一次。

十、女工产前产后八星期休息,工资照给外,对于抚养婴儿的补助金,应由雇主给以适当的津贴。

十一、青工学徒由雇主给工会以相当的教育经费来办青年文化教育工作。

十二、对于刨烟工人、矿工、窑工、纸工、铁工、铸铜工、机器工等,每年由雇主作工衣二套给工人穿,工作工具完全要资本家供给。

十三、苦力工人可负重量,长途者不得超过六十斤,在三十里内不得过七十斤。如超过重量者,除原有工资外,应另加工资。

十四、对工人疾病受伤的,在目前社会保险局未设立前,临时由资本家出医药费,仍照给工资。因工残废者,由资本家出以三个月至六个月的中等工资作优恤金。死亡者除葬埋费外,并由资本家出三个月中等工资给其家属作优恤金。

十五、对于失业工人,除照中央劳动部训令建立失业介绍所登记介绍工作外,各级劳动部应设法使失业工人在政府企业及合作社中,尽可能先雇佣此种工人,并由劳动部与财政部协同帮助失业工人组织各种生产合作社,如造纸、石灰、煤炭、线布、钨砂、制造农具、铸铜以及日常品、制造药等等,这是可以相当的解决一部失业问题。同时苏区生产也发展了,大会委托新执行委员会在三个月内调查各种失业工人状况及苏区经济情形,来拟定具体计划,并在经济上给以帮助逐渐实行。

十六、对于在失业工人,应开始责令资本家按月照劳动法规定出纳失业保险金,暂委托职工会管理,以保障工人将来失业之救济。

十七、为了监督劳动法的实行,必须在劳动部之下建立劳动检查所和设立劳动检查员,随时来监督和检查资本家对于劳动法的实行。

十八、对于劳动合同与集体合同,除依照中央劳动部训令执行外,各级劳动部随时由劳动检查员检查合同的实行,最低限度在三个月内要检查一次。

(六)为了保障苏维埃执行劳动法起见,必须依照中央劳动部所颁的组织纲要,健全各级劳动部和劳动科的组织与工作,大会严厉指出过去各级劳动部之无工作的空机关之错误,并责成省劳动部切实的来建立劳动部的行政系统,并将劳动法及大会的决议拟定更具体的实际进行方案,以指示和督促下级劳动部执行。

(七)为要加强监督劳动法的实行,各级劳动部和劳动科要经常与职工会发生密切联系,以便取得职工会和其会员的帮助,如劳动部工作计划、讨论实行劳动法、解决工人与资本家的斗争等等,最好邀请职工会与工人的代表参加会议作报告。同时对于这些问题的解决,劳动部可派人出席职工会的会议作报告,征求职工会和其他会员的意见与赞助。

(八)大会特别指出保障工人阶级的权利是苏维埃政权基本政纲之一,只有坚决执行这一政纲,方更有力量去领导工人阶级去参加革命战争,争取苏维埃在全中国的胜利。

(九)大会号召全省工人群众一致来赞助各级苏维埃劳动部来实现劳动法和本大会的决议,来积极参加苏维埃所领导的一切斗争,参加革命战争,只有将反动国民党在中国统治推翻,取得苏维埃在全中国的胜利,才更能获得劳动法全部的实现和工人阶级更进一步的解放。

(选自《江西省苏维埃第一次代表大会各种决议案的决议》)

抗日战争时期

陕甘宁边区关于公营工厂
工人工资标准之决定

(一九四一年九月公布)

最近由于物价高涨,各项生活必需品,如米、布匹、菜蔬、肉类、鞋袜等均较"五一"前价格为高。因此,"五一"前所规定之工资标准,已不足以安定工人生活。为确实保障战时工人生活,增强劳动效率,刺激工业技术之改进,特对产业工人工资标准重新作如下之决定:

(一)以每个工人生活所需为最低工资,工资之高低依工人之技术程度、劳动强度决定之。

(二)工资之发给,采用实物与货币混合制。

(三)厂方按月供给工人以下列食物:

小米四十五斤(十六两秤,以下均以十六两秤计)、盐一斤、油十二两、肉一斤、柴八十斤、调和碱等钱三角,及足够吃饭之普通菜(例如洋芋每日不少于半斤,白菜、萝卜每日不少于一斤,菜干每日不少于四两等)。

上列食物,得按当时当地市价,以货币于月前发给之。

(四)厂方每年四月发一套单衣,七月发一套衬衣,十月发一套棉衣。三套衣服得折合难民工厂甲字洋布五丈五尺发给之,并发棉花一斤半。如工人工作不足一年即行离厂,而未领足按年平均每月所应得之布者,由厂方按周年应得之布折算补给。

其超过按年平均所得之布者,亦得折算由工人工资内扣除之。

(五)三、四两条所规定之食物衣服供给办法,不论工厂职员或工人,一律适用之。

(六)除上述之实物工资外,轻工业工人每月发给十五元至五十元之货币工资；重工业工人每月发给二十五元至七十五元之货币工资。

（七）工厂工作人员之工资，依照下列规定：

1. 工作人员如系技术工人者，仍按技术工人待遇发给工资。

2. 普通工作人员，除实物工资外，按月发给十五元至三十元之货币工资；其领津贴者，发给五元至十元之津贴。

3. 能独立担负全厂成本会计之会计人员，按月发给二十元至三十元之货币工资。

4. 技术职员按月发给三十元至百元之货币工资。技术职员由厂方调作行政工作者，仍领原工资，其自愿充任行政工作者，按普通职员发给工资。

（八）工人家属具有下列条件之一者，得由厂方按保育条例之规定负责供给：

1. 在工作过程中生育之子女；

2. 有妻子之工人入厂时，根据劳动合同厂方允许其带妻子者；

3. 政府送交工厂工作之革命军人或其家属带有妻子者。

（九）为统一工厂之开支，前条关于供给工人家属之经费，得由厂方造具预算，边区工业局所属工厂呈报建设厅批准开支，军委所属工厂呈报后方勤务部批准开支，中央所属工厂呈报中央财经处批准开支。

（十）工人妻子有六岁以下三个小孩者，得脱离生产专抚育小孩、由厂方供给其衣食住，不发零用钱。工人子女在七岁以上而不送学校读书者，厂方不予任何补助。

（十一）工人因病请假在半月以内者，计件工资之工人发给同等工人之最低工资，计时工资之工人照发原得货币之工资；请病假在半月以上一月以下者，均发三分之二，在一月以上一月半以下者，均发三分之一，一月半以上者不发货币工资。

（十二）残废军人在厂工作，如厂方因故需要解雇时，边区工业局所属工厂须先呈报建设厅批准，军委所属工厂须先呈报后方勤务部批准，中央所属工厂须先呈报中央财政经济处批准，否则不得解雇。

（十三）未受代耕优待之工人，得由政府酌量减免税捐及义务动员。

（十四）本决定只适用于公营性质工厂之工人。

（十五）本决定经呈请陕甘宁边区政府批准，从九月份起实施之。

（选自《抗日根据地政策条例汇集——陕甘宁之部》下册，一九四二年版）

陕甘宁边区劳动保护条例（草案）

第一章 总则

第一条 本条例为保护工人，提高工人热忱，发展战时生产而制定之。

第二条 本条例劳动之规定，以雇佣劳动者为限。

第二章 工作时间

第三条 工人每日实际工作八小时，青年工人工作六小时。

第四条 工人为帮助抗战需要，自愿多做义务工作者，不受前条之限制。

第五条 雇主不得要求工人做额外之工作，如确因工作过忙，雇主要求工人增加额外工作时，必须先得工人之同意。

第六条 采用昼夜轮班制者，所有工人班次，至少每星期更换一次，本条例所称夜间工作是指自下午十时起至第二天上午六时止。

第七条 孕妇、哺乳妇禁止做夜间工作。

第八条 工人休假以星期日及政府通知之纪念日为标准。

第三章 工资

第九条 工人工资不得低于最低工资率，最低工资率以所在地之生活状况为标准，由工会、雇主、工人共同言定之。

第十条 学徒在学习期内，应分期规定工资或津贴，并按工作情形酌量增加。

第十一条 包工工资由集体劳动合同内规定之。

第十二条 工人工资或津贴以当地十足通用货币付给。

第十三条 工资之支付规定日工按日发给，月工每月分两次发给（论件计者同），季工、年工由工人与雇主商定，但不能延欠至两个月。

第十四条 女工、青工与男工做同样工作者，即给同等工资。

第十五条 因雇主修理机器、缺乏原料、违背政府法令或其他过失而致停工者，其停工期间之工资照发。

第四章　女工青工

第十六条　十四岁至十八岁者为青工。

第十七条　凡工作特别劳苦，或笨重，或有害工人身体健康以及需要在地下工作者，均不得雇用妇女及未满十八岁者从事工作。

第十八条　女工生产前后给假两个月，工资照发，小产者以病假论。

第十九条　哺乳妇女在工作时间内普遍停工休息时间外，每隔三小时应有二十分钟哺乳时间，此项休息时间计入工作时间内。

第五章　学徒

第二十条　在学习期间之工人称为学徒。

第二十一条　学徒学习期限，应按照职业性质分别规定，但最多不得超过三年，倘技术特别进步者，得缩短其学习年限。

第二十二条　学徒除得有津贴外，雇主应供给被褥、衣服、鞋袜等用物。

第二十三条　严禁对学徒虐待或任意打骂。

第六章　工人权利

第二十四条　工人得自由组织工会。

第二十五条　雇主应担负工会办公费，及工人文化教育费，其数目规定为全部工资百分之二。

第二十六条　工人得在工会之下参加各种文化教育组织，其学习训练时间应在工作时间以外。

第二十七条　工人参加工会或其他会议，经由该会之证明雇主不得阻止干涉，工资照发。

第二十八条　工人工作六个月以上，而被征调到抗日军队服军役者，雇主须预先付给一个月之工资。

第二十九条　雇主不得无故开除工人，如因故开除工人时，须先得工会同意，并给予退工津贴及路费。

第三十条　工人因公得病或受伤，医药费由雇方供给，休假期间工资照发，并得保留其原有工作地位。

第三十一条　工人因工作而致残废，丧失其全部或一部分工作能力者，雇方应给残废津贴，其津贴数目，以残废部分之轻重为标准，最少不得低于半年之平均工资。

第三十二条　残废部分之轻重由政府设立医院或政府指定之医生鉴定之。

第三十三条　工人因病死亡家庭无力葬埋，雇方须负责葬埋费。并须调查死亡者家庭状况，酌量给以抚恤金。

第三十四条　工人因工受伤死亡者，雇主应给该工人两年之平均工资，抚恤其遗族。

第七章　安全与卫生

第三十五条　各企业各机关必须采用适当的设备，以消灭或减轻工人之危险及预防危险之事件发生，并保持工作场所内之卫生。

第三十六条　当地主管机关，应对各企业时常检查，凡发现其建筑设备损坏致有立即危害工人身体健康或生命之可能程度，得命令该企业即停工修理。

第三十七条　按工厂实际工作情形之需要（如油厂、矿窑、机器、印刷厂等），厂方当按期供给工人肥皂、围裙、油布、内衣、便帽及冬季皮衣等，按各种生产工厂不同情形而分别具体规定之。

第八章　集体合同及劳动合同

第三十八条　无论集体合同或劳动合同所订条件与本条例所规定之条件抵触者，皆不发生效力。

第三十九条　雇主不得要求工人做与合同内所规定工作无关之其他工作，但在特殊情形之下先得工人同意者不在此例。

第四十条　各企业变更业主时，不得废止原订之合同，但双方均有权提出重新审议，在新合同未成立前原合同仍属有效。

第四十一条　劳动合同在限期未满以前，经双方同意得废止之。

第四十二条　无论集体合同或劳动合同经当地工会之要求均得解除之。

第九章　管理规则

第四十三条　各企业商店内之劳动人员有五人以上者，为整理内部工作秩序起见，得制定内部管理规则，该项规则应得工会之同意，并于确定之后宣示于各劳动人员方生效。

第四十四条　内部管理规则对于劳动者及管理员之责任，以及违犯规则所负责之范围及负责办法，应有详细之规定。但不得与本条例各该项企业商店内现行有效的集体合同劳动合同有所抵触。

第十章　解决争执及处理违法案件之机关

第四十五条　凡违犯本条例及集体合同之一切条件均归法院审理之。

第四十六条　各企业商店与被雇人间，因各种劳动条件之问题，发生争执和冲突时，各级政府得到当事人双方同意时，得进行调解及仲裁，但在发生重大争议时，得不经同意进行仲裁。

第四十七条　在公有企业机关以及合作社企业中，得由管理部及职工会各派同等数目之代表，组织劳资争议委员会，其职权如下：

（一）评定该企业或机关中工人职员应得工资之额数。

（二）解决管理部与工人职员间因争执本条例及集体合同所发生之一切争执。

（三）劳资争议委员会的决定，须得双方同意，如不能解决之案件，即提请政府仲裁机关或法院处理之。

第十一章　附则

第四十八条　本条例修改之权属于边区参议会。

第四十九条　本条例解释之权属于边区政府。

第五十条　本条例自边区参议会通过后由边区政府公布施行。

（选自《抗日根据地政策条例汇集——陕甘宁之部》下册，一九四二年版）

晋察冀边区奖励生产技术条例

（一九四一年七月二十日晋察冀边区
行政委员会公布）

第一条　为发展边区经济，提高生产技术，争取边区经济自足自给，坚持长期抗战，特制定本条例。

第二条　凡边区人民对边区农业、工业、矿业、林业、畜牧业、水利等生产技术有下列成就之一者，即依本条例奖励之。

一、生产技术的新发明。二、现有技术的改良。三、外货代用品的制造。四、矿产的发现。

第三条　生产技术奖励分为荣誉奖及奖金两种：

一、荣誉奖分为：

甲、建立研究所（研究所的名称冠以发明人的姓名）。乙、荣誉宣扬。丙、奖旗。丁、奖状。戊、奖章。五种。

二、每项发明或发现，奖金最低一百元，最高一万元。

本条一、二两款的奖励得同时为之。

第四条　前条奖励视其技术价值的大小与成功的难易，由晋察冀边区行政委员会（以下简称边委会）核定行之。

第五条　凡欲呈请奖励者，须将其技术研究的经过，技术价值连同制品或模型图样，附具详细说明书报告边委会审查决定。

第六条　同一生产技术有二人以上在同一时期内研究成功者，以其成功的先后、价值的大小分别奖励之。

第七条　凡边区人民欲作生产技术的研究试验者，得请求边委会批准，派赴边区工矿局或农林牧殖局客座研究室进行，其试验时期的生活费或试验费均由边委会供给之，其自行研究试验费不足或缺乏者，得请求边委会酌予补助一部或全部。客座研究室研究办法及试验费补助办法另定之。

为本条之请求者，须附呈研究试验计划。

第八条　边区军政机关、团体、学校在职干部，对生产技术有发明及欲作技术研究试验者，依本条例的规定奖励之。

第九条　本条例须由边区行政委员会修改之。

第十条　本条例自公布之日施行。

（选自晋察冀边区《实业法令简编》，一九四三年版）

晋察冀边区行政委员会关于保护农村雇工的决定

（一九四四年九月二十日公布）

为进一步贯彻劳动政策，提高雇工地位，改善雇工生活，以提高其抗战与生产的积极性，使雇工有工可做，雇主有利可图，以增加生产，而巩固农村团结，爰作保护农村雇工之决定：

一、劳动契约的订立，须双方自愿，公平合理，但不得与本决定相违背。契约未满期，非经双方同意，不得解除，期满续订与否应事前通知对方。

二、雇工有集会、结社、参军、参政等政治活动之自由。在日常生活与工作中，严禁打骂侮辱虐待雇工的行为。

三、对于雇工生活，应适当的加以改善。

甲、成年雇工每年工资以能维持当地一般农民生活，一个人至一个半人的生活为原则（每年做工在八个月以上者，均以一年计，工资不得少于此标准）。各县可根据当地生活程度与劳力供求等实际情况，确定最低工资额。工资按实物计算，以小米或其他重要食粮为标准。半年工、季工可根据上述标准，酌量提高。月工、日工与包工，可视季节、闲忙与工作的轻重自由约定。女工、童工可参照上述标准，按其工作轻重与工作效果之大小适当定之。

乙、雇主对雇工饭食应当改善，一般可根据当地大多数农民生活程度为准，不得故意以坏饭食给工人食。关于衣被及其他日用品之供给，庙会、过节之犒劳与馈送，仍依当地习惯行之。

丙、上下工日期，由雇工雇主双方自由约定，农村节日休假，婚丧病假，依地方习惯行之。劳动节（五月一日）、七月节（七月一日）、（七月七日）均放假一日。青工在青年节（五月四日）、女工在三八节（三月八日）亦各放假一日。以上假日如雇工同意工作，应发给日工工资。工人在几年来已成习惯之现行假日仍得继续实行之。

丁、雇工因工作而致伤病者，雇主应负责疗养，因工作致死者，除购买棺材葬埋外，应酌给雇工家族抚恤费，其因保卫物资参加战斗而致死伤者，除依晋察冀边区民兵伤亡抚恤办法由政府予以抚恤外，雇主亦应酌予救济。

戊、雇工生产特别积极，超过一般工作效率或一般生产量，有显著成绩者，雇主应给予适当之奖励。为了增加生产，雇工与雇主双方得在两利原则之下，自由约定增加生产者给奖，或增产分红办法。

四、雇工应遵守劳动纪律，努力生产，爱护牲畜、农具及粮食、财物。

五、雇工失业当地政府应及时救济，可贷粮贷款，组织生产运销，找工包工等。公家需用劳动时，应优先雇用失业工人。

六、雇工与雇主发生争论时，任何一方得请求调解，调解不成立时，请求仲裁。调解由行政村或区公所依晋察冀行政村调解工作条例为之；仲裁由仲裁机关依晋察冀边区租佃债息条例及其施行条例与边区行政委员会关于仲裁委员会的工作指示有关仲裁之规定为之，惟租佃债息施行条例第二十条参加仲裁机关之农会代表一人，应由工会代表一人代替之。

七、本决定公布前，雇工与雇主双方所订之契约在本年内一般不加变更，应按约执行。其太不合理者，可协商修正，发生争论时，依前条之规定调解或仲裁之。

八、各地在执行本决定所发生之具体问题，各专署、县政府得依本决定之原则精神与当地实际情况作具体之规定。

九、本决定自公布日施行。

（选自晋察冀边区行政委员会《现行法令汇集》上册，一九四五年版）

晋察冀边区
优待生产技术人员暂行办法

一、为网罗技术人员，加强边区经济建设，特制定本办法。

二、凡农业、林业、畜牧、水利、工业、矿业等技术人员有一技之长，经政府任用者，均按本办法优待之。

三、技术人员因其学历、经历、技术水平及对边区经济建设之贡献等条件分为下列三级，由边区行政委员会核定之。

甲、技正。

乙、技士、技佐。

丙、技术员。

四、技术人员之每月零用费规定如下：

甲、技正六十元。

乙、技士、技佐三十元—四十元。

丙、技术员二十元。

五、技术人员之家境困难或有特殊事故得由本人申请，经所在机关审核，报告边区行政委员会批准，予以补助，每年补助费如下：

甲、技正三百元至五百元。

乙、技士二百元至四百元。

丙、技佐一百元至三百元。

丁、技术员八十元至二百元。

六、技术人员之技术发明改造，按边区奖励生产技术条例奖励之。

七、本办法自一九四二年一月一日起施行。

（选自晋察冀边区《实业法令简编》，一九四三年版）

晋冀鲁豫边区奖励生产技术办法

(一九四一年十月十五日施行)

第一条 为奖励生产技术之改良与发明,特制定本办法。

第二条 凡合于下列条件之一者,得依本办法奖励之。

一、对工农业生产工具或方法有所改良与发明者。

二、以本边区之原料制成代替仇货及舶来品者。

三、对各种日用必需品之制造有所发明与改良者。

四、首次引用其他地区进步之工农业工具或方法者。

第三条 凡合于前条第一、第二、第三各款之一者,给五十元以上二千元以下之奖金;合于第四款者,给十元以上二百元以下之奖金。

第四条 凡有重大发明对根据地贡献极大者,给以特别之奖金,由边区政府临时核定之。

第五条 凡受本办法第三条、第四条之奖励者,得发给奖状。

第六条 凡受本办法奖励之发明及改良,政府得公布全边区采用。如政府认为有保守秘密之必要时,得令发明人保守秘密。

第七条 原发明人或改良人对其受奖之发明或改良从事制造时,得享受晋冀鲁豫边区工业奖励办法之优待与奖励。

第八条 有正确之设计而无力试验者,得将其设计以书面详细说明,请求政府给予试验费或试验场所。试验成功后,仍得受本办法之奖励。

第九条 本办法所定奖励金、试验费及试验场所,须经边区政府批准。当县政府或专署接到关于奖励生产技术之声请书时,应在一月内调查完毕,加注意见转呈边区政府审核。

第十条 请奖人呈请奖励时,须附呈其发明品物样或图案与新方法之说明书。

第十一条 如有冒充、顶替、骗取奖励者,经发现后得追缴其奖励金。

第十二条 本办法如有未尽事宜,得由晋冀鲁豫边区政府提经晋冀鲁豫边区临时参议会同意修正之。

第十三条 本办法经晋冀鲁豫边区临时参议会通过,由晋冀鲁豫边区政府公布施行之。

(选自晋冀鲁豫边区《法令汇编》下册,一九四三年版)

晋冀鲁豫边区优待专门技术干部办法

(一九四一年十一月一日公布)

第一条 凡下列各项专门技术干部均受本办法之优待。

一、关于农业、造林、牧畜及农村副业等之专门技术干部。

二、关于冶金、采矿、水利、无线电制造、制药及各种其他工业部门之专门技术干部。

三、会计师。

四、医生。

第二条 合于下列条件之一现任工程师者,每月给津贴费四十元至五十元。

一、大学毕业有丰富学识并曾任技术指导工作者。

二、抗战前曾任工程师、技师及曾有所发明者。

三、有前两项同等能力者。

第三条 合于下列条件之一现任技正者,每月给津贴三十元至四十元。

一、大学专门毕业或大学肄业二年以上,有实际经验及技术指导能力者。

二、曾在工程、农业、医药、金融界服务多年,有前项同等能力者。

第四条 合于下列条件之一现任技士者,每月给津贴二十元至三十元。

一、曾在高中程度之农业学校专修科及职业学校毕业,并曾任所学专科之技术职务者。

二、大学专门肄业二年以下无实际经验而有前项同等能力者。

三、未曾受学校教育而有前项同等能力者。

第五条 合于下列条件之一现任技术员者,每月给津贴十五元至二十元。

一、曾在初中程度之农业学校、职业学校毕业并有实际经验者。

二、高中职业学校肄业成绩优良有前项同等能力者。

三、未受学校教育有前项同等能力者。

第六条 会计师及医生视其技术程度每月津贴十五元至五十元,不受第二条至第五条之限制。

第七条 除第二条至第六条之津贴外,制服、粮食、鞋、菜金、旅费等均与其他干部同。

第八条　技术干部应予以各种精神上之优待与帮助。

一、充分予以研究试验之机会及便利。

二、供给必需之图书仪器及工具。

三、免除其背粮、机关生产。

四、其他。

第九条　凡有特殊专门技术对根据地有重大贡献者，得呈请晋冀鲁豫边区政府批准特殊优待之。

第十条　公私工厂技术干部之待遇，由工厂自行规定之。

第十一条　凡属聘请技术上之专门委员，均依本办法之规定办理之，名誉专门委员视其工作日期及成绩，比照本办法送以报酬。

第十二条　凡专门技术干部在生产上及技术上之改良与发明从优奖励，其办法另定之。

第十三条　专门技术干部之待遇，均须详细开具学历、履历呈请晋冀鲁豫边区政府批准始得实行。

第十四条　本办法自一九四一年十一月起施行。

（选自晋冀鲁豫边区《法令汇编》下册，一九四三年版）

晋冀鲁豫边区劳工保护暂行条例

（一九四一年十一月一日公布施行，
一九四二年十二月十日修正公布）

第一章　总则

第一条　本条例为发展战时生产，提高劳动热忱，保护劳工与增进劳资双方利益，巩固抗日民族统一战线，根据抗战建国纲领之原则及敌后实际情况制定之。

第二条　凡属本边区之工人（工厂工人、作坊工人、矿场工人、运输工人、手艺工人、店员、学徒、雇工、牧畜工人及家庭之雇工等）与资方（厂主、作坊主、矿场主、商店主、师傅、雇主等）均适用本条例。

第三条　凡本边区之工人，均享有言论、出版、集会、结社、参军、参政及抗日之自由。

第二章 工资

第四条 工资标准，一般依照各地生活状况，除工人本身外，以再供一个人至一个半人最低生活之必需费用为标准，但在双方协议自愿原则下增减之。

第五条 不同部门之工人，其工资应依照当地当时生活状况，以及技术劳动效率条件，由劳资双方协议规定之。

第六条 工资之支付，分为货币与实物两种，由劳资双方协议规定之。

第七条 工资之支付，除劳资合同另有规定者外，均依下列各项之规定：

一、以年计工者为年工，得分上工、麦收、下工三次支付。

二、以季计工者为季工，得分上工、下工两次支付。

三、以月计工者为月工，得分上工、下工两次支付。

四、以日计工者为日工，得按日支付。

五、计件工资，得按工作情形及工作所需之劳动时间支付。

六、工厂以外之计件工资，与厂内相同。

第八条 劳资合同内规定之工资，资方不得借故减少或拖欠，工人亦不得在合同之外有额外要求。

第九条 凡法定或习惯之休假、例假，工资一律照发。

第三章 作息时间

第十条 工作时间：

一、公私工厂、矿场及作坊工人，每日工作时间以十小时为原则。但地下矿工工作时间不得超过九小时。其他因地方情形或工作性质必须延长工作时，至多不得超过十一小时，并须按照增加钟点增加工资。

二、一般手艺工人、商店店员、运输工人及学徒之工作时间，除双方协议规定者外，得依习惯行之。

三、农村雇工、牧畜工人及家庭雇工，其作息时间依习惯行之。

第十一条 例假：

一、凡逢"五一"、"七七"、"双十"等节日，均放假一日。其他旧历各节（如春节、端阳节、中秋节及其他各节日等）及新年元旦各依其习惯行之。

二、工厂、作坊、矿场、运输业在"二七"纪念日应放假一日。

三、女工在"三八"妇女节，童工在"四四"儿童节，青工在"五四"青年节，雇工在八月二十日农民节，应各休假一日。

第十二条　在例假、休假时间内，经劳资双方同意，继续工作时，除原工资照发外，应依照当时当地之日工工资增发之。

第十三条　在工会或农会担任工作者，须利用工余时间从事会务工作。在会务工作特别繁忙时（如训练、重要集会、会议等），可向资方请假（在农忙时须尽力避免）。但此项假期，全年不得超过十五日。请假时间工资照发。

第十四条　工人结婚或直系亲属婚（子女、弟妹）、丧（祖父母、父母、夫妻、弟妹、子女）、重病等，得向资方请假，但每次不得超过五日，全年不得超过十五日。在请假期间工资照发。超过十五日者，其超过之假日不发工资。其他因重大事故必须请假时，得依习惯行之。

第四章　劳工保护

第十五条　绝对禁止打骂、虐待、侮辱工人，资方并不得因工人之过失，私行惩处或扣除工资。

第十六条　劳资双方发生纠纷时，得由工会或农会会同双方代表进行调解，调解无效时，得呈请政府处理之。

第十七条　严格取缔资方不依法令规定额外剥削工人（如无代价的延长工作时间，代替工人购买物品从中剥削，以及各种有害生理卫生奴役劳动等）。

第十八条　工人如携有子女在工厂作坊或雇主家中工作者，可按其子女之劳动能力给以相当之工资。如无劳动能力者，得依其子女之抚养食用，酌减其工资。

第十九条　凡工厂、矿场工人之教育金，应由资方负担，其数额应为工人工资总额的百分之二，由各该厂工会保管。

第二十条　工厂、矿厂应切实注意清洁卫生，如工作有碍工人健康及安全者，须有必要之卫生防护设备。

第二十一条　工人患有疾病，经医生证明需要休息，其病期在一月以内者，除工资照发外，并由资方出医药费，但最多不得超过相当二市斗小米之市价。其病期逾一个月者，医药费可停止补助，至于工资续发与否，得按当地习惯由劳资双方协议决定之。

第二十二条　工人因工作致伤，除工资照发外，其治疗费应全部由资方负担。

第二十三条 工人因工作致残废而尚能做轻微工作者，资方除负责为之治疗外，应增发一个月至三个月之工资作为抚养金。

第二十四条 工人因工作致残废而不能继续工作者，资方得按工作时间长短、技能强弱、残废程度，发给三个月至一年之工资作为抚养金。

第二十五条 工人因工作致死者，资方除给以埋葬费（相当四市斗小米之市价）外，并须给其家属以抚恤金。此项抚恤金以三个月至六个月之工资为限。如当地习惯超过规定者，依习惯行之。

第二十六条 工人因工作致遭敌奸捕捉或杀害者，资方得酌予其家属以救济费或抚恤金。

第二十七条 工厂、矿场、作坊因战争停工在七日以内者，工资照发；在七日以外一月以内者，发半数；超过一月者停发。厂内计件工资，须依其平时每日所得工资之平均额折发。

第二十八条 一、凡全住雇工，应归雇主家内劳动力计算支差时，雇主须按支差日期每日发给小米二斤或杂粮三斤及菜金五角，其所得差价交还雇主。半住雇工，在自己家中支半差，在雇主家中支半差，在雇主家中支差时，办法同上。在自己家中支差时，菜金、粮食由自己负担，差价归雇工。其他工人在资方支差者办法同上。

二、凡手工业工人，除出卖劳动力时不支差，亦不补差外，余时均须支差。

三、工厂工人不支差。矿工于六天内在家在窑各半者，支半差；在家四天者，支三分之二的差；在窑四天以上者不支差。

第二十九条 青工、女工与童工之待遇：

一、凡年在十六岁以上十八岁以下之青工及童工（十二岁以上十六岁以下者为童工），其工作须以不妨害其身体之健康与教育为原则。

二、十六岁以上十八岁以下之工厂青工及童工，每日工作时间须较成年工人减少一小时至二小时。

三、青工、女工与童工，如与一般工人做同样工作，且效能相等者，应给以同等工资。

四、女工在月经期间，应给以例假一日，工资照发。

五、女工在分娩前后，应给以两个月之休假，工资照发。

六、女工带有哺乳婴孩者，每日应给以适当之哺乳次数与时间。

第三十条 师傅对学徒须加紧技艺教育，不得隐瞒不教，绝对禁止打骂、虐待、侮辱。学习期间不得超过二年。在学习期间，应由师傅发给衣服，期满后，如继续为师傅工作者，应发给工资。

第三十一条　关于失业工人之调查、登记、救济事宜，由各级政府会同当地之工会或农会负责办理之。

第五章　劳动合同

第三十二条　劳资合同之缔结以劳资双方自愿为原则。期满后任何一方均有宣告解除契约之权。

第三十三条　劳资双方如中途因故解除合同时，须经双方同意方为有效。一方不同意而对方认为仍须解除合同时，须报告工会或农会调解，调解无效时，得呈请政府处理之。

第三十四条　劳资之一方，有不履行合同者，他方有提出解除合同之权。但不得无故退工或解雇。

第三十五条　资方如因天灾、敌灾或其他变故无力继续经营其事业时，应于七日前通知工人，另找工作。但资方有支付能力时，须发给工人以一定之解雇金，其数额以半个月至一个月之工资为标准。

第三十六条　在劳资合同有效期间，工人要求参加抗日军队，或因参加行政工作必须退工时，资方不得留难，其工资以发至离工之日为止；如已预支工资，工人须负责偿还（不能一次偿还者，得由双方协议订定字据，分期偿还之），或另找代工。

第六章　职工会

第三十七条　工人有组织职工会之权利。

第三十八条　职工会得代表工人提出各种要求及代表工人同资方订立集体合同。但应在（用）协议方式，不得强迫资方接受所提出之条件。

第三十九条　资方如有打骂、虐待、侮辱工人等情事，职工会得代表工人提出抗议及解决办法。

第四十条　劳资双方发生纠纷时，职工会得参加调解。

第四十一条　职工会应教育工人提高劳动热忱，保障劳动纪律。

第四十二条　职工会有代表工人向政府提出要求之权利。

第七章　附则

第四十三条　本条例之修正权属于晋冀鲁豫边区临时参议会。解释权属于晋冀鲁豫边区政府。

第四十四条 本条例颁布后，凡以前各级政府所颁布有关劳工保护之条例，应即一律废止。

第四十五条 本条例经晋冀鲁豫边区临时参议会通过后，由晋冀鲁豫边区政府以命令颁布施行之。

（选自晋冀鲁豫边区《法令汇编》下册，一九四三年版）

修正晋冀鲁豫边区劳工保护暂行条例

（一九四四年一月十七日修正）

第一章 总则

第一条 本条例为发展战时生产，提高劳动热忱，保护劳工与增进劳资双方利益，巩固抗日民族统一战线，根据抗战建国纲领之原则及敌后实际情况制定之。

第二条 凡属本边区之工人（工厂工人、作坊工人、矿场工人、运输工人、手艺工人、店员、学徒、雇工、牧畜工人及家庭之雇工等）与资方（厂主、作坊主、矿场主、商店主、师傅、雇主等）均适用本条例。

第三条 凡本边区之工人均享有言论、出版、集会、结社、参军、参政及抗日之自由。

第二章 工资

第四条 工资标准一般依照各地生活状况除工人本身外，再供一人至一个半人最低生活之必需费用为标准，但得在双方协议自愿原则下增减之。

第五条 不同部门之工人其工资应依照当地当时生活状况，以及技术劳动效率等条件，由劳资双方协议订定之。

第六条 工资之支付得分为货币与实物两种，由劳资双方协议规定之。

第七条 工资之支付除劳动合同另有规定者外，均依下列各项之规定：

一、以年计工者为年工，得分上工、麦收、下工三次支付。

二、以季计工者为季工，得分上工、下工两次支付。

三、以月计工者为月工，得分上工、下工两次支付。

四、以日计工者为日工，得按日支付。

五、计件工资得按工作情形及工作所需之劳动时间支付。

六、工厂以外之计件工资与厂内相同。

第八条 劳动合同内规定之工资资方不得借故减少或拖欠，工人亦不得在合同之外有额外要求。

第九条 凡法定或习惯之休假、例假工资一律照发。

第三章 作息时间

第十条 工作时间：

一、公私工厂、矿场及作坊工人每日工作时间以十小时为原则，但地下矿工工作时间不得超过九小时。其他因地方情形或工作性质必须延长工作时，至多不得超过十一小时，并须按照增加钟点增加工资。

二、一般手艺工人、商店店员、运输工人及学徒之工作时间，除双方协议规定者外，得依习惯行之。

三、农村雇工、牧畜工人及家庭雇工，其作息时间依习惯行之。

第十一条 例假：

一、凡逢"五一"、"七七"、"双十"等节日均要放假一日。其他各旧历节，如春节、端阳节、中秋节及其他各节日等，及新年元旦各依其习惯行之。

二、工厂、作坊、矿场、运输业在"二七"纪念日应放假一日。

三、女工在"三八"妇女节，童工在"四四"儿童节，青工在"五四"青年节，雇工在八月二十"农民节"，应各休假一日。

第十二条 在例假、休假时间内经劳资双方同意继续工作时，除原工资照发外，应依照当时当地之日工工资增发之。

第十三条 在工会或农会担任工作者，须利用工余时间从事会务工作。在会务工作特别繁忙时（如训练、重要集会、会议等），可向资方请假（在农忙时尽力避免），但此项假期全年不得超过十五日，请假时间工资照发。

第十四条 工人结婚或直系亲属婚（子女、弟妹）、丧（祖父母、父母、夫妻、弟妹、子女）、重病等，得向资方请假，但每次不得超过五日，全年不得超过十五日，在请假期间工资照发。超过十五日者，其超过之假日不发工资。但其他因重大事故必须请假时，得依习惯行之。

第四章 劳工保护

第十五条 绝对禁止打骂、虐待、侮辱工人，资方并不得因工人之过失私行惩处及扣除工资。

第十六条 劳资双方发生纠纷时得由工会或农会会同双方代表进行调解，调解无效时得呈请政府处理之。

第十七条 严格取缔资方不依法令规定额外剥削工人（如无代价的延长工作时间，代替工人购买物品从中剥削以及各种有害生理卫生的奴役劳动等）。

第十八条 工人如携有子女在工厂作坊或雇主家中工作者，可按其子女之劳动能力给以相当之工资，如无劳动能力者得依其子女之抚养食用，酌减其工资。

第十九条 凡工厂、矿场工人之教育金应由资方负担，其数额应为工人工资总额的百分之二，由各该厂工会保管。

第二十条 工厂、矿场应切实注意清洁卫生，如工作有碍工人健康及安全者，须有必要之卫生防护设备。

第二十一条 工人患有疾病经医生证明需要休息，其病期在一月以内者，除工资照发外并应由资方出医药费，但至多不得超过相当二市斗小米之市价。其病期逾一个月者，医药费可停止补助，至于工资续发与否得按当地习惯由劳资双方协议决定之。

第二十二条 工人因工作致伤除工资照发外，其治疗费应全部由资方负担。

第二十三条 工人因工作致残废而尚能作轻微工作者，资方除负责为之治疗外，应增发一个月至二个月之工资作为抚养金。

第二十四条 工人因工作致残废而不能继续工作者，资方得按工作时间长短，技能强弱，残废程度发一个月至三个月之工资作为抚养金。

第二十五条 工人因为工作致死者，资方除给以葬埋费（相当四市斗小米之市价）外，并给其家属抚恤金。此项抚恤金以三个月至六个月工资为限，如当地习惯超过规定者依习惯行之。

第二十六条 工人因工作致遭敌奸捕捉或杀害者，资方得酌与其家属以救济费或抚恤金。

第二十七条 工厂、矿场、作坊因战争停工在七日以内者工资照发，在七日以外一月以内者发半数，超过一个月者停发。厂内计件工资得依其平时每月所得工资之平均额折发。

第二十八条 一、凡全住雇工应归雇主家内劳动力计算支差时，雇主须按支差日期每日小米二斤或杂粮二斤及菜金五角，其所得差价交还雇主。半住雇工在自己家中支半差，在雇主家中支半差，在雇主家中支差时办法同上，在自己家中支差时菜金粮食由自己负担，差价归雇工。其他工人在资方支差者办法同上。

二、凡手工业者，工人除出卖劳动力时不支差亦不补差外，余时均须支差。

三、工厂工人不支差，矿工于六天内在家在窑各半者支半差，在家四天支三分之二的差，在窑四天以上者不支差。

第二十九条 青工、女工与童工之待遇。

一、凡年在十六岁以上十八岁以下之青工及童工（十二岁以上十六岁以下者为童工）其工作须以不妨害其身体之健康与教育为原则。

二、十六岁以上十八岁以下之工厂青工及童工，每日工作时间须较成年工人减少一小时至二小时。

三、青工、女工与童工如与一般工人做同样工作且效能相等者，应给以同等工资。

四、女工在月经期间应给以例假一日工资照发。

五、女工在分娩前后应给以两个月之休假。

六、女工带有哺乳婴孩者，每日应给以适当之哺乳次数与时间。

第三十条 师傅对学徒得加紧技艺教育不得隐瞒不教，绝对禁止打骂虐待侮辱，学习期不得超过二年。在学习期间应由师傅发给衣服，期满后如继续为师傅工作者，应发给工资。

第三十一条 关于失业工人之调查登记救急事宜，由各县政府会同当地之工会或农会负责办理之。

第五章　劳动合同

第三十二条 劳资合同之缔结以劳资双方自愿为原则，期满后任何一方均有宣告解除契约之权。

第三十三条 劳资双方如中途因故解除合同时，须经双方向意方为有效。一方不同意而对方认为仍须解除合同时，须报告工会或农会调解，调解无效时得呈请政府处理之。

第三十四条 劳资之一方有不履行合同者，他方有提出解除合同之权，但不得无故退工或解雇。

第三十五条 资方如因天灾、敌灾或其他变故无力继续经营其事业时，应于七日前通知工人另找工作，但资方有支付能力时须发给工人以一定之解雇金。其数额以半个月至一个月之工资为标准。

第三十六条 在劳资合同有效期间，工人要求参加抗日军队，或因参加行政工作必须退工时资方不得留难，其工资发至离工之日为止，如已预支工资工人须负责偿还（不能一次偿还者得由双方协议订定字据分期偿还之）或另找代工。

第六章 职工会

第三十七条 工人有组织职工会之权利。

第三十八条 职工会得代表工人提出各种要求，及代表工人同资方订立集体合同，但应在（用）协议方式，不得强迫资方接受所提出之条件。

第三十九条 资方如有打骂虐待侮辱工人等情事，职工会得代表工人提出抗议及解决办法。

第四十条 劳资双方发生纠纷时，职工会得参加调解。

第四十一条 职工会应教育工人提高劳动热忱，保障劳动纪律。

第四十二条 职工会有代表工人向政府提出要求之权利。

第七章 附则

第四十三条 本条例之修正权属于晋冀鲁豫边区临时参议会，解释权属于晋冀鲁豫边区政府。

第四十四条 本条令颁布后凡以前各级政府所颁布有关劳工保护之条例应即一律废止。

第四十五条 本条例经晋冀鲁豫边区临时参议会通过后，由晋冀鲁豫边区政府以命令颁布施行之。

（选自晋冀鲁豫边区冀鲁豫行署《法令汇编》上册，一九四四年版）

晋西北工厂劳动暂行条例

（一九四一年四月一日公布）

第一章 总则

第一条 为发展生产，加强团结，保障劳资双方利益，改善工人生活，适应抗战需要，特制定本条例。

第二条　凡雇用工人在十五人以上之工厂及作坊（以下统称为工厂），无论公营私营，均须执行本条例之规定，因战争关系迁移河西之公营工厂亦适用本条例。

第二章　工资

第三条　工资之多少根据技术之高低、生产量之多寡及物价之涨落，由估价委员会估定（估价委员会由劳、资、工会三方面组织之，无估价委员会者，由劳资双方协同工会共同决定），厂务会议议决公布。

第四条　工资以工厂所在地之通用货币为标准。

第五条　如工人在家吃饭，当粮食飞涨或购买困难时，工资至少应付以一半粮食，按当时市价折合。

第六条　工资之付给应有定期，以每月一次为原则。

第七条　工资不得无故拖欠或扣押。

第八条　因战争影响必须停工时，在停工期间厂方仅供给伙食，不另发工资。但因战争影响工厂歇业时，不在此限。

第九条　厂方如因原料缺乏而致停工者，须供给工人最低限度之生活费，但厂方得另行分配其他适当之工作。

第三章　工作时间

第十条　每日工作时间，在抗战期间以十小时为原则。如因抗战急需，在工人自愿原则下，可以增加工作时间，但最多不能超过十二小时。

第十一条　厂方如因工作过忙，需要工人在规定时间外做额外工作时，须另发给工资，以六小时作一全工计算。

第十二条　日夜轮班者，每一周或四周更换一次。

第十三条　夜工以八小时为限。

第四章　放假及停工

第十四条　除每月休假一日外，下列日期为例假日：一月一日，二月七日，三月八日（限于女工），五月一日，七月七日，十月十日。以上各休假一日，阴历年节休假五日。

以上所称之假日，工资照发。

第十五条　如有特殊原因不能休假时，以加工计算。

第五章 待遇

第十六条 厂方应提倡并保证工人每日学习一小时至二小时，学习所必须之书报用具由厂方供给，但私营工厂得酌情供给。

第十七条 工厂应设文化教员一人，负责工人文化教育。如因环境或经济关系不能专设时，可由厂方职员或聘请当地工会干部兼任之。

第十八条 厂方不得打骂与扣押工人，并不得无故解雇工人。

第十九条 厂方应提倡工人在工余时间之文化娱乐活动，并给以物质之帮助。

第二十条 在可能范围内，厂方应协助工人成立消费合作社。

第二十一条 在可能范围内，厂方应尽力办理工厂之安全设备与卫生设备。

第二十二条 工人在厂住宿时，厂方应供给灯油及冬季之炭火。

第二十三条 厂方所召开之有关工人直接利害之会议，工人可派代表参加。

第二十四条 厂方如解雇工人时，须在十天前通知工会，以便提出意见（工人自动辞职时，亦须在十天前通知厂方），如工会同意解雇时，应由厂方发给一个月之工资，作为解雇金。如违犯法令而被解雇与自动辞退者，不在此例。

第六章 奖励和处罚

第二十五条 工人具有下列优点之一者，厂方应给予增加工资、发给奖金、荣誉奖励及提升为干部等各种不同之奖励。

（一）在厂工作二年以上且工作积极成绩优良者。

（二）节省原料爱护机器堪称模范者。

（三）技术政治文化各方面均有迅速进步者。

（四）创造发明新的生产方法提高生产数量及质量者。

（五）其他对工厂生产或营业有特殊辅助者。

第二十六条 工人犯有下列过错之一者，厂方应给予警告、申斥、罚工及开除等各种不同之处分。

（一）偷窃原料公物者。

（二）故意损坏机器或原料者。

（三）消极怠工、迟到早退、无故停工或不遵照通知复工者。

（四）违犯劳资双方契约及劳动纪律者。

（五）其他对工厂生产或营业有损害之行为者。

第二十七条 处罚工人须事先通知其所参加之工会。

第七章 救济和抚恤

第二十八条 工人因重病暂时不能工作时，医药费由厂方负责（惟自请医生自购药品者不在此限），病假在一个月以内者，工资照发；病假在三个月以内者，仅发伙食；三个月以上者，伙食亦停发，病愈时须保存其工作地位。

以上所称救济，工作满一年者始得享受之。不满一年者，应酌情决定。

第二十九条 工人因病死亡其家属无力埋葬时，应由厂方负责埋葬之。

第三十条 工人因工作受伤而不能工作时，厂方除负责医药费外，应发给其原有之工资，至伤愈时为止，但至多不得超过三个月。

第三十一条 工人因公受伤而致残废者，由厂方发给工资半年。

第三十二条 私人经营之工厂，资本不厚或盈余不多时，本章所规定之救济抚恤等费应酌量减少。

第八章 女工童工

第三十三条 在十二岁以上十六岁以下者为童工，不满十二岁者不准雇用。

第三十四条 女工与男工生产量相同时，应以同工同酬为原则。

第三十五条 女工于生产前后，应给假二个月，工资照发；但工作不满半年者只发工资一半，因分娩致病或小产者，以病假论。

第三十六条 童工每日工作时间不得超过八小时。

第三十七条 童工每日应受补习教育二小时。

第三十八条 女工童工不得从事夜工、笨重工及有危险性之工作。

第三十九条 女工童工除享受本章所规定之特殊权利外，其他皆与成年人同样待遇。

第九章 学徒

第四十条 在学习期内之工人称为学徒，厂方应在技术文化方面负教育之责。

第四十一条 学徒学习期限最多不得超过二年。

第四十二条　厂方除供给学徒生活费用外,每月至少须发给津贴一元,在其有相当工作能力时,即应酌给工资。

第四十三条　学徒除本章所规定之特殊权利外,其他皆与成年工人同样待遇。

第十章　附则

第四十四条　本条例自公布之日施行,所有以前政府及工会所颁布之有关法令及办法一律作废。

第四十五条　在敌占区,本条例之执行程度,应以不妨害敌占区工作为前提。

（选自晋西北行政公署《法令辑要》）

晋西北改善雇工生活暂行条例

（一九四一年四月一日公布）

第一条　为改善雇工生活,照顾雇主雇工双方利益,特制定本条例。

第二条　本条例所称雇工,包括为雇主所雇用之长工（工作在八个月以上者）、月工（工作在一月以上者）。

第三条　成年雇工之工资除本人饭食外,应以维持一个半人之最低生活为原则,童工工资最低应等于成年工人工资二分之一。

第四条　工资以约定期限发给,不准无故拖欠。如雇工及其家属有婚丧疾病及其他意外情事急需工资时,得预支一部分。

第五条　禁止打骂及虐待雇工。

第六条　雇工因劳致疾时,雇主应补助其医药费,工资照发,但不得超过一月。

第七条　雇工因劳致疾死亡时,雇主应酌量抚恤其配偶或直系亲属。

第八条　雇工在工余时间或工作任务完成后,有受教育及参加当地工会或农会活动之自由,雇主不得借故阻止。

第九条　雇工依照区级以上工会、农会或政府之正式通知,参加群众集会或其他会议时,雇主不得借故阻止或扣除工资,但参加会议之时间,每季不得超过七天。

第十条　雇工参加抗日部队时,雇主不得阻止,但预支工资不得超过一月。

第十一条 依照旧例或依照原来之约定，雇主对雇工之优待（如借粮、预支工资等），不得因本条例之实行而停止。

第十二条 雇工不得有无故怠工、停工及故意减少生产之行为。

第十三条 雇工履行本条例之规定及双方缔结之工作约定时，雇主不得无故解雇。雇主履行本条例之规定及工作约定时，雇工不得无故退工。

第十四条 童工除工资按前规定执行外，其余与雇工相同。

第十五条 本条例自公布之日施行，所有以前政府及工会所颁布之同类法令及办法，一律废止。

附　则

第一条 本条例之原则亦可适用于牧工、短工、农村工匠等。

第二条 敌占区实施本条例时，应以不妨害敌占区工作为前提。

（选自晋西北行政公署《法令辑要》）

晋西北矿厂劳动暂行条例

（一九四一年八月一日公布）

第一条 为改善矿工生活及照顾劳资双方利益，增加生产，适应抗战需要，特制定本条例。

第二条 本条例所称矿工，系指开采地下之原料，或以地下之原料炼制成品之工人而言。

第三条 矿工工作时间，每日以十小时为原则，必要时可增加至十一小时。

第四条 一般矿工之实际工资，除本人饭食外，应以维持一个半人最低限度之生活为原则。

按件工资者，每件工资之多寡，应依以上标准计算之。

矿工租窑及按比例分益者，应按劳资双方约定条件，减租百分之二十至二十五，但民国二十六年后已减租者，不得再减。

以上工资之规定，须由县级工会与政府协同劳资双方共同协议之。

第五条 矿方不得无故拖欠或扣押工资。

第六条 矿方售卖于矿工之日常必需用品，应以不赔本为原则，不得借以取利。

第七条 矿方不得打骂虐待矿工。

第八条 矿工除以当地习惯休假外,得依照区级以上工会或政府之正式通知,参加各种纪念大会或群众集会,矿方不得借故阻止或扣除工资。但参加会议之时间,每季不得超过七日。

第九条 生产工具及灯油应由矿方供给,如习惯上为由矿工自带时,可酌加工资。

第十条 矿方应注意保障矿工生命之安全,如发生水火及崩毁情事时,应立即停止工作,从速修理。

第十一条 矿方在年终结账时,所得盈余应以百分之十分给矿工,但劳资双方在订立合同时,另有规定者不在此限。

第十二条 矿工因劳致病时,矿方应补助其医药费及生活费。因工作受伤时,矿方应负责医治,并照发工资,但以三个月为限,伤愈能工作时,应即复工。

第十三条 矿工因工作受伤残废,致不能工作时,矿方应依残废轻重,给予其一月至两月之生活费,作为抚恤金。因工作死亡时,矿方应负担其棺木费,并继发一月至三月之工资,抚恤其直系亲属及配偶。前条与本条规定之补助与抚恤,仅限于工作已满半年之矿工,未满半年者得减半。

第十四条 矿工不得无故怠工或辞退,各级工会应负责提高工人生产热忱。矿方不得无故解雇矿工,无论辞退与解雇,均须通知工会。

第十五条 本条例自公布之日施行,所有以前各级政府颁布之有关法令与工会制定之有关办法,一概作废。

附 则

第一条 公营及军队、群众团体经营之矿厂,亦须执行本条例。

第二条 敌占区施行本条例时,应以不妨碍敌占区工作原则为前提。

(选自晋西北行政公署《法令辑要》)

晋西北奖励生产技术暂行办法

(一九四一年十一月公布)

第一条 为提高生产技术,发展本区经济建设,争取经济上之自给自足，支持长期抗战，特根据鼓励生产事业及合作事业条例第八条制定本办法。

第二条　凡本区人民及在职干部人员，对农、林、牧、畜、水利、工矿等生产事业，有下列成就之一者，依本办法奖励之。

一、对各种生产工具有所发明改进或仿造者。

二、对各种外货代用品有所仿造或发明者。

三、对各矿石有所发现或研究化验成功者。

四、凡热心传导推广现有技术而堪称一般模范者。

五、对各种技术有所建议因而试验成功者。

第三条　本办法奖励分荣誉奖与金钱奖两种。

一、荣誉奖分列如下：甲、荣誉表扬；乙、奖旗；丙、奖状；丁、奖章；戊、建立纪念发明人之研究所或学校等。

二、金钱奖分七等，详列如下：甲、一等奖金四千元至五千元；乙、二等奖金三千元至四千元；丙、三等奖金二千元至三千元；丁、四等奖金一千元至二千元；戊、五等奖金五百元至一千元；己、六等奖金一百元至五百元；庚、七等奖金三十元至一百元。特殊者由行署临时决定。

第四条　前条两种奖得同时进行之。

第五条　凡合乎第二条各款之一者，得将发明、改进、仿造之经过及制品图样并附具说明书送呈专署以上政府（或送村、区公所依级转呈专署以上政府），或口头呈述请求奖励。

第六条　凡有志在于特殊之发明而无力试验者，得将其试验计划呈报专署以上政府请求试验费，或到行署研究室进行试验，在研究试验期间，一切费用由行署供给之。

第七条　凡因研究试验而受有损失者，得直接请求专署以上政府（或由区、村公所依级转请专署以上政府）救济与帮助。

第八条　如不同地区一人以上有同一发明者，得由政府按其研究成功之先后分别予以奖励。

第九条　凡集体研究发明之技术，政府得按照第三条之规定予以格外之奖励。

第十条　如有合第二条各款之一而本人未知请奖办法者，机关团体或第三者均可征得本人之同意代为请求奖励。

第十一条　奖励手续：

一、技术审查与奖品评定由专署以上政府执行之。

二、凡奖金在二十元以上五百元以下者，由专署执行之，执行后呈报行署备案。

三、凡奖金在五百元以上者，由行署执行之。

第十二条 本办法奖章、奖状由行署制发之。

第十三条 本办法如有未尽事宜，得由行署修改之。

第十四条 本办法自公布之日施行。

（选自晋西北行政公署《法令辑要》）

晋西北优待专门技术干部办法

（一九四二年一月十日修正公布）

第一条 为发扬科学，提倡技术，以发展根据地之各种建设，特制定本办法。

第二条 凡下列各项专门技术人员在本区内担任工作者，均依本办法优待之。

1. 关于农林、牧畜、水利及农村副业等之专门技术干部。

2. 关于纺织、造纸、制药、冶金、采矿、电气、化学、制造及其他各种工业部门之专门技术干部。

3. 会计师、医生、电务员及对工厂管理有专门研究与经验者。

第三条 合于下列条件之一者，月给津贴四十元至五十元。

1. 大学毕业有丰富学识，并曾任技术指导工作者。

2. 抗战前曾任工程师及曾有所发明者。

3. 有前两项同等能力者。

第四条 合于下列条件之一者，月给津贴三十元至四十元。

1. 大学专门毕业或大学肄业二年以上，有实际经验及技术指导能力者。

2. 曾在工程、农业、制药等界服务多年，有实际工作经验者。

3. 有前两项同等能力者。

第五条 合于下列条件之一者，月给津贴二十元至三十元。

1. 曾在高中程度之专修科毕业，并曾任所学专科之技术职务者。

2. 大学专门肄业二年以下无实际经验，而有前项同等能力者。

3. 未曾受学校教育，而有前项同等能力者。

第六条 合于下列条件之一者，月给津贴十元至二十元。

1. 曾在初中程度之农业学校、职业学校毕业，并有实际工作经验者。
2. 高中职业学校肄业成绩优良，有前项同等能力者。
3. 未曾受学校教育，有前项同等能力者。

第七条 合于二条三款之各项专门技术干部，依其技术程度月给津贴十元至五十元，不受三条至六条之限制。

第八条 除第三条至第七条津贴外，制服、粮食、菜金、鞋袜、旅费等均与其他干部同。

第九条 为尊重技术研究，对技术干部作各种专门技术研究时，予以必要之便利与帮助。

第十条 凡有特殊专门技术，对根据地有重大贡献者，得呈请行署批准特殊优待之。

第十一条 凡专门技术干部在生产上及技术上有所改良与发明者，从优奖励，其办法另定之。

第十二条 凡属聘请技术上之专门委员，均依本办法之规定办理之。名誉专门委员视其工作日期及成绩，比照本办法送以报酬。

第十三条 专门技术干部之待遇，均须详细开具学历履历，呈请行署批准始得实行。

第十四条 技术干部自愿不受优待者，听其自便。

第十五条 供给技术干部之直系亲属及配偶之生活（给养、服装）。

第十六条 前此行署颁布之优待技术干部暂行办法，自本办法实行之日起即行作废。

第十七条 本办法自公布之日施行。

（选自晋西北行政公署《法令辑要》）

山东省改善雇工待遇暂行办法

（一九四二年五月十五日公布施行）

第一条 为提高劳动热忱，发展农业生产，改善雇工生活，增进与保护主雇双方利益及加强农村团结，特根据抗战建国纲领及山东省战时施政纲领制定本办法。

第二条 凡雇农、畜牧工人及家庭佣工与雇主之关系，均适用本办法。

第三条 一般成年男工，除由雇主供给食宿及习惯上之一般待遇外，其年工工资最低标准,应按照各地生活状况,以能再供一个人之最低生活必须费用为标准,其具体数目由双方协议规定。但最低不得少于通用食粮(高粱或玉米)三百斤。

第四条 女工、童工工资之增加,以成年男工之工资为标准比例计算之。但成年女工,最低工资不得低于成年男工二分之一,童工不得低于三分之一。

第五条 短工工资之有市价者,依其市价;无市价时,应由工会、农会与雇工雇主,按期商讨规定之。

第六条 为保障雇工生活,工资之支付,均以粮食为标准。

第七条 工资之支付时间,除习惯及雇佣契约另有规定外,须依照下列之规定:

一、按年计工者,分上工、麦收、秋收三次,比例付清。

二、按季计工者,分上工、下工两次支付。

三、按月计工者,分月初、月终两次支付。

四、按日计工者,按日支付。

第八条 绝对禁止打骂虐待侮辱雇工,雇主不得因雇工之过失,私行惩处和扣除工资。

第九条 主雇双方发生争议时,得由工会、农会会同双方进行调解。如调解无效时,得呈请政府处理之。

第十条 雇工作息时间,依习惯行之。但须有足够恢复体力之休息时间,其在工余时间受教育者,雇主不得阻止。

第十一条 雇工患有疾病,经医生证明需要休息,其病期在一月以内者,除工资照发外,并须由雇主补助其医药费。其病期逾一月者,医药费可停止补助,至于工资续发与否,得按当地习惯,由主雇双方协议决定之。

第十二条 雇工因作工致伤,除工资照发外,其治疗费完全由雇主负担。

第十三条 女工、童工之工作,须以不妨害其身体健康为原则。

第十四条 女工在分娩前后,须给以一月之休假,工资照发。

第十五条 雇佣契约之订立,以主雇双方自愿为原则,期满后任何一方均有宣告解除契约之权。如中途因故解除契约时,须经双方同意。一方不同意而对方认为仍须解除契约时,得由工会或农会调解之。调解无效时,得呈请政府处理之。

第十六条 雇工有参加工会及其他抗日活动之权利,雇主不得借故干涉。其在工会、农会担任工作者，因参加会议或受训需要请假者，雇主须允许之，但在全年内不得超过半月。农忙时间，一般不应请假。

第十七条　雇工有参加抗日军队之自由，雇主不得阻止。其在劳动契约有效期间内，因参加抗日军队或行政工作必须退工时，工资即在离工之日停付。如已预支工资，工人须负责偿还或找代工，其不能一次偿还者，得由双方协议，订立字据，分期偿还之。

第十八条　雇主依本办法改善雇工生活后，雇工须积极工作，不得怠工，并应爱护劳动工具。

第十九条　本年工资应由主雇双方协议，提高至本办法规定之工资标准。其已支付之工资，依支付时之平均粮价折算，从协议订定之粮食工资总数中扣除之。

第二十条　本办法之解释权属于山东省临时参议会。

第二十一条　本办法自公布之日施行。

（选自一九四四年山东省胶东行署《法令汇编》）

苏中区改善农业雇工生活暂行条例草案

（一九四四年七月苏中行政公署公布）

第一章　总则

第一条　为增加根据地生产，改善农业雇工生活，提高劳动热忱，团结雇主与雇工间的关系，以加强抗战力量，特订定本条例。

第二条　凡雇工的工资、工作时间和一切生活上的待遇，都照本条例的规定办理，如本条例没有规定的，应照习惯。

第三条　本条例仅限于农村雇工生活的改善，其他技术工人、市镇工人等生活之改善，可根据各种工人的实际生活，参酌本条例办理。

第二章　工资

第四条　农村雇工的工资，一律以粮食计算，或以当时当地市价折合现金计算。

第五条　工资的多少，可由雇主、雇工双方会同工抗会共同议定，订立契约，但不得低于本条例的规定。如原来的工资高于本条例者，不得减低；低于本条例规定者，应加至本条例所定之标准。

第六条 已经议定的工资，如有一方认为劳动□能增加时，可由双方会同工抗会重新议定工资。

第七条 雇主除应供给雇工食宿外，其余的待遇照旧，不得因增加工资而随意变更。

第八条 长工的工资，应照下列规定作标准：

一、能做重工的（耕田、耕地、推车等）大长工，除他本人在雇主家食宿以外，他的工资最低要能养活一个人到一个半人（不应单以口粮计算，包括生活必需资料和必需品）。

二、不能做重工的中等长工，除他本人在雇主家食宿以外，他的工资最低要能养活半个人到一个人。

三、能做重工的女工，她的工资与男大长工的工资相同；不能做重工的女工，其工资与中等男长工同。

四、童工在十六岁以下的，除他本人在雇主家食宿以外，他的工资照当地的惯例，或由工抗会评定之。

第九条 短工的工资，应照下列规定作标准：

一、能做重工的大工，在忙时除照例供吃以外，每天的工资最低要能养活两个人。

二、不能做重工的中等工人，除照例供给他吃以外，每天的工资最低要能养活一个半人。

三、女工能做重工的，工资与男大短工同，不能做重工的，与中等男短工同。

四、童工的工资，依照工作效能或按当地的旧例评定。

五、闲时的工资，最少要在忙时工资的半数以上。

六、脚工的工资，照短工工资计算。

第十条 给工资的时间，可依照约定或旧例，但日工的工资要按日发给。

第十一条 多年的长工，应当根据主雇双方的生活情形，照下列规定，增加工资：

一、过了三年不足五年的，原则上照原工资增加半成。

二、过了五年不足十年的，原则上照原工资增加一成。

三、过了十年不足十五年的，原则上照原工资增加一成半。

四、十五年以上的，原则上照原工资增加二成。

上项规定，自上工的第一年起计算。

第三章 休息和医药

第十二条 长工每月应有两天的休息，息工时雇主不能扣除工资，但在农忙时没有特别的事情不应休息，其应休息的天数，等忙时过了再补。

第十三条 长工害病经过医生证明要休养的，雇主要给他休养。病期在一个月以上的，其医药费与工资，可依当地的规矩，由双方和工抗会商议办理。如果是花柳病，雇主不必补助其医药费。

第十四条 雇工因做工受伤，除工资照发外，医药费由雇主完全负责。

第十五条 女工在生产后应该休息一个月，工资照发。在生产前一个月，不能给她做有碍生育及健康的工作。

第十六条 童工与女工，不能给他们做有碍身体健康的工作。

第十七条 在一个雇主家做了十五年以上的长工，解约时如体力未衰老的，应当给他个人三年生活费；已衰老的，应给他养老费。但雇主经济确系困难者，得由工抗会斟酌双方实际情形评定之。

第十八条 在一个雇主家做了十五年以上的长工，年龄在五十岁以上而体质衰老的，其养老办法应照下列规定：

一、老长工没家的或是家里无法生活的，雇主应供给他生活到老死为止，死后衣棺埋葬的费用均归雇主负担。

二、长工在雇主家养老时，雇主应给以必需之零用费，数目大小应经工抗会同意。

三、在雇主家养老的长工，如不妨碍他健康时，尽可能帮助雇主照料家务或做些轻微工作。

四、老长工自愿回家养老的，除发给他三年养老费外，在死时衣棺费亦由雇主负担，在解雇时应提出保证或提交工抗会保管。

五、雇主应付给雇工的养老费、衣棺费，如一次付不出时，可以分期付给。

第四章 雇主和雇工的双方利益

第十九条 雇工有参加工抗会和抗日团体活动的权利，雇主不得干涉。但雇工参加各种抗日活动时，尽可能争取在休息日内进行。

第二十条 雇工有参加抗日军队的自由，雇主不能阻拦。在合同没有期满时雇工参军，雇主应该给他些解雇金作为安家费，数目多少可依具体情形，由工抗会协同双方共同议定。

第二十一条 雇工与雇主的合同，由双方自愿订立，由乡长与工抗会长为合法的中人。在合同期限内，双方不得自由解雇，如因特殊情形需要解雇者，雇主应照顾雇工生活，雇工应照顾雇主利益，按实际情形，会同工抗会给受损失的一方以退雇金或补偿。

第二十二条 增加工资以后，雇主不能违背合同上规定，而加重雇工的工作或减少原有的待遇。如有故意违犯者，雇工可向政府报告，由政府处理。

第二十三条 在解约后雇主仍需雇工时，原来的雇工有优先受雇权，但因重大过失经工抗会同意者，不在此例。

第二十四条 禁止雇主打骂虐待雇工及私下处罚或克扣工资等行为。

第二十五条 雇主与雇工均应遵守本条例的规定，倘有一方故意违犯致使另一方损失者，由工抗会根据事实呈请政府议处。

第二十六条 雇工应爱惜雇主家的生产工具，但非故意损坏者，则雇工不负赔偿之责。

第五章 附则

第二十七条 本条例公布后，各专员公署、县政府可根据本条例的精神和原则，依照当地实际情形订定实施细则，呈请核准后执行。

第二十八条 本条例上所规定工抗会应做的事，在没有工抗会的地方，可由农抗会担任。

第二十九条 在本条例公布前已付工资者，可照本条例的标准，按付工资时粮价折算，应补发者补发之。

第三十条 本条例之解释权属于本署。

第三十一条 本条例如有未尽事宜，可由本署用命令修改之。

第三十二条 本条例自公布之日施行。

（选自一九四四年七月十日《苏中报》）

解放战争时期

华北人民政府同意华北第一届职工代表会议建议关于在国营、公营企业中建立工厂管理委员会与工厂职工代表会议的决定

（一九四九年八月十日）

华北人民政府委员会在研究了华北第一届职工代表会议"关于在国营、公营企业中建立工厂管理委员会与工厂职工代表会议的实施条例"之建议后，认为这一建议的原则精神，在于实行工厂管理民主化，以增进职工群众的企业主人翁的感觉，发扬职工群众在工厂企业中的积极性、创造性，而自觉自愿地有组织有纪律地来改进业务，提高生产，并培养职工管理生产的能力，以达到依靠全体职工来办好人民的企业之目的。这不仅说明职工代表们以及各国营、公营工厂企业中的职工们对于人民企业的关怀和爱护；也是职工代表们以主人翁的资格，对于过去各国营、公营工厂企业管理工作的正确批评。这种积极的负责的建议，为发展生产和进行经济建设所必需。本府经缜密研究后，完全同意此项建议，并决定公布该条例在国营、公营工厂企业中即依照执行（条例附发），执行时应有准备、有步骤、有计划地在群众中展开研究讨论，根据各工厂企业的不同情况，制订各该工厂企业中的具体实施办法，并希将执行中的经验，随时总结报告本府。

附：华北第一届职工代表会议关于在国营、公营工厂企业中建立工厂管理委员会与工厂职工代表会议的决定

本代表会议认为：为了贯彻全国第六次劳动大会关于工厂管理民主化的指示，必须在一切国营、公营工厂企业中建立工厂管理委员会与工厂职工代

表会议，以达到依靠全体职工来办好工厂的目的。因此，本代表会议拟定关于国营、公营工厂企业中建立工厂管现委员会与工厂职工代表会议的实施条例，作为对各国营、公营工厂企业主管机关的建议。（附实施条例）

关于在国营、公营工厂企业中建立工厂管理委员会与工厂职工代表会议的实施条例

第一章 总则

第一条 为了办好人民的企业，事实证明，必须根据全国第六次劳动大会决议，建立企业或工厂管理委员会（以下简称管委会）与职工代表会议，实行管理民主化，方能增进职工群众的企业主人翁的感觉，以发扬职工群众的积极性、创造性，而自觉自愿地有组织有纪律地改进业务，提高生产，并培养职工管理生产的能力。

第二章 工厂管理委员会的组织（以下简称管委会）

第二条 凡属国营、公营工厂企业，均应组织管委会，由厂长（或经理）、副厂长（或副经理）、总工程师（或主要工程师）及其他生产负责人和相当于以上数量之工人、职员代表组织之。厂长、副厂长（或经理、副经理）、总工程师及工会主席为当然委员，其他生产负责人须参加管委会者由厂长报告上级机关决定之。工人、职员代表由工会召集全体职工大会或职工代表会议选举之。管委会委员之名额，视厂之大小而定，一般以五人至十七人组成为宜。

第三条 凡大工厂、大企业设有分厂、所、部等组织者，分厂、所、部中亦应建立管委会，其组织法与总厂管委会相同。

第四条 管委会中由职工中选举之委员，每半年或一年改选一次。连选得连任。如有不称职者，可随时个别改选之。

第五条 管委会会期，小厂与分厂管委会每周开会一次，总管委会每两周开会一次，有必要时，得随时召集会议。

第三章 管委会的职权与厂长的职权

第六条 管委会是在上级工厂企业管理机关领导下的工厂企业中统一领

导的行政组织，管委会的任务是根据上级企业领导机关规定之生产计划及各种指示，结合本厂实际情况，讨论与决定一切有关生产及管理的重大问题，如生产计划、业务经营、管理制度、生产组织、人事任免、工资福利问题等，并定期检查与总结工作。

第七条　管委会以厂长（或经理）为主席。管委会的决议，以厂长（或经理）的命令颁布实施之。上级管委会对下级（分厂等）管委会之领导，均由厂长（或经理）以指示行之。

第八条　管委会多数委员通过之决议，如厂长（或经理）认为与该厂利益抵触，或与上级指示不合时，经理或厂长有停止执行之权。但须立即报告上级，请求指示。

第九条　如管委会多数委员认为厂长（或经理）的前条措施不适合，或对其报告有异议时，亦可将自己的意见同时报告上级，一并请求指示。但在未经上级指示前，应执行厂长（或经理）的决定。

第十条　在有紧急问题不及等待管委会开会时，厂长（或经理）有权处理之。但事后须将经过报告管委会，请求追认。

第四章　管委会的常务委员会

第十一条　在大工厂大企业中，为便于执行管委会的决议，及时督促检查工作起见，可由厂长、工会主席及由管委会推选之委员一人，组成管委会的常务委员会（以下简称常委会），厂长（或经理）为当然主席，在管委会决议的精神下，协商处理一切比较重大的有关生产、管理、人事、工资、福利等日常工作。

第十二条　常委会必须经常商讨问题，使全厂所发生的一切问题和处理办法，常委都互相知道，并对处理办法互相配合去进行工作。

第十三条　在新解放区实行军事管制时期的工厂企业中，驻厂军事代表应为管委会及常委会当然委员。

第五章　关于工厂职工代表会议的组织

第十四条　凡有职工两百人以上之国营、公营工厂，必须组织工厂职工代表会议，在两百人以下的工厂中不建立代表会议，但每月须召集全厂职工会议一次或两次，由工会主席召集之。

第十五条　工厂职工代表会议之代表，应以各生产部门基层组织（如生产小组或生产班等）为单位选出。每个代表，直接向其所代表的职工负责。

第十六条 工厂职工代表会议的代表每年改选一次。但其所代表职工认为代表不称职时，得随时撤换改选之。连选得连任。

第十七条 工厂职工代表会议每月召开一次或两次，一般应在公休日或工余时间举行。每次至多不得超过半天时间。

第十八条 职工人数甚多之大工厂大企业，在总厂之下设有分厂（或处或所等）者，代表会议可分为两级，总厂代表会议之代表可由分厂代表会议选出之，但亦得由职工群众直接选举之。

第六章 工厂职工代表会议之职权

第十九条 工厂职工代表会议有权听取与讨论管委会的报告，检查管委会对于工厂的经营管理及领导作风，对管委会进行批评与建议。

第二十条 工厂职工代表会议关于工厂及企业行政上的一切决议，须经管委会批准，由厂长以命令颁布后方为有效。

第二十一条 工厂职工代表会议即是该厂工会组织的代表会议。该厂工会委员会对代表会议关于工会事务的一切决议，有全部执行之义务。没有上级工会的决定，工会委员会不得改变代表会议的决议。

（选自《华北人民政府法令汇编》第二集，一九四九年版）

晋察冀边区行政委员会关于张家口、宣化公营工厂工人工资标准的通知

（一九四五年十月二十六日）

关于公营工厂工人工资标准，经本会召集有关方面多次研商，并经各厂工人多次讨论，兹综合各方面意见，根据适当改善工人生活，维持工人最低生活水准，并照顾各厂各业不同情形提出新的工资标准（以小米折合）。

一、童工、女工、学徒由一百斤至二百斤。

二、普通工人由二百斤至二百八十斤。

三、熟练工人由二百五十斤至三百三十斤。

四、技术工人由三百斤至四百五十斤。

以上所提标准是比较原则的，而且是富有伸缩性的规定。在具体执行时应根据不同工厂性质，不同劳动，不同技术而定。具体说来，童工、女工、

学徒应根据同工同酬原则，照顾工作熟练程度、在厂年龄、劳动轻重，由各厂自行划定；一般轻工业，如纸烟、火柴、被服等厂及橡皮、榨油厂之普通工人与邮工、清扫工、铁路上挂钩打旗等工人，由二百斤至二百五十斤，其熟练工人由二百五十斤至三百斤；一般重工业工厂工人，如铁路、矿山、电气中的普通工人，由二百斤至二百八十斤，其熟练工人由二百八十斤至三百三十斤；印刷业技术工人工资应比一般轻工业稍高，但不得高于重工业工人。

各种轻重工业中亦有不同的工作，不因轻重工业而使所有工人工资都高于或低于其他工业，如各厂之勤杂人员及伙夫，只能算最低普通工人，即不能高于普通工人最低工资二百斤。至于技术工人，因各厂性质之不同，技术也相差甚多，一般地说铁路、煤业、电气及其他工业中掌握复杂机器的技术工人及印刷业中之制板工人、火车之司机工人等应提高工资，但最高不超过四百五十斤，每一类内，可再分级，每级由十斤至二十斤。工资每斤小米折合边币十六元，略高于市价，一律发边币。关于煤价、布价上涨问题，一方面米价略为提高，一方面由政府全面解决燃料问题，估计以后不会涨得很高。各业工人之衣服，除邮政、清扫夫、铁路、电灯、电话工人，向来习惯有工作服者仍照发外，余均由工人自己解决，工厂发者计价从工资中扣除。工人住房一律出租金，租额应稍低于市价。所有煤炭、纸烟等配给一律取消。

此通知发到各厂后，各厂不能一般的传达，而由各厂根据本厂具体情形提出适合本工厂工资的标准。发动与组织工人深入讨论，根据上述原则民主评定各种不同的工资。特此通知。

（选自晋察冀边区行政委员会《现行法令汇集》上册，一九四五年版）

晋察冀边区奖励技术发明暂行条例

（一九四五年十一月一日）

第一条 晋察冀边区为奖励技术人员研究发明，提高生产技术，充实建国力量，特制定本条例。

第二条 凡工业、矿业、交通、农业、林业、畜牧、水利及医药等各项技术人员，无论籍在边区，或边区以外新来边区，愿从事各种实业建设或技术试验研究，除受本边区法律保护及政治上之尊重外，对于其事业之建设，技术研究之进行，边区各级政府均须尽量予以工作之便利及切实之帮助。

第三条 凡第二条所列各项技术人员，均可向所在县市政府或直接向专员公署、特别市政府、行署、边区行政委员会（下简称边委会）请求登记，发给登记证，其愿参加技术机关工作者得请求各该级政府介绍或聘任。

第四条 技术人员欲作生产试验研究者，得请求边委会或其行署、专署、特别市政府派赴或介绍公营场所及试验研究机关各（客）座研究。其各（客）座研究期间之生活费、试验费，由边委会或其行署、专署、特别市政府供给之，其自行试验研究费用不足或缺乏者，得请求边委会或其行署、专署、特别市政府酌予帮助一部或全部。

为本条例之请求者，须附试验研究计划经审定后行之。

第五条 技术人员无论对工业、矿业、交通、农业、林业、畜牧、水利及医药等技术有所发明、发现和改良、创造者，均得呈请边委会或其行署核定。

第六条 奖励办法分荣誉奖及奖金两种：

一、荣誉奖分为五种：

甲、建立研究所（研究所冠以发明创造人之姓名）。

乙、荣誉宣扬。

丙、奖旗或奖匾。

丁、奖状。

戊、奖章。

二、奖金：每项一万元至一百万元，有特殊发明与贡献者，由边委会特别奖励之。

本条一、二两款之奖励得同时为之。

第七条 凡欲呈请奖励者，须将其技术研究经过、技术价值连同制品或模型图样，附具详细说明书报告边委会或其行署，或经由所在县、市政府转报边委会或其行署审查决定之。

第八条 同一技术有二人以上在同一时期内研究成功者，以其成功之先后、价值之大小分别奖励之。

第九条 边区党、政、军、民、机关、团体、学校在职干部，工厂工人及一般人民，对以上技术有所发明、发现、改良、创造及欲作技术试验研究者，依本条例之规定优待奖励之，其不脱离生产之人民在试验研究期间免除其勤务。

第十条 本条例有不适时由边委会修改之。

第十一条 本条例自公布之日施行。一九四一年七月二十日公布之晋察冀边区奖励生产技术条例同时作废。

(选自晋察冀边区行政委员会《现行法令汇集》下册，一九四五年版)

晋察冀边区行政委员会
关于改定中小学教职员待遇标准的决定

(一九四五年十一月十六日)

一、为适应边区新形势，提高中小学教职员地位，改善其生活，以利边区新民主主义教育的发展，特作如下的决定。

二、中小学教职员待遇，一律改为薪金制，以小米为标准，每月按当时当地市价折发，全年按十二个月发给。

三、小学教职员待遇标准：

1. 初小教员待遇：乡村每月小米一百二十斤至一百八十斤，城市每月小米一百五十斤至二百斤。由各地根据不同地区与不同教员的文化程度、服务年限、教学成绩及实际经验等，具体规定。民办小学，由群众自定。

2. 高小教员待遇：乡村每月小米一百五十斤至二百二十斤，城市每月小米二百斤至二百五十斤。由各地根据不同地区与不同教员的文化程度、服务年限、教学成绩及实际经验等，具体规定。

四、中等学校教职员待遇标准：

1. 教员及科长以上职员，具有下列条件之一者，每月小米二百五十斤至三百五十斤。

甲、为新民主主义中等教育服务在三年以上，获得一定成绩与经验者。

乙、具有高级中学或高级师范或相当高中毕业以上文化程度，担任普遍文化课或政治课者。

丙、工作积极负责，为学校教职学员所拥护者。

2. 教员及科长以上职员，具有下列条件之一者，每月小米三百五十至四百五十斤。

甲、为新民主主义中等教育服务在五年以上，成绩卓著，积有丰富经验者。

乙、国内外大学或专门学校毕业或肄业，具有专门学识或技术者。

丙、工作特别繁重，积极负责，成绩优良者。

丁、因公积劳成疾，身体特别衰弱或家境特别贫苦者。

五、中小学职员待遇：一般每月小米一百二十斤至二百斤。

六、中小学工友待遇：一般每月小米一百二十斤至一百八十斤。

七、中小学妇女教职员生产前后给假两个月，薪金照发，不另发生产费，代理人薪金另行发给。关于幼儿保育问题，有特殊困难者，得请求直属领导机关酌情予以补助。

八、有特殊学识与技术或特殊功绩与创造者，得受特别优待，或按英模奖励办法，另给特别奖励。

九、因公积劳成疾，需要长期休养者，得酌情发给一定的休养费。

十、中小学教员为新民主主义教育服务在十年以上，成绩卓著，因年老或疾病需要退休者，发给一定的退休金。

十一、本决定除适用于一般中小学外，并适用于其他中等学校性质的师范学校与工农商等职业学校，联大与工专亦暂按本决定执行。

十二、教职员待遇之规定由各校或校长拟定列表报请直属领导机关批准执行。

十三、本决定自公布日起实行，前颁中小学教职员待遇之规定及有关其他优待办法，一概作废。

（选自晋察冀边区行政委员会《现行法令汇集》下册，一九四五年版）

晋察冀边区行政委员会关于执行改定中小学教职员待遇标准应注意之问题的通知

（一九四五年十一月十六日）

一、改定中小学教职员的待遇标准是为了适当提高中小学教职员地位，改善其生活，争取与团结知识分子，使安心教育工作，并发扬其积极性和创造性，进一步发展新民主主义教育。

二、关于待遇的具体规定，要根据当地实际生活水准适当伸缩。在有些小城市的实际生活水准与乡村相差不多时，城市与乡村教员待遇不应相差太多。有些特别贫苦的山沟小村群众负担教育经费太重时，应酌量降低待遇或由公产项下调剂补助。

三、关于一般职员与工友的待遇，在城市一般不可低于每月小米一百五十斤，但在同一地区生活水准工友待遇不得高于职员，职员不得高于教员。

四、关于教员待遇的规定，当与上课多少有关，但不能完全按钟点为标准，需要照顾其整个工作与生活。聘请校外机关干部来校讲课，一般的坚持兼职不兼薪的原则，必要时可给予一定的车马费。

五、今年冬装原为供给制者，仍按规定发给或补充。

六、本决定执行情形，希各级注意及时逐级上报。

（选自晋察冀边区行政委员会《现行法令汇集》下册，一九四五年版）

太原国营公营企业劳动保险暂行办法

（一九四九年七月五日太原市军事管制委员会公布施行）

为保护国营公营企业中职工之健康，减轻生活困难，依据目前太原可能条件实施劳动保险，特制定太原国营公营企业劳动保险暂行办法如下：

一、因公负伤职工之医疗费由厂负担，治疗期间之工资照发，住医院者伙食自备，特殊情况得酌情补助。学徒住院伙食实报实销，不另发工资。

二、因公死亡职工之丧葬费由厂负担，但以不超过本人所得之两个月工资为限。

三、职工患病负伤除花柳病外，医药费由厂负担，但只限在指定之医院或医疗所为限。

四、职工患病或非因公致伤，按在厂工龄付给工资30%—100%之补助金，但以不超过三个月为限。

五、直系亲属患病，在指定医院或医疗所免费治疗，酌减医药费或收半费。

六、职工本人病亡由保险金付以相当本人之一月工资作丧葬补助金。

七、女职工产前产后共给四十五日之休息，工资照付；怀孕三个月以内小产者，给假十五日；三月以上者，给假三十日；因小产成分娩致病超过假期未复健康者，以病假论。

八、女职工各厂哺育婴儿之女职工，每日给两次哺乳时间，每次以二十分钟为限。女职工较多之各厂得设托儿所或白日喂乳室及必要用具（床铺、玩具等），保母暂由保险金解决。

九、自六月份起公营企业各厂，按月缴纳等于本企业工资支出总额百分之三为保险金，由福利委员会处理，其处理办法另订之。

十、抚恤金酌情处理。

(选自太原市军事管制委员会《政策法令汇集》第二册)

东北行政委员会关于统一公营企业及机关学校战时工薪标准的指示

(一九四八年三月十日)

一切为了争取战争的胜利,这是当前全国人民和解放区人民神圣的任务。我各公营企业和机关学校的工人和教职员等,以努力生产和工作来支援战争曾作了很多光荣的贡献。战争已获得历史转折点的胜利发展,前线捷报不断传来,高度的鼓舞全国人民与全解放区人民的努力支前,我各公营企业全体职工及机关学校的全体教职员,更当百倍努力,加油加劲,积极生产和工作,充分发扬服务于战争的光荣模范作用。因此,各公营企业机关学校工资和薪俸的待遇,必须在统一标准下,切实加以调整,使其适合于全解放区当前战时实际生活的必需和战争胜利发展的要求,特作以下指示:

(一)实行以实物计算的货币工薪制

凡属于公营企业及机关学校的工资和薪俸,均以二等高粱米、解放布、豆油、粒盐、中等煤(以后简称米布油盐煤)五种实物计算,折合东北银行地方流通券支付。在有贸易局或合作社能保证前述五种实物供需地区,供需价又比市价低,则照供需价格折合支付;在不能保证前述五种实物供需和供需价比市价更高的地区,均应照当地市价每月十四、十五、十六三天平均价格折合支付。原则上保证所得货币工资,在当时当地能购买到其工资规定应得的实物数量。

(二)实物工薪计算单位

工薪即定米、布、油、盐、煤五种实物为标准计算,为了方便起见,规定计算单位用"分"。每分之值等于米一点六斤,布零点零六尺,油零点零二五斤,盐零点零二五斤,煤三点四斤。未经东北行政委员会命令,每分之值不得私自改变。

凡属公营企业、机关、学校之工薪,均可采用记分法计算工薪,再按各人分数多少计算各项实物,分别照第一条规定办法折合货币支付。

(三)最高工薪与中等工薪的实物标准

1. 技术工人、下井矿工及有损健康的化学工人,最高工资之值为一百一十分，即每月为二等高粱米一百七十六斤，解放布六点六尺，油二点七五斤，盐二点七五斤，煤三百七十四斤。

中等工资为七十七分，即米一百二十三点二斤，布四点六二尺，油一点九二五斤，盐一点九二五斤，煤二百六十一点八斤。

2. 一般重工工人每月最高工资之值为一百分，即米一百六十斤，解放布六尺，豆油二点五斤，盐二点五斤，煤三百四十斤。

中等工资为七十分，即米一百一十二斤，布四点二尺，油一点七五斤，盐一点七五斤，煤二百三十八斤。

3. 一般轻工工人，每月最高工资之值为九十分，即米一百四十四斤，布五点四尺，油二点二五斤，盐二点二五斤，煤三百零六斤。

中等工资为六十三分，即米一百点八斤，布三点七八尺，油一点五七五斤，盐一点五七五斤，煤二百一十四点二斤。

4. 大学校长、教授及文化专门技术人员，每月最高薪俸之值为一百一十分。

5. 中学校长、教员、专署科长以上及与其相当之职员，每月最高薪俸之值为一百分。

6. 小学校长、教员、县府科长以上及与其相当之职员，每月最高薪俸之值为九十分。

各行业特等技术人员与著名教授、文化专家等，需要在极高工资外特殊优待者，在地方企业者须经省府核准，在东北和军事系统者，须经其最高主管机关核准，不论前者后者核准后，均应报东北经委会审查备案。

（四）最低工薪的实物标准

凡属公营企业、机关、学校之工薪，每月最低不得少于四十分，即为二等高粱米六十四斤，解放布二点四尺，豆油一斤，粒盐一斤，中等煤一百三十六斤。各种学徒工薪每月不得超过最低工薪，同时规定不得少于最低工薪百分之七十五（即三十分）。

（五）实行按件工资

按件工资制度在解放区公营企业中应切实普遍推行。它能够达到多生产，多得工资而又能减低成本的效果。因之凡可以按件计算工资的工作部门，应实行按件工资，但必须注意和保证做到下列条件：

1. 每件工资标准要规定得准确，不应定得过高，但亦应慎重，不要定得过低。

2. 成品必须合乎规定的质量标准。

3. 绝对禁止偷工减料。

（六）工薪的评议与考核

1. 工薪等级高低，应根据各员工职教员之技术高低及熟练程度，学术专长，劳动轻重和强度，在工作中的作用和成效，及其为人民服务时间之长短等条件，经过群众性的民主会议来评定，评定后必须经行政上慎重核准，决不能马虎。须在各该企业行政会议上，逐人审查，详细核定。

2. 评定等级方法，一种以最高工薪标准为基点，然后按次向最低工资来评定各员工之不同工薪。一种以最低工薪标准为基点，然后按次向最高工薪来评定各员工之不同工薪。这两种方法，经验证明有偏低偏高之毛病。

本指示规定中等工薪标堆的意义，除了保证大多数员工生活外，评工薪等级时，应以中等工薪标准为基点，首先慎重的评定应得中等工薪的标准员工，其次以此为中等基点，分别评定在中等工薪以上以下的各员工之工薪，这是向中间比较的方法。

3. 这种民主评议工薪再经行政核准的办法，今后应成为公营企业、机关，学校中的一种制度，每半年进行一次。对于在生产技能上和工作中确有进步者，得经民主评议，按其进步的程度，增加其工薪待遇。反之，在生产与工作中不负责任，工作成效减低，屡经教育无效，得经民主评议，按其具体情形，减低其工薪待遇。

4. 各省市以上各级政府，均成立工薪考核委员会，并考核其本地区内各企业、机关、学校之工薪及其执行情形。

5. 各省市与各系统工薪评定考核后，均须将其统计表册及意见送交经委会审核批准。

（七）奖励

凡在出产技术上和工作中有创造发明者，生产与工作超过预定计划者，在生产上和工作中起模范带头作用者，以及爱护工厂，节省原料，提高质量，减低成本，增加产量有功绩者，均当按其对生产和工作的功绩和价值，分别给予记功、增加工薪或其他名誉和物质之奖励。

如有特别创造发明，对解放区建设有较大贡献功绩者，均得呈请政委会给予精神和物质奖励。

（八）废除工薪标准外的补助

工薪评定后，各企业，机关、学校不得再有工薪以外的补助。过去各企业、机关、学校各种不正常的补贴一律取消，如果有统一办理必要时，如衣服、木梓子等，可以由行政方面办理，但必须按价扣算工薪。在工厂机关学校吃饭者，亦必须按伙食扣算工薪。

本标准发布后，过去各地所发之工薪标准一律废除。各系统各省市县府所属之公营企业、机关、学校，须按此标准立即讨论施行，并将讨论中的意见及施行情形报告东北经委会。

（选自东北人民政府《东北行政导报》第二卷第一期）

东北行政委员会关于修正公营企业工薪标准的指示

（一九四八年九月七日）

各　委　会
各　部　局
各省市县政府：

三月十日本会所公布之《关于公营企业机关学校战时工薪标准指示》，根据半年来施行经验，特作以下修正。

战时公营企业工薪标准

一、为保证公营企业职工战时必需生活，鼓励技术进步，提高生产效率，增强支前力量，特制定本标准。

二、凡在远离战争地区的公营企业已正式开工复业者，其职工之工薪待遇均一律执行本标准。

凡战区及接近战区或受战争影响之地区，其职工之工薪，得根据当地实际情况，并参照本标准，由省政府提出临时过渡办法，呈报东北行政委员会核准施行。

三、公营企业职工之工薪，规定以下列五种实物为计算标准：

粮——以普通高粱米、包米楂子和小米之平均混合粮为标准。在缺乏高粱米、小米只有包米楂子之地区，便以包米楂子为标准。

布——以普通洋经洋纬白市布为标准，并规定用方尺计算。

油——以普通大豆油为标准。

盐——以普通海盐为标准。

煤——以普通户用煤为标准。

四、计算工薪单位规定用"分"，并规定每分之值如下：

混合粮——一点六三斤

白市布——〇点二〇方尺

豆　油——〇点〇三五斤

海　盐——〇点〇四五斤

煤　　——五点五斤

五、支付方式：作为计算工薪标准的五种实物（即第三条规定的粮布油盐煤），均照工业部之工薪审核委员会每月公布之物价或每分之值，全部折合货币支付，不直接支付任何实物为原则，为使职工工资不受物价影响，规定：

甲、各企业须设立供给商店，保证作为计算工薪之五种实物，以等于工薪审核委员会每月公布之物值，按各职工及其家属的必需，实行定量计口配给，详细办法另定之。

各企业供给商店已实行实物定量计口配给各职工及其家属者，其定量计口配给部分的实物价格，即在支付工薪货币时扣除之，或以支领实物证件代替之。

各职工已在所属企业供给商店领购配给者，不得再要求领购一般市民之配给。

乙、各企业得按职工每人应得之工薪，于每月十五日以前预付一部分，或允许职工向供给商店预领实物一部分，均到月终结账。

六、最低最高工资标准：

甲、各企业各种职工在生产过程中分工和其作用均不相同，因此各种职工的每月最低最高工薪之值亦不应相同。

乙、最低工薪，各企业任何普通职工，每月最低工薪之值不得少于六〇分。学徒以及相等于学徒者，每月最低工薪之值不得少于三十五分。

技术人员每月最低工薪之值不得少于七十五分，见习员初期每月最低工薪之值不得少于五〇分。

业务管理人员（即各企业各级负责人），每月最低工薪之值不得少于一〇〇分。

丙、最高工薪：业务管理人员，重要大企业的最首要负责人（即大企业之局长、厂长、经理等），每月最高工新之值可达三〇〇分。专门技术人员具有最高能力者，每月最高工薪之值可达三〇〇分。聘请时有议定书者，得照议定书待遇执行。技术人员调任为职员或业务管理者，不得减低其工薪，亦不得兼薪。

各企业中的职员，每月最高工薪之值可达一八〇分。

产业技术工人具有最好技术者，每月最高工薪之值可达一八〇分。

简单熟练工人具有最高熟练程度者，每月最高工薪之值可达一四五分。

单纯体力重劳动，具有最大劳动能力者，每月最高工薪之值可达一二〇分。

单纯体力轻劳动，具有最好工作效率者，每月最高工薪之值可达一〇〇分。

杂役工人具有最优良工作者，每月最高工薪之值可达八〇分。

各企业之技术职工中，确具有特出之能力者，得超过最高工薪之规定，按其特出程度，累进增加其工薪，但须经各产业部门最高主管机关之审查核准。

七、划分工薪等级与评定审核工薪：

甲、各产业部门最高主管机关均应组织工薪审核委员会，按照所属各企业内部之分工，以交叉法分别规定各种职工的每月最低最高工薪标准，并以累进法分别规定每种职工等级，和定出各等级适当之标准。交叉累进程度如何及等级多少，应依照各种职工具体情况而定，以适合实际为准则。上述各项规定后，须报工业部之工薪审核委员会审核批准，然后方得通知所属各企业执行。报告工薪审核委员会的时候，须附新旧工薪标准之等级及每等级之分数、人数和总平均分数的对照表，以备审核。

乙、各企业单位须由行政与工会等组织工薪评判委员会，依照本条（甲）项之规定，根据本厂各种职工具体情形，分别定出该厂各职工各人应得之等级草案公布，然后领导各该种职工进行民主评议。收集意见后，再精细审查各个职工应得之值加以修正，呈报上级工薪审核委员会审查批准后，由厂长颁布施行。

丙、各省市政府须组织该省市工薪审核委员会，其任务根据本工薪标准规定并审核该省市各公营企业之职工工薪标准，且与国营企业密切联系，使省市公营企业所定各种职工之工薪与国营企业取得调协。

丁、各级工薪审核委员会均须有同级职工会代表参加，各企业单位之工薪评判委员会，除吸收同级职工会之主任与生产部长参加外，另应由职工选举几人参加。

八、按件工薪在解放区是进步的工薪制度，多生产多得工薪。各公营企业得积极研究试行，在试行过程中须特别注意下列事项：

（一）须准确规定每件成品的工资标准，凡过高过低者宜随时改进。

（二）须规定每种成品之质量标准，定出精确检查办法，切实负责检查。

（三）须根据精密计算，规定每件成品的原料及工具消耗，做到节省，防止浪费。

九、本标准自公布之日起施行。过去颁发工薪标准等文件，凡与本标准相抵触者着即作废。

十、本标准修改及解释之权，属于东北行政委员会。

望各公营企业即遵照此修正标准执行，但暂不登报公布。在执行过程小，注意收集经验，报告本会，以便续加修改，制成条例后正式公布。

（选自东北人民政府《东北行政导报》第二卷第四期）

东北行政委员会为颁布东北公营企业战时暂行劳动保险条例的命令

（一九四八年十二月二十七日）

为保护公营企业中工人与职员之健康，减轻其战时生活困难，决定在东北公营企业中，依据战时可能条件，实施劳动保险，因制定《东北公营企业战时暂行劳动保险条例》颁布之。该条例定于明年四月一日起，暂从国营之铁路、矿山、军工、军需、邮电、电气、纺织等企业着手试办，其他国营企业欲举办劳动保险者，须由该企业之管理人及其主管机关负责人呈请本会批准。各企业于实施劳动保险之前，均须先缴纳两个月劳动保险基金，全数保存于政府指定之银行作为总基金。为此特决定：

一、上述各国营企业，从明年一月份起，即须按月缴纳劳动保险金，由各该企业管理人于每月发放工资日，按等于本企业工资支出总额百分之三缴纳之。明年一、二两个月份，全数作为劳动保险总基金，明年三月份起，各企业应缴纳之劳动保险基金，以百分之七十保存于本企业中，作为支付本企业职工劳动保险费之用，其余百分之三十，则缴存于指定之银行，归入劳动保险总基金项内。

二、指定东北银行代理劳动保险总基金收支业务。

三、各企业每月按时拨出劳动保险总基金后，应即全部缴存于当地或附近之东北银行或东北银行分行。

四、接受委托之银行于收到劳动保险基金时，须备有四联收款证件，一件交付缴款人，一件送交东北职工总会备查，一件送交该企业之职工会组织，一件作为存根。

五、东北银行须将所收劳动保险总基金数目，按月造具报告表，分送本会劳动总局及东北职工总会各一份备查。

六、各国营企业于命令到达日起，企业管理人与本企业职工会，应即共同组织本企业劳动保险委员会，并于明年二月底以前，作好本企业于明年四月一日实施劳动保险之各项准备工作。

七、责成本会劳动总局协同东北职工总会，制定劳动保险条例实施细则，于明年二月底以前公布之。

望各有关国营企业、各级职工会与受委托之银行遵照办理为要！

（选自东北行政委员会《东北行政公报》第一期）

东北公营企业战时暂行劳动保险条例

（一九四八年十二月二十七日颁布）

第一章　概则

第一条　为保护公营企业中工人与职员之健康，减轻其战时生活困难，依据战时条件规定劳动保险暂行办法，特制定本条例。

第二条　本条例适用之范围：

甲、适用于一切公营企业中之工人与职员，暂从国营之铁路、矿山、军工、军需、邮电、电气、纺织等企业着手试办。俟有成绩后，再推广于其他公营企业。

乙、凡受战争影响未能正式开工复业之公营企业，暂不适用本条例。

丙、凡企业中之供给制人员不适用本条例。

丁、被法庭判决剥夺公民权者，无享受劳动保险之权利。

第二章　关于劳动保险基金之征集与保管方法之规定

第三条　各公营企业管理机关须按月缴纳等于本企业工资支出总额百分之三的劳动保险金。

第四条　劳动保险基金之征集保管方法如下：

甲、公营企业管理人须于每月发放工资日拨出应交之劳动保险基金全数,将百分之三十缴存于政府指定之银行,作为劳动保险总基金,百分之七十保存于本企业之会计处,作为本企业开支之劳动保险基金。

乙、凡公营企业,在按照本条例实施劳动保险各项办法之前,须先缴纳两个月之劳动保险基金,全数保存于政府指定之银行作为总基金。

第五条 劳动保险总基金之保管支付业务,由东北行政委员会劳动总局委托国家或地方银行代理之。接受委托之银行得视业务繁简成立劳动保险基金部或劳动保险基金科,建立精确之会计制度,每月填具业务报告表,分送劳动总局及东北职工总会各一份备查。

第六条 接受委托之银行于收纳存款时,须备有四联收款证件,一件交付缴款人,一件送交东北职工总会备查,一件送交该企业之职工会组织,一件作为存据。

第七条 各企业会计处应成立劳动保险基金之独立会计,制定精确之会计制度与简便之支付手续,并每月填具业务报告表三份,一份交该企业职工会审查,一份公开张贴,一份作为存底。

第三章 应举办之各项劳动保险事业

第八条 因公负伤残废与因公死亡之恤金的规定:

甲、因公负伤职工之全部医疗费由该职工所属之企业负担,并须付给治疗时间之全部工资。

乙、因公死亡职工之丧葬费由该职工所属之企业全部负担,但不得超过本人所得之两月工资,另由劳动保险基金中,付给原为该职工所抚养之直系亲属以一定之抚恤费。其数目按死者在所属企业工作之年龄付以百分之十五至百分之五十之死者原有工资,并以十年为限。其详细办法在劳动保险条例实施细则中规定之。

丙、因公负伤或因公积劳成疾致成残废之职工,依其残废程度,由劳动保险基金中每月付给等于本人工资百分之五十至百分之六十之残废恤金,至本人老死时止。残废等级之规定及残废金额之支付办法等,于劳动保险条例实施细则中规定之。

丁、因公死亡或残废职工之直系亲属(兄、弟、子、女)之具有工作能力者,本企业应尽先录用之。其子女已具入学年龄而无力就读者,享有国家义务教育之权利。

第九条 疾病及非因公伤残废医药补助金之规定:

甲、职工本人患病负伤时之全部医疗费由所属企业负担,但须在本企业所办之医疗所或指定之医院中治疗，否则，不发给医药费。

乙、职工患病及非因公负伤在三个月以内者，按职工在该企业工作之年龄付给相当于本人工资百分之五十五至百分之一百的工资之补助金，由该职工所属之企业支付。患病三个月以上及负伤致残废者，得由劳动保险基金中发给疾病成残废的救济金，其数等于因公残废恤金之半数，直至能工作时为止。其详细办法在劳动保险条例实施细则中规定。

丙、职工直系亲属患病时，得在企业所办之医疗所免费治疗，酌减药费。

第十条　关于职工本人及其直系亲属之丧葬补助金之规定：

甲、职工本人病死时，由劳动保险基金中付以相当于本人一月工资之丧葬补助金，并按其在本企业中工作年龄之长短，付给死者家属相当于死者三个月至一年工资之救济金。其详细办法在劳动保险条例实施细则中规定之。

乙、职工直系亲属（指父母、妻子）之死亡，得由劳动保险基金项下给予相等于本人一月工资之三分之一的丧葬补助金，但以直系亲属系受职工供养者为限。

第十一条　对于有一定工龄之老年工人生活补助金：

甲、老年职工之年满六十岁并具有二十五年以上之工龄者，由劳动保险基金项下按其在本企业中工作年龄之长短，每月支付定额生活补助金。年迈尚能参加工作者，平均每月支付给相等于其工资百分之十至百分之二十的补助金，其年迈力衰不能工作而退职者，每月支付相等其工资百分之三十至百分之六十的生活补助金。其详细办法由劳动保险实施细则中规定之。

乙、下井矿工，有害身体健康之化学工人，年满五十五岁，具有二十年以上工龄者，得享受上项养老补助金。

丙、女工年满五十岁，具有二十年以上工龄者，得享受上项养老补助金。

第十二条　关于职工生育儿女补助金之规定：

甲、女职工在产前产后总共给以四十五日之休息，由该职工所属之企业支付全部工资。

乙、职工生育儿女，得从劳动保险基金项下发给生育补助金，其数目相当于五尺白布，按当时市价支付之。

第十三条　凡未加入职工会者，因公伤亡时，得享受与职工会会员同样之恤金；未加入职工会之女职工生产时，亦得享受与职工会会员同样不扣工资之休假期，但疾病、养老、死亡、丧葬、生育儿女等补助金，未加入职工会之职工，只能领取相当于职工会会员应领额之半数。

第十四条 凡在生产中立有特殊功绩者，得享受较优异之劳动保险条件，但须由各企业职工会组织提出，各产业总工会或地方总工会之批准。

第十五条 凡领取计件工资之职工，其应领之劳动保险金根据本条例中之规定，须按所得工资计算者，应以该职工本人最近三个月所得之平均工资为标准。

第十六条 职工请求劳动保险金者，须由本人或其直系亲属提出请求书，经职工会小组通过，本企业劳动保险委员会批准后，方能领取。

第四章 关于劳动保险基金支配方法之规定

第十七条 劳动保险基金之支配办法如下：

甲、保存于各企业会计处之劳动保险基金，为支付本企业职工根据本条例应得劳动保险金之用，每月结算一次，其剩余部分，由该企业劳动保险委员决定，举办有关全体职工之劳动保险事业，如扩大与改善医疗所，建立托儿所等，但须经上级职工会之批准。遇意外事件不够开支时，得请求上级工会调剂或转请东北职工总会允许从劳动保险总基金中借用或补贴之。

乙、缴存于政府指定银行之劳动保险总基金，由东北职工总会决定使用于下列各项劳动保险事业；

一、职工疗养所。

二、职工残废院。

三、丧失父母之职工儿女保育院及学校等。

四、老年工人休养所。

五、对各企业发生意外事件时支付劳动保险金之补贴。

六、其他集体劳动保险事业。

第十八条 劳动保险基金及总基金，除用之于劳动保险事业外，不得移作其他用途。

第五章 劳动保险基金之监督与检查

第十九条 各企业均须设立由行政与工会共同组织之劳动保险委员会，决定劳动保险基金之支配使用办法，一切有关劳动保险之实际工作，由职工会劳动保护部担任之。

第二十条 各企业职工会须设立劳动保险基金审核委员会，由本企业中之全体会员选举三人至五人组成之，每月审查劳动保险基金收支账目一次，并公布之。

第二十一条 各企业劳动保险委员会每三个月造具劳动保险基金报告书两份，一份送到产业总工会，一份送东北职工总会备查。

第二十二条 各产业总工会劳动保护部有调剂所属各企业劳动保险基金之权，有提取所属各企业剩余基金举办该产业职工集体劳动保险事业之权，并有审查所属各企业劳动保险基金收支报告之责，每三个月审查一次。并应将审查结果造具总报告书，送交东北职工总会审查。

第二十三条 东北职工总会劳动保护部之职责如下：

甲、提出劳动保险总基金使用于劳动保险事业之计划与预算，经常务委员会批准后执行之。

乙、领导东北职工总会直接举办之劳动保险事业。

丙、指导各级工会劳动保护部之工作。

丁、提出对各企业或产业职工会请求补贴之意见，经常务委员会批准后执行之。

戊、每三个月将劳动保险总基金之收支状况造具报告书，送交执行委员会审核。

己、审查各产业职工总会之劳动保险基金报告书。

第二十四条 东北职工总会每半年应将劳动保险总基金收支状况造具报告书，送交劳动总局审查并公布之。

第二十五条 东北职工总会每年应将全部劳动保险基金收支状况及劳动保险事业情形造具报告书，送交劳动总局审查并公布之。

第二十六条 劳动总局为监督实行劳动保险事业之最高机关，凡有违犯本条例者得予以处分或转送司法机关惩办之。

第六章 附则

第二十七条 本条例由东北职工代表大会通过后呈请东北行政委员会批准颁布实行之，其解释权属于东北行政委员会所设之劳动总局。

第二十八条 本条例有不适合时，得由东北职工总会执行委员会通过决议，呈请行政委员会修改之。

第二十九条 本条例于颁布后二个月以内，责成劳动总局协同东北职工总会拟定本条例之实施细则。

（选自华北总工会筹备委员会编《第六次全国劳大决议》）

东北公营企业战时暂行劳动保险条例试行细则

（一九四九年二月二十八日东北行政委员会颁布）

第一章 总则

第一条 本细则根据东北公营企业战时暂行劳动保险条例制定之，凡东北公营企业实施劳动保险时，暂均依据本细则之规定。

第二条 除劳动保险条例所列开始试办劳动保险之国营企业外，其他公营企业需要与可能试办劳动保险时，得由该公营企业之主管机关与职工会，共同参照劳动保险条例与本细则，提出实施办法意见，呈请东北行政委员会与东北职工总会批准实施之。

第三条 凡实施劳动保险之公营企业工厂中，有正式厂籍与固定工作岗位之职工，不分国籍、民族、年龄、性别，均适用劳动保险条例与本细则。凡公营企业工厂中所有临时性的、无正式厂籍与固定工作岗位的职工，或附属的公私合作与私营加工业的职工，暂不适用劳动保险条例与本细则之规定。

（注）凡公营企业在未正式实施劳动保险条例之前，职工因公负伤之治疗费，因公死亡之丧葬费，及女职工生育休假之待遇，均照劳动保险条例与本细则之规定办理。其他各项，由各企业行政与职工会临时协商处理之。

第二章 关于劳动保险基金之征集与保管方法问题

第四条 各企业须按月缴纳等于本企业工资支出总额百分之三的劳动保险金。总额系指本企业工资之全部支出额，不论计时、计件或超额奖励的工资，所有工资支付的实物部分与货币部分，包括假期工资、奖工工资、加工时的工资等等，一切工资支出均计算在内。此百分之三，是指在工资全部支付之外，再依比例数由各企业缴纳之。

第五条 工资实行以实物为计算标准时，缴纳劳动保险金额，应按工业部工薪审核委员会每月公布之实物价格计算。

第六条 劳动保险基金存放时，应按实物存款办法，保证不因物价变动而影响其价值。

第七条　受委托存放劳动保险总基金的银行，其关于劳动保险总基金的保管支付业务，向东北职工总会负责。各企业会计处关于劳动保险金的保管支付业务，向该企业劳动保险委员会负责。

第八条　各企业劳动保险基金于每月终结算后，应将支出后的余额，按实物存款办法存于银行。所有各企业劳动保险基金及东北劳动保险总基金，一概不准作劳动保险事业之外的任何其他用途。

第九条　各企业在实施劳动保险前，应缴纳之两个月的劳动保险总基金，应于实施前的第三个月开始缴纳，其实施前第三个月及第二个月之劳动保险基金，全数作为总基金，缴存于政府指定之银行。其实施前一个月之劳动保险基金，以百分之七十保存于本企业会计处，作为开始实施劳动保险条例最初一个月之用，以百分之三十缴存于政府指定之银行，作为总基金。此后均以此比例，按月分别缴存。

第三章　关于职工因公负伤残废医疗和恤金的规定

第十条　职工因公负伤医疗期间，医疗费由所属企业完全负责，并照发工资，至该企业医疗所或指定之医院，证明已能复工或医疗终结确定为残废之时为止。

第十一条　残废等级，凡全部失去劳动力不能继续工作者，为一等残废；部分失去劳动力能改作其他工作或较轻便工作者，为二等残废；凡残废后，仍能作原工作或一般工作者，为三等残废。每等中又应分为几级，其等级具体规定另定之。

第十二条　残废等级之确定，由该负伤职工之主治医生提出意见，由该医疗所或医院之医务技术人员组织医疗委员会，审查提出证明书，交该企业劳动保险委员会审查决定之。

第十三条　职工因公负伤致成残废者，应分别下列几种原因：

甲、由于坚持工作，不避艰险，因改进或保护工厂企业，而负伤致成残废者；

乙、由于工作中受到人力不能抵抗之天灾或事变，而负伤致成残废者；

丙、由于工作疏忽或无意中之过失，而负伤致成残废者；

丁、因公积劳成病，损坏器官或脏腑之一部，而致成残废者。

（注）因公积劳成病，系指职工在解放后公营企业生产过程中，确因工作紧张并有显著成绩，因而长期积劳成病，或在解放后公营企业中，作有损健康之化学工业工作（制火药、磷、酸、瓦斯等）致成病残者而言。

第十四条 职工因公负伤致成一等残废不能继续工作而退职者，由劳动保险基金发给恤金，其数目规定：

甲、凡由于前条甲项原因而负伤致成残废者，其恤金每月付给等于本人原工资百分之五十至百分之六十，至本人老死时止。

乙、凡由于前条乙项原因而负伤致成残废者，其恤金每月付给等于本人原工资百分之四十至百分之五十，至本人老死时止。

丙、凡由于前条丙项原因，而负伤致成残废者，其恤金每月付给等于本人原工资百分之三十至百分之四十，至本人老死时止。

丁、凡由于前条丁项原因致成残废者，按本条甲项办理。

第十五条 学徒因公负伤致成一等残废者，得按残废当时工人之最低工资，依上述比例数发给恤金。

第十六条 职工因公负伤致成二等残废，在本企业能作其他工作或轻便工作者，本企业应予留用，改作其他工作，由劳动保险基金按月支付恤金。其负伤残废原因，由于第十三条甲项及丁项者，恤金按本人原工资百分之三十至百分之四十付给；由于第十三条乙项者，恤金按本人原工资百分之二十至百分之三十付给；由于第十三条丙项者，按本人原工资百分之十至百分之二十付给。

第十七条 职工因公负伤致成三等残废，能继续原工作或在本企业作其他工作者，本企业应予留用，由劳动保险基金按月支付恤金。其负伤残废原因由于第十三条甲项及丁项者，恤金按本人原工资百分之十至百分二十付给；由于第十三条乙项者，恤金按本人原工资百分之五至百分之十付给；由于第十三条丙项者，不给恤金。

第十八条 凡职工负伤，身体一部因伤挛缩或强直或麻痹所发生之临时障碍者，至恢复原状时，则停发恤金。积劳成病致成残废者，得随病势之增减，而升降其残废等级。残废后再次残废者，应合并确定为一种等级。

第十九条 凡工作中由于违反纪律而负伤致成残废者，不发恤金。

第二十条 凡在劳动保险条例实施前因公残废之职工，不适用劳动保险条例与本细则之规定。

第二十一条 在公营企业工作之荣誉军人，其在军队中成为残废之恤金，由荣誉军人抚恤委员会发给，不在劳动保险金内支付。

第四章　关于职工因公死亡丧葬费和抚恤金的规定

第二十二条 职工因公死亡之丧葬费，由所属企业行政全部负担，最多不超过本人所得之两月工资。并由劳动保险基金中，按下列各条规定，付给死者供养的直系亲属以抚恤金。

  第二十三条 职工在本企业工作满十年以上者，由于第十三条甲项和丁项原因而致死者，其恤金按死者原工资百分之五十支付；由于第十三条乙项原因而致死者，其恤金按死者原工资百分之四十五至百分之五十支付；由于第十三条丙项原因而致死者，其恤金按死者原工资百分之四十至百分之四十五支付。

  第二十四条 职工在本企业工作五年以上至十年者，由于第十三条甲项和丁项原因而死亡者，恤金按死者原工资百分之四十至百分之四十五支付；由于第十三条乙项原因而致死者，恤金按死者原工资百分之三十五至百分之四十支付；由于第十三条丙项原因而致死者，恤金按死者原工资百分之三十至百分之三十五支付。

  第二十五条 职工在本企业工作三年以上至五年者，由于第十三条甲项和丁项原因而致死者，恤金按死者原工资百分之三十至百分之三十五支付；由于第十三条乙项原因而致死者，恤金按死者原工资百分之二十五至百分之三十支付；由于第十三条丙项原因而致死者，恤金按死者原工资百分之二十至百分之二十五支付。

  第二十六条 职工在本企业工作三年以下者，由于第十三条甲项和丁项原因而死者，恤金按死者原工资百分之二十至百分之二十五支付；由于第十三条乙项原因而死者，其恤金按原工资百分之十五至百分之二十支付；由于第十三条丙项原因而死者，恤金按死者原工资百分之十五支付。

  第二十七条 上项恤金均以十年为限，每三个月支付一次。为照顾领取者特殊情况之需要，可由领取者申请，经本企业劳动保险委员会审查决定，一次支付或分期支付之。

  第二十八条 职工因公负伤致成一等残废，退职后死亡者，如领取残废恤金已满十年，则一次发给三个月的原残废恤金作为丧葬费。如领取恤金不满十年者，除一次发给三个月残废恤金作为丧葬费外，并按本章各条之规定，发给死亡抚恤金，至负伤后满十年为止。

第五章 关于职工疾病及非因公伤残之医疗和补助救济的规定

  第二十九条 职工疾病及非因公负伤之医疗费，在本企业医疗所及指定医院治疗者，由所属企业负担。在三个月以内，并照下列规定按月发给工资补助金：在本企业工作一年以内者，发给百分之五十的工资；工作一年以上至三年者,发给百分之六十的工资;工作三年以上至五年者,发给百分之七十的工资;工作在五年以上者,每增加一年,增加百分之十的工资至百分之一百为止,概由本企业支付,不在劳动保险金项下开支。

第三十条 凡由于不正当行为(醉酒、斗殴及其他过犯)而引起的疾病或负伤,在最初十日以内,不发给工资补助金,此后之补助金及救济金,只能领取普通病伤者之半数。

第三十一条 凡非因公积劳而成妨碍劳动生产之慢性病,得按当时当地社会一般医疗情况进行医疗。由本企业劳动保险委员会按其在本企业工作年限之多少,决定由本企业负责全部或一部:在本企业工作十年以上者,负责全部;五年以上至十年者,负责三分之二;三年以上至五年者,负责二分之一;三年以下者负责三分之一。补助金及救济金,照一般疾病处理。由于本人行为不正而得的花柳病,医疗费完全由本人负责。

第三十二条 职工非因疾病和非因公负伤残废在三个月以上,仍不能工作者,停发工资补助金,改由劳动保险基金中按月发给疾病或残废的救济金:其在本企业工作不满一年者,发给原工资百分之十至百分之十五;工作一年以上至三年者,发给原工资百分之十五至百分之二十;工作三年以上至五年者,发给原工资百分之二十至百分之二十五;工作五年以上者,发给原工资百分之二十五至百分之三十,救济金发至本人能工作时止。

第三十三条 职工疾病负伤之需要停止工作医疗者,必经本企业医疗所或指定医院之医生证明,始得享受伤病之待遇。

第三十四条 职工直系亲属患病时,得在本企业设立之医疗所免费治疗酌减药费,其治疗之手续及药费酌减办法,由各企业劳动保险委员会协同企业行政具体规定之。

第六章 职工及其直系亲属死亡丧葬补助及救济金的规定

第三十五条 职工本人病殁时,由劳动保险基金付给相当本人一月工资之丧葬补助金,并按下列规定付给死者供养的直系亲属救济金:在本企业工作不满一年者,发给三个月原工资之救济金;工作一年以上者,每工龄增加一年,增发补助金原工资一个月,增至满原工资十二个月为止。此项救济金,按月付给,如有特殊情况之需要,可一次或分期发给之。

第三十六条 职工供养的直系亲属死亡,由劳动保险基金付给相当于本人一个月工资三分之一的丧葬补助金。不满一岁者不发,一岁以上至十岁者,发给成年人的半数,十岁以上者,按成年人待遇发给之。

第七章　关于有一定工龄之老年职工生活补助金的规定

第三十七条　凡职工年龄满六十岁并且工龄满二十五年以上者，下井矿工及有损身体健康之化学工人（指制火药、磷、酸、瓦斯等工人而言）年满五十五岁、工龄满二十年以上者，女工年满五十岁、工龄满二十年以上者，得享受由劳动保险基金支付之养老生活补助金。

第三十八条　凡不足前条年龄与工龄之职工，确因在本企业工作中积劳成疾，不能工作者，以因公残废待遇之。

第三十九条　凡应得养老补助金之职工，尚能参加工作者，其补助金，在本企业工作满一年者，每月支付补助金工资百分之十；工龄多一年，则补助金增多工资百分之一至工资百分之二十为止。

第四十条　凡应得养老补助金之职工，因年迈力衰经本企业劳动保险委员会认为不能工作而退职者，其补助金，在本企业工作十年以上者，每月支付原工资百分之三十；在本企业工龄增多一年，则补助金增多原工资百分之二，至原工资百分之六十为止。此项补助金，发至本人老死为止，并一次发给三个月补助金作为丧葬费。

第八章　关于职工生育儿女补助金的规定

第四十一条　女职工生育儿女，产前产后给假四十五天；小产在三个月以内给假十五天，三个月以外给假三十天，均由所属企业行政照发原工资。

第四十二条　生育儿女补助金，在产前一个月内，由劳动保险基金内发给之。

第四十三条　如系双生子，产后得再补发一份。

第四十四条　夫妻均在实施劳动保险之企业工作者，生育补助金，由女方领一份，妻未在实施劳动保险之企业中工作者，由夫领取之。

第四十五条　生育儿女补助金之五尺白布，按当时当地国营贸易公司之市价发给之。

第九章　关于工龄的规定

第四十六条　职工一般工龄（养老补助金项内所称之工龄），系指职工本人在解放区公营企业中工作年限，及以前以劳动为生活主要来源而被雇用的年限之总合而言。

第四十七条　职工本企业工龄，系指职工本人在本企业工厂，有正式厂籍与固定工作岗位连续工作之年限而言。各个职工的本企业工龄，按各该职工本人入本企业工厂时间连续工作至今之年限计算。

（注一）职工经解放区公营企业领导机关调动工作者，在享受劳动保险待遇时，其调动前所在企业工厂之工龄，得合并在调动后所在之企业工厂工龄之内，作为职工本人本企业工龄计算。

（注二）职工在解放区公营企业工厂工作中，曾自动或被开除离厂，后来又回到本企业工厂工作者，其本企业工龄，从后一次到本企业工厂之时间算起。其以前工作之年限，仅作一般工龄计算，不计算在本企业工龄之内。

（注三）在解放前各企业工厂中，和生产没有联系专以统治、压迫、剥削工人为职务的寄生官僚、警察、特务、把头等，均不作工龄计算。解放前在本企业工厂工作的技术人员和业务管理人员，其工作年限均计算在本企业工龄之内。

（注四）凡受战争影响暂时停工的企业工厂之职工，在开工复业时，立即回原企业工厂报到者，其原来之厂龄计算在本企业工龄之内。但职工如系在企业工厂停工前已离厂者，或开工复业当时未立即回厂者，则其本企业工龄，从后一次到厂时间起开始计算，其以前工作年限，作一般工龄计算。

（注五）职工曾参加人民解放军者，在享受劳动保险待遇时，其参加人民解放军之军龄，得计算在本企业工龄之内。

第四十八条 职工之一般工龄及本企业工龄，均须本人据实报告，并提出证明人，经小组会审查讨论后，由本企业劳动保险委员会确定之。

第四十九条 下井矿工和有损健康之化学工人（制火药、磷、酸、瓦斯等工人），在根据本细则享受抚恤及病伤补助待遇时，其本企业工龄，在下井和作有损健康之化学工作期间，工龄一年折合其他工作一年三个月计算。在享受养老待遇时，如已作此项工作达二十年者，虽改作其他工作，年满五十五岁则应得养老补助金，如作此项工作不满二十年改作其他工作者，或现在作此项工作以前作其他工作者，则其他工作一年折合此项工作一年的五分之四计算，如年满五十五岁，共计折合此项工作工龄满二十年者，即可享受养老补助金。

第十章 关于享受优异劳动保险条件的规定

第五十条 各企业职工中之特等劳动英雄和特等功臣或立有特殊功绩者，经各企业职工会提出，各产业总工会或地方总工会之批准，得享受下列较优异之劳动保险条件：

甲、因公负伤医疗时期，除照领原工资外，由所属企业供给其本人之生活费。

乙、因公残废和因公死亡之恤金，非因公疾病负伤之补助金与救济金，养老补助金，较一般职工加倍发给之，至本人原工资百分之百为限。因公死亡丧葬费，职工本人及其直系亲属死亡之丧葬补助金，职工病殁之救济金，与生育儿女补助金，较一般职工加倍发给之。

丙、职工本人及其直系家属有享受集体劳动保险事业之优先权。

第十一章　关于直系亲属的规定

第五十一条　父、母、妻（或夫）、子、女均为直系亲属。

第五十二条　规定下列亲属为受职工供养之直系亲属：

1. 父、母年迈（指男过六十岁，女过五十岁，下同）或无劳动力者；
2. 妻（或夫）年迈或无劳动力者；
3. 子、女年龄未满十四岁，或虽满十四岁尚在入学或无劳动力者；
4. 祖父、母年迈，而父、母死亡或无劳动力者；
5. 孙子、女年未满十四岁，其父、母死亡或无劳动力者。

第五十三条　在前条规定中有下列情况者，不得作为受职工供养：

1. 在农村分得土地者；
2. 父、母有养老金者；
3. 祖父、母有养老金或有伯、叔、姑供养者。

第五十四条　受职工供养之直系亲属，按上述规定，并根据各地区和各个职工的具体情况，经小组会通过，各企业劳动保险委员会审查批准确定之。

第十二章　关于集体劳动保险事业的规定

第五十五条　凡五百人以下之企业或工厂，须设立卫生所，五百人以上者，须单独设立或联合设立职工医疗所。其因条件限制不能设立者，均须与附近之医生或医院订立条约，随时为病伤职工医疗，其设立卫生所或医疗所者，一切设备及经费，由各该企业负责。

第五十六条　凡本企业工厂，女职工有三周岁以下家庭无人照管的小孩，十个以上者，可设立托儿所（女职工在工作期间，将小孩寄托看管，下工后各自带回），其房屋、设备、经费等均由该企业负责。

第五十七条　各企业劳动保险金，如有剩余时，得由该企业劳动保险委员会决定，经产业总的劳动保险委员会批准，举办集体劳动保险事业。

第五十八条 由东北职工总会直接举办之集体劳动保险事业，得视需要与经济能力逐渐增多与扩大，目前应着手创办者为：

1. 职工负伤致成一等残废之职工残废院；
2. 长期患病者之职工疗养院；
3. 丧失抚育者之职工子弟保育院；
4. 没有供养者之老年职工休养所。

上述集体劳动保险事业，东北职工总会可委托省、市职工总会代办。各省、市职工总会如认为当地必要与可能举办某种集体劳动保险事业时，得呈请东北职工总会批准创办之。

第五十九条 东北职工总会所举办之集体劳动保险事业，凡东北实施劳动保险各企业之职工均有权享受。但得根据其规模之大小，确定某种职工有享受之优先权。其享受之先后，及待遇、手续等规定，由东北职工总会协同东北行政委员会劳动总局随时决定通知之。

第十三章 关于劳动保险基金之支付问题

第六十条 对请求劳动保险金者，请求时间有下列规定：

甲、残废恤金由医疗终止确定为残废时，由本人向本企业劳动保险委员会请求恤金，先由小组通过后，交劳动保险委员会根据残废等级、原因，确定恤金之数额发给恤金证，自医疗终止日起计算领取恤金，此项请求不得迟于确定残废后一个月。

乙、因公死亡丧葬费，由死者直系亲属随时向企业管理机关请求领取。抚恤费由死者供养的直系亲属向本企业劳动保险委员会请求领取之，此项请求不得迟于死后一个月。

丙、疾病和非因公伤残废三个月后的救济金，由本人请求，不得迟于病伤发生后的第四个月。

丁、职工丧葬补助金，由其直系亲属请领之，如死后无直系亲属者，由职工会请领负责办理丧葬事宜。职工死亡救济金，由死者供养的直系亲属请求领取之，此项请求不得迟于死后一个月。

戊、职工供养的直系亲属之丧葬补助金，由职工本人请领之，此项请求不得迟于死后一个月。

己、老年职工补助金，由职工本人于应领补助金之前一个月，向本企业劳动保险委员会请求之，年龄以整岁计算，养老补助金由满规定年龄后之第一个月开始领取。

庚、生育儿女补助金于生前一个月由职工本人请求之。

第六十一条 职工残废达领养老金的年龄者，只能领取一种。但因公残废者，得按其领取的一种，增加本人原工资百分之十发给之。

第六十二条 凡父、子、弟、兄、夫、妻均在实施劳动保险之企业工作者，因一个事件领取恤金补助金者，只能领取一份，不得重领。

第六十三条 劳动保险金之发给，按月者，应与发工资日同时发给，临时性者，不得迟于半个月。

第六十四条 恤金和补助金救济金，均按事件发生当时的职工原工资计算，发给时按当时当地实物价格计算。

第六十五条 凡未加入职工会之职工，因公伤亡时，得享受与职工会会员同样之恤金，未加入职工会之女职工生产时，亦得享受与职工会会员同样不扣工资之休假期。但疾病、养老、死亡、丧葬、生育儿女等补助金，未加入职工会之职工，只能领取相当于职工会会员应领额之半数。自正式加入职工会之日起即享受公务员之待遇。

第六十六条 凡领取计件工资之职工，根据劳动保险条例与本细则应领之劳动保险金，须按所得工资计算者，均以该职工本人最近三个月所得平均工资为标准。

第六十七条 领取恤金或补助金者，如违法判罪者，其褫夺公权时期，得停止恤金和补助金之支付。

第六十八条 应领恤金或补助金之残废、老年、儿童，如入休养院、保育院者，应在其应领恤金中扣除本人生活费之部分，其余下之部分，由其亲属中有权领取者领取之。

第六十九条 劳动保险金由领取者持劳动保险委员会审查批准之证明书，经本企业劳动保险委员会负责人之签字，按时向本企业劳动保险会计处领取之。

第七十条 各企业工厂均须依据本细则之规定，支付职工个人应得之劳动保险金，如本企业工厂单位劳动保险基金不敷时，得请求各产业总的劳动保险委员会调剂，各产业不敷时，得请求东北职工总会在总基金内拨款补助之。

第七十一条 劳动保险金请求者，与企业劳动保险委员会发生争议时，得请求上级劳动保险机关解决之。

第十四章　关于各企业劳动保险委员会的组织和工作问题

第七十二条　各企业各工厂均组织劳动保险委员会，由职工会主任、劳动保护部长及企业行政方面之经理（厂长）或管理人事的负责人、卫生负责人、经理部门负责人等组织之，主任由职工会主任担任，其日常实际工作由职工会劳动保护部担负执行之。

第七十三条　各企业的劳动保险委员会职责如下：

甲、在本企业贯彻实行劳动保险条例和本细则的各项劳动保险规定。

乙、审核批准本企业职工及其直系亲属劳动保险请求书，发给领取证。

丙、讨论决定本企业应创办之集体劳动保险事业，呈请产业总的劳动保险委员会批准后创办之。

丁、按月编制本企业劳动保险金支付之决算，送交产业总的劳动保险委员会审查，并按月公布收支账目。

戊、研究总结劳动保险工作的经验。

第七十四条　各产业职工总会应与产业领导机关依上述原则组织本产业总的劳动保险委员会，其职权是领导所属各企业工厂的劳动保险工作，提取所属企业工厂劳动保险基金，创办本企业职工集体劳动保险事业，调剂所属各企业劳动保险基金，审查各企业劳动保险基金收支报告等。

第七十五条　各企业工厂之劳动保险委员会，受各产业总的劳动保险委员会领导，各产业总的劳动保险委员会，受东北职工总会领导。

第七十六条　各省市职工总会对当地各企业工厂的劳动保险工作，有根据各该企业工厂上级劳动保险机关之决定，指导、督促、检查、监督之职权。各企业工厂劳动保险委员会应服从之。

第十五章　关于劳动保险基金之监督与审核

第七十七条　各企业职工会组织三人至五人之劳动保险基金审核委员会，由会员大会或代表大会选举产生之，委员会之主任由委员互选产生之。审核委员会有权审查劳动保险基金收入、保存、支付是否合理、账目是否清楚。

第七十八条　劳动保险基金审核委员会对上项审核，如发现疑问时，劳动保险委员会必须详尽答复。如发现错误，得提出意见，劳动保险委员会必须立即纠正。如发现有违犯劳动保险条例行为，得报告本产业劳动保险委员会和当地省、市职工总合，转告东北职工总会及东北行政委员会劳动总局予以处分。其情节严重者，由东北行政委员会劳动总局转送司法机关惩办之。

第七十九条 各企业劳动保险基金，收支账目之公布和报告书，由劳动保险委员会主任、劳动保险会计、审核委员会主任共同签字。

第八十条 审核委员会除定期审核外，如发现重大可疑之处，经全体通过后可随时提出审查。

第八十一条 所有职工对劳动保险基金之收支，发现疑问时，均可报告本企业审核委员会，并可越级向东北职工总合及东北行政委员会劳动总局提出控告。

第十六章 附则

第八十二条 为保证各企业领导机关和全体职工贯彻执行劳动保险条例，东北行政委员劳动总局得协同东北职工总会，制定实施劳动保险的规约和纪律，呈请东北行政委员会批准公布之。

第八十三条 本细则如有未尽事宜，由东北行政委员会劳动总局协同东北职工总会制定补充规定，本细则如有不适宜处，由东北行政委员会劳动总局协同东北职工总会修改之。

第八十四条 本细则由东北行政委员会劳动总局协同东北职工总会拟定，呈请东北行政委员会批准颁布之，其解释权属于东北行政委员会劳动总局。

（选自东北行政委员会《东北行政公报》第一期）

东北行政委员会公营企业工薪标准关于支付办法的补充指示

（一九四九年四月二十八日）

本会去年九月六日所公布之"公营企业工薪标准修正指示"施行以后，根据半年的经验，关于支付办法，特作如下补充：

（一）工薪标准：凡公营企业职工之工薪，规定以下列五种实物为工薪标准：

粮——以普通高粱米、苞米楂子和小米之平均混合粮为标准。

布——以十六支纱 54×50 规格之白解放布为标准，并规定以方尺计算。

油——以普通大豆油为标准。

盐——以普通海盐为标准。

煤——以有烟煤为标准。

（二）工薪分值：凡职工工薪计算单位规定用"分"，并规定每分之值如下：

混合粮——一点六三斤

白解放布——〇点二〇方尺

豆油——〇点〇三五斤

海盐——〇点〇四五斤

煤——五点五斤

（三）分值计算：按照工薪分值标准，根据各主要地区国营商店，每月二十号物价，由财经委员会工薪处公布该月工薪物价或每分之值。物价公布后，各国营商店及职工合作社在一个月内，不论物价如何，均应照此价格保证职工在该店、社内能购到第（一）项所规定之标准质量之实物——粮、布、油、盐、煤。

（四）支付方法：按职工所得分数，以百分之五十支付货币，百分之五十支付工薪实物券，不直接支付任何实物（如需要半数以上之工薪实物券者亦可发给）。由职工持工薪实物券，到该地区国营商店和职工合作社内，购买粮、布、油、盐、煤五种实物，或折合价购买其他实物（如职工不要小米，而要调剂大米者，可用工薪实物券购买大米，大米价则按国营商店或合作社公价，余类推）。

（五）支付时间：每月十号以前，各企业应按职工应得之工薪分数，预借一部分现金，并允许职工到各该厂内合作社赊购物品，到月终结账，其赊购数目，以不超过职工本薪百分之五十为限（即不超过工薪实物券部分）。

（六）工薪实物券发行及其使用办法：

1. 工薪实物券发行：由东北行政委员会商业部负责印发，券面计分：一分、五分、十分、五十分四种。

凡非商业部所发行之工薪实物券，国营商店及职工合作社拒绝使用。

2. 工薪实物券按下列地区区分之：即安东区、通化区、西安区、辽阳区、营口区、锦州区、四平区、阜新区、吉林区、长春区、齐市区、北安区、哈市区、牡市区、佳市区、抚顺区、本溪区、鞍山区、沈阳区、承德区、赤峰区，共二十一地区。各地区工薪实物券，只准通用于该券所规定之地区内，如安东区工薪实物券，只准通用于安东市及其所规定县区内之国营商店及职工合作社内（各地区工薪实物券具体流通地点，另文规定）。凡未经指定之地区则不通用，如安东工薪实物券到通化或沈市则不通用。

3. 工薪实物券市面不准流通，亦不能作纳税或其他用途，而只能在指定地区之国营商店及职工合作社内购货。

4. 凡国营商店及职工合作社的一切货物，均可用工薪实物券采购。价格：标准粮、标准布及油、盐、煤按财经委员会工薪公布之价格。如欲调剂其他实物者，可按工薪实物券所规定之实物折价（即每分之值），按当时当地国营商店及职工合作社之市价，自由选购其他需用物品。

5. 职工持工薪实物券购物时，所购东西少，券面额大，而需找补者，一分以上找给工薪实物券，一分以下找给现金，如仅持一分工薪实物券购物者，须购足百分之八十以上金额，才能找给现金。

6. 工薪实物券如本月内未用完，须移至下月购货者，其实物标准仍不变；但价格则须依照下月之规定，如每分混合粮为一点六三斤……下月不论物价涨落，均保证售给一点六三斤……之实物；但如调剂其他实物者，则应照下月物价，如本月粮为五千元一斤，下月为四千元或六千元，则按应得之工分实物照下月每分之值折价购买其他公价物品。

7. 职工将工薪实物券存入东北银行者，按实物储蓄办法待遇。实物储蓄办法，另由银行规定。

8. 工薪实物券遗失，不补发。

9. 工薪实物券应规定有效时间，过期作废（限期由商业部与工薪处共同决定，按时公布）。

10. 职工在此地工作而家在东北境内另地居住，必须要寄工薪实物券回家者，由职工向职工会请求，经职工会及行政调查属实批准后，始能兑换该职工家属住地之工薪实物券，由职工家属持券向当地之国营商店及职工合作社购买实物；分值及物价均按当地之分值、物价计算。

11. 职工家在东北解放区以外，而欲汇工薪实物券回家者，由银行按汇兑办法办理，其具体手续由银行规定之。

12. 工薪实物券之领取，由各企业机关按期造预算，送该主管机关之工薪处，转呈财经委员会总会计局记账后，转知商业部发给。每月终按实际人数作决算（领取工薪实物券之预决算制度，另定之）。

13. 伪造工薪实物券，以伪造货币论处。如有持假工薪实物券向国营商店或职工合作社购买货物之人员，该商店及合作社人员有权直接追问假券来源，持假券人必须详细回答，否则该商店或合作社人员应负责将持假券人员送交该人员之主管企业机关，转交司法部门迅办。

（七）执行机构：为了保证工薪政策之贯彻执行，克服工薪工作中的被动现象与平均主义的支实办法，以便利职工多样性的需求，减少劳动力的流动性，消灭因发实物而遭受到的生产损失，和解除各企业部门对领发实物的繁忙事务工作，使各级企业管理同志能集中全力于经建工作，完成计划经济的生产任务起见，必须：

1. 各级政府与各企业机关，除已有之工薪审核委员会外，均应于五月二十日以前，成立工薪专管部门（工薪处或科），负责研究、拟制、组织、计划、办理各该企业部门之职工工薪事宜及执行上级工薪决定，并负责督促、指导、检查国营商店及职工合作社对工薪政策的执行情形。

2. 商业部应于五月二十日以前按产业系统在各矿山及大中城市建立国营商店，并负责协助各企业单位成立职工合作社。

3. 各企业、机关及其所属单位，均应在五月二十日以前积极地帮助职工成立职工消费合作社，并与该地国营商店取得密切的联系。合作社干部则由各级行政部门及各级职工会负责配备。

4. 各企业、机关及其所属单位之职工合作社，在社员大会、理监会未正式成立以前，其行政应由各该企业或工厂之工薪部门（处或科）与职工会共同负责，直接领导；业务则应受商业部及当地之商业厅与国营商店及各级合作部门之指导。

5. 各产业地区之国营商店及企业合作社之主要任务，为保证职工每月所得之工薪能按国家公布之价格购得足够量之标准实物（粮、布、油、盐、煤）。

6. 各国营商店及合作社除必须保证职工购得所规定之粮、布、油、盐、煤五种标准质量之实物外，还应准备职工所需之其他日用必需品，如手巾、肥皂、袜子、鞋、针线等。同时，还应根据不同地点、不同季节，尽可能准备各种不同而较充足的实物，如矿山可多准备水袜子，过年过节多准备一些烟、茶、酒、糖、肉、白面、大米、花布……之类，以供应职工多样性的需求。

7. 国营商店之资金，由财政部按每月工薪支付总数，预支一月（给实物）交商业部转发。各地职工合作社之资金，则由商业部指定各该地区之国营商店，按该社企业内之职工人数每月应支付之工薪总数拨给实物，赊账一月，以后每月交工薪实物券即由财政部付给实物。

8. 合作社向国营商店取货，按批发价格，职工向合作社或国营商店购买，即按合作社及国营商店所规定之优待价格（粮、布、油、盐、煤五种实物则按工薪处公布价）。

9. 国营商店、职工合作社在领取实物中的消耗，及一切不可避免的损失，均由国家负担（具体办法由商业部与财政部拟定之）。

10. 各级工薪部门、各国营商店及职工合作社应将每月工资支付情形及工薪中的一切问题作总结，并提出今后计划，报告各该主管部门转报财经委员会工薪处。

（八）本办法由五月份起统一施行，但如某些地方的国营商店及职工合作社因特殊原因尚未成立就绪，经分别向各该主管部门请求，转呈财经委员会批准后，则可从六月份起执行。

（九）凡过去所颁发之工薪支付办法与本办法有抵触者，即按本办法施行。

（十）本办法修正及解释权属于东北行政委员会。

（选自东北行政委员会《东北行政公报》第十一期）

辽北省政府为提高待遇改以布匹粮食计算薪资标准令

（一九四七年三月十四日）

为提高员工待遇，改善其生活，特决定自三月份起，废除过去粮柴计算标准，改为布匹粮食计算薪金标准。所有员工（皮鞋及印刷等工人在内）均按此薪金标准发给。兹将员工薪金标准附发于后，仰各地遵照执行。并规定每月二十五日为发放日期。如有实物者，发给实物。如无实物者，按该日当地市价折发现款：

（一）政府系统

1. 县科长级每月高粱米二百斤，一尺二寸宽中等白土布二十尺。
2. 县股长级每月高粱米一百八十斤，一尺二寸宽中等白土布十八尺。
3. 县科员级每月高粱米一百七十斤，一尺二寸宽中等白土布十七尺。
4. 县办事员级每月高粱米一百六十斤，一尺二寸宽中等白土布十六尺。
5. 勤杂人员每月高粱米一百一十斤，一尺二寸宽中等白土布十一尺。
6. 伙夫按手艺高低每月高粱米一百斤至一百七十斤，一尺二寸宽中等白土布十尺至十七尺。

（二）学校系统，已详于教字第二号指示信。

（三）工厂系统，计时工资列后，计件必须参照计时工资规定之：

1. 石印工人按其技术高低，每月高粱米一百四十斤至三百四十斤，一尺二寸宽中等白土布十四尺至三十四尺。

2. 铅印工人按其技术高低，每月高粱米一百斤至二百斤，一尺二寸宽中等白土布十尺至二十尺。

3. 被服工人按其技术高低，每月高粱米二百斤至三百斤，一尺二寸宽中等白土布二十尺至三十尺。

4. 皮鞋工人按其技术高低，每月高粱米二百斤至三百四十斤，一尺二寸宽白土布二十尺至三十四尺。

5. 织布工人按其技术高低，每月高粱米二百斤至三百四十斤，一尺二寸宽中等白土布二十尺至三十四尺。

6. 学徒工人按其学习年代每月高粱米三十斤至一百斤，一尺二寸宽中等白土布三尺至十尺。

7. 勤杂及伙夫可按政府系统规定。

（四）其他凡未规定的，可参考本规定执行之。

（选自一九四七年六月辽北省政府《法令辑要》第一辑）

哈尔滨市工厂机械安全改进暂行办法

（一九四九年六月十六日哈尔滨市人民政府公布施行）

一、本办法实施于哈市机械生产之公私营之各业工厂。

二、凡工厂所使用之一个回转轴带二台以上机器者，必须装设活皮带轮与皮带叉子。

三、凡工厂机器皮带安于地沟及接近于地面回转轴者，以及其他机器接近于地面之皮带必须设皮带盒子。

四、凡工厂一切机器之明齿轮，必须装设铁制盒子。

五、凡工厂所使用之动力砂轮，必须装设铁制砂轮盒子。

六、凡工厂装置之刃型开闭器及配电盘，必须装设木制盒子。

七、工厂各种机器所接用之电线，禁用破损者，其破损处须用绝缘胶布包好。

八、凡工厂所装设之动力机架或座，必须装设铁制或洋灰制之机架或座。

九、各工厂之刨床在转动时，床面距其他机器及墙壁须保持一米以上之距离。其他机器以床腿为标准，中间距离最少须保持一米半以上之距离。

十、翻砂工厂工作时，须给工人配戴水龙布鞋盖，给看火工人配戴手套。

十一、洪炉工厂工作时，须给掌钳及打锤工人配戴水龙布鞋盖，水龙布围裙，并给掌钳工人配戴手套。

十二、熔化废炮弹及碎铜铁工厂，必指定专人负责及制定检查原料手续，送交劳动局备案。

十三、胶皮工厂之压胶机，须装设制动器。

十四、制棉机之小皮带轮，必须装设木制或铁制盒子。走帘须装设自动回转走帘，齿花轴前装设铁制压板。

十五、制材工厂使用之轮锯，必须装设锯罩，并装设保险冲刀。

十六、制材工厂之小带锯，必须装设铁轨滑车。

十七、制材工厂工作时，必须给工人配戴腹围及水龙布围裙。

十八、焊桶工厂亦须指定专人负责洗刷及制定检查手续，送交劳动局备案。

十九、电气工业必须给修理外线工人配戴腰带，并统一给电气工人配戴可能设施之防电防雨用具。

二十、各行业工房须制设等于室内面积八分之一以上之玻璃窗，或其他照明设备。

二十一、电焊工工作时，必须给配戴胶皮鞋、手套、口罩、水龙布围裙、电焊镜。

二十二、各机器工厂必须给机器工人配戴紧口套袖，翻砂工厂之端火及看火工须给配戴水龙布套袖。

二十三、各机器制造厂今后制造新机器时，必须于制造同时配装本办法规定与机器有关之安全设备，否则一律禁止出卖与定制。

二十四、各工厂之工房不得放置无用之其他零件杂物。

二十五、以上办法从公布之日起，限期二个月，第十三条则限期三个月，凡哈市各公私营工厂务须于限期内遵照执行，凡因缺乏生产条件及其他原因不能实行者，须到劳动局呈请批准备案。

二十六、今后无论任何工厂开业，务须遵照上述办法加以设备，统一呈报工业局，经劳动局检查妥善批准后，方准开业。

二十七、本办法由公布之日起生效，解释权修改权属市人民政府。

（选自《哈尔滨市法令汇编》第一辑）

苏皖边区保护工厂劳动暂行条例

(一九四六年五月)

第一章 总则

第一条 为改善工人生活，加强劳动热情，团结劳资双方提高生产效率，特根据和平建国纲领与本边区具体情形订立本条例。

第二条 凡本边区劳资双方有关一切事情，都照本条例办理。

第三条 本条例所说工厂，是指工人、学徒、职工三十人以上的工厂。

第二章 工作时间

第四条 每〔个〕工人每天做工八小时至十小时，最高的不得超过十小时，每周最高工作时间不得超过六十小时。

第五条 厂方如做工过忙，要工人在规定工作时间以外再做工，每做七小时算一个工，但连续七天以上先要得到工会同意。

第六条 白天夜晚都开工的工厂要把日夜班分开来，一星期顶少要换一回班。

第七条 做夜班的时间以七小时为原则，最多不超过八小时。

第八条 童工和怀孕的女工或带小孩要喂奶的女工，不能做夜工，也不能在规定时间以外再做工。

第三章 放假休息

第九条 每星期放假一天，如生产需要，在工人同意下，星期继续做工应发两天工资。

第十条 阳历年放假二天，阴历年放假三天。"二七"、"五一"、"七七"、"双十"等纪念日和政府另外临时指定放假日子，都要放假。

第十一条 工人在工厂做工三年以上不满六年的，要有十天休假；六年以上的要有二十天的休假。

第四章 工资

第十二条 规定工资由工会与厂方根据当时当地生活情形，及工人技术高低、劳动强弱及工作效率等情形，协议订定之。

第十三条 在物价没有稳定以前，工资最好用实物数量规定。

第十四条 要规定发工资的日子，一个月顶少要发两回。

第十五条 如工厂因原料缺乏而停工，工钱照发，但厂方可分配工人适当的工作。

第十六条 所有放假及规定特别休假日期工资照发；放假和特别休假中期如要工人做工，要加付工钱并经工会同意。

第十七条 不论男女，凡从十二到十六岁的都算童工，童工只能做轻便工作。

第十八条 太劳苦的有碍健康和有危险性〔的〕工作，都不叫童工、女工去做。

第六章 订合同互相保证

第十九条 厂方和工人（或代表工人〔的〕工会）双方，要根据本条例订立合同互相保证信用。

第二十条 合同没有满期以前，双方都要遵守合同规定。

第二十一条 厂方不能无故辞退工人，工人要脱离工厂必须在十天前通知厂方。

第二十二条 凡是发生下面情形，不管合同满不满期，厂方可辞退工人；但要在半个月以前得到工会同意：

一、工厂准备歇业或者一部分歇业的时候，

二、工厂发生了意外的事件，要停工一个月以上才能开工的时候；

三、发现工人不能担任他所做的工作的时候。

第二十三条 如果工人经常违反厂规而有具体事实证明的，或者一个月里有六天无故不做工的，厂方可开除他，但须事先征求工会意见。

第二十四条 如厂方发生下面情形，经提出抗议而不能解决者，工人有权脱离工厂并得要求赔偿损失：

一、厂方违反了合同上的规定，或者违反本条例重要规定的时候；

二、厂方故意不照规定的日期发工钱；

三、工厂虐待工人。

第七章 改善工人生活

第二十五条 工厂应尽量有清洁卫生、安全、娱乐等设备。

第二十六条 厂方要帮助工人学习，每天正式劳动时间之外要有一小时到两小时的学习时间。学习上用的笔墨纸张、教育用具，由厂方酌量补助，但最高数字不得超过纯利的千分之一，最少不得低于万分之五。

第二十七条 厂方要根据各种不同的工作性质，发给各种工作上必要的物品（如围裙、毛巾、肥皂等），数量由厂方与工会协商办理。

第二十八条 女工在生小孩前后共计一个半月（即产前半个月，产后一个月）内停止工作，工钱照发。

第二十九条 如工人在工作中受了伤，不能做工，厂方除负责医治外，应当照旧发给工钱，发到他病好能做工为止。

第三十条 厂方对于做工而受伤残废的工人，应要他改做别的轻便工作，工钱仍要照原来规定的发给。如受重伤的，完全不能做工的残废工人，厂方要发给他一年到三年的工钱。因受伤而死的，厂方除负责埋葬外，并根据工作历史长短发给他家属抚恤金。

第三十一条 工人为了重要的婚丧喜事（如父母、妻子死亡，自己结婚）请假，工钱照发，顶多不得超过十天。

第三十二条 凡工厂解雇工人或遣散工人时，顶少要发一个月的工钱算解工费。

第三十三条 工厂每年盈余除提出股息外，顶少要根据纯利提出百分之五，分配给工人与工厂职员做奖金，或者算做红利；奖金只以奖给工作积极、能节省原料、降低成本、有新的创造的工人、技师、职员为限。

第八章 劳动纪律

第三十四条 工人在工厂做工，要切切实实完成规定任务。

第三十五条 工人在工厂做工，要自觉地爱护机器工具，节约生产材料。

第三十六条 工人在工厂做工，要遵守工厂规矩，服从指挥，服从分配。

第三十七条 工人在工厂做工，不许无故不到或者早退迟到。

第九章 学徒

第三十八条 学徒时间根据双方议定的为限，不许借故延长，最高学习时间，但不得超过年。*

第三十九条 如学徒工作努力，学习用心，进步快的，要缩短学习时间，提高待遇。

第四十条 厂方不许叫学徒去做和业务无关的事情。

第四十一条 厂方对学徒应该供给最低的生活费和学习费，最低标准不得少过普通工人的百分之五十。

第四十二条 学徒期间除工钱外，别的待遇都同普通工人一样。

第十章 附则

第四十三条 厂方对特别努力工作之工人，以及一切有新的创造因而降低了成本，节省了原料的工人，必须给以奖励。

第四十四条 各业工会不得提出本条例规定以外的额外要求。

第四十五条 过去各工厂所订合同，如有和本条例冲突的，都要立即修改纠正。

第四十六条 过去工厂所订待遇，如有比本条例更高的，仍照旧不动。

第四十七条 本条例经过边区临时参议会通过，边区政府颁布实行。如要修改，须要经过同样的手续。

（一九四六年五月二十一日《新华日报》）

上海市军事管制委员会
关于复业复工纠纷处理暂行办法

（一九四九年八月十九日公布）

第一条 为解决本市复业复工中之劳资纠纷，以利恢复与发展生产之目的，特制定本办法。

第二条 凡已开工复业之工厂、商店，须本劳资两利发展生产之方针，并照顾各厂具体情况共同克服困难的精神，以求改善劳资关系，加强劳动纪律。

第三条 凡未开工复业或未完全开工复业者，其生产条件并无重大困难时，资方不得借故拖延复业复工。如确因不可克服的困难而不能开工复业或

---

* 原文如此。——编者

须歇业、转业者，须向市府主管机关申请批准。

第四条 凡工厂、商店，于本市解放前四个月内，因故全部停业或暂时停业、已全部或部分将职员工人（以下简称职工）遣散离厂者，解放后如全部复业者，资方对该厂在上述时间内遣散之职工，应予以复工，其未到厂要求复工者，资方须设法通知，但职方须于接到通知或登报公告后十日内报到，并按期到厂工作，否则资方得另行招雇新职工。解放后因故只能部分复业者，资方得按复业部分需要，通知该部分业已遣散之职工复工，其他未能复工之职工，资方应在生产逐渐恢复时，尽先录用，在同类技术条件下不得添雇新职工。

第五条 凡业已离厂职工，有属于下列情形之一者，不得要求复工：

一、凡职工因曾犯过失或因技术过劣而解雇者，不得要求复工。如非因上述理由而确系资方借故解雇者，得向上海总工会申请审查解决之。

二、凡职工在本市解放前因战争关系自行离厂在两个月以上者，不得要求复工，但得向该厂工会进行登记，俟该厂添雇新职工时资方应尽先录用。

三、凡职工在解放前经过正式解雇手续或已领解雇金而离厂者，不得要求复工，但得向该厂工会进行登记，俟该厂添雇新职工时，按照技术需要及离厂先后（后离厂者先复工，先离厂者后复工，同时离厂者以抽签方式定之）由资方分别录用之。

四、凡离厂职工在他处已另有职业者，不得再向原厂要求复工。

第六条 凡上属不得复工之失业职工，得向本市总工会筹委会所属失业工人工作委员会，或其所属之各业各厂职工会进行登记，不得聚众进住工厂，强迫复工，妨碍生产。

第七条 临时工、包工及季节工，其解雇与复工办法，暂依照雇用时双方所规定之条件办理之。如对原有规定发生争执时，双方或任何一方得申请劳动局调处之。

第八条 资方为了生产成工作的需要，有雇用与解雇职工之权利，但资方不得挟嫌或因职工参加工会及其他政治活动而借故解雇职工。资方解雇职工，有劳动契约者，得依劳动契约之规定办理；无劳动契约者，须于解雇前一个月通知劳方，并酌给劳方若干解雇金，其数额按在厂服务期间之长短给予不同数额之解雇金，但最低不得少于一个月的实际工资，最高不得超过三个月的实际工资，其因职工的过失而解雇者不在此限。

第九条 本办法自公布之日起施行。

第十条 本办法解释与修改之权，在军管时期属本市军事管制委员会，军管时期结束属本市人民政府。

（选自上海市人民政府《市政公报》第一卷第一期）

上海市军事管制委员会关于私营企业劳资争议调处程序暂行办法

（一九四九年八月十九日公布）

第一条 为合理调处劳资争议，以期实现劳资两利、发展生产之目的，特制定本办法。

第二条 本市劳动局为本市调解与仲裁劳资争议之机关，凡涉及一切劳资争议事项，劳资双方直接谈判无法达到协议时，任何一方均得申请劳动局调解或仲裁之。

第三条 劳资争议调处程序，须按以下步骤进行之：

一、各业务厂劳资双方如发生日常争议时，首先由劳资双方直接协商，以求合理解决，其方法由工会代表其所属之工人与职员（下简称职工）与资方或资方所组织之合法团体直接协商解决之。

二、如劳资双方直接协商无效时，双方或任何一方得申请劳动局进行调解，如调解无效时，得依法仲裁之。

三、如劳资双方或任何一方对劳动局之仲裁仍有不服时，得按司法程序向本市人民法院起诉，由法院判决之。

第四条 各业各厂职工所提出之要求须向资方交涉者，均应事先经由该业该厂之工会或全体职工之代表提交本市总工会（总工会未成立前为筹备委员会）审查，必要时得由总工会派员会同职工代表向资方或资方所组织之合法团体交涉，成立协议后由劳资双方共同遵守之。如双方争议无法达成协议时，任何一方均得申请劳动局进行调解或仲裁。

第五条 关于劳资争议直接协商之方法，应由劳资双方争议之性质与范围具体协商之，其属于一厂范围之日常纠纷，得以厂为单位由劳资双方互派代表进行协商；其争议性质属于同一产业或行业范围者，应以产业或行业为单位，由劳资双方所组织之合法团体分别召集会议，推选同等数量之代表协商解决之，每方代表人数至少三人，至多不得超过十人，劳资双方详细协商所达成之协议应呈报劳动局备案。劳资双方之任何一方对于对方采取强迫手段所达成之协商，均为无效。

第六条 劳动局对劳资争议调处手续如下：

一、凡劳资双方申请劳动局调处争议时，应备有申请书，其内容包括业别、厂名、厂址、争议关系人数、争议要点、争议协商经过、代表姓名及通讯处等项。

二、劳动局于审查申请书后，应即通知劳资双方派遣代表来劳动局进行调解。

三、劳动局于调解无效后，得依法仲裁之。仲裁决定，由仲裁委员会之主席签署仲裁决定书，经劳动局长批准后，通知双方执行。如双方之任何一方对仲裁表示不服，须于接到仲裁决定书五日内通知劳动局，并呈请法院处理，否则仲裁决定即具有法律效力。

四、劳资双方发生争议后在协商调解仲裁未成立前，双方均应维持生产原状，资方不得有停厂、停资、停伙及其他减低待遇之处置，劳方不得有怠工或其他妨碍生产及破坏劳动纪律之举动；但经劳动局仲裁确定后，即使有一方须提请法院处理，在法院未判决前双方应遵照仲裁之决定办理。

第七条 劳动局设立之劳资争议仲裁委员会，以劳动局正副局长或所指定之代表为主席，并由劳动局聘请市政府工商局代表、市总工会代表及本市工商业者所组成之合法团体之代表各一人组成之。仲裁委员会之组织细则由劳动局另行规定之。

第八条 资方确因生产条件之重大困难有转业或紧缩生产之必要时，须呈报市政府工商局批准，经批准后资方有合理解雇工人之权。如工会认为资方解雇职工不合理时，有提议之权；资方不接受提议时，得提请劳动局，以调解或仲裁办法解决之。*

第九条 本办法自公布之日起施行。

第十条 本办法解释与修改之权，在军管时期属本市军事管制委员会，军管时期结束后属本市人民政府。

（选自上海市人民政府《市政公报》第一卷第一期）

---

* 根据一九四九年十一月三日上海市军事管制委员会的更正，本条中两个"提议"字样，皆为"抗议"之误。——编者

中华全国总工会关于处理劳资关系问题的三个文件

（一九四九年七月全国工会工作会议上通过）

关于劳资关系暂行处理办法

第一条 为了贯彻"发展生产，繁荣经济，公私兼顾，劳资两利"的经济政策与劳动政策，特制定本办法。

第二条 本办法适用一切私营工商企业。

第三条 私营企业主（以下简称资方）与被雇用之工人、职员、店员、学徒及杂务人员（以下简称劳方）之间的关系，凡属本办法未规定者，得由劳资双方协议，签订集体合同或劳动契约规定之。但集体合同或劳动契约不得与本办法之内容相抵触。

附注：集体合同系为规定劳资双方之权利义务的一定时间的书面合同，在同一行业之劳资双方，可订立同一行业或产业之总的集体合同，在一个工厂企业中的劳资双方亦可订立单独的集体合同。劳动契约为规定某一工厂企业中之一部分劳动者或某一个劳动者与资方之具体劳动条件的契约。

第四条 劳方有参加工会及一切政治及社会活动之自由与权利，资方不得限制。劳方有受雇解约之自由，资方不得强迫劳方受雇。劳方如中途辞职，在集体合同与劳动契约上有规定者，依规定办理；无规定者，须于辞职前五天通知资方。

第五条 各工商企业之管理规则及工作场所之工作规则，由资方拟定经工会同意送请人民政府劳动局备案后，劳方须切实遵行。如有违反上述规则者，资方有按规则中之规定给以处分或解雇之权。各工商企业之管理规则及工作场所之工作规则，不得与人民政府颁布之法令及劳资双方签订之集体合同相抵触。

第六条 资方为了生产或工作上的需要，有雇用与解雇工人及职员之权。资方解雇工人及职员，在集体合同及劳动契约上有规定者，按规定办理；无规定者，须于解雇前十日通知劳方并酌给劳方若干遣散费。遣散费之数额应按工厂企业之营业情况与职工在本企业工作时间之长短而定，最低不得少于半个月的实际工资，最高不得超过三个月的实际工资。但季节工人、临时工人及因工人、职员的过失而解雇者，不在此例。

第七条 工会认为资方对工人、职员之处分与解雇不合理，有向资方提出抗议之权。如资方不接受抗议，得依本办法第二十七条解决劳资争议手续处理之。

第八条 所有工厂、商店已开工复业者，须努力经营；未开工复业或未完全开工复业者，须力求开工复业；如因不可克服的困难而不能开工复业或须歇业转业者，须向人民政府申请批准。

第九条 在解放后，资方复业招雇职工时，曾因参加革命政治活动而被解雇之职工应首先复工；其他在解放前六个月内被辞退之原有职工，应尽先录用或逐渐补用，但因过失被解雇者不在此例。

第十条 资方招用原有职工时，须采用书面通知和登报通告的办法。原有职工须于接到书面通知十日内（未接到书面通知者，自登报之日起半个月内）报到并按期到厂工作，否则作弃权论。资方在原有职工不足复工之需要时，得另招新职工。但在资方并未添用新职工时，原有职工一般不得提出强行复工的要求。

第十一条 资方已得政府批准而停工歇业时，如无力偿还所欠职工之工资与解雇费或其他债务者，须报告劳动局，由劳动局召集劳资双方协商合理办法处理之。资方所有之房屋、机器、原料、家具等，均不得径交劳方或工会处理，劳方及工会亦不得自行接收和分配上述财产。

第十二条 职工每日劳动时间以八小时至十小时为原则。如因生产需要或有害职工身体健康之生产部门，得由劳资双方协议增加或缩短。但职工工作时间之延长，每日最高不得超过十二小时。手艺工人、店员、学徒及一般杂务人员的劳动时间及休假，原则上均照旧例。但工作时间过长，影响职工身体健康者，应酌予缩短。

第十三条 年节及纪念日假期，人民政府已有规定者依规定，无规定者依习惯。休息日及事假，暂时均照各个企业的旧例办理。如有不合理者，在劳资双方订立集体合同时，由双方协议在合同中规定之。

第十四条 劳方参加工会开会及其他娱乐教育活动，均不得占用生产时间。工厂中的工会组织负责干部如有必要占用生产时间，须取得资方同意，但平均每月不得超过两个工作日，工资照发。如职工根据市政府、军管会、市总工会之指示，被选为人民代表或团体代表参加会议者，在参加会议期间之工资，由召集会议之机关或团体发给。

第十五条 在新解放的城市，资方须保持职工在解放前三个月之实际工资平均水平，不得降低。同时在目前凡属生产或营业不发达及利润低微之企业，一般亦不应增加实际工资。如解放前工资过低或过高者，得由劳资双方在订立集体合同时协商酌量增加或减少之，但须经当地人民政府劳动局之批准，方为有效。

附注：本办法所称之实际工资，系包括资方所给予之伙食补贴及其他待遇在内，用实物计算出来之职工总收入。

第十六条　工资发给以每月两次为宜。

第十七条　为保障职工实际工资免受物价变动影响起见，须由当地人民政府统一公布以物价指数，或以数种实物价格为计算工资的标准。

第十八条　在规定之工作时间以外的加工工资，应高于平时每小时之工资额。

第十九条　凡男女职工有同等技术、做同等工作、效力相同者，应得同等之报酬。

第二十条　各企业原有供给职工膳宿及分配馈送与其他奖励等习惯者，均得维持旧例。如有不合理者，由劳资双方协商在集体合同中修改之。

第二十一条　学徒与养成工之津贴及其他待遇，一般按旧有规定，其过于恶劣者，应有适当之改善，由劳资双方在集体合同中规定之。

第二十二条　学徒与养成工与技术业务知识传授人（即师傅）间，应严守尊师爱徒原则，学艺者须尽心学习，努力生产，传授者须尽心传授，禁止打骂虐待。

第二十三条　女工及女职员生育前后休息时期及对乳儿的哺乳时间，旧有规定者，照原规定办理。如尚无规定或规定过少者，应规定生育前后休息共四十五天。小产：怀孕在三个月以内者，休息十五天，怀孕在三个月以上者，休息三十天，工资照给。乳儿哺乳每四小时哺乳一次，每次十五分钟至二十五分钟。

第二十四条　各企业已有之职工福利设施，一般照旧，未举办者得由资方斟酌经济力量逐渐举办。凡职工因进行工作而致受伤或死亡者，在医疗期间，应由资方照发工资并担负其医药费，凡职工因工受伤而致残废或死亡者，资方应给以一定之恤金，其数额由劳资双方协议在集体合同中规定之。职工病假期中的待遇及职工因病死亡之抚恤费，照各企业旧有之规定办理，如原来没有此项规定或规定过低者，得由劳资双方协议在集体合同中规定之。

第二十五条　劳资双方订立集体合同时，应由各行各业订立总的集体合同，各个企业工厂可根据总集体合同订立单独之集体合同。总集体合同由各业劳方之工会代表（在工会未成立时由该业职工代表会议选出之代表）与由资方之同业公会会员所选出之代表，在自愿平等之基础上协议签订之。此项总集体合同须经人民政府劳动局批准。所有该业参加签订集体合同之劳资双方，均应遵照执行。在总合同签订之后，该行业之各个企业劳资之间可根据总合同订立单独的集体合同，如有特殊问题在总集体合同中未包括者，可在该企业中之单独集体合同中作补充之规定，但此项补充规定不得与总集体合同之内容相抵触，并须经该行业的工会组织及同业公会之同意。订立集体合同之详细办法由劳动局另行规定之。

第二十六条　各企业职工如未订立集体合同或在集体合同之外向资方提出要求者，应事先经由该业工会与市总工会审查。并由该业工会与市总工会派人会同该业之职工代表向资方或资方之同业公会交涉，以平等协商方法订立协定，由劳资双方共同遵守之。

第二十七条　在某一企业之劳资双方发生争议无法取得一致意见时，应由劳资双方请求该业工会与同业公会派出之代表会同双方当事人共同协商解决之。如仍无法取得一致意见时，任何一方得请求当地人民政府劳动局调解之。调解无效得由劳动局组织仲裁委员会仲裁之。在协商调解仲裁未成立前，双方均应维持生产原状，资方不得有关厂、停资、停伙及其他减低待遇之处置；劳方也应照常生产与遵守劳动纪律。劳资双方之任何一方对劳动局仲裁不服时，得依司法程序向法院提出控诉，由法院判处之。在法院未判决之前，双方均应遵照劳动局仲裁之决定办理。

第二十八条　劳资争议均应按上条规定之手续解决，任何一方均不得向对方采取人身侮辱等之强迫行为。

第二十九条　本办法之解释权与修改权，在军管时期属军事管制委员会，军管时期结束，属人民政府。

第三十条　本办法自公布之日起施行。

关于私营工商企业劳资双方订立集体合同的暂行办法

第一条　为了正确处理劳资关系，解决劳资争议，应由各行各业劳资双方所组织之团体，根据平等自愿协商原则，签订集体合同，明确规定劳资双方之权利义务及劳动条件，以发挥职工劳动热忱与资方对生产经营之积极性，实现"发展生产，劳资两利"之目的。

第二条 各行各业之劳资集体合同，系以规定劳资关系为目的之一定时间的书面合同，其主要内容包括下列各项：

（一）雇用与解雇手续。

（二）规定厂规、铺规的手续及内容。

（三）工资。

（四）工作时间及假期。

（五）女工、童工问题。

（六）有关劳动保护与职工福利问题等。

第三条 订立劳资集体合同，应依下列原则及手续进行之。

一、劳资双方讨论签订集体合同应采取如下步骤：

甲、由各行各业劳资双方所组织之团体，各自召开全体会议或代表会议，选举委员会拟定各自之集体合同草案。

乙、由劳资双方各自推选能代表全体利益的同等数量之代表，根据双方自行拟定之合同方案，在平等自愿的基础上采取民主协商方法，逐条研究，取得协议。在协商时应邀请当地人民政府之劳动局派员参加。

丙、获得初步协议后，由劳资双方各自召集全体会议或代表会议讨论修改，再将修改意见提交双方代表讨论协商，再次取得协议。

丁、双方代表为向各自所代表之全体负责起见，复将二次协议交由劳资双方各自召开之全体会议或代表会议讨论通过，然后由双方代表签字申请劳动局批准施行。

二、集体合同公布时，须载明签订地点、时间、双方团体名称、代表姓名、有效期限（即自某年某月某日起至某年某月某日止）。

第四条 集体合同签订并经当地人民政府之劳动局批准后，在有效期间内适用于订立该合同之各产业行业，双方全体人员均须一律遵守执行。

第五条 合同有效期满后，如双方仍愿继续执行者，得由双方推举代表签订合同延期协定，申请劳动局备案后延长有效期限。在合同有效期内，劳资双方之任何一方，因特殊理由提出修改或废止意见时，得由双方推举代表协商解决之。如不能达到一致意见，得申请劳动局调解或仲裁解决之。

第六条 在某一行业或产业之总的集体合同订立后，各该行业或产业之工厂、商店，可签订本企业单独的集体合同。但此项集体合同之内容不得与该行业总的集体合同相抵触，并须取得各该工会与同业公会之同意。

第七条 各工厂、商店劳资双方单独订立之集体合同，有下列情况之一者，得宣告废止：

甲、合同有效期满者。

乙、工厂、商店因遭受不可抗拒之灾害而停办者。

丙、经政府批准转业或缩小生产者。

第八条 本办法自公布之日起施行。

第九条 本办法解释及修改之权，军管时期属当地之军管会，军管时期结束，属当地之人民政府劳动局。

劳动争议解决程序的暂行规定

第一条 为明确规定解决劳动争议手续，以贯彻公私兼顾，劳资两利，发展生产，繁荣经济之方针，特制定本规定。

第二条 一切公营、私营企业及合作社经营的企业中之劳动争议，均按照本规定之程序处理之。

第三条 本规定所指劳动争议之范围如下：

甲、关于职工劳动条件事项（如工资、工时、生活待遇等）。

乙、关于职工之任用、解雇及奖罚事项。

丙、关于劳动保险事项。

丁、关于企业内部工作规则事项。

戊、关于集体合同、劳动契约及其他一切涉及劳动争议事项。

第四条 确定人民政府劳动局为调解、仲裁一切劳动争议之机关。

第五条 一切企业中之职工及其工会，公营企业主管人，私营企业主及所组织之同业公会，如有争议不决之事项，或任何一方认为对方有违反集体合同、劳动契约及其他不合理行为，而不能由双方协商解决时，均有按照本规定向劳动局进行申诉之权。

第六条 劳动争议解决之第一步骤为双方协商，第二步骤为劳动局之调解，第三步骤为劳动局组织的仲裁委员会之仲裁。

甲、公营企业与合作社经营的企业内之劳动争议，如不能在本企业内协商解决，由各该企业之上级工会与上级企业主管机关协商解决之。再不能解决时，得提请与该上级工会及上级企业主管机关相当之人民政府劳动局调解或仲裁之。

乙、私营企业内之劳资争议，首先由该企业之工会组织与业主双方自行协商解决之。如不能解决时，得由该行业之工会组织及同业公会派出代表参加协商解决之。如协商仍不能成立，可申请劳动局调解或仲裁解决之。

第七条 一切企业内劳动争议协商之成立，须由双方代表签订协定，并须申请所在地之劳动局备案。

　　第八条　一切企业内之劳动争议提请劳动局解决时，须填写申请书。劳动局可组织争议之调查调解委员会进行调查与调解，调解如成立，由双方代表签具调解书备案；调解不能成立，由劳动局组织仲裁委员会仲裁之。仲裁委员会之决定，由担任该委员会主席之劳动局代表签署，经劳动局长批准后，通知争议双方执行。

　　第九条　协商、调解、仲裁既已成立，双方均须遵守，不得违反。如有一方违反者，对方可直接向劳动局申诉。

　　第十条　无论公营、私营及合作社经营企业中之劳动争议，经劳动局仲裁后，如当事人之一方仍不服时，须于五日内通知劳动局并向人民法院提出控诉，请求判决，否则仲裁决定则具有法律效力。

　　第十一条　劳动争议发生后，在协商、调解、仲裁过程中，双方均应维持生产原状，厂方不得有关厂、停资、停伙及其他减低待遇之处置；劳方亦应照常生产与遵守劳动纪律。经劳动局仲裁后，即使有一方表示不服，要求提请法院处理，在法院未判决前，双方仍应遵照仲裁决定办理。

　　第十二条　劳动局在处理一切争议时，有对争议双方及其代表机关传讯之权力。当事人凡接到劳动局之传讯通知后，须按时到达指定地点听候询讯，不得违反。如当事人确不能出席时，可指定代理人，但须经劳动局之承认，方准出席。

　　第十三条　劳动局在调解、仲裁争议过程中，发现争议双方之任何一方有违法行为时，得移送人民法院处理。

　　第十四条　本规定自公布之日起有效，其解释权与修改权属人民政府。

（选自《苏南法令汇编》第一辑）

第 八 编

婚 姻 法 规

第二次国内革命战争时期

中华苏维埃共和国中央执行委员会第一次会议关于暂行婚姻条例的决议

（一九三一年十一月二十八日）

在封建统治之下，男女婚姻野蛮到无人性，女子所受的压迫与痛苦，比男子更甚。只有工农革命胜利，男女从经济上得到第一步解放，男女婚姻关系才随着变更而得到自由。目前，在苏区男女婚姻已取得自由的基础，应确定婚姻以自由为原则，而废除一切封建的包办、强迫与买卖婚姻制度。

但是女子刚从封建压迫之下解放出来，她们的身体许多受了很大的损害（如缠足）尚未恢复，她们的经济尚未能完全独立，所以关于离婚问题，应偏于保护女子，而把因离婚而起的义务和责任，多交给男子担负。

小孩是新社会的主人，尤其在过去社会习惯上，不注意看护小孩，因此关于小孩的看护有特别的规定。

此条例在一九三一年十二月一日公布实行。

中央执行委员会主席　毛泽东

副主席　项　英

张国焘

（选自《苏维埃中国》第一集，一九三三年版）

中华苏维埃共和国婚姻条例

（一九三一年十二月一日公布实行）

第一章　原则

第一条　确定男女婚姻以自由为原则，废除一切封建的包办、强迫和买卖的婚姻制度，禁止童养媳。

第二条　实行一夫一妻，禁止一夫多妻。

第二章　结婚

第三条　结婚的年龄，男子须满二十岁，女子须满十八岁。

第四条　男女结婚须双方同意，不许任何一方或第三者加以强迫。

第五条　禁止男女在五代以内亲族血统的结婚。

第六条　禁止花柳病、麻风、肺病等危险性的传染病症人的结婚。如上述病症经医生验明许可者，则仍可以结婚。

第七条　禁止神经病及疯人的结婚。

第八条　男女结婚须同到乡苏维埃或城市苏维埃举行登记，领取结婚证。废除聘金、聘礼及嫁妆。

第三章　离婚

第九条　确定离婚自由，凡男女双方同意离婚的，即行离婚，男女一方坚决要求离婚的，亦即行离婚。

第十条　男女离婚须向乡苏维埃或城市苏维埃登记。

第四章　离婚后小孩的抚养

第十一条　离婚前所生子女归男子负责抚养，如男女都愿抚养，则归女子抚养。

第十二条　哺乳期内小儿归女子抚养。

第十三条　小孩分得的田地，田地随小孩同走。

第十四条　所有归女子抚养的小孩，由男子担负小孩必需的生活费的三分之二，直到十六岁为止；其支付的办法，或付现金，或代小孩耕种分得的田地。

第十五条　女子再行结婚，其新夫愿养小孩的，小孩的父亲才不负担小孩的生活费之责。

第十六条　愿养小孩的新夫，必须向乡苏维埃或城市苏维埃登记，一经登记后，须负抚养成人之责，不得中途停止或虐待。

第五章　离婚后男女财产的处理

第十七条　男女各得田地，财产债务各自处理。在结婚满一年，男女共同经营所增加的财产，男女平分，如有小孩则按人口平分。

第十八条 男女同居所负的公共债务，归男子负责结偿。

第十九条 离婚后，男女均不愿意离开房屋时，男子须将他的一部分房子赁给女子居住。

第二十条 离婚后，女子如未再行结婚，男子须维持其生活，或代种田地，直至再行结婚为止。

第六章　未经结婚登记所生小孩的抚养

第二十一条 未经登记所生的小孩，经证明后，由男子负担小孩生活费三分之二，即第四章之第十一条至十五条均通用，

第七章　附则

第二十二条 违反本条例的，按照刑法处以应得之罪。

第二十三条 本条例自公布之日起施行。

中华苏维埃中央执行委员会主席　毛泽东
副主席　项　英
张国焘

（选自《苏维埃中国》第一集，一九三三年版）

中华苏维埃共和国中央执行委员会命令

中字第七号

（一九三四年四月八日）

兹制定婚姻法公布之。一九三一年十二月一日颁布的中华苏维埃共和国婚姻条例自本法公布之日起作废。

主　席　毛泽东
副主席　项　英
张国焘

（选自一九三四年七月《苏维埃法典》第二集）

中华苏维埃共和国婚姻法

（一九三四年四月八日公布）

第一章 总则

第一条 确定男女婚姻以自由为原则，废除一切包办强迫和买卖的婚姻制度，禁止童养媳。

第二条 实行一夫一妻，禁止一夫多妻与一妻多夫。

第二章 结婚

第三条 结婚的年龄，男子须满二十岁，女子须满十八岁。

第四条 男女结婚须双方同意，不许任何一方或第三者加以强迫。

第五条 禁止男女在三代以内亲族血统的结婚。

第六条 禁止患花柳病、麻风，肺病等危险性传染病者结婚。但经医生验明认为可以结婚者，不在此例。

第七条 禁止患神经病及风瘫者的结婚。

第八条 男女结婚须同到乡苏维埃或"市区"苏维埃举行登记，领取结婚证。废除聘金、聘礼及嫁妆。

第九条 凡男女实行同居者，不论登记与否均以结婚论。

第三章 离婚

第十条 确定离婚自由，男女一方坚决要求离婚的，即可离婚。

第十一条 红军战士之妻要求离婚，须得其夫同意。但在通信便利的地方，经过两年其夫无信回家者，其妻可向当地政府请求登记离婚。在通信困难的地方，经过四年其夫无信回家者，其妻可向当地政府请求登记离婚。

第十二条 男女离婚，须向乡苏维埃或"市区"苏维埃登记。

第四章 离婚后男女财产的处理

第十三条 离婚后男女原来的土地、财产、债务各自处理。在结婚满一年，男女共同经营所增加的财产，男女平分。如有小孩，则按人口平分。男女同居时所负的公共债务，则归男子负责清偿。

第十四条 离婚后女子如果移居到别的乡村,得依照新居乡村的土地分配率分得土地。如新居乡村已无土地可分,则女子仍领有原有的土地,其处置办法,或出租,或出卖,或与别人交换,由女子自己决定。决定归女子抚养的小孩,随母移居后,其土地分配或处理办法,完全适用上述的规定。

第十五条 离婚后女子如未再行结婚,并缺乏劳动力,或没有固定职业,因而不能维持生活者,男子须帮助女子耕种土地,或维持其生活。但如男子自己缺乏劳动力,或没有固定职业,不能维持生活者,不在此例。

第五章 离婚后小孩的处理

第十六条 离婚前所生的小孩及怀孕的小孩均归女子抚养。如女子不愿抚养,则归男子抚养。但年长的小孩同时须尊重小孩的意见。

第十七条 所有归女子抚养的小孩,由男子担负小孩必需的生活费的三分之二,直至十六岁为止。其支付办法,或支现金,或为小孩耕种分得的土地。

第十八条 女子再行结婚,其新夫愿抚养小孩的,小孩的亲父才可不负担前条规定的小孩生活费用之责。

领养小孩的新夫,必须向乡苏维埃或市苏维埃登记,一经登记后,须负责抚养成年,不得中途停止和虐待。

第六章 私生子的处理

第十九条 一切私生子女得享受本婚姻法上关于合法小孩的一切权利。禁止虐待抛弃私生子。

第七章 附则

第二十条 违反本法的,按照刑法处以应得之罪。

第二十一条 本法自公布之日起施行。

(选自一九三四年七月《苏维埃法典》第二集)

闽西苏维埃政府布告

第七号

——关于婚姻法令之决议

（一九三〇年四月）

中国男女婚姻，过去几千年来，在旧礼教束缚之下，形成了极可耻的买卖婚姻制度，男子对于妇女只当作一种附属品和家产看待，一般家庭因为要在经济上剥削妇女劳动，以维持其家庭经济，所以逐渐降低妇女政治上社会上的地位，什么"三从四德"，什么"父母主婚"，什么"女子无才便是德"，这些旧礼教都是为的要求束缚妇女，以遂其经济上的剥削。闽西在暴动胜利之后，虽然妇女得到相当解放，但大部分对于妇女的经济剥削，还未彻底解放，使青年男女受了莫大的痛苦。此次工农兵代表大会看清此种经济关系与青年痛苦，特决定了新的婚姻法令，望各级政府、各地群众站在自由婚姻原则之下，与旧礼教作坚决的奋斗，以解放被束缚被欺压的青年男女群众，而彻底肃清封建的残余制度，切切此布。

兹将大会决议婚姻法令列后：

1. 男女结婚以双方同意为原则，不受任何人干涉。
3. 取消聘金及一切礼物。
3. 寡妇任其自由结婚，有借端阻止者严办。
4. 夫妇离婚后，妇女田地，不得归夫家没收。
5. 夫妇离婚后，子女归夫家养育，但妇女愿负责者例外。
6. 男女结婚向区乡政府登记。
7. 有下列条件之一者准予离婚：
   a. 夫妇间有一方患残废癫狂或暗病者，经调查实在，准予离婚。
   b. 妇女如有受翁姑丈夫压迫情形，经乡苏维埃证实者，准予离婚。
   c. 夫妇有互相反目，半年以上不同居者，准予离婚。
   d. 反动豪绅的妻妾媳妇等，要求离婚者，准予自由离婚。
   e. 如有妻妾者，无论妻或妾要求离婚，准予自由。
   f. 婢女准其自由离婚。
   g. 夫妇双方愿意离婚者，给予自由。
   h. 如已经订婚而未结婚者，有一方不同意时，可以离婚，聘金取消；

但如有乘白色恐怖来时，将女子嫁钱者严办。

闽西第一次工农兵代表大会婚姻法

一、男女结婚以双方同意为原则，不受任何人干涉。

二、取消聘金及礼物。

三、寡妇任其自由结婚，有借端阻止者严办。

四、夫妇离婚后，妇女田地不得归夫家没收。

五、夫妇离婚后，子女归夫家养育，但妇女愿负责者例外。

六、男女结婚须向区政府登记。

七、有下列条件之一者予以离婚：

（一）夫妇间有一方患残废、癫狂或暗病者，经调查实在，准予离婚。

（二）妇女如有受翁姑丈夫压迫情形，经乡苏维埃证实者，准予离婚。

（三）夫妇间有互相反目，半年以上不同居者准予离婚。

（四）反动豪绅妻妾媳妇要求离婚者，准予自由。

（五）如有妻妾者，无论妻或妾要求离婚者准予离婚。

（六）婢女准其自由离婚。

（七）夫妇双方愿意离婚者准予自由。

（八）如已经订婚而未结婚者，有一方不同意时，可以离婚，聘礼取消，但如有乘白色恐怖来时，将女子嫁钱者严办。

（九）丈夫出外二年以上不通音讯者，准予离婚。

（十）男女年龄相差太远者，准其离婚。

（十一）夫妇间确无丝毫感情者准予离婚。

八、不准、禁止强迫与煽动妇女离婚，违者严办。

九、妇女离婚后，尚未与人结婚时，男方应帮助其生活。

（选自《闽西第一次工农兵代表大会宣言及决议案》，一九三〇年三月二十五日）

湘赣苏区婚姻条例

一、婚姻制度

1. 婚姻以自由为原则。

2. 废除一切包办、买卖、欺骗式婚姻制。
3. 禁止多妻制，实行一夫一妻制。
4. 禁止纳婢蓄妾。
5. 打破守节制度。
6. 因血统关系，戚族结婚须在五代以外。
7. 禁止童养媳。

二、婚姻条例
1. 男子在十八岁以上女子在十六岁以上为结婚期。
2. 结婚须得双方同意，不准有丝毫强迫行为。
3. 禁止患有花柳、肺疾等传染疾病而未痊愈者或不能治愈者结婚。
4. 结婚须经区以上的登记。
5. 禁止聘礼、送肉等不好习惯。

三、离婚条例
1. 双方同意提出离婚的。
2. 男女有一方患有残疾、精神病或其他带传染性的花柳病的，以及有妨碍生育不能做事的，对方可以提出离婚，但红军官兵因带花而残废者不在此限。
3. 年龄相差在八岁以上的，无论男女均有提出离婚之条例（件）。
4. 男子出外二年没有音信回家的，女子可宣布与其出外之丈夫离婚。但当红军官兵者，须在四年以上没信回家者，才许宣布离婚。
5. 男女因政治意见不合或阶级地位不同，无论男女可以提出离婚。
6. 有妻妾者，无论其妻或妾都可以提出离婚，政府得随时批准之。
7. 男女有一方要求离婚而对方不愿离异者，当地苏维埃政府应切实调查，确有离婚之条件始可准予离婚。
8. 童养媳可无条件提出离婚，政府得随时批准之，
9. 离婚须经过区苏批准，并登记其离婚条件。

四、离婚后关于财产、债务、子女的处理：
1. 离婚后其家内过去所负的债务及长成其子女，可由男子负责，在哺乳的小孩子则由女子负责抚养，但男子亦应予以相当的帮助。
2. 如果女子愿意带去子女时可以带去，但子女应得的财产亦应带去。
3. 男女双方私人的贮积及其私资的债务，各自偿还与照管。
4. 中农及中农以下的老婆，实行离婚之后，在未结婚之前，其间的生活，男子概不负责。

5. 富农及富农以上的老婆实行离婚之后，在未结婚之前，其间的生活，应由男子负责。

6. 中农及中农以下的老婆，在离婚时，只能带得本人的土地及衣物。

7. 富农及富农以上的老婆，在离婚时，其中的财产、什物、牲畜，有享受平均分配之权。

五、以上的各项条例，在颁布之日施行。

鄂豫皖工农兵第二次代表大会
婚姻问题决议案

（一）中国社会存在着很浓厚的封建残余，特别现在男女婚姻问题上面，强迫婚姻、父母代订婚姻、一夫多妻、童养媳、买卖婚姻、蓄婢、强迫守寡、虐待私生子、重男轻女等等，长期统治着男女婚姻关系。

（二）鄂豫皖苏维埃第二次代表大会宣布，废除一切强迫婚姻、父母代订婚姻、一夫多妻、童养媳、蓄婢、强迫守寡、虐待私生子等，男子年龄在十八岁以上，女子年龄在十七岁以上，享有离婚结婚之完全自由权。

（三）婚姻不满意时，都可提出离婚，向苏维埃内务委员会婚姻登记处登记。如有对方坚决不同意时，可以向对方做必须教育工作，按登记条件办理（登记条例另订之）。离婚前夫妻所有财产平均分配，子女给养无论已生未生者，均双方负担。但女子怀胎期内和产后四个月以内，男女不得提出离婚。如离婚发生纠纷（如财产的分配，子女的给养费等），离婚之不同意，或不合以上关于怀胎期离婚条件者，由男女之任何一方，均可提交法庭解决之。

（四）父母所代订之婚，在法律上一概无效，无论男女，对其父母所代订之婚约，随时得提出废除之。

（五）凡男子在十八岁以上，女子在十七岁以上，经双方同意自愿结婚者，婚姻登记处随时准其登记，自由结婚。但未满此年龄之男女，〔或〕未经相当之离婚手续，或男子（女）一方隐有梅毒等病症者，概不准登记。苏维埃政府并号召男女群众反对早婚（男女不满法定年龄的）、重婚（未离婚而结婚之男女），并禁止隐有梅毒者结婚。

（六）男女主谋提出离婚不得过三次，特别情形如结婚后发现对方反革命行动及有暗疾者等，不在此例。

（七）如因婚姻关系，男女之任何一方，虐待打骂等行为，均受法律之制裁。

（八）在苏维埃政权之下，无所谓私生子，未经苏维埃登记而结婚所生之男女，不得认为私生子，反对虐待一切此种男女私生子的行为，此种子女的生活费由男女双方担任。

（九）任何男女，凡与未满十七岁的男女性交，一律受法律制裁。

（十）无论男女离婚后，须经过两个月期间，始能正式向苏维埃登记，正式结婚。

（十一）废除娼妓制，苏维埃对于娼妓，得实行强迫劳役，对于嫖客得处罚和逮捕，尤严禁苏维埃政权下一切工作人员狎妓宿妓行为。

（十二）提高红色战士政治地位，加紧对红军家属的教育工作，在这种条件之下，动员群众力量，从政治上教育上使红军家属自觉的免除向红军战士离婚。相反的，要使一般妇女自愿的同红色战士结婚，苏维埃政府须积极帮助红军家属改良生活状况。

（十三）男女关系在封建长期统治之下，一旦得着解放，而苏维埃政权下的正确婚姻关系还未深入到广大群众中去的时候，难免不发生混乱现象，只有正确的实行婚姻原则，并向广大群众普遍的教育，自能走入正轨，而且这是婚姻走入正轨的唯一道路。目前苏区男女关系，已经形成了相当混乱的现象，代表大会根据上列各条反对〔以下〕倾向：

甲、必须坚决反对对红军家属的勾引行为。

乙、反对苏维埃政府下工作人员过浪漫的恋爱生活来妨碍革命工作的倾向。

丙、反对未满法定年龄性交，妨碍身体发育。

丁、反对借口婚姻自由中所引起的婚姻混乱状态，因而主张限制婚姻自由的倾向。

戊、反对因为离婚所引起的行凶的行为的倾向。

抗日战争时期

陕甘宁边区婚姻条例

（一九三九年四月四日公布）

第一章 总则

第一条 本条例根据民权主义之根本精神与陕甘宁边区之实际情况而制定之。
第二条 男女婚姻以本人之自由意志为原则。
第三条 实行一夫一妻制，禁止纳妾。
第四条 禁止包办强迫及买卖婚姻，禁止童养媳及童养婚（俗名站年汉）。

第二章 结婚

第五条 男女结婚须双方自愿，及有二人之证婚。
第六条 结婚年龄，男子以满二十岁，女子以满十八岁为原则。
第七条 结婚之双方得向当地乡政府或市政府请求结婚登记，发给结婚证。
第八条 有下列情形之一者，禁止结婚：
（一）直接血统关系者；
（二）患花柳病、麻风病、神经病、风瘫病等不治之恶疾，经医生证明者。
第九条 有配偶者，未经离婚，不得重为结婚。

第三章 离婚

第十条 男女双方愿意离婚者，得向当地乡政府或市政府请求离婚登记，发给离婚证。

第十一条 男女之一方有下列情形之一者，他方得向政府请求离婚：

（一）有重婚之行为者；

（二）感情意志根本不合，无法继续同居者；

（三）与他人通奸者；

（四）虐待他方者；

（五）以恶意遗弃他方者；

（六）图谋陷害他方者；

（七）不能人道者；

（八）患不治之恶疾者；

（九）生死不明过一年者，但在不能通信之地方以二年为期；

（十）有其他重大事由者。

第十二条 凡男女之一方，根据第十一条之理由请求离婚，经乡或市政府考查属实准予离婚者，应通知他方，他方接到通知后无异议表示，方得发给离婚证，他方有异议表示时，则由法院审查其异议，判定准予离婚与否。

第四章 婚姻与子女及财产之关系

第十三条 男女离婚前所生之子女未满五岁者，由女方抚养。已满五岁者，随父或随母须尊重子女之意见，父母不得强迫。

第十四条 女方未再结婚，无力维持生活时，归女方抚养之子女生活费，由男方继续负担，至满十六岁为止。

第十五条 女方再婚时带去之子女，由新夫负责抚养教育。

第十六条 非结婚所生之子女，经生母提出证据，证实其生父者，得强制其生父认领，与结婚所生之子女同。

第十七条 非结婚所生之子女，得享受本条例所规定之一切权利，不得抛弃。

第十八条 结婚前男女双方原有之财产及债务得各自处理，结婚后男女双方共同经营所得财产及所负责债务得共同处理之。

第十九条 离婚后，女方未再结婚，因无职业财产或缺乏劳动力，不能维持生活者，男方须给以帮助，至再婚时为止，但最多以三年为限。

第二十条 凡违犯本条例者，得由当事人向法院控诉或由检察机关提起公诉，给以应得之制裁。

第五章　附则

第二十一条　本条例解释之权属于边区政府，修改之权属于边区参议会。

第二十二条　本条例经边区参议会通过后，由边区政府公布施行。

（选自《抗日根据地政策条例汇集——陕甘宁之部》上册，一九四二年版）

陕甘宁边区抗属离婚处理办法

（一九四三年一月十五日公布）

一、抗日战士之妻五年以上不得其夫音讯者，得提出离婚之请求，经当地政府查明属实或无下落者，由请求人书具亲属凭证允其离婚。

二、政府应认真实行优抗办法，保证抗属物质生活，并在政治上提高其爱护抗日军人之认识，帮助抗属与战士通讯，当发生抗属请求离婚时，必须尽力说服，如坚决不同意时，依照规定年限手续准予离婚。

三、抗日战士与女方订立之婚约，如该战士三年无音讯，或虽有音讯而女方已超过结婚年龄五年仍不能结婚者，经查明属实，女方得以解除婚约，但须经由当地政府登记之。

四、军队政治机关，应提高战士对于婚姻问题之正确认识，经政府或司法机关登记判决离婚者，须劝说战士执行之。

五、实行战士在一年半内允许一月假期回家制度，由各旅将例假战士籍贯登记清楚，按县份编制起来，派人率领回乡，如期率领回队（此办法只适用于家在边区的战士），地方政府应同负保障归队之责。

六、凡在本办法施行前已经政府或司法机关登记判决之抗属离婚案，依法有效，不得撤销之。

七、关于抗属离婚本办法未规定者，依照陕甘宁边区婚姻条例办理之。

八、本办法自公布之日施行之。

（选自一九四三年二月十四日《解放日报》）

修正陕甘宁边区婚姻暂行条例

（一九四四年三月二十日公布）

第一条 男女婚姻以自愿为原则。

第二条 实行一夫一妻制，禁止一夫多妻或一妻多夫。

第三条 少数民族婚姻，在遵照本条例原则下，得尊重其习惯法。

第四条 男女结婚，得向当地乡（市）政府申请登记，领取结婚证。

第五条 有下列情形之一者，禁止结婚：

一、患花柳病及其他不治之恶疾者。

二、略诱行为者。

第六条 已订婚之男女，在结婚前如有一方不同意者，可向政府提出解除婚约，并双方退还互送之订婚礼物。

第七条 男女双方自愿离婚者，得向当地乡（市）政府申请登记，领取离婚证。

第八条 男女之一方，有下列情形之一者，他方可向政府请求离婚：

一、重婚者。

二、与他人通奸者。

三、图谋陷害他方者。

四、患不治之恶疾或不能人道，经医生证明者。

五、以恶意遗弃他方者。

六、虐待他方者。

七、感情意志根本不合，无法继续同居者。

八、生死不明已过三年者。

九、男女一方不务正业，经劝解无效，影响他方生活者。

十、有其他重大事由者。

第九条 女方在怀孕期间，男方不得提出离婚，具有离婚条件者，亦须于女方产后一年始能提出（双方同意者不在此限）。

第十条 抗日军人之配偶，在抗战期间原则上不准离婚，至少亦须五年以上不得其夫音讯者，始能向当地政府提出离婚之请求。当地政府接到此项请求时，须调查所述情况确实，始得准其离婚。但抗属之丈夫如确已死亡、逃跑、投敌或另行结婚者，不受此限制。抗日军人与女方订立之婚约，如男方三年无音讯或虽有音讯而女方已超过结婚年龄五年仍不能结婚者,女方得申请当地政府解除婚约。

第十一条 男女离婚前所生之子女未满七岁者,由女方抚养,已满七岁者,随父随母须尊重子女之意见,父母不得强迫,但得承认父母子女之关系。

第十二条 女方离婚后未再结婚,而无力维持生活时,归女方抚养的子女之教养费由男方继续负担;已结婚者,其子女之教养费归新夫负担。如其子女愿随生父者,生父得领回。

第十三条 非结婚所生之子女,与结婚所生之子女享受同等权利,不得歧视。经生母证实其生父者,政府得强制其生父负责教养费。

第十四条 凡结婚、离婚违反本条例者,得由当事人诉经当地司法机关讯实,予以分别准驳;如涉及刑事范围者,依刑事处理。

第十五条 本条例由边区政府公布施行,其解释之权属于边区政府。本条例颁布之后,民国二十八年四月四日公布之《陕甘宁边区婚姻条例》即行作废。

(选自《陕甘宁边区政策条例汇集(续编)》,一九四四年版)

晋察冀边区婚姻条例草案

(一九四一年七月七日公布)

第一章 总则

第一条 本条例根据民法亲属编之立法精神,及本边区之实际情况制定之。

第二条 男女婚姻,须双方自由、自主、自愿,第三者不得干涉。废除一切强迫、包办、买卖等婚姻恶习,禁止蓄婢、童养媳、入赘、早婚及奶婚。童养媳,在本条例颁布后,任何一方均得向所在地县政府请求撤销。

第三条 严格实行一夫一妻制,严禁纳妾、代娶与双挑及类似一夫多妻或一妻多夫之各种形式。

第二章 结婚

第四条 男女结婚年龄定为男满二十岁,女满十八岁。

第五条 男女结婚于结婚前须向住在地区公所请求登记，登记后即为有效。

婚姻不以订婚为必经之手续。

第六条 有下列情形之一者，禁止结婚：

一、男女系直系血亲、直系姻亲和八亲等以内的旁系血亲者。

二、患花柳病、神经病、重肺病、风瘫病等不治之恶疾者，但经医生证明可以结婚者，不在此例。

三、生理缺陷不能人道者。

第七条 有配偶未经离婚者，不得与第三者结婚。

第八条 寡妇再嫁，他人不得干涉。

第三章 离婚

第九条 夫妻双方自愿离婚者，须向住在地县政府请求登记。

第十条 夫妻双方之一方有下列情形之一者，他方得向司法机关提出离婚请求，经审查属实后，依法离婚：

一、充当汉奸或有危害抗战行为者。

二、有重婚行为者。

三、感情意志根本不合，无法继续同居者。

四、与他人通奸者。

五、虐待他方不堪同居者。

六、以恶意遗弃他方在继续状态中者。

七、图谋陷害他方者。

八、依本条例第六条之规定禁止结婚者。

九、生死不明过三年者（抗日军人不在此限）。

十、被处三年以上之徒刑或因犯不名誉之罪被处徒刑者。

第十一条 抗日军人生死不明四年以上者，他方得请求离婚。

第十二条 因抗日而残废者，如一方请求离婚，须征得他方之同意，但不能人道经医生证明者，不在此例。

第十三条 凡女方在怀孕及生育期间，男方不得提出离婚，具有离婚条件者，亦须于产后半年始得提出。但女方有本条例第十条第一、二、四、五、六、七各款规定情形之一者，不在此例。

第四章 夫妻之权利和义务

第十四条 夫妻有同居之义务，夫妻之生活费用及家务之处理，由双方共同负责。

第十五条　结婚前夫妻双方之各自财产及结婚后夫妻一方以各自劳力所获得之报酬，均为各自特有财产。特有财产离婚后得各自取回，但以某种契约或双方自愿变为共同财产或变更其财产所有权者，不在此例。

第十六条　夫妻一方对他方之特有财产处理时，须先征得他方之同意。

第十七条　结婚后夫妻双方共同经管所获得之财产为共同财产。处理共同财产时，须互得同意。

第十八条　结婚后夫妻之一方既无职业又无土地财产，其同居生活及子女所需之费用，应由他方负担。但其财产所有权及管理权，得由所有者自行决定。

第十九条　结婚前双方有债务，应各自负责，但经双方同意转为共同债务者，不在此例。

结婚后为经营共同生活所负债务为共同债务，共同债务由双方共同负责。但离婚后女方无劳动力及特有财产者，则由男方单独负担。

第二十条　离婚后，一方无过失而未再婚者，并无职业财产或缺乏劳动力不能维持生活者，得由他方给以相当之赡养费，但以三年为限，倘确实无力支出此项费用者，不在此限。

第二十一条　男女未离婚前所生子女，离婚后尚未满五周岁者，由女方抚养，已满五周岁者，应尊重子女之意思，随父随母不得强迫。但女方未再婚前，无力维持生活且缺乏劳动力者，男方须给女方以抚养子女之生活费，至女方再婚时为止。

第二十二条　女方再婚后所带之子女，由女方及新夫共同负责抚养。

第二十三条　子女满六周岁者，其教育费由父母双方共同负担。

第二十四条　子女姓氏，随父随母由子女自行决定。

第五章　罚则

第二十五条　本条例公布后，凡有买卖婚姻之行为者，除将买卖身价没收外，并处以六个月以下之徒刑。

第二十六条　禁止结婚之一方与他方结婚者，处以六个月以下之徒刑，或科以百元以下之罚金。

第二十七条　略诱、和诱、重婚者，及违犯本条例而本条例并无处罚规定者，均依照刑法之规定处罚。

第二十八条　略诱、和诱、强奸抗属者，依照刑法之规定加重处断。

第二十九条　挑拨抗属离婚者，处以一年以下之徒刑。

第六章　附则

第三十条　违犯本条例者，无论是否属于亲告罪范围，任何人均得告诉告发。

第三十一条　民法亲属编与本条例不相抵触者，仍得引用之。

第三十二条　本条例修改解释权，属于晋察冀边区行政委员会。

第三十三条　本条例有未尽事宜，得随时修改之。

第三十四条　本条例自公布之日起施行。

附

关于我们的婚姻条例

（一九四一年七月七日晋察冀边区行政委员会
指示信第五十一号）

第一，条例的基本精神

一、男女在社会上、政治上、经济上、家庭地位上，一律平等，实行严格的一夫一妻制这是边区新民主主义社会的一种表现，在殖民地、半殖民地、半封建的社会里女子被当作一种商品而买卖，被当作一种奴隶而奴役，"三婢四妾"，成为一些特殊阶级的权利，"男尊女卑""夫唱妇随"成为封建人物奴役妇女的"天经地义"。所有这些，随着边区新民主主义政治经济的建设，都被粉碎着！妇女解放是社会解放的一个内容，而妇女也只有在社会解放当中才能求得自己的彻底解放，边区新民主主义社会从半殖民地半封建社会的胎包之内生长出来，因而妇女也被从旧社会旧家庭的双重压迫之下解放着与解放出来，这是边区社会制度的一个产物，我们的婚姻条例正贯彻着建设新民主主义的严肃的婚姻制度的精神。

二、婚姻自由、自主、自愿，婚姻要建筑在男女双方感情意志的融洽上，这是反对封建主义的一个具体内容，在半殖民地半封建的社会里"门当户对"，被许多人当作是结婚的重要条件，"父母之命，媒妁之言"，被许多人认为是结婚的一定手续，青年被老年束缚着，儿女被父母束缚着，家庭成员被家长束缚着，所有这些，随着边区政治经济的建设都被改变着粉碎着，青年当作社会的一员站立起来了，妇女当作社会的一员站立起来了，男女婚姻自由、自主、自愿已经是今天边区真正的需要，爱情代替了"包办"，意志代替了"金钱"，这是民族革命的产物。我们的婚姻条例正贯彻着这种现实的真正的结婚离婚自愿自主的精神。

三、严肃的男女关系，培育健康优良的下一代，建设革命的社会秩序，这是边区当前以及今后的一种需要。本来，从旧社会旧制度中产生并建设新社会制度，在这一过程中，一定会发生某些混乱现象，我们需要严防混乱，反对混乱，制止混乱。婚姻的自由，必须建立在一夫一妻的基础之上，而且婚姻是两性间的一件大事，因此，必须反对婚姻上的自由主义与"杯水主义"。结婚生育小孩是男女当事人自己的事情，也是社会的事情。因此，我们的婚姻条例，把和诱、略诱、强奸、淫乱等犯罪行为都规定以罚则，对结婚离婚都规定以一定的合法手续，对患传染病者及八亲等以内者之禁止结婚，这些都充满着建设革命的社会秩序与培育健康优良下一代的精神。

四、照顾抗战军人利益。当前我们继续进行着神圣的民族抗战；要"一切为着抗战的胜利"。在婚姻问题上对以自己的血肉生命与敌搏斗的抗战军人，应予以适当的安慰。因此，无论任何人对抗战军人之妻子施以诱奸、和奸者，一律严予处罪。在离婚问题上亦予抗战军人以适当的保障，这是我们的条例贯彻了抗日高于一切的精神。

第二，条例的重要解释

（一）血亲姻亲和亲等：

一、亲——本条例所说的亲和民法亲属编的亲一样，是指亲属而非亲族，普通所指的亲族，是指同宗之族，以男系为主，亲属之意义甚宽，不论宗亲外亲妻亲，全是亲属。

二、血亲——凡是有血统关系的，不论是父系母系，子系女系，统叫血亲，血亲分两种：一种是直系，另一种是旁系，兹分别说明：

甲、直系血亲。凡己身所从出或从己身所出的血亲，都是直系血亲，如父母是己身所从出，子女是从己身所出，这都是直系血亲，同时生父母的——祖父母，外祖父母，和子女所生的——孙子、孙女、外甥男女等，都是直系血亲。

乙、旁系血亲。凡与己身出于同源之血亲，就叫旁系血亲，如叔父、舅父等，都是与自己出于同源。

三、姻亲——凡是因婚姻关系而发生的亲属，统叫姻亲，姻亲有以下三种：

甲、血亲之配偶，如兄弟为血亲，兄弟之妻就是姻亲，女儿为血亲，女婿就是姻亲等。

乙、配偶之血亲，就妻来说，公公婆婆、大伯子，小叔，大姑，小姑；就夫说来，丈人、丈母、大小舅子，大小姨子等，全属这一类。

丙、配偶之血亲之配偶，就夫说来，小舅子媳妇，小姨子的男人，妻侄媳妇等；就妻说来，妯娌，大姑小姑的男人等，全属这一类。

四、亲等的计算法，亲等是亲属远近的等级，亲等计算的标准，血亲和姻亲不同，现在先说血亲。

血亲的亲等是以血统远近为标准，直系血亲的计算方法，是从自己向上数或是向下数，数到与自己算亲等的这个人为止，看是几辈，有几辈就算几亲等，兹以下图说明之：

高祖父母 —— 曾祖父母 —— 祖父母 —— 父母 —— 自己 —— 子女 ——
　（4）　　　　（3）　　　（2）　　（1）　（0）　（1）

孙子孙女 —— 曾孙子女 —— 元孙子女
　（2）　　　　（3）　　　（4）

〔说明〕上图注字，是自己对那些亲属的称呼，圈内数字，是亲属和自己的等级。

旁系血亲的计算法，是从自己向上数数到同源的那个人，看是几辈再由同源的那个人算到与自己算亲等的那个人看是几辈，这两种辈数，加在一块所得出来的那个总数，就是自己与和自己算亲等的那个人的亲等，如叔父和自己是出于同源的祖父母，从自己数到祖父母是两辈，再从祖父母数到叔父是一辈二加为三，那么，叔父和自己就是三亲等的旁系血亲了，如下图：

说明与直系血亲图同。

以上是血亲亲等的计算方法，至于姻亲也是有直系的旁系的，也有远近，不过姻亲是要看这个关系是怎样发生的，而为区分的标准，如兄弟为二亲等的旁系血亲，兄弟媳妇就是二亲等的旁系姻亲；丈人丈母，是妻的一亲等的直系血亲，是自己一亲等的直系姻亲；又如小舅子媳妇，是妻的二亲等旁系姻亲，也是自己的二亲等的旁系姻亲，余以此类推。

（二）关于离婚条件：

一、条例第十条第一款规定"充当汉奸或有危害抗战行为者"得离婚，此款前半一方"充当汉奸"他方得与离婚自无问题，后半段"危害抗战行

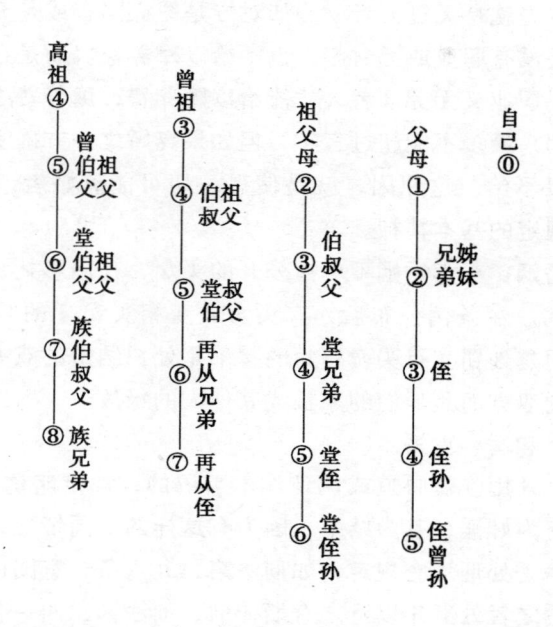

高祖 ④	曾祖 ③	祖父母 ②	自己 ⓪
曾伯祖父 ⑤	伯祖叔父 ④	伯叔父 ③	父母 ①
堂伯祖父 ⑥	堂叔伯父 ⑤	堂兄弟 ④	兄姊弟妹 ②
族伯叔父 ⑦	再从兄弟 ⑥	堂侄 ⑤	侄 ③
族兄弟 ⑧	再从侄 ⑦	堂侄孙 ⑥	侄孙 ④
			侄曾孙 ⑤

为",则弹性很大。那么什么是"危害抗战行为"呢？这要特别注意，"行为"两字，凡是破坏军队、破坏政府、破坏革命党派团体之见于行动者以及在行动上帮助敌伪者，都是破坏抗战的行为。

二、条例第十条第三款规定"感情意志根本不合，无法继续同居者"，一方得请求离婚。婚姻必须双方有浓厚的爱情，结合才能美满，感情根本不合对双方都会是很大的痛苦，不过这里所说的感情不和，只指"无法继续同居者"而言。因此处理这条文时，就不能因为夫妇间一时的吵架，而准许离婚。

三、夫妇之特有财产及其使用，什么是特有财产？依民法凡属于下面情形之一者均属特有财产：

甲、专供夫或妻使用者。

乙、夫或妻职业上必需之物。

丙、夫或妻所受之赠物经赠与人声明为其特有财产者。

丁、妻因劳力所得之报酬。

对待特有财产之使用，是属于所有者，夫或妻如果使用他方之特有财产时，必经所有者之同意。

四、离婚后赡养费问题，在条例中未明确规定一定给对方赡养费，亦未明确规定数目，原因就是要根据实际情形，才能确定赡养费及其数目。所谓实际的情形，首先就是无过失者，假如对方是图谋陷害或是充当汉奸而被离婚者，就假定是没有职业或无财产，也不给以赡养费。而是在无过失的条件下未再嫁同时无职业又无劳动者，才能给以赡养费，赡养费之给与，比照普通人之生活费用，最多不能超过三年，但如果离婚之一方确实无力支付此项费用者，还可以不给。这原因，就是使得一切可能离婚者，脱离物质之限制，这是本条规定的基本精神。

五、买卖婚姻。买卖婚姻不单指公开的买卖，凡用彩礼、聘金等变相的买卖亦包括在内。在条例公布后，有买卖或变相买卖〔的〕均按本条例处罚，对这种处罚是处罚实行买卖行为的，不是处罚结婚的双方，因为实行买卖的不是结婚的双方而是他们的家长或其他人的缘故。

六、略诱、和诱、重婚。

甲、略诱。凡用强暴胁迫或诡计诈术引诱的，都是略诱。略诱的目地，有为着卖钱，有为奸淫，有为结婚，因为有这样的不同情形，所以处罚也不一样，刑法对略诱处刑均有规定，如刑法第二九八条，意图使妇女与自己或他人结婚而略诱之者处五年以下之有期徒刑，刑法第二四一条，略诱未满二十岁之男女脱离家庭或其他监督权之人者处一年以上七年以下之有期徒刑等皆可引用。

乙、和诱。和诱与略诱不同，在于：第一，略诱是用强暴胁迫的手段，和诱是用诱惑的手段；第二，略诱是不必经过被诱人的同意，和诱是经过被诱人的同意；第三，略诱罪的成立在被诱人的年龄上没有限制，和诱罪的成立按刑法规定必须被诱人年在二十岁以下十六岁以上，刑法第二四一条后段规定"和诱未满十六岁之男女以略诱论"。刑法第二四〇条规定，和诱未满二十岁之男女脱离家庭或其他有监督权之人者，处三年以下之有期徒刑。和诱有配偶之人脱离家庭者亦同。

丙、重婚。凡有配偶再结婚或者同时和二人以上结婚者都是重婚。依刑法二三七条处五年以下之有期徒刑，知情相婚的也是一样。

七、告诉告发的程序：

甲、条例所定罚则及违犯本条例而犯刑法各罪的被害者或被害者之配偶、父母、祖父母、子女（以年龄在十八岁以上者为限）均得告诉，如被害者死亡或抗日军人无法告诉，检察官可代为告诉，但指定告诉或代替告诉，不能与被害被诱者之意思相反。

乙、凡违反本条例之罚则者除以上有告诉权者外，任何个人、团体、机关皆得告发与检举。

丙、本条例罚则属于刑罚，不能与婚姻关系之民事部分同一程序同一判决，不能民事附带刑事。关于刑事附带民事，只以因刑事所发生之损害部分为限，此外亦不得附带婚姻关系（如离婚无效、撤销等）的诉讼。

第三，执行问题

（一）法律不咎既往，本条例自公布日施行，边区新民主主义社会从旧社会的胎包之内生长出来，在各种制度上必然带着许多旧社会的斑痣，婚姻制度也正是这样，如买卖婚姻、一夫多妻、童养媳、奶媳、入赘、早婚等，在这一条例颁布后，一定要予以廓清。但我们必须注意，我们的婚姻条例是自民国三十年七月七日公布之后才有效，不能据以追诉今年七七以前的事实（旧社会遗留下来的斑痣），即不能拿它来算旧账。因此，对于今年七七以前的所有买卖婚姻、一夫多妻、童养媳、奶媳、入赘、早婚等事实，不能因其不合理即根据条例给以处罚。对于早婚、买卖婚，任何人也不得强迫离异，当然，这并不是承认他的合法，只要当事人依法提起诉讼，是要根据条例予以合理解决的。要抓紧新制度的建设，丝毫也不要迁就马虎，不能算旧账，不要算旧账，这是在执行中应该特别注意的一点。

（二）对于离婚条件的判决，一定要根据充分的证据。由于以往婚姻的不合理现象的存在，在这条例颁布之后，离异案件，可能增多，这是应有的现象，并不是坏事，不过社会关系是复杂的（婚姻直接关系到财产关系与抗战秩序），对于离婚案件的判决，司法部门一定根据充分的证据处理，不能单凭一方片面的理由，遽然决定。我们坚决反对挑唆、胁迫以及捏造事实，给对方扣大帽子，以造成离婚"口实"（并不是条件）的卑劣行为，对于这些情形，要考查清楚，予以严厉的教育，对于某些为达目的不择手段，企以陷害对方者，更应给予刑法制裁，我们特别提起各级政府特别是司法部门的同志要从政治上来认识这一问题，这是执行中应该特别注意的第二点。

（三）结婚仪式和结婚离婚手续问题，在条例中没有明确详细的规定，我们反对旧式婚姻的铺张、浪费与封建迷信的所谓"礼节"，但也并不主张取消结婚仪式，我们提倡简单朴素而又严肃庄重的特别是具有教育意义的仪式，这不仅为了使当事人对婚姻大事的更加郑重，而且也使在社会上、法律上取得一层保障。结婚登记（向所在地区公所登记）也同样是为了取得法律保障。这种手续的履行，不是强迫的，只要事实上夫妇关系存在着并不因其未曾履行规定手续而无效。

至于双方自愿离婚者，必须按照条例向县政府请求登记，这对于提高对婚姻问题的郑重，关系很大，这是执行中应该特别注意的第三点。

（四）对抗日军人的"生死不明"一定要尽力查问。条例第十一条规定：抗日军人生死不明四年以上者，他方才得提出离婚，但是抗战已经四年，必然有许多抗战军人，因为离乡日久，音讯难通，乡里间对他发生"生死不明"的问题，因此，在执行这一条文的时候，一定要很好的理解，今天处在战争环境，交通太困难，对抗战军人提出的离婚诉请，应再留出一年以下的时间，尽量设法探讯（请求离婚者及政府）以期能得到抗日军人本人的音讯，如经一年的查讯，仍无消息者，始可准予离婚，在查讯期间，对请求离婚的一方，多方解释，晓以大义，这是执行中应该注意的第四点。

五、反对偏"左"偏"右"的倾向。边区婚姻条例的颁布施行，无疑问的，给予旧婚姻制度以致命的打击，它是要把旧的不合理的婚姻制度与恶习根本扫清，重新建立一种新的合理的婚姻制度，但由于旧制度习惯有着深厚的社会根源与悠久的历史传统，这样一种大的改变不是一个简单事情，这是社会建设的一个内容，是一个教育与斗争的过程，一切操之过急，生吞活剥认为只要条例颁布之后，一切都会立刻变好，这种想法是不对的，我们反对滥用条文，把婚姻看的"不算一回什么事"，忽视婚姻的严肃意义的"左"的偏向，同时我们反对向旧礼教屈服，徇私情，保守，不坚决执行条例的右的偏向。

把握条例的基本精神，坚决地，正确地执行条例，为建立合理的健康的新民主主义的婚姻制度而努力。

（选自一九四五年十二月晋察冀边区行政委员会《现行法令汇集》上册）

晋察冀边区婚姻条例

（一九四三年一月二十一日晋察冀边区第一届参议会通过，同年二月四日晋察冀边区行政委员会公布）

第一章 总则

第一条 本条例根据中华民国民法亲属编之立法精神，适应边区具体环境制定之。

第二条 男女婚姻须双方自主、自愿，任何人不得强迫，禁止奶婚，童养媳，早婚及买卖婚姻。

第三条 严格实行一夫一妻制，禁止重婚、纳妾、蓄婢及类似一夫多妻或一妻多夫之各种婚姻。

第二章 结婚

第四条 男不及二十岁，女不及十八岁，不得结婚。

第五条 结婚应有公开之仪式及二人以上之证人，向结婚所在地之村公所或县市政府登记，领取结婚证书。

第六条 婚姻不以订婚为必经手续。

第七条 与下列亲属不得结婚：

一、直系血亲及直系姻亲。

二、八亲等以内之旁系血亲，但表兄弟姊妹不在此限。

三、五亲等以内之旁系姻亲辈分不相同者。

第八条 有下列情形之一者，不得结婚：

一、有神经病或其他重大不治之病者；

二、有花柳病或其他恶疾者；

三、生理缺陷，不能人道者。

第九条 因奸经判决离婚，或受刑之宣告者，不得与相奸者结婚。

第十条 寡妇再嫁，他人不得干涉。

第三章 夫妻之权利与义务

第十一条 夫妻互负同居之义务，但有正当理由不能同居者，不在此限。

第十二条 夫妻之生活费用及家务之处理，由双方共同负责。

第四章 离婚

第十三条 夫妻两愿离婚者，须向所在地县市司法机关请求登记，并有二人以上证人之签名。

第十四条 夫妻感情意志根本不合致不堪同居者，任何一方得向司法机关请求离婚。

第十五条 夫妻之一方有下列情形之一者，他方得向司法机关请求离婚：

一、充当汉奸者；

二、重婚者；

三、与他人通奸者；

四、虐待压迫或恶意遗弃他方在继续状态中者；

五、因犯特种刑事罪被处三年以上之徒刑者；

六、生死不明已逾三年者；

七、图谋陷害他方者；

八、有第八条各款情形之一者。

第十六条 抗日军人之配偶，非于抗日军人生死不明逾四年后，不得为离婚之请求。

第十七条 在女方怀孕及生育期间，男女不得提出离婚，具有离婚条件者，亦须于分娩满三个月后，始得提出，但有十五条之第一、二、三、四、七各款规定情形之一者，不在此限。

第十八条 夫妻两愿离婚者，关于离婚后子女抚养教育责任之负担，应于离婚时约定之。但纵约定有由妻方负担，而妻方生活困难者，在其未与他人结婚前，夫方仍应给予抚养教育费之全部或一部。

第十九条 夫妻经判决离婚者，司法机关得为其子女之利益，酌定抚养教育责任之负担人。

第二十条 妻方无过失因判决离婚而生活陷于困难者，夫方纵无过失，亦应给予相当赡养费，但无力支出此项费用者，不在此限。

第二十一条 夫妻离婚时，得各自取回其原有财产。

第五章 附则

第二十二条 关于婚姻除本条例别有规定者外，民法亲属编关于婚姻之规定仍适用之。

第二十三条 本条例自公布之日施行。民国三十年七月七日公布之晋察冀边区婚姻条例同时作废。

（选自一九四五年十二月晋察冀边区行政委员会《现行法令汇集》上册）

晋察冀边区行政委员会
关于婚姻登记问题的通知

（一九四三年五月二十七日）

关于婚姻登记问题，应注意下列各点：

（一）关于结婚登记机关——在今年二月四日新颁婚姻条例中规定：结婚应"向结婚所在地之村公所或县市政府登记"主要是为了便利人民，使一般人民结婚，都可以到村公所履行登记（到县市政府登记的规定，主要是为在外籍结婚的工作人员而设），减去到区公所登记的麻烦，同时也为了减少区公所的事务，加强村公所的责任，各县应即具体布置到村，结婚登记证由县统一印发，月终将存根送区转县统计之。在这一工作由村公所负责的初期，区公所应多给以具体的帮助，并防止可能发生的"不够结婚条件也轻易予以登记允许结婚"（应着重防止的）及"机械的坚持条件或故意与人为难"的偏向。

（二）关于结婚登记的效力（结婚与离婚应有区别）

1. 结婚登记的效力——结婚登记是为了防止男女关系的混乱和不够结婚条件的男女随便结婚，因此特别规定男女在结婚前应"向结婚所在地之村公所或县市政府登记，领取结婚证书"，这是必须履行的手续。但如果在结婚前或结婚后不登记的是否影响婚姻效力呢？这应根据实际情形分别处理：A. 未经举行公开结婚仪式的不登记不生婚姻的效力；并应由县按"妨害风化"治罪。因这种婚姻，很易使男女关系混乱，且会给敌人与破坏分子以造谣的口实，所以应视为无效。B. 已经举行公开的结婚仪式且合乎结婚条件的应承认其结婚有效。因这种婚姻既合乎结婚条件且由于举行了公开的结婚仪式，在社会习惯上已取得合法地位，所以应视为有效，但仍应加以教育，使他们遵守婚姻条例的规定向结婚所在地的村公所或县政府补行登记，取得法律上之合法地位。C. 已经举行公开的结婚仪式但不合结婚条件的，应根据实际情形正确适当的处理（如男女不到结婚年龄的可令暂时分开，等到达结婚年龄，再行同居，违犯婚姻条例第七、第八、第九三条的规定的可强令拆散。）反对"一律强令拆散"和"置之不理"的两种偏向。

2. 离婚登记的效力——为了防止男女因一点小事即随意离婚的现象，以免影响家庭生活和社会秩序，关于两愿离婚的登记应作为离婚成立必要的条件，不登记的，其离婚不生效力，如两愿离婚后不经登记又与第三人结婚的，应按重婚治罪。

（三）关于婚姻登记的办法

1. 结婚登记的办法：A. 结婚登记事项除结婚登记证上所列项目外并须注意下列各项：（甲）男女双方有无亲属关系？是什么亲属？（乙）双方有无疾病缺陷？（丙）以前结过婚没有？如果结过婚的现在是否已经离婚？审查双方是否合于离婚条件。B. 男女结婚向所在地村公所进行登记时，其住于别村的一方（一般是女方）得用书面登记由当事人与住在村民政委员签名并按手印交由结婚所在村村公所审查，其住于结婚所在村之一方（一般是男的）应当面说明结婚登记事项，并在结婚登记证上签名按指印或由一方先就他方向结婚所在地之村公所登记后，再行结婚，村公所对声请结婚的男女双方，应就其登记事项详细审查合于结婚条件者即准予登记，不合结婚条件者不予登记（关于结婚年龄在游击区及早婚习惯很深的晋东北一带不必强调非达法定年龄不可，但在十四岁以下的一定要禁止，已结婚的也要强令分开，到达适当年龄，再准同居）。

2. 离婚登记的办法：A. 离婚登记机关为所在县之司法机关，在游击区县政府得授权区公所代为办理离婚登记；B. 离婚登记以男女亲自到场为原则，并应有住在村村公所之介绍信和证明人之书面证明，村公所对两愿离婚的男女不得拒绝开介绍信。

希讨论执行，特此通知。

（选自一九四五年十二月晋察冀边区行政委员会《现行法令汇集》上册）

晋察冀边区行政委员会
关于女子财产继承执行问题的决定

（一九四三年六月十五日公布）

本边区自妇女运动开展以来，妇女在社会上、政治上的地位已提高很多，妇女在经济上的积极性也在逐渐提高，民法关于女子财产继承权的规定已在执行着，但在执行上因追溯过远，滋生许多纠纷。为正确执行民法关于女子财产继承权的规定，提高女子经济地位，减少民间纠纷，巩固团结，集中力量对敌，本会特作如下之决定：

一、被继承人生前有女无子，在他死亡后，他的全部遗产都归其女（不论一女多女、已嫁未嫁）继承，任何人不得强作嗣子，以分继他的遗产。但是被继承人生前承养的养子或嗣子，得依民法养子之规定取得其应继承的股份。

二、在本决定施行前，被继承人于在世时就把他的财产实行分给或赠与一部分继承人的，其他继承人在被继承人死亡后，只能对于被继承人死亡时留下的未曾分给或赠与其他继承人的财产，与其他继承人有同等之继承权，对上项已经分给或赠与其他继承人的财产，不能请求回复继承权。

三、被继承人死亡后，他的财产已由继承人之一部实行继承，且已于本决定公布以前将财产分割各自管业者，其他继承人不能对已分定之财产请求回复继承权。但是分割遗产时由于参加抗战或经营其他事业，背井离乡，消息隔绝，致继承权被侵害者，不在此限。于分割遗产时，继承人因幼小无知，致继承权被侵害者，亦不在此限。

四、被继承人仅有一子一女，或一子数女，他的儿子在他死亡后，就占有他的财产，而有继承权的已嫁女子，截止本决定公布之日止，并未提出分割遗产的要求者，其继承权视同抛弃，不能要求回复。但由于参加抗战或经营其他事业，背井离乡，不知被继承人死亡，或虽已知死亡而事实上不能返归本籍实行继承者，不在此限。

以上视同抛弃继承权之已嫁女子，生活确系贫困者，得要求其弟兄接济其一部生活费用，遇有争议，得由村公所、抗联会调解之。

五、有继承权的寡妇，得携带她应继分内之财产改嫁，但夫家确系贫困者，得少带或不带。但是寡妇本人的财产，任何人不能阻止其带走。

遇有争议，得由区村公所协同抗联会调解之。

六、本决定于一九四三年六月十五日生效，今后及现正涉讼的女子财产继承案件，依照本决定处断。本决定所未规定者，完全适用民法的规定。

本决定施行前已判决确定的继承案件，及未经涉讼已经取得的继承权，都不予变更。

（选自晋察冀边区行政委员会《现行法令汇集》上册，一九四五年版）

晋冀鲁豫边区婚姻暂行条例

（一九四一年八月十三日临参会大会原则通过，
同年十二月二十日驻委会修订通过，
一九四二年一月五日公布施行）

第一章　总则

第一条　本条例根据平等自愿、一夫一妻制之婚姻原则制定之。

第二条　禁止重婚、早婚、纳妾、蓄婢、童养媳，买卖婚姻、租妻及伙同娶妻。

第二章 订婚

第三条 订婚须男女双方自愿，任何人不得强迫。

第四条 男不满十七岁，女不满十五岁者，不得订婚。

第五条 订婚时，男女双方均不得索取金钱或其他物质报酬。

第六条 订婚时男女双方须在村级以上政府登记方为有效。违反前三条规定之一者，不得登记。

第三章 解除婚约

第七条 订婚后男女双方，有一方不愿继续婚约或结婚者，均得请求解除婚约。但对抗战军人提出解除婚约时，须经抗战军人本人同意，倘音信毫无在二年以上者，不在此限。

第八条 解除婚约时，须向区级以上政府声请备案。

第九条 在本条例施行前所订之婚约解除后，曾收对方之金钱财物者，应如数退还。如一次不能退还时，得订定契约分期偿还，倘确实无力偿还，而对方亦非贫穷者，不在此限。

第四章 结婚

第十条 结婚须男女双方自愿，任何人不得强迫。

第十一条 男不满十八岁，女不满十六岁者，不得结婚。

第十二条 结婚须向区级以上政府登记，并须领取结婚证明书。

第十三条 直系血亲、直系姻亲及八亲等以内之旁系血亲，不得结婚。

第十四条 凡有神经病（如白痴、疯癫等）、花柳病及遗传性之恶疾者，不得结婚。

第十五条 寡妇有再婚与否之自由，任何人不得干涉或借此索取财物。再婚时其本人财物可带走。

第五章 离婚

第十六条 夫妻感情恶劣，至不能同居者，任何一方均得请求离婚。

第十七条 夫妻之一方有下列情形之一者，他方得请求离婚。

一、未经离婚即与他人有订婚或结婚之行为者。

二、虐待压迫或遗弃他方者。

三、妻受夫之直系亲属虐待，至不能同居生活者。

四、生死不明已逾三年者。

五、患花柳病、神经病及不可医治之传染病等恶疾者。

六、被处三年以上之徒刑者。

七、充当汉奸者。

八、吸食毒品或有其他不良嗜好，经屡劝不改者。

九、不能人道者。

第十八条 抗战军人之妻（或夫），除确知其夫（或妻）已经死亡外，未经抗战军人本人同意，不得离婚。五年以上毫无音讯者，得另行嫁娶。

第十九条 离婚时须向区级以上政府请求，经审查批准，领得离婚证明书，始得离婚。

第二十条 离婚后女方无职业财产，或缺乏劳动力，不能维持生活者，得由男方给以相当之赡养费，至再婚时为止。但女方有第十七条六款至九款情形之一者，不适用前项之规定。倘确实无力支出此项费用者，不在此限。

第六章 子女

第二十一条 男女离婚前所生之子女，离婚后，尚未满四周岁者由女方抚养，已满四周岁者由男方抚养，其另有约定者，从其约定。但女方未再婚时，无力维持生活者，男方须给女方抚养子女之生活费，至女方再婚时为止。

第二十二条 女方再婚后所带之子女，由女方及新夫共同负责抚养。

第二十三条 禁止杀害私生子。私生子之生父，经其生母指出证明，其生父须负责带领，与正式子女有同等地位。

第七章 附则

第二十四条 本条例之解释权属于晋冀鲁豫边区政府。修正权属于晋冀鲁豫边区临时参议会。

第二十五条 本条例经晋冀鲁豫边区临参会通过，由晋冀鲁豫边区政府公布施行。

（选自晋冀鲁豫边区《法令汇编》下册）

晋冀鲁豫边区婚姻暂行条例

(一九四二年一月五日公布，一九四三年
九月二十九日修补颁布)

第一章 总则

第一条 本条例根据平等自愿、一夫一妻制之婚姻原则制定之。

第二条 禁止重婚、早婚、纳妾、蓄婢、童养媳、买卖婚姻、租妻及伙同娶妻。

第二章 订婚

第三条 订婚须男女双方自愿，任何人不得强迫。

第四条 男不满十七岁，女不满十五岁者，不得订婚。

第五条 订婚时，男女双方均不得索取金钱或其他物质报酬。

第六条 订婚时，男女双方须在区级以上政府登记方为有效。违反前三条规定之一者，不得登记。

第三章 解除婚约

第七条 订婚男女双方，有一方不愿继续婚约或结婚者，均得请求解除婚约。但对抗战军人提出解除婚约时，须经抗战军人本人同意，倘音信毫无在二年以上者，不在此限。抗日军人订婚后，多年有音信但不能回家结婚，而女方年龄已超过二十岁，可请求解除婚约，但在此项修订办法颁布后，女方年龄已达二十岁者，得延长一年。

第八条 解除婚约时，须向区级以上政府声请备案。

第九条 在本条例施行前所订之婚约解除后，曾收受对方之金钱财物者，应如数退还。如一次不能退还时，得订定契约分期偿还。倘确实无力偿还，而对方亦非贫穷者，不在此限。

第四章 结婚

第十条 结婚须男女双方自愿，任何人不得强迫。

第十一条 男不满十八岁，女不满十六岁者，不得结婚。

第十二条 结婚须向区级以上政府登记，并须领取结婚证明书。

第十三条 直系血亲、直系姻亲及八亲等以内之旁系血亲，不得结婚。

第十四条 凡有精神病（如白痴、疯癫等）、花柳病及遗传性之恶疾者，不得结婚。

第十五条 寡妇有再婚与否之自由，任何人不得干涉，或借此索取财物。再婚时其本人财物可带走。

第五章　离婚

第十六条 夫妻感情恶劣，至不能同居者，任何一方均得请求离婚。

第十七条 夫妻之一方有下列情形之一者，他方得请求离婚。

一、未经离婚即与他人有订婚或结婚之行为者。

二、虐待、压迫或遗弃他方者。

三、妻受夫之直系亲属虐待，至不能同居生活者。

四、生死不明已逾三年者。

五、患花柳病、神经病及不可医治之传染病等恶疾者。

六、被处三年以上之徒刑者。

七、充当汉奸者。

八、吸食毒品或有其他不良嗜好，经屡劝不改者。

九、不能人道者。

第十八条 抗战军人之妻（或夫）除确知其夫（或妻）已经死亡外，未经抗战军人本人同意，不得离婚。四年以上毫无音讯者，得另行嫁娶，其业经四年以上毫无音讯者，自本条例施行之日起，一年内仍无音讯时，得另行嫁娶。

第十九条 离婚时，须向区级以上政府请求，经审查批准，领得离婚证明书，始得离婚。

第二十条 离婚后，女方无职业、财产，或缺乏劳动力，不能维持生活者，得由男方给以相当之赡养费，至再婚时为止。但女方有第十七条六款至九款情形之一者，不适用前项之规定。

倘确实无力支出此项费用者，不在此限。

第六章　子女

第二十一条 男女离婚前所生之子女，离婚后，尚未满四周岁者由女方抚养，已满四周岁者由男方抚养，其另有约定者，从其约定。但女方未再婚时，无力维持生活者，男方须给女方抚养子女之生活费，至女方再婚时为止。

第二十二条 女方再婚后所带之子女，由女方及新夫共同负责抚养。

第二十三条 禁止杀害私生子，私生子之生父经其生母指出证明，其生父须负责带领，与正式子女有同等地位。

第七章 附则

第二十四条 本条例之解释权属于晋冀鲁豫边区政府，修正权属于晋冀鲁豫边区临时参议会。

第二十五条 本条例经晋冀鲁豫边区临时参议会通过，由晋冀鲁豫边区政府公布施行。

（选自晋冀鲁豫边区《法令汇编》第一分册，一九四五年版）

晋冀鲁豫边区婚姻暂行条例施行细则

（一九四二年四月二十六日公布）

第一条 关于婚姻事件，在边区婚姻暂行条例施行前发生者，经男方或女方申请控诉时，得适用边区婚姻暂行条例及本细则。

第二条 在边区婚姻暂行条例施行前所纳之妾，可随时向对方要求离去，并得要求生活费用。其数量之多寡，发生争执时，由司法机关酌定之。

第三条 在边区婚姻暂行条例施行前所蓄之婢，得随时要求离去，主方不得索还身价。

第四条 在边区婚姻暂行条例施行前之童养媳，不得虐待，未至法定结婚年龄，不得结婚。其自愿另择配偶者，得随时请求解除婚约。

男方不得索还婚礼与金钱，并不得讨要在童养期间所消费之一切生活费用。

第五条 兼祧以重婚论，在边区婚姻暂行条例施行前兼祧之妻，得随时要求离去，并得要求相当之赡养费。

第六条 经女方提出解除婚姻后，如与他方订婚结婚仍有买卖情事者，任何人均得告发，并应从重处罚。

第七条 不得结婚之亲属解释如下：

（一）直系血亲——父母亲与子女，祖父母与孙子女，外祖父母与外孙子女等。

（二）直系姻亲——母亲与女婿，公公与儿媳等。

（三）八亲等以内之旁系血亲——

甲、辈分相同者——兄弟与姐妹，堂兄弟与堂姐妹，从兄弟与从姐妹，族兄弟与族姐妹等，但表兄弟姐妹除外。

乙、辈分不同者——舅父与甥女，姨母与外甥，伯叔父与侄女，姑母与侄子等。

第八条 夫妻离婚后，如双方追悔，仍愿再行同居者准予同居。但须向村级以上政府再行登记。

第九条 男方不得与孕妇或乳婴之产妇离婚。如有具备法定离婚条件者，应于生产一年后提出。

第十条 不能人道而可治愈者，不能作为离婚理由。

第十一条 夫妻之一方如系荣誉军人，他方亦不能因残废提出离婚；但性器官残废不能人道者不在此限。

第十二条 神经病者经医生证明可以治愈根除者不能作为离婚理由。

第十三条 夫妇离婚后各得携回本人私有财产。但双方因过共同生活而已享用者，不得要求追偿。

第十四条 离婚后之子女除依法定及约定教养者外，仍有争执时，依下列规定处理之：

一、四周岁以上之子女如男方不适合教养者，仍归女方教养。四周岁以下之子女，如女方不适合教养者，得归男方。

二、双方拒绝，或争索教养子女者，判归有适合教养条件之一方。

第十五条 两愿离婚者，须男女两方亲自向村级以上政府登记，领取离婚证书。如因离婚发生纠纷，应由司法机关处理。

第十六条 订婚、结婚及离婚，均须纳证书费两元。

第十七条 本细则如有未尽事宜，由晋冀鲁豫边区政府随时修改之。

第十八条 本细则自边区婚姻暂行条例施行之日施行。

（选自晋冀鲁豫边区《法令汇编》下册）

晋冀鲁豫边区涉县县政府通令

——关于修改婚姻暂行条例第五章第十八条
与执行参议会关于妇女类提案第十五条

（一九四五年七月三十一日）

顷接边府通令关于修改以前颁布之婚姻暂行条例第五章第十八条规定"抗日军人之妻（或夫）除确知其夫（或妻）已经死亡外，未经抗战军人同意，不得离婚，四年以上毫无音信者，得另行嫁娶"。经边区参议会提议认为，由于战时环境交通阻塞，抗日军人远离家庭邮寄困难，四年期限太短，为了安定军心，提高抗日军人情绪，兹将原规定四年改为五年，又优待抗属第六条规定，"三年以上毫无音信者，得许另行改嫁……"应即作废。

又边区参议会关于妇女类提案第十五条中有关男女双方为欲造成由对方提出离婚之意图，男方故意虐待女方或女方故意浪费财物逼使对方提出离婚，若遇此种情况应使有意造成离婚之一方给对方以适当赡养或损失赔偿以决流弊。

仰令遇有此种案件，即遵照这种精神办理与执行为要。

冀鲁豫行署关于女子继承等问题的决定

（一九四五年五月三十一日施行）

本边区第三届参议会交议各案及本署提议各案，业经行政委员会根据边区实际情形讨论决定，兹将司法问题的各决议通令施行。

（一）女子继承问题：

1. 遗产继承女子与男子有平等之权利，唯中国一般社会情形多系男子与父母同财共居，以家庭为经济单位，因而在遗产分配上，应按各该家庭情况参照男女双方在家庭中所尽之义务与所享之待遇，具体研究其分配比例，不应一律平均，以符合男女真正平等之精神，如女子夫家较富，娘家较穷，分配遗产时女子于自愿之原则下，得对其兄弟等加以照顾，其甘愿抛弃继承者，政府亦不加干涉。

父母生前与男子分割财产时，亦应按照前述原则分给女子。

2. 配偶双方之遗产有相互继承权，有子女者与子女共同继承，无子女者由一方全部继承，如男方死时尚未继承者，寡妇与子女均有代位继承权。

3. 此办法颁行前已经分割或已开始继承，未逾三年者，女子得要求重新处理之。

（二）女子对其夫家之财产管理与寡妇及离婚妇女带产问题：

1. 为提高女子在其夫家的地位及发扬家庭民主，女子出嫁后对其夫家之财产确定其与男子有共同管理之权利。

2. 寡妇再嫁：

（1）无子女者其在男家所继承之财产，准根据具体情况带去一部或全部。

（2）有子女者在男家继承之财产及其个人之财产，均留一部给其子女，如其子女随走，得将其财产全部带走。

（3）寡妇再嫁时如在男家及娘家均未取得继承财产者，得要求男方给与一部妆奁费。

3. 离婚妇女其自己私产无子女者得全部带去，有子女留于男方者应酌留财产。

（选自冀南行署《法令汇编》第一册，一九四六年版）

晋绥边区婚姻暂行条例

第一章　总则

第一条　为使婚姻适合于民权主义之根本精神，特根据民法关于婚姻之规定并参酌本游击区之实际情形制定本条例。

第二条　婚姻以基于男女当事人之自由意志为原则。

第三条　实行一夫一妻制，禁止纳妾蓄婢。

第四条　禁止童养媳。

第五条　禁止早婚。

第六条　禁止包办强迫及买卖婚姻。

第二章　婚约

第七条　婚约以由男女当事人自行订定为原则。

第八条　男未满十七岁，女未满十五岁不得订定婚约。

第九条　婚约不得强迫履行。

第十条　婚约当事人之一方有下列情形之一者，他方得提出解除之要求。

一、婚约订定后再与其他人订婚或结婚者。

二、故违结婚期约者。

三、生死不明已满二年者。

四、患花柳病或其他恶疾者。

五、婚约订定后成为残废，其残废情形严重者。

六、受二年以上徒刑之宣告者。

七、有汉奸行为经讯证属实者。

八、有其他重大事由者。

第十一条　依前条规定，解除婚约者之一方如事实上不能向他方为解除之意思表示时，得向当地县区政府为解除之请求。

第十二条　依第十条第一款、第二款之规定，婚约解除时，无过失之一方得向有过失之他方请求赔偿其因此所受之损失。

第十三条　婚约当事人之一方无第十条之理由而故违婚约者，对于他方因此所受之损失应负赔偿之责。

第三章　结婚

第十四条　结婚以男女当事人之自愿为原则。

第十五条　男未满十八岁，女未满十六岁者，不得结婚。

第十六条　结婚之双方须向所在地之村公所请求登记，领取结婚证即为合法。

第十七条　有下列情形之一者禁止结婚。

一、有直接血统关系者。

二、患花柳病或其他重大不治之恶疾经医生证明者。

三、有重大不治之精神病者。

第十八条　有配偶者未经离婚不得重新结婚。

第四章　离婚

第十九条　男女双方自愿离婚时，应向当地区公所申请转请县政府领取离婚证即为合法。

第二十条 夫妻之一方有下列情形之一者,他方得向县政府请求离婚。

一、有重婚之行为者。

二、双方感情意志根本不合无法继续同居者。

三、意图陷害他方者。

四、以恶意遗弃他方在继续状态中者。

五、与他人通奸者。

六、不能人道者。

七、有重大不治之精神病者。

八、有花柳病及其他重大不治之恶疾者。

九、有不良嗜好致使生活不能维持者。

十、受他方亲属虐待无法生活在继续中者。

十一、生死不明已逾三年者,出征军人不在此限。

十二、被处三年以上之徒刑或因犯不名誉之罪被判刑者。

十三、有汉奸行为经讯证属实者。

十四、有其他重大事由者。

第二十一条 对于前条第三款之情事有请求权之一方,事前同意或事后宽恕或知悉后已逾六个月或其情事发生后已逾二年者,不得请求离婚。

第二十二条 对于第二十条第五款、第十二款之情事有请求权之一方,自知悉后已有一年或自其情事发生后已逾五年者,不得请求离婚。

第二十三条 男女已离婚三次者,不得再行提出离婚。

第五章 婚姻与子女及财产之关系

第二十四条 离婚前所生子女之抚养有约定者从约定,无约定者由母方抚养至十三岁为止,十三岁后从父从母由子女决定。

第二十五条 女方未再结婚无力生活时,归女方抚养之子女其生活费由男方继续负担至满十三岁为止。

第二十六条 女方再婚带去之子女由新夫负责抚养教育,如约定子女长大仍归生父者,其抚养教育费之负责人依其约定。

第二十七条 如县政府认为子女抚养有问题时,得指定抚养人。

第二十八条 非结婚所生之子女经生母提出证实其生父者,得强制其生父认领,与结婚所生之子女同。

第二十九条 非结婚所生之子女得享受本条例所规定之一切权利,不得抛弃。

第三十条 离婚时，男女各取其结婚前原有之财产及分取其原有财产于结婚后所得增益。如女方原有财产之减少，不因生活必须时，其减少之部分经证属实后，应由男方补偿，但减少之原因非归责于男方者不在此限。

第三十一条 依第二十条之规定，离婚时无过失之一方得向有过失一方请求赔偿其因此所受之损失。

第三十二条 前条无过失之女方，并得向男方要求相当之抚养费。

第六章 附则

第三十三条 本条例解释之权属于行署。

第三十四条 本条例自公布之日施行。

结婚证、离婚证、结婚登记表、离婚登记表填发之说明。

一、结婚证、离婚证、结婚登记表、离婚登记表由县政府统印，酌向男方收取纸张印刷费。

二、离婚证由县政府颁发，结婚证由村公所颁发。

三、结婚证、离婚证男女各纸一张。

（选自一九四一年七月晋绥边区第四专员公署中心区抗联《新法令辑要》）

晋西北婚姻暂行条例

（一九四一年四月一日公布）

第一章 总则

第一条 为使婚姻适合于民权主义之根本精神，特根据民法关于婚姻之规定并参酌本区域之实际情形制定本条例。

第二条 婚姻以基于男女当事人之自由意志为原则。

第三条 实行一夫一妻制，禁止纳妾蓄婢。

第四条 禁止童养媳。

第五条 禁止早婚。

第六条 禁止包办强迫及买卖婚姻。

第二章 订婚

第七条 婚约以由男女当事人自行订定为原则。

第八条 男未满十七岁，女未满十五岁，不得订定婚约。

第九条 婚约不得强迫履行。

第十条 婚约当事人之一方，有下列情形之一者，他方得提出解除之要求：

一、婚约订定后再与他人订婚或结婚者。

二、故违结婚期约者。

三、生死不明已满二年者。

四、患花柳病或其他恶疾者。

五、婚约订定后成为残废，其残废情形严重者。

六、受二年以上徒刑之宣告者。

七、有汉奸行为经讯证属实者。

八、有其他重大事由者。

第十一条 依前条规定解除婚约者之一方，如事实上不能向他方为解除之意思表示时，得向当地县、区政府为解除之请求。

第十二条 依第十条第一款、第二款之规定，婚约解除时，无过失之一方得向有过失之他方请求赔偿其因此所受之损失。

第十三条 婚约当事人之一方无第十条之理由，而故违婚约者，对于他方因此所受之损失，应负赔偿之责。

第三章 结婚

第十四条 结婚以男女当事人之自愿为原则。

第十五条 男未满十八岁，女未满十六岁者，不得结婚。

第十六条 结婚之双方，须向所在地之村公所请求登记，领取结婚证，即为合法。

第十七条 有下列情形之一者，禁止结婚：

一、有直接血统关系者。

二、患花柳病及其他重大不治之恶疾经医证明者。

三、有重大不治之精神病者。

第十八条 有配偶者未经离婚不得重新结婚。

第四章 离婚

第十九条 男女双方自愿离婚时，应向当地区公所申请，转请县政府领取离婚证，即为合法。

第二十条 夫妻之一方有下列情形之一者，他方得向县政府请求离婚：

一、有重婚之行为者。

二、双方感情意志根本不合，无法继续同居者。

三、与他人通奸者。

四、以恶意遗弃他方在继续状态中者。

五、意图陷害他方者。

六、不能人道者。

七、有重大不治之精神病者。

八、有花柳病及其他重大不治之恶疾者。

九、有不良嗜好致使生活不能维持者。

十、受他方亲属虐待无法生活在继续中者。

十一、生死不明已逾三年者，出征军人不在此限。

十二、被处三年以上之徒刑，或因犯不名誉之罪被处徒刑者。

十三、有汉奸行为经讯证属实者。

十四、有其他重大事由者。

第二十一条 对于前条第三款之情事，有请求权之一方事前同意或事后宥恕，或知悉后已逾六个月，或自其情事发生后已逾二年者，不得请求离婚。

第二十二条 对于第二十条第五款、第十二款之情事，有请求权之一方，自知悉后已逾一年，或自其情事发生后已逾五年者，不得请求离婚。

第二十三条 男女之一方离婚三次者，不得再行请求离婚。

第五章　婚姻与子女及财产之关系

第二十四条 离婚前所生子女之抚养有约定者从约定，无约定者由母方抚养至十三岁为止，十三岁后从父从母，由子女决定。

第二十五条 女方未再结婚无力维持生活时，归女方抚养之子女其生活费由男方继续负担至满十三岁为止。

第二十六条 女方再婚带去之子女由新夫负责抚养教育，如约定子女长大仍归生父者，其抚养教育费之负责人依其约定。

第二十七条 如县政府认为子女抚养有问题时，得指定抚养人。

第二十八条 非结婚所生之子女，由生母提出证实其生父者，得强制其生父认领，与结婚所生之子女同。

第二十九条 非结婚所生之子女得享受本条例所规定之一切权利，不得抛弃。

第三十条　离婚时男女各取其结婚前原有之财产，并各分取其原有财产于结婚后所得增益。如女方原有财产之减少非因生活必须时，其减少之部分经证属实后，应由男方补偿；但减少之原因非可归责于男方者，不在此限。

第三十一条　依第二十条之规定，离婚时无过失之一方，得向有过失之一方请求赔偿其因此所受之损失。

第三十二条　前条无过失之女方并得向男方要求相当之抚养费。

第六章　附则

第三十三条　本条例解释之权属于行署。

第三十四条　本条例自公布之日施行。

（选自晋西北行政公署《法令辑要》）

山东省保护抗日军人婚姻暂行条例

（一九四三年六月二十七日公布）

第一条　为适应战时情况，保护抗日军人婚姻关系，特制定本条例。

第二条　凡抗日军人之配偶，非有下列情形之一者，不得离婚：

1. 对死亡确有证据者。
2. 参加部队后毫无音信满五年者。
3. 参加部队后音信中断满三年者。

第三条　凡与抗日军人定有婚约者，非对方毫无音信或者音信中断满三年者，不得解除婚约。

第四条　不依本条例第二、第三两条之规定而与抗日军人离婚或解除婚约者，抗日军人或其家属得声请恢复其婚姻关系。

第五条　违犯本条例与抗日军人之配偶结婚或与抗日军人之未婚妻订婚或结婚者，其婚姻无效，其因此所受之任何损失，概不予以法律上之保障。

第六条　本条例如有未尽事宜，得随时修正之。

第七条　本条例经山东省临时参议会通过，由山东省战时工作推行委员会公布施行。

（选自渤海区行政公署编《战时单行法规》，一九四四年版）

山东省婚姻暂行条例

(一九四五年三月十六日施行)

第一章 总则

第一条 本条例根据山东省战时施政纲领男女平等、婚姻自由及一夫一妻制之原则制定之。

第二条 重婚、早婚、蓄婢、纳妾、童养媳、买卖婚姻、租妻、抢婚等陋习一律禁止。

第二章 订婚

第三条 订婚应由男女当事人自行订定，任何人不得强迫或代订。

第四条 男未满十七岁、女未满十六岁者不得订婚。

第五条 订婚时男女双方均不得索取金钱或其他财物，但纯系纪念性质之物品交换不在此限。

第六条 订婚时须有婚约及证人者方为有效。

第七条 婚约不得强迫履行，男女双方有一方不愿履行婚约者均得请求解除之。

第三章 结婚

第八条 男未满十八岁女未满十七岁者不得结婚。

第九条 结婚须有公开仪式。

第十条 本族五服以内之血亲不得结婚，亲姑表姨亦应尽量避免缔结婚姻。

第十一条 因通奸经判决离婚者不得与相奸者结婚。

第十二条 凡有精神病、花柳病、大麻疯及有遗传性之恶疾者不得结婚。

第十三条 寡妇有再嫁与否之自由，任何人不得干涉，或借以索取财物。

第四章 离婚

第十四条 夫妻俩愿离婚者得自行离婚，离婚时须向区以上之政府声明备案。

第十五条 夫妻之一方以他方有下列情形之一者得请求离婚：

一、充当汉奸者。

二、违反抗战民主利益，政治思想严重对立，不能维持夫妻关系者。

三、重婚者。

四、与人通奸者。

五、受他方不堪同居之虐待或遗弃者。

六、患花柳病、精神病、大麻疯及不能医治之传染病或恶疾者。

七、夫妻感情恶劣至不能同居，经调解无效者。

八、吸食毒品及其他不良嗜好屡劝不改者。

九、判处徒刑三年以上者。

十、生死不明过三年者。

十一、不能人道者。

第十六条 夫妻之一方因判决离婚而受有损害者，得向有过失之一方请求赔偿。

第十七条 男女双方因判决离婚而陷于生活困难者，他方虽无过失，亦应给与相当之赡养费，但确无力支出此项费用者不在此限。

第五章 子女

第十八条 男女离婚时，有子女未满六岁者由女方抚养，已满六岁者由男方抚养，其另有约定者从其约定。

第十九条 子女由男女一方抚养时，如无力维持生活，他方须给予抚养子女之生活费。

第二十条 女方再婚后所带之子女，由女方及其新夫共同负责抚养之。

第二十一条 禁止杀害私生子，违者以杀人论罪。私生子经其父认领者，或经其生母指出证明者，其生父须负责带领抚养，与婚生子女有同等之地位。

第六章 附则

第二十二条 对抗日军人解除婚约或离婚者，均须依保护抗日军人婚姻暂行办法之规定办理之。

第二十三条 凡在本条例施行前，因婚姻涉讼尚未判决者，或因所定之婚约发生争执时，均依本条例办理之。惟订婚时女方曾接受男方财礼者，如女方要求解除婚约，应返还财礼，无力返还时，按债务关系调处之，不得因此妨碍解除婚约之自由。

第二十四条 本条例经山东省临时参议会通过，由山东省战时行政委员会公布施行。

（选自山东省政府司法厅编印《山东省现行司法法令》，一九四六年版）

山东省胶东区修正婚姻暂行条例

（一九四二年四月八日公布）

第一章 总则

第一条 本条例根据民权主义之根本精神及胶东实际情形制定之。

第二条 男女婚姻以本人之自由意志为原则。

第三条 废除代订婚约制，非自愿而他人代定之婚约，无论男女任何一方坚持不愿履行者，即可解除，但自定婚约无故违反者，应赔偿他方因此所受之损失。

第四条 实行一夫一妻制，禁止纳妾。

第五条 禁止包办、强迫及买卖婚姻，禁止童养媳。

第二章 结婚

第六条 男女结婚须双方自愿。

第七条 禁止早婚。结婚年龄男子以满二十岁，女子以满十八岁为原则。

第八条 结婚之双方有两个以上的证明人，即为合法。

第九条 有下列情形之一者，禁止结婚：

一、八亲等以内之血亲，三亲等以内之姻亲。

二、患花柳病、麻风病、神经病、风瘫病等不治之恶疾，经医生证明者。

第十条 有配偶者未经离婚，不得重为结婚。

第三章 离婚

第十一条 男女双方合意离婚者，得向当地县政府请求离婚登记，由县政府发给离婚证,即为合法。经二人以上证明,并写立合意离婚证,亦为有效。

第十二条　男女之一方,有下列情形之一者,他方得向县政府请求离婚:

一、有重婚之行为者。

二、感情意志根本不合,无法继续同居者。

三、与他人通奸者。

四、以恶意遗弃他方者。

五、图谋陷害他方者。

六、不能人道者。

七、患不治之恶疾者。

八、生死不明过三年者,但不能通讯地方以四年为期。

九、受徒刑处分,并褫夺公权者。

十、有其他重大事由者。

第十三条　凡男女之一方根据第十二条理由请求离婚,经县政府考查属实后,应通知他方,并给以考虑答复时间,他方接到通知后,无异议表示者,方得发给离婚证。他方有异议表示时,则由政府（司法科）审查其异议,判定准予离婚与否。

本条所称通知,应以书面为之,特殊情形者,须通知两次。

考虑答复的时间,以一个月至二个月为原则,但往返路程所需时间不在内。

第十四条　抗日军人离婚处理:

一、抗日军人之对方,不能据第十二条第八款之理由请求离婚,但抗日军人在抗日战争胜利后,过一年无音讯者,得准许其对方离婚。

二、荣誉军人之对方,不能以残废理由请求离婚,但生殖器官受伤,全无生殖机能者,不在此限。

第四章　婚姻与子女财产之关系

第十五条　男女离婚前所生之子女,未满五岁者由女方抚养,已满五岁者随父或随母,应尊重子女的愿望,父母不得强迫,如有争执,由法院判断之。

第十六条　男子不得与孕妇离婚,其具有第十二条所规定之离婚条件者,须于生产满一年后,始得提出。

第十七条　离婚后，女方未再结婚，因无职业财产或缺乏劳动力，不能维持生活者，男方应给以帮助，但最多以三年为限。

第十八条　女方再婚时，带去之子女由新夫负责抚养教育。

第十九条　非结婚所生之子女，经生母提出证据，证实其生父者，得强制其生父认领，或供给抚养费。

第二十条　非结婚所生之子女，享有与婚生子女同等的权利，不得抛弃，因抛弃致死者，以杀人论罪。

第二十一条　结婚前，男女双方原有之财产及债务得各自处理；结婚后，男女双方经营所得财产及所负债务得共同处理之。

第二十二条　寡妇再婚，其本人原有及承继之财产，应准许其自由处理或带走，任何人不得干涉。但承继之财产，如尚负有抚养义务者，得扣留一部，方准带走。

第二十三条　凡违犯本条例者，得由当事人向法院控诉，或由检查机关提起公诉，给以应得之制裁。

第五章　附则

第二十四条　本条例修正解释之权，属于胶东区临时参议会。

第二十五条　本条例自公布之日施行。民国三十一年六月四日胶东行政联合办事处公布之婚姻暂行条例，即行废止。

（选自山东胶东行署《法令汇编》，一九四四年版）

山东省女子继承暂行条例

（一九四五年三月十六日施行）

第一条　本条例以男女平等之原则制定之。

第二条　女子有遗产继承权，除自愿放弃外，任何人不得妨碍或限制之。

第三条　夫死亡后，其夫之遗产由其妻及其子女同等继承，在财产分析后，其妻有生活困难时，其子女有奉养之义务。

第四条　被继承人死亡，有女无子时，除被继承人生前立有养子（包括习惯所称嗣子）外，任何人不得代立养子，以妨害其女之继承权。被继承人立有养子养女时，其遗产由其配偶、养子养女及亲生子、亲生女同等分配继承。

第五条　已嫁或未嫁女子应继承之财产，已经其他继承人分析者，该女子得同原分析人请求重行分析。

第六条　重行分析时，应以原分析时之财产额为准，如其财产以较原分析时减少者，以现有之财产额为准。但其减少系由原继承人恶意行为所致者，仍照原财产额为准。

第七条　已嫁女子之嫁妆费，应在重行分析时，于其应得之数目内扣除之，但已超过应得之数者，原继承人不得请求返还其超过之数目。

第八条　对已嫁女子，应分得之财产，以金钱为之。但有特别约定者，从其约定。

第九条　重新分析时，不得因追溯而请求利息。

第十条　自民国十七年五月一日起，女子对于其直系血亲尊亲属之遗产即有继承权。自民国二十年五月五日起，妻对于夫的遗产即有继承权。但遗产继承早经确定，并无争议，今始请求者，可按照实际情况适当调处之。

第十一条　本条例经山东省临时参议会通过，由山东省战时行政委员会公布施行。

（选自山东省政府司法厅编印《山东省现行司法法令》，一九四六年版）

淮海区婚姻暂行条例

第二章　总则

第一条　本条例依据男女平等、婚姻自由、一夫一妻制之原则制定之。

第二条　重婚、早婚、抢婚、纳妾、童养媳、买卖婚姻等陋习，一律禁止。

第二章　订婚

第三条　婚约应由男女当事人自行订定，无论何人不得强迫或代订。

第四条　男未满十七岁，女未满十五岁者不得订婚。

第五条　男女于未成年以前，由家长代订之婚约，于成年后，如不同意时，得声请撤销之。

第六条　订婚时男女双方均不得索取金钱或其他财物，但纯系纪念性质之物品不在此限。

第七条 订婚后如发生解约，对于纪念性质之物品，不得请求返还。

第八条 订婚须有婚约及证人方为有效。

第九条 婚约不得强迫履行。

第三章 结婚

第十条 男未满十八岁，女未满十六岁不得结婚。

第十一条 结婚应有公开仪式及二人以上之证明。

第十二条 因通奸判决离婚者，适用民法第九百八十六条之规定。

第十三条 孀妇有再嫁与否之自由，无论何人不得干涉，或借以索取财物。

第四章 离婚

第十四条 夫妻协议离婚者，应以书面为之，并须有二人以上之证明。

第十五条 夫妻之一方有下列情形之一者，他方得请求离婚。

一、充当汉奸者。

二、违反抗战民主利益，政治思想严重对立，不能维持夫妻关系者。

三、重婚者。

四、与人通奸者。

五、受他方不堪同居之虐待，或在恶意遗弃中者。

六、有重大不治之精神病者或不治之恶疾者。

七、夫妻感情确实破裂，经调解无和谐之望者。

八、吸食鸦片毒品屡劝不改者。

九、判处三年以上之徒刑，或因犯不名誉之罪被处徒刑者。

十、生死不明已逾三年者。

十一、不能人道者。

第十六条 夫妻之一方因判决离婚而受损害者，得向有过失之他方请求赔偿。

第十七条 妆奁为妻之特有财产，离婚时准其取回。

第十八条 男女一方因判决离婚如陷于生活困难，他方虽无过失，亦应酌给相当之赡养费，但确无能力支付者不在此限。

第五章 子女

第十九条 离婚后关于子女之监护，由双方约定之，不能约定者，得声请司法机关裁定之。

第二十条 女子再嫁,所携来之未成年子女,新夫有共同抚养之义务。

第二十一条 严禁杀害非婚生子女,违者以杀人罪论处。非婚生子女得经其生父认领,或经其生母提出证明者,要求其生父认领负担抚养之义务。非婚生子女之法律上地位,与婚生子女同。

第六章 附则

第二十二条 抗日军人解除婚约及离婚,依抗日军人配偶及婚约保障条例处理。

第二十三条 凡在本条例施行前,因婚姻涉讼尚未判决者,均依本条例处理之。订婚之女方曾按受男方之财礼者,如女方要求解除婚约,应将财礼返还,无力返还者,得按普通债务关系处理之,不得因此妨碍婚约之解除。

第二十四条 民法亲属编与本条例规定不相抵触者,仍适用之。

第二十五条 本条例经淮海区参议会通过交由行政公署公布施行,其修正手续亦同。

第二十六条 本条例自公布之日起施行。

(选自淮海区专员公署《淮海区单行法规(草案)》)

修正淮海区抗日军人配偶及婚约保障条例

第一条 为使抗日军人安心抗战,及兼顾妇女权利起见,特订定本条例。

第二条 抗日军人,指现在抗日部队、军事机关或军事学校服务之指挥员、战斗员、政治人员、供给人员、卫生人员、教员、学员及其他军事服务人员而言。

第三条 配偶,指已结婚之妻。

第四条 婚约,指入伍前已订定之婚约,虽其婚约不合于淮海区婚姻暂行条例第三条、第四条之规定,亦为有效。

第五条 抗日军人配偶之离婚或婚约之解除,依下列条例行之。

一、经抗日军人本人同意者。

二、确实证明抗日军人在外有重婚行为者。

三、经部队或其他方法证明确已牺牲者。

四、在抗战中三年无音信者。

五、擅离部队在半年以上未归队者。

前项第五款之规定，在诉讼期中能归队者不适用之。

第六条 无前条所列条件之一者，其配偶不得离婚，其婚约不得解除。

第七条 无第五条所列条件之一，其配偶另嫁者，另嫁婚姻无效。娶抗日军人配偶者，处三年以下有期徒刑。

第八条 无第五条所列条件之一、自行解除婚约者，其解除无效。

第九条 娶抗日军人有婚约之未婚妻者，其婚姻无效，并处二年以下有期徒刑。

第十条 对于第七条、第九条非法婚姻，从中说和或主持者，处一年以下有期徒刑。

第十一条 与抗日军人配偶或有婚约之未婚妻通奸，或和诱略诱其脱离家庭者，各依普通刑法加重处刑（附注）。

第十二条 抗日军人不在家乡，其诉讼行为，除抗日军人本人得委托其亲族代理外，其直系尊亲属或兄弟，或部队政治部派员，或区村优抗委员会，均得代表进行之。

第十三条 入伍后所订之婚约，不合于淮海区婚姻暂行条例第三条、第四条之规定者，不受本条例之保障。

第十四条 本条例公布前如已有第七条、第九条之犯罪行为，须告诉乃论，其诉讼依本条例减轻处理之。

第十五条 配偶双方或婚约双方同为抗日军人时，或一方为抗日军人，他方为政府工作人员时，其互相间之婚姻事件，准用淮海区婚姻暂行条例处理之。

第十六条 非抗日军人不得援用本条例。

第十七条 公布后，前颁布《淮海区抗日军人配偶及婚约保障条例》废止之。

第十八条 本条例施行前，关于抗日军人婚姻案件审理未结者，自施行日起，适用本条例之规定。

第十九条 本条例经淮海区参议会通过交由行政公署公布施行，其修正手续亦同。

第二十条 本条例自公布之日起施行。

〔附注〕刑法第二百三十九条：有配偶而与人通奸者，处一年以下有期徒刑，其相奸者亦同。第二百四十条：和诱未满十八岁之男女脱离家庭或其他有监督权之人者，处三年以下有期徒刑，和诱有配偶之人脱离家庭者亦同。

(选自淮海区专员公署《淮海区单行法规（草案）》)

解放战争时期

华北人民政府司法部
关于婚姻问题的解答

（一九四九年四月十三日）

一、人民政府的婚姻政策是怎样的？

人民政府实行平等自由自主的一夫一妻制的婚姻政策：订婚结婚均须男女双方自愿，任何人不能强迫；夫妻感情根本不合，任何一方均得请求离婚。禁止一切封建的不合理的买卖婚姻、包办婚姻及早婚、重婚、纳妾、蓄婢、童养媳等制度。

二、订婚结婚都有什么条件和手续？

先谈条件：依前晋冀鲁豫边区婚姻条例第四条："男不满十七岁，女不满十五岁者，不得订婚。"第十一条："男不满十八岁，女不满十六岁者，不得结婚。"又前晋察冀边区婚姻条例第四条："男不及二十岁，女不及十八岁，不得结婚。"这就是订婚结婚的条件。结婚年龄，两边区规定不一致，在统一的婚姻条例未颁布前，各区可暂分别执行。

其次手续：依前晋冀鲁豫边区婚姻条例第六条："订婚时，男女双方须在区以上政府登记，即为有效。"第十二条："结婚须向区以上政府登记，并领取结婚证书。"这就是订婚结婚的手续。

三、解除婚约和离婚都有什么手续？

前晋冀鲁豫边区婚姻条例第七条："订婚后，男女双方有一方不愿继续婚约或结婚者，均得请求解除婚约。"解除婚约时，只要是向原订婚机关和介绍人声明，并通知对方，即为有效，不受任何限制。

离婚：依前婚姻条例第十六条："夫妻感情恶劣至不能同居者，任何一方，均得请求离婚。"如系双方自愿，到区以上政府声明备案，并领取离婚证书。如系一方要求离婚，一方不同意，可向司法机关起诉，由司法机关审理判决之。

四、解除婚约是否退还彩礼？

依前晋冀鲁豫边区婚姻条例第九条："……解除婚约后，曾收受对方之金钱财物者，应如数退还。如一次不能退还时，得订定契约分期偿还。倘确实无力偿还，而对方亦非贫穷者，不在此限。"

五、一方提出非离婚不可，一方坚决不离。怎么办？

夫妻感情不和，一方提出了离婚，一方不同意，司法机关须依据双方争执的所在，加以分析研究，适当地进行调解，在调解中，对于任何一方不正确的思想行为，给以适当的教育与批评，或订定改正错误的期限，在双方自愿之下，能够不离婚的，就不应该判决离婚。如事实上已构成无法同居的条件，即使一方不同意，仍应判决离婚。

六、城市离婚带产和赡养费问题怎么办？

（一）男女结婚前各有的财产（包括互相赠与部分）在离婚时，仍归各人私有，结婚后共同积蓄的财产，一般应各分一半；但亦可依所出劳动力多少，多分或少分一点。

（二）结婚后，共同欠的债务，离婚时，一般应由男方负责偿还，但亦得依双方经济情况及生产能力分别负责偿还。

（三）男方提出离婚，经判准离婚后，女方无私人财产或分得共有财产不能维持生活时，男方应依家庭经济情况，酌给一部分赡养费。

七、离婚后的小孩应归谁抚养？

查晋冀鲁豫边区婚姻条例第二十一条："男女离婚前所生之子女，离婚后未满四周岁者，由女方抚养；已满四周岁者，应由男方抚养，其另有约定者，应从其约定。但如女方未再婚时，无力维持生活者，男方须给女方抚养子女之生活费，至再婚时止。"第二十二条："女方再婚后所带之子女，由女方及新夫共同负责抚养。"又前婚姻条例施行细则第十四条第一款："四周岁之子女，如男方不适合教养者，仍归女方教养；四周岁以下之子女，如女方不适合教养者，得归男方。"第二款："双方拒绝或争索教养子女者，判归有适合教养条件之一方。"在统一的华北婚姻条例未颁布前，上述规定，均可参照执行。总之，以教养小孩成人为原则。

八、和没有离婚的男女搞恋爱是否允许？如任何一方离了婚，是否允许同其恋爱的情人结婚？

和没有离婚的男女搞恋爱，是不道德的、妨害他人家庭的行为。依前晋冀鲁豫边区妨害婚姻治罪暂行条例第三条〔第四款〕："挑拨他人夫妇不和，而鼓动离婚者，"和第五款："与有配偶之人通奸者，"如一方告发，证据确实，得处一年以下徒刑，并酌科罚金。如果已经与原夫或原妻离了婚，根据婚姻自由原则，和任何人订婚与结婚，不能加以限制。

九、一夫多妻是否犯重婚罪？

人民政府法令对落后的一夫多妻制，是严厉禁止的。但对旧社会遗留下来的"既成事实"，为了照顾女方的当前生活，一般是不迫令他们离婚，如果任何女方自愿提出离婚，男方不得加以干涉，政府应即批准。人民政府成立后，再发生一夫多妻的罪行，应受法律处分。

十、政府是否允许有童养媳？

童养媳制是封建陋习，违背婚姻自由原则，前晋冀鲁豫边区政府及晋察冀边区政府，早有明令禁止。但在灾荒年中，或女方家庭实在不能生活，不得已而给人童养者，政府不予追究。如女方长大，自愿脱离童养关系者，男家不得干涉，政府应予批准，由于女方在男家曾经参加劳动，脱离童养关系时，男家也不得追索抚养费。

（选自一九四九年四月十三日《人民日报》）

陕甘宁边区婚姻条例

（一九四六年四月二十三日陕甘宁边区
第三届参议会第一次大会通过）

第一条　男女婚姻以自愿为原则，实行一夫一妻制。

第二条　禁止强迫、包办及买卖婚姻。

第三条　少数民族婚姻，在不违反本条例之规定下，得尊重其习惯。

第四条　男女结婚，应向当地政府（乡、市）声请登记，领取结婚证。

第五条　结婚年龄须男至二十岁，女至十八岁。

第六条　有下列情形之一者禁止结婚：

（一）患花柳病及其他不治之恶疾者。

（二）以诈术或强暴使他方无意志之自由者。

（三）略诱行为者。

（四）直系血亲、直系姻亲或八亲等内之旁系血亲或三亲等内之旁系之姻亲。

第七条　男女预定婚约者，在未结婚前，如有一方要求解除婚约，得向政府提出解除之。

第八条 男女双方自愿离婚者，须向当地乡（市）政府领取离婚证。

第九条 男女之一方因他方有下列情形之一者，得向县政府请求离婚。

（一）感情意志根本不合，无法继续同居者。

（二）重婚者。

（三）与他人通奸者。

（四）图谋陷害他方者。

（五）患不治之恶疾者。

（六）不能人道者。

（七）以恶意遗弃他方在继续状态中者。

（八）虐待他方者。

（九）男女之一方，不务正业，屡经劝改无效，影响他方生活者。

（十）生死不明已过三年者。

（十一）有其他重大事由者。

第十条 女方怀孕期间，男方不得提出离婚，具有离婚条件者，亦须于女方产后一年，始得提出，但经双方同意者，不在此限。

第十一条 男女离婚前所生之子女，哺乳期间，由女方抚养，哺乳期满，随父随母，从其约定，无约定者归男方抚养，子女仍得承认父母关系。

第十二条 男方提出离婚，而女方在未结婚前，确系无法维持生活者，由男方负担必需之生活费。

第十三条 非结婚所生之子女与结婚所生之子女，享受同等权利，不得歧视。

第十四条 离婚时，男女双方各自取回其所有之财产，但离婚前双方有共同经营所得之财产者，得依据情况处理之。

第十五条 凡结婚、离婚违反本条例者，得由当事人诉经当地司法机关依法处理。如涉及刑事范围者，应以刑事处理之。

第十六条 本条例由边区参议会通过，边区政府公布施行，其解释之权，属于边区政府。

（选自《陕甘宁边区第三届参议会第一次大会汇刊》，一九四六年版）

晋绥边区关于保障革命军人婚姻问题的命令

(一九四六年四月二十三日)

关于我军抗属离婚问题，应慎重处理，一般的不准离婚。过去有些政府人员遇到抗属离婚问题时，漠不关心，未加制止，或机械地执行婚姻条例或误解条例（如把战争环境根本不能通音信者，也以不通音讯处理），轻易准予离婚，甚至有个别政府干部与抗属结婚及与抗属做媒者，知法犯法，殊属不当。今后对抗属离婚问题应特别慎重，不能漠不关心，推卸责任。平日加强优抗工作，教育抗属，勉励她们安心生产，认真解决其困难，帮助她们与丈夫通讯联系。各级民政科与司法科遇到抗属请求离婚时，应耐心说服，非经丈夫本人同意，不准离婚。凡未经对方同意或未经政府批准，违法与他人结婚者，如对方愿要追回，即准予追回，聘礼一般的不退还。敌伪人员霸占抗属者，除退还外，并予以法律处分。干部与抗属结婚或从中做媒者，亦予以处罚或严格批评。凡挑拨抗属离婚，或污辱抗属者，应加制止并受批评处分。

(选自一九四六年九月晋绥边区行政公署《晋绥边区拥军优抗法令》)

冀南行署关于处理婚姻问题的几个原则

(一九四六年七月)

1. 干部婚姻：

以威胁、利诱、欺骗等手段制造条件者，原则上不准离，如实际上不得不离，经尽量动员无效后，应在财产上多多照顾对方。

2. 群众婚姻：

甲、男大女小者是贫苦之家，虽已构成离婚条件，也应尽量动员不离，若女方坚决离时，可斟酌双方富力赔男方一部损失。

乙、男小女大者多是富贵之家，离婚条件即便勉强些，也可尽量离。

丙、过失之一方提出离婚时原则上不准离。

3. 灾荒婚姻：

甲、有夫之妇为灾荒所迫，另嫁他人者，不以重婚论。

乙、□□或其□□迫于灾荒，为图生存将女方出卖他人者，不以买卖人口论，但意图营利借资发财者例外。

丙、女方为生存自救，经原夫同意，自行卖身改嫁者，原则上动员仍归原夫，但后夫所受之损失由原夫负责偿还一部或全部。

丁、女方由原夫出卖，或恶意遗弃改嫁者，由女方自择。

4. 非法婚姻：

甲、重婚者须离其一。

乙、对以往的重婚及以往强迫、拐骗、买卖等非法婚姻，原则上不告不理，但应通过群众启发其自觉。

丙、不经离婚手续即与他人结婚者，基本上动员其归前夫，但应考虑，年限长短，有无新生子女，以往感情的好坏，今后的婚姻前途及其他影响。

5. 对战士婚姻问题：

为照顾军人利益，女方提出离婚时，原则上不准离，若适合离婚条件，动员仍不通时，要拖延时间办理离异。

6. 灾荒期间出卖或赠与他人的孩子，怎样处理？

甲、原则上应归原籍，但须考虑生父母与养父母双方对小孩以后教育与前途。

乙、由小孩自择时，可根据孩子是否有辨别是非能力而定。

丙、根据双方富力，由父母酌偿养育费一部。

（选自冀南行署《法令汇编》第一册，一九四六年版）

华中行政办事处指令

——关于孀妇带产改嫁问题

（一九四八年十二月二十七日）

令五专署并告各专署、市府、县府

十二月二日呈一件为关于孀妇带产改嫁请解释由：

呈悉。孀妇是可以改嫁的，假使她离开前夫家庭，可以带走属于她私有的全部财产。

但在执行中是要碰到困难的。如夫妇子女财产很难具体精确分开，土改后有些地区未发土地执照，产权未做最后决定，财产中的土地不能象动产一样可以搬走，带到夫家去后不能保证本人独立管理使用和收益，……但任何困难都不能妨害男女平等与保障私人合法权益的基本原则。

（一）孀妇本人私有的财产，除另有约定者外，一般依习惯和实际情况来区别应否属于本人。如本人衣着，陪嫁的妆具，本人从事独立劳动的副业生产收入，土改中分给其全家土地的每人平均数……都应列为孀嫁的本人的私有财产。

（二）土改后无论发给土地执照与否，其产权已经宣布最后确定者，按该户田亩每人平均数分给孀妇本人一份，听其自由处分。如尚未确定者，如新夫家乡亦未确定，可由政府转移其户籍到新夫家重分，同时在其原夫家于最后确定产权时减去一人应得的土地。如新夫家已确定者，得由孀妇向原管区乡政府声请保留其产权，待确定后再分析带走（这期间是不长的，可向孀妇说服解释）。

（三）孀妇改嫁后，如离原夫家不远，仍可继续耕种其原分得之土地。如距离太远不便耕种施肥者，可听其出卖、互换或合法的出租，不准有抛荒减产及侵权等行为。

（四）孀妇财产带往新夫家后，应根据本人意旨处理其财产，提倡建立和睦共同生产的家庭。但要互相尊重各人的人格和财产权，保障其不受侵犯。

华中行政办事处、苏北支前司令部关于切实保障革命军人婚姻的通令

（一九四九年四月五日）

查革命军人，矢忠人民，转战各地，备著辛劳，其合法婚姻理应予以切实保障，乃最近据各部队反映，发现有少数地方坏蛋及落后干部竟擅自勾诱革命军人妻室非法结合，不但有丧革命道德，抑且触犯民主法令，若不严加制止，势必影响部队干部、战士的作战情绪，造成对革命的损失。为切实保障革命军人婚姻不受侵犯起见，特决定：凡系革命军人妻室，不论已婚或未婚，在未得其丈夫本人同意正式宣布离婚或解除婚约前，任何人均不得与其非法结合；过去造成既成事实者，在法律上一概无效，并须追究责任；如有故违，当事人男造方面应科以刑事处分，干部中如有违犯者，更须从严加倍

论处。各级政府遇有此等情事发生，应立即由县、区政府迅速处理，群众亦得检举，不受亲自起诉之限制，仰各遵照执行，并饬属一体凛遵为要！

修正山东省婚姻暂行条例

（一九四九年七月十九日山东省人民政府公布）

第一章 总则

第一条 本条例根据民族健康，男女平等，婚姻自由及一夫一妻制之原则制定之。

第二条 重婚、早婚、蓄婢、纳妾、童养媳、买卖婚姻及一切妨害婚姻自由之陋习，一律禁止。

第三条 结婚、离婚须由当事人自主，任何人不得强迫包办。

第四条 保障革命军人婚姻，凡蓄意破坏革命军人婚姻者，应予处罚。

第二章 结婚

第五条 男须满二十岁，女须满十八岁，方得结婚。

第六条 男女结婚，须同到结婚所在地之区（乡、镇）政府举行登记，登记后即成立夫妇关系，废除聘金、聘礼、妆奁等陋习。

第七条 禁止男女在五代以内的亲族血统间结婚。

第八条 凡患花柳病、大麻风或遗传性之恶疾，经医治无效，或患严重神经病者，不得结婚。

第九条 寡妇有再嫁与否之自由，任何人不得干涉或借以索取财物。

第三章 离婚

第十条 凡夫妻双方同意离婚者，应即离婚，夫妻一方，坚决要求离婚，经调解无效者，得向司法机关请求判决离婚。

第十一条 夫妻俩愿离婚时，须同到所在地之区（乡、镇）政府登记，取得离婚证书。

第十二条 革命军人之配偶或未婚妻，非经对方本人同意，不得离婚或解除婚约。但音讯断绝，生死不明，已逾三年者，女方得请求司法机关判决离婚，或解除婚约。

第十三条　女方在怀孕期及分娩后六个月内，男方不得提出离婚。

第四章　子女

第十四条　子女分得的土地，归子女所有。

第十五条　男女离婚时，有子女未满六岁者，由女方抚养，已满六岁者，由男方抚养，其另有约定者，从其约定。

第十六条　子女由男女一方抚养时，如无力维持生活，他方须给予抚养子女之生活费。

第十七条　女子再嫁后，所带之子女，由女方及其新夫共同负责抚养之。

第十八条　禁止杀害未婚子，违者以杀人论罪。未婚子经其父认领者，或经其生母指出证明者，其生父须负责带领抚养，与婚生子女有同等之地位。

第十九条　禁止溺婴或打胎，违者分别情节治罪。

第五章　财产

第二十条　男女各得之土地、财产，由个人自行处理，任何人不得阻碍限制，违者处罚。结婚后，男女共同经营增加的财产，男女平分，有子女者按人口平分。

第二十一条　男女在同居中所负之共同债务，有共同财产者，以共同财产偿还，无共同财产或共同财产偿还不足时，归男子负责清偿。

第二十二条　男方提出离婚后，致女方生活无法维持者，男方须维持其必要生活费或代耕其土地，直至女方再行结婚或生活有法维持时为止。

第六章　附则

第二十三条　违犯本暂行条例涉及刑事范围者，依刑事论罪。

第二十四条　本暂行条例自山东省人民政府公布之日施行。

（选自一九四九年八月山东省人民政府《山东政报》第一期）

绥远省关于干部战士之解除婚约及离婚手续一律到被告所在地之县政府办理的通令

（一九四九年八月六日）

奉华北人民政府法行字第三十五号指示第二项内开："关于干部及军属婚姻问题：干部战士婚姻亦系个人问题，当事人自可直接给当地政府去信，请求离婚。不必一定要有所在机关部队及首长之介绍信或证明（有证明更好）。是否批准离婚，则应根据男女双方意见及是否够得离婚条件为准则"。根据华府指示及我省情形特规定办法如下：

一、不论干部或战士之男女双方，如请求解除婚约或离婚时，一律直接向被告所在地之县政府提出（不能去可用书面提出）。

二、提出时，应详细向政府申诉其充分理由，是否批准，政府应根据双方当事人所持之理由及条件决定之。任何一方不得强制对方接受，听从县政府之判决，如对判决不服，可依法声明上诉。

三、如双方自愿离婚得共同声请，当地县政府发给离婚证。

四、政府受理此项声请时，应迅速处理，不得无故推诿或拖延。

五、任何干部战士，在未取得正式离婚手续前，不得用任何形式和借口擅自结婚。

以上规定希切实执行为要。

此件抄致

军区、省委及本府各部门知照。

（选自《绥远省人民政府法令汇编》第二集）

辽北省关于婚姻问题暂行处理办法（草案）

第一条 本办法为没有统一的婚姻法以前，处理目前婚姻及纠纷，根据男女平等、婚姻自由及一夫一妻制原则制定之。

第二条 禁止重婚、拐婚、早婚、蓄婢、纳妾、童养媳、买卖婚姻、抢婚等封建社会行为。过去的买卖婚姻，已经结婚的适用本法第四条；未结婚者，适用本法第三条。

童养媳，已结婚者，不能成为离婚条件；未结婚者，可以解除婚约，抚养费斟酌情形调解解决之。

第三条 订婚：

一、男满十七岁，女满十六岁，才能订婚。

二、订婚时，应是男女本人双方同意，任何一方不能强迫对方订婚。

三、如有父母或亲属代其子女订婚者，必须经过子女本人同意，否则应视为无效。

四、订婚时，应到当地村、街政府办理订婚登记。

五、在订婚期间如有一方不满意时，得解除婚约，并得到村、街政府办理撤回登记手续。

第四条 结婚：

一、男子年满十八岁，女子年满十七岁，才得结婚。

二、结婚时，必须向所在地之区政府登记，领取结婚证明书。

三、凡直系血亲及直系姻亲，不得结婚。

四、有下列情形之一者不得结婚。

1. 有神经病或其他重大不治之病者。

2. 有花柳病或其他传染恶疾者。

3. 生理上缺陷，不能人道者。

五、结婚应是男女本人双方同意，任何一方不能强迫另一方结婚。

六、寡妇有再嫁之自由权。

七、男女搭夥，以双方无配偶为限，并得到村街政府登记，方为有效。

八、姑娘出门，寡妇改嫁，将应得之土地、浮产均可带走。

九、娶媳妇与接养老女婿，其姓由本人自己决定，其子女姓亦由子女自己决定。

第五条 结婚后，夫妻有互相同居之义务，但有正当理由不能同居者，不在此限。

第六条 离婚：

夫妻之一方，以他方有下列情形之一者，得向当地司法机关提出请求离婚。

一、恶霸、地主、富农或〔有〕反革命活动者。

二、政治思想立场观点发生对立，不能维持夫妻关系者。

三、重婚或与人通奸者。

四、夫妻感情破裂，致不能同居，经相当期间，调解无效者。

五、受对方虐待或遗弃，在继续状态中者。

六、一方不务正业，屡劝不改，致生活无法维持下去，陷于前途绝望者。

七、判处徒刑三年以上者。

八、生死不明逾三年者。

九、图谋陷害他方者。

十、有第四条第四项情形之一者。

十一、搭夥婚姻之散夥。如一方不同意者，得按此条处理。

第七条 革命军人之配偶，非生死不明逾四年者，不得提出请求成婚。

第八条 女方怀孕及生育期间，男方不得提出离婚，虽具有离婚条件，必须于分娩满三个月后，才能提出；但有第六条第三、第五、第九等项情形之一者，不在此限。

第九条 夫妻离婚及散伙时，得各自带走之应得财物，原来结婚财礼，作如下处理：

一、男女双方提出离婚，按本办法第六条办理，女子本人不负彩礼责任。

二、彩礼由男方及女方家长负责，法令到达前，彩礼以不正当债务关系处理，法令到达后作为刑事处理。

第十条 女方因被男方虐待、遗弃判决离婚，而生活陷于无法维持者，男方应给与女方以最低限度之生活费，直到再婚时为止。

第十一条 离婚时有子女未满五周岁者归谁，由双方当面解决，遇有争执时，应判归对于子女最有益的一方抚养之。五周岁以上者，由子女自愿，归男方或女方。女方抚养子女困难时，男方得负担子女生活费用。

第十二条 禁止杀害私生子，违者以杀人论罪。私生子经生母指明者，该生父须负责，设法抚养，与亲生子女同样看待。

第十三条 本办法经东北政委会批准后施行。

（选自辽北省《司法工作参考材料》）